Abhandlungen zum schweizerischen Recht · Heft 501

Pierre Tschannen   Der Richtplan und die Abstimmung
                        raumwirksamer Aufgaben

Abhandlungen zum schweizerischen Recht

Neue Folge

Begründet von † Prof. Dr. Max Gmür
Fortgesetzt durch † Prof. Dr. Theo Guhl
und Prof. Dr. Hans Merz

Herausgegeben von
Dr. Heinz Hausheer
Bundesrichter in Lausanne

VERLAG STÄMPFLI & CIE AG BERN · 1986

Dr. iur. Pierre Tschannen

Der Richtplan
und die Abstimmung
raumwirksamer Aufgaben

VERLAG STÄMPFLI & CIE AG BERN · 1986

Berner Dissertation

©
Verlag Stämpfli & Cie AG Bern · 1986
Gesamtherstellung Stämpfli & Cie AG,
Graphisches Unternehmen, Bern
Printed in Switzerland
ISBN 3-7272-0145-2

Übersicht

	Nummer	Seite
Inhalt		9
Literatur		21
Abkürzungen		31
Einleitung		37
I. Zur Frage		37
II. Leitsätze		38

Erster Teil. Verfassungsrecht 1–469   45

Erster Abschnitt. Die Aufgabe: Raumplanung 4–41   47

§ 1 Artikel 22^{quater} BV im Überblick	5–41	47
I. Gegenstand	6–13	48
II. Verfassungsinteresse	14–22	50
III. Stammaufgabe, Querschnittaufgabe	23–30	53
IV. Aufgabenteilung	31–41	55

Zweiter Abschnitt. Aufgabenfeld 42–264   60

§ 2 Raumplanung und Grundrechte: Aufgabe gegen Freiheit?	45–91	62
I. Konkurrenz von Grundrechten?	46–53	62
II. Berührte Grundrechte	54–75	66
III. Raumplanung, Eigentumsverfassung und Wirtschaftsverfassung	76–91	76
§ 3 Raumplanung und Sachplanung: Bundesaufgabe vor kantonaler Aufgabe?	92–192	89
I. Bindung des Bundes an kantonales Raumplanungsrecht?	94–102	90
II. Vorrang des Bundesrechts, Kompetenzkonflikt und Regelungskonflikt	103–159	95
III. Zuständiges Recht: Die Standortkompetenzen des Bundes	160–180	126
IV. Zuständiges Bundesrecht – vorbestimmte Standortwahl?	181–184	137
V. Bundesstaatliche Aufgabeneinheit	185–192	139
§ 4 Raumplanung und Sachplanung: ‹Besondere› Aufgabe vor ‹allgemeiner› Aufgabe?	193–261	144
I. Bindung der Sachplanung an die Raumplanung?	195–207	144
II. Vorrang des ‹besonderen› Gesetzes?	208–233	155

Übersicht

III. Zuständiges Recht: Das Gesetz der schwergewichtig betroffenen raumwirksamen Aufgabe................	234–246	167
IV. Zuständiges Recht – vorbestimmte Standortwahl (Verweisung)	247	172
V. Raumwirksame Aufgabeneinheit	248–261	172
§ 5 Fazit: Kollisionsrechtliche Konstante – zuständige Norm und Norminteresse........................	262–264	179

Dritter Abschnitt: Aufgabenwaltung 265–469 181

§ 6 Aufgabennorm.................................	268–347	182
I. Die raumwirksame Staatsaufgabe	269–283	182
II. Aufgabennormen der Verfassung	284–314	188
III. Aufgabennormen des Gesetzes?	315–340	203
IV. Materielle Anreicherung von Aufgabennormen	341–347	218
§ 7 ‹Verfassungsinteressen›	348–409	222
I. Verfassungsinteressen als normativer Teilgehalt des Verfassungssatzes	351–354	223
II. Numerus clausus von Verfassungsinteressen	355–375	226
III. Rechtsqualität von Verfassungsinteressen	376–380	236
IV. Gleichrang von Verfassungsinteressen	381–409	240
§ 8 Interessenabwägung	410–466	254
I. Aufgabe: Einsehbarkeit raumwirksamer Ermessenswaltung	411–421	254
II. Methode	422–437	261
III. Fehler	438–445	269
IV. Insbesondere: Die Interessenabwägung und das öffentliche Interesse	446–466	274
§ 9 Fazit: Verfassungsinteressen und Interessenabwägung – die Zeit in der Staatsaufgabe	467–469	287

Zweiter Teil. Verwaltungsrecht 470–780 289

Erster Abschnitt. Richtplanung und Richtplan 473–557 291

§ 10 Die Regelung des Gesetzes im Überblick............	474–557	292
I. System.....................................	475–478	292
II. Elemente...................................	479–490	295
III. Verfahren	491–515	299
IV. Exkurs: Die Planabstimmung im Bund	516–535	306
V. Richtplan...................................	536–544	316
VI. Verwandte Erscheinungen	545–557	318

Zweiter Abschnitt. Planbindung 558–684   328

  § 11 Adressaten 561–604   329
    I. Gegenstand des Richtplans: Raumwirksame Aufgaben. 562–579   329
    II. Planerhebliche Aufgabenträger 580–593   337
    III. Planerhebliche Handlungsformen 594–604   342

  § 12 Inhalt und Form 605–634   348
    I. Inhalt des Richtplans 606–612   348
    II. Form des Richtplans 613–620   352
    III. Form der Einzelaussage 621–634   354

  § 13 Bindungskraft 635–662   359
    I. Vorbehalt des «Rechts» 636–641   359
    II. Vorbehalt der Interessenabwägung 642–647   362
    III. Vorbehalt veränderter Verhältnisse 648–649   364
    IV. Zum Geltungsgrund des Richtplans 650–661   365
    V. Ein Beispiel: Die Einflüsse des «verbindlichen» Richtplans auf die Nutzungsplanung 662   369

  § 14 «Außenwirkung»? 663–684   371
    I. Die «Rechtsnatur» des Richtplans 664–667   371
    II. Anfechtbarkeit von Richtplänen? 668–677   373
    III. Ausgleiche zur Außenwirkung 678–684   377

Dritter Abschnitt. Planfestsetzung 685–780   380

  § 15 Kantonaler Planbeschluß 688–696   381
    I. Zuständigkeit 689–690   381
    II. Rechtsform 691–692   383
    III. Referendum? Rechtsschutz? 693–694   384
    IV. Rechtswirkungen 695–696   385

  § 16 Bereinigung 697–712   386
    I. Bereinigung auf Gesuch hin (Art. 7 Abs. 2 RPG) 699–702   386
    II. Bereinigung von Amtes wegen (Art. 12 Abs. 1 RPG) 703   387
    III. Gegenstand 704–707   388
    IV. Bereinigungsbefugnis 708   388
    V. Verfahren (Hinweise) 709–710   389
    VI. Entscheid 711–712   390

  § 17 Genehmigung 713–755   391
    I. «Natur» und Tragweite 714–717   391
    II. Gesuch (Verweisung) 718   393
    III. Gegenstand 719–720   393
    IV. Prüfungsbefugnis 721–726   393
    V. Die Planprüfung im einzelnen 727–743   395
    VI. Verfahren (Hinweise) 744–747   402
    VII. Entscheid 748–755   403

Übersicht

§ 18 Anpassung 756–780 409
   I. Abgrenzungen 758–765 409
  II. Anpassungserfordernisse 766–776 411
 III. Verfahren 777–780 416

Schluß 417
   I. Bewährung? 417
  II. Ein Modell? 419

Sachregister 421

Inhalt

	Nummer	Seite
Einleitung		37
I. Zur Frage		37
II. Leitsätze		38
A. Verfassungsrecht		38
B. Verwaltungsrecht		41

	Nummer	Seite
Erster Teil. Verfassungsrecht	1–469	45
Erster Abschnitt. Die Aufgabe: Raumplanung	4–41	47
§ 1 Artikel 22^{quater} BV im Überblick	5–41	47
I. Gegenstand	6–13	48
A. Raumplanung, Planung, Raum	7–10	48
B. Raumordnung	11–13	50
II. Verfassungsinteresse	14–22	50
A. Verfassungsziel	15–17	51
B. Gegebenheiten	18–19	51
C. Verfassungsinteresse	20–22	52
III. Stammaufgabe, Querschnittaufgabe	23–30	53
A. Stammaufgabe: Flächendeckende Bodenwidmung	24–26	53
B. Querschnittaufgabe: Aufgabenvorbereitung und Aufgabenverklammerung	27–30	54
IV. Aufgabenteilung	31–40	55
A. Rechtsetzung (Hinweis)	32	55
B. Plansetzung	33–41	56
B.1 Anerkannt kantonale Aufgabe – B.2 Zutritte des Bundes		
Zweiter Abschnitt. Aufgabenfeld	42–264	60
§ 2 Raumplanung und Grundrechte: Aufgabe gegen Freiheit?	45–91	62
I. Konkurrenz von Grundrechten?	46–53	62
A. Der Zwang zur Wahl	47–49	62
B. Zuständiges Grundrecht	50–51	64
C. Grundrechtsinteressen	52–53	65

II. Berührte Grundrechte 54–75 66

    A. Zuständiges Grundrecht: Eigentumsgarantie 55–59 66
        A.1 Bestandesgarantie – A.2 Institutsgarantie? – A.3 Zuordnung von Aufgabe und Freiheit durch Güterabwägung (Verweisung)
    B. Interessiertes Grundrecht: Handels- und Gewerbefreiheit 60–69 69
        B.1 Nicht-berufliches Wirtschaften: Vertragsfreiheit? – B.2 Erwerbstätigkeit: Wirtschaftliche Grundrechtsinteressen – B.3 Raumplanung und Wirtschaftsfreiheit: Richtpunkte der Abwägung
    C. Niederlassungsfreiheit? 70–71 74
    D. Persönliche Freiheit? 72–73 75
    E. Rechtsgleichheit (Verweisung).................. 74–75 76

III. Raumplanung, Eigentumsverfassung und Wirtschaftsverfassung...................................... 76–91 76

    A. Wirtschaftliche Freiheiten: Freiheiten der Rechtsordnung 77 77
    B. Eigentumsverfassung der Eigentumspolitik, raumordnungspflichtige und personale Eigentumsordnung 78–83 79
        B.1 Raumordnungspflichtigkeit – B.2 Personalität
    C. Wirtschaftsverfassung der Wirtschaftspolitik, sozialpflichtige und marktorientierte Wirtschaftsordnung. 84–88 85
        C.1 Sozialpflichtigkeit – C.2 Marktorientiertheit
    D. Stets dabei: Die Wohlfahrtsklausel 89–91 87

§ 3 Raumplanung und Sachplanung: Bundesaufgabe vor kantonaler Aufgabe?........................... 92–192 89

    I. Bindung des Bundes an kantonales Raumplanungsrecht? 94–102 90
        A. Die Entscheide Münchenstein und Zufikon 95–96 90
        B. Festigung 97 92
        C. Neue Fragen: Die Urteile Verbois und Kestenholz.. 98–101 92
        D. Fazit 102 95

    II. Vorrang des Bundesrechts, Kompetenzkonflikt und Regelungskonflikt 103–159 95
        A. Herrschende Meinung: Abwägung eidgenössischer und kantonaler Nutzungsansprüche 105–108 96
        B. «Modale» Zuständigkeiten? 109–118 99
            B.1 Außenkompetenz – B.2 Zivilrecht – B.3 Strafrecht – B.4 Fazit

C. Beweglicher Regelungskonflikt? Die derogatorische
Kraft des Bundeszivilrechts 119–132 105
C.1 «Öffentliches Recht» – C.2 «Abschließendes»
Bundeszivilrecht – C.3 «Haltbares öffentliches Interesse» – C.4 «Sinn und Geist des Bundeszivilrechts» – C.5 Fazit

D. Starrer Kompetenzkonflikt? 133–150 112
D.1 Staatsrechtliche Klage – D.2 Die derogatorische Kraft des eidgenössischen öffentlichen Rechts (D.21 «Abschließendes» Bundesrecht – D.22 «Konvergenz» zum Bundesrecht – D.23 Sonderfall Bundesstrafrecht? – D.24 Fazit) – D.3 Bundesrechtskonforme Auslegung

E. Überschätzte Derogationsregel? 151–159 121
E.1 Kompetenzkonflikt gegen Abwägung? – E.2 Kompetenzkonflikt gegen Regelungskonflikt?

III. Zuständiges Recht: Die Standortkompetenzen des Bundes 160–180 126

A. Die Sachnatur der raumwirksamen Aufgabe 163–164 127
B. Zuständigkeiten des Bundes zur Nutzungsplanung . 165–167 128
C. Abschließende Bundesverfahren? 168–171 130
D. Raumordnungsklauseln? 172–174 131
E. Vernehmlassungs- und Antragsrechte der Kantone? 175–176 134
F. Enteignungsbefugnisse? 177–179 135
G. Fazit 180 136

IV. Zuständiges Bundesrecht – vorbestimmte Standortwahl? 181–184 137

V. Bundesstaatliche Aufgabeneinheit 185–192 139
A. Vermittlung kantonaler Aufgabeninteressen durch Art. 3 BV 186–187 139
B. Verstärkung von Bundesinteressen durch Art. 2 ÜB BV? 188–190 139
C. Zur Wortwahl: Bundestreue, bundesstaatliche Treuepflicht, bundesstaatliche Aufgabeneinheit 191–192 142

§ 4 Raumplanung und Sachplanung: ‹Besondere› Aufgabe vor ‹allgemeiner› Aufgabe? 193–261 144

I. Bindung der Sachplanung an die Raumplanung? 195–207 144
A. Musterkonflikt: Raumwirksame Aufgaben des Bundesrechts im Wald 196–199 145
B. Vorbedingung: Ein generelles Werkprojekt 200–201 149
C. Rodungen für den Hauptstraßenbau 202–203 150
D. Rodungen für Flußkraftwerke 204 152

E. Rodungen für Fernmeldeleitungen	205	152
F. Rodungen für Militärbauten	206	153
G. Fazit	207	154

II. Vorrang des ‹besonderen› Gesetzes? ... 208–233 ... 155

    A. «Lex specialis derogat legi generali» ... 209–211 ... 155
        A.1 Tatbeständlicher Ansatz: Das äußere System – A.2 Lösungsansatz: Rechtsgewinnung vom Allgemeinen zum Besonderen

    B. Drei kollisionsrechtliche Beispiele ... 212–221 ... 158
        B.1 Zivilrecht: Haftungskonkurrenz – B.2 Strafrecht: Gesetzeskonkurrenz und Idealkonkurrenz – B.3 Verwaltungsrecht: Rechtsschutzkonkurrenz

    C. Hilfsgrößen der kollisionsrechtlichen Zuordnung: Gemeinrechtsinteressen und Sonderrechtsinteressen ... 222–233 ... 163
        C.1 Alternative Konkurrrenz – C.2 Kumulative Konkurrenz – C.3 Exklusive Konkurrenz (C.31 Gemeinrechtsinteressen, Sonderrechtsinteressen – C.32 Gradmesser der Gemeinrechtsinteressen: Die gesetzliche Geschlossenheit des Kollisionsbereichs)

III. Zuständiges Recht: Das Gesetz der schwergewichtig betroffenen raumwirksamen Aufgabe ... 234–246 ... 167

    A. Positives Kollisionsrecht? ... 236–238 ... 167
    B. Exklusive Konkurrenz von Raumplan und Sachplan ... 239–245 ... 169
        B.1 Gemeinrechtsinteressen: Das Raumplanungsgesetz als raumwirksamer Grunderlaß? – B.2 Sonderrechtsinteressen: Aufgabeneffektivität und haushälterische Bodennutzung
    C. Zuständigkeit der schwergewichtig betroffenen raumwirksamen Aufgabe ... 246 ... 171

IV. Zuständiges Recht – vorbestimmte Standortwahl? (Verweisung) ... 247 ... 172

V. Raumwirksame Aufgabeneinheit ... 248–260 ... 172

    A. Einheit und Ressort ... 249–250 ... 173
    B. Ansätze eines koordinativen Verfahrensrechts ... 251–261 ... 174
        B.1 Äußerungsrecht und Anhörungspflicht – B.2 Adäquate Äußerungsform – B.3 Koordination eigenständiger Verfahren

§ 5 Fazit: Kollisionsrechtliche Konstante – zuständige Norm und Norminteresse ... 262–264 ... 179

Inhalt

Dritter Abschnitt: Aufgabenwaltung 265–469 181

§ 6 Aufgabennorm 268–347 182

I. Die raumwirksame Staatsaufgabe 269–283 182
   A. Raumwirksamkeit (Verweisung) 270–271 182
   B. Staatsaufgabe 272–279 183
      B.1 Materielle Funktionen des Aufgabenbegriffs? (B.11 Die Staatsaufgabe als ‹Sphäre› des Staates? – B.12 Die Staatsaufgabe als ‹Sachtotalität›?) – B.2 Entlastung des Begriffs: Die Staatsaufgabe als staatliche Zurechenbarkeit
   C. Aufgabennorm – Strukturelemente 280–283 187

II. Aufgabennormen der Verfassung 284–314 188
    A. Verfassungsvorbehalt 285–289 189
       A.1 Nur föderalistische Gründe? – A.2 Auch demokratische Gründe? – A.3 Verfassungsfunktionale Gründe
    B. Aufgabennormen der Verfassung: Gesetzgebungszuständigkeiten 290–296 192
       B.1 Sachgebiete – B.2 «Ordnungskriterien»? – B.3 «Querschnittprobleme»? – B.4 «Staatsprogramme»?
    C. Insbesondere: Orte von Gesetzgebungszuständigkeiten 297–311 195
       C.1 Gesetzgebungs«ermächtigungen», Gesetzgebungsaufträge – C.2 Dringlichkeitsrecht, Staatsnotstand – C.3 Zielbestimmungen? – C.4 Verfassungsgrundsätze? – C.5 Grundrechte? (C.51 Anspruchsbegründende Grundrechtsschicht als Aufgabennorm? – C.52 Objektiv-programmatische Grundrechtsschicht als Aufgabennorm?) – C.6 Fazit
    D. Verfassungspolitik des Gesetzes 312–314 201

III. Aufgabennormen des Gesetzes? 315–340 203
     A. Gesetzesvorbehalt 316–321 203
        A.1 Verteilung der Regelungslast – A.2 Folge: Das formelle Gesetz als Kompetenzbegriff
     B. Aufgabennormen des raumwirksamen Gesetzes ... 322–329 207
        B.1 Die Standortfrage als Ort notwendigen Ermessens – B.2 Über allem Ermessen: Die allgemeine Planungspflicht gemäß Art. 2 RPG – B.3 Demokratische und rechtsstaatliche Defizite?
     C. Insbesondere: Ungenügende Rechtsleistungen des Nutzungsplans? 330–339 212
        C.1 Berechenbarkeitsdefizite: Das Planungsgesetz als «gesetzliche Grundlage» planverfügter Eigen-

tumsbeschränkungen? – C.2 Legitimationsdefizite: Delegation von Planungsbefugnissen? – C.3 Fazit		
D. Gesetzespolitik des Plans	340	218
IV. Materielle Anreicherung von Aufgabennormen	341–347	218
A. ‹Verfassungsinteressen›	342–344	219
B. Interessenabwägung	346–348	220
§ 7 ‹Verfassungsinteressen›	348–409	222
I. Verfassungsinteressen als normativer Teilgehalt des Verfassungssatzes	351–354	223
II. Numerus clausus von Verfassungsinteressen	355–375	226
A. Verfassungsinteresse als formeller Verfassungssatz .	357	226
B. Verfassungsinteresse ‹hinter› dem formellen Verfassungssatz	358–366	226
B.1 Anknüpfungspunkt: Geschriebener und ungeschriebener Verfassungssatz – B.2 Bevorzugte Indikatoren: Zielnormen von Verfassung und Gesetz – B.3 Die ‹Nähe› von Verfassungssatz und Verfassungsinteresse		
C. Verfassungsgrundsätze als Verfassungsinteressen? ...	367–375	231
C.1 Verfassungsgrundsatz, Verfassungsprinzip und Verfassungssatz – C.2 Verfassungsgrundsatz, Rechtsgrundsatz und verfassungsgestaltende Grundentscheidung – C.3 Verfassungsbindung des Verfassungsgrundsatzes		
III. Rechtsqualität von Verfassungsinteressen	376–380	236
IV. Gleichrang von Verfassungsinteressen	381–409	240
A. Verschiedenerlei Verfassungsrecht?	382–391	240
A.1 Rangordnung der Verfassungswerte? – A.2 Materielle Schranken der Verfassungsrevision? – A.3 Materieller Verfassungsbegriff?		
B. Der Verfassungssatz als unwiderlegliches Urteil	392–404	245
B.1 Autonomie des Verfassungssatzes – B.2 Einzeldasein des Verfassungssatzes – B.3 Unbedingtheit des Verfassungssatzes		
C. Verfassungssatz, Verfassungsinteresse und die ‹Einheit der Verfassung›	405–409	252
§ 8 Interessenabwägung	410–466	254
I. Aufgabe: Einsehbarkeit raumwirksamer Ermessenswaltung	411–421	254
A. Die planungsrechtliche Entscheidfolge: Richtplan, Nutzungsplan, Baubewilligung	413–414	255

B. Insbesondere: Die Interessenabwägung als Mittel sachgerechter Entscheidbegründung .... B.1 Zerfall des Gleichheitssatzes? – B.2 Von der Gleichheit der Entscheidergebnisse zum Gleichmaß der Entscheidbegründungen	415–421	257
II. Methode	422–437	261
A. Ermittlung der Interessen	425–428	262
B. Bewertung der Interessen	429–431	264
C. Abwägung im engeren Sinne	432–434	266
D. Abwägung als Methode: Ein Luftschloß?	435–437	267
III. Fehler	438–445	269
A. Abwägungsausfall	440	270
B. Ermittlungsdefizit, Ermittlungsüberschuß	441	271
C. Fehlbewertung	442	272
D. Abwägungsmißverhältnis	443–444	273
E. Fehlerfolge	445	274
IV. Insbesondere: Die Interessenabwägung und das öffentliche Interesse	446–466	274
A. Das öffentliche Interesse als Rechtsbegriff	447–448	274
B. Das öffentliche Interesse als Inhaltsbegriff? .... B.1 Interessengegenstand: Das ‹Öffentliche›? – B.2 Interessenträger: Die ‹Öffentlichkeit›? – B.3 Fazit	449–453	275
C. Das ‹Öffentliche› als Leitmotiv staatlicher Aufgabenwaltung? .... C.1 Grundrechtsbeschränkungen: Eintracht öffentlicher Interessen? – C.2 Polizeirecht und Baubewilligung: Öffentliche Widmung des Verwaltungsrechts?	454–462	279
D. Fazit: Das öffentliche Interesse als Aufgabe	463–466	285
§ 9 Fazit: Verfassungsinteressen und Interessenabwägung – die Zeit in der Staatsaufgabe	467–469	287

Zweiter Teil. Verwaltungsrecht 470–780 289

Erster Abschnitt. Richtplanung und Richtplan 473–557 291

§ 10 Die Regelung des Gesetzes im Überblick	474–557	292
I. System	475–478	292
II. Elemente	479–490	295
A. Sachgrundlagen der Kantone	480–483	295
B. Zielrahmen der Kantone	484–486	296

C. Eidgenössische Sachpläne, Konzepte und Bauvorhaben	487–489	298
D. Richtpläne der Nachbarkantone	490	299
III. Verfahren	491–515	299
A. Planungen des Kantons, Planungen des Bundes	492–502	300
A.1 Planungen des Kantons – A.2 Planungen des Bundes		
B. Zusammenarbeit	503–509	302
C. Mitwirkung	510–513	304
D. Planfestsetzung (Verweisung)	514–515	306
IV. Exkurs: Die Planabstimmung im Bund	516–535	306
A. Mittel der Planabstimmung	517–525	307
A.1 Organisationsrechtliche Mittel – A.2 Verfahrensrechtliche Mittel – A.3 Materiellrechtliche Mittel – A.4 Insbesondere: Der Raumordnungsbericht des Bundes und die Richtlinien der Raumordnungspolitik		
B. Das Bundesamt für Raumplanung insbesondere	526–531	311
B.1 Das Bundesamt als Stabsstelle des Bundesrates? – B.2 Querweisungsrechte des Bundesamtes? – B.3 Sonderbefugnisse des Raumplanungsministers?		
C. Das Raumordnungsverfahren insbesondere	532–535	313
V. Richtplan	536–544	316
A. Handlungsplan, nicht Zielbild	537–539	316
B. Durchgangsplan, nicht Endpunkt	540–542	317
C. Planbindung (Verweisung)	543–544	317
VI. Verwandte Erscheinungen	545–557	318
A. Regierungsrichtlinien und Finanzplan der Legislatur	546–549	318
B. Konzeptionen	550–553	320
C. Verwaltungsvorschriften	554–557	323

Zweiter Abschnitt. Planbindung	558–684	328
§ 11 Adressaten	561–604	329
I. Gegenstand des Richtplans: Raumwirksame Aufgaben	562–579	329
A. Staatsaufgabe (Verweisung)	563–564	329
B. Raumwirksamkeit	565–569	329
B.1 Funktion – B.2 Bedeutungsgehalt		
C. Die raumwirksamen Aufgaben des Bundes im einzelnen	570–579	332

C.1 Art. 1 Abs. 2 Bst. a RPV: Raumpläne, Sachpläne, Konzepte, Grundlagen – C.2 Art. 1 Abs. 2 Bst. b RPV: Öffentliche Bauten und Anlagen – C.3 Art. 1 Abs. 2 Bst. c RPV: Konzessionen und Bewilligungen für raumwirksame Vorhaben – C.4 Art. 1 Abs. 2 Bst. d RPV: Beiträge zu raumwirksamen Vorhaben

II. Planerhebliche Aufgabenträger	580–593	337
A. «Raumwirksame Aufgaben» erfüllende Behörden	581	337
B. «Erfüllende» Behörden	582–583	337
C. «Behörden»	584–592	338

C.1 Zentralisierte Verwaltung – C.2 Autonome Verwaltungseinheiten – C.3 Private Träger raumwirksamer Aufgaben? – C.4 Parlamente?

D. Die Behörden des Bundes im einzelnen (Verweisung)	593	342
III. Planerhebliche Handlungsformen	594–604	342
A. Rechtssatz, Plan, Verfügung	595–597	342
B. Vertrag	598–601	343
C. Konzeptionen, Verwaltungsvorschriften	602	346
D. Formfreie, ‹schlichte› Verwaltung	603	346
E. Die Handlungsformen des Bundes im einzelnen (Hinweise)	604	346
§ 12 Inhalt und Form	605–634	348
I. Inhalt des Richtplans	606–612	348
A. Planungs- und Koordinations«ergebnisse»	607	348
B. «Räumliche» Ergebnisse	608–610	349
C. «Wesentliche» Ergebnisse	611	350
D. Ein «Mindestinhalt»?	612	351
II. Form des Richtplans	613–620	352
A. Karte und Text	614–615	352
B. Geschlossenheit des Richtplans	616–617	353
C. Ausschließlichkeit des Richtplans	618–619	353
D. Richtplanapparat: Ausgangslage, Erläuterungen, Grundlagen	620	354
III. Form der Einzelaussage	621–634	354
A. Zwang zur Einzelaussage	622–623	355
B. Plannormen	624–626	355
C. Konzeptteil, Programmteil	627	356
D. Festsetzung, Zwischenergebnis, Vororientierung	628–634	356

D.1 Festsetzungen – D.2 Zwischenergebnisse, Vororientierungen

Inhalt

§ 13 Bindungskraft	635–662	359
I. Vorbehalt des «Rechts»	636–641	359
A. Bindungsbereich: Das Ermessen	637–638	360
B. Das raumwirksame Ermessen im einzelnen (Hinweise)	639–641	360
II. Vorbehalt der Interessenabwägung	642–647	362
A. Interessenbekundung	643–644	362
B. Interessenabwägung	645–647	363
III. Vorbehalt veränderter Verhältnisse	648–649	364
IV. Zum Geltungsgrund des Richtplans	650–661	365
A. Die Plansetzungsbefugnis des Bundesrates und die Planadressaten der Bundesebene	651–658	365
A.1 Bundesversammlung – A.2 Bundesrat, Departemente, Ämter – A.3 Autonome Verwaltungseinheiten – A.4 Andere Aufgabenträger der Bundesebene – A.5 Nachbarkantone, Kanton		
B. Der Vertrauensgrundsatz als Rechtsgrund der Planbindung?	659–661	368
V. Ein Beispiel: Die Einflüsse des «verbindlichen» Richtplans auf die Nutzungsplanung	662	369
§ 14 «Außenwirkung»?	663–684	371
I. Die «Rechtsnatur» des Richtplans	664–667	371
II. Anfechtbarkeit von Richtplänen?	668–677	373
A. «Hoheitsakt»?	669–674	373
A.1 Kein anfechtbarer Hoheitsakt gegenüber Privaten – A.2 Anfechtbarer Hoheitsakt gegenüber Gemeinden		
B. Beschwerderecht?	675–677	376
III. Ausgleiche zur Außenwirkung	678–684	377
A. Mitwirkung der Bevölkerung	679	377
B. Inhalt des Richtplans	680–681	378
C. Die Rechtmäßigkeit des Richtplans als Vorfrage	682–684	378
Dritter Abschnitt. Planfestsetzung	685–780	380
§ 15 Kantonaler Planbeschluß	688–696	381
I. Zuständigkeit	689–690	381
II. Rechtsform	691–692	383

Inhalt

III. Referendum? Rechtsschutz?	693–694	384
IV. Rechtswirkungen	695–696	385
§ 16 Bereinigung	697–712	386
I. Bereinigung auf Gesuch hin (Art. 7 Abs. 2 RPG)	699–702	386
II. Bereinigung von Amtes wegen (Art. 12 Abs. 1 RPG)	703	387
III. Gegenstand	704–707	388
IV. Bereinigungsbefugnis	708	388
V. Verfahren (Hinweise)	709–710	389
VI. Entscheid	711–712	390
§ 17 Genehmigung	713–755	391
I. «Natur» und Tragweite	714–717	391
II. Gesuch (Verweisung)	718	393
III. Gegenstand	719–720	393
IV. Prüfungsbefugnis	721–726	393
A. Durchgängig: Bundesrechtmäßigkeit	722–724	394
B. Im Bereich überkantonaler Inhalte: «Sachgerechtheit»	725–726	394
V. Die Planprüfung im einzelnen	727–743	395
A. Eintreten	728–729	396
B. Formelles	730–734	396
B.1 Verfahren – B.2 Form		
C. Materielles	735–743	398
C.1 Erfüllung der Planungs- und Abstimmungspflicht – C.2 Innerkantonale Inhalte – C.3 Überkantonale Inhalte – C.4 Benachbartes Ausland		
VI. Verfahren (Hinweise)	744–747	402
VII. Entscheid	748–755	403
A. Vollständige Genehmigung – unmittelbar wirksame Planänderungen	749–750	404
B. Mittelbar wirksame Planänderungen – teilweise Genehmigung	751–753	406
C. Dispositiv	754–755	407

§ 18	Anpassung	756–780	409
I.	Abgrenzungen	758–765	409
	A. Bewirtschaftung	759–760	409
	B. Rücknahme	761–763	410
	C. Unterliegen	764–765	411
II.	Anpassungserfordernisse	766–776	411
	A. Veränderte Verhältnisse	768–772	411
	B. Interessenabwägung	773–776	413
III.	Verfahren	777–780	416

Schluß 417
  I. Bewährung? 417
 II. Ein Modell? 419

Sachregister 421

Literatur

Die Literatur wird nach dem kursiv gestellten *Kurztitel* zitiert. Im Verzeichnis erscheinen nur substantiell verwendete Schriften; weitere Hinweise finden sich in den Anmerkungen.

AEMISEGGER, HEINZ/WETZEL, THOMAS. *Wald und Raumplanung,* VLP-Schriftenfolge Nr. 38, Bern 1985.
– *Planungsgrundsätze,* in: Das Bundesgesetz über die Raumplanung (Berner Tage für die juristische Praxis 1980), Bern 1980, 81.
AUBERT, JEAN-FRANÇOIS. Traité de droit constitutionnel suisse, Neuenburg 1967 (Ergänzungsband III, 1982).
AUBERT, JEAN-FRANÇOIS/JAGMETTI, RICCARDO. Die Verfassungsmäßigkeit des Entwurfs vom 14. Oktober 1970 für ein Bundesgesetz über die Raumplanung, *Gutachten,* WuR 1971 132.
AUER, ANDREAS. Die schweizerische *Verfassungsgerichtsbarkeit,* Basel/Frankfurt (M) 1984.
– Les *droits politiques* dans les cantons suisses, Genf 1978.

BALSCHEIT, PETER. Die *Rechtsnatur* des Planes, Basel/Stuttgart 1969.
BÄUMLIN, RICHARD. Lebendige oder gebändigte *Demokratie?,* Basel 1978.
– *Staat, Recht und Geschichte,* Zürich 1961.
BERNET, FELIX. Das *öffentliche Interesse* als Grundlage der Verwaltungstätigkeit, SJZ 1976 217.
BERTOSSA, FRANCESCO. Der *Beurteilungsspielraum,* Bern 1984.
BIELENBERG, WALTER/ERBGUTH, WILFRIED/SÖFKER, WILHELM. *Raumordnungs- und Landesplanungsrecht* des Bundes und der Länder, Bielefeld 1979 ff.
BINSWANGER, HANS CHRISTOPH. *Eigentum* und Eigentumspolitik, Zürich 1978.
BINZ-GEHRING, DORIS. Das gesetzliche *Vorkaufsrecht* im schweizerischen Recht, Bern/Frankfurt (M) 1975.
BLANC, JEAN-PIERRE. Das *öffentliche Interesse* als Voraussetzung der Enteignung, Zürich 1967.
BLOETZER, GOTTHARD. Die Oberaufsicht über die *Forstpolizei* nach schweizerischem Bundesstaatsrecht, Zürich 1978.
BLOETZER, GOTTHARD/MUNZ, ROBERT. *Walderhaltungsgebot* und Rodungsbewilligung, ZBl 1972 428.
BRIDEL, MARCEL/MOOR, PIERRE. Observations sur la *hiérarchie des règles* constitutionnelles, ZSR 1968 I 405.
BULL, HANS PETER. Die *Staatsaufgaben* nach dem Grundgesetz, 2. A., Kronberg 1977.
BURCKHARDT, WALTHER. Die *Organisation* der Rechtsgemeinschaft, 2. A., Zürich 1944.
– *Methode und System* des Rechts, Zürich 1936.
– Grundsätzliches über die Abgrenzung der *Gesetzgebungskompetenzen* zwischen Bund und Kantonen, ZbJV 1932 305.
– *Kommentar* der schweizerischen Bundesverfassung, 3. A., Bern 1931.

CANARIS, CLAUS-WILHELM. *Systemdenken* und Systembegriff in der Jurisprudenz, Berlin 1969.
CHOLEWA, WERNER/DYONG, HARTMUT/VON DER HEIDE, HANS-JÜRGEN. *Raumordnung in Bund und Ländern,* Stuttgart 1981 ff.
COTTIER, THOMAS. Die *Rechtsnatur* «unverbindlicher» Entwicklungspläne, ZSR 1984 I 385.
– Die Verfassung und das Erfordernis der *gesetzlichen Grundlage,* Dießenhofen 1983.

DIDISHEIM, RAYMOND. La notion de *droit civil* fédéral, Lausanne 1973.
DRUEY, JEAN NICOLAS. *Interessenabwägung* – eine Methode?, in: Beiträge zur Methode des Rechts (St. Galler Festgabe zum Schweizerischen Juristentag 1981), Bern/Stuttgart 1981, 131.
DUPRAZ, LOUIS. De l'initiative en *revision* de la Constitution dans les Etats suisses, en particulier de l'initiative populaire, ZSR 1956 II 263 a.

EHMKE, HORST. Prinzipien der *Verfassungsinterpretation,* VVDStRL 20 53.
EICHENBERGER, KURT. *Verwaltungsprivatrecht,* in: Privatrecht – Öffentliches Recht – Strafrecht (Festgabe zum Schweizerischen Juristentag 1985), Basel/Frankfurt (M) 1985, 75.
Eidgenössisches Justiz- und Polizeidepartement/Bundesamt für Raumplanung (EJPD/ BRP). *Erläuterungen* zum Bundesgesetz über die Raumplanung, Bern 1981.
Eidgenössisches Justiz- und Polizeidepartement/Delegierter für Raumplanung (EJPD/ DRP). Der *Richtplan* nach dem Bundesgesetz über die Raumplanung vom 22. Juni 1979, Bern 1979.
ENGISCH, KARL. *Logische Studien* zur Gesetzesanwendung, 2. A., Heidelberg 1960.
ERNST, WERNER/HOPPE, WERNER. Das öffentliche Bau- und Bodenrecht, *Raumplanungsrecht,* 2. A., München 1981.
ESSER, JOSEF. *Grundsatz und Norm* in der richterlichen Fortbildung des Privatrechts, Tübingen 1956.
Expertenkommission für die Vorbereitung einer Totalrevision der Bundesverfassung, *Bericht,* Bern 1977.

FLEINER, FRITZ/GIACOMETTI, ZACCARIA. Schweizerisches *Bundesstaatsrecht,* Nachdruck Zürich 1978 (1949).
FLEINER, THOMAS. *Grundzüge* des allgemeinen und schweizerischen Verwaltungsrechts, 2. A., Zürich 1980.
FLUME, WERNER. *Rechtsgeschäft* und Privatautonomie, in: Hundert Jahre deutsches Rechtsleben (Festschrift zum hundertjährigen Bestehen des Deutschen Juristentages 1860–1960), Karlsruhe 1960, I 135.
FORSTHOFF, ERNST. Lehrbuch des *Verwaltungsrechts,* Allgemeiner Teil, 10. A., München 1973.

GEISSBÜHLER, HERMANN. *Raumplanungsrecht,* Eigentumsordnung und Verfassungsrevision, Bern 1981.
GELZER, KONRAD. *Bauplanungsrecht,* 4. A., Köln 1984.
GLAUSER, MAX. Das öffentliche *Vorkaufsrecht,* Zürich 1969.

GRAUVOGEL, GUSTAV. Kommentar zum Bundesbaugesetz (HERMANN BRÜGELMANN und andere), § 1 BBauG, Stuttgart 1960 ff.
GRIMM, DIETER. *Verfassungsfunktion* und Grundgesetzreform, AöR 1972 489.
GRISEL, ANDRÉ. Traité de *droit administratif,* Neuenburg 1984.
– Des *rapports* entre le droit civil fédéral et le droit public cantonal, ZSR 1951 I 293.
GUHL, THEO/MERZ, HANS/KUMMER, MAX. Das schweizerische *Obligationenrecht,* 7. A., Zürich 1980.
GYGI, FRITZ. Zur bundesstaatlichen Rechtsetzungszuständigkeit im Gebiet des Obligationen- und Handelsrechts *(Rechtsartikel),* ZSR 1984 I 1.
– *Bundesverwaltungsrechtspflege,* 2. A., Bern 1983.
– Zum *Polizeibegriff,* in: Staatsorganisation und Staatsfunktionen im Wandel (Festschrift für KURT EICHENBERGER), Basel/Frankfurt (M) 1982, 235.
– *Wirtschaftsverfassungsrecht,* Bern 1981.
– *Abweichungen,* in: Festschrift für HANS NEF, Zürich 1981, 73.
– Die *schweizerische Wirtschaftsverfassung,* 2. A., Bern 1978 (ZSR 1970 II 265).
– *Grundrechtskonkurrenz?,* in: Mélanges HENRI ZWAHLEN, Lausanne 1977, 61.
– Zur *Rechtsetzungszuständigkeit* des Bundes auf dem Gebiete des Zivilrechts (BV 64), ZSR 1976 I 343.
– *Verwaltungsrecht* und Privatrecht, Bern 1956.

HAAB, ROBERT. Zürcher Kommentar zum Sachenrecht, *Art. 641 ff. ZGB,* Nachdruck Zürich 1977 (1929 ff.).
HÄBERLE, PETER. Grundrechte im *Leistungsstaat,* VVDStRL 30 43.
– *Öffentliches Interesse* als juristisches Problem, Bad Homburg 1970.
HÄFELIN, ULRICH. *Verfassunggebung,* in: Probleme der Rechtsetzung (Hundert Jahre Bundesverfassung 1874–1974), Basel 1974, 75.
HÄFELIN, ULRICH/HALLER, WALTER. Schweizerisches *Bundesstaatsrecht,* Zürich 1984.
HALLER, ROLAND. *Handels- und Gewerbefreiheit* – Gesetzgebungskompetenzen des Bundes, Bern 1983.
HALLER, WALTER. *Raumplanung* im demokratisch-föderalistischen Rechtsstaat, in: Menschenrechte Föderalismus Demokratie (Festschrift für WERNER KÄGI), Zürich 1979, 161.
HANGARTNER, YVO. Grundzüge des schweizerischen *Staatsrechts,* Zürich 1980/1982.
– Die *Kompetenzverteilung* zwischen Bund und Kantonen, Bern/Frankfurt (M) 1974.
HAUG, HANS. Die Schranken der *Verfassungsrevision,* St. Gallen 1947.
HAUSER, EDWIN. Die *Bindungen des Bundes* an das kantonale Recht, Winterthur 1962.
HELLER, HERMANN. *Staatslehre,* 6. A., Tübingen 1983 (1934).
HERRFAHRDT, HEINRICH. Art. 74 GG, in: *Bonner Kommentar,* Hamburg 1950 ff.
HESSE, KONRAD. *Grundzüge* des Verfassungsrechts der Bundesrepublik Deutschland, 13. A., Heidelberg 1982.
HOTZ, REINHOLD. Probleme bei der eidgenössischen *Gewährleistung* kantonaler Verfassungen, ZBl 1982 193.
HUBER, HANS. *Niedergang* des Rechts und Krise des Rechtsstaates (1953), in: Rechtstheorie Verfassungsrecht Völkerrecht, Bern 1971, 27.
– Der *Formenreichtum* der Verfassung und seine Bedeutung für ihre Auslegung, ZbJV 1971 172.

- Gedanken über die *Ausscheidung der Zuständigkeiten* zwischen Bund und Kantonen, ZSR 1968 I 481.
- Berner Kommentar zur Einleitung des Schweizerischen Zivilgesetzbuches, *Art. 6 ZGB*, Bern 1966 (1962).
- Die verfassungsrechtliche Bedeutung der *Vertragsfreiheit*, Berlin 1966.
- Das *Gemeinwohl* als Voraussetzung der Enteignung, ZSR 1965 I 39.
- *Einheit* der Rechtsordnung und Einheit der Verwaltung im Bundesstaat, ZBl 1957 481.
- Der *Kompetenzkonflikt* zwischen dem Bund und den Kantonen, Bern 1926.

HUBER, KARL. *Koordination* als Begriff des Bundesrechts, in: Mélanges HENRI ZWAHLEN, Lausanne 1977, 323.

HUBMANN, HEINRICH. *Rationale Wertung* im Recht, in: Wertung und Abwägung im Recht, Köln/Berlin/Bonn/München 1977, 1.
- Die *Methode der Abwägung*, in: Wertung und Abwägung im Recht, Köln/Berlin/Bonn/München 1977, 145.

IMBODEN, MAX. Der *Plan* als verwaltungsrechtliches Institut (1960, VVDStRL 18 113), in: Staat und Recht, Basel/Stuttgart 1971, 387.
- Die Ausscheidung der *Rechtsetzungskompetenzen* zwischen Bund und Kanton, in: Mélanges MARCEL BRIDEL, Lausanne 1968, 253.
- Der verwaltungsrechtliche *Vertrag*, ZSR 1958 II 1 a.
- *Bundesrecht* bricht kantonales Recht, Aarau 1940.

IMBODEN, MAX/RHINOW, RENÉ. Schweizerische *Verwaltungsrechtsprechung*, 5. A., Basel/Stuttgart 1976.

JAAG, TOBIAS. Die Abgrenzung zwischen *Rechtssatz und Einzelakt*, Zürich 1985.
- Die *Anfechtbarkeit* von Richtplänen mit staatsrechtlicher Beschwerde, SJZ 1982 261.

JOST, ANDREAS. Die neueste Entwicklung des *Polizeibegriffs* im schweizerischen Recht, Bern 1975.

KÄGI, WERNER. Rechtsfragen der Volksinitiative auf *Partialrevision*, ZSR 1956 II 739 a.
- Die Verfassung als rechtliche *Grundordnung* des Staates, Zürich 1945.

KELLER, MARTIN. *Aufgabenverteilung* und Aufgabenkoordination im Landschaftsschutz, Dießenhofen 1977.

KIM, KURT. *Raumplanung Schweiz* (Bericht der Arbeitsgruppe des Bundes für Raumplanung), Bern 1970.

KLEIN, HANS H. Zum Begriff der *öffentlichen Aufgabe*, DöV 1965 755.

KNAPP, BLAISE. *Grundlagen* des Verwaltungsrechts, 2. A., Basel/Frankfurt (M) 1983.
- Les *principes* constitutionnels et leurs relations, in: Festschrift für HANS NEF, Zürich 1981, 167.
- *Intérêt*, utilité et ordre public, in: Erhaltung und Entfaltung des Rechts in der Rechtsprechung des Schweizerischen Bundesgerichts (Festschrift zur Hundertjahrfeier des Bundesgerichts), Basel 1975, 137.

KÖLZ, ALFRED. Die *Vertretung des öffentlichen Interesses* in der Verwaltungsrechtspflege, ZBl 1985 49.

- *Intertemporales Verwaltungsrecht,* ZSR 1983 II 101.
- *Bundestreue* als Verfassungsprinzip?, ZBl 1980 145.
- *Kommission Wahlen* (Arbeitsgruppe für die Vorbereitung einer Totalrevision der Bundesverfassung). *Schlußbericht,* Bern 1973.
- KRIELE, MARTIN. Theorie der *Rechtsgewinnung,* Berlin 1967.
- KRÜGER, HERBERT. Der *Verfassungsgrundsatz,* in: Festschrift für ERNST FORSTHOFF, München 1972, 187.
- Allgemeine *Staatslehre,* Stuttgart 1964.
- *Verfassungswandlung* und Verfassungsgerichtsbarkeit, in: Staatsverfassung und Kirchenordnung (Festschrift für RUDOLF SMEND), Tübingen 1962, 151.
- *Verfassungsänderung* und Verfassungsauslegung, DöV 1961 721.
- KUTTLER, ALFRED. *Fragen des Rechtsschutzes* gemäß dem Bundesgesetz über die Raumplanung, ZBl 1982 329.

- LANZ, CHRISTOPH. *Politische Planung* und Parlament, Bern 1977.
- LARENZ, KARL. *Methodenlehre* der Rechtswissenschaft, 5. A. (Studienausgabe), Berlin/Heidelberg/New York/Tokio 1983.
- LEIBHOLZ, GERHARD/RINCK, HANS JUSTUS. *Grundgesetz,* Kommentar anhand der Rechtsprechung des Bundesverfassungsgerichts, 6. A., Köln 1979 ff.
- LEISNER, WALTER. *Privatinteressen* als öffentliches Interesse, DöV 1970 217.
- LENDI, MARTIN. Innere und äußere *Gefahren* für die Raumplanung, DISP Nr. 62, Zürich 1981, 5.
- *Grundfragen* im Zusammenhang mit dem Bundesgesetz über die Raumplanung, SJZ 1980 53.
- *Richtplanung* und Richtpläne, in: Das Bundesgesetz über die Raumplanung (Berner Tage für die juristische Praxis 1980), Bern 1980, 97.
- Der *Raumordnungsbericht* als ein Instrument der Raumordnungspolitik, DISP Nr. 54, Zürich 1979, 16.
- *Planungsrecht* und Eigentum, ZSR 1976 II 1.
- *Raumbedeutsame Pläne,* ZSR 1973 I 105.
- *Materielle Grundsätze* der Raumplanung, DISP Nr. 27, Zürich 1973, 5.
- LENDI, MARTIN/ELSASSER, HANS. *Raumplanung* in der Schweiz, Zürich 1985.
- LERCHE, PETER. Das Bundesverfassungsgericht und die *Verfassungsdirektiven,* AöR 1965 341.
- *Übermaß* und Verfassungsrecht, Köln/Berlin/München/Bonn 1961.
- LINDER, WOLF. *Planung und Verfassung,* ZSR 1977 I 369.
- LÜCHINGER, HANS GEORG. Die Auslegung der schweizerischen *Bundesverfassung,* Zürich 1954.
- LUCHSINGER, MARTIN. Die *Prinzipien des Rechtsstaates* als materielle Schranken der Verfassungsrevision, Zürich 1960.

- MANGOLDT, HERMANN VON/KLEIN, FRIEDRICH. Das Bonner *Grundgesetz,* 2. A., Berlin/Frankfurt (M) 1957.
- MARTENS, WOLFGANG. *Öffentlich als Rechtsbegriff,* Bad/Homburg/Berlin/Zürich 1969.
- MARTI, HANS. Die *staatsrechtliche Beschwerde,* 4. A., Basel/Stuttgart 1979.
- Die *Wirtschaftsfreiheit* der schweizerischen Bundesverfassung, Basel/Stuttgart 1976.

MAUNZ, THEODOR/DÜRIG, GÜNTHER/HERZOG, ROMAN/SCHOLZ, RUPERT. *Grundgesetz*, Kommentar, München 1958 ff.
MEIER-HAYOZ, ARTHUR. Berner Kommentar zum Sachenrecht, *Eigentum Systematischer Teil* und *Art. 641 ZGB*, 5. A., Bern 1981.
– Berner Kommentar zur Einleitung des Schweizerischen Zivilgesetzbuches, *Art. 1 ZGB*, Bern 1966 (1962).
– Die *kantonalzürcherische Initiative* gegen die Bodenspekulation vom Jahre 1962, ZBl 1964 1.
MOLITOR, ERICH. Über öffentliches Recht und *Privatrecht*, Karlsruhe 1949.
MOOR, PIERRE. Du *plan directeur* à la planification directrice, in: Mélanges ANDRÉ GRISEL, Neuenburg 1983, 575.
– La *participation* des administrés dans les procédures d'aménagement du territoire, ZSR 1976 I 149.
– *Aménagement du territoire* et propriété privée, ZSR 1976 II 365.
MÜLLER, FRIEDRICH. Die *Einheit* der Verfassung, Berlin 1979.
– Juristische *Methodik*, 2. A., Berlin 1976.
MÜLLER, GEORG. *Privateigentum* heute, ZSR 1981 II 1.
– Inhalt und Formen der *Rechtsetzung* als Problem der demokratischen Kompetenzordnung, Basel/Stuttgart 1979.
– *Interessenabwägung* im Verwaltungsrecht, ZBl 1972 337.
MÜLLER, JÖRG PAUL. *Elemente* einer schweizerischen Grundrechtstheorie, Bern 1982.
– Grundrechtliche Anforderungen an *Entscheidstrukturen*, in: Staatsorganisation und Staatsfunktionen im Wandel (Festschrift für KURT EICHENBERGER), Basel/Frankfurt (M) 1982, 169.
– *Soziale Grundrechte* in der Verfassung?, 2. A., Basel/Frankfurt (M) 1981 (ZSR 1973 II 687).
MÜLLER, JÖRG PAUL/MÜLLER, STEFAN. *Grundrechte*, besonderer Teil, Bern 1985.
MÜLLER, NIKLAUS. Die Rechtsprechung des Bundesgerichts zum Grundsatz der *verfassungskonformen Auslegung*, Bern 1980.
MÜLLER, PAUL RICHARD. Das öffentliche *Gemeinwesen* als Subjekt des Privatrechts, St. Gallen 1970.
MÜLLER, PETER. *Aktuelle Fragen* des eidgenössischen und kantonalen Raumplanungsrechts, ZBl 1983 193.
MÜLLER, PETER. Funktionen und Motive einer verfassungsrechtlichen *Aufgabennormierung* in den Kantonen, Basel/Frankfurt (M) 1981.
MÜNCH, INGO VON (Hg.). *Grundgesetz*kommentar, München 1978.

NEF, HANS. Die *Wertordnung* der Schweizerischen Bundesverfassung, in: Verfassungsrecht und Verfassungswirklichkeit (Festschrift für HANS HUBER), Bern 1961, 190.
– Materielle Schranken der *Verfassungsrevision*, ZSR 1942 I 108.

OSER, HUGO/SCHÖNENBERGER, WILHELM. Zürcher Kommentar zum Obligationenrecht, Allgemeine Bestimmungen, *Art. 51 OR*, 2. A., Zürich 1929.
OSSENBÜHL, FRITZ. Welche *normativen Anforderungen* stellt der Verfassungsgrundsatz des demokratischen Rechtsstaates an die planende staatliche Tätigkeit?, Gutachten für den 50. Deutschen Juristentag, München 1974, B 3.
– Die Erfüllung von *Verwaltungsaufgaben* durch Private, VVDStRL 29 137.

PERELMAN, CHAIM. Juristische Logik als *Argumentationslehre,* Freiburg/München 1979.
PESTALOZZA, CHRISTIAN. *Kollisionsrechtliche Aspekte* der Unterscheidung von öffentlichem Recht und Privatrecht, DöV 1974 188.
PETERS, HANS. Öffentliche und staatliche *Aufgaben,* in: Festschrift für HANS CARL NIPPERDEY, München/Berlin 1965, II 877.
PFISTERER, THOMAS. Über den *Einfluß des Raumplanungsrechts* auf die Bundesverwaltungstätigkeit, Raumplanung Informationsheft 1/1981 9.
PODLECH, ADALBERT. *Wertungen* und Werte im Recht, AöR 1970 185.
PROBST, RUDOLF. *Richtlinien* der Regierungspolitik – Finanzplanung – Finanzrecht, in: Recht als Prozeß und Gefüge (Festschrift für HANS HUBER), Bern 1981, 685.

RAMSTEIN, KURT. Die *Abgrenzung* zwischen öffentlichem und privatem Recht im Lichte der bundesgerichtlichen Rechtsprechung, Winterthur 1959.
RHINOW, RENÉ. *Verfügung,* Verwaltungsvertrag und privatrechtlicher Vertrag, in: Privatrecht – Öffentliches Recht – Strafrecht (Festgabe zum Schweizerischen Juristentag 1985), Basel/Frankfurt (M) 1985, 295.
– Grundprobleme der schweizerischen *Demokratie,* ZSR 1984 II 111.
– *Rechtsetzung* und Methodik, Basel/Stuttgart 1979.
RICHLI, PAUL. Zur Leitung der *Wirtschaftspolitik* durch Verfassungsgrundsätze, Bern 1983.
RINGLI, HELLMUT. Praxis der kantonalen *Richtplanung,* ETH Zürich 1984.
ROHNER, CHRISTOPH. Über die *Kognition des Bundesgerichts* bei der staatsrechtlichen Beschwerde wegen Verletzung verfassungsmäßiger Rechte, Bern 1982.
ROHRER, BEAT. *Beziehungen* der Grundrechte untereinander, Zürich 1982.

SALADIN, PETER. *Verantwortung* als Staatsprinzip, Bern/Stuttgart 1984.
– *Bund und Kantone,* ZSR 1984 II 431.
– *Demokratische Sonderrechte* von «Betroffenen»?, in: Mélanges ANDRÉ GRISEL, Neuenburg 1983, 271.
– *Grundrechte* im Wandel, 3. A., Bern 1982.
– *Grundrechtsprobleme,* in: BERND-CHRISTIAN FUNK (Hg.), Die Besorgung öffentlicher Aufgaben durch Privatrechtssubjekte, Wien 1981, 59.
– *Kernenergie* und schweizerische Staatsordnung, in: Recht als Prozeß und Gefüge (Festschrift für HANS HUBER), Bern 1981, 297.
– Raumplanung und *Eigentumskonzept,* in: Das Bundesgesetz über die Raumplanung (Berner Tage für die juristische Praxis 1980), Bern 1980, 41.
– *Verfassungsreform* und Verfassungsverständnis, AöR 1979 345.
– Das *Verwaltungsverfahrensrecht* des Bundes, Basel/Stuttgart 1979.
– Lebendiger *Föderalismus,* ZSR 1978 I 407.
– *Rahmengesetzgebung* im Bundesstaat, ZbJV 1978 505.
– Bemerkungen zu *Struktur und Stil* der Schweizerischen Bundesverfassung, in: Recueil des travaux suisses présentés au IXe Congrès international de droit comparé, Basel 1976, 219.
– Das Verfassungsprinzip der *Fairneß,* in: Erhaltung und Entfaltung des Rechts in der Rechtsprechung des Schweizerischen Bundesgerichts (Festschrift zur Hundertjahrfeier des Bundesgerichts), Basel 1975, 41.

SALADIN, PETER/LANZ, CHRISTOPH. Rechtliche Probleme im Zusammenhang mit *Einkaufszentren,* ZBl 1976 89.
SCHARPF, FRITZ. **Planung** als politischer Prozeß, in: Planung als politischer Prozeß, Frankfurt 1973, 33.
– *Komplexität* als Schranke der politischen Planung, in: Planung als politischer Prozeß, Frankfurt 1973, 73.
SCHEUNER, ULRICH. *Staatszielbestimmungen,* in: Festschrift für ERNST FORSTHOFF, München 1972, 325.
– Das *Gesetz als Auftrag* der Verwaltung, DöV 1969 585.
SCHMIDT-BLEIBTREU, BRUNO/KLEIN, FRANZ. Kommentar zum *Grundgesetz,* 4. A., Neuwied 1977.
SCHMITT, CARL. Die *Tyrannei der Werte* (1959), in: Säkularisation und Utopie (Ebracher Studien, Festschrift für ERNST FORSTHOFF), Stuttgart 1967, 37.
– *Verfassungslehre,* München/Leipzig 1928.
SCHULTZ, HANS. Einführung in den *allgemeinen Teil* des Strafrechts, 4. A., Bern 1982.
SCHÜRMANN, LEO. *Bau- und Planungsrecht,* 2. A., Bern 1984.
– *Wirtschaftsverwaltungsrecht,* 2. A., Bern 1983.
SCHWANDER, VITAL. Das Schweizerische *Strafgesetzbuch,* 2. A., Zürich 1964.
SIEGENTHALER, PAUL. Die materiellen Schranken der *Verfassungsrevision* als Problem des positiven Rechts, Bern 1970.
SPAHN, JÜRG. Die *Bindung des Bundes* an das kantonale und kommunale Baupolizeirecht sowie an die eidgenössischen Vorschriften im Bereich der Raumplanung (Hg.: EJPD/DRP), Bern 1977.
SPÜHLER, KARL. Die *Schranken der politischen Rechte* nach der Verfassung der Schweizerischen Eidgenossenschaft, Aarau 1962.
STEINLIN, CHRISTOPH. Eidgenössische und kantonale *Raumplanungskompetenzen,* Zürich 1978.
STEINMANN, GEROLD. *Unbestimmtheit* verwaltungsrechtlicher Normen aus der Sicht von Vollzug und Rechtsetzung, Bern 1982.
STRATENWERTH, GÜNTER. Schweizerisches Strafrecht, *allgemeiner Teil,* Bern 1982.
STRUCK, GERHARD. Zur Theorie juristischer *Argumentation,* Berlin 1977.

THORMANN, PHILIPP/OVERBECK, ALFRED VON. Das Schweizerische *Strafgesetzbuch,* Zürich 1940f.
THÜRER, DANIEL. Das *Störerprinzip* im Polizeirecht, ZSR 1983 I 463.

VENANZONI, RETO. *Konkurrenz* von Grundrechten, ZSR 1979 I 267.
VEUVE, LÉOPOLD. *Plan directeur* cantonal et participation, Lausanne 1981.

WALSER, CAROLINE. Rechtliche Voraussetzungen der *koordinierenden Raumplanung,* Zürich 1984.
WEBER-DÜRLER, BEATRICE. *Vertrauensschutz* im öffentlichen Recht, Basel/Frankfurt (M) 1983.
– Die *Rechtsgleichheit* in ihrer Bedeutung für die Rechtsetzung, Bern 1973.
WEGELIN, FRITZ. *Bereinigungsverfahren,* Raumplanung Informationsheft 1/1983 19.
– Braucht die Raumplanung *Leitbilder?,* Raumplanung Informationsheft 4/1981 3.
– Integrierte politische *Planung,* Winterthur 1978.

WEHINGER, URS. *Raumplanung* und Regionen unter dem Aspekt des Subsidiaritätsprinzips, Zürich 1975.
WEMEGAH, MONICA. *Administration* fédérale et aménagement du territoire, Saint-Saphorin 1979.
WERDER, HANS. Die *Koordination von Konzeptionen* in der Bundesverwaltung (Bericht der interdepartementalen Arbeitsgruppe «Koordination von Konzeptionen»), Bern 1982 (nicht veröffentlicht).
WERDER, MICHAEL. *Eigentum und Verfassungswandel,* Dießenhofen 1977.
WERNER, DAVID. Probleme der *Grundsatzgesetzgebung* des Bundes auf dem Gebiete der Raumplanung, Zürich 1975.
WIDMER, PETER. *Normkonkurrenz* und Kompetenzkonkurrenz im schweizerischen Bundesstaatsrecht, Zürich 1966.
WILDHABER, LUZIUS/BREITENMOSER, STEPHAN. *Aufgabennormen* und Grundrechte in der Verfassung des Kantons Basel-Stadt, in: Handbuch des Staats- und Verwaltungsrechts des Kantons Basel-Stadt, Basel/Frankfurt (M) 1984, 45.
WOLFF, HANS JULIUS. *Rechtsgrundsätze* und verfassungsgestaltende Grundentscheidungen als Rechtsquellen, in: Gedächtnisschrift für WALTHER JELLINEK, München 1955, 33.
WOLFF, HANS JULIUS/BACHOF, OTTO. *Verwaltungsrecht* I, 9.A., München 1974.

ZAUGG, ALDO. *Kommentar* zum Baugesetz des Kantons Bern, Bern 1971.
ZENGER, CHRISTOPH. Die Bedeutung der Freiheit wirtschaftlicher Entfaltung für eine *freie Berufswahl,* Bern 1985.
– Der *Numerus clausus* an Hochschulen als Grundrechtsfrage, ZSR 1983 I 1.
ZIMMERLI, ULRICH. Der Grundsatz der *Verhältnismäßigkeit* im öffentlichen Recht, ZSR 1978 II 1.
ZIMMERLIN, ERICH. Über die Raumplanung, ihr *Instrumentarium* und das Planungsermessen, in: Staatsorganisation und Staatsfunktionen im Wandel (Festschrift für KURT EICHENBERGER), Basel/Frankfurt (M) 1982, 571.
– Nochmals: Die *Rechtsnatur* der Pläne, ZBl 1981 337.
– Baugesetz des Kantons Aargau, *Kommentar,* Aarau 1977.
ZIPPELIUS, REINHOLD. Allgemeine *Staatslehre,* 8.A., München 1982.
– Einführung in die juristische *Methodenlehre,* 3.A., München 1980.
ZUMSTEIN, CHRISTOPHE. Der Begriff der *Staatsaufgabe,* Basel 1980.

Abkürzungen

Bundesrecht

Erlasse des Bundes werden nach dem Abkürzungsverzeichnis der Bundeskanzlei (1976) zitiert. Darüber hinaus gelten folgende Abkürzungen und Kurzbezeichnungen:

AtG	BG vom 23. Dezember 1959 über die friedliche Verwendung der Atomenergie und den Strahlenschutz, SR 732.0
BauV	V vom 30. November 1981 über das Bauwesen des Bundes, SR 172.057.20
BBAtG	BB vom 6. Dezember 1978 zum Atomgesetz, SR 732.01
BewG	BG vom 16. Dezember 1983 über den Erwerb von Grundstücken durch Personen im Ausland, SR 211.412.41
BOG	BG vom 19. Dezember 1980 über das Bundesamt für Organisation, SR 172.010.58
BVG	BG vom 25. Juni 1982 über die berufliche Alters-, Hinterlassenen- und Invalidenvorsorge, SR 831.40
EBV	V vom 23. November 1983 über Bau und Betrieb der Eisenbahnen, SR 742.141.1
EinkaufsV	V vom 8. Dezember 1975 über das Einkaufswesen des Bundes, SR 172.056.13
FG	BG vom 7. Oktober 1983 über die Forschung, SR 420.1
FKG	BG vom 28. Juni 1967 über die Eidgenössische Finanzkontrolle, SR 614.0
IHG	BG vom 28. Juni 1974 über Investitionshilfe für Berggebiete, SR 901.1
LPG	BG vom 4. Oktober 1985 über die landwirtschaftliche Pacht, BBl 1985 II 1300
LVG	BG vom 8. Oktober 1982 über die wirtschaftliche Landesversorgung, SR 531
NationalparkG	BG vom 19. Dezember 1980 über den Schweizerischen Nationalpark im Kanton Graubünden, SR 454
NHV	VV vom 27. Dezember 1966 über den Natur- und Heimatschutz, SR 451.1
NSV	V vom 24. März 1964 über die Nationalstraßen, SR 725.111
PRG	BG vom 17. Dezember 1976 über die politischen Rechte, SR 161.1
RPG	BG vom 22. Juni 1979 über die Raumplanung, SR 700
RPG 74	BG vom 4. Oktober 1974 über die Raumplanung, BBl 1974 II 816
RPV	V vom 26. August 1981 über die Raumplanung, SR 700.1
SchiffahrtsV	V vom 9. August 1972 über die konzessions- und bewilligungspflichtige Schiffahrt, SR 747.211.1
SeilbahnV	V vom 23. Dezember 1963 über Bau und Betrieb von eidgenössisch konzessionierten Seilbahnen, SR 743.12
Seilbahn-konzessionsV	V vom 8. November 1978 über die Konzessionierung von Luftseilbahnen, SR 743.11

Abkürzungen

StarkstromV	V vom 7. Juli 1933 über die Erstellung, den Betrieb und den Unterhalt von elektrischen Starkstromanlagen, SR 734.2
SubmissionsV	V vom 31. März 1971 über die Ausschreibung und Vergebung von Arbeiten und Lieferungen bei Hoch- und Tiefbauten des Bundes, SR 172.056.12
TalsperrenV	VV vom 9. Juli 1957 zu Art. 3bis des BG betreffend die Wasserbaupolizei, SR 721.102
TreibstoffB	BB vom 23. Dezember 1959 über die Verwendung des für den Straßenbau bestimmten Anteils am Treibstoffzollertrag, SR 725.116.2
USG	BG vom 7. Oktober 1983 über den Umweltschutz, SR 814.01
VBLN	V vom 10. August 1977 über das Bundesinventar der Landschaften und Naturdenkmäler, SR 451.11
VE	Verfassungsentwurf der Expertenkommission für die Vorbereitung einer Totalrevision der Bundesverfassung, Bern 1977
V-EDMZ	V vom 29. November 1976 über die Eidgenössische Drucksachen- und Materialzentrale, SR 172.210.14
VISOS	V vom 9. September 1981 über das Bundesinventar der schützenswerten Ortsbilder der Schweiz, SR 451.12
WasserbaupolizeiG	BG vom 22. Juni 1877 über die Wasserbaupolizei, SR 721.10

Kantonales Recht

Zürich

BauG ZH	Gesetz über die Raumplanung und das öffentliche Baurecht vom 7. September 1975/20. Mai 1984
EVRPG ZH	Verordnung über vorläufige Einführungsbestimmungen zum Bundesgesetz über die Raumplanung vom 22. Juni 1979 und zum revidierten Bundesgesetz über den Schutz der Gewässer gegen Verunreinigung (Gewässerschutzgesetz) vom 8. Oktober 1971 (Einführungsverordnung zum RPG)

Bern

BauG BE	Baugesetz vom 9. Juni 1985

Luzern

BauG LU	Baugesetz des Kantons Luzern vom 15. September 1970
EVRPG LU	Vollzugsverordnung zum Bundesgesetz über die Raumplanung vom 14. Januar 1980

Uri

BauG UR	Baugesetz des Kantons Uri vom 10. Mai 1970/5. April 1981

Schwyz

BauG SZ	Baugesetz vom 30. April 1970

EVRPG SZ	Verordnung über vorläufige Regelungen der Raumplanung vom 17. Dezember 1979

Obwalden

BauG OW	Baugesetz vom 4. Juni 1972
EVRPG OW	Ausführungsbestimmungen zum Bundesgesetz über die Raumplanung (Übergangsrecht) vom 11. Dezember 1979

Nidwalden

BauG NW	Baugesetz vom 30. April 1961
EVRPG NW	Einführungsverordnung zum Bundesgesetz über die Raumplanung (Einführungsverordnung) vom 17. Dezember 1979

Glarus

BauG GL	Baugesetz für den Kanton Glarus vom 4. Mai 1952
EVRPG GL	Raumplanungsverordnung vom 18. Dezember 1979

Zug

BauG ZG	Baugesetz für den Kanton Zug vom 18. Mai 1967

Freiburg

BauG FR	Raumplanungs- und Baugesetz vom 9. Mai 1983

Solothurn

BauG SO	Baugesetz vom 3. Juli 1978
RichtplanV SO	Verordnung über den Erlaß des kantonalen Richtplans vom 3. April 1984

Basel-Stadt

BauG BS	Hochbautengesetz des Kantons Basel-Stadt vom 11. Mai 1939
EVRPG BS	Verordnung betreffend die Einführung des Bundesgesetzes über die Raumplanung vom 22. Juni 1979, vom 22. Dezember 1981

Basel-Landschaft

BauG BL	Baugesetz vom 15. Juni 1967
EVRPG BL	Regierungsratsverordnung über einführende Maßnahmen über die Raumplanung vom 18. Dezember 1979

Schaffhausen

BauG SH	Baugesetz für den Kanton Schaffhausen vom 9. November 1964
EVRPG SH	Verordnung des Regierungsrates des Kantons Schaffhausen zum Bundesgesetz über die Raumplanung vom 22. Juni 1979 (Raumplanungsverordnung) vom 14. Dezember 1982

Abkürzungen

Appenzell-Außerrhoden

BauG AR Gesetz über die Einführung des Bundesgesetzes über die Raumplanung (EG zum RPG) vom 28. April 1985

Appenzell Innerrhoden

BauG AI Baugesetz vom 28. April 1985

St. Gallen

BauG SG Gesetz über die Raumplanung und das öffentliche Baurecht vom 6. Juni 1972/6. Januar 1983

Graubünden

BauG GR Raumplanungsgesetz für den Kanton Graubünden vom 20. Mai 1973
RichtplanVGR Verordnung über die kantonale Richtplanung (RIPVO) vom 12. März 1981

Aargau

BauG AG Baugesetz des Kantons Aargau vom 2. Februar 1971

Thurgau

BauG TG Baugesetz vom 28. April 1977
EVRPG TG Verordnung des Regierungsrates zur Einführung des Bundesgesetzes über die Raumplanung vom 8. Juni 1982

Tessin

BauG TI Legge edilizia cantonale del 19 febbraio 1973
PlanungsG TI Legge sulla pianificazione cantonale del 10 dicembre 1980
EVRPG TI Decreto esecutivo sull'ordinamento provvisorio in materia di pianificazione del territorio del 29 gennaio 1980

Waadt

BauG VD Loi du 5 février 1941 sur les constructions et l'aménagement du territoire
Richtplandekret VD Décret sur le plan directeur cantonal du 22 février 1984

Wallis

BauG VS Gesetz vom 19. Mai 1924 betreffend das Bauwesen
EVRPG VS Verordnung vom 7. Februar 1980 zur vorläufigen Regelung der Einführung des Bundesgesetzes über die Raumplanung

Neuenburg

BauG NE   Loi sur les constructions du 12 février 1957

Genf

BauG GE   Loi sur les constructions et les installations diverses du 25 mars 1961
EVRPG GE   Règlement transitoire d'application de la loi fédérale sur l'aménagement du territoire du 22 juin 1979, du 2 avril 1980/23 février 1983

Jura

BauG JU   Loi sur les constructions du 26 octobre 1978
EVRPG JU   Arrêté instituant des mesures provisionnelles en vertu de la loi fédérale du 22 juin 1979 sur l'aménagement du territoire du 18 décembre 1979

Veröffentlichungen

Veröffentlichungen werden nach dem Abkürzungsverzeichnis der Bundeskanzlei (1976) zitiert. Weiter gelten folgende Abkürzungen:

AöR   Archiv des öffentlichen Rechts
BfA   Blätter für Agrarrecht
BVerfGE   Entscheidungen des Bundesverfassungsgerichts
BVerwGE   Entscheidungen des Bundesverwaltungsgerichts
DISP   Dokumente und Informationen zur schweizerischen Orts-, Regional- und Landesplanung
DöV   Die öffentliche Verwaltung
DVBl   Deutsches Verwaltungsblatt
NJW   Neue Juristische Wochenschrift
VerwPra   Verwaltungspraxis
VLP-Schriftenfolge Schriftenfolge der Schweizerischen Vereinigung für Landesplanung
VVDStRL   Veröffentlichungen der Vereinigung der Deutschen Staatsrechtslehrer
WuR   Wirtschaft und Recht

Verschiedenes

BBauG   Bundesbaugesetz (Bundesrepublik Deutschland) vom 23. Juni 1960/18. August 1976
BRB GR   BRB vom 6. Dezember 1982 über den Richtplan des Kantons Graubünden (nicht veröffentlicht), vgl. BBl 1983 II 1237
BRB ZH   BRB vom 4. März 1985 über den Richtplan des Kantons Zürich, BBl 1985 I 1379
GG   Grundgesetz für die Bundesrepublik Deutschland vom 23. Mai 1949

Prüfungs-bericht GR	Richtplan des Kantons Graubünden, Prüfungsbericht des Bundesamtes für Raumplanung zuhanden des Bundesrates, vom 28. Oktober 1982 (nicht veröffentlicht)
Prüfungs-bericht ZH	Richtplan des Kantons Zürich, Prüfungsbericht des Bundesamtes für Raumplanung zuhanden des Bundesrates, vom 4. März 1985 (nicht veröffentlicht)
ROG	Raumordnungsgesetz (Bundesrepublik Deutschland) vom 8. April 1965

Übrige Abkürzungen

sind allgemein eingeführt oder im Zusammenhang verständlich.

Einleitung

I. Zur Frage

Der Wettlauf um den Boden ist nicht nur ein Wettlauf des einen Bürgers gegen den andern, des Privatmanns gegen das Gemeinwesen. Streit führt schon der öffentliche Wille mit sich selbst: Ressort gegen Ressort; Bund, Kantone und Gemeinden untereinander. Der Grund liegt auf der Hand: Boden ist Ressource, einem großen Teil der Staatsaufgaben unentbehrlich; diese Aufgaben aber, sowie sie Boden belegen, folgen eigenem Recht: sind unterschiedlichen Zwecken gewidmet, unterschiedlichen Trägern zugeordnet – kein verbindender Geist glättet die Widersprüche. So wird der Bodenverbrauch des Staates selber zum Thema, ihn zu ordnen und zu lenken selber Aufgabe. «Abstimmung» heißt das Gebot, Werkzeug soll der Richtplan sein, und vor allem: die durch Richtplan ausgedrückten Abstimmungsergebnisse wollen für den Aufgabenträger «verbindlich» sein.

Von der Verbindlichkeit des Richtplans, dem Angelpunkt raumwirksamer Aufgabenkoordination, sollte anfangs allein die Rede sein – vorgetreten aber ist mit fortschreitender Arbeit die Abstimmung raumwirksamer Aufgaben selbst, noch dazu Zweifel weckend: Abstimmung raumwirksamer Aufgaben durch Richtplan? Drei Gründe haben dahin geführt.

Erstens: Die Verbindlichkeit des Richtplans hat zum Gegenstand die *Erfüllung* raumwirksamer Aufgaben; insofern ist der Richtplan ein *aufgabenrechtliches Institut,* gedacht zur planmäßigen Vorbereitung raumwirksamer Aufgaben. Das Bedürfnis nach planmäßiger Aufgabenvorbereitung wäre nicht denkbar und die «Verbindlichkeit» ihrer Ergebnisse nicht möglich, wenn das einschlägige Recht dem Aufgabenträger nicht erhebliche Gestaltungsfreiheit eingeräumt hätte. So weist der verbindliche Richtplan notwendig auf die ‹Verfassung› der beteiligten *raumwirksamen Aufgaben* zurück.

Zweitens: Die Verbindlichkeit des Richtplans hat zum Gegenstand zugleich die *Koordination* raumwirksamer Aufgaben; insofern ist der Richtplan ein *kollisionsrechtliches Institut,* gedacht zur planmäßigen Verklammerung raumwirksamer Aufgaben. Koordination unter Aufgabenträgern wird nur dort zum Anliegen, wo Aufgaben sich sachlich berühren: einander ausschließen, behindern, bedingen oder ergänzen; wo

Regelungskonflikt und Kompetenzkonflikt aufbrechen. So leitet der verbindliche Richtplan notwendig auf Möglichkeiten und Grenzen rechtlicher *Abstimmung* hin.

Drittens: Die Verbindlichkeit des Richtplans ist Hauptstück eines Normengefüges, das die raumwirksamen Aufgaben allein durch geordnete Abfolge von Arbeitsschritten, allein kraft bestimmten Planungsablaufs vorbereiten und verklammern will. Das Recht des Richtplans verfaßt *Mittel und Wege zu ‹einheitlicher› Staatstätigkeit* – mehr nicht. Das Einverständnis des materiellen Rechts setzt es voraus: setzt voraus, daß das raumwirksame Aufgabenrecht die Freiheit der Vorbereitung, das raumwirksame Kollisionsrecht die Freiheit der Abstimmung gewährt. So schafft der Richtplan Erwartungsdruck, ohne dafür Sorge zu tragen, daß die zuständige Norm ihn aufzufangen und abzuleiten vermag. Daher die Zweifel: Abstimmung raumwirksamer Aufgaben *durch Richtplan?*

Diese Frage bestimmt den Gang der Arbeit. Der erste Teil soll die materiellen Wirkvoraussetzungen des Richtplans herausstellen: die Möglichkeiten und Grenzen abgestimmter Aufgabenbesorgung (§§ 1–9). Dem förmlichen Verlauf solcher Koordination – eben: dem Recht des Richtplans – gehört der zweite Teil (§§ 10–18).

II. Leitsätze

Richtplanung und Richtplan verfassen allein Mittel und Wege der raumwirksamen Aufgabenkoordination (§§ 10–18). Die materiellen Möglichkeiten und Grenzen der Abstimmung legt das einschlägige Aufgabenrecht fest; mangels gesetzlicher Kollisionsnormen weithin die Verfassung (§§ 1–9).

A. *Verfassungsrecht*

§ 1 *Artikel 22^{quater} BV im Überblick.* Raumplanung befaßt sich mit der Nutzung des Bodens kraft bodenverbundener Maßnahmen (I). Sie verfolgt den Anspruch, zuerst die bodenverändernden Nutzungen zu lenken, zu bremsen und nötigenfalls aufzuhalten (II). Das erfordert ihre Aufteilung in Stammaufgabe und Querschnittaufgabe, in Nutzungsplanung und Richtplanung: Als Stammaufgabe will Raumplanung die sachlich umfassende, grundsätzlich flächendeckende und rechtlich allgemein bindende Widmung des Bodens für die verschiedenen Nutzungen; als Querschnittaufgabe erfaßt sie den räumlichen Anteil aller bodenbelegenden Staatsaufgaben – mit Einschluß der Stammaufgabe – und leitet sie auf die erwünschte räumliche Entwicklung hin (III). Beide Teilaufgaben der Raumplanung obliegen in der Hauptsache den Kantonen: die Nutzungsplanung unter Vorbehalt eidgenössischer Planungszuständigkeiten, die Richtplanung unter Vorbehalt eidgenössischer Aufsichts- und Koordinationsbefugnisse (IV).

§ 2   *Raumplanung und Grundrechte: Aufgabe gegen Freiheit?* Die Anliegen der Raumplanung berühren sich mit mehreren Grundrechten; dennoch kann von gehäufter Geltung dieser Freiheiten nicht die Rede sein (I): Für die Belange der Raumplanung ist allein die Eigentumsgarantie zuständig; den übrigen Grundrechten, besonders der Wirtschaftsfreiheit, steht einzig zu, als Grundrechtsinteresse mitgewogen zu werden, wenn Planungsauftrag und Eigentumsgarantie einander gegenübertreten (II). Im übrigen erscheint Raumplanung nicht als einziger Gegenspieler der wirtschaftlichen Grundrechte: sie ist nur Teil eines Vereins raumwirksamer Aufgaben, die alle darauf dringen, die räumlichen ‹Äußerungen› von Eigentums- und Wirtschaftsfreiheit aufgabengerecht mitzuprägen (III).

§ 3   *Raumplanung und Sachplanung: Bundesaufgabe vor kantonaler Aufgabe?* Klassischer Planstreit ist der vertikale Konflikt zwischen kantonaler Raumordung und raumwirksamen Aufgaben des Bundes. Grundsätzlich unterliegt der Bund dem kantonalen Raumplanungsrecht, es sei denn, das eidgenössische Aufgabengesetz befreie ihn davon ausdrücklich oder stillschweigend (I). Aber auch dann bleibt die Einheit der Raumordnung aufgetragen, sind Abstimmung und Abwägung geboten und – trotz derogatorischer Kraft des Bundesrechts, dem Wehrschild des Bundes in Kompetenzkonflikten – auch möglich: unnötig deshalb der Versuch, vom föderativen Kompetenzkonflikt einen besonderen Regelungskonflikt unter beidseits kompetenzgerechten Normen abzusondern (II). Hauptpunkt bundesstaatlicher Plankonflikte bildet die Einordnung des raumwirksamen Vorhabens in den Raum: die Standortfrage; erste Aufmerksamkeit gilt deshalb den Standortkompetenzen des Bundes (III). Standortkompetenzen des Bundes verdrängen kraft Art. 2 ÜB BV den kantonalen Raumordnungsentwurf an der Einbruchstelle: zuständig ist nurmehr Bundesrecht; ein Bundesrecht freilich, das die Standortwahl normativ kaum je vorzeichnet, sondern gerade dafür Ermessen einräumt und derweise den Weg öffnet, kantonale Standortinteressen im Rahmen der eidgenössischen Ermessenswaltung mitzuwägen

(IV). Solche Abwägung ist dem Grundsatz der (bundesstaatlichen) Aufgabeneinheit verpflichtet (V).

§ 4 *Raumplanung und Sachplanung: ‹Besondere› Aufgabe vor ‹allgemeiner› Aufgabe?* Plankonflikte erzeugt weiter das horizontale Gegenüber von flächendeckender Raumplanung und werkbestimmter Sachplanung. Ihr kollisionsrechtliches Verhältnis bleibt in der Praxis für gewöhnlich ungeklärt (I). Eine Umschau unter Konkurrenzen staatsrechtlich gleichgeordneter Normen zeigt, daß auf einen Vorrang der Lex specialis kein Verlaß ist: weiter führt vielmehr die Frage, ob einer der Konkurrenten mit dem Anspruch auf Rechtsvereinheitlichung auftritt, und wenn nein: welcher der Erlasse sachlich und verfahrensmäßig auf die zu lösende Rechtsfrage besser paßt (II). Der raumwirksame Aufgabenbereich kennt weder positives Kollisionsrecht noch einen einheitsstiftenden ‹Grunderlaß›; horizontale Plankonflikte entscheiden sich deshalb nach dem Recht der schwergewichtig betroffenen Aufgabe (III). Auch hier ist festzustellen, daß das zuständige Aufgabengesetz die Standortfrage regelmäßig offen läßt und dadurch Rücksicht auf die Interessen des zurückgestellten Erlasses möglich macht (IV); auch hier, daß die Abwägung solcher Interessen dem Grundsatz der (raumwirksamen) Aufgabeneinheit unterliegt (V).

§ 5 *Fazit: Kollisionsrechtliche Konstante – zuständige Norm und Norminteresse.* Die Wege zur zuständigen Norm unterscheiden sich je nach Streitgegner der Raumplanung: Grundrecht, Bundesaufgabe, Sachplanung. Wie immer diese Zuordnung ausgeht: das letzte Wort ist mit ihr nicht gesprochen. Stets kommt – in einem zweiten Schritt – die zurückgewiesene Norm als Norminteresse zum Zug: zu berücksichtigen kraft Abwägung, soweit die zuständige Norm das erforderliche Ermessen einräumt.

§ 6 *Aufgabennorm.* Voraussetzung wirksamer Aufgabenkoordination – das heißt: einer Abwägung, die die Norminteressen der mitberührten Aufgabenbereiche sachlich zur Geltung kommen läßt – ist eine ermessengewährende Aufgabennorm (I). Aufgabennorm sind in erster Linie die Gesetzgebungszuständigkeiten der Verfassung (II); darüber hinaus aber auch alle jene Sätze des einfachen Rechts, die der ‹anwendenden› Behörde eine erhebliche Klarstellungslast aufbürden: eine Eigenschaft aller raumwirksamen Aufgabengesetze, soweit sie von Standortfragen handeln (III). Aufgabennormen bedürfen der Konkretisierung unter

Rückgriff auf die ‹Interessen› der Verfassung und durch Abwägung dieser ‹Interessen› (IV).

§ 7   ‹Verfassungsinteressen›. Jedem Verfassungssatz – nicht nur den Grundrechten – eignet über die im Verfassungswortlaut aufscheinende Stammbedeutung hinaus bereichsübergreifende einheitsstiftende Wirkung: ein programmatischer Gehalt, sein ‹Verfassungsinteresse› (I). Verfassungsinteressen sind Teil der formellen Verfassung: sie bestehen nur aufgrund und im Rahmen der Verfassung (II). Gleich wie der gewöhnliche Verfassungssatz entfalten sie rechtliche Bindungskraft (III), stehen einander a priori gleich (IV).

§ 8   Interessenabwägung. Der Interessenabwägung fällt zu, ermessengewährende Normen kraft gleichbleibenden Begründungsmusters einsehbar und vermittelbar zu konkretisieren und so der Gleichheitsidee zu erschließen (I). Als Methode fordert sie dreierlei: die erheblichen Verfassungsinteressen zu ermitteln, sie zu bewerten und mit dem Ziel breitest möglicher Widerspruchsfreiheit gegeneinander abzuwägen (II). Diesem Dreischritt folgt die Typologie der gerichtlich rügbaren Abwägungsfehler (III). Der Begriff des «öffentlichen» Interesses, prominentes Versatzstück fast jeder Abwägung, ist in diesem Prozeß ohne Erkenntniswert (IV).

§ 9   *Fazit: Verfassungsinteressen und Interessenabwägung – die Zeit in der Staatsaufgabe.* Sowie die Aufgabennorm Verfassungsinteresse und Interessenabwägung zu Hilfe ruft, setzt sie die Aufgabe selbst der Kraft der Zeit aus: denn sowohl der Bestand an Verfassungsinteressen als auch die Richtigkeit einer Interessenabwägung sind in steter Bewegung. So trifft den Aufgabenwalter die Pflicht zu unablässiger Aufgabenpflege.

B. Verwaltungsrecht

§ 10   *Die Regelung des Gesetzes im Überblick.* Der Richtplan, Ergebnis und Ausgangspunkt eines stetig voranschreitenden Planungsprozesses, dient sowohl zur Vorbereitung der Nutzungsplanung als auch zur Koordination raumwirksamer Aufgaben, ist sowohl Nutzungsrichtplan als auch Koordinationsrichtplan (I, V). Er verarbeitet Grundlagen des Kantons mit Planungen von Bund und Nachbarkantonen (II, V) kraft eines Verfahrens, an welchem eine Vielzahl von Akteuren in abgestuften Rollen mitwirkt (III). Im Kreise der politisch-administrativen Führungsmittel unterhält der Richtplan Beziehungen zu den Regierungsrichtlinien, zu Konzeptionen und Verwaltungsvorschriften (VI).

§ 11 *Adressaten.* Der Richtplan handelt von raumwirksamen Aufgaben (I). Planadressat sind folglich alle entsprechenden Aufgabenträger; gleichgültig, ob sie landläufig als «Behörden» angesprochen werden oder nicht (II), und unbekümmert um die zur Aufgabenwaltung verwendeten Handlungsformen (III).

§ 12 *Inhalt und Form.* Der Richtplan zeigt die wesentlichen räumlichen Ergebnisse von Nutzungsrichtplanung und Koordinationsrichtplanung (I). Er tut es als geschlossene Einheit von Karte und Text (II), kraft normativer, nach Planungsstand abgestufter Einzelaussagen (III).

§ 13 *Bindungskraft.* Der Richtplan wirkt allein im Rahmen des jeweilen einschlägigen Sachgesetzes (I). Seine Bekundungen, beschränkt auf räumliche Belange aus der Sicht des Gemeinwesens, unterliegen der Abwägung gegen andere (private und nicht-räumliche öffentliche) Interessen (II) und haben nur unter gleichbleibenden Verhältnissen Bestand (III).

§ 14 *«Außenwirkung»?* Der Richtplan ist weder Erlaß noch Verfügung, sondern vorgelagerte ‹Etappe› in der Konkretisierung raumwirksamer Aufgaben, Gesichtspunkt der Rechtsbildung (I). Deshalb bleibt er (auf Bundesebene) für Private unanfechtbar (II). Im Gegenzug gehören die Bevölkerung zur Planerarbeitung beigezogen, der Planinhalt selbst beweglich gehalten und die Rechtmäßigkeit des Plans als Vorfrage aufgeworfen, wenn richtplanbeeinflußte «rechtsverbindliche» Staatsakte angefochten werden (III).

§ 15 *Kantonaler Planbeschluß.* Keine einheitliche Antwort erlaubt die Frage, in wessen Zuständigkeit der kantonale Planbeschluß gelegt ist (I) und welche Rechtsform dabei verwendet wird (II). Einem Referendum unterliegt der kantonale Richtplan durchwegs nicht, ebensowenig einem innerkantonalen Rechtsmittel (III). Der kantonale Planbeschluß verschafft allein den innerkantonalen, weder Bund noch Nachbarkantone berührenden Planaussagen Rechtsgeltung (IV).

§ 16 *Bereinigung.* Im Vorhof der Plangenehmigung steht die förmliche Bereinigung von Nutzungskonflikten durch den Bundesrat: ausgelöst entweder während der Planerarbeitung (I) oder im Zuge des Genehmigungsverfahrens (II). Bereinigungsfähig sind allein überkantonale, von laufender Richtplanung herrührende Streitigkeiten (III), und dabei nur Fragen der Interessenabwägung (IV). Der Bereinigungsentscheid wird Teil des Richtplans (VI).

§ 17 *Genehmigung.* Die Genehmigung des Richtplans durch den Bundesrat – Ausdruck teils von Bundesaufsicht, teils von eidgenössischer Sachkompetenz – wirkt für innerkantonale Planinhalte deklaratorisch, für überkantonale konstitutiv (I). Gegenstand der Genehmigung bildet nur der bundesrechtliche Verbindlichkeit beanspruchende «Mindestinhalt» des Richtplans (III); er wird auf Bundesrechtmäßigkeit hin überprüft, im Bereiche überkantonaler Inhalte überdies auf «Sachgerechtigkeit» hin (IV, V). Der Genehmigungsentscheid wird Teil des Richtplans (VII).

§ 18 *Anpassung.* Nicht jede Planänderung unterliegt den Anpassungserfordernissen des Raumplanungsgesetzes: nämlich nicht die ordentliche Planbewirtschaftung, die Rücknahme von Planaussagen wegen Fehlerhaftigkeit und ihre Niederlage in einer Interessenabwägung (I). Richtpläne werden förmlich angepaßt, wenn sich die Verhältnisse geändert haben und der Nutzen einer Plananpassung den damit verbundenen Verfahrensaufwand lohnt (II, III).

Erster Teil
Verfassungsrecht

1. Das Raumplanungsgesetz, Vater des Richtplans, legt materielle Möglichkeiten und Grenzen der raumwirksamen Aufgabeneinheit nicht eigens fest. Vielmehr verweist es dafür stillschweigend auf den einschlägigen Rechtsbestand: der Richtplan unterwirft sich dem überkommenen Kollisionsrecht, anerkennt dessen Regeln als Grenzen des eigenen Wirkens. Diesem stets mitgedachten *materiellen Kollisionsrecht* gilt der erste Teil der Arbeit (§§ 1–9).

2. Nur die wenigsten Zusammenstöße unter raumwirksamen Staatsaufgaben werden von den beteiligten Aufgabengesetzen selber aufgefangen. Gewöhnlich läßt sich ihnen nichts Dienliches entnehmen: Die Beilegung des Streits fällt dann notgedrungen der Verfassung zu. So ist das materielle Kollisionsrecht wesentlich *Verfassungsrecht*.

3. Die Verfassungsdiskussion stellt den Kern der raumwirksamen Aufgabenkoordination voran: die *Staatsaufgabe Raumplanung* (§ 1). Ein zweiter Abschnitt beleuchtet sodann – gegenständlich – das *Aufgabenfeld* der Raumplanung: die typischen Konflikte, die sie auszuhalten hat, sowie das zugehörige Kollisionsrecht (§§ 2–5). Der dritte Abschnitt widmet sich – systematisch – den Teilschritten der raumwirksamen *Aufgabenwaltung,* vor allem der Interessenabwägung, dem wichtigsten Weg zu abgestimmter Staatstätigkeit (§§ 6–9).

Erster Abschnitt
Die Aufgabe: Raumplanung

4. Raumplanung will zwei Dinge: die zulässige Nutzung des Bodens ordnen, und die raumwirksame Tätigkeit des Staates darauf abstimmen. Das ist die Aufgabe; den Grund dazu legt Art. 22^{quater} BV.

§ 1   Artikel 22^{quater} BV im Überblick

5.   Art. 22^{quater} BV[1] lautet:

> «[1] Der Bund stellt auf dem Wege der Gesetzgebung Grundsätze auf für eine durch die Kantone zu schaffende, der zweckmäßigen Nutzung des Bodens und der geordneten Besiedlung des Landes dienende Raumplanung.
>
> [2] Er fördert und koordiniert die Bestrebungen der Kantone und arbeitet mit ihnen zusammen.
>
> [3] Er berücksichtigt in Erfüllung seiner Aufgaben die Erfordernisse der Landes-, Regional- und Ortsplanung.»

Alle drei Verfassungsgebote handeln vom selben *Gegenstand:* von Raumplanung (I, Nrn. 6 ff.), einem Gegenstand, der kraft seiner Zielvorgabe – «zweckmäßige Nutzung des Bodens und geordnete Besiedlung des Landes» – ein bestimmtes *Verfassungsinteresse* verkörpert (II, Nrn. 14 ff.). Raumplanung teilt sich, Folge verfassungsrechtlicher Gegebenheiten, in zwei Aufgaben: eine flächenwidmende *Stammaufgabe* und eine dazu hingewandte, die flächenbelegenden Staatsaufgaben durchkämmende *Querschnittaufgabe* (III, Nrn. 23 ff.). Danach richtet sich – wenigstens zum Teil – auch die bundesstaatliche *Aufgabenteilung* in der Raumplanung (IV, Nrn. 31 ff.).

---

[1]   AS 1969 1249. Entwurf und Botschaft vom 15. August 1967: BBl 1967 II 133. Zur Entstehungsgeschichte vgl. die Abrisse bei: JEAN-FRANÇOIS AUBERT/RICCARDO JAGMETTI, Gutachten, WuR 1971 135 ff.; EJPD/BRP, Erläuterungen RPG, Einl. NN. 2 f.; CHRISTOPH STEINLIN, Raumplanungskompetenzen, 9 ff.; URS WEHINGER, Raumplanung, 98 ff.; DAVID WERNER, Grundsatzgesetzgebung, 29 ff.

I. Gegenstand

6. Die Sprache des Verfassungsartikels ist unklar: Abs. 1 spricht von «Raumplanung», Abs. 3 von «Landes-, Regional- und Ortsplanung», und Abs. 2 schweigt über seinen Sachbereich. Die Unterschiede haben nichts zu bedeuten: Gesetzgebung und Planfertigung, Förderung und Koordination kantonaler «Bestrebungen», auch die Pflicht des Bundes zur «Rücksicht» beziehen sich allemal auf «Raumplanung»[2].

A. Raumplanung, Planung, Raum

7. *Raumplanung* gilt als

«systematischer, dauernder Vorgang, um (a) Vorstellungen über eine erwünschte Ordnung des Staatsgebietes zu gewinnen, (b) diese erwünschte Ordnung durch allseitig abgestimmtes und auf das Ziel hin ausgerichtetes Handeln zu erreichen, und (c) tatsächliche Entwicklungen, Vorstellungen über die erwünschte Ordnung des Staatsgebietes und im Hinblick auf sie getroffenen Maßnahmen laufend zu überprüfen.»[3]

8. *Planung* erscheint als ihren Gegenstand begleitende Art vorausschauender und umsichtiger Problemlösung, ihn durchdringend und zugleich von ihm bestimmt. Deshalb ist Planung nicht von vornherein Kennzeichen eines Lenkungsstaates; planen kann man auch die Tätigkeit des Ordnungsstaates. Raumplanung freilich läßt keine Zweifel offen, wohin sie gehört: Sie ist Entwicklungsplanung[4], hebt die Nutzung des Bodens aus der Ruhe der ordnenden Verwaltung hinaus und ‹dynamisiert› sie, unterwirft die Nutzungsansprüche mit Blick auf eine erwünschte Ordnung des Raumes der Zweckmäßigkeitsprobe, kennt erwünschte und unerwünschte Bodenverwendungen. Dieser Lenkungsanspruch trennt Raumplanung von überkommener Baupolizei und Bauästhetik, beides überwiegend Diener der Ordnungsverwaltung.

---

[2] Vgl. statt vieler CHRISTOPH STEINLIN, Raumplanungskompetenzen, 30 ff., mit Nachweisen.
[3] EJPD/BRP, Erläuterungen RPG, Einl. N. 13. Den ‹klassischen› Planungsbegriff hat FRITZ SCHARPF geprägt: «...eine Technik der vorwegnehmenden Koordination einzelner Handlungsbeiträge und ihrer Steuerung über längere Zeit. Planung steigert so die Möglichkeiten kollektiven Handelns und erweitert den Bereich der durch kollektive Entscheidung wählbaren Ziele.» (Planung, 38)
[4] Vgl. statt vieler MARTIN LENDI/HANS ELSASSER, Raumplanung, 180, 239 f., 277 ff.

9. Der *Raum* entspricht dem Staatsgebiet. Das bedeutet zweierlei:

a) Vorweg ist damit ausgesprochen, daß Raumplanung sich *allein körperliche Elemente* vornehmen darf: höchstens Boden, Gewässer und Luft[5]. Gewiß: In der körperlichen Gestalt des Raumes schlagen sich auch finanz-, wirtschafts- und gesellschaftspolitische Gegebenheiten nieder; rein ‹physische› Raumplanung wird ihre Ziele aus eigenen Kräften nicht erreichen. Dennoch bleibt verfassungsrechtliche Vorgabe, daß Raumplanung als Werkstoff nur die körperlichen Bestandteile der Staatsgestalt zur Verfügung hat.

b) Derweise eingegrenzt verengt sich der Verfassungsauftrag weiter auf den *Boden;* Luft und Wasser fallen als «selbständiger Inhalt»[6] der Raumplanung außer Betracht. Aus zwei Gründen: Zunächst läßt die Zielformel auf solche Beschränkung schließen – die «Besiedlung des Landes» ist, als körperlicher Sachverhalt, nichts weiter als eine «Nutzung des Bodens» unter anderen. Sodann weist auch die Verfassungssystematik in diese Richtung: Es ließe sich kaum begründen, weshalb Art. 22^{quater} BV seinem Regelungswillen auch Wasser und Luft sollte unterwerfen dürfen, nachdem beide Gegenstände anderweitig belegt sind – der Gewässerschutz durch Art. 24bis Abs. 2 Bst. a BV[7] (bis 1975: Art. 24^{quater} BV[8]) und die Reinhaltung der Luft (als Teilziel des Umweltschutzes) seit 1971 durch Art. 24^{septies} BV[9]. Zwar gehören auch «Kompetenzüberschneidungen» zum Bild der Verfassung. Dennoch ist mit Umweltschutz und Gewässerschutz als eigenständigen Staatsaufgaben zu rechnen, läßt sich deren Fremdbestimmung durch eine alle Elemente (Boden, Wasser, Luft) einnehmende Raumplanung nicht rechtfertigen.

10. Raumplanung befaßt sich nach alledem mit der *Nutzung des Bodens kraft bodenverbundener Maßnahmen*[10].

---

[5] EJPD/BRP, Erläuterungen RPG, Einl. N. 11; BBl 1978 I 1011; 1972 I 1480.
[6] EJPD/BRP, Erläuterungen RPG, Einl. N. 17.
[7] AS 1976 711, 715; BBl 1972 II 1148.
[8] Vgl. BBl 1972 II 1151, 1171.
[9] AS 1971 905; BBl 1970 I 761.
[10] Über die verfassungsrechtlich zulässigen Instrumente etwa: JEAN-FRANÇOIS AUBERT/ RICCARDO JAGMETTI, Gutachten, WuR 1971 147 ff.; EJPD/BRP, Erläuterungen RPG, Einl. NN. 31 ff.

B. Raumordnung

11. Raumplanung als Bodenplanung führt, vereint mit den raumbeeinflussenden Handlungsbeiträgen zum Beispiel von Finanz-, Wirtschafts- und Gesellschaftspolitik, zur *Raumordnung*[11].

12. *Raumordnung* gilt als «gewollter – gegenwärtiger oder auf bestimmte Ziele hin ausgerichteter – *Zustand des Raumes*»[12], geprägt durch räumlich beeinflussende Faktoren körperlicher, wirtschaftlicher, gesellschaftlicher Art: der *räumliche Abdruck des Staates*.

13. Raumplanung beschlägt sachlich einen Teil der Raumordnung und ist, für diesen Bereich, (zentrales!) *Mittel der Raumordnungspolitik*[13].

In diesem Sinne verfährt auch das Raumplanungsgesetz: mit der Unterscheidung von «raumwirksamen» und «übrigen» Aufgaben (Art. 2 RPG). Nur der gezielt gewollte Eingriff in den Raum gilt als raumwirksam, gehört zum Wirkungskreis der Raumplanung – alle weiteren Beeinflussungen werden der «übrigen Tätigkeit» zugerechnet, sind «übrige» Mittel der Raumordnungspolitik. Und nur die raumwirksamen Aufgaben werden auf «zweckmäßige Nutzung des Bodens» tätig verpflichtet. Im Verhältnis zwischen raumwirksamen und übrigen Aufgaben gilt das Gebot gegenseitiger Bedachtnahme: Den raumwirksamen Aufgaben einerseits (und ganz besonders der Nutzungsplanung) muß bewußt bleiben, daß eben die räumliche Gestalt des Raumes Grundlage finanz-, wirtschafts- und gesellschaftspolitischen Wirkens bildet (Art. 1 Abs. 2 RPG). Und im Gegenzug schulden gerade diese Politikbereiche, obwohl von der Lenkungsmacht der Raumplanung nicht erfaßt, bedenkendes ‹in-Rechnung-Stellen› dessen, was sie – gewollt oder nicht – räumlich anrichten (Art. 2 Abs. 2 RPG; zum Begriff der raumwirksamen Aufgabe einläßlich § 11/I).

II. Verfassungsinteresse

14. Verfassungsinteresse (zum Begriff: § 7) der Raumplanung sind jene Anliegen, die sich aus dem Ziel des Verfassungsartikels ergeben (A, Nrn. 15 ff.), wenn die Entwicklung der tatsächlichen und rechtlichen Gegebenheiten heute (B, Nrn. 18 f.) durch eine sich selbst ‹regulierende› Bodennutzung bedacht wird (C, Nrn. 20 ff.).

---

[11] BBl 1978 I 1011; 1972 I 1479; EJPD/BRP, Erläuterungen RPG, Einl. N. 13; LEO SCHÜRMANN, Bau- und Planungsrecht, 113 f.
[12] EJPD/BRP, Erläuterungen RPG, Einl. N. 12; KURT KIM, Raumplanung Schweiz, 29; MARTIN LENDI, Planungsrecht, ZSR 1976 II 57.
[13] MARTIN LENDI/HANS ELSASSER, Raumplanung, 9; LEO SCHÜRMANN, Bau- und Planungsrecht, 114.

A. Verfassungsziel

15. Raumplanung will «zweckmäßige Nutzung des Bodens». Die Betonung liegt auf dem *Zweckmäßigen* der Bodenordnung: einem materiell nicht eigenständigen, vielmehr *relativen* Begriff.

16. *Als solche* verweist Zweckmäßigkeit der Bodennutzung auf eine *Methode:* Sie verpflichtet, die an den Boden herangetragenen Nutzungsansprüche zu ermitteln, zu bewerten und gegeneinander abzuwägen (§ 8) – mit dem (vorerst ‹leeren›) Ziel, sie zu einem Ganzen einander verhältnismäßig zugeordneter Teile zu fügen. Insofern spricht Zweckmäßigkeit der Bodennutzung eine Forderung des Verhältnismäßigkeitsgebotes aus.

17. Es gibt weder Verhältnis- noch Zweckmäßigkeit ‹für sich›, jenseits wirklicher Umstände. Auch Ermittlung, Bewertung und Abwägung der an den Boden herangetragenen Nutzungsansprüche brauchen ihren *materiellen Maßstab*. Sie können ihn nur aus den aktuellen – rechtlichen und tatsächlichen – Gegebenheiten des zu regelnden Sachbereiches ziehen.

B. Gegebenheiten

18. Als *rechtliche Gegebenheit* erweisen sich die zur Bodennutzung hinführenden Zugänge: Zugänge von Eigentümern, von obligatorisch Berechtigten, von Gemeinnutzern; beschritten sowohl von Privaten als auch von Gemeinwesen [14]. Ihre Nutzungsansprüche sind, für sich genommen, *verfassungsrechtlich bewehrt:* Nicht nur die bodenbelegenden Aufgaben des Gemeinwesens – sie bestehen nicht ohne Verfassungsgrundlage (§ 6/II/A) –; gesichert sind auch die Ansprüche Privater, im wesentlichen kraft Eigentumsgarantie. Allemal beziehen sie ihren verfassungsrechtlichen Halt zumindest teilweise außerhalb des von Art. 22^{quater} BV beherrschten Verfassungsbereiches.

19. Als *tatsächliche Gegebenheit* zeigt sich dreierlei [15]:
a) *Boden ist unvermehrbar.*
b) Davon ausgehend läßt sich die Entwicklung der Bodennutzung darstellen als *Verhältnis zweier grundsätzlich verschiedener, einan-*

---

[14] BBl 1978 I 1012; EJPD/BRP, Erläuterungen RPG, Einl. NN. 26 f.
[15] BBl 1978 I 1012; EJPD/BRP, Erläuterungen RPG, Einl. NN. 22 ff.

der ausschließender Nutzungsarten: als Verhältnis von boden*erhaltender* Nutzung (Land- und Forstwirtschaft, Erhaltung von Natur- und Erholungsräumen) zu boden*verändernder* Nutzung (Bautätigkeit der Besiedlung und der Infrastruktur).

c) Eine ungelenkte, jedenfalls nicht hinreichend beherrschte Bodennutzung läßt boden*verändernde* zulasten bodenerhaltender Nutzung *stetig zunehmen:* Kulturland geht verloren oder liegt vermehrt brach; Siedlungen ufern aus, verstädtern, entvölkern sich im Kern. Die Entwicklung verläuft in aller Regel unumkehrbar. Zugleich aber ist ein ausreichender Bestand bodenerhaltender Nutzungen unverzichtbar.

C. Verfassungsinteresse

20. Die geschilderte Entwicklung (B) *widerspricht dem Verfassungsziel* der Raumplanung (A): Sie führt zum Sieg der (stärkeren) bodenverändernden Nutzungen über die (schutzlosen) bodenerhaltenden Nutzungen; keine Rede wäre mehr von «zweckmäßiger» Nutzung des Bodens, von «geordneter» Besiedlung des Landes.

21. Die *Bewertung der Nutzungsansprüche,* wichtigster Schritt auf dem Wege zu verfassungsgemäßer Raumordnung, wird sich deshalb zwei Dinge vor Augen halten müssen:

a) Einerseits: Kein Anspruch auf bodenverändernde Nutzung läßt sich vorweg als unzulässig abweisen, solange er sich auf Verfassungsrecht berufen kann. Auch wenn ihn Art. 22^{quater} BV miterfaßt, so bleibt er doch zuerst ‹seiner› Verfassungsgrundlage verpflichtet, und Raumplanung ihrerseits hat kein Recht zu beherrschender Steuerung aller raumwirksamen Tätigkeit, sobald sie sich nur ‹gestört› fühlt: Die in Verfassungssätzen verkörperten Verfassungsinteressen stehen einander – a priori – gleich (§ 7/IV).

b) Andererseits aber gehört in diesem Rahmen berücksichtigt, daß Boden unvermehrbar ist, bodenverändernde Nutzungen sich regelmäßig nicht rückgängig machen lassen und überdies – zulasten bodenerhaltender Nutzungen – stetig zunehmen (Nr. 19 c). Veränderbare (das heißt auch: rechtlicher Gestaltung zugängliche) Größe sind einzig Art und Maß der zulässigen Nutzung, nicht der dafür gegebene Rohstoff.

22. Das *Verfassungsinteresse* der Raumplanung weist somit von sorglosem Bodenverschleiß weg, hin zu *«haushälterischer» Nutzung des Bodens.* Es setzt zuerst bei bodenverändernder Nutzung an und versucht, sie zu lenken, zu bremsen und nötigenfalls aufzuhalten [16]. Solchem Verfassungsinteresse dienen deshalb typischerweise Normen, welche die Nutzungsfreiheit von am Boden berechtigten Personen begrenzen und sie in die Pflicht eines gesamthaften Ordnungsentwurfes nehmen. Das Raumplanungsgesetz, aktueller Ausdruck des Verfassungsauftrages, hat das Gebot haushälterischer Nutzung als Regelungsziel aufgenommen (Art. 1 RPG) und mit zudienenden Planungsgrundsätzen ausgestattet (Art. 3 RPG).

III. Stammaufgabe, Querschnittaufgabe

23. Raumplanung verkörpert nicht allein eine *Sach*aufgabe, zu erledigen wie beliebige Sachaufgaben der Verfassung. Ihr Regelungsgegenstand, der Boden, ist zugleich tatsächliche Grundlage – Ressource – überkommener und unabhängig von Raumplanung bestehender Aufgaben der Gemeinwesen. Daraus wächst ihr eine Doppelrolle zu: neben der flächenwidmenden *Stammaufgabe* (A, Nrn. 24 ff.) obliegt ihr notwendig eine sachbereichsübergreifende *Querschnittaufgabe* (B, Nrn. 27 ff.).

A. Stammaufgabe: Flächendeckende Bodenwidmung

24. *Stammaufgabe* der Raumplanung ist die *sachlich umfassende, grundsätzlich flächendeckende und rechtlich allgemein bindende Widmung des Bodens für die verschiedenen Nutzungen.* Sie ist erstes Mittel, auf eine verfassungsrechtliche erwartete «zweckmäßige Nutzung des Bodens und geordnete Besiedlung des Landes» hinzuwirken.

25. Widmung des Bodens – Ermitteln, Bewerten und Abwägen der auf ihn gerichteten Nutzungsansprüche – bedarf eines orientierenden *Bezugsrasters:* der Vorstellung über die *erwünschte räumliche Entwicklung.* Diesen Raster bereitzustellen ist Sache der Querschnittplanung: wegen ihrer ressortübergreifend breiten Optik, kraft derer allein sich standfeste Raumordnungskonzepte fertigen lassen.

26. Der Stammaufgabe hat der Gesetzgeber die *Nutzungsplanung* zugedacht: Sie ordnet «die zulässige Nutzung des Bodens» (Art. 14 Abs. 1

---

[16] BBl 1978 I 1012; EJPD/BRP, Erläuterungen RPG, Einl. N. 25.

RPG), trennt – «für jedermann verbindlich» (Art. 21 Abs. 1 RPG) – das Baugebiet vom Nichtbaugebiet, die bodenverändernden von den bodenerhaltenden Nutzungen.

B. Querschnittaufgabe: Aufgabenvorbereitung und Aufgabenverklammerung

27. Bestimmte weitere Staatsaufgaben – raumwirksame Aufgaben – treten in die Stammaufgabe der Raumplanung ein: verändern (für ihren Sachbereich) die Nutzung des Bodens oder sind im Gegenteil dazu bestimmt, sie zu erhalten (Art. 1 Abs. 1 RPV). Raumplanung kann solche Einflüsse – störende zumeist – nicht unbeachtet lassen. Als Querschnittplanung erfaßt sie deshalb die räumlichen Anteile solcher Staatsaufgaben und *«stimmt»* sie *«ab»:* sowohl untereinander als auch – und vor allem – mit der berührten Nutzungsordnung.

28. Die Nutzungsordnung, Ergebnis der Stammaufgabe, bedarf ihrerseits der Vorbereitung. Weil sie, das ‹Schwergewicht› unter den raumwirksamen Aufgaben, an der Querschnittplanung durchwegs und in zentraler Rolle teilnimmt, werden diese Vorbereitungsarbeiten mit Sinn gleichlaufend zur Aufgabenabstimmung erledigt: So dient die Querschnittaufgabe – zweitens – auch zur *Vorbereitung der Stammaufgabe*.

29. Abstimmung raumwirksamer Aufgaben (mit Einschluß der Nutzungsplanung) erschöpft sich nicht in einfacher Vermeidung von Widersprüchen (in *negativer* Koordination). Auch die Querschnittaufgabe ist «zweckmäßiger» – eben planmäßig gestalteter – Bodenverwendung verpflichtet. Damit fällt ihr drittens der Auftrag zu, *Grundzüge der anzustrebenden räumlichen Entwicklung* zu entwerfen, verfertigt ihrerseits im Lichte von Zielen und Grundsätzen der Raumplanung. Dank derartiger Vorleistung erst ebnet sich der Weg zu zielgerichtetem Abstimmen raumwirksamer Aufgaben (zu positiver Koordination), nur so lassen sich – eine unerläßliche Grundlage dazu – die raumwirksamen Aufgaben ‹abstimmungsfreundlich› vorbereiten, besonders die flächendeckende Nutzungsplanung.

30. Der Querschnittaufgabe hat der Gesetzgeber die *Richtplanung* zugedacht: Sie zeigt im Ergebnis, «wie die raumwirksamen Tätigkeiten im Hinblick auf die anzustrebende Entwicklung aufeinander abgestimmt werden», und ferner, «in welcher zeitlichen Folge und mit welchen Mitteln vorgesehen ist, die Aufgaben zu erfüllen» (Art. 8 RPG); ihr zu Diensten sind – als «Grundlage» – Grundzüge der räumlichen Entwicklung vorzulegen (Art. 6 Abs. 1 RPG). Damit ist die Querschnittaufgabe *sowohl Nutzungsrichtplanung als auch Koordinationsrichtplanung* (§ 10/I).

IV. Aufgabenteilung

31. Mit Art. 22^{quater} BV verbinden sich eine (grundsätzliche) bundesstaatliche Aufgabenteilung und zwei Präzisierungen dazu:
– eine Aufgabenteilung, der zufolge den Kantonen obliegt, Raumplanung zu «schaffen», und dem Bund, dafür gesetzliche «Grundsätze» zu erlassen (Abs. 1);
– eine erste Präzisierung (zulasten kantonaler Aufgabenwaltung) insofern, als der Bund gehalten ist, kantonale «Bestrebungen» in diesem Sachbereich zu «fördern» und zu «koordinieren» (Abs. 2); und
– eine zweite Präzisierung (zulasten eidgenössischer Aufgabenwaltung) insofern, als dem Bund gebührende «Rücksicht» auf die Bedürfnisse der «Landes-, Regional- und Ortsplanung» aufgegeben ist.

Diese Leitsätze lassen sich für die hauptsächlichen ‹Etappen› der Aufgabenwaltung verdeutlichen: einmal – kurz – für die aufgabenverfassende Gesetzgebung (das ‹Planungsgesetz›; A, Nr. 32); sodann für deren Umsetzung in den Raum: die gesetzes‹anwendende› konkrete Raumplanung (B, Nrn. 33 ff.).

A. Rechtsetzung (Hinweis)

32. Die Aufgabenteilung für den Bereich der Raumplanungsgesetzgebung sei hier nicht nachgezeichnet[17]. Nur zwei einordnende Stichworte:

a) Ein erstes, was die *normative Dichte der Bundesgesetzgebung* angeht: Art. 22^{quater} Abs. 1 BV verpflichtet zur *Grundsatzgesetzgebung,* zur Regelung des landesweit ‹Wichtigen›, Vereinheitlichungsbedürftigen. Der Bundeserlaß bleibt ‹lückenhaft›: der näheren Ausführung durch selbständiges Recht der Kantone ebenso fähig wie bedürftig.

---

[17] Vgl. JEAN-FRANÇOIS AUBERT/RICCARDO JAGMETTI, Gutachten, WuR 1971 146 ff.; EJPD/BRP, Erläuterungen RPG, Einl. NN. 53 ff.; CHRISTOPH STEINLIN, Raumplanungskompetenzen, 86 ff.; DAVID WERNER, Grundsatzgesetzgebung, 58 ff., mit Hinweisen auf die deutsche Lehre. Zur Grundsatzgesetzgebung allgemein vgl. besonders PETER SALADIN, Rahmengesetzgebung, ZbJV 1978 505.

b) Ein zweites, zur *Wirkung auf das berührte kantonale Recht:* Art. 22^{quater} Abs. 1 BV zählt zu den konkurrierenden Bundeszuständigkeiten, zu den Kompetenzen mit *nachträglich derogierender Wirkung.*

Wichtiger im übrigen ist die Aufgabenteilung auf der Ebene der ‹konkreten› Raumplanung: Sie vor allem ist streitgeladen.

B. Plansetzung

33. Raumplanung ist «durch die Kantone zu schaffen». Die Bundesverfassung selbst ‹erklärt› sie zur Sache der Kantone, und erst noch, wie es scheint, ohne Vorbehalt. *Kantonale Angelegenheit* sind damit, wenigstens grundsätzlich, sowohl die Stammaufgabe der Raumplanung als auch die Querschnittaufgabe: nicht nur die Nutzungs-, sondern auch die Richtplanung (B.1, Nrn. 34 ff.). Einschränkungen erleidet dieser Grundsatz durch die Zutritte des Bundes zur Raumplanung (B.2, Nrn. 37 ff.).

B.1 Anerkannt kantonale Aufgabe

34. Die erwähnte Aufgabenzuweisung erinnert zunächst an *Art. 3 BV:* an die subsidiäre Generalkompetenz der Kantone, die auch dann gelten würde, wenn Art. 22^{quater} BV von kantonaler Raumplanung nicht redete [18].

35. Freilich weist der Vorbehalt über Art. 3 BV hinaus. In dreifacher Hinsicht:

a) Vorweg wird die «Schaffung» einer Raumplanung *Pflicht der Kantone,* und zwar Pflicht von Bundesverfassung wegen: es steht ihnen keineswegs mehr frei (was Art. 3 BV erlauben würde), sich der Aufgabe zu entziehen.

b) Zweitens trägt Art. 22^{quater} BV eine *negative Umschreibung der Bundesaufgabe* in sich: Nur Gesetzgebung steht dem Bunde zu, Planung nicht; die Gesetzgebung selbst darf planendes Gestalten nicht vorwegnehmen [19]. So werden föderalistische Urängste beruhigt und die eidge-

---

[18] Vgl. ULRICH HÄFELIN, Verfassungsgebung, 103; YVO HANGARTNER, Kompetenzverteilung, 121.
[19] JEAN-FRANÇOIS AUBERT/RICCARDO JAGMETTI, Gutachten, WuR 1971 148; EJPD/BRP, Erläuterungen RPG, Einl. N. 35; CHRISTOPH STEINLIN, Raumplanungskompetenzen, 163. – So ist der Vorbehalt auch historisch verstanden worden: vgl. RAISSIG, Amtl. Bull. N 1968 20 Sp. 1; GLARNER, 1969 24 Sp. 1; BÄRLOCHER, 34 Sp. 2.

nössischen Räte zugleich davor gewarnt, die neu erworbene Sachzuständigkeit auszureizen[20].

c) Und endlich wirkt sich die verfassungsrechtliche Aufgabenzuweisung zugunsten der Kantone auf die *raumwirksamen Bundesaufgaben* selbst aus. Zwar nicht im Sinne eines garantierten kantonalen ‹Besitzstandes›: auch Art. 22^{quater} BV ist nur Verfassungsnorm, Verfassungsnorm neben anderen. Sein negativ abgrenzender Gehalt aber – das Verbot eidgenössischer Raumpläne – tritt den flächenbelegenden Bundesaufgaben auf gleicher (eben verfassungsrechtlicher) Stufe entgegen. So wird man – wenn überhaupt – erst nach gehöriger Abwägung annehmen dürfen, eidgenössische Sachkompetenzen schlössen die Befugnis ein, die kantonale Raumordnung zu durchbrechen[21] (einläßlich: § 3/III).

36. Solcher Befund bestätigt sich mit Art. 22^{quater} *Abs. 3* BV: Der Bund, fordert die Verfassung, berücksichtige in Erfüllung seiner Aufgaben die Erfordernisse der «Landes-, Regional- und Ortsplanung», will heißen: der Raumplanung aller bundesstaatlichen Stufen. Doppeltes Einpassen ist damit geboten: einmal in die «Raumplanung» des Bundes (in dessen *Rahmenplan,* Nr. 39), dann aber, wichtiger, in die Raumplanung der Kantone und Gemeinden, und das bedeutet: Einpassen in deren *Richt- und Nutzungspläne.* Die rechtliche Wirkung derweise auferlegter Rücksicht gehört nicht hierher (Nr. 174). Für die Aufgabenteilung – nur um sie geht es – zählt die ‹hinter› Art. 22^{quater} Abs. 3 BV stehende Annahme: Die Verfassung selbst unterstellt das *Recht* (und die Pflicht) *der Kantone zu lückenloser Flächenwidmung, unbeschadet darin einbrechender Bundesaufgaben.* Gewiß gibt es unzugängliches ‹Bundesgebiet›: Flächen, die dem Zugriff kantonaler Raumplanung entzogen sind. Aber Rücksicht auf die Raumplanung der Kantone kann der Bund eben erst üben, wenn die kantonale Widmung – als Anspruch – sich überallhin erstreckt.

B.2 Zutritte des Bundes

37. Trotz der Versicherung, Raumplanung sei «durch die Kantone zu schaffen», bleibt dem Bund ein mehrfacher Zutritt zum grundsätzlich ‹verbotenen› Feld konkreter Raumgestaltung erhalten: teils von Art. 22^{quater} BV selber eröffnet (Nrn. 38 ff.), teils sonstwo im Verfassungs-

---

[20] Vgl. die Begründung des ähnlich lautenden Art. 24^{sexies} Abs. 1 BV (BBl 1961 I 1109 f.).
[21] PETER SALADIN, Bund und Kantone, ZSR 1984 II 462 f.

gefüge verortet und daher vom Raumplanungsartikel hinzunehmen (Nr. 41).

38. *Erstens* steht dem Bunde zu, die kantonalen «Bestrebungen» – eben auch ihre Plansetzung – zu «fördern» und zu «koordinieren»; eine Befugnis, die an die ‹Wichtigkeitsschwelle› der Grundsatzgesetzgebung (Nr. 32 a) nicht gebunden ist [22].

a) Die *Förderungskompetenz* [23] allerdings gibt wenig in die Hand, kantonale Plangestaltung in erwünschte Richtung zu lenken. Bundesbeiträge, Hauptfall der Bundesförderung, fließen im Bereiche der Plansetzung spärlich (Art. 28, 29 RPG) und lassen sich ‹nur› an sachgerechte Bedingungen und Auflagen knüpfen: gerade das Ermessen des Planungsträgers dürfen sie nicht anrühren. Schon wichtiger ist das repressive Gebot, Beiträge an raumwirksame Maßnahmen nur noch auszurichten, wenn sie mit den genehmigten Richtplänen übereinstimmen (Art. 30 RPG).

b) Die *Koordinationsbefugnis* [24] dagegen befähigt zu tätiger Mitgestaltung kantonaler Raumpläne. Natürlich in Grenzen: Sachlich beschränkt sie sich (das liegt im Wort) auf ‹überkantonale› Sachverhalte, auf die Koordination kantonaler Raumpläne untereinander und mit raumwirksamen Aufgaben des Bundes. Sie ist mehr bundesstaatliche Notwendigkeit als ‹echte› Sachzuständigkeit des Bundes. Rechtlich bleibt die Koordinationsbefugnis den Regeln der beteiligten und abzustimmenden Aufgaben unterworfen; sie umschließt keine über allem stehende Superkompetenz (vgl. § 17/IV/B).

39. *Zweitens* auferlegt Art. 22^{quater} BV die Pflicht zu übergreifender eidgenössischer *Rahmenplanung* [25]. Sie mag sich als Zielrahmen, sie mag sich auch als räumlich konkretisiertes und maßnahmenbewertes Raumordnungskonzept äußern [26]. Solche Rahmenplanung umschließt zunächst die raumwirksamen Sachkompetenzen des Bundes: anders kann er die mit Abs. 3 erwartete Rücksicht auf die Erfordernisse auch der «Landesplanung» nicht nehmen. Darüber hinaus beschlägt der eidge-

---

[22]   EJPD/BRP, Erläuterungen RPG, Einl. N. 68.
[23]   Über die Förderungs- und Koordinationsbefugnis des Bundes statt vieler JEAN-FRANÇOIS AUBERT/RICCARDO JAGMETTI, Gutachten, WuR 1971 150 ff.
[24]   Anm. 23.
[25]   KURT KIM, Raumplanung Schweiz, 46 f.; CHRISTOPH STEINLIN, Raumplanungskompetenzen, 81 ff.; EJPD/BRP, Erläuterungen RPG, Einl. NN. 63 ff. Zurückhaltender wohl MARTIN LENDI/HANS ELSASSER, Raumplanung, 231.
[26]   Vgl. das (Papier gebliebene) «Raumplanerische Leitbild der Schweiz ‹CK-73›», erarbeitet im Auftrag der Chefbeamtenkonferenz des Bundes, publiziert beim Delegierten für Raumplanung, Bern 1973.

nössische Rahmenplan auch die räumliche Entwicklung der Kantone selbst – jedenfalls soweit der Bund solchen Plan benötigt, um die kantonalen «Bestrebungen» sinnvoll zu fördern und sinnvoll sowohl untereinander als auch auf raumwirksame Bundesaufgaben hin abzustimmen.

40. Art. 22^{quater} BV hindert den Bund *drittens* auch nicht daran, Raumplanung *aufsichtsrechtlich* voranzutreiben, wenn sonst die ‹Sache der Kantone› nicht vom Fleck kommt und solche Säumnis zugleich Bundesrecht offenkundig verletzt. Das gilt im Bereich kantonal vollzogener Bundesgesetze ganz allgemein[27]; es kann sich bei Grundsatzgesetzen nicht anders verhalten[28].

41. Und *viertens* heißt Art. 22^{quater} BV nicht, Bodenwidmung sei fortan allein den Kantonen vorbehalten: «Raumplanung» meint lediglich den *Anspruch* auf sachlich umfassende und grundsätzlich flächendeckende Bodenwidmung. Aber eine Umwälzung des Kompetenzgefüges verbindet sich damit nicht. Wo raumwirksame Sachzuständigkeiten des Bundes selbstbestimmte Bodenwidmung in sich schließen, muß auch eine «durch die Kantone zu schaffende» Ordnung zunächst mit solcher Konkurrenz rechnen.

---

[27] FRITZ FLEINER/ZACCARIA GIACOMETTI, Bundesstaatsrecht, 139 ff.; ULRICH HÄFELIN/WALTER HALLER, Bundesstaatsrecht, N. 418.
[28] Und zwar unabhängig davon, ob eine kantonale Verwaltungsbehörde oder ein kantonales Gericht in Pflicht‹vergessenheit› verfällt. Vgl. EJPD/BRP, Erläuterungen RPG, Art. 37 N. 3 mit Hinweisen auf den Meinungsstreit der Lehre.

Zweiter Abschnitt
Aufgabenfeld

42. Raumplanung steckt in einem *dichten Netz verfassungsrechtlicher Bezüge* – kein Wunder, hält man sich ihren Auftrag vor Augen: Ordnung in den Verbrauch einer natürlichen Ressource, in den Boden‹konsum› zu bringen. Mehr als andere Zuständigkeiten verbietet Art. 22^{quater} BV bequemes Ressortdenken; weite Teile der Verfassung – Aufgaben wie Freiheiten – bedürfen notwendig ‹ihrer› Bodenflächen, um sich zu verwirklichen. Von diesem Umfeld handelt das folgende (§§ 2–5).

43. Soll man das Umfeld, soll man die ‹berührten› Verfassungsnormen im einzelnen benennen? Unmögliches würde nicht verlangt, obwohl solche Umschau bald an jene Grenze stoßen müßte, wo verläßliche Aussagen in Mutmaßungen umschlagen: erreicht wäre bestenfalls ein Katalog mehr oder weniger mit Boden verbundener Verfassungssätze. Und was daran wirklich interessiert, ist eben nicht der Katalog, sondern das ‹zwischen› Art. 22^{quater} BV und berührtem Normbereich herrschende *Kollisionsrecht*. Denn einerseits hat der Richtplan seine festen Vorstellungen über den Stil der Konfliktbewältigung: Abstimmung wird erwartet, nicht Ausscheidung; Abwägung, kein Entweder–Oder – nicht eben die gängige Sprache dieser Disziplin. Andererseits aber schafft der Richtplan die rechtliche Freiheit zum Abstimmen und Abwägen nicht herbei; er setzt sie vielmehr als gegeben voraus. So muß die Meinung des einschlägigen Rechts eingeholt werden; gegen seinen Willen wird sich der Richtplan nicht erheben dürfen.

44. Von Beginn weg soll deshalb das verfassungsrechtliche Umfeld der Raumplanung nach *kollisionsrechtlichen Typen* unterteilt werden. Zwei davon drängen sich sogleich auf:
– zunächst die Beziehungen von Art. 22^{quater} BV zu ‹seinen› *Grundrechten;*
– sodann die Gegnerschaft zwischen Art. 22^{quater} BV und den *raumwirksamen Staatsaufgaben.*

Von den berührten Grundrechten, vom Konflikt zwischen Aufgabe und Freiheit, handelt § 2. Das zweite Beziehungsmuster – Raumplanung und raumwirksame Aufgaben – wirft seinerseits zwei gesonderte Fragen auf: vorweg eine *bundesstaatliche* (‹vertikal› strukturierte)

Problematik, nämlich insoweit, als kantonale Raumplanung und eidgenössische raumwirksame Tätigkeit aufeinanderstoßen (§ 3). Ferner erhebt sich, zumeist etwas verborgen, eine *sachliche* (‹horizontal› strukturierte) Frage, nämlich insoweit, als mit der flächendeckenden Raumplanung eine ‹allgemeine› Aufgabe und mit den sachbestimmten (übrigen) raumwirksamen Tätigkeiten ‹besondere› Aufgaben erscheinen – wenigstens auf den ersten Blick (§ 4).

Zwei Dinge sind dieser Gruppenordnung beizufügen.

a) Als kollisionsrechtlicher Typus nicht besonders herausgehoben wird das Wechselspiel zwischen Raumplanung einerseits, *Verfassungs‹grundsätzen›* und *Verfassungs‹prinzipien›* andererseits – einfach deshalb, weil sich kollisionsrechtlich dazu nichts sagen läßt: Prinzipien und Grundsätze treten Aufgabennormen und Freiheitsrechten nicht ‹als Sache› entgegen, sondern verbinden sich mit ihnen: als Baustein der Rechtserzeugung, ein Faktor vor der Klammer. Ich komme in anderem Zusammenhang darauf zu reden (§7/II/C).

b) Unter den kollisionsrechtlichen Gruppen – Raumplanung und Freiheit, Raumplanung und raumwirksame Aufgaben – interessiert sich der Richtplan vor allem für die zweite. Vom Kreuz der Raumplanung mit ‹ihren› Freiheitsrechten soll dennoch die Rede sein: Sie sind steter Begleiter der Aufgabenwaltung; auch die ‹rein› behördenbindende Aufgabenkoordination kommt an ihnen nicht vorbei.

§ 2 Raumplanung und Grundrechte: Aufgabe gegen Freiheit?

45. Das erste kollisionsrechtliche Beziehungsmuster – Aufgabe gegen Freiheit – wirft sogleich Konkurrenzfragen auf: nicht nur ein Grundrecht allein bewirbt sich um Einfluß auf die Raumplanung (I, Nrn. 46 ff.). Näheres Hinsehen zeigt freilich, daß bloß Eigentumsgarantie und Wirtschaftsfreiheit berechtigte Ansprüche anmelden (II, Nrn. 54 ff.) – beides ökonomische Grundrechte, deren Gehalt von den sie umgebenden Staatsaufgaben weit stärker abhängt als für ‹klassische› Freiheiten üblich (III, Nrn. 76 ff.).

I. Konkurrenz von Grundrechten?

46. Das Verfassungsinteresse der Raumplanung – haushälterische Nutzung des Bodens (Nr. 22) – bringt einen Strauß bodenverhafteter Grundrechte ins Spiel: jedenfalls Eigentumsgarantie, Wirtschaftsfreiheit, Niederlassungs- und persönliche Freiheit. Eine Konkurrenz von Grundrechten will unvermeidlich scheinen. Wie auswählen?

A. Der Zwang zur Wahl

47. Die Lehre ist sich über das ‹richtige› Lösungsmodell uneins[1], und auch die Gerichtspraxis schwankt[2]. Die Einzelheiten mögen auf sich beruhen: am praktischen Zwang zur (irgendwie begründeten) Wahl führt kein Weg vorbei – darauf kommt es an.

48. Zur Wahl zwingt die häufig eintretende *materielle*[3] *Unmöglichkeit,* die ‹betroffenen› Grundrechte *miteinander* gelten zu lassen.

---

[1] Vgl. besonders FRITZ GYGI, Grundrechtskonkurrenz, 66 f.; JÖRG PAUL MÜLLER, Elemente, 157 ff.; BEAT ROHRER, Beziehungen, 68; PETER SALADIN, Grundrechte, 326 ff.; RETO VENANZONI, Konkurrenz, ZSR 1979 I 278 ff.

[2] Einläßliche Rechtsprechungsanalysen bei BEAT ROHRER, Beziehungen, 57 ff., und RETO VENANZONI, Konkurrenz, ZSR 1979 I 271 ff.

[3] Nicht nur! Auch prozessuale Gründe drängen mitunter auf Klärung der Lage: früher die auf einzelne Freiheitsrechte beschränkte Spruchzuständigkeit des Bundesgerichts (RETO VENANZONI, Konkurrenz, ZSR 1979 I 271 f.); heute die problematische Einrichtung der unverjährbaren und unverzichtbaren Grundrechte (JÖRG PAUL MÜLLER, Elemente, 161).

a) Einsichtigstes Hindernis bildet die *Schrankendivergenz:* Nicht alle Grundrechte nehmen, wenn sie begrenzt werden, ein beliebig begründetes Eingriffsinteresse hin[4]; außerdem kann bald eine gesetzliche Grundlage im materiellen Sinn genügen[5], bald für Beschränkungen jeder Art formelles Gesetz verlangt sein[6] – nicht zu reden vom Rekurs auf die polizeiliche Generalklausel, die wiederum nicht für alle Grundrechte gleichermaßen, sondern zuerst für die ‹öffentlichen› unter ihnen Bedeutung hat[7]. Werden Rechtssätze (oder Verfügungen) allen angerufenen Grundrechten gegenübergestellt, so kann sich – kein hilfreicher Bescheid! – ergeben, daß vor dem einen Grundrecht standhält, was ein anderes durchfallen läßt. Dennoch darf die Schrankenfrage für das schweizerische Verfassungsrecht nicht zum Angelpunkt der Grundrechtskonkurrenz erklärt werden[8]: Das würde als erstes einen systematisch gebauten und diszipliniert redenden Grundrechtekatalog voraussetzen – niemand wird der Bundesverfassung solches zugute halten.

b) Darüber hinaus – und grundsätzlicher – wendet sich schon die *punktuelle Natur des einzelnen Grundrechts*[9] gegen wildes Anhäufen aller angerufenen Freiheitsgarantien – genauso wie sich ihre eigenständigen Identitäten der Vereinnahmung durch ein Grundrechts‹system› mit abgezirkelten Geltungsbereichen widersetzen. Vielmehr: Der historisch gewachsene Gehalt eines Grundrechts muß sich, will er gültig bleiben, seiner sich ändernden Umwelt stets aufs neue stellen; muß im Lichte heute aktueller Gefährdungen und heute aufgetragener Staatsaufgaben aus eigener Kraft gegenwärtigen Sinn bilden. Solche Erwartungen erfüllt das Grundrecht allein auf einem ihm zugeneigten, ihm ‹entsprechenden› Problemfeld; man darf nicht zugeben, daß es dieses Feld verläßt[10]. Nur so verankert kommt das typenhafte Leitbild der Freiheitsgarantie im Einzelfall zu sachgerechtem Einsatz, nur so auch erhält das ‹benützte› Grundrecht die Leuchtkraft seiner Aussage über den Einzelfall hinaus bestätigt.

---

[4] BGE 109 Ia 267 E.4; 102 Ia 114 E.3, Art. 22ter und 31 BV betreffend.
[5] So – grundsätzlich (vgl. aber § 6/III/C) – im Bereich der Eigentumsgarantie: BGE 108 Ib 35 E.3a; 102 Ia 114 E.3.
[6] Für den Bereich der Wirtschaftspolitik: Art. 32 Abs. 1 BV.
[7] Die Klausel schützt die «öffentliche Ordnung» – und zwar auch vor Gefährdungen durch Grundrechtsgebrauch: BGE 103 Ia 311 ff. E.3; ANDREAS JOST, Polizeibegriff, 119.
[8] RETO VENANZONI, Konkurrenz, ZSR 1979 I 280.
[9] Statt vieler JÖRG PAUL MÜLLER, Elemente, 17.
[10] RETO VENANZONI, Konkurrenz, ZSR 1979 I 282f.

49. Entwerfen Grundrechte die Lösungen typischer Konflikte[11], so kann eine Konkurrenz nur über *sachgerechte Zuordnung von Grundrecht und Streitfrage* bewältigt werden[12]. So verfährt im Grundsatz auch die Rechtsprechung[13]. Die Zuordnung verläuft in zwei Schritten (B, C, Nrn. 50f., 52f.).

B. Zuständiges Grundrecht

50. Zunächst gehört – nach Aussonderung verdrängender Konkurrenzen[14] – jenes Grundrecht ermittelt, das nach dem *vorherrschenden Sachzusammenhang* auf die Streitfrage ‹paßt›[15]. Die Suche nach solchem Schwergewicht heißt vor allem, sich von den nicht einschlägigen Grundrechten (auch wenn sie angerufen wurden!) zu trennen, jedenfalls für den Augenblick.

Keine Freude bereitet die gelegentliche Art des Bundesgerichts, ‹zur Vorsicht› (und vielleicht aus prozeßökonomischen Gründen?) auf alle vorgebrachten Verfassungsrügen materiell einzugehen, statt die unzuständigen Grundrechte zuvor wegzuweisen[16].

51. Mit dem vorherrschend betroffenen Grundrecht auszukommen setzt allerdings voraus, den ‹Sachverhalt› – stets ein Rechtsakt – auf den Typencharakter der Verfassungsfreiheiten hin zuzurüsten[17]. Das gilt besonders von der abstrakten Normenkontrolle: Da soll man den Grundrechten nicht mit ganzen Rechtssätzen kommen (und schon gar nicht mit kompletten Erlassen!), sondern nach verfolgten Normzwecken und erzeugten Normwirkungen im einzelnen fragen: Dann erst wird *strukturell Vergleichbares verglichen,* das gesetzlich vorgetragene Einzelanliegen mit der es regierenden grundrechtlichen ‹Urlösung›.

---

[11] Jörg Paul Müller, Elemente, 162. Das Bundesgericht spricht vom «Schutzbereich» der Grundrechte im Hinblick auf ihre Funktion: BGE 108 Ia 61 E. 4a; 107 Ia 50f. E. 3.
[12] Im Ergebnis insoweit übereinstimmend Jörg Paul Müller, Elemente, 162ff.; Beat Rohrer, Beziehungen, 68; Reto Venanzoni, Konkurrenz, ZSR 1979 I 283ff.
[13] Vgl. BGE 107 Ia 294 E. 2b; 106 Ia 360ff. E. 4; 102 Ia 113ff. E. 4–6; 101 Ia 347 E. 7b; 99 Ia 615ff., 4, 509 E. 3, 48 E. 4; 97 I 120ff. E. 3–5.
[14] Verdrängende Grundrechtskonkurrenzen herrschen zwischen ‹besonderen› und ‹allgemeinen› Grundrechten (in diesem Sinne das Verhältnis von Pressefreiheit und Meinungsäußerungsfreiheit: BGE 107 Ia 280 E. 2; 98 Ia 421 E. 2a) sowie zwischen *vorrangig zu prüfenden und auffangenden* («subsidiären») Garantien (in diesem Sinne – freilich nicht immer! – das Verhältnis von ‹sachhaltigen› Grundrechten und Willkürverbot: BGE 107 Ia 65 E. 2; 105 Ia 29 E. 2a).
[15] Fritz Gygi, Grundrechtskonkurrenz, 67.
[16] So aber beispielsweise BGE 107 Ia 64ff.; 103 Ia 586ff.; 97 I 896ff. E. 5.
[17] Vgl. Fritz Gygi, Grundrechtskonkurrenz, 68, 70.

Zwar sei, verkündet das Bundesgericht, eine *besondere Planungspflicht für Einkaufszentren* unter dem Gesichtswinkel sowohl der Eigentumsgarantie als auch der Wirtschaftsfreiheit zu prüfen[18]. Zu Recht tut es das aber nicht durchwegs ‹parallel›, sondern löst die angefochtenen Vorschriften – wenn auch nicht immer deutlich – in einzelne Rechtsfragen auf, die je ‹ihrem› Grundrecht zugeordnet werden. Ob Einkaufszentren überhaupt eigenen Planungsverfahren unterworfen werden dürfen, ist mit der Eigentumsgarantie auszumachen[19]; eine Höchstbegrenzung der Verkaufsfläche gehört Art. 31 BV vorgelegt[20]; und die Frage endlich, von welcher ‹Schwellengröße› an derartiges Sonderrecht greifen dürfe, fällt vorab ins Reich der Rechtsgleichheit[21]. Daß die Teilfragen zusammenhängen und jede im Lichte der anderen zu behandeln ist, ändert daran nichts.

C. *Grundrechtsinteressen*

52. Es wird sich nicht ausschließen lassen, daß der zu prüfende Akt über das ihm zugeordnete Grundrecht hinaus weitere Freiheiten im Auge hat. Dann eben sind in einem *zweiten* Schritt «auch die *Sinngehalte weiterer Grundrechte zu berücksichtigen*»[22] – welche, ergibt sich aus den tatsächlich eingetretenen (oder zu befürchtenden) Auswirkungen der Anordnung.

Mit Recht ordnet das Bundesgericht die Durchführung eines *politischen Volksmarsches* zunächst der Versammlungsfreiheit zu; der besondere Zweck der Versammlung freilich – ein Aspekt, für den sich die Meinungsäußerungsfreiheit aufs höchste interessiert! – fordert Veranstaltungsbedingungen, die ihrem ideellen Gehalt zugeneigt sind[23]. *Gefängnisordnungen* beschlagen die persönliche Freiheit, aber auch hier gehört die Meinungsäußerungsfreiheit mit erwogen, wenn die Regelung des Briefverkehrs beurteilt wird[24]. Und *disziplinierte Anwälte* sehen sich zunächst in ihrer Wirtschaftsfreiheit betroffen; die verfassungsrechtliche Zulässigkeit der Sanktion allerdings ist nicht nur Angelegenheit der Gewerbepolizei – denkt man an die auch öffentliche Aufgabe des Strafverteidigers, kommt sogleich die Pressefreiheit ins Spiel[25].

Ob der Gesetzgeber derartige Nebenwirkungen beabsichtigt habe, spielt keine Rolle. Immerhin dürfen weitere Grundrechte nur wegen *notwendiger Nebenwirkungen* herbeigerufen werden: Unvertretbare Ausschläge auf benachbarte Freiheiten sind keine Frage der Grund-

---

[18] BGE 102 Ia 113 E. 3.
[19] Vgl. BGE 102 Ia 115ff. E. 5a, b; 109 Ia 269f. E. 5a, b.
[20] Vgl. BGE 102 Ia 118f. E. 6a; 109 Ia 267ff. E. 4a, b.
[21] Vgl. BGE 102 Ia 121 E. 6d; 109 Ia 270f. E. 5c («Gleichbehandlung der Gewerbegenossen»!, BGE 106 Ia 274f. E. 5a).
[22] BGE 106 Ia 103 E. 6a.
[23] BGE 107 Ia 230 E. 4b/bb, 234.
[24] BGE 102 Ia 282f. E. 2a; vgl. auch 101 Ia 153 E. 5.
[25] BGE 106 Ia 103f. E. 6a; vgl. auch 103 Ia 431f. E. 4b.

rechtskonkurrenz, sondern rühren an die Verhältnismäßigkeit der Maßnahme[26].

53. *Rücksicht* auf mitberührte Grundrechte darf freilich nicht auf Grundrechts*häufung* hinauslaufen; das wäre ein Rückfall in unfruchtbare Bahnen. Ort der Streitlösung bleibt das schwergewichtig betroffene Grundrecht, und sie folgt seinen Gesetzlichkeiten. Dabei aber – darin besteht der einheitsstiftende Vorgang – gehören die interessierten Grundrechte und die von ihnen vorgebrachten praktischen Forderungen in ihrem *programmatischen Gehalt*[27] dem Entscheidungsvorgang zugeführt: als *Grundrechtsinteresse*[28]. Das benötigte Wirkungsfeld öffnet sich mit der Güterabwägung, der jede grundrechtsbegrenzende Vorkehr des Staates sich unterwerfen muß (Nr. 59).

II. Berührte Grundrechte

54. Raumplanung gerät, wie vermerkt, in die Nähe von Eigentumsgarantie (A, Nrn. 55 ff.), Wirtschaftsfreiheit (B, Nrn. 60 ff.), Niederlassungsfreiheit (C, Nrn. 70 f.) und persönlicher Freiheit (D, Nrn. 72 f.). Wie immer ist auch die Rechtsgleichheit zur Stelle (E, Nrn. 74 f.).

A. *Zuständiges Grundrecht: Eigentumsgarantie*

55. Unter den eben genannten Grundrechten trifft Art. 22^{quater} BV schwergewichtig auf die Eigentumsgarantie. Der Nachweis ist rasch geführt:

a) Einerseits geht das Verfassungsinteresse der Raumplanung dahin, die Nutzungsfreiheit von am Boden berechtigten Personen zu begrenzen (Nr. 22).

b) Andererseits ist Boden zugleich Gegenstand privatrechtlichen Eigentums, beschränkter dinglicher Rechte oder obligatorischer Ansprüche. Eigentum an Boden begreift stets auch dessen Nutzung mit ein[29]; beschränkte dingliche Rechte und obligatorische Ansprüche können solchen Inhalt haben[30]. Eigentum, beschränkte dingliche Rechte und obli-

---

[26] FRITZ GYGI, Grundrechtskonkurrenz, 69; vgl. BGE 102 Ia 116 E. 5a.
[27] Zum Begriff JÖRG PAUL MÜLLER, Soziale Grundrechte, 157; *derselbe*, Elemente, 48.
[28] PETER HÄBERLE, Leistungsstaat, VVDStRL 30 122.
[29] Statt vieler: ARTHUR MEIER-HAYOZ, Art. 641 ZGB, N. 26.
[30] Als *dingliche* Nutzungsrechte vgl. etwa: Nutznießung, Wohnrecht, Baurecht (Art. 745 ff., 776 ff., 779 ff. ZGB); als *obligatorische* Nutzungsrechte vgl. etwa: Miete, Pacht (Art. 253 ff., 275 ff. OR).

gatorische Ansprüche stehen als vermögenswerte Rechte im Wirkungsbereich der Eigentumsgarantie[31].

So berühren raumplanerische Nutzungsbegrenzungen zwangsläufig einen Teilbereich der Eigentumsfreiheit: Art. 22ter und 22^{quater} BV treffen sich in einem gemeinsamen Regelungsgegenstand[32].

56. Die Eigentumsgarantie erscheint in doppelter Ausprägung: als *Bestandesgarantie* (dann schützt sie konkrete Vermögenswerte eines Rechtssubjekts), und als *Institutsgarantie* (dann schützt sie die Rechts‹einrichtung› individuell zurechenbarer Vermögenswerte, besonders die ‹Figur› des Eigentums)[33]. Von diesem Doppelgesicht nimmt Raumplanung nur die eine Seite wahr: die Bestandesgarantie (A.1, Nr. 57). Die Institutsgarantie dagegen tritt nicht in ihr Blickfeld (A.2, Nr. 58).

A.1 Bestandesgarantie

57. Die Bestandesgarantie als *Garantie individuell-konkreter Vermögenswerte* wird deshalb berührt, weil auch die Nutzungsbeschränkungen der Raumplanung aus betroffener Sicht – wirtschaftlich betrachtet und unbekümmert um die Rechts‹natur› von Raumplänen – individuell-konkret wirken. Zwar gehorchen Pläne räumlicher Folgerichtigkeit[34], sind deshalb nicht wirklich Einzelakt; zwar bedürfen sie mitunter näherer Ausführung durch aussagedichtere Planmaßnahmen[35], sind mithin nicht immer bis ins letzte bestimmt. Stets aber lassen sich Akte der Raumplanung (in ihrer Stammaufgabe, § 1/II/A) örtlich so weit eingrenzen, daß sie dem *einzelnen* Träger vermögenswerter Rechte zugeordnet werden können.

A.2 Institutsgarantie?

58. Die Institutsgarantie hingegen steht *kaum im Spiel.*

a) Aus *grundsätzlicher* Einsicht zunächst: Institutsgarantie und Raumplanung haben miteinander sowenig zu schaffen wie Eigentums-

---

[31] BGE 91 I 419 E. 3 e.
[32] Die enge Verbindung der Art. 22ter und 22^{quater} BV zeigt sich auch darin, daß der Verfassunggeber sie als «verfassungsrechtliche Ordnung des Bodenrechts» bezeichnet hat (BBl 1967 II 133).
[33] BGE 106 Ia 348 E. 6 a; 105 Ia 140 E. 3 a; 103 Ia 418 E. 2.
[34] Max Imboden, Plan, 397; BVerwGE 11, 14 (17).
[35] Überbauungsplan, Gestaltungsplan! Vgl. nur Art. 88 ff. BauG BE.

ordnung und Planungsbedarf. Eine zweckmäßige Bodenverwendung wird überall dort zum ‹Problem›, wo Boden gemessen an den Nutzungsansprüchen knapp wird, und allein aus diesem Grund: Haushalten ist kein Thema, wo Boden im Überfluß vorhanden ist (und sei die Eigentumsordnung noch so individualistisch geprägt); umgekehrt gewährleistet auch vergesellschafteter Boden nicht schon aus eigener Kraft eine gute Nutzungsordnung, wenn die Bedürfnisse dicht und widersprüchlich beieinander liegen. Raumplanung ist *zuerst Funktion der Ressource Boden,* erst danach Funktion des herrschenden Eigentumsrechts.

b) Die typischen Ausprägungen der Institutsgarantie – freier Eigentumszugang und ‹prinzipielle› Nutzbarkeit – liegen überdies auch *sachlich* jenseits des von Raumplanung vertretenen Interesses: Heute ist ihr nicht aufgetragen, den Zugang zum Eigentum und dessen Verteilung ins Auge zu fassen; und ihre Nutzungsbeschränkungen haben nicht den Sinn, die selbstbestimmte Verwendung von Boden überhaupt zu unterbinden.

c) Schließlich ist die *konkrete Gestalt* der durch Institutsgarantie als ‹Minimum› gewährleisteten Eigentumsordnung noch immer *unergründet;* entsprechend dunkel geht die Rede des Bundesgerichts. Der freie Zugang zum Eigentumsrecht jedenfalls scheint darin inbegriffen[36], ebenso die freie Veräußerlichkeit als Gegenstück: beides ist mitgedacht, wenn in die Institutsgarantie hineingelegt wird, sie unterstelle einen funktionstüchtigen privaten Bodenmarkt, ‹unbelastet› von staatlichen Vorkaufsrechten[37]. Das klingt auch im Satz an, eine Zukaufspflicht des Staates laufe Sinn und Geist des Bundeszivilrechts zuwider[38]. Und gewiß gehören auch Nutzbarkeit und Belastbarkeit irgendwie in den Dunstkreis des Instituts[39]. Nur eben der Sokkel ist nicht in Sicht, in dieser festen Weise vielleicht auch nicht vorhanden (vgl. Nr. 77).

A.3 Zuordnung von Aufgabe und Freiheit durch Güterabwägung (Verweisung)

59. Mit der Erkenntnis, Art. 22ter BV bilde das für Raumplanung zuständige Grundrecht, sind erst die beiden Verfassungs‹gegner› benannt, mehr nicht. Die kollisionsrechtliche Grenzziehung im einzelnen ist eine andere Sache. Sie vollzieht sich im Laufe der längst gefestigten Prüfungen, denen sich staatliche Aufgabenwaltung

---

[36] BGE 105 Ia 141 E. 3a («... Eigentum als jedermann zugängliches Institut ...»).
[37] ARTHUR MEIER-HAYOZ, Kantonalzürcherische Initiative, ZBl 1964 8, 37; *derselbe,* Zum Bodenproblem, ZBGR 1964 1, 13. Ihm folgend DORIS BINZ-GEHRING, Vorkaufsrecht, 133f., und MAX GLAUSER, Vorkaufsrecht, 33.
[38] ZBl 1960 284f. E. 6b.
[39] Vgl. BGE 105 Ia 140 E. 3a («... Verfügungs- und Nutzungsrechte im *wesentlichen* zu erhalten ...»).

unterziehen muß, um ‹vor› dem Grundrecht zu bestehen: gesetzliche Grundlage, überwiegendes Interesse, Verhältnismäßigkeit. Materielle Einlassungen gehören nicht hierher[40]. Festzuhalten ist aber die zwischen Aufgabe und Grundrecht spielende kollisionsrechtliche ‹Mechanik›:

a) Aufgabe und Grundrecht stehen einander *a priori gleich:* Die Verfassung kennt keinen allgemeinen Vorrang der einen oder anderen Klasse (§ 7/IV).

b) Welche der beiden Pole – Bindung oder Freiheit – im Einzelfall überwiegt, entscheidet sich deshalb aufgrund umfassender *Güterabwägung;* meist veranstaltet unter dem Titel des «überwiegenden Interesses», manchmal auch der «Verhältnismäßigkeit»[41]. Die Güterabwägung setzt in formeller Hinsicht voraus, daß die Aufgabe durch Gesetz hinreichend verfaßt ist, das heißt: auf verfassungsrechtlich anerkannter gesetzlicher Grundlage beruht (§ 6/III).

c) Die Güterabwägung gibt zugleich Raum, die Regelungsinteressen aller als unzuständig ausgeschiedenen Verfassungssätze mitzuwägen; auch die Interessen benachbarter Grundrechte, sowie sie der Sache eben nahestehen (Nr. 53; im Bereich der Raumplanung besonders Art. 31 BV, davon sogleich; zur Methode der Abwägung § 8/II).

B. *Interessiertes Grundrecht: Handels- und Gewerbefreiheit*

60. Art. 31 BV gewährleistet den *Schutz jeder privatwirtschaftlichen Tätigkeit,* die die Erzielung eines Gewinns oder eines Erwerbseinkommens bezweckt[42]. Gleichgültig ist, ob sie privaten oder öffentlichen Boden beanspruche[43], ‹sittliches› oder ‹anstößiges› Tun umfasse[44], von Selbständigen oder von Arbeitnehmern betrieben werde[45]; im Grundsatz auch, ob Schweizer oder Ausländer sie ausüben[46]. Die Verfassungsgarantie gebietet außerdem die Gleichbehandlung der Gewerbegenossen[47].

61. Maßnahmen der Raumplanung berühren die Wirtschaftsfreiheit nicht schwergewichtig: die Freiheit des nicht-beruflichen Wirtschaftens schon deshalb nicht, weil der grundrechtliche Schutzbereich nicht so

---

[40] Für Einzelheiten vgl. statt aller Peter Saladin, Grundrechte, 145 ff.
[41] Über die Uneinheitlichkeit der Rechtsprechung Jörg Paul Müller, Elemente, 121 ff.
[42] BGE 109 Ia 70 E. 3 a; 106 Ia 269 E. 1; 103 Ia 261 f. E. 2 a. Vgl. zum Begriff u.a. Fritz Gygi, Wirtschaftsverfassungsrecht, 39 f.; Hans Marti, Wirtschaftsfreiheit, 40 ff.; Jörg Paul Müller/Stefan Müller, Grundrechte, 311 ff.
[43] BGE 108 Ia 136 f. E. 3; 101 Ia 479 ff. E. 5.
[44] BGE 106 Ia 269 E. 1; 101 Ia 476 E. 2 b.
[45] BGE 106 Ia 363 E. 4 d; 103 Ia 262 E. 2 a; 100 Ia 175 E. 3 a; 84 I 21 E. 2.
[46] BGE 108 Ia 150 f. E. 2 b.
[47] BGE 108 Ia 138 E. 4; 106 Ia 274 f. E. 5 a.

weit reicht (A.1, Nrn. 62 f.); und die Freiheit des erwerbsgerichteten Wirtschaftslebens nicht, weil der sachliche Ansatz der Raumplanung kein primär wirtschaftlicher ist (A.2, Nrn. 64 ff.). Immerhin kann Art. 31 BV für diesen zweiten Fall als Grundrechtsinteresse Einfluß verlangen (A.3, Nrn. 67 ff.).

B.1 Nicht-berufliches Wirtschaften: Vertragsfreiheit?

62. Die Wirtschaftsfreiheit, sieht man von der darin eingeschlossenen Berufswahlfreiheit ab, ist im Kern eine Freiheit des Unternehmers und des Selbständigen geblieben[48], trotz einzelner Öffnungsversuche zugunsten Lohnabhängiger[49] und ‹Gelegenheitserwerber›[50]. Gewiß ist die Abgrenzung fragwürdig und auch schwer durchzuführen. Dennoch scheint sie in der Kasuistik immer wieder durch[51], und so muß der ‹gewöhnliche› Bodenkonsument von vornherein davon absehen, Art. 31 BV zu berufen: nur die *Vertragsfreiheit* steht ihm zu. Sie aber ist *Erzeugnis des Bundeszivilrechts* (Art. 19 OR), nicht Institution der Verfassung – wenn auch verfassungsrechtlich mitgedacht und den Zivilrechtsauftrag des Bundes (Art. 64 BV) ihrerseits mitprägend.

63. Der Grundrechtsstatus der Vertragsfreiheit wird freilich immer wieder vorgetragen, mehr noch: ist wohl herrschende Meinung[52]. Ich denke, die Vertragsfreiheit verdient solche Weihe nicht[53].

a) Die unentschlossene *Rechtsprechung des Bundesgerichts* läßt sich weder für die eine noch für die andere Seite ins Feld führen.

---

[48] *Expertenkommission,* Bericht, 48; FRITZ GYGI, Schweizerische Wirtschaftsverfassung, 154 f.; JÖRG PAUL MÜLLER, Soziale Grundrechte, 234 f.
[49] Anm. 45.
[50] BGE 99 Ia 619 E. 5 a.
[51] BGE 109 Ia 70 f. E. 3; 106 Ia 103 E. 6 a; 101 Ia 476 E. 2 b.
[52] Für Verfassungsrang (mit unterschiedlichen Begründungen) etwa: RAYMOND DIDISHEIM, Droit civil, 132; FRITZ FLEINER/ZACCARIA GIACOMETTI, Bundesstaatsrecht, 286; ULRICH HÄFELIN/WALTER HALLER, Bundesstaatsrecht, N. 1380; ERIC HOMBURGER, Handels- und Gewerbefreiheit und Vertragsfreiheit, Aarau 1948, 6 f.; HANS GEORG LÜCHINGER, Auslegung, 134; HANS MARTI, Wirtschaftsfreiheit, 22, 64; PETER SALADIN, Grundrechte, 270; BERNHARD SCHNYDER, Vertragsfreiheit als Privatrechtsbegriff, Naters/Brig 1960, 97 f.
[53] Im Ergebnis gegen Grundrechtsqualität: WERNER FLUME, Rechtsgeschäft, 136 ff.; FRITZ GYGI, Wirtschaftsverfassungsrecht, 61; *derselbe,* Rechtsartikel, ZSR 1984 I 10 f.; HANS HUBER, Vertragsfreiheit, 19; *derselbe,* Art. 6 ZGB, N. 181; LEO SCHÜRMANN, Wirtschaftsverwaltungsrecht, 20 Anm. 12; URS WIDMER, Der richterliche Eingriff in den Vertrag, Zürich 1971, 106 f.

Einschränkungen der Vertragsfreiheit mißt die Praxis zumeist *sowohl* am Gehalt der Wirtschaftsfreiheit (seltener der Eigentumsgarantie[54]) *als auch* an der derogatorischen Kraft des Bundeszivilrechts[55]. Nur vereinzelt hat ihr der Rückgriff allein auf das Grundrecht[56] *oder* allein auf den Vorrang des Bundesrechts[57] gereicht. Das Verhältnis beider Prüfsteine bleibt ungeklärt, vor allem die Frage unerwähnt, ob die Vertragsfreiheit sich einfach hinter dem Vorrang des Bundesrechts verschanze oder verfassungsrechtlich auf eigenen Füßen stehe[58]. Das wird auch dort nicht deutlich, wo das Gericht die Vertragsfreiheit im einschlägigen Grundrecht aufgehen läßt[59].

b) Die kennzeichnenden Züge der Vertragsfreiheit sprechen im übrigen durchaus gegen Grundrechtsrang: Vertragsfreiheit ist *rechtsgeschäftliche, zugeteilte und in die Rechtssicherheit eingebundene Freiheit,* mithin ohne in die Einzelheiten gehendes positives Recht nicht denkbar[60]. Grundrechte aber leben von urtümlichen, ideell ‹wirklichen› Leitbildern; von Leitbildern, die, präzise genug, gerade *vor* dem Gesetzgeber angerufen werden können[61] – auch wenn sie schließlich doch (wie die Eigentumsgarantie, aber auch die Wirtschaftsfreiheit) einfachgesetzlicher Verfassung bedürfen, um ‹benützbar› zu werden. Und eben gesetzesleitende Kraft wünscht sich die herrschende Lehre wohl auch von der Vertragsfreiheit: Nur zum warnenden Grundrecht erhoben wird ihr zugetraut, sozialstaatliche ‹Einbrüche› in das Zivilrecht abzuwehren. Über deren zuträgliches Maß mag man freilich streiten – aber, wie es sich gehört, auf politischer Bühne, und wenn rechtliche Argumente gefragt sind, mithilfe beigezogener Grundrechtsinteressen aus dem Kreis der ökonomischen Freiheiten. Die Vertragsfreiheit als eigenständiges Grundrecht dagegen lasse man fahren; sie führt auf dogmatische Holzwege.

---

[54] BGE 101 Ia 510 E. 3 b, 511 ff. E. 5; 37 I 503 ff.
[55] BGE 99 Ia 618 ff. E. 5, 623 f. E. 6 c; 98 Ia 497 f. E. 4, 503 E. 8; 91 I 197 ff. E. 3, 199 E. 4; 87 I 188 f. E. 1 a, 189 f. E. 1 b.
[56] BGE 80 I 162 f. E. 4. Vgl. immerhin 102 Ia 542 E. 10 a; 100 Ia 449 E. 4: beides Entscheide, die die Vertragsfreiheit im Vergleich zur Wirtschaftsfreiheit nicht selbständig erörtern.
[57] BGE 102 Ia 378 f. E. 5; 66 I 56 f. E. 1.
[58] Vgl. BGE 99 Ia 624 E. 6 c: «Les motifs qui conduisent au rejet du recours au regard de la liberté du commerce et de l'industrie conduisent également à son rejet au regard de la violation de la liberté de contracter.» Ähnlich BGE 87 I 187 f. E. 1.
[59] Vgl. BGE 102 Ia 542 E. 10 a: Zwar fließe die Vertragsfreiheit «direttamente dalla libertà di industria e commercio e ha radice anche nella libertà personale». Aber im Bereich der HGF habe die Rüge verletzter Vertragsautonomie keine «portata propria» und «si identifica con la censura di violazione della libertà di commercio e di industria». Vgl. auch 100 Ia 449 E. 4.
[60] WERNER FLUME, Rechtsgeschäft, 136 f.; HANS HUBER, Vertragsfreiheit, 19, 24; KARL OFTINGER, Die Vertragsfreiheit, in: Die Freiheit des Bürgers im schweizerischen Recht, Zürich 1948, 315, 323.
[61] Vgl. JÖRG PAUL MÜLLER, Soziale Grundrechte, 181.

B.2 Erwerbstätigkeit: Wirtschaftliche Grundrechtsinteressen

64. Anders verhält es sich für wirtschaftliche Tätigkeiten, die sich *beruflich* Boden zur Grundlage oder zum Gegenstand nehmen: Für sie stellt sich die ‹Berührungsfrage›. Die Antwort muß differenziert ausfallen.

65. Zwar kann nicht die Rede davon sein, daß Raumplanung die Wirtschaftsfreiheit schwergewichtig trifft: Sie hat keine Erwerbstätigkeit im Auge, sondern Art und Zusammenwirken der verschiedenen Bodennutzungen, seien sie gewerblicher Natur oder zum Eigengebrauch bestimmt. Das ‹verdorbene› Geschäft von Maklern und Vermietern, von Fabrikanten, Handelsleuten und Gewerbetreibenden ist lediglich *Reflexwirkung*, «conséquence indirecte»[62] gemeinrechtlich beschränkter Nutzungsfreiheit. Gewiß darf Raumplanung nicht «diriger l'activité économique selon un certain plan»[63]. Aber nicht erst die Wirtschaftsfreiheit verbietet solches Ansinnen; Art. 22^{quater} BV selber versagt die Grundlage dafür.

66. Hingegen fordert die Handels- und Gewerbefreiheit als *Verfassungsinteresse* Eingang in die Planungspraxis: Es ist offensichtlich, daß die «zweckmäßige Nutzung des Bodens» das Leben des Wirtschaftsmannes mitprägt.

Die Rechtsprechung zeigt bunteste Verbindungen: Wieweit ein Unternehmen sich erweitern kann, hängt (von wirtschaftlichen Gegebenheiten abgesehen) wesentlich vom ‹Vorrat› der *Industriezone* ab; und um dafür den voraussichtlichen Bedarf der nächsten 15 Jahre abzuschätzen (Art. 15 Bst. b RPG), hat das Gemeinwesen auch die Unternehmensplanung der ansässigen Betriebe in Rechnung zu stellen[64]. *Firmenanschriften* beschlagen wohl baupolizeiliche und Vorschriften der Verkehrssicherheit; aber als Eigenwerbung stehen sie eben auch im schützenden Interessenkreis der Wirtschaftsfreiheit[65]. Und wohl ist Sorge vorab der Raumplanung, *Einkaufszentren* in das Landschafts- und Siedlungsgefüge einzupassen (Nr. 51 a. E.). Die besonderen Planungsmittel, die erlaubterweise dafür eingesetzt werden (Quartier- und Gestaltungspläne!), sind freilich auch im Lichte der Handels- und Gewerbefreiheit zu handhaben: insbesondere darf nicht «der Schutz der mittleren und kleineren Detailhandelsgeschäfte in den Vordergrund gestellt werden»[66].

---

[62] JEAN-FRANÇOIS AUBERT, Traité, II Nr. 2205. Vgl. BGE 100 Ia 145 E. 3; 99 Ia 48 E. 4.
[63] BGE 99 Ia 618 E. 4 d.
[64] BGE 107 Ia 38 ff. E. 3 d.
[65] BGE 99 Ia 48 E. 4; vgl. auch 104 Ia 475 E. 2.
[66] BGE 102 Ia 121 E. 6 e.

Daß sich die Wege von Raumplanung und Wirtschaftsfreiheit kreuzen, liegt an beiden Verfassungsnormen zugleich. Einerseits nimmt der überwiegende Teil des Wirtschaftslebens seinen Ausgang im Boden: wo immer es ortsgebunden, wo immer es auf Fabrikations-, Lager-, Handels- und Dienstleistungsstätten angewiesen ist. Dabei wird es sich, aus seiner Sicht, um gute Standorte bemühen, und niemand wird erwarten, daß diese Wahl immer zur Freude des Raumplaners ausfällt. Andererseits stecken nicht nur ressourcenschonende Sparsamkeitsmotive hinter der Formel von der «zweckmäßigen Nutzung des Bodens», sondern auch der Anspruch, ein sozialpolitisch gestaltetes Siedlungsgefüge zu schaffen – ein Anspruch, den die Handels- und Gewerbefreiheit in ihrem Hang zum Regellosen fürchten muß. Art. 22^{quater} und 31 BV vertreten Interessen, die nicht unbeeinträchtigt nebeneinander bestehen können.

B.3 Raumplanung und Wirtschaftsfreiheit: Richtpunkte der Abwägung

67. *Eingang* in die Planungspraxis finden die verfassungsrechtlich geschützten Wirtschaftsinteressen, wie bemerkt (Nr. 59), durch das Vehikel der Güterabwägung, wenn Maßnahmen der Raumplanung auf ihre eigentumsrechtliche Vereinbarkeit überprüft werden. Als materielle Leitlinien der Güterabwägung fallen namentlich zwei Dinge in Betracht.

68. *Einerseits* verschafft Art. 31 BV seinen Schützlingen *keine Sonderrechte*[67], auch keine besondere, ‹verstärkte› Freiheit, Eigentum zu nutzen oder darüber zu verfügen. Sie sichert zwar – in ihrem Geltungsbereich – auch die mitbenützte Eigentumsgarantie[68]; genauer: die Indienstnahme von Eigentum zu gewerblichen Zwecken. Nur eben: «soweit sie nicht durch die Bundesverfassung und die auf ihr beruhende Gesetzgebung eingeschränkt ist» (Art. 31 Abs. 1 BV), «et cette réserve s'étend aux Art. 22ter al. 2 et 22^{quater} Cst.»[69]. Boden ist nicht «marchandise ordinaire»[70], steht nicht schon deshalb unter dem Schirm der Wirtschaftsfreiheit, weil er unentbehrliche Grundlage von Handel und Ge-

---

[67] BGE 80 I 162 E. 4; vgl. ferner 100 Ia 145 E. 3 und 99 Ia 48 E. 4 (kein Schutz vor allgemeinen Eigentumsbeschränkungen); 99 Ia 647 E. 6 und 96 I 572 E. 3 f. (kein Schutz vor allgemeinen Steuern).
[68] Vgl. BGE 102 Ia 113 E. 3.
[69] BGE 99 Ia 618 E. 4d.
[70] BGE 99 Ia 617 E. 4d.

werbe ist. Boden ist ebenso unentbehrliche Grundlage für Ernährung und Wohnung, Arbeit und Freizeit, Sozialleben und Staatsleben; Grundlage nicht nur menschlicher Existenz, sondern auch der Tier- und Pflanzenwelt: *Lebensgrundlage schlechthin.* Solange Raumplanung, ihrem Auftrag treu, für räumliche Organisation der bodenverhafteten Lebensbereiche sorgt, so lange gilt (Gleichrang der Verfassungsnormen!) eine Beeinträchtigung wirtschaftlicher Bewegungsfreiheit als verfassungsrechtlich in Kauf genommen – Verhältnismäßigkeit der Maßnahme und Güterabwägung im Einzelfall vorbehalten[71].

69. *Andererseits* hat Raumplanung kein Recht, verfassungsrechtlich ‹an sich› geschützte Wirtschaftsnutzungen *prinzipiell* zu untersagen, darf «die Handels- und Gewerbefreiheit nicht völlig ihres Gehaltes (entleeren)»[72]. Sie hat die Bedürfnisse der Wirtschaft, wie andere Ansprüche auch, aufzunehmen, zu gewichten und mit gegenläufigen Bedürfnissen abzuwägen. Freilich ist gleich beizufügen: aufgrund *eigener, raumplanungsspezifischer Ordnungsvorstellung* zu gewichten und abzuwägen; der Raumplan ist es nicht zufrieden, vorgebrachte Wirtschaftswünsche ungeprüft im Raum ‹unterzubringen›. Sein siedlungsgestaltender Anspruch wirkt sich notwendig auch wirtschaftsgestaltend aus[73] – und daraus kann sich für umgrenzte Siedlungsräume durchaus ergeben, daß Wirtschaftstätigkeiten bestimmter Art oder bestimmten Ausmaßes (Einkaufszentren!) nur in Einzelfällen oder überhaupt nicht erwünscht sind. Darin liegt, sollte dieser Standpunkt am Ende überwiegen, keine verpönte Bedürfnisklausel, sondern die Antwort der gesamthaft angehörten, als Wirkeinheit geachteten Verfassung[74].

C. Niederlassungsfreiheit?

70. Die Niederlassungsfreiheit (Art. 45 BV) gewährleistet die Möglichkeit persönlichen Verweilens an jedem beliebigen Ort der Schweiz; sie gebietet Kantonen und Gemeinden, jedem Schweizer Bürger die Niederlassung auf ihrem Gebiet zu erlauben, und verbietet ihnen gleichzeitig, die Verlegung des einmal gewählten Wohnsitzes in eine andere

---

[71] BGE 109 Ia 267 E. 4; 102 Ia 115 f. E. 5 a; 99 Ia 618 E. 4 d.
[72] Anm. 71.
[73] BGE 102 Ia 116 E. 5 a.
[74] Vgl. BGE 109 Ia 267 f. E. 4 a; 102 Ia 117 ff. E. 6. PETER SALADIN/CHRISTOPH LANZ, Einkaufszentren, ZBl 1976 119 f.

Gemeinde, einen anderen Kanton oder ins Ausland zu verhindern oder zu erschweren[75].

71. Materiell liegen Niederlassungsfreiheit und Raumplanung weit auseinander. So weit, daß Art. 45 BV nicht ins Spiel gebracht würde, wäre nicht schon vertreten worden, er könne durch Eigentumsbeschränkungen unterlaufen werden[76]: nämlich für den Fall, daß die Beschränkungen auf ein Bodenmonopol des Staates hinsteuerten, folglich auch die «Zuteilung von Wohn- und Geschäftsräumen» in sein «Belieben» gestellt würde[77]. Ob das Gemeinwesen dann so ungebunden wäre, mag dahinstehen. Die Niederlassungsfreiheit jedenfalls wüßte nicht, wie ihr geschieht: Sie will den Weg zum *schriftenmäßigen* Wohnsitz bahnen, der Voraussetzung persönlicher Mobilität, und sie stört sich an Behinderungen *dieser* Formalität. Schwer vorstellbar, daß es Art. 45 BV darüber hinaus (und sei es nur als Grundrechtsinteresse) kümmert, ob die «Zuteilung» einer Wohngelegenheit dem Staate obliegt oder dem Markt. Und verhielte es sich dennoch so: Die Freiheit des Wohnungssuchenden wäre von privater Seite eher bedrängt als von der immerhin auf Gesetz und Verfassung verpflichteten öffentlichen Hand[78].

D. Persönliche Freiheit?

72. Auch die Person als solche ist grundrechtlich bewehrt: kraft ungeschriebenen[79] Rechts der persönlichen Freiheit. Allerdings nicht in allen denkbaren Betätigungen: Nur *«elementare Erscheinungen der Persönlichkeitsentfaltung»* – körperliche Unversehrtheit, Bewegungsfreiheit und Personwürde – gehören zu ihrem Schutzbereich[80], und auch diese nur, soweit sie «nicht durch andere Freiheitsrechte der Bundesverfassung gewährleistet sind»[81].

---

[75] BGE 108 Ia 249 E.1. Vgl. zum Begriff u.a. WALTER BURCKHARDT, Kommentar, 387ff.; FRITZ FLEINER/ZACCARIA GIACOMETTI, Bundesstaatsrecht, 248ff.; JÖRG PAUL MÜLLER/STEFAN MÜLLER, Grundrechte, 59ff.
[76] ARTHUR MEIER-HAYOZ, Kantonalzürcherische Initiative, ZBl 1964 41; MAX GLAUSER, Vorkaufsrecht, 44. Im Ergebnis auch WERNER KALLENBERGER, Bodenreformkonzeptionen, Zürich 1979, 177.
[77] ARTHUR MEIER-HAYOZ, Kantonalzürcherische Initiative, ZBl 1964 41.
[78] In diese Richtung auch MAX GLAUSER, Vorkaufsrecht, 45.
[79] Zuerst BGE 89 I 98 E.3.
[80] BGE 108 Ia 60f. E.4a; 107 Ia 55 E.3a; 102 Ia 325 E.3a. So auch die einhellige Schweizer Lehre, das deutsche Gebilde der allgemeinen Handlungsfreiheit ablehnend: statt vieler JÖRG PAUL MÜLLER, Elemente, 18, 141; PETER SALADIN, Grundrechte, 98.
[81] BGE 106 Ia 34 E.3; 104 Ia 40 E.5a.

73. Begegnungen zwischen Raumplanung und persönlicher Freiheit lassen sich kaum ausmachen. Als ‹allgemeines› Grundrecht wird sie nicht benötigt; die ‹besondere› Eigentumsgarantie ist schon zur Stelle. Aber auch sonst erreicht sie keine Gegenstände der Raumplanung. Gewiß wäre es sinnvoll, die Streuung dinglicher und obligatorischer Nutzungsrechte unter das Licht der persönlichen Freiheit zu stellen. Den Impuls aufzunehmen wäre aber zuerst Sache einer personalen Eigentumsförderung, mit angestoßen durch die Eigentumsgarantie als Institutsgarantie (vgl. Nrn. 82 f.).

E. Rechtsgleicheit (Verweisung)

74. Der Gleichheitssatz ist ein *Grundrecht ohne Sachbereich*[82]: er gilt überall; allerdings nicht überall in derselben Weise, sowenig Gleichheit für sich und losgelöst von Lebensverhältnissen Sinn macht. Art. 4 BV vergegenständlicht sich an den Sachgesetzlichkeiten der berührten Frage: sie aufnehmend und nach dem Regelungsanspruch materieller Gleichheit umformend. Ob rechtliches Unterscheiden oder Gleichsetzen richtig oder falsch sei, beurteilt sich «im Einklang mit den beherrschenden Prinzipien der Rechtsordnung» – soweit sie eben für die Regelung gerade der streitigen Frage erheblich sind – «und je in Hinblick auf die konkrete zu bewältigende Situation»[83]; immer beeinflußt von den «Wertvorstellungen der Zeit»[84].

75. Man weiß, worauf diese Sätze in der Planungspraxis hinauslaufen: Dem Gleichheitssatz, meint das Bundesgericht, kommt dort nur «abgeschwächte» Bedeutung zu; er fällt mit dem Willkürverbot zusammen[85]. Für den Augenblick sei nur dieses Ergebnis festgehalten; seine Gründe und die Möglichkeiten eines Ausgleichs sind später aufzunehmen (§ 6/III, IV; § 8/I, II).

III. Raumplanung, Eigentumsverfassung und Wirtschaftsverfassung

76. Eigentums- und Wirtschaftsfreiheit sehen sich reihenweise von Staatsaufgaben umgeben, die alle eines im Sinne haben: den Gehalt ‹ihres› Grundrechtes aufgabengerecht mitzubestimmen. Raumplanung ist nur eine davon, und es wäre nicht recht, sie gegen die ökonomischen

---

[82] Peter Müller, Aufgabennormierung, 53; Christoph Zenger, Numerus clausus, ZSR 1983 I 27.
[83] BGE 100 Ia 328 E. 4 b.
[84] BGE 106 Ib 189 E. 4 c. Beatrice Weber-Dürler, Rechtsgleichheit, 204 f.
[85] BGE 103 Ia 258 E. 4; 99 Ia 715 E. 4.

Freiheiten alleine loszuschicken: man hätte bloß Ausschnitte der Eigentums- und der Wirtschaftsverfassung vor Augen. Von Belang ist vielmehr das Gesamtbild – und zu diesem Gesamtbild gehört die prinzipielle Abhängigkeit der wirtschaftlichen Freiheiten vom einfachen Recht (A, Nr. 77), gehören sodann die eigentums- und wirtschaftsrelevanten Staatsaufgaben: hier besonders jene Aufgaben, die wie Art. 22^{quater} BV zur Lenkungsverwaltung zählen *und* raumwirksam sind (B, C, Nrn. 78 ff., 84 ff.). ‹Über allem› steht wie immer der Zweckartikel der Verfassung, Art. 2 BV; davon zuletzt (D, Nrn. 89 ff.).

A. Wirtschaftliche Freiheiten: Freiheiten der Rechtsordnung

77. Aufgabenpflichtigkeit der Grundrechte und Grundrechtsverpflichtetheit der Staatsaufgaben gelten in Ansehung aller Grundrechte. Das Wechselspiel ist nicht neu; es wurzelt im Gleichrang der Verfassungssätze (§ 7/IV). Eigentums- und Wirtschaftsfreiheit allerdings sehen sich ihm stärker ausgesetzt als für andere Grundrechte üblich; mehr als üblich wandelt sich deshalb auch der Freiheitsgehalt der ökonomischen Grundrechte in der Zeit[86]. Das liegt nicht allein an der sozialen Sprengkraft, die diesen Freiheiten, sind sie ungleich verteilt, innewohnt[87]. Ihre rechtliche Bedingtheit hat grundsätzlicheren Ursprung. Eigentumsgarantie und Wirtschaftsfreiheit schützen nicht in erster Linie Lebensäußerungen und lebensnotwendige Rechte; trotz menschenrechtlicher Einschlüsse sind sie weder mit dem Menschen als Lebewesen noch mit dem Menschen als Sozialwesen untrennbar verknüpft. Der universelle Geltungsanspruch eines Menschenrechts geht ihnen ab, seine universelle Geltungskraft bringen sie nicht auf[88]. Es sind *Grundrechte der Rechtsordnung,* Freiheiten der konkreten Gesellschaft: Forderung des Systems,

---

[86] Vgl. JÖRG PAUL MÜLLER, Soziale Grundrechte, 154; PETER SALADIN, Grundrechte, LV. Die ‹Kulturabhängigkeit› der Eigentumsordnung hat vor allem MICHAEL WERDER nachgewiesen (Eigentum und Verfassungswandel, 283 ff., besonders 383 ff.).

[87] Mit Bezug auf das Grundeigentum etwa: HANS CHRISTOPH BINSWANGER, Eigentum, 48 f., 61; GEORG MÜLLER, Privateigentum, ZSR 1981 II 18 ff. Bezeichnend BBl 1981 III 644: «...die immer gehegte und für den Bestand der Eigentumsverfassung bedeutsame Hoffnung..., eigenen Boden besitzen zu können». Entsprechendes gilt, krasser noch, von der HGF: Sie vermag «rechtlich dem Arbeitnehmer nichts zu bieten» (FRITZ GYGI, Schweizerische Wirtschaftsverfassung, 154) – nichts auch dem Konsumenten (BGE 102 Ia 122 E. 7). Daß Art. 31 BV «aussi bien aux employés ou salariés qu'aux indépendants» gehören soll (BGE 103 Ia 262 E. 2 a), ist eine der geheimnisvollsten Verheißungen des Bundesgerichts.

[88] Beide Grundrechte fehlen im Katalog der EMRK (SR 0.101). «Privateigentum ... ist, vielleicht von einem Kreis engster Persönlichkeitsgüter abgesehen, nie Wert per se.» (MICHAEL WERDER, Eigentum und Verfassungswandel, 385.)

nicht der Ethik. Die ökonomischen Grundrechte gewährleisten freie Benützung rechtlicher Einrichtungen und Mittel; sie setzen Institutionen des einfachen Rechts voraus und hangen zugleich von ihnen ab.

Natürlich *erwarten* diese Verfassungsgarantien umgekehrt, daß der Gesetzgeber die erforderlichen Einrichtungen *freiheitlich ausgestalte* (sie wären sonst keine gesetzesleitenden Grundrechte); gewiß sind sie dann, wie einfachrechtlich geordnet, ‹klassisches› Abwehrrecht[89]. Was sie als ‹Systemfreiheiten› von den übrigen Grundrechten trennt, ist die Notwendigkeit gesetzlicher Verfaßtheit: auf derartige Stütze könnten persönliche Freiheit, Meinungsäußerungs-, Versammlungs-, Glaubens- und Gewissensfreiheit zur Not verzichten, Eigentumsgarantie und Wirtschaftsfreiheit dagegen nicht.

a) Das leuchtet für die *Eigentumsgarantie* sogleich ein: Abwehr-, Verfügungs- und Nutzungsansprüche des Eigentümers, seine Unterlassungs-, Duldungs- und Leistungspflichten werden begründet, nicht vorgefunden[90]. Eigentum als «umfassendstes Herrschaftsrecht an einer Sache» ist eben schon begrifflich ein Recht, keine Äußerung des Beherrschers. Eigentum *gilt,* Äußerungen *sind;* höchstens – und oftmals leider – ist Eigentum Äußerungs*mittel.* Und was die menschliche Würde an persönlichem Eigentum verlangt, schützt (wohl sachgerechter) bereits das Grundrecht der persönlichen Freiheit[91].

b) Ähnliches gilt, wenn auch nicht so absolut, von der *Handels- und Gewerbefreiheit,* vor allem von der herkömmlichen Freiheit der Berufs*betätigung*[92], aber auch von der zwischen Wirtschaftsfreiheit[93], persönlicher Freiheit[94] und ungeschriebenem Grundrecht[95] schwankenden Freiheit der Berufs- und Ausbildungs*wahl:* Weithin hat sich der ‹Beruf› vom äußerlichen Status zur rechtlichen Einrichtung befördert. Gleich wie Eigentum vermittelt er einen sozialen Bestand: die Sicherheit einer von der Rechtsordnung anerkannten Befähigung, erworben im Zuge staatlich geregelter Lehrgänge[96], erwiesen an staatlich veranstalteten oder überwachten Prüfun

---

[89] FRITZ GYGI, Wirtschaftsverfassungsrecht, 43 f.; ROLAND HALLER, Handels- und Gewerbefreiheit, 171 f.
[90] Vgl. ROBERT HAAB, Art. 641 ZGB, NN. 2 f.
[91] Vgl. GEORG MÜLLER, Privateigentum, ZSR 1981 II 101 Anm. 170.
[92] Ständiger Rechtsprechung zufolge *der* zentrale Inhalt der HGF: BGE 106 Ia 362 f. E. 4 d; 103 Ia 261 f. E. 2 a; 100 Ia 174 f. E. 3 a.
[93] Vgl. BGE 103 Ia 401 E. 2 c.
[94] Offen gelassen durch BGE 104 Ia 308 E. 2; vgl. auch 103 Ia 401 E. 2 d, 389 E. 7 d/bb; 102 Ia 324 f E. 3 a.
[95] Ein ungeschriebenes Recht auf Bildung, möglicher und vielleicht auch richtiger Ort der Berufs- und Ausbildungswahlfreiheit, wird von der Praxis bislang abgelehnt, nicht eben mit umwerfenden Gründen (BGE 103 Ia 398 E. 2 a, 377 f. E. 4 a; 100 Ia 194 E. 3 c). Vgl. PETER SALADIN, Grundrechte, XLV; CHRISTOPH ZENGER, Numerus clausus, ZSR 1983 I 30 ff.
[96] Vgl. Art. 8 ff. BBG, sowie die zahllosen Ausbildungsreglemente des Eidgenössischen Departementes des Innern (Veröffentlichung im BBl: Art. 12 Abs. 5 BBG; vgl. z. B. BBl 1984 III 1001 ff.).

gen[97], gefestigt durch Berufsausübungs-[98] und Standesvorschriften[99]. Von Polizeirecht kann nicht mehr die Rede sein, kaum noch von Treueschutz im Geschäftsverkehr – schon eher von sozialstaatlicher Verantwortung in der Arbeitswelt[100]. Wer Art. 31 BV anruft, hat regelmäßig den Zugang zu derartigem Rechtsbestand im Auge[101], oder will verteidigen, was er davon erlangt hat[102]. Freilich hat die Handels- und Gewerbefreiheit (besonders als Freiheit der Berufswahl) ihre menschenrechtliche Seite[103]. Und gewiß trifft man auch auf ungebundenes, von Berufsausübungsvorschriften nicht belegtes Wirtschaften[104]. Aber deswegen stellen sich die Früchte des Grundrechts noch nicht als Gabe des Himmels ein. Die Freiheit der Berufswahl bleibt ohne vielfältigste (rechtliche und materielle) Vorleistungen des Staates ein leeres Wort[105]; jedenfalls unterhält sie auch als Menschenrecht kräftige Beziehungen zu den sozialen Grundrechten, ist sie mindestens so sehr Staatsaufgabe wie Freiheitsrecht. Und sachtüchtigen Zivilrechts bedarf auch die sonst regelloseste Wirtschaftstätigkeit: Vertrags- und Gesellschaftsrecht, Forderungs- und Immaterialgüterschutz, um nur das Elementarste zu nennen – keineswegs bloß freiheitsneutraler Rahmen!

B. Eigentumsverfassung der Eigentumspolitik, raumordnungspflichtige und personale Eigentumsordnung

78. Eigentum als absolute, vorrechtliche Sachherrschaft, deren Gehalt durch Schranken des Rechts nur ‹elastisch› zurückgedrängt, nicht aber durch Recht bestimmt wird: dieses ‹romanistische› Eigentumsbild, wäre es denn je richtig gewesen[106], hat sich längst überlebt, sowie eigen-

---

[97] Vgl. die staatlich ausgestellten «Fähigkeitsausweise», «Fachausweise», «Diplome» usf. (Art. 43, 55 f. BBG)! Trotz im Prinzip polizeilicher Motivation schützen solche Prüfungen, angenehm für den ‹Befähigten›, ganz erheblich vor Konkurrenz (JEAN-FRANÇOIS AUBERT, Traité, II Nrn. 1885, 1903 f.; CHRISTOPH ZENGER, Numerus clausus, ZSR 1983 I 39.

[98] Vgl. nur die Ladenschlußgesetze (obligatorischer Schließungshalbtag! BGE 102 Ia 455 f. E. 5, 6; 101 Ia 487 ff. E. 8; 98 Ia 404 f. E. 6); oder die Ausverkaufsverordnung (SR 241.1).

[99] Standesregeln von Berufsverbänden zählen – nicht unbedenklich – als Auslegungshilfe staatlicher Berufsausübungsregeln. Vgl. (für Anwälte) BGE 106 Ia 107 E. 7 a.

[100] Vgl. CHRISTOPH ZENGER, Numerus clausus, ZSR 1983 I 5, 38 f.

[101] Etwa BGE 103 Ia 544 (Zulassung zum Bergführerkurs); 103 Ia 394, 401 (Zulassung zum Lehrerseminar); 103 Ia 369 (Zulassung zur Universität).

[102] Etwa BGE 106 Ia 100 (Entzug des Anwaltspatents); 103 Ia 272 (Verengung des Berufsfeldes durch neu eingeführte Prüfungen); 103 Ia 594 (Arbeiten an öffentlichen Werken nur aufgrund besonderer Qualifikation).

[103] JÖRG PAUL MÜLLER/STEFAN MÜLLER, Grundrechte, 316 f.; CHRISTOPH ZENGER, Freie Berufswahl, B/III.

[104] ‹Klassischen› Beleg liefert die Prostitution (BGE 101 Ia 475 f. E. 2; 99 Ia 509 ff. E. 4.)

[105] Vgl. CHRISTOPH ZENGER, Freie Berufswahl, D/II.

[106] So schreibt das Bundesgericht bereits 1879: «Kein Staat anerkennt ein Eigentumsrecht, wonach der Eigentümer einer Sache befugt wäre, dieselbe unbeschränkt nach seinem Belieben zu benutzen, sondern es wird das Eigentum überall vom objektiven Recht normiert und unterliegt den vom objektiven Rechte aufgestellten mitunter sehr intensiven Beschränkungen. Und da diese Beschränkungen mit den Zeitbedürfnissen sich ändern, so ist auch der Inhalt des Eigen-

tumsgerichtete Staatsaufgaben planender und gestaltender Art Einzug in die Verfassung gehalten haben: zuerst Forstpolizei (Art. 24 BV), sodann Wohnbau- und Eigentumsförderung (Art. 34^{sexies} BV), Gewässerschutz (Art. 24bis Abs. 2 Bst. a BV), Natur- und Heimatschutz (Art. 24^{sexies} BV), Raumplanung (Art. 22^{quater} BV) und zuletzt Umweltschutz (Art. 24^{septies} BV). Heute gilt eine «Eigentumsverfassung der Eigentumspolitik»[107] das Modell des absoluten Eigentums läßt sich selbst als Denkhilfe guten Gewissens nicht mehr verwenden[108]. Auch das Bundesgericht anerkennt den Wandel:

> «Les mesures d'aménagement du territoire ... tendent à assurer les meilleures possibilités de développement pour l'individu et la société, et à cet effet elles imposent une certaine manière de construire les bâtiments et d'utiliser le sol, ce qui, par voie de conséquence, signifie que ce n'est pas seulement la construction comme telle qui est réglementée, mais aussi son utilisation subséquente... Une telle obligation de l'utilisation de la propriété dans un but social ne peut se réaliser qu'à l'aide d'institutions juridiques nouvelles ou en tout cas rénovées; elle repose en dernière analyse sur une *conception nouvelle de la propriété.*»[109]

Und wenig später:

> «Die gewichtigen öffentlichen Interessen» an Walderhaltung, Gewässerschutz, Umweltschutz und Raumplanung, die zu wahren die Verfassung aufgibt, «sind der Gewährleistung des Eigentums grundsätzlich gleichgestellt. Die Eigentumsgarantie hindert den Gesetzgeber nicht, die objektive Eigentumsordnung im Rahmen der Bedürfnisse der Gemeinschaft festzulegen. Doch hat er dabei den freiheitsvermittelnden Kerngehalt des Eigentums zu wahren, wobei dieser nicht völlig statisch zu verstehen ist, sondern der weite-

tumsrechts der Wandlung der Gesetzgebung unterworfen und ändern sich die mit demselben verbundenen Befugnisse und Wirkungen mit den Gesetzen, welche durch Aufstellung von Beschränkungen den Inhalt und Umfang des Eigentums modifizieren.» (BGE 5, 396 E. 4; ähnlich 2, 97 E. 8.) Kritisch auch ROBERT HAAB, Art. 641 ZGB, NN. 2 ff. (1929) und ERWIN RUCK, Das Eigentum im schweizerischen Verwaltungsrecht, in: Festschrift für KURT SPEISER, Basel 1926, 16 ff., 19 ff.

[107] PETER SALADIN, Eigentumskonzept, 47; ferner z. B. GEORG MÜLLER, Privateigentum, ZSR 1981 II 49 ff. Entschiedener Gegner eines die Eigentumspflichten umschließenden Eigentumsbegriffs (der «Immanenztheorie») nach wie vor ARTHUR MEIER-HAYOZ, Eigentum Systematischer Teil, NN. 317 ff.; vgl. ferner *denselben,* Verfassungsentwurf und Eigentumsgarantie, Zürich 1978, 7; PETER LIVER, Zürcher Kommentar zum Sachenrecht, Die Dienstbarkeiten und Grundlasten, 3. A., Zürich 1980, Einleitung N. 83; PASCAL SIMONIUS, Eigentum und Raumplanung, Zürich 1976, 5.

[108] Keineswegs nur ein Streit «vorwiegend theoretischer Natur», ohne Einfluß auf den «tatsächlichen Rechtszustand» (ARTHUR MEIER-HAYOZ, Eigentum Systematischer Teil, NN. 321, 324)! Der tatsächliche Rechtszustand ist Ergebnis einer eben auch durch Leitbilder, durch ‹Prinzipien› geleiteten Rechtsfindung (JOSEF ESSER, Grundsatz und Norm, 24 f., 253, 256 ff.; KARL LARENZ, Methodenlehre, 295, 346 ff.).

[109] BGE 99 Ia 617 E. 4 c.

ren Entwicklung durch den Verfassungsrichter und der Abänderung durch den Verfassungsgeber zugänglich bleibt. Die Zulässigkeit eigentumsbeschränkender raumplanerischer und umweltschützender Maßnahmen basiert somit auf einer Interessenabwägung mit der Eigentumsgarantie. Den erhöhten Anforderungen an die Regelung eines menschenwürdigen Zusammenlebens in der Gesellschaft läßt sich dabei ... durch die Zulassung entschädigungsloser Eingriffe auch außerhalb der polizeilich motivierten Schranken gerecht werden.»[110]

Danach gibt es – das ist wichtig – keinen Primat des Eigentums über eigentumsgestaltende Staatsaufgaben, kein Gegenüberstellen von Eigentums*verfassungs*recht und ihm untergeordnetem Aufgaben*gesetzes*recht: allemal sind Verfassungsbelange im Spiel.

79. Die *Grundentscheidung* der Eigentumsverfassung – soweit Boden in Frage steht – wirkt auf eine raumordnungspflichtige und personegerichtete Eigentumsordnung: Eigentum soll sowohl staatliche Verantwortung für den Raum anerkennen (B.1, Nrn. 80 f.) als auch auf die Würde des Menschen achten (B.2, Nrn. 82 f.).

B.1 Raumordnungspflichtigkeit

80. Die *Raumordnungspflichtigkeit*[111] des Grundeigentums geht die eigentumsvermittelten *Nutzungs*rechte an; sie will das Eingeständnis, daß Nutzungsrechte nicht schon mit sachenrechtlicher Zuständigkeit in bunter Beliebigkeit ‹gegeben› sind, sondern (polizeiliche Begrenzungen beiseite gelassen) nach gestaltendem Plan auf das Leitbild einer erwünschten Raumordnung hin abgestuft und bestimmt werden. Pflichtstoff dieser Art bergen – außer natürlich Raumplanung – namentlich Forstpolizei, Gewässerschutz, Natur- und Heimatschutz; schließlich auch – am Rande – das Sachenrecht.

81. Im einzelnen:

a) Hauptstück des *Forstpolizeirechts* bildet das Walderhaltungsgebot (Art. 31 FPolG). Seine Forderungen – anfangs polizeilich begründet[112] – sehen sich spätestens seit 1965, tatsächlich aber schon viel früher, von sozialpolitischen Motiven überlagert: Der Waldbegriff der Forstpolizeiverordnung anerkennt in «zeitgerechter

---

[110] BGE 105 Ia 336 f. E. 3 c.
[111] HERMANN GEISSBÜHLER spricht von «ökologischer Bedingung baulicher Nutzbarkeit» (Raumplanungsrecht, 93).
[112] Schutz vor Hochwasserkatastrophen (BBl 1869 I 277 ff.; 1870 II 670), Schutz der natürlichen Waldfunktionen allgemein (Wasserhaushalt! BBl 1888 III 299 ff.). Zum Ganzen GOTTHARD BLOETZER, Forstpolizei, 43, 60, 93 ff.

Auslegung des Forstpolizeigesetzes»[113] «Wohlfahrtswirkungen» (Art. 1 Abs. 1 FPolV), um derentwillen Rodungsgesuche abgewiesen werden können (Art. 26 Abs. 1 FPolV): Den Waldeigentümer trifft – unter anderem – eine ‹Erholungs- und Freizeitlast›.

b) Über mehrere Jahre – von 1972 bis Ende 1979; seither besorgt das Raumplanungsrecht dieses Geschäft – verbot das *Gewässerschutzgesetz* Bauten und Anlagen außerhalb der Bauzonen (oder, wo solche fehlten, außerhalb des generellen Kanalisationsprojekts) grundsätzlich (Art. 20 GSchG 1971; Art. 25, 27 AGSchV 1971/1974[114]). Der planungsrechtliche Gehalt[115] dieser Bestimmungen legte erstmals und bundesweit «den *Inhalt des Grundeigentums* außerhalb der Bauzonen bzw. des Gebietes des generellen Kanalisationsprojekts (fest), ohne hierfür allgemein eine Entschädigungspflicht auszulösen, auch wenn der Eingriff keine im engeren Sinne polizeilich motivierte Eigentumsbeschränkung (darstellte)»[116], was vor allem hieß: ohne Rechte zu entziehen, die dem Eigentum innegewohnt hätten.

c) Ähnliches läßt sich vom *Natur- und Heimatschutzrecht* sagen. Eigentumsbestimmend wirken – bundesrechtlich – das Verbot, die Ufervegetation zu schädigen (Art. 21 NHG), ferner der Schutz seltener Pflanzen, die kraft Akzessionsprinzips (Art. 667 Abs. 2 ZGB) ‹eigentlich› dem Grundeigentümer gehörten. Beidemal sieht sich der betroffene Boden von einer ‹Arterhaltungslast› belegt.

d) Raumordnender Wille eignet schließlich dem *Umweltschutzgesetz:* Herausgegriffen seien die (Sanierungspflichten auslösenden!) Immissionsgrenzwerte für Luftverunreinigungen, die (auch) nach dem «Wohlbefinden» der Bevölkerung festgesetzt gehören (Art. 14 Bst. b USG); und vor allem die Planungswerte für Lärmbelastungen, nach denen sich bemessen soll, welches Land besonders für Wohnbauten überhaupt noch in Frage kommt (Art. 23 f. USG). Immissionsgrenzwerte und Planungswerte sind Ausdruck einer ‹Umweltlast›.

e) Nur erwähnt sei die ‹Allmendlast› des Art. 699 ZGB: Die einzige bundeszivilrechtliche Sozialpflicht des Eigentums[117], die den nachbarrechtlichen Rahmen der Notwege, Notbrunnen und Notleitungen sprengt.

B.2   Personalität

82. Die *Personalität des Eigentums*[118] wagt sich kaum aus dem geltenden Verfassungsrecht hervor. Sie würde die *Verfügungs*rechte des Ei-

---

[113] BGE 106 Ib 56 E. 1 e; GOTTHARD BLOETZER, Forstpolizei, 95 f.
[114] AS 1972 956, 974 f.; 1974 1810 f.; geändert und aufgehoben durch Art. 38 RPG (AS 1979 1581, 1980 48). Die Kontinuität zwischen dem GSchG 1971 und dem RPG in diesem Punkt steht außer Zweifel; vgl. BGE 108 Ib 362 E. 4 a, 133 E. 2; BBl 1978 I 1028.
[115] Vgl. BGE 103 Ib 113 E. 2 b; 102 Ib 213 f. E. 1 a, 72 f. E. 5 c.
[116] BGE 105 Ia 338 E. 3 d.
[117] BGE 109 Ia 79 E. 3 b («privatrechtliche Eigentumsbeschränkung zugunsten der Allgemeinheit»); ROBERT HAAB, Art. 699 ZGB, N. 3.
[118] Von großen Teilen der Lehre (in verschiedenster Ausprägung) herbeigewünscht, zum Auslegungsleitbild erhoben oder gar als Element des geltenden Rechts erkannt. Vgl. z. B. HANS CHRISTOPH BINSWANGER, Eigentum, 65 f.; HERMANN GEISSBÜHLER, Raumplanungsrecht, 185 f.;

gentums beschlagen und (vor allem vom Grundeigentum!) Besinnung auf ethische Begründungen von Sachherrschaft verlangen: Besinnung auf den Satz, daß Sachherrschaft nur solange gut ist, als sie persönlichen Bedarf befriedigt, ohne Fremde zu bestimmen und Naturkräfte zu schädigen[119]. Personalität des Eigentums würde – unter anderem – Identität von Eigentümer und Nutzer wollen, und der Raumplanung fiele zu, mit geeigneten Instrumenten solche Wohn- und Siedlungsformen zu ermöglichen[120]. Man wird vergeblich nach konsequenter Sicherung dieses Eigentums-Leitbildes suchen: Heute ist Eigentum, wo nicht belastet, ‹zweckfrei›; was mit ihm geschieht, steht im «Belieben» des Eigentümers (Art. 641 Abs. 1 ZGB). Immerhin lassen sich Ansätze ausmachen: im bäuerlichen Bodenrecht, im Wohnbau- und Eigentumsförderungsgesetz sowie – in Spuren – beim Recht des Ausländerkaufs.

83.   Im einzelnen:

a) Das *bäuerliche Bodenrecht* will landwirtschaftlichen Boden vor Zerstückelung und Zweckentfremdung bewahren und dem Selbstbewirtschafter zuhalten: personbezogenes Eigentum als Mittel landwirtschaftlicher Strukturpolitik. In solchen Diensten stehen zum Beispiel der Grundsatz, landwirtschaftliche Gewerbe in der Erbfolge ungeteilt dem geeigneten Übernehmer zuzuweisen[121] (Art. 620ff. ZGB), das Zugrecht von Verwandten, Pächtern und Dienstpflichtigen gegenüber Käufern von landwirtschaftlichen Betrieben[122] (Art. 6ff. EGG), und das Vorpachtrecht selber wirtschaftender Nachkommen des Verpächters[123] (Art. 5 LPG). Freilich findet der Boden

---

WALTER HALLER, Raumplanung, 168; ARTHUR MEIER-HAYOZ, Eigentum Systematischer Teil, NN. 319, 337; PIERRE MOOR, Aménagement du territoire, ZSR 1976 II 473; GEORG MÜLLER, Privateigentum, ZSR 1981 II 67f.; PETER SALADIN, Eigentumskonzept, 43 f.

[119]   Vgl. für ethische Begründungen gegen fremdbeherrschendes Grundeigentum z. B. den Sammelband: Eigentum und seine Gründe (Hg.: HELMUT HOLZHEY/GEORG KOHLER), Bern/Stuttgart 1983, besonders 316ff., 371f.; PETER SALADIN, Grundrechte, 453ff.

[120]   Förderung des «verdichteten Bauens» (das heißt: von raumsparenden, ‹ganzheitlich› geplanten Gruppenüberbauungen)! Hindernisse derartiger Siedlungsform bilden heute – neben der schwierigen Baulandbeschaffung – die teils übertriebenen Anforderungen des Erschließungsrechts sowie das wenig bewegliche, den nicht-professionellen Bauherrn (Genossenschaften!) erheblich belastende Planungs- und Baubewilligungsverfahren. Vgl. WALTER GOTTSCHALL/HANSUELI REMUND, Verdichtete Wohn- und Siedlungsformen, Schriftenreihe Wohnungswesen Nr. 27, Bern 1983.

[121]   BBl 1971 I 747ff.; 1970 I 809ff. BGE 107 II 35 E.3b; 104 II 257 E.3; 95 II 395f. E.3. REINHOLD HOTZ, Bäuerliches Grundeigentum, ZSR 1979 II 109, 193ff., 199; PETER TUOR/VITO PICENONI, Berner Kommentar zum Erbrecht, Der Erbgang, 2.A., Bern 1964, Vorbemerkungen zu Art. 620ff. ZGB, N. 12.

[122]   BBl 1971 I 739f.; 1970 I 816ff. DORIS BINZ-GEHRING, Vorkaufsrecht, 113f.; FRANZ EUGEN JENNY, Das bäuerliche Vorkaufsrecht, Beromünster 1955, 5; PETER LIVER, Die Revision des bäuerlichen Privatrechts, ZBl 1970 161, 169.

[123]   Zur agrarpolitischen Begründung: BBl 1982 I 264f., 272.

nicht ohne Mühe zum besten Wirt: zu unentschlossen schwankt vor allem das EGG zwischen Familienschutz und Strukturpolitik[124].

b) Vergleichbar verhält sich das *Wohnbau- und Eigentumsförderungsgesetz:* Auch hier ist Eigentum zu persönlichem Bedarf das eigentumspolitische Leitbild[125]. Förderungsgelder fließen nur natürlichen Personen zu, die Wohnungs- oder Hauseigentum zu eigener Nutzung erwerben wollen (Art. 47 WEG).

c) Ein Hauch personaler Eigentumspolitik weht schließlich, hält man nur still genug, in der *Lex Friedrich.* Der Erlaß unterwirft den Grundstückkauf einer «Person im Ausland» behördlicher Bewilligung (Art. 2 ff. BewG), im Bestreben, die Tore zum Bodenbesitz zuerst jenen (natürlichen) Personen offenzuhalten, «die auf ihm arbeiten oder sonst mit ihm als Einwohner dauernd verbunden sind»[126]. In der Tat gäbe die Eigentumsgarantie gute Gründe dazu, denn die geltende Eigentumsverfassung hängt wesentlich an der «immer gehegten Hoffnung» der Inländer, «im eigenen Land eigenen Boden besitzen zu können»[127]. Allerdings müßte sich der Gesetzgeber, um glaubwürdig zu bleiben, auch die (weit schädlicheren!) hausgemachten Bedroher personalen Bodeneigentums vornehmen: zum Beispiel Kapitalgesellschaften und institutionelle Anleger, wie Pensionskassen und Versicherungen[128]. Man weiß, wie es um die Aussichten solcher Bemühungen steht[129]. Die eigentumspolitischen Motivationen des Bewilligungsgesetzes verdecken nur, ein Feigenblatt über peinlicher Blöße, die Fremdenfeindlichkeit des Erlasses[130].

---

[124] Die Lehre verhält sich durchwegs kritisch. Statt aller Doris Binz-Gehring, Vorkaufsrecht, 114f., 124.
[125] BBl 1973 II 742f.
[126] BBl 1972 II 1249 (zur Lex Furgler, dem Vorläufer des heutigen BewG).
[127] BBl 1981 III 644.
[128] Die Zwangsversicherung der beruflichen Altersvorsorge (Art. 7 ff. BVG) verbaut die ohnehin trüben Aussichten des ‹Einzelkäufers› auf dem Bodenmarkt aufs gründlichste: Die zweite Säule, im wesentlichen nach dem Kapitaldeckungsverfahren finanziert (Art. 69, 71 BVG; BBl 1976 I 266f. zu den entsprechenden Vorschriften des Entwurfs, ferner 159f., 170f.), verstärkt einen Anlagedruck, der sich nicht nur, aber eben auch auf Liegenschaften und Hypotheken legen wird.
[129] Allein für die Zeit von 1970 bis 1981 sind mehr als 100 Vorstöße eidgenössischer Parlamentarier zur Eigentumspolitik nachgewiesen; vgl. Peter Walliser, Dokumentation Bodenrecht (Hg.: EJPD/BRP), Bern 1982, I 20ff. (Nrn. 53–177). Im gleichen Zeitraum haben 10 Parteien und 6 weitere Gruppen Vorstöße zur Bodenreform unterbreitet – ohne erkennbaren Erfolg (aaO., III 1ff.). Vgl. zuletzt die glücklose «Stadt–Land-Initiative gegen die Bodenspekulation» (BBl 1981 III 719); die Botschaft des Bundesrates (BBl 1986 I 153) deutet immerhin «Möglichkeiten der Weiterentwicklung des Bodenrechts» an (177).
[130] Bezeichnend für den Ungeist des Gesetzes das Auslandschweizerprivileg gemäß Art. 5 Abs. 1 Bst. a BewG (BBl 1981 III 621, 644f. zum entsprechenden Art. 4 Bst. a des Entwurfs): eine klare und wohl auch bewußte Verletzung von Staatsvertragsrecht (BGE 99 Ib 44 E. 4; verharmlosend BBl 1969 II 1385; kritisch Hans Huber, Die verwaltungsrechtliche Rechtsprechung des Bundesgerichts im Jahre 1973, ZbJV 1974 489, 493; Charles-André Junod, L'acquisition d'immeubles en Suisse par des personnes domiciliées à l'étranger, RDAF 1965 161, 240). Retorsionen sind nicht ausgeblieben (vgl. AS 1975 1495).

C. Wirtschaftsverfassung der Wirtschaftspolitik, sozialpflichtige und marktorientierte Wirtschaftsordnung

84. Auch die Wirtschaftsverfassung hat sich, früher noch als die Eigentumsverfassung, aus der Umklammerung ‹ihres› Grundrechtes gelöst und zur «Wirtschaftsverfassung der Wirtschaftspolitik» hin erweitert. Diese Wende ist von FRITZ GYGI in einer Weise belegt worden, der nichts beizufügen bleibt[131]: Wirtschaftsfreiheit *und* Wirtschaftspolitik, Art. 31 BV *und* die nachfolgenden Aufgabennormen bilden die verfassungsmäßige Wirtschaftsordnung; das Grundrecht ist nicht Regel, die Wirtschaftspolitik nicht Ausnahme – und wenn Art. 31bis BV, Hauptort der wirtschaftspolitischen Bundeszuständigkeiten, von «Abweichungen» redet, so ist damit nur gemeint, die eidgenössische Aufgabenwaltung dürfe, gemessen an der verfassungsrechtlichen Grundentscheidung (Nr. 85), nötigenfalls auch ‹systemwidrige› Auswirkungen zeitigen[132]. Die Mehrheit der Lehre hat sich bis heute freilich nicht bewegen lassen, von der Handels- und Gewerbefreiheit als dem «harten Kern» der Wirtschaftsverfassung Abschied zu nehmen[133].

85. Die *Grundentscheidung* der Wirtschaftsverfassung geht auf eine «marktorientierte und sozialverpflichtete Wirtschafts- und Sozialordnung»[134] (C.1, C.2, Nrn. 86 f., 88).

C.1 Sozialpflichtigkeit

86. Die *Sozialpflichtigkeit* der Wirtschaftsordnung äußert sich auf *raumplanerisch* erhebliche Weise in den Strukturpolitiken gemäß Landwirtschaftsgesetzgebung und der Regionenförderung vorab des Investitionshilfegesetzes, ferner in den ordnungspolitischen Anliegen der Landesversogung (Art. 31bis Abs. 3 Bst. b, c und e BV).

---

[131] FRITZ GYGI, Schweizerische Wirtschaftsverfassung, besonders 80 ff., 102 ff., 149 ff. Unterstützend JÖRG PAUL MÜLLER, Soziale Grundrechte, 109; PETER SALADIN, Grundrechte, XXXIV f., XLII; aus neuester Zeit ROLAND HALLER, Handels- und Gewerbefreiheit, 175, 186, und PAUL RICHLI, Wirtschaftspolitik, 82 ff.
[132] Vgl. FRITZ GYGI, Abweichungen, 76 ff.; JÖRG PAUL MÜLLER/STEFAN MÜLLER, Grundrechte, 326 f.
[133] LEO SCHÜRMANN, Wirtschaftsverwaltungsrecht, 16 f., stellvertretend für die herrschende Meinung. Vgl. die Übersicht bei FRITZ GYGI, Abweichungen, 73 ff.
[134] FRITZ GYGI, Schweizerische Wirtschaftsverfassung, 84.

87. Im einzelnen:

a) Aus dem *Landwirtschaftsgesetz* verdient Erwähnung, daß Art. 19 «nötige Maßnahmen» zu ergreifen erlaubt, um die für Notzeiten erforderliche Ackerfläche zu sichern, und daß dafür je Kanton «Richtflächen für den Ackerbau» verfügt werden können; daß gemäß Art. 43 ein Rebbaukataster jene Rebgebiete bezeichnet, die sich für die Weinproduktion eignen; und daß schließlich Art. 77 ff. im Interesse verbesserter Ertragsfähigkeit und erleichterter Bewirtschaftbarkeit Bodenverbesserungen unterstützen. Allemal stellen diese strukturpolitischen Vorkehren Forderungen an die Nutzungsplanung, die aufzunehmen sie verpflichtet ist (Art. 1 Abs. 2 Bst. a, 3 Abs. 2 Bst. a RPG)[135].

b) Das *Investitionshilfegesetz* will die wirtschaftlichen Standortbedingungen zurückgebliebener Berggebiete verbessern und fördert zu diesem Behufe Vorhaben der Infrastruktur (Art. 1, 3, 8 IHG): Das ‹Wohlstandsgefälle› zwischen Ballungs- und Randgebiet soll sich nicht weiter vergrößern, der Zug zur Stadt gebändigt werden[136]. So berührt sich die Investitionshilfe nicht nur mit Raumplanung: sie *ist* Raumplanung, wenn auch nicht Raumplanung kraft Nutzungsordnung, sondern kraft Wirtschaftslenkung (vgl. Art. 12 IHG).

c) Auf den Raum wirkt schließlich auch die *Landesversorgungspolitik*. Freilich eher am Rande: Zwar soll sie – Art. 1 LVG – die «Landesversorgung mit lebenswichtigen Gütern ... bei schweren Mangellagen» sichern; lebenswichtig sind insbesondere «Nahrungsmittel, ... Hilfs- und Rohstoffe für die Landwirtschaft» (Art. 2 Abs. 2 Bst. a LVG), und wird die Versorgung mit solchen Gütern erheblich gefährdet oder gestört, kann der Bundesrat «Maßnahmen treffen zur Steigerung und Anpassung der inländischen Produktion in der Landwirtschaft (wie Durchführung von Anbau- und Nutzungsprogrammen, Einführung der Anbau- und der Ablieferungspflicht)» (Art. 23 Abs. 1 Bst. a LVG). Dennoch sind die Postulate dieses Gesetzes an die Raumplanung schwach: Es bleibt im Grunde ein *Vorrats- und Pflichtlagergesetz* (Art. 4–18 LVG) ohne strukturpolitischen Ehrgeiz[137]. Die räumlichen Ansprüche zu formulieren überläßt es der Landwirtschaft (vgl. Art. 2 Abs. 2 Bst. a LVG).

C.2 Marktorientiertheit

88. Die *Marktorientiertheit* der Wirtschaftsordnung ist Sorge vorab der Wettbewerbspolitik, weniger auch des Geld- und Währungswesens[138]. Um die ‹Pflicht zum Grundrechtsgebrauch› geht es, um *Marktpflege:* darum, einerseits dem Anbieter die Flucht in die bergenden Arme des Kartells zu erschweren, und andererseits dem Konsumenten in die Rolle des markttüchtigen Nachfragers zu helfen. *Planungsrechtliche Bezüge* der Wettbewerbspolitik sind allerdings heute nicht in Sicht: Begehren an

---

[135] Vgl. URS NUSSBAUMER, Erwartungen der Landwirtschaft bei der Gestaltung der Nutzungsordnung im ländlichen Raum, BfA 1980 54, 55; ERNST REINHARDT, Grundsätze für die Zuweisung zum Landwirtschaftsgebiet und zur Landwirtschaftszone, BfA 1980 75, 76 f., 80 f.
[136] BBl 1973 I 1591 ff.
[137] BBl 1981 III 410.
[138] FRITZ GYGI, Wirtschaftsverfassungsrecht, 110.

die Raumplanung ergäben sich höchstens, wenn der Gesetzgeber glaubte, den Wettbewerb im Detailhandel nur mit einer Großzahl konkurrierender Unternehmen sichern zu können, und er sich dafür entschlösse, dem ‹Kleinladen› als existentiell gefährdetem Wirtschaftszweig unter die Arme zu greifen, auf Kosten von Großverteilern und Einkaufszentren. Alle Versuche dieser Art haben Schiffbruch erlitten[139]; indirekte Hilfe immerhin – freilich raumordnungspolitischen und nicht strukturpolitischen Ursprungs – kommt dem Gewerbe durch planungsrechtliche Sonderbestimmungen für Einkaufszentren zu[140]. Heute ergeht keine positive wettbewerbspolitische Forderung an die Raumplanung; verlangt ist nur – *negativ* – Wettbewerbs*neutralität* planlicher Maßnahmen.

D. Stets dabei: Die Wohlfahrtsklausel

89. Art. 2 BV zufolge sorgt sich der Bund (unter anderem) um die «Beförderung» der «gemeinsamen Wohlfahrt». Das Postulat kehrt später wieder: in den Art. 31bis Abs. 1 und 102 Ziff. 16 BV. Die Rechtsqualität der Wohlfahrtsklausel – lange verworfen, heute umstritten (vgl. § 7/III) – sei fürs erste unterstellt. Die Frage ist dann, ob Art. 2 BV Belange ausdrücke, die nicht schon Art. 22^{quater} BV besser und genauer enthalte. Sollte er das nicht tun, dann hätte Raumplanung von der Wohlfahrtsklausel nichts zu lernen.

90. Den unfreundlichen Stempel reiner Deklamation verdankt Art. 2 BV seiner «Wohlfahrt». Richtet sich die Aufmerksamkeit, wie meist, allein darauf, kann Enttäuschung nicht ausbleiben. «Wohlfahrt» als solche ist sachleer; höchstens leitet sie in die zeitgebundenen Eigentums-, Wirtschafts- und Sozialverfassungen weiter, aus deren Staatsaufgaben im einzelnen sich die *wirkliche* Wohlfahrt der Verfassung ergibt[141]. Allerdings: Nicht von Wohlfahrt schlechthin redet Art. 2 BV, sondern von *«gemeinsamer»* Wohlfahrt (und Art. 31bis Abs. 1 BV entsprechend von der Wohlfahrt *«des Volkes»*). Das versteht sich nicht von selbst: ohne Mühe läßt sich *Gruppen*wohlfahrt denken. Diese *Gemeinpflichtigkeit*

---

[139] Vgl. zuletzt die (zurückgezogene) Volksinitiative «zur Sicherung der Versorgung mit lebensnotwendigen Gütern und gegen das Ladensterben» (BBl 1980 III 1299), von Bundesrat und Parlament abgelehnt (BBl 1982 III 302 f., 312; Amtl. Bull. N 1983 726, 1054; S 1983 294, 384), und die Zusammenstellung entsprechender Vorstöße in BBl 1982 III 277 f. Ohne nachhaltigen Erfolg blieb auch der notrechtliche «Warenhausbeschluß» aus den 30er und 40er Jahren (AS 49 825, mehrmals verlängert und geändert, zuletzt – AS 57 1424 – bis Ende 1944).

[140] Vgl. BGE 109 Ia 268 f. E. 4 b; 102 Ia 117 E. 5 b; PETER SALADIN/CHRISTOPH LANZ, Einkaufszentren, ZBl 1976 120 ff.

[141] FRITZ GYGI, Schweizerische Wirtschaftsverfassung, 104 f.; JÖRG PAUL MÜLLER, Soziale Grundrechte, 113.

wohlfahrtlicher Staatsaufgaben bildet, oft übersehen, die sachhaltige Aussage des Zweckartikels. Sie verlangt kein bestimmtes ‹System›, wohl aber die gesellschaftliche Ausgewogenheit sozialstaatlicher Aufgabenwaltung: Die Wohlfahrt schaffenden Staatsaufgaben gehören als Brücke zu sozialer und regionaler Chancen- und Lastengleichheit genutzt.

91. Das Verfassungsinteresse der Raumplanung will *haushälterische Nutzung* des Bodens: sparsamen Flächenverbrauch, verpflichtet auf die Leitbilder einer gestaltenden Entwicklungsplanung (Nr. 22). Wie steht die Wohlfahrtsklausel dazu? Dem Grundsatz der Sparsamkeit kann sie nur zustimmen, aber kaum eigenes beifügen: Sparsame Bodenverwendung ist heute Voraussetzung von Wohlfahrt, denn sie schont eine ihrer wichtigsten Ressourcen. Hingegen beeinflußt Art. 2 BV die *Leitbilder der Sparsamkeit:* die Verteilung der räumlichen Opfer, die Zusprechung räumlicher Entwicklungschancen. Auch hier ist gemeinsame Wohlfahrt aufgetragen. Der Zweckartikel erlaubt nicht, den Raumbedarf schlagkräftig lärmender Bodennutzer vorweg zu befriedigen und jenen Gruppen das ‹Übrige› zu hinterlassen, denen der Zugang zum Boden schwerer fällt. Solche Vorrechte führen zwar, nicht ausgeschlossen, zu «zweckmäßiger» Nutzung des Bodens und wahrscheinlich auch zu «geordneter» Besiedlung des Landes, aber nicht zu *gemein*nütziger Zweckmäßigkeit und Ordnung.

§ 3 Raumplanung und Sachplanung: Bundesaufgabe vor kantonaler Aufgabe?

92. Unterliegt der Bund kantonaler Raumplanung? Der *Ausgangspunkt* der Frage ist einfach: Bund und Kantonen gleicherweise sind raumwirksame Aufgaben aufgetragen, und jede von ihnen führt zu einem Stück eigener, aufgabenbestimmter Nutzungsordnung: insofern treffen sich Bund und Kantone im selben Regelungsgegenstand, dem Boden. Nur der Kanton freilich verfügt über ‹eigene› Fläche, nur ihm obliegt die flächendeckende Nutzungsplanung, raumwirksame Aufgabe schlechthin: Konflikte sind unvermeidlich.

93. Der föderative Wettstreit um den Boden beschäftigt das Bundesgericht seit langem (davon vorweg: I, Nrn. 94 ff.), seit langem auch die Lehre: Die Einheit der Raumordnung, so meint mit Recht die Mehrheit heute, dulde kein unbekümmertes Vorrecht des Bundes, verlange vielmehr Abwägung der beiderseitigen Aufgabeninteressen im Raum. Nur – wie weit läßt Art. 2 ÜB BV, der Satz von der derogatorischen Kraft des Bundesrechts, derartigen Hang zur Harmonie zu? Ein Teil des Schrifttums sucht der Vorschrift zu entkommen: von den Kompetenzkonflikten (für die eben Art. 2 ÜB BV gilt) eine Klasse ‹einfacher› Regelungskonflikte abspaltend, die von der Derogationsregel freigestellt und ‹deshalb› einer Bereinigung durch Abwägung zugänglich wären. Derart kunstvolles Unterscheiden führt freilich auf Holzwege, und erst noch ohne Not. Es bleibt dabei: Regelungskonflikte und Kompetenzkonflikt sind eins; nichts zwingt dazu, diesen Hauptsatz des Bundesstaatsrechts zu verabschieden (II, Nrn. 103 ff.). Wo dem Bund obliegt, raumwirksame Tätigkeiten in den Raum einzuordnen (die Standortfrage zu beantworten), dort tilgt Art. 2 ÜB BV entsprechende kantonale Zuständigkeiten (III, Nrn. 160 ff.). Dennoch bleibt die Aussicht auf Abwägung erhalten. Der Vorrang eidgenössischen Rechts bewirkt fürs erste nur, daß der Bund die Standortfrage an sich zieht, kantonales Recht an dieser Stelle beseitigend. Nicht aber folgt daraus, die eidgenössisch beanspruchte Standortfrage finde ihre ‹klare› Antwort allein durch Bundesrecht. Die zuständige Norm vielmehr wird (auch auf Wunsch von Art. 22^{quater} BV, vgl. Nrn. 35 f.) von ‹anwendungsreifen› Lösungsentwürfen mitunter absehen müssen, wird die Standortfrage dem Ermessen des Aufgabenwalters zu überstellen haben: mit dem Ergebnis, daß die Antwort mittels Abwägung aller sacherheblichen Belange aufgesucht werden muß, beschirmt nur noch durch die Verfassung (IV, Nrn. 181 ff.). Zu den abwägungsberechtigten Belangen zählen stets auch, kraft Art. 3 BV, die berührten kantonalen Aufgabeninteressen, unter ihnen der kantonale Raumordnungsentwurf an der Einbruchstelle des Bundes (V, Nrn. 185 ff.).

I. Bindung des Bundes an kantonales Raumplanungsrecht?

94. Heute scheinen die Zusammenstöße der raumwirksamen Bundeszuständigkeiten mit kantonaler Raumplanung weithin bewältigt. Den Grundstein dazu hat das Bundesgericht Mitte der 60er Jahre gelegt, mit unverändert gültigen Leitfällen. Sie haben zweierlei geklärt: Der Münchensteiner Entscheid die Frage, wie weit Bundesbauten dem *materiellen* Planungsrecht der Kantone unterstehen, und das Zufikoner Urteil, wann *formelles* Planungsrecht (Baubewilligungsverfahren!) einzuhalten sei.

A. Die Entscheide Münchenstein und Zufikon

95. Das *Münchensteiner Urteil*[1] hatte freilich keine Bundestätigkeit zum Gegenstand; vielmehr beanspruchte ein kantonales Vorhaben (eine Autoprüfstelle), von gemeindlichen Bauvorschriften freigestellt zu werden. Die Entscheidgründe nehmen allerdings auch den Bund in die Pflicht. Mit *drei Leitsätzen:*

a) *Grundsätzlich,* hält das Gericht fest, bindet die *Gesetzmäßigkeit der Verwaltung* jedes Staatshandeln an die «geltenden Gesetze, Verordnungen und Satzungen», denn

> «wenn der Gesetzgeber gewisse öffentliche und private Interessen auf dem Gebiete des Bauwesens als schutzwürdig anerkennt und er die zu deren Wahrung erforderlichen Bauvorschriften aufstellt, so nimmt er damit eine *Interessenabwägung* vor, *an die sich auch die Verwaltung zu halten* hat.»[2]

b) Diese Erkenntnis – zweiter Leitsatz – gilt nicht nur im Verhältnis zum ‹eigenen› Gesetzgeber oder zum Gesetzgeber einer staatsrechtlich übergeordneten Stufe; sie gilt ebenso gegenüber *Vorschriften unterer Verbände.* Aus der derogatorischen Kraft des ‹höheren› Rechts folgt nicht das Gegenteil. Vielmehr kann

---

[1] BGE 91 I 409.
[2] BGE 91 I 422 f. E. 2.

«die Verfassung oder die Gesetzgebung des oberen Verbandes die Regelung eines bestimmten Gegenstandes dem unteren Verband übertragen oder überlassen»; geschieht das, so «ist diese Entscheidung beim Fehlen ausdrücklich oder durch die Sache selbst begründeter Vorbehalte auch für die Verwaltung des oberen Verbandes verbindlich: sie hat sich insoweit an die Ordnung zu halten, die der untere Verband kraft der ihm vom oberen übertragenen oder überlassenen Zuständigkeit getroffen hat.»[3]

Das gilt auch für den Bund: Seine Bauten unterliegen «grundsätzlich» dem kantonalen Polizeirecht[4].

c) Der Grundsatz macht allerdings – drittens – *nicht uneingeschränkt* Regel. Er gilt *von vornherein* nicht, wenn, wie eben bemerkt, «ausdrücklich oder durch die Sache selbst begründete Vorbehalte» bestehen – gemeint sind: positive Freistellungen durch das einschlägige Recht der betreffenden Bundestätigkeit[5]. Die Bindung an örtliches Planungsrecht kann aber auch gewissermaßen ‹nachträglich› wegfallen: wenn sonst die Erfüllung verfassungsmäßiger Bundesaufgaben «verunmöglicht oder erheblich erschwert» würde – im zweiten Fall aber nur, soweit «die auf dem Spiele stehenden Belange des Bundes höher zu bewerten sind» als jene Interessen, die das kantonale Recht zu wahren antritt[6].

Diese Rechtsprechung – und besonders die Abwägungsformel für den Fall, daß Bundestätigkeiten dem kantonalen Recht im Grundsatz unterliegen – gilt bis heute unverändert[7]; immerhin hat das Gericht gelegentlich auch die *bundesstaatliche Rechtseinheit* zur Begründung herangezogen[8].

96. Den Bund auf materielles Planungsrecht verpflichten ist freilich nur eins; noch ist damit nicht entschieden, ob er auch *formelles* Baurecht einzuhalten, insbesondere eine Baubewilligung einzuholen habe. Vor dieser Frage stand das Bundesgericht ein Jahr später: die PTT-Betriebe beanspruchten das Recht, über den Bau einer Telefonzentrale abschließend (und ohne kantonales Bewilligungsverfahren) zu befinden[9]. Es verwarf dieses Ansinnen, wiederum gestützt auf den Grundsatz der Gesetzmäßigkeit:

---

[3] BGE 91 I 423 E.2.
[4] BGE 91 I 423 E.2a.
[5] Vgl. die späteren Entscheide 92 I 210 E.4b; 97 I 527f. E.4b; 98 Ib 483f. E.3d; 99 Ia 257f. E.5c; 102 Ia 358ff. E.6; 103 Ia 336f. E.3b, Ib 250f. E.3.
[6] BGE 91 I 423f. E.2a.
[7] Zuletzt ZBl 1983 369 E.3b.
[8] BGE 92 I 210 E.5; vgl. ferner 102 Ia 360 E.6d.
[9] BGE 92 I 205.

«Kann ... mit dem Post-, Telegrafen- und Telefonregal die Exemption vom kantonalen und kommunalen Baupolizeirecht nicht begründet werden, so kann aus Art. 36 BV auch nicht abgeleitet werden, daß die PTT keiner Baubewilligung bedürfen; denn *das materielle und das formelle Baupolizeirecht sind als Einheit zu betrachten.*»

Außerdem schütze das Bewilligungsverfahren Rechtsschutzinteressen Privater, und auch das Postregal erlaube nicht, sie zu übergehen [10].

B. Festigung

97. Mit den Münchensteiner und Zufikoner Urteilen war der Rahmen bis in letzte Zeit abgesteckt; die Rechtsprechung der darauf folgenden Jahre brachte *fallbezogene Verdeutlichungen* der Leiturteile [11].

Die Rechtsprechung
- bestätigte für das *Heerwesen* (Art. 20 BV), daß die Freistellung militärischer Bauten einem seltenen ‹Einbruch› in das kantonale Recht gleichkomme [12] (vgl. aber Nr. 170);
- hielt auch den *Bahnbauten* (Art. 26 BV) ein den Verteidigungswerken vergleichbares Privileg zugute [13], verdeutlichte aber immerhin, das Eisenbahngesetz sei «kein Instrument der Landesplanung», weshalb das Plangenehmigungsverfahren gemäß Art. 18 EBG neben Bahnbauten nur solche Drittvorhaben erfasse, die «unmittelbar die technische Sicherheit des Bahnverkehrs beeinträchtigen» [14]; und
- präzisierte im Bereich des *Postregals* (Art. 36 BV) den Zufikoner Entscheid: Wohl seien Bauten der PTT dem örtlichen Baurecht unterstellt, nicht aber Fernmeldeleitungen [15] (vgl. aber Nr. 205).

C. Neue Fragen: Die Urteile Verbois und Kestenholz

98. Der eben vermerkten Rechtsprechung hatte genügt, nach der *sachlichen Tragweite der Bundeszuständigkeit* im Einzelfall zu fragen; damit ließ sich auskommen. Die Abwägungsformel wurde wohl nachgezogen, materiell aber nie gebraucht. Das änderte sich im Verlauf der 70er Jahre: Mehrere Entscheide machten die *Leistungsgrenze des über-*

---

[10] BGE 92 I 211 E. 5.
[11] Vgl. den systematischen Überblick bei JÜRG SPAHN, Bindung des Bundes, 25 ff.; zusammenfassend EJPD/BRP, Erläuterungen RPG, Einl. NN. 80 ff.
[12] BGE 101 Ia 316 E. 2 und neuestens 110 Ib 262 f. E. 2 c; ferner 92 I 211 E. 6; 102 Ia 360 E. 6 d; 103 Ia 343 E. 5 e.
[13] Vgl. BGE 92 I 211 E. 6; 102 Ia 360 E. 6 d; 103 Ia 343 E. 5 e.
[14] BGE 98 Ib 483 f. E. 3 d und neuestens Pra 1985 Nr. 105 E. 6.
[15] BGE 97 I 526 ff. E. 4.

kommenen Lösungsansatzes bewußt – vorab die Fälle Verbois und Kestenholz und ihre Vorläufer Kaiseraugst und Croix-de-Cœur[16]. Nunmehr stand der *bundesstaatsgerechte Gebrauch kantonaler Planungszuständigkeit* an: eine Frage, die zumindest in der Rechtsprechung bis heute nicht gelöst ist.

99. Die Entscheide beschlagen teils *Luftfahrtrecht* (Croix-de-Cœur und Kestenholz), teils die *Atomgesetzgebung* (Kaiseraugst und Verbois). Allemal regieren die eidgenössischen Aufgabengesetze nur das Sachlich-Technische, nicht aber die räumliche Einordnung der in die Wege geleiteten Werke: gemeinsamer Ausgangspunkt bildet der *Vorbehalt kantonaler Raumordnung*.

a) Für die Bewilligung von *Kernkraftwerken* hat das Gericht diesen Vorbehalt aus dem gesetzlich erklärten Zweck der Bundesbewilligung abgeleitet: Sie diene dem «Schutz von Menschen, fremden Sachen und wichtigen Rechtsgütern» (Art. 5 Abs. 1 AtG), solle die «Sicherheit und Unschädlichkeit der Atomanlage unter allen wesentlichen Aspekten gewährleisten»[17] – nicht aber sei der *Bau* der Anlagen «tâche de la Confédération»[18].

b) Im Bereich des *Luftfahrtrechts* ist zu *unterscheiden:* Flug*häfen* bedürfen einer Konzession (Art. 37 Abs. 1 LFG; Art. 36 ff. LFV), genießen den Schutz bundesrechtlicher Lärm- und Sicherheitszonen (Art. 42 ff. LFG) und können das Enteignungsrecht des Bundes beanspruchen (Art. 50 Abs. 1 LFG); daraus hat das Gericht den Schluß gezogen, die Flughafenkonzession entscheide auch die planungsrechtliche Standortfrage (Nr. 166). Für Flug*feldern* hingegen (Art. 37 Abs. 2 LFG; Art. 42 ff. LFV) – nur um sie ging der Streit – trägt die Bewilligung des Bundes sachlich nicht weiter als für Atomkraftwerke: Die Nutzungsordnung von Kanton und Gemeinde habe «grundsätzlich Geltung»[19]; nichts deute darauf hin, daß ausgerechnet Flugfelder (immerhin *private* Bauten!) anders als im allgemeinen die Bundesbauten von solcher Ordnung freigesetzt wären[20].

100. Zumindest in den Fällen Verbois und Kestenholz vertrugen sich die bundesrechtlich bewilligten Werke mit der planungsrechtlichen Grundordnung nicht[21]; zwangsläufig stellte sich die Frage, ob der kantonale Planungsträger *besonderen – bundesstaatlichen – Ermessens-*

---

[16] *Verbois:* BGE 103 Ia 329; *Kestenholz:* unveröffentlichter BGE 4.7.1979 *Aero-Club der Schweiz; Kaiseraugst:* BGE 99 Ia 247; *Croix-de-Cœur:* BGE 102 Ia 355.
[17] BGE 99 Ia 257 E. 5c.
[18] BGE 103 Ia 336f. E. 3b.
[19] BGE 4.7.1979 *Aero-Club der Schweiz* (Kestenholz), 12 E. 2c.
[20] BGE 102 Ia 361f. E. 6e, f.
[21] BGE 103 Ia 339f. E. 5a und das Urteil vom 4.7.1979 *Aero-Club der Schweiz* (Kestenholz), 20f. E. 7, stellen Zonenwidrigkeit fest oder gehen davon aus.

schranke unterliege. ‹Erwartet› eine Sachbewilligung des Bundes eine ‹passende› Zonenordnung? Die Antwort steht aus.

Im Falle Croix-de-Cœur stellte sich die Frage *so* nicht – die Walliser Behörden hatten, zur Beförderung des Flugfeldes, ein Baubewilligungsverfahren überhaupt für unnötig gehalten[22]; für das Flugfeld Kestenholz wiederum war der richtige Zeitpunkt verpaßt, die planungsrechtliche Zuordnung des Geländes unangefochten geblieben[23]. Und der Entscheid Kaiseraugst schließlich ließ die Frage ausdrücklich offen[24].

Immerhin vermittelt das Urteil Verbois gewisse Ahnungen. Der Einwand, ein bundesrechtlich bewilligtes Werk dürfe nicht an willkürlicher Zonenordnung der Kantone scheitern, müsse eben nur zwingenden Anliegen der Raumplanung weichen: dieser Einwand, hört man, «ne manque pas de poids». Vor allem aber: «Les questions soulevées présentent une certaine analogie avec celles que le Tribunal fédéral a examinées dans l'arrêt du 21 janvier 1976 en la cause Magasins Zum Globus»[25] – wo das Gericht immerhin entschied, eigentumsbeschränkende Maßnahmen der Kantone verletzten die Handels- und Gewerbefreiheit (auch sie eine ‹Kompetenz› des Bundes!), wenn sie protektionistische Absichten bemäntelten und insofern in sachfremden Diensten stünden[26].

101. Und schließlich: Der berühmte, gern mißverstandene Satz aus dem Urteil Kaiseraugst, jene «mit dem Bau von Atomanlagen verbundenen Fragen, die im bundesrechtlichen Bewilligungsverfahren zu prüfen und zu entscheiden (seien, könnten) nicht auch Gegenstand eines zusätzlichen kantonalrechtlichen Bewilligungsverfahrens bilden»[27], ist von nachfolgenden Entscheiden doppelt relativiert worden. Zunächst gilt das Prinzip nur in dem Maß, als die Bundesbehörde den Rahmen ihrer Zuständigkeit nicht verläßt[28] – das versteht sich von selbst. Wichtiger ist der zweite Vorbehalt: Das raumplanungsrechtliche Bewilligungsverfahren des Kantons darf, wenn in seinem Verlauf Interessen abzuwägen sind, «auch solche Elemente und Anliegen berücksichtigen, die an sich der kantonalen Polizeihoheit entzogen»[29] bleiben: Nur hauptfrageweise

---

[22] BGE 102 Ia 356f., 362f. E.6f.
[23] BGE 4.7.1979 *Aero-Club der Schweiz* (Kestenholz), 19f. E.6.
[24] BGE 99 Ia 259ff. E.6.
[25] BGE 103 Ia 348 E.7. Deutlich nun ZBl 1986 32 E.5b.
[26] BGE 102 Ia 116 E.5a, 119 E.6a.
[27] BGE 99 Ia 257 E.5c, aufgenommen in 102 Ia 135f. E.4 und ZBl 1986 32 E.5b.
[28] BGE 103 Ia 341f. E.5d.
[29] BGE 4.7.1979 *Aero-Club der Schweiz* (Kestenholz), 15 E.2d.

darf der Kanton nicht auf sie zurückkommen, im übrigen ist ihm der Mund nicht verboten.

D. Fazit

102. *Gesichert* sind zwei Dinge:

a) *erstens* der Grundsatz, daß raumwirksame Bundestätigkeiten im Regelfall an die planungsrechtliche Ordnung der Kantone gebunden sind, materiell und formell; und

b) *zweitens* die Einsicht, daß Ausnahmen davon nur in dem Maße wirksam werden, als die raumwirksame Zuständigkeit des Bundes eine Freisetzung gebietet, ausdrücklich oder durch die Sache begründet.

Die Unsicherheiten beginnen erst, wenn über Bindung und Freiheit ‹im Prinzip› entschieden ist: Als müsse der kompetenzrechtliche Befund sogleich wieder korrigiert werden, macht sich das *Bedürfnis nach Rücksicht und Abstimmung* bemerkbar.

II. Vorrang des Bundesrechts, Kompetenzkonflikt und Regelungskonflikt

103. Kern des Bundesstaats bildet nicht nur die relativ erhebliche Aufgabenautonomie der Kantone[30]. Kern ist auch, Preis der Autonomie, der Auftrag zu bundesstaatlicher *Einheit des Rechts und der Verwaltung*[31], ihr klassischer Hüter der Satz von der derogatorischen Kraft des Bundesrechts (Art. 2 ÜB BV) – oder genauer: der *Vorrang der Bundeszuständigkeiten* gemäß Art. 3 BV[32].

104. So wie die bundesstaatliche Einheit des Rechts und der Verwaltung aufgegeben ist, so ist es auch die *Einheit der Raumordnung*. Wie zu erreichen? Durch *Planabstimmung* und *Interessenabwägung,* antwortet die Lehre, nicht durch mechanischen Vorrang des Bundes (A, Nrn. 105 ff.). Zu Recht: Das Raumplanungsgesetz hat jedenfalls die Richtung bestätigt. Freilich sind Einwände gegen diese ‹Konfliktbewäl-

---

[30] Vgl. nur PETER SALADIN, Bund und Kantone, ZSR 1984 II 440, 554 ff., 584.
[31] JEAN-FRANÇOIS AUBERT, Traité, I Nr. 157; WALTHER BURCKHARDT, Kommentar, 17; YVO HANGARTNER, Kompetenzverteilung, 214 ff.; HANS HUBER, Einheit, ZBl 1957 481 ff.
[32] Vgl. JEAN-FRANÇOIS AUBERT, Traité, I Nr. 663; ULRICH HÄFELIN/WALTER HALLER, Bundesstaatsrecht, N. 371; YVO HANGARTNER, Kompetenzverteilung, 171.

tigungsstrategie› sogleich zur Hand: Einmal der Satz der älteren Staatsrechtslehre, hinter bundesstaatlichen Regelungskonflikten stünden stets Kompetenzkonflikte[33] – mit allen (vernichtenden) Konsequenzen der Verfassung für den kantonalen Rechtsakt. Außerdem versteht es sich in einer auf Gesetzmäßigkeit verpflichteten bundesstaatlichen Ordnung wenigstens nicht von selbst, daß die Akte eidgenössischer Kompetenzwaltung erst sollen gelten dürfen, *nachdem* sie die Abwägung ihrer Belange mit entgegenstehenden «Gesetzmäßigkeitsansprüchen»[34] der Kantone für sich gewonnen haben. Aus solcher Drangsal, scheint es, findet nur heraus, wem es gelingt, Planungskonflikte als ‹Nicht-Kompetenzkonflikte› zu sehen, als ‹reine› Regelungskonflikte unter beidseits kompetenzgerechten Vorschriften – ein zweifelhafter Ansatz (B, Nrn. 109 ff.), den die Rechtsprechung kaum honoriert (C, D, Nrn. 119 ff., 133 ff.): Die Wege zur Planabstimmung müssen mit der Einheit von Regelungskonflikt und Kompetenzkonflikt ihr Auskommen finden (E, Nrn. 151 ff.).

A. *Herrschende Meinung: Abwägung eidgenössischer und kantonaler Nutzungsansprüche*

105. *Zentralistische* Lehren, das ist vorweg festzuhalten, sind *nur selten* anzutreffen.

Eine Ausnahme macht EDWIN HAUSER[35]: Die «grundsätzliche Befreiung des Zentralstaates vom Recht der Glieder (entspricht) sowohl der Kompetenzausscheidung des Bundesstaates ... wie auch der übergeordneten Stellung des Bundes gegenüber den Gliedstaaten»[36]. Den Bund an gliedstaatliches Recht binden hieße staatenbündisches Denken beschwören[37], und materielle Interessenabwägungen zur Lösung von Kompetenzkonflikten wirkten zwar «bestechend», liefen aber auf Konzessionen an das «allgemeine Rechtsgefühl» hinaus und mißachteten den Grundsatz von der Alternativität bundesstaatlicher Aufgabenteilung[38].

---

[33] Vgl. WALTHER BURCKHARDT, Eidgenössisches Recht bricht kantonales Recht, in: Festgabe für FRITZ FLEINER, Tübingen 1927, 59, 60 f.; FRITZ FLEINER/ZACCARIA GIACOMETTI, Bundesstaatsrecht, 92 f.; HANS HUBER, Kompetenzkonflikt, 66 f., 70; MAX IMBODEN, Bundesrecht, 60 f.
[34] Vgl. MARTIN KELLER, Aufgabenverteilung, 64.
[35] Ähnlich haben – vor ihm – argumentiert: PAUL STADLIN, Die Befreiung des Bundes von der kantonalen Steuerhoheit, Zug 1943, 34, 37; HANS VON WALDKIRCH, Die öffentlichrechtliche Stellung der Schweizerischen Bundesbahnen, Zürich 1927, 89 ff.
[36] EDWIN HAUSER, Bindungen des Bundes, 31.
[37] EDWIN HAUSER, Bindungen des Bundes, 28.
[38] EDWIN HAUSER, Bindungen des Bundes, 35 ff.

106. Zumeist stößt ein undifferenzierter Primat des Bundes auf Ablehnung – aus unterschiedlichen Gründen. Zu eidgenössischem Respekt vor kantonaler Raumordnung drängt einmal die Forderung nach bundesstaatlicher *Rechts- und Verwaltungseinheit:* das ist die Haltung vorab der *älteren Lehre*.

Freilich bringt es die Frage kaum zu eigenständiger Behandlung; bestenfalls bebildern Beispiele aus dem Planungsbereich die allgemeinen Ausführungen.

a) Der tausendfach zitierte «Tropfen Öl», den WALTHER BURCKHARDT in das «komplizierte Getriebe» des schweizerischen Bundesstaates träufeln läßt, steht für eine «gewisse Nachgiebigkeit», die den Kompetenzgebrauch von Bund und Kantonen auszeichnen soll[39]. Zum Beispiel eben, wenn der Bund «Bauvorschriften für die Eisenbahnen aufstellt»: Dann möge er «vernünftigerweise auf das allgemeine Baurecht der Kantone so viel als möglich Rücksicht nehmen»[40].

b) Zu vergleichbaren Ergebnissen kommt HANS HUBER. Zwar soll die eben vermerkte «Nachgiebigkeit» im Umgang mit Zuständigkeiten nicht gelten: sie gehe «auf Kosten der Legalität»[41]. Aber für den Bereich des (zu jener Zeit, muß man ergänzen) rechtlich nicht gebundenen «technischen Verwaltungshandelns» scheine sie angebracht: Auch Einheit der Verwaltung, nicht ‹nur› des Rechts, sei aufgetragen[42].

107. Das *neuere Schrifttum,* mit der Rechtsprechung übereinstimmend, sieht den Grund eidgenössischer Planbindung in den sachlichen Grenzen der raumwirksamen Bundeszuständigkeiten selbst: In Verbindung mit dem *Grundsatz der Gesetzmäßigkeit* wird für die nicht bundesrechtlich abgedeckten Normbereiche zwangsläufig kantonales Recht maßgebend.

Im einzelnen gehen die Begründungen auseinander. Als *Auswahl* seien drei Autoren vermerkt[43]:

a) MARTIN KELLER stellt in der Aufgabenteilung zwischen Bund und Kantonen *«Kompetenzkumulationen»* fest: Bereiche, die normativ von beiden Verbänden (wenn auch von unterschiedlichen Ansätzen her) «überlappend» erfaßt werden. Ergäben sich daraus Widersprüche, so sei zunächst nach positiver Konfliktbewältigung durch den Sacherlaß des Bundes zu suchen; und schlage die Suche fehl, gehöre

---

[39] WALTHER BURCKHARDT, Kommentar, 17.
[40] WALTHER BURCKHARDT, Kommentar, 22.
[41] HANS HUBER, Einheit, ZBl 1957 484.
[42] HANS HUBER, Einheit, ZBl 1957 484f.
[43] Vgl. ferner ULRICH FISCHER, Die Kompetenzordnung bei der Bewilligung von Kernkraftwerken, ZBl 1973 89, besonders 96f.; FRITZ GYGI, Die rechtlichen Probleme des Baus von Kernkraftwerken in der Schweiz, SJZ 1976 269, 272f.; BRUNO KLÄUSLI, Bundesstaats- und verwaltungsrechtliche Aspekte der Nationalstraßengesetzgebung, Zürich 1970, 35f.; JÜRG SPAHN, Bindung des Bundes, 10ff.

«eine beide Kompetenzen berücksichtigende Interessenabwägung» vorgenommen: überwiege das kantonale Interesse, vereitele dessen Recht eidgenössische Vorschriften nicht und widerspreche es auch nicht deren Sinn und Geist, so habe der Bund kantonales Recht einzuhalten [44]. – Vergleichbares vertritt CHRISTOPH STEINLIN, nur daß, wie üblich, von «Regelungskonflikten» statt von «Kompetenzkumulationen» die Rede ist [45].

b) THOMAS PFISTERER betont als «zentrales Ordnungsprinzip des Bundesstaates» *«Koordination, Kompromiß und Konkordanz»:* Solange nicht der Bund kraft spezialgesetzlicher Vorbehalte den Vorrang seiner Tätigkeit rechtlich nachweisen könne, begegneten raumwirksame Bundesaufgabe und kantonale Raumplanung einander «grundsätzlich gleichgeordnet». Dann sei der Konflikt mittels Interessenabwägung zu lösen, allerdings unter dem bekannten Vorbehalt, daß Bundesaufgaben erfüllbar bleiben müßten [46].

c) Neuestens leitet PETER SALADIN das Recht (und die Pflicht) zur bundesstaatlichen Kompetenzabwägung aus Art. 22^{quater} selbst her: Raumplanung sei als kantonale Aufgabe *«spezifisch durch die Bundesverfassung festgesetzt»*, hebe sich dadurch, «entsprechend dem Grundsatz der Gleichrangigkeit aller Bundesverfassungs-Normen», auf die Stufe einer eidgenössischen Kompetenz – mit dem Ergebnis, daß bereits der Bundes*gesetzgeber* derart anerkanntem Aufgabenbestand der Kantone gegenüber auch «‹nötige Übergriffe› nur dann vorsehen (darf), wenn und soweit diese (eidgenössischen) Aufgaben als wichtiger gelten müssen als die spezifischer verfassungsrechtlicher Zuweisung entsprechenden Aufgaben der Kantone» [47].

108. Vor die Aufgabe gestellt, die Abwägbarkeit eidgenössischer und kantonaler «Gesetzmäßigkeitsansprüche» vor Art. 2 ÜB BV zu begründen, haben sich vor allem MARTIN KELLER und CHRISTOPH STEINLIN auf die Lehren PETER WIDMERS berufen.

PETER WIDMER hat in den Bereichen des Zivil-, des Straf- und des Staatsvertragsrechts die Merkwürdigkeit *besonderer Kollisionen* zwischen Bundes- und kantonalem Recht ausgemacht: Weil Art. 8, 64 und 64bis BV nicht wie üblich ein Sachgebiet, sondern eine inhaltsoffene Regelungstechnik – eine *«modale Kompetenz»* – bezeichneten, soll es geschehen können, daß die Kantone auf eigenem Aufgabenfeld «verhindert» wären, ihre Zuständigkeiten auszuschöpfen: sobald immer eine Frage durch Regeln des Zivil-, Straf- oder Staatsvertragsrechts besetzt sei und kantonales Recht hierüber der Bundeslösung widersprechen würde. In solchen Fällen müsse kantonales Recht zwar – wegen materieller Unvereinbarkeit – weichen; die Gesetzgebungszuständigkeit in der Sache aber bleibe «ohne Zweifel bei den Kantonen». Normkonkurrenzen, schließt PETER WIDMER, brauchten im Bereich modaler Zustän-

---

[44] MARTIN KELLER, Aufgabenverteilung, 51 ff., besonders 78 f.
[45] CHRISTOPH STEINLIN, Raumplanungskompetenzen, 241 ff., 393 ff.
[46] THOMAS PFISTERER, Einfluß des Raumplanungsrechts, Nrn. 20 ff.
[47] PETER SALADIN, Bund und Kantone, ZSR 1984 II 462 f.; vgl. auch DENSELBEN, Kernenergie, 302 ff.

digkeiten nicht notwendig auf Kompetenzkonkurrenzen zurückzugehen; Zivil-, Straf- und Staatsvertragsrecht des Bundes vermöchten den Kompetenzgebrauch der Kantone materiell einzuengen, ohne deren Sachzuständigkeiten stückweise zu vernichten; daher reiche der Nachweis einer Sachzuständigkeit als Legitimation kantonaler Aufgabenwaltung nicht hin: der Kanton müsse dazu auch «materiell berechtigt» sein. Das Mittel, Widersprüche der genannten Art zu beseitigen, liege im Grundsatz der *Bundestreue*[48].

Die so erzeugte Zweiheit von Regelungskonflikt und Kompetenzkonflikt kam wie gerufen: Sogleich wurde der Ansatz aufgenommen und verallgemeinert. Nicht nur bei modalen Zuständigkeiten würden Konflikte unter beiderseits kompetenzgerechten Normen aufbrechen, sondern überall: «weil grundsätzlich überall Normen aus verschiedenen Zuständigkeitsbereichen miteinander in Reibung geraten können, unabhängig davon, wie der betreffende Zuständigkeitsbereich rechtstechnisch umschrieben ist»[49]. Zu sehr laufe der Kompetenzkonflikt, laufe der Vorrang des eidgenössischen Rechts auf «Dominanz des Bundes» hinaus[50]; gerade Raumplanung lege es auf kaum justitiables «Zusammenwirken von Bund und Kantonen» an, erfordere *«neue Kriterien des (gegenseitigen) Verhältnisses»*[51] – vor allem eben die Bereitschaft zur Abwägung der je vertretenen Aufgabeninteressen.

B. *«Modale» Zuständigkeiten?*

109. PETER WIDMER hatte seine Lehre für die «modalen» Bundeszuständigkeiten – Staatsvertragsrecht, Zivil- und Strafrecht – entwickelt und auf sie beschränkt. Es würde wohl lohnen, dieses Fundament genauer abzuklopfen, bevor die Zweiheit von Kompetenzkonflikt und Regelungskonflikt zum allgemeinen Prinzip erhoben und Art. 2 ÜB BV unzeitgemäßer Starrheit geziehen wird.

110. Modale Kompetenzen, heißt es, «berechtigen den Bund zum Erlaß einer *bestimmten Art von Rechtssätzen»*[52]. Sie arbeiten mit rechtstechnischen *«Ordnungskriterien»*[53], weisen die Aufgaben nach *«Rechts-*

---

[48] PETER WIDMER, Normkonkurrenz, 16 ff., besonders 25–29, 50–52. Zu vergleichbaren Ergebnissen gelangt für den Bereich des Zivilrechts HANS HUBER, Art. 6 ZGB, NN. 70, 74, 77 ff.
[49] CHRISTOPH STEINLIN, Raumplanungskompetenzen, 240.
[50] CHRISTOPH STEINLIN, Raumplanungskompetenzen, 241.
[51] MARTIN KELLER, Aufgabenverteilung, 38 f., 79.
[52] PETER WIDMER, Normkonkurrenz, 26.
[53] YVO HANGARTNER, Kompetenzverteilung, 96 ff.; DERSELBE, Staatsrecht, I 70; MAX IMBODEN, Rechtsetzungszuständigkeiten, 255.

strukturen»⁵⁴ zu: Zivilrecht, Strafrecht und Außenkompetenz gelten der herrschenden Meinung als *inhaltsleer*.

111. Ich mag an die «modalen» Zuständigkeiten nicht glauben. Soll der Bund die Werkzeuge der zivil-, straf- und staatsvertraglichen Regelungstechniken einsetzen können, um beliebige Äcker unter den Pflug zu nehmen? Diese Vision müßte jeden Föderalisten ins Mark treffen. Der Verfassunggeber, schon institutionell kein zentralistisches Gremium, wäre sehenden Auges – gar noch im 19. Jahrhundert! – so großzügig verfahren? Wie ritte der Bund auf trojanischen Pferden durch kantonales Revier! Schon Art. 3 BV weckt Zweifel am Sinn «modaler» Zuständigkeiten: Die Regel schützt vor ausgreifender Bundestätigkeit nur, wenn die Bundesaufgaben alle als *Sach*aufgaben begriffen werden. In der Tat hält die «Modalität» der Art. 8, 64 und 64bis BV einem prüfenden Blick kaum stand.

B.1 Außenkompetenz

112. Die auswärtige Gewalt (soweit sie Rechtsetzungskompetenz ist) befähigt den Bund, *Staatsverträge* abzuschließen, gleichgültig, ob landesrechtlich gesehen Bund oder Kanton zur Sache zuständig wären⁵⁵. Dennoch erlaubt sie nicht unbeschränkten Zugriff auf jeden beliebigen Gegenstand, sobald er sich nur in Staatsverträge ‹kleiden› läßt.

a) Art. 8 BV beschlägt allein Gegenstände grenzüberschreitenden Inhalts: Rechtsgüter der Staatenwelt, über welche zu verfügen nur der Schweiz als Völkerrechtssubjekt (und nicht schon dem Bund als ‹Zentralteil› eines Bundesstaates) zustehen kann; Rechtsgüter, die sich gegenständlich benennen lassen⁵⁶.

b) Überdies gehören Güter dieser Art, sollte ihr innerstaatliches Gegenstück in den Bereich der Kantone fallen, nur aus «triftigen» Gründen in die Bundesgewalt⁵⁷: Der Bund darf Staatsverträge nicht zum Vorwand nehmen, um sich landesrechtlich vermißte Aufträge zu beschaffen.

---

⁵⁴ HANS HUBER, Formenreichtum, ZbJV 1971 189.
⁵⁵ JEAN-FRANÇOIS AUBERT, Traité, I Nr. 676; WALTHER BURCKHARDT, Kommentar, 89 ff.; FRITZ FLEINER/ZACCARIA GIACOMETTI, Bundesstaatsrecht, 811 ff.; ULRICH HÄFELIN/WALTER HALLER, Bundesstaatsrecht, N. 325; YVO HANGARTNER, Kompetenzverteilung, 107 f. So auch die Haltung des Bundesrates: BBl 1983 I 289 f.; 1981 III 640 f.; 1973 I 895 f. Zur (älteren) ‹föderalistischen› Minderheitslehre MAX IMBODEN, Rechtsetzungszuständigkeiten, 258, und die Nachweise in VPB 1981 281.
⁵⁶ Vgl. die Aufzählung bei LUZIUS WILDHABER, Bundesstaatliche Kompetenzausscheidung, in: Handbuch der schweizerischen Außenpolitik, Bern/Stuttgart 1975, 237, 239.
⁵⁷ VPB 1981 283.

In diesen Grenzen aber erlaubt die Außenkompetenz, des Staatsvertrags fähige und würdige Gegenstände auch ohne internationalen Umweg durch selbständiges Landesrecht zu regeln[58]; und sie bleibt nicht auf Rechtsverhältnisse der Schweiz zur Staatenwelt beschränkt, sondern kann auch Einzelpersonen anzielen, wenn Staatsvertragsgüter «durch Individuen in Bedrängnis gebracht» werden[59].

113. Man sieht: Die Außenkompetenz, weggetreten von der Form des Staatsvertrags, öffnet heute die Tore zum Erlaß auch ‹gewöhnlichen›, den Einzelnen bindenden Landesrechts. Eine «modale» Kompetenz hätte das nicht geschehen lassen. Der Wandel hat sich nur deshalb einstellen können, weil sich die Rechtsetzungspraxis im Gegenzug auf den Sachgehalt der Ermächtigung besonnen hat.

B.2 Zivilrecht

114. Art. 64 BV zufolge steht dem Bund die Gesetzgebung über die persönliche Handlungsfähigkeit zu, über das Schuldrecht, das Urheberrecht, das geistige Eigentum, die Schuldbetreibung und den Konkurs (Abs. 1); seit 1898 ferner «in den übrigen Gebieten des Zivilrechts» (Abs. 2). Auch hier sieht die Lehre nur «zielfreie», «objektlose», «inhaltsleere», «nicht materielle» Kompetenzen[60]; im Kopf die drei Prämissen, wonach:
– der gegenständlichen Aufzählung von Art. 64 Abs. 1 BV im Verhältnis zu Abs. 2 keine selbständige Bedeutung zukomme[61],
– das Zivilrecht der Verfassung mit dem dogmatischen Begriff des Privatrechts zusammenfalle und ‹deshalb› im Gegensatz zum öffentlichen Recht stehe[62], sowie

---

[58] VPB 1982 160; 1981 282. BBl 1981 III 641. Vgl. schon MAX IMBODEN, Rechtsetzungskompetenzen, 258f.
[59] BBl 1981 III 641.
[60] WALTHER BURCKHARDT, Kommentar, 586; RAYMOND DIDISHEIM, Droit civil, 43; YVO HANGARTNER, Kompetenzverteilung, 98ff.; HANS HUBER, Art. 6 ZGB, N. 10; DERSELBE, Formenreichtum, ZbJV 1971 189; MAX IMBODEN, Rechtsetzungskompetenzen, 255; PETER WIDMER, Normkonkurrenz, 27.
[61] RAYMOND DIDISHEIM, Droit civil, 15.
[62] WALTHER BURCKHARDT, Gesetzgebungskompetenzen, ZbJV 1932 317; ANDRÉ GRISEL, Rapports, ZSR 1951 I 297; HANS HUBER, Art. 6 ZGB, N. 7; MARCO JAGMETTI, Vorbehaltenes kantonales Privatrecht, in: Schweizerisches Privatrecht I, Basel/Stuttgart 1967, 239, 243f.; KURT RAMSTEIN, Abgrenzung, 19; GEORG VETTER, Beziehungen zwischen Bundeszivilrecht und kantonalem öffentlichem Recht, Zürich 1920, 1, 7; VPB 1982 146.

– öffentliches und privates Recht ‹austauschbar› seien, der Gesetzgeber jedenfalls für ein Mittelfeld von Regelungsgegenständen die Wahl hätte, zur einen oder zur anderen Technik zu greifen[63].

So muß sich die Lehre auf den unseligen Streit um die ‹richtige› Abgrenzung des privaten vom öffentlichen Recht einlassen, will sie Art. 64 BV verstehen[64]. Staats- und verwaltungsrechtliche Bestimmungen, die den Weg in die Zivilgesetze finden, lassen Ratlosigkeit aufkommen und werden sogleich in eine Nebenrolle abgedrängt: Allein als «notwendige Ergänzung», zur «vernünftigen Vereinheitlichung», allenfalls aus «Überlieferung» seien sie hinzunehmen, dem friedlichen Schein zuliebe «formelles Zivilrecht» geheißen[65].

115. Nur selten ist zu vernehmen, Art. 64 BV halte dem Bund wie üblich einen sachbestimmten Gesetzgebungsauftrag zu; heute vor allem von FRITZ GYGI[66]. Gründe liefern die Verfassungsgeschichte – der Begriff des Zivilrechts schien dem Verfassunggeber keine Diskussion wert, besonders nicht den Hinweis, ‹das› Privatrecht gemeint zu haben[67] – und die um dogmatische Begriffe des Privatrechts kaum bekümmerte Rechtsetzungspraxis der letzten Jahre[68].

---

[63] ZACCARIA GIACOMETTI, Allgemeine Lehren des rechtsstaatlichen Verwaltungsrechts, Zürich 1960, 112 ff.; HANS HUBER, Art. 6 ZGB, N. 73; ERICH MOLITOR, Über öffentliches Recht und Privatrecht, Karlsruhe 1949, 25 ff.; PETER WIDMER, Normkonkurrenz, 61, 73.

[64] Aus dem formidablen Schrifttum vgl. nur HANS HUBER, Art. 6 ZGB, NN. 110 ff., mit Hinweisen.

[65] Dabei tut sich die Lehre mit ‹bloßem› Organisations- und Verfahrensrecht weit weniger schwer als mit materiellem Verwaltungsrecht in Zivilerlassen: vgl. (bei voneinander abweichenden Wertungen) WALTHER BURCKHARDT, Kommentar, 586, 588 f.; RAYMOND DIDISHEIM, Droit civil, 219 ff., 230 f.; HANS HUBER, Art. 6 ZGB, NN. 105 f.; HANS GEORG LÜCHINGER, Bundesverfassung, 133.

[66] FRITZ GYGI, Rechtsetzungszuständigkeit, ZSR 1976 I 343; und neuestens DERSELBE, Rechtsartikel, ZSR 1984 I 1. Im selben Sinne nun ROLAND HALLER, Handels- und Gewerbefreiheit, 105. Für eine Sachkompetenz bereits (freilich restriktiv) HANS GEORG LÜCHINGER, Bundesverfassung, 132. Auch die deutsche Lehre zum entsprechenden Art. 74 Nr. 1 GG («Bürgerliches Recht») rechnet (in Teilen) mit einem Sachgebiet, so etwa GERHARD LEIBHOLZ/HANS JUSTUS RINCK, Grundgesetz, Art. 74 N. 1 a; BRUNO SCHMIDT-BLEIBTREU/FRANZ KLEIN, Grundgesetz, Art. 74 N. 8.

[67] FRITZ GYGI, Rechtsetzungszuständigkeit, ZSR 1976 I 344; DERSELBE, Rechtsartikel, ZSR 1984 I 3 f.; BBl 1896 IV 754 ff.; vgl. VPB 1982 146. Das räumen auch WALTHER BURCKHARDT, Kommentar, 585, und RAYMOND DIDISHEIM, Droit civil, 15, ein.

[68] FRITZ GYGI, Rechtsetzungszuständigkeit, ZSR 1976 I 344. Vgl. als stark publizistisch geprägte Novellen zum *ZGB: Adoptionsrecht,* AS 1972 2819, BBl 1971 I 1200, 1215, 1262; *Fürsorgerische Freiheitsentziehung,* AS 1980 31, BBl 1977 III 1, 50 ff. Zum *OR: Abzahlungs- und Vorauszahlungsvertrag,* AS 1962 1047, BBl 1960 I 523, 538 f., 550; *Kündigungsbeschränkung im Mietrecht,* AS 1970 1276, BBl 1968 II 849, 858 f.; *Arbeitsvertrag,* AS 1971 1465, BBl 1967 II 241, 266, 269; *Konsumkreditgesetz,* BBl 1978 II 485, 527 ff., 614 f. Von den ungezählten Zivilrechts-Sondergesetzen ganz zu schweigen.

116. Ich schließe mich den Überlegungen FRITZ GYGIS an, weil sie mir plausibler scheinen als alles, was bislang auf diesem Feld an Versuchen unternommen worden ist. Der gegenständliche Ansatz hat den Vorteil, anschaulich, handhabbar und vor allen Dingen sachgerecht zu sein: fähig, die Belange des Bürgerlichen Rechts auch in einer veränderten Verfassungsumwelt zu behaupten.

Für Näheres fehlen Platz und Zeit. Zweierlei sei zum Schluß angefügt:

a) Eine *Analyse der Gesetzgebung* würde vermutlich ergeben, daß das auf Art. 64 BV abgestützte Zivilrecht seit je einen großen Bestand an Normen birgt, die man gemeinhin zum («öffentlichen») Staats- und Verwaltungsrecht zählt. Und zwar nicht als Erzeugnis eines dogmatisch unfühlsamen, traditionalistisch befangenen Gesetzgebers (Standardbegründung etwa für das Vormundschaftsrecht!), sondern weil die kraft öffentlichen Rechts bewältigten Sozialverhalte eben nach allgemeiner Ansicht zu den *Belangen des bürgerlichen Lebens* zählen und deshalb in jenes Rechtsbuch gehören, das den einzelnen als Zivilrecht durchs Leben begleitet. Entsprechend würde man in vielen Verwaltungsgesetzen Privatrechtsregeln zutage fördern, die auf Art. 64 BV als Verfassungsgrundlage nicht zu zählen brauchten, weil schon die Sachzuständigkeit dafür ausreichte: man denke an die Transportverträge des Bahn- und Luftfahrtrechts oder an die verstreuten Haftpflichtregeln für besondere, aus dem bürgerlichen Rahmen fallende Gefährdungen zum Beispiel durch Kernkraftwerke und Motorfahrzeuge.

b) Die *Rechtsprechung* würde drei Dinge erweisen. *Erstens* schweigt das Bundesgericht bis heute zu der in der Lehre so nachdrücklich betonten Gleichung von Zivil- und privatem Recht. Der Wortgebrauch ist läßlich und macht nicht den Eindruck bewußter Wahl: Meist ist – für den Bund – verfassungsgetreu vom «Gebiet des Zivilrechts»[69] die Rede, selten von der «Ordnung der Privatrechtsverhältnisse»[70]; auf der Gegenseite finden sich das «Gebiet des öffentlichen Rechts»[71], die «öffentlichrechtlichen Befugnisse der Kantone»[72] oder zumeist einfach «öffentlichrechtliche Bestimmungen», «règles de droit public»[73]. *Zeitens* würde man feststellen, daß das Gericht die staats- und verwaltungsrechtlichen Bestimmungen des Zivilgesetzgebers nicht unter der Fuchtel von Art. 113 Abs. 3 BV ergehen hinnimmt[74], sondern sie erkennbar billigt[75]. Und *drittens* würden wohl auch die Zweifel zunehmen, ob die berühmte Formel zu Art. 6 ZGB wirklich als Beleg für die «Modalität» des Zivilrechtsartikels genommen werden darf – davon später (C).

---

[69] BGE 108 Ib E. 2 b; 85 I 20 E. 9; 76 I 313 E. 3, 325 E. 3; 72 II 310 E. 3; 70 II 223 f. E. 1; 64 I 28 E. 7; 63 I 173 E. 4 a; 37 I 531 E. 6.
[70] BGE 41 I 26 E. 1; vgl. auch BGE 41 II 413 E. 2.
[71] BGE 57 I 211 E. 1 b; 41 I 485 E. 2: wohl in Anlehnung an den französischen Wortlaut von Art. 6 Abs. 1 ZGB; vgl. die «matière» bzw. das «domaine» de droit public in BGE 76 I 313 E. 3 und II 224 E. 1.
[72] BGE 85 I 20 E. 9; 76 I 325 E. 3; 63 I 173 E. 4 a; 58 I 31 E. 2; 41 I 26 E. 1, II 413 E. 2.
[73] BGE 101 Ia 505 E. 2 b; 99 Ia 626 E. 6 e; 98 Ia 495 E. 3 a; 96 I 716 E. 3; 91 I 198 E. 3; 87 I 188 E. 1 a; 85 II 375 E. 2; 70 II 224 E. 1.
[74] Vgl. immerhin BGE 32 I 659 E. 4.
[75] BGE 108 Ib 397 f. E. 2 b; 96 I 408 E. 2 a; 65 I 80 E. 5; 64 I 29 E. 7; 58 I 32 E. 2.

B.3 Strafrecht

117. Daß auch Art. 64^(bis) BV eine rechtstechnische Kompetenz zuscheide, behauptet einzig die Staatsrechtslehre[76]. Für das strafrechtliche Schrifttum umfaßt der Strafrechtsartikel nur das *Kriminalrecht*[77]: «Vorschriften, welche sich üblicherweise in einem Strafgesetzbuch finden»[78]. Gewiß sind die Schwierigkeiten damit nicht ausgeräumt: Denn Art. 64^(bis) BV ermächtigt nicht nur zur Strafbewehrung von Verhaltensnormen, sondern umschließt auch – notwendige Voraussetzung – die Verhaltensnormen als solche ein, selbst wenn sie im Strafgesetzbuch nicht ausgesprochen scheinen und auch nicht ausgesprochen werden müssen[79]. Den Entscheid über diese ‹hinter› der Strafandrohung stehenden Verhaltensnormen aber zeichnet die Verfassung nicht vor; und daß der Bereich des Strafwürdigen den Zeitläuften unterliegt, bedarf nicht eigens der Begründung. Dennoch kann von «modaler» Zuständigkeit nicht die Rede sein. Dafür müßte Art. 64^(bis) BV den Bund befähigen, *jede* Verhaltensnorm zu setzen, deren Mißachtung vertretbar mit Strafe bedroht werden darf; dann besäße er die Kraft, «das ganze öffentliche Recht und besonders das Verwaltungsrecht den Kantonen aus der Hand zu nehmen»[80]. Das kann nicht gemeint sein. Jenseits des Kriminalrechts folgt die Strafkompetenz wie üblich der Sachkompetenz; und so sind das Steuerstrafrecht (Art. 335 Ziff. 2 StGB), das Verwaltungs- und das Prozeßstrafrecht (Art. 335 Ziff. 1 Abs. 2 StGB) Zeugnis originärer, durch Art. 64^(bis) BV von vornherein nicht erfaßter Strafkompetenzen der Kantone[81]. Nur das zum Kriminalrecht gehörende gemeine Übertretungsstrafrecht liegt (erst) dank Bundesrecht in kantonaler Hand (Art. 335 Ziff. 1 Abs. 1 StGB)[82].

---

[76] Yvo Hangartner, Kompetenzverteilung, 96 f.; Max Imboden, Rechtsetzungskompetenzen, 255; Peter Widmer, Normkonkurrenz, 26. Einschränkend aber Walther Burckhardt, Kommentar, 593 f.
[77] Hans Schultz, Allgemeiner Teil, I 35, 62. Dieser Meinung wohl auch die Mehrheit der deutschen Verfassungslehre zum entsprechenden Art. 74 Nr. 1 GG: Heinrich Herrfahrdt, Bonner Kommentar, Art. 74 Ziff. II/2; Theodor Maunz/Günther Dürig/Roman Herzog/Rupert Scholz, Grundgesetz, Art. 74 NN. 15, 26; Ingo von Münch, Grundgesetz, Art. 74 N. 8; Bruno Schmidt-Bleibtreu/Franz Klein, Grundgesetz, Art. 74 N. 10.
[78] Hans Schultz, Allgemeiner Teil, I 74.
[79] Walther Burckhardt, Kommentar, 593. Zur Einheit von Verhaltensnorm und Strafnorm BGE 97 IV 237 E. 3.
[80] Walther Burckhardt, Kommentar, 593.
[81] Hans Schultz, Allgemeiner Teil, I 75 f.; Philipp Thormann/Alfred von Overbeck, Strafgesetzbuch, Art. 335 NN. 5 ff.; BGE 78 I 307 E. 6c.
[82] Hans Schultz, Allgemeiner Teil, I, 75 f.; Philipp Thormann/Alfred von Overbeck, Strafgesetzbuch, Art. 335 NN. 3 f.

B.4 Fazit

118. Für keinen der drei Bereiche – weder für das Staatsvertragsrecht, noch für Zivil- oder Strafrecht – erweist sich die Regelungstechnik als entscheidendes Bestimmungsmerkmal der zugewiesenen Kompetenz. Das Umgekehrte gilt: Die *Regelungstechnik vertritt Regelungsgegenstand und Regelungszweck;* hat der Repräsentant den Weg zur Sache gewiesen, ist seine kompetenzrechtliche Aufgabe erfüllt. Die Regelungsgegenstände – Außenrecht, Bürgerliches Recht und Kriminalrecht – führen dann kraft *ihrer* Gesetzlichkeiten von der ‹richtigen› Regelungstechnik mitunter wieder weg: zwar in Grenzen, aber in Grenzen, die von der Sache herrühren, nicht von der «Rechtsstruktur». Und entsprechend bleibt eine Norm nicht schon dadurch im Bereich des Erlaubten, daß sie die erwarteten Formen wahrt. Den Gesetzgeber bekümmert auch hier zuerst die praktische Frage, ob er bestimmte an ihn herangetragene Regelungsbedürfnisse befriedigen dürfe: *darauf* soll die Zuständigkeitsordnung antworten. «Modale» Kompetenzen wissen hierzu nichts zu sagen, verstehen schon die Frage nicht: alles ist recht, wenn nur die Hülle stimmt.

C. Beweglicher Regelungskonflikt? Die derogatorische Kraft des Bundeszivilrechts

119. Näheres Hinsehen hat gezeigt, daß sich die Einheit von Regelungskonflikt und Kompetenzkonflikt jedenfalls nicht mit Hilfe «modaler» Zuständigkeiten aufsprengen läßt. Zu diesem Bescheid will *Art. 6 ZGB* schlecht passen: Die Vorschrift gilt als Wahrzeichen eines Regelungskonfliktes, der keinem Kompetenzkonflikt entstammt. Bestätigung wird in der gerichtlich entwickelten *Abgrenzungsformel* gefunden[83]: Sie soll belegen, daß die Praxis bundesstaatliche Rechtsetzungskonflikte im Bereich des Zivilrechts durch wertendes Abwägen bewältigt – anders als sonst. Sehen wir zu.

120. Ständiger Rechtsprechung zufolge erlaubt Art. 6 ZGB den Kantonen, kraft öffentlichen Rechts «über die gleichen Verhältnisse» wie der Zivilgesetzgeber des Bundes zu legiferieren und so «das Anwendungsgebiet des Bundeszivilrechtes zugunsten des kantonalen öffentlichen Rechts einzuschränken»[84]. Ihr Vermögen ist allerdings «nicht unbegrenzt». Gefordert ist – Beginn der Formel –,

---

[83] PETER WIDMER, Normkonkurrenz, 71; MARTIN KELLER, Aufgabenverteilung, 70 ff.; CHRISTOPH STEINLIN, Raumplanungskompetenzen, 237 ff.
[84] BGE 85 I 20 E. 9; 76 I 325 E. 3, 313 f. E. 3; 63 I 173 E. 4a.

- daß die kantonale Vorschrift «ihrem Sinn und Zweck nach dem *öffentlichen Recht* angehört»[85],
- daß sich das Bundeszivilrecht nicht als *«abschließend»* erweist[86],
- daß die (als öffentliches Recht erkannte!) kantonale Vorschrift *«aus haltbaren Gründen des öffentlichen Rechts»*[87] ergeht oder – eher neuer Sprachgebrauch – *«haltbare öffentliche Interessen»* verfolgt[88], und schließlich
- daß die kantonale Regel weder *«Sinn und Geist des Bundeszivilrechts»* zuwiderläuft noch es *«vereitelt»*[89].

121. Die Formel hat es allerdings nie zu begrifflicher Stetigkeit gebracht. Auch die eben angeführten Teile treten nicht immer geschlossen auf; überdies stießen gelegentlich neue Elemente hinzu, verließen andere die Formel[90]. Kein Wunder: Stets waren die Teilstücke nur Antwort auf konkrete, dem Gericht zugetragene ‹Übergriffe› des kantonalen Rechts; ihr Schluß zur festen Wendung scheint mehr Ereignis als bewußte Rechtsschöpfung. So kommt den Einzelteilen der Formel höchst ungleiche Bedeutung zu: Schauplatz der kompetenzrechtlichen Auseinandersetzungen bildet durchwegs die Abgeschlossenheit der Bundesregelung (C.2, Nr. 124), seltener auch die öffentlichrechtliche Natur der kantonalen Norm (C.1, Nrn. 122 f.). Der Abwägungsvorbehalt – haltbares öffentliches Interesse und Verträglichkeit mit Sinn und Geist des Bundesrechts (C.3, C.4, Nrn. 125 f., 127 ff.) – bleibt weithin Hülse.

C.1 *«Öffentliches Recht»*

122. Als erstes müßte das Gericht die *Grundfrage* aufwerfen: ob überhaupt *öffentliches Recht* der Kantone vorliege. Heute übergeht es sie meist, wohl weil die Antwort auf der Hand liegt[91], oder stellt nebenher fest, öffentliches Recht sei «unzweifelhaft» gegeben[92]. Mitunter ver-

---

[85] BGE 85 I 20 E. 9; 76 I 326 E. 3, 314 E. 3; 58 I 30 E. 1.
[86] BGE 109 Ia 66 E. 2a; 106 II 83 E. 1; 98 Ia 495 E. 3a.
[87] BGE 85 I 21 E. 9; 73 I 54 E. 5; 65 I 80 E. 5; 64 I 28 E. 7; 63 I 173 E. 4a. Gelegentlich ist von «haltbaren Gründen des öffentlichen Interesses», von «motifs plausibles et pertinents d'intérêt public» die Rede: BGE 96 I 716 E. 3; 85 II 375 E. 2; 58 I 178 E. 4; 43 I 286 E. 2.
[88] BGE 109 Ia 66 E. 2a; 102 Ia 375 E. 2; 101 Ia 505f. E. 2b; 99 Ia 626 E. 6e; 98 Ia 495 E. 3a; 91 I 198 E. 3.
[89] Anm. 87 und 88, ohne die zwei ältesten Entscheide.
[90] Zum Beispiel das «Arbeiten mit Mitteln des öffentlichen Rechts», BGE 63 I 173 E. 4a; zum «Arbeiten mit zivilrechtlichen Mitteln» siehe sogleich (Nr. 123).
[91] Z. B. BGE 106 II 85 E. 1; 101 Ia 46 E. 4; 100 Ia 449 E. 4; 99 Ia 650 E. 8; 98 Ia 512ff. E. 3, 168 E. 4; 96 I 54f. E. 2.
[92] Z. B. BGE 102 Ia 487 E. 5a; 99 Ia 626 E. 6e; 91 I 197 E. 3.

mischt sich dieser erste Punkt mit der Anschlußfrage, ob hinter der kantonalen Norm «haltbare öffentliche Interessen» stünden[93]; man darf für diese Fälle die öffentlichrechtliche Qualität der Norm unterstellen.

123. Die *ältere Rechtsprechung* hat sich der Frage, nicht häufig allerdings, einläßlicher angenommen[94], vor allem mit der Serie zweifelhafter Urteile über *kantonale Feriengesetze:* 1947 gestand das Gericht dem Genfer Gesetzgeber zu, arbeitsvertraglich Angestellten die Klage auf Lohnfortzahlung während staatlich verordneter Ferientage einzuräumen; kantonales öffentliches Recht dürfe unter Art. 6 ZGB auch *«mit zivilrechtlichen Mittel arbeiten»*[95]. Dank dieses Spruchs haben sich mehrere arbeitsrechtliche Erlasse der Kantone bis in die 60er Jahre vor dem Zugriff der Bundesverfassung retten können[96], nicht zur ungeteilten Freude der Lehre[97]. Recht besehen waren die kantonalen Feriengesetze nicht zivilrechtliches «Mittel» zu öffentlichrechtlichem Zweck, sondern eigenständiges Zivilrecht: deshalb, weil der arbeitsvertragliche Ferienlohn schon damals bundeszivilrechtlich belegt und geregelt war, nur leider mit stillschweigend abschlägigem Bescheid.

C.2 «Abschließendes» Bundeszivilrecht

124. Entscheidend ist der zweite Prüfstein: Für die öffentlichrechtlichen Befugnisse der Kantone muß – vom Bundeszivilrecht aus betrachtet – Raum belassen sein. *Wenn* kantonale Gesetze am Zivilrecht ihre Grenze finden, dann finden sie sie *hier*[98]; nur wenige fallen später[99].

Bundeszivilrecht kann «aus grundsätzlichen Erwägungen, namentlich zum Schutz der individuellen Freiheit und der Privatautonomie» als abschließend gedacht sein[100] (also kraft *qualifizierten Schweigens,* freilich ist die Formel problematisch[101]); ferner auch – wichtiger –, wenn es die Belange des Gemeinwesens bereits

---

[93] Vgl. BGE 101 Ia 507 E. 2c; 98 Ia 496f. E. 3d; 87 I 188 E. 1a. HANS HUBER, Art. 6 ZGB, N. 123.
[94] Als öffentliches Recht akzeptiert: BGE 78 I 414 E. 2; 75 I 49 ff. E. 6. Als (unzulässiges) Privatrecht der Kantone zurückgewiesen: BGE 76 I 316ff. E. 5, 326ff. E. 4; 72 II 309f. E. 3; 71 I 439f. E. 5; 65 I 251 f. E. 6.
[95] BGE 73 I 229. Schon Jahre zuvor hatte das Gericht ähnlich entschieden, ohne von «zivilrechtlichen Mitteln» ausdrücklich zu sprechen (ZBl 1939 238f.).
[96] BGE 85 II 376 E. 2; 87 I 188f. E. 1 a; vgl. auch 76 I 326 E. 3; 84 II 426 E. 1 c; 85 I 21 E. 9.
[97] Billigend etwa JEAN-FRANÇOIS AUBERT, Traité, I Nr. 659; ANDRÉ GRISEL, Rapports, ZSR 1951 I 307; FRITZ GYGI, Rechtsetzungszuständigkeit, ZSR 1976 I 351 f. (vgl. auch ZSR 1984 I 8 f.). Ablehnend KURT RAMSTEIN, Abgrenzung, 37 ff.; PETER WIDMER, Normkonkurrenz, 69; HANS HUBER, Art. 6 ZGB, NN. 168f.
[98] Nach 1950 etwa BGE 83 II 144 E. 3; 84 II 425 ff. E. 1; 91 I 30 E. 3; 94 II 144 E. 1, 2; 95 II 67f. E. a, b; 99 II 162 E. 2b; 102 Ia 562f. E. 4d; 103 II 72 E. 3; 109 Ia 75 E. 4.
[99] Vgl. die Beispiele zu den Nrn. 126, 130; ferner die (etwas großzügige) Liste bei HANS HUBER, Art. 6 ZGB, NN. 209ff.
[100] BGE 91 I 198 E. 3; 98 Ia 495 E. 3 a.
[101] Kritisch FRITZ GYGI, Rechtsartikel, ZSR 1984 I 12f.

berücksichtigt und insoweit öffentliches Recht enthält[102] (also kraft *ausdrücklicher und umfassender Regelung*). Die Auslegung des *Bundes*rechts entscheidet über diese Fragen, und das Ergebnis unterliegt keiner Abwägung mit gegenläufigen Belangen der Kantone.

C.3 «Haltbares öffentliches Interesse»

125. Das *«haltbare öffentliche Interesse»* verrichtet unter Art. 6 ZGB nichts, was sich mit überkommenen Figuren des Verfassungsrechts nicht ebenso gut – und systematisch erst noch besser eingeordnet – würde besorgen lassen. Mehrere Urteile bescheinigen dem angegriffenen kantonalen Recht die «Haltbarkeit» ihrer Beweggründe im Vorbeigehen[103], und jene Fälle, die die Frage aufbringen, gehören in den Umkreis des sachbezogenen *Grundrechts:* Das «haltbare öffentliche Interesse» vermittelt den Durchgang dorthin, fragt im Ergebnis nur, ob sich *überwiegende Eingriffsinteressen* finden lassen[104]. Zumeist vollzieht das Gericht den Wechsel von der derogatorischen Kraft des Bundesrechts zum Grundrecht tatsächlich[105]; wo nicht, hätte er wenigstens keine Mühe bereitet. Unter diesen Umständen sollte der terminologische Weg zurück (zum eingelebten «überwiegenden öffentlichen Interesse») nicht schwerfallen[106].

126. Zwei Grundrechte sind vorab beteiligt.

a) Zunächst *Art. 31 BV:* Recht besehen der Wirtschaftsfreiheit (und nicht der zivilrechtlichen Vertragsfreiheit) ist das öffentliche Interesse an kantonalen Mieterschutzbestimmungen gegenüberzustellen[107] – der ungehinderte gewerbsmäßige ‹Einsatz› von Mietvertragsrecht steht unter dem Schutz der Handels- und Gewerbefreiheit (vgl. Nrn. 63, 77), und wenn der Gesetzgeber den Gebrauch solcher Freiheit von (außerhalb des Zivilrechts stehenden!) sozialpolitischen Auflagen abhängig macht, dann greift er nicht in eidgenössisches Vertragsrecht ein (dürfte es auch nicht!), sondern verengt lediglich dessen tatsächliches Einsatzfeld: kraft einer Vorschrift «über

---

[102] BGE 108 Ib 397 E. 2b; 70 II 224 E. 1; 65 I 80 E. 5; 64 I 29 E. 7; 58 I 32 E. 2.
[103] BGE 106 II 86 E. 2b; 101 Ia 510 E. 3b; 85 I 23 E. 10a; 77 II 187f. E. 10; 70 II 224f. E. 1.
[104] So auch FRITZ GYGI, Rechtsartikel, ZSR 1984 I 13ff.; ferner JEAN-FRANÇOIS AUBERT, Traité, III Nrn. 652ff.
[105] BGE 110 Ia 115 E. 3d; 100 Ia 449 E. 4; 91 I 199 E. 3; 87 I 189f. E. 1b; 78 I 414f. E. 2, 3; 73 I 383 E. 7; 88 I 257f. E. III/1. Vgl. auch BGE 57 I 211f. E. 1b; 41 I 484f. E. 2.
[106] BGE 109 Ia 79 E. 3b spricht nurmehr von «hinreichenden öffentlichen Interessen»: ausgerechnet ein Entscheid, der von einem kantonalen Pflückverbot handelt – wie Jahrzehnte zuvor die Urteile 58 I 178 E. 3b und 43 I 286 E. 2, auf welche die «haltbaren Gründe des öffentlichen Interesses» zurückgehen.
[107] Vgl. aber BGE 102 Ia 376ff. E. 4; 98 Ia 497f. E. 4b. Die Entscheide sind auch aus anderen Gründen problematisch, siehe Nr. 130 a. E.

die Ausübung von Handel und Gewerben» (Art. 31 Abs. 2 BV) – gleich wie die Ladenöffnungszeiten den Abschluß von Kaufverträgen auf wenige Stunden täglich ‹beschränken›. Ähnliches gilt von kantonalen Anwaltstarifen[108].

b) Betroffen ist weiter *Art. 4 BV:* Verordnet der kantonale Gesetzgeber eine einheitliche Zinsgrenze für Darlehensgeschäfte und billigt das Gericht dieser gewiß starren Regel haltbare öffentliche Interessen deshalb zu, weil sie ‹praxisnah› sei und kleine Kreditgeschäfte nicht unnötig belaste: so ist einzig festgestellt, daß keine Unterscheidungen unterbleiben, die zu treffen der Gesetzgeber nach dem Gleichheitssatz gehalten wäre[109]. Und wenn Sonntagsgesetze privates Beerensammeln überhaupt verbieten, statt sich an die eigentlich gemeinten ‹Auswüchse› eines unerwünschten Sammeltourismus zu halten: dann fehlen ihnen weniger «haltbare» Interessen als vielmehr überhaupt ernsthafte Gründe; die Erlasse sind willkürlich[110].

C.4 *«Sinn und Geist des Bundeszivilrechts»*

127. Etwas anders liegen die Dinge für die zwei letzten Hürden: die Verbote, dem «Sinn und Geist des Bundeszivilrechts» zuwiderzuhandeln oder es zu «vereiteln». Vorweg sei bemerkt: Das Gericht macht in der Regel *keinen Unterschied* zwischen beiden Teilvoraussetzungen[111] oder läßt einen Teil für beide sprechen[112]. Sie sollen deshalb im folgenden nicht auseinandergehalten werden. Sieht man die Rechtsprechung durch, so ist dreierlei hervorzuheben (Nrn. 128–130):

128. Beträchtlich ist einmal die Zahl jener Urteile, die «Sinn und Geist» des Bundesrechts *achtlos abhaken:* entweder mit dem nicht weiter belegten Bescheid, Übereinstimmung sei gewahrt[113], oder dann mit dem obiter Dictum, das bereits als kompetenzwidrig eingestufte kantonale Recht würde auch vor «Sinn und Geist» des Zivilrechts nicht bestehen[114]. Keinen rechten Sinn macht das Verträglichkeitszeugnis schließlich dort, wo Bundeszivilrecht die kantonal geregelte Frage gar nicht zu beeinflussen beansprucht[115].

---

[108] Vgl. BGE 66 I 56ff. E.1.
[109] Vgl. BGE 69 I 184f. E.4.
[110] Vgl. BGE 58 I 179 E.4; 43 I 287 E.2.
[111] Z.B. BGE 106 II 86ff. E.2c; 102 Ia 491f. E.6c; 101 Ia 510 E.3b; 99 Ia 650f. E.8; 98 Ia 499 E.5a. Vgl. auch HANS HUBER, Art. 6 ZGB, N.213.
[112] Z.B. BGE 102 Ia 540 E.7; 99 Ia 627 E.6e; 95 II 67f. E.b; 94 II 144 E.2.
[113] Z.B. BGE 102 Ia 378f. E.5; 101 Ia 510 E.3b; 96 I 58 E.4; 70 II 225 E.1.
[114] Z.B. BGE 71 I 441f. E.6a; 65 I 252 E.6.
[115] Vgl. BGE 102 Ia 491f. E.6c; 84 II 104f. E.2d.

129. Unter den übrigen Entscheiden stechen zwei Gruppen heraus: Entscheide über die Bundesrechtmäßigkeit kantonalen *Prozeßrechts* und kantonalen *Steuerrechts*. Beiden ist gemein, daß nicht, wie üblich, *Sach*regelungen von Bund und Kantonen aufeinanderstoßen; vielmehr steht dem Bundeszivilrecht – vorsichtig ausgedrückt – ‹weniger› materielles Recht der Kantone gegenüber. Prozeß und Steuer sind Beistand, nicht Partner des materiellen Rechts: der Prozeß als sein tätiger Arm, der Fiskus als Mittelbeschaffer; keiner der beiden darf sich seinen Programmen grundsätzlich verweigern. Werden Prozeß- und Steuerrecht auf «Sinn und Geist» des Bundeszivilrechts verpflichtet, so ist diese unparteiische Haltung dem materiellen Recht gegenüber gemeint. Darin liegt keine Fremdbeschränkung dieser Rechtsbereiche, sondern Besinnung auf ihren eigenen Zweck.

Dem *Abgaberecht* der Kantone verlangt dieses Gebot zumeist *tarifliche Mäßigkeit* ab: die zivilrechtlichen Institute (Grundbuch, Testament, Gesellschaftsformen des Handelsrechts usf.) müssen erschwinglich bleiben[116]. Vom *Prozeßrecht* fordert es *zivilrechtsdienliche Einrichtungen:* Einrichtungen, die dem Sinn und der Struktur des materiellen Anspruchs angepaßt sind und seine Verwirklichung sichern[117]; prozessuale Ordnungswidrigkeiten dürfen nicht mit dem Untergang des Anspruchs ‹bestraft› werden[118].

130. Wenn mit dem Verträglichkeitsgebot mehr gemeint sein sollte als die Eigenschranken von Prozeß- und Steuerrecht, so müßte sich seine Wirkung in Konflikten um *beiderseits materielle Regelungen* nachweisen lassen – dort aber fällt Spärliches an. Eine streitentscheidende Rolle haben «Sinn und Geist» des Bundeszivilrechts nur in Einzelfällen gespielt, und erst noch keine unentbehrliche.

· Schon die berühmte Beschwörung des zivilistischen Geistes im Urteil gegen die *Basler liberal-sozialistische Partei* hätte sich vermeiden lassen: Müßte der Staat Grundeigentum planmäßig aufkaufen, so verletzte er eben schon die Eigentumsgarantie, weil das Grundrecht voraussetzt, daß man ihm seine tatsächliche Wirkungsgrundlage beläßt[119]. Einer *Solothurner Verordnung über den Spar- und Vorauszahlungsvertrag* blieb die gerichtliche Anerkennung zu Recht versagt[120]: der Erlaß hätte den Kaufvertrag des OR abgeändert, mithin Zivilrecht gesetzt. Das Gericht hat sich nur deshalb zu «Sinn und Geist» des Zivilrechts flüchten müssen, weil es den Kanto-

---

[116] Vgl. BGE 106 II 86ff. E.2c; 99 Ia 650f. E.8; 98 Ia 168 E.4; 84 I 139 E.3, 116ff. E.4; 82 I 286f. E.4, 304 E.5.
[117] Vgl. BGE 96 II 437f. E.3; 95 II 67f. E.a–c; 83 II 198f. E.2.
[118] BGE 104 Ia 110f. E.4c, d.
[119] ZBl 1960 284f. E.6b; vgl. PETER SALADIN, Grundrechte, 123f.
[120] BGE 85 I 17, 23 E.10b und durchgehend.

nen Jahre zuvor unter dem Titel von Art. 6 ZGB «zivilrechtliche Mittel» zugestanden hatte. Verunglückt – auch im Ergebnis – ist schließlich ein neuerer Entscheid über ein *Waadtländer Mieterschutzgesetz,* das die Vermieter verpflichtet, Garantiegelder ihrer Mieter auf Sparkonten anzulegen und ferner festlegt, über die Hinterlage dürften Mieter und Vermieter nur zu zweien verfügen. Auch hier wurden «Sinn und Geist» bemüht und ihnen gar zugemutet, sich von kantonal verordneten Vertragsbedingungen im Bereiche des dispositiven Rechts nicht behelligt zu fühlen[121]. Das Ergebnis wäre anders ausgefallen, hätte sich das Gericht seiner früheren Erkenntnis entsonnen, wonach die Kantone aus Art. 6 ZGB nichts ableiten können, «wenn sie das Bundeszivilrecht abändern..., da dies der Aufstellung eigener Rechtssätze privatrechtlichen Inhalts gleichkommt»[122].

131. Welchen Wert kann man «Sinn und Geist» des Bundeszivilrechts nach alledem beilegen?

a) *Praktische Bedeutung* gewinnt das Kriterium durchwegs nur, wenn kantonales *Prozeß- und Abgaberecht* materielles Bundeszivilrecht angreift: «Sinn und Geist» erinnern sie an ihre dienende Zweckbestimmung. Entsprechende Vorherrschaft beansprucht das materielle Verwaltungsrecht des Bundes[123], gleich wie das Schuldbetreibungs- und Konkursrecht im Verhältnis zu zudienenden kantonalen Abgabe- und Prozeßerlassen[124].

b) Gegenüber *materiellem Recht der Kantone* laufen «Sinn und Geist» des Zivilrechts leer. Das belegen auch jene Entscheide, die dem kantonalen Recht nicht nur vorhalten, sich einer bundesrechtlich abschließend geregelten Frage zu bemächtigen, sondern auch noch das Verträglichkeitsgebot verletzt sehen – ohne Not, der erste Hinweis wäre Argument genug[125]. Daß das Gericht seine Entscheide ‹doppelt› belegt, mag mit Vorsicht zu tun haben; vielleicht aber auch damit, daß es zwischen den beiden Kriterien in der Sache keinen Unterschied macht.

C.5 Fazit

132. Was bleibt von den Singularitäten des Art. 6 ZGB und seiner Abgrenzungsformel? Wenig Bemerkenswertes jedenfalls. *Kern* ist die *Tragweite der abschließenden Bundesregelung.* Regelmäßig hier entscheidet

---

[121] BGE 98 Ia 491, 499 E. 5 a. Ähnlich problematisch BGE 102 Ia 373, 377 ff. E. 4 b, 5. Kritisch FRITZ GYGI, Rechtsartikel, ZSR 1984 I 6.
[122] BGE 63 I 173 E. 4 a.
[123] Vgl. BGE 100 Ia 108 E. 2 a (kantonales Prozeßrecht und SVG); 99 Ia 242 E. 3 (kantonales Abgaberecht und SVG).
[124] Vgl. BGE 102 Ia 156 E. 2 a; 85 I 147 E. 3; 74 II 51 f. E. 3; 58 I 367 ff. E. 2.
[125] Anm. 114.

sich der Streit: nach Auslegung des Bundesrechts, und ohne Abwägung mit gegenläufigen Regelungsinteressen der Kantone. Die verbleibenden Prüfsteine sind kaum mehr selbständige Gebilde: Das «haltbare Interesse des öffentlichen Rechts» verweist auf die einschlägigen Grundrechte; ihnen allein – nicht Art. 6 ZGB – ist zuzuschreiben, daß hierbei Güterabwägungen stattfinden. «Sinn und Geist des Bundeszivilrechts» endlich gehören als rechtlicher Wertungshof zum Bundeszivilrecht selbst: sie bezeichnen rechtlich ausgedrücktes und rechtlich beherrschtes Kompetenzfeld des Bundes. Man kann das Verträglickeitsgebot im äußersten Fall als kompetenzrechtliches ‹Einholen› der Kantone verstehen: ihre Rechtsetzungsfreiheit sei nun doch nicht *so,* mit diesem Ergebnis gemeint. Jedenfalls, und das zählt, sind «Sinn und Geist» des Zivilrechts nichts nachträglich an seinen Wortlaut Angeklebtes; nichts, was außerhalb seiner Auslegung stünde.

D. *Starrer Kompetenzkonflikt?*

133. So wenig die Praxis zu Art. 6 ZGB den ‹reinen› Regelungskonflikt zwischen (je kompetenzgerechtem) kantonalem und eidgenössischem Recht erweist, so wenig läßt sie in den überkommenen Feldern des Kompetenzkonflikts jene kantonsfeindliche Härte walten, die der Derogationsregel nachgesagt wird. Mangels Masse läßt sich das für den klassischen, durch *staatsrechtliche Klage* ausgetragenen Zuständigkeitsstreit allerdings kaum nachweisen (D.1, Nrn. 134 ff.). Deutlicher wird der Umgang mit Art. 2 ÜB BV in der Rechtsprechung zur *derogatorischen Kraft des öffentlichen Rechts* (D.2, Nrn. 137 ff.) und zur *bundesrechtskonformen Auslegung* kantonaler Erlasse (D.3, Nrn. 148 ff.).

D.1 *Staatsrechtliche Klage*

134. Das Bundesgericht urteilt über «Kompetenzkonflikte zwischen Bundesbehörden einerseits und kantonalen Behörden andererseits» (Art. 113 Abs. 1 Ziff. 1 BV, Art. 83 Bst. a OG). Damit ist, so scheint es, Bund und Kantonen gleicherweise das Mittel in die Hand gelegt, «Uneinigkeit über die Abgrenzung der beiderseitigen Zuständigkeitsbereiche»[126] gerichtlich beilegen zu lassen, handle es sich um aktuelle oder

---

[126] BGE 108 Ib 395 E. 1; 103 Ia 333 E. 2a; 81 I 39 E. 1. HANS HUBER, Kompetenzkonflikt, 50 ff.; ferner JEAN-FRANÇOIS AUBERT, Traité, II Nrn. 1620 ff., III 1622; FRITZ FLEINER/ZACCARIA GIACOMETTI, Bundesstaatsrecht, 871 ff.; ULRICH HÄFELIN/WALTER HALLER, Bundesstaatsrecht, NN. 1757 ff.

virtuelle, positive oder negative Konflikte; stehe Gesetzgebung oder Rechtsanwendung in Frage: das Klageverfahren will die materielle Zuständigkeitsgrenze auffinden [127].

135. Dennoch trägt die staatsrechtliche Klage *wenig Erkenntnis* ein: auch als Kompetenzgerichtshof bleibt das Bundesgericht auf Bundesgesetzgebung und Staatsverträge verpflichtet (Art. 113 Abs. 3 BV), denen zugleich derogatorische Kraft eignet (Art. 2 ÜB BV). So verengt sich der Gegenstand der staatsrechtlichen Klage auf die Frage, ob Setzung und Anwendung kantonalen Rechts Bundesrecht verletze [128].

Angreifbar bleibt für den Kanton nur, was Art. 113 Abs. 3 BV nicht unter seinen Schirm stellt: einfache Bundesbeschlüsse und Bundesverordnungen außerhalb bundesgesetzlicher Deckung [129]; oder anders nicht angreifbare Verfügungen von Bundesbehörden, wenn Bundesrecht dabei zulasten kantonalen Rechts überdehnt wird [130]. Von dieser Rechtslage ist auch die Rollenverteilung des Klageverfahrens geprägt: Die Rechtsetzungskonflikte werden, kein Wunder, durchwegs vom Bund erhoben [131]; die eher unergiebigen Rechtsanwendungskonflikte hingegen mehrheitlich von den um ‹ihr› Recht fürchtenden Kantonsregierungen [132]. Der Kompetenzkonflikt ist ein von Grund auf *hinkendes Institut*.

136. Ein weiteres kommt hinzu: Der Kompetenzkonflikt als *Rechtsetzungskonflikt* (nur in dieser Rolle interessiert er hier) gehört zu den *bestgemiedenen Instrumenten der Bundesrechtspflege*. Der Bund hat das Gericht, wird auf die veröffentlichten Urteile abgestellt, in diesem Jahrhundert kein halbes Dutzend Mal angerufen [133].

---

[127] BGE 81 I 39 E. 1: «Le conflit de compétence ... a pour objet la délimitation des souverainetés fédérale d'une part, cantonale d'autre part.» Vgl. zur älteren Rechtsprechung – zulässiges Prozeßthema war lange Zeit nur die Frage nach dem Träger einer Kompetenz, nicht aber auch die (kaum ‹isolierbare›!) Frage nach ihrem Umfang – etwa BGE 5, 525ff.; 11, 258f. E. 2 und viele andere, zuletzt 51 I 265 E. 3, 270f. E. 1. Kritisch dazu HANS HUBER, Kompetenzkonflikt, 73, 95.
[128] JEAN-FRANÇOIS AUBERT, Traité, II Nr. 1624.
[129] BGE 107 Ib 246f. E. 4; 106 Ib 186 E. 2a.
[130] Vgl. BGE 103 Ia 329; 78 I 14.
[131] BGE 108 Ib 392; 65 I 106.
[132] Vgl. etwa BGE 103 Ia 329; 81 I 35; 78 I 335, 14; 75 I 122; 74 I 157; 51 I 267, 241; 40 I 530; 33 I 96. Vom *Bund* erhobene Klagen wurden beurteilt mit BGE 65 I 98; 61 I 345; 49 I 280; 46 I 48; 29 I 311.
[133] Anm. 131. An Gelegenheit hätte es allerdings nicht gefehlt, denkt man nur an jene bundesrechtswidrigen kantonalen Erlasse, die – keine Seltenheit! – wegen Ablaufs der Rechtsmittelfrist gemäß Art. 89 OG (BGE 109 Ia 65f. E. 1c) durch staatsrechtliche Beschwerde keiner abstrakten Normenkontrolle mehr zugeführt werden können. Vgl. als Beispiel den langen Kampf gegen einen zivilrechtsverletzenden Tessiner Notariatstarif und die hinhaltende Untätigkeit des kantonalen Gesetzgebers in dieser Sache: BGE 26.2.1945 *Scazziga;* 73 I 376; 84 I 114, 116f. E. 4.

D.2 Die derogatorische Kraft des eidgenössischen öffentlichen Rechts

137. Nach fester Formel gilt[134]:

> «Le droit public fédéral prime d'emblée et toujours le droit public cantonal dans les domaines que la constitution ou un arrêté fédéral urgent placent dans la compétence de la Confédération et que celle-ci a effectivement réglementés: c'est dire que les règles cantonales qui seraient contraires au droit fédéral, notamment par leur but ou les moyens qu'elles mettent en œuvre, devraient céder le pas devant le droit fédéral.»

Freilich wird kantonale Gesetzgebung nicht schlechthin ausgeschlossen, sondern nur

> «dans les matières que le législateur fédéral a entendu régler *de façon exhaustive*. Ainsi les cantons restent compétents pour édicter, dans les domaines non réglés de façon exhaustive par le droit public fédéral, des dispositions de droit public dont les buts et moyens envisagées *convergent* avec ceux que prévoit le droit fédéral.»

Gelegentlich fügt das Gericht bei, die Kantone dürften bundesrechtlich besetzte Felder jedenfalls mit abweichenden Vorschriften nicht betreten[135] – eine wenig sinnreiche Bemerkung, wenn zugleich am herrschenden Satz festgehalten wird, auch gleichlaufendes kantonales Recht sei kompetenzwidrig[136].

138. Die genannten Voraussetzungen scheinen wohl einfacher als jene, die Art. 6 ZGB erfüllt sehen will, aber schon äußerlich nicht grundsätzlich anders. Gefordert ist

– *erstens,* daß kantonales Recht sich nicht an *bundesrechtlich abschließend geregelten Verhältnissen* vergreife (D.21, Nrn. 139ff.), und

– *zweitens,* daß kantonales Recht mit sachlich nahestehendem Bundesrecht *«konvergiere»* (D.22, Nrn. 144f.).

---

[134] BGE 109 Ia 67 E.2a. Gleich oder ähnlich BGE 107 Ia 288 E.4a; 102 Ia 375 E.2; 101 Ia 506 E.2b; 99 Ia 507 E.2a; 97 I 503 E.3a; 91 I 21 E.5.

[135] «...du moins en adoptant des règles différentes»: BGE 107 Ia 288 E.4a; 91 I 21 E.5; 89 I 180 E.3b; 88 I 170 E.3c.

[136] BGE 108 Ib 405 E.3b; 106 Ib 58 E.2. Vgl. Fritz Fleiner/Zaccaria Giacometti, Bundesstaatsrecht, 95f.; Yvo Hangartner, Kompetenzverteilung, 174; Hans Huber, Art.6 ZGB, N.20; Max Imboden, Bundesrecht, 97ff.; Peter Widmer, Normkonkurrenz, 11. Zu Recht anderer Auffassung Christoph Steinlin, Raumplanungskompetenzen, 235, im Anschluß an Walther Burckhardt, Kommentar, 823.

D.21 «Abschließendes» Bundesrecht

139. Der Vorrang des Bundes trägt nur so weit, als eidgenössisches und kantonales Recht *«dasselbe Gebiet betreffen* und die *Wahrung desselben öffentlichen Interesses* anstreben[137]. Das ist nichts Außergewöhnliches: auch für das Zivilrecht war die sachliche Tragweite der abschließenden Bundesregelung *genau* zu ermitteln, bevor kantonales Recht in die Nichtigkeit verbannt wurde. Allerdings, hier liegt der Unterschied, versteht sich das öffentliche Recht des Bundes kaum je (und schon gar nicht ‹vermutungsweise›) als das letzte Wort, wie das Zivilrecht es mit Art. 5 ZGB verkündet. Gewöhnlich gehört von Fall zu Fall geklärt – vorab im Licht von Natur, Gegenstand und Ziel der bundesgesetzlichen Maßnahme[138] –, ob die eidgenössische Regel die Sache abschließt. Der Nachweis wird nicht oft gelingen, hält man sich die Dynamik der Staatsaufgaben vor Augen und die «subsidiäre Generalkompetenz» der Kantone, die jeden neuen Gemeinauftrag zuerst ihnen zuhält.

140. Daß ein kantonales Gesetz sich nicht nur eines bundesrechtlich belegten Sachbereiches annehme, sondern dort auch noch – ausgerechnet! – derselben Rechtsfrage (vgl. Nr. 153): dieser ‹klare› Fall einer Kompetenzüberschreitung ereignet sich sozusagen nie[139]. Gewöhnlich ordnet der Kanton Aspekte, zu denen sich der Bund nicht geäußert hat. Für den Bestand des kantonalen Erlasses wird dann entscheidend, ob sich die Bundesregel dennoch als allseitig versteht: ausdrücklich oder stillschweigend.

141. *Ausdrückliche Ausschließlichkeitserklärungen,* Art. 5 ZGB vergleichbar, verbreitet das öffentliche Recht des Bundes *nur selten.*

Beispiele sind das *Bundesstrafrecht*[140] (Art. 400 StGB) und das *Arbeitsgesetz*[141](Art. 73 ArG). Aber selbst hier ist der kantonale Ausschluß nicht endgültig: Art. 335 Ziff. 1 Abs. 1 StGB gibt den Kantonen das Übertretungsstrafrecht zurück, Art. 4 ArG nimmt gewisse Personen vom Schutz des Arbeitsgesetzes aus: beidemal verbleiben den Kantonen doch wieder nicht leicht abgrenzbare Restzuständigkeiten.

---

[137] BGE 107 Ia 288 E. 4a.
[138] BGE 91 I 22 E. 5.
[139] JEAN-FRANÇOIS AUBERT, Traité, III Nrn. 660 ff.
[140] HANS SCHULTZ, Allgemeiner Teil, I 74 f.
[141] BGE 98 Ia 400 f. E. 3; 97 I 503 f. E. 3, 507 E. 5b.

142. Mitunter ergibt sich die abschließende Natur einer Bundesregel *durch Auslegung*. Nicht oft hat das Bundesgericht diesen Schritt getan.

a) Die überwiegende Mehrheit solcher Urteile betrifft *Schuldbetreibung und Konkurs*. Verschiedentlich hatte das SchKG Übergriffe kantonaler Erlasse abzuwehren[142], dutzendfach sich unzulässiger Anwendung kantonaler Prozeßordnungen entgegenzusetzen[143].

b) Abschließendes Bundesrecht bilden ferner *die dem Strafgesetzbuch zugrundeliegenden Verhaltensnormen*: nicht nur gegenüber kantonalem Strafrecht – dafür sorgt bereits ausdrücklich Art. 400 StGB –, sondern auch in dem Sinne, daß bundesrechtlich straffrei belassenes Verhalten durch die Kantone nicht verwaltungsrechtlich verboten werden darf[144].

c) Im Bereich des *raumwirksamen Bundesrechts* hat das Gericht, wie bemerkt (Nr. 97), jedenfalls Militäranlagen, Bahnbauten und das Leitungsnetz der PTT vor kantonalem Zugriff befreit; darauf ist zurückzukommen (III).

d) Weitere Entscheide wären für Teile der *Mieterschutzgesetzgebung*[145] und vor allem für die in kantonale Rechtszüge hineingreifende *Bundesrechtspflege*[146] zu erwähnen.

Abschließendes Bundesrecht kann vor allem – gerne übersehen! – in der bundesgesetzlichen Verfassung von Ermessensspielräumen stecken, die den Kantonen zur ‹Ausfüllung› überantwortet sind: dann nämlich, wenn die eidgenössische Vorschrift offen bleiben will, um in jedem Einzelfall eine umfassende Interessenabwägung zu ermöglichen. Solches Ermessen darf durch kantonales Recht nicht auf eine bestimmte Richtung verpflichtet werden[147].

Für *Energie- und Atomschutzinitiativen* der Kantone ist deshalb mit Blick auf die Rechtsgrundlage des angesprochenen Staatshandelns (eidgenössisches oder kantonales Recht?) zu entscheiden, wie weit ihnen ermessensbindende Wirkung zuerkannt werden kann (vgl. Nr. 440 b).

---

[142] Vgl. besonders BGE 71 I 253 E. 4 (Wohnsitzerfordernis für Geschäftsagenten gemäß Art. 27 SchKG); 53 I 37 f. E. 4 (Stimmrechtsentzug wegen Steuerversäumnisses); 26 I 219 ff. E. 3 (Veröffentlichung provisorischer Verlustscheine).
[143] Vgl. statt vieler BGE 95 I 165 E. 4; 85 II 196 E. 2.
[144] Vgl. BGE 101 Ia 580 ff. E. 4 (Wohnsitzerfordernis für Schwangerschaftsabbruch gemäß Art. 120 StGB); ferner 106 Ia 134 f. E. 2 c (Befristung von Gnadengesuchen gemäß Art. 396 StGB).
[145] Vgl. BGE 88 I 170 ff. E. 3 d (kantonale Unzulässigkeitsgründe der Mietkündigung); ferner 99 Ia 626 f. E. 6 e und 101 Ia 508 E. 2 d (abschließende Regelung des Mietvertrages durch OR und BMM).
[146] «Einheit des Verfahrens!» Vgl. für die *Verwaltungsrechtspflege* BGE 108 Ib 94 f. E. 3 b/bb (zu Art. 6 VwVG); 102 V 151 f. E. 3 (zu Art. 5 VwVG); 103 Ib 147 f. E. 3 a (zu Art. 103 Bst. a OG). Für die *Zivilrechtspflege* BGE 91 II 65 f. E. 2 f. Für die *Strafrechtspflege* BGE 84 IV 174 f. E. 2.
[147] Offen gelassen in BGE 109 Ia 141 E. 4 a in bezug auf Art. 11 WRG.

143. Gewöhnlich aber vermag kantonales Recht neben öffentlichem Recht des Bundes zu bestehen, einfach deshalb, weil die eidgenössische Zuständigkeit *nur Aspekte ihres ‹natürlichen› Regelungssubstrates* abdeckt.

Wenige Beispiele: Das *Arbeitsvermittlungsgesetz* verbietet den Kantonen nicht, in Ergänzung des lückenhaften bundesrechtlichen Sozialnetzes temporär Beschäftigte zu schützen [148]; das *Arbeitsgesetz* nicht, einheitlichen Ladenschluß zu verfügen [149]; und die verkehrspolizeiliche *Chauffeurverordnung* steht einer kantonalen Höchstarbeitszeit für Fahrer nicht entgegen [150]. Eine kantonale Abgabe auf Nägelreifen (eine «Spikessteuer») [151], ein Verbot von «Schneemobils» außerhalb öffentlicher Straßen [152] und – allerdings zweifelhaft – eine kantonale Regel gegen ‹zunftwidrige› Wildjagd mit dem Auto [153] halten vor dem *Straßenverkehrsgesetz* des Bundes stand; ebenso vor dem *Spielbankengesetz* kantonale Erlasse über Geschicklichkeitsspiele [154]. Abbruch und Zweckänderung von Wohnraum dürfen von den Kantonen einer Bewilligung unterworfen werden, trotz *Mieterbeschluß* [155]; und das *Hochschulförderungsgesetz* schließlich nimmt heute einen Numerus clausus an Hochschulen (kompetenzrechtlich) hin [156].

D.22 «Konvergenz» zum Bundesrecht

144. Von kantonalen Erlassen, die sich zulässigerweise in die Nähe von Bundesgesetzen begeben, verlangt die Rechtsprechung neuerdings *«Konvergenz»:* Ziel und Mittel der kantonalen Regel müssen auf jene des Bundes hin zulaufen [157]. Das Wort ist neu, die Sache nicht: Seit je hat das Bundesgericht auf guten Einklang mit dem Bundesrecht bestanden [158]. Die «Konvergenz» kann kaum anderes meinen als den Respekt vor «Sinn und Geist» des Bundesrechts; in der Tat erscheint dieser zivilistische Ausdruck (Nrn. 127 ff.) gelegentlich in öffentlichrechtlichen Urteilen [159].

---

[148] BGE 109 Ia 68 E. 2 b.
[149] BGE 98 Ia 400 f. E. 3; 97 I 503 f. E. 3, 507 E. 5 b.
[150] BGE 88 I 291 f. E. c.
[151] BGE 99 Ia 242 ff. E. 2 b, 3.
[152] BGE 101 Ia 573 f. E. 4 b, c.
[153] BGE 107 Ia 289 f. E. 4 b.
[154] BGE 101 Ia 339 E. 4; 80 I 352 f. E. 1.
[155] BGE 101 Ia 508 E. 2 d; ähnlich 99 Ia 626 f. E. 6 e.
[156] BGE 103 Ia 392 f. E. 8.
[157] BGE 109 Ia 67 E. 2 a; 107 Ia 288 E. 4 a; 102 Ia 375 E. 2; 101 Ia 506 E. 2 b. Freilich sind «generelle Zielkonflikte mit dem Bundesrecht» deswegen nicht schon verpönt (BGE 109 Ia 140 E. 4 a).
[158] Vgl. BGE 99 Ia 625 E. 6 e, 507 ff. E. 2; 97 I 503 f. E. 3, 507 E. 5 b; 93 I 522 E. 5 a; 91 I 21 f. E. 5; 89 I 183 f. E. 3 a; 74 II 53 E. 3; 58 I 367 ff. E. 2; 34 I 273 E. 3.
[159] Vgl. BGE 101 Ia 580 E. 4 a; 99 Ia 243 E. 3, 509 E. 2 b; 85 I 147 E. 3; 71 I 255 E. 5.

145. Das Konvergenzgebot spielt im Ergebnis keine große Rolle.

Die meisten Urteile lassen die Frage beiseite. Gewöhnlich zu Recht: Entweder liegen Bundes- und kantonales Recht sachlich so weit auseinander, daß sich eine saubere Trennlinie ziehen läßt; dann erübrigt sich alles weitere[160]. Oder sie vertragen sich offensichtlich, beinahe zu vollkommen – die Sorge des Gerichts ist dann viel eher, dem kantonalen Erlaß im Verhältnis zum Bundesrecht hinreichende Eigenständigkeit zu bescheinigen[161], damit es nicht als Wiederholung von Bundesrecht der Nichtigkeit anheimfalle.

Zumeist erinnert die «Konvergenz» das kantonale Abgabe-[162] und Prozeßrecht[163] an seine dienende Rolle dem materiellen Bundesrecht gegenüber, ähnlich wie zuvor das Vereitelungsverbot des Bundeszivilrechts (Nr. 129). Als Ort einer Vereinbarkeitsprobe unter beiderseits materiellem Recht hingegen fällt sie kaum ins Gewicht[164].

Gelegenheit zur Bewährung hätte sich immerhin geboten; einzelne Erlasse haben sich nur retten können, weil die Verträglichkeitsfrage unterblieb. Kühn mutet zum Beispiel der Satz an, die Kantone könnten auch dort «sichernde Maßnahmen beschließen, wo keine strafbare Übertretung vorliegt, ja kraft Bundesrecht jede Sanktion verboten ist»[165]. Auch die «Unabhängigkeit» von Strafrecht und kantonalem Disziplinarrecht[166] ist über Zweifel nicht erhaben; jedenfalls dürfte ein strafrechtliches Berufsverbot gemäß Art. 54 StGB nicht durch ein disziplinarisches ‹verlängert› werden: die Resozialisierung des Täters, ein bundesrechtliches Ziel, kommt so nicht voran[167]. Und schließlich darf man sich fragen, ob ein kantonales Verbot, Autos als ‹Hilfsmittel› der Jagd einzusetzen, wirklich schon deshalb frei von Widerspruch zum SVG ist, weil es nicht von der Sicherheit im Straßenverkehr handelt, sondern nur die Jägersitten disziplinieren will[168]. Beizufügen ist aber: Die Konvergenzfrage hätte ohne Schaden unterbleiben können, wenn der durch Bundesrecht abschließend beherrschte Bereich zuvor etwas weniger engherzig abgesteckt worden wäre.

---

[160] Vgl. BGE 108 Ia 143 E. 5b; 103 Ia 392f. E. 8; 101 Ia 338f. E. 4, 572ff. E. 4; 99 Ia 508f. E. 2b, 391f. E. 2; 96 I 713 E. 6 und viele andere.
[161] Vgl. BGE 98 Ia 400f. E. 3; 97 I 503 E. 3, 507 E. 5b.
[162] Vgl. BGE 99 Ia 242f. E. 3.
[163] Vgl. BGE 95 I 444ff. E. 2b; für das Verhältnis zum SchKG BGE 102 Ia 156 E. 2a; 85 I 147 E. 3.
[164] Vgl. immerhin BGE 93 I 522 E. 5a.
[165] BGE 73 I 44.
[166] Vgl. BGE 97 I 835f. E. 2a.
[167] Vgl. BGE 71 I 378ff. E. 3.
[168] BGE 107 Ia 289f. E. 4b.

D.23 Sonderfall Bundesstrafrecht?

146. Neuerdings soll sich die derogatorische Kraft des Bundesstrafrechts nach ähnlichem Muster beurteilen wie jene des Bundeszivilrechts[169], offenbar in der Annahme, damit Spielraum gewonnen zu haben. Die Rechnung geht nicht auf. Sollte das Bundesstrafrecht nur deshalb von der Praxislinie zum öffentlichen Recht des Bundes abgekoppelt worden sein, weil Zivilrecht und Strafrecht gleichermaßen – und anders als das übrige Bundesrecht – «modalen» Kompetenzen entstammte? Dann wäre an das Scheinleben dieser «rechtstechnischen» Gesetzgebungsaufträge zu erinnern (Nrn. 109 ff.). Und selbst wenn die Sonderbehandlung zu Recht geschähe: Mit der «expansiven Kraft»[170] des kantonalen öffentlichen Rechts ist es, wie für das Feld des Bundeszivilrechts gezeigt (Nrn. 119 ff.), nicht weit her. So besteht kein Grund, das vermerkte Urteil als Wende der Rechtsprechung zu begrüßen, umso weniger, als das Gericht den kantonalen Erlaß in diesem Falle schon an der abschließenden Natur des Bundesstrafrechts scheitern ließ[171].

D.24 Fazit

147. Die derogatorische Kraft des Bundesverwaltungs- und des Bundesstrafrechts nimmt ihr Maß allein am Bereich der abschließenden Bundesregelung; es kommt nur darauf an, diesen Bereich hinreichend genau abzustecken: nach verfolgtem Regelungsziel, nach eingesetzten Regelungsmitteln. Im Dienste dieser Abgrenzung steht auch der «Konvergenz»gedanke, stehen auch «Sinn und Geist» des Bundesrechts. Was den Kantonen unter diesem Titel entgegengehalten wird, sind (wie zuvor im Zivilrecht) Auslegungsergebnisse: der Wertungshof der bundesrechtlichen Gesetzesbegriffe und Normen; nichts, was nicht schon im Bundesrecht beschlossen läge und den Kantonen als Teil der «abschließenden» Bundesregel hätte entgegengehalten werden können. Ein struktureller Unterschied zwischen den Mechanismen der derogatorischen Kraft im zivilistischen und im publizistischen Bereich läßt sich nach alledem nicht erkennen, auch wenn die Praxis den Gegensatz formelhaft betont[172].

---

[169] BGE 101 Ia 580 E. 4a. Ähnlich schon BGE 74 I 143 f. E. 4; kritisch dazu Hans Huber, Art. 6 ZGB, N. 53.
[170] Hans Huber, Art. 6 ZGB, N. 70.
[171] BGE 101 Ia 580 ff. E. 4b: Abtreibungswillige Frauen sollten über die bundesstrafrechtlichen Voraussetzungen (Art. 120 Ziff. 1 Abs. 2 StGB) hinaus zweimonatigen Wohnsitz im Kanton nachweisen müssen.
[172] Vgl. BGE 109 Ia 66 f. E. 2a; 102 Ia 375 E. 2; 101 Ia 505 f. E. 2b; 64 I 26 f. E. 7.

D.3 Bundesrechtskonforme Auslegung

148. Die Feldweite einer abschließenden Bundesregelung ist Auslegungsfrage; davon war die Rede (Nrn. 124, 142). Auslegungsfrage ist auch das Umgekehrte: ob (und wie weit) kantonales Recht bundesrechtlich beanspruchtes Gebiet betrete. Der Grundsatz von der bundesrechtskonformen Auslegung kantonalen Rechts macht sich das zunutze: er tritt an, die *Gefahr von Kompetenzkonflikten* schon auf abstrakter Ebene zu *mindern* und nur so nicht abwendbare Zusammenstöße durch Vernichtung des kantonalen Rechtsakts zu beheben. Damit verliert Art. 2 ÜB BV an Schärfe – umso mehr, als die Rechtsprechung «schonend» eingreift, den kantonalen Erlaß so weit als möglich in Kraft belassend[173]. Zum Beleg zwei Beispiele: die Gewährleistung kantonaler Verfassungen (Nr. 149) und die staatsrechtliche Beschwerde gegen kantonale Erlasse (Nr. 150).

149. Art. 6 BV zufolge gewährleistet der Bund die kantonalen Verfassungen, wenn sie, eine Teilvoraussetzung, *«nichts den Vorschriften der Bundesverfassung»* – und auch des übrigen Bundesrechts[174] – *«Zuwiderlaufendes enthalten»* (Abs. 2 Bst. a). Das tritt solange nicht ein, als für die kantonale Verfassungsnorm (nach anerkannten Auslegungsregeln) wenigstens ein praktischer Anwendungsfall denkbar ist, der Bundesrecht nicht verletzt[175]. In diesem Sinne hat der Bundesrat kantonale Verfassungsregeln wiederholt unter dem Vorbehalt bundesrechtskonformer Auslegung zur Gewährleistung vorgeschlagen[176].

150. Die staatsrechtliche Beschwerde gegen kantonale Erlasse (Art. 84 OG) rechnet seit je[177] mit bundesrechtskonformer Auslegung ihrer Anfechtungsgegenstände.

---

[173] BGE 107 Ia 299 E. 4; 105 Ia 148 E. 5 d; 102 Ia 281 vor E. 1; 85 I 32 E. 14. Entsprechendes gilt bei der Gewährleistung von Kantonsverfassungen: BBl 1977 III 256, und REINHOLD HOTZ, Gewährleistung, ZBl 1982 197.

[174] BBl 1981 II 252 und standardmäßig, z. B. 1983 II 457. JEAN-FRANÇOIS AUBERT, Traité, I Nr. 569.

[175] BBl 1977 II 273, hernach mehrfach bestätigt: 1979 III 862; 1980 II 278, III 1143; vgl. ferner 1981 II 254. Zurückhaltender REINHOLD HOTZ, Gewährleistung, ZBl 1982 199 f.

[176] Vgl. etwa BBl 1982 III 775 (zu Art. 160 B KV GE: Umweltschutz); 1981 III 913 (zu Art. 6 d KV BE: Mitsprache des Volkes beim Bau von Atomanlagen); 1980 III 1143 (zu Art. 14bis KV FR: Staats- und Beamtenhaftung). Ferner die allgemeinen Vorbehalte zu den Aufgabennormen der Aargauer und der Juraverfassung im Bereiche konkurrierender Bundeszuständigkeiten: BBl 1981 II 255 (AG); 1977 II 271 ff. (JU).

[177] Vgl. schon BGE 27 I 150 E. 2.

a) Der Grundsatz äußert sich zuerst – und vorzüglich bei Grundrechtsbeschwerden – als *verfassungskonforme Auslegung* kantonalen Rechts. Das Bundesgericht prüft

> «im Rahmen der abstrakten Normenkontrolle einzig ..., ob der betreffenden Norm nach anerkannten Auslegungsregeln ein Sinn beigemessen werden kann, der sie als mit den angerufenen Verfassungsgarantien vereinbar erscheinen läßt. (Es) hebt die angefochtene Vorschrift grundsätzlich nur dann auf, wenn sie sich jeder verfassungskonformen Auslegung entzieht, nicht jedoch, wenn sie einer solchen in vertretbarer Weise zugänglich ist.» [178]

Das Risiko verfassungswidriger Einzelakte nimmt das Gericht in Kauf – als Preis für lesbare, nicht allen Entlegenheiten vorbeugende kantonale Gesetze: eine Verneigung vor der Staatlichkeit der Kantone. Freilich stößt solche Zurückhaltung auch an Grenzen: So gehören die Wahrscheinlichkeit verfassungsgetreuer Anwendung in Rechnung gestellt, die Art der gefährdeten Rechtsgüter, die Effektivität des ‹nachträglichen› Rechtsschutzes [179]; auch (zuwenig beachtet!) das rechtsstaatliche Interesse an unverkrampfter, aus dem Wortlaut selbst ersichtlicher Verfassungstreue der kantonalen Norm [180].

b) Verfassungskonforme Auslegung ist auch gegenüber Art. 2 ÜB BV anrufbar [181]. Das Gebot läuft dann, weil die Derogationsregel das gesamte Bundesgesetzesrecht schützt, auf *schlechthin bundesrechtskonforme Auslegung* kantonaler Erlasse hinaus [182].

E. Überschätzte Derogationsregel?

151. Die Praxis bestätigt vier Dinge *nicht:*
– *erstens,* daß die Art. 8, 64 und 64bis BV «modale» Gesetzgebungszuständigkeiten enthielten, die eine besondere Art föderativer Rechtsetzungskonflikte heraufbeschwörten; vielmehr meinen Außenrecht, Bürgerliches Recht und Kriminalrecht wie üblich Sachgebiete (B);

---

[178] BGE 107 Ia 294f. E.2c. Vgl. ferner BGE 107 Ia 313 E.5b; 106 Ia 137 E.3a; 104 Ia 99f. E.9, 249f. E.4c; 102 Ia 109 E.1b.
[179] BGE 109 Ia 148 E.3b; 106 Ia 137f. E.3a. JÖRG PAUL MÜLLER, Elemente, 70f.; NIKLAUS MÜLLER, Verfassungskonforme Auslegung, 27f.
[180] Schlechtes Beispiel gibt die vielfach kritisierte ‹Rettung› der Zürcher Gefängnisverordnung 1972: BGE 99 Ia 262, besonders 279f. E.7. Vgl. dazu NIKLAUS MÜLLER, Verfassungskonforme Auslegung, 21f.
[181] Vgl. BGE 109 Ia 69f. E.2c.
[182] BGE 109 Ia 69f. E.2c; 98 I 501f. E.6b; 63 I 178f. E.4c ad cc.

- *zweitens,* daß die gerichtliche Abgrenzungsformel zu Art. 6 ZGB eine Abwägung zwischen Bundeszivilrecht und kantonalem öffentlichem Recht anzeigte: Das «haltbare öffentliche Interesse» ist Zeugnis grundrechtlicher Argumentation, und «Sinn und Geist des Bundeszivilrechts» stehen Hilfe, wenn der Bereich des «abschließenden» Bundesrechts näher bestimmt wird (C);
- *drittens,* daß die derogatorische Kraft des eidgenössischen öffentlichen Rechts nach anderem (strengerem) Plan funktionierte als der Vorrang des Zivilrechts: der Unterschied beschränkt sich auf einen Formelgegensatz (D.2); und
- *viertens,* daß kompetenzrechtliches Denken auf einen undifferenzierten Primat des Bundes hinausliefe: mit dem Grundsatz der bundesrechtskonformen Auslegung kantonalen Rechts beschreitet die Praxis im Ergebnis recht kantonsfreundliche Wege (D.3).

Der Kompetenzkonflikt und seine Lösungshilfe, Art. 2 ÜB BV, räumen in ihrem Herrschaftsbereich eine Freiheit des föderativen Abwägens jedenfalls nicht ein; daran läßt sich wenig ändern.

152. Ein Blick in das Raumplanungsgesetz bekräftigt allerdings, daß für die raumwirksame Aufgabenwaltung ohne Abwägungsvorbehalt nicht auszukommen ist, am wenigsten im ‹vertikalen› Verkehr zwischen Bund und Kantonen: Gleichberechtigt steht der Planungspflicht die *Abstimmungspflicht* zur Seite (Art. 2 Abs. 1 RPG). Und in der Tat verbaut Art. 2 ÜB BV nicht alle Wege zur Abwägung – es kommt nur darauf an, jene zu beschreiben, die die Verfassung selber anerkennt. Empfindet man die Derogationsregel – mit Grund! – als zu starres, zu herrschsüchtiges Muster, um die raumwirksamen Aufgaben im bundesstaatlichen Verband aufeinander hin zu organisieren: liegt es dann allemal an Art. 2 ÜB BV? Das unwohle Gefühl könnte auch von den Fragen herrühren, die man der Derogationsregel, ihren Sinn überschätzend, zu lösen aufgibt. Denn geht es nach ihrem Willen, beschränkt sie sich auf ein sehr enges Wirkungsfeld.

E.1 Kompetenzkonflikt gegen Abwägung?

153. Von vornherein setzt die Derogationsregel voraus, daß eidgenössische und kantonale Vorschrift wirklich *ein und dieselbe* Rechtsfrage zu beantworten sich anschicken[183]. Die Rechtsprechung hat dieses Erfor-

---

[183] PETER SALADIN, Bund und Kantone, ZSR 1984 I 460.

dernis dutzendfach bestätigt (vgl. Nrn. 124, 139 ff.) – auch die Schwierigkeit, solchen Nachweis zu erbringen: Denn die Bestimmung der Rechtsfrage (und damit des vorrangbewehrten Bundesbereichs) erfordert ihrerseits Auslegungsarbeit, und zwar an beiden Kollisionsgegnern: auf eidgenössischer Seite wird man besonders auf qualifiziertes Schweigen des Bundesgesetzgebers achten müssen, auf kantonaler die Möglichkeiten der bundesrechtskonformen Auslegung zu nutzen wissen. Identität der *Rechtsfragen* ist gefordert, um Art. 2 ÜB BV einzusetzen; Identität der ‹natürlichen› Regelungsgegenstände reicht nicht hin: Regelungsgegenstände haben stets verschiedene ‹Seiten›, bieten dem Recht die unterschiedlichsten Ansatzpunkte, öffnen sich vielfachen Regelungszwecken – kurz: werfen nicht nur *eine* Rechtsfrage auf.

154. Die derogatorische Kraft des Bundesrechts steht im Dienste bundesstaatlicher Rechtseinheit: Sie duldet nicht *zwei* Antworten auf *eine* Rechtsfrage. Tritt das Unglück (nach gehöriger Auslegung beidseits!) dennoch ein, so löst sie den Widerstreit, Art. 3 BV vor Augen, zugunsten des Bundes. *Sein* Recht darf sich dann der strittigen Rechtsfrage annehmen. Damit ist die Derogationsregel erschöpft, alles weitere nicht mehr ihr Geschäft. Sie ist *Kollisionsregel, nicht inhaltliche Vorschrift;* einzig weist sie den Weg zum zuständigen Recht, nicht aber bietet sie materielle Lösungen an.

155. Will das zuständige Bundesrecht sich auch materiell ‹durchsetzen›, so muß es die Rechtsfrage nicht nur besetzt, sondern auch in der Sache selbst beantwortet haben – kraft präziser Lösungsentwürfe, die der rechtsanwendenden Behörde nurmehr «entscheidungsarme Erkenntnis»[184] abfordern.

Derartige Regelungsdichte ist *weder immer möglich noch* – selbst innerhalb eidgenössischer Sachzuständigkeiten – *immer zulässig.*

a) Mitunter erfordert es schon die ‹Sache›, bestimmte Fragen offen zu halten; der Gesetzgeber muß sich dann mit Aufträgen an die Verwaltung bescheiden (vgl. für das raumwirksame Recht: IV und § 6/III/B).

b) Abgesehen davon wird sich unter Umständen auch das *Verfassungskonzept der bundesstaatlichen Aufgabenteilung* einer völlig erschöpfenden Bundesregelung widersetzen, auch wenn die einzelne Sachzuständigkeit (für sich allein betrachtet) nichts dagegen einzuwenden hätte. Derartige Lage stellt sich vorzüglich dort ein,

---

[184] RENÉ RHINOW, Rechtsetzung, 176.

wo die Bundesverfassung Staatsaufgaben nicht nur dem Bund, sondern im gleichen Sachbereich auch den Kantonen zuweist (wie beispielsweise eben Art. 22^{quater} BV die Raumplanung, vgl. Nrn. 35 f.). Hier wird der Bundesgesetzgeber zweifach abwägen müssen: erstens, ob er in ‹Ausführung› eines Gesetzgebungsauftrages das Feld der eidgenössischerseits als kantonal anerkannten Aufgabe überhaupt betreten solle [185] (Gleichrang der Verfassungssätze!); und zweitens – entschließt er sich dazu –, ob er seinen ‹Übertritt› nicht wenigstens durch eine offene, kantonsfreundliche Konkretisierungen im Einzelfall ermöglichende Gesetzestechnik abzumildern habe.

Wenn der Gesetzgeber aber (aus welchen Gründen auch immer) auf ‹selbstsprechende› Regelungen verzichtet; wenn er, mit andern Worten, dem Aufgabenwalter Ermessen einräumt: dann verzichtet er zugleich auf den Schutz der Derogationsregel. Denn Ermessen – auch das bundesrechtlich begründete – ist stets unter Rückgriff auf die Verfassung zu konkretisieren (§ 6/IV/A, § 7), somit auch unter Rückgriff auf die von ihr allgemein – durch Art. 3 BV (V/A) – oder ausdrücklich anerkannten Aufgabeninteressen der Kantone. Und soweit die erheblichen Verfassungsbelange einander widersprechen, gehören sie mittels kunstgerechter Interessenabwägung zu breitest möglicher Widerspruchsfreiheit geführt (§ 6/IV/B, § 8). So ist endlich die Erlaubnis erwirkt, eidgenössische und kantonale Belange ohne Mißachtung bundesstaatsrechtlicher Grundsätze unmittelbar gegeneinander abzuwägen.

156. Nach diesem Muster soll der *Weg zur bundesstaatlichen Abwägung unter raumwirksamen Aufgaben* beschritten werden:
– Kollisionsrechtlich erhebliche Rechtsfrage ist die Einordnung der raumwirksamen Tätigkeit im Raum: die Standortfrage. Als erstes muß entschieden sein, unter welchen Umständen sie der Bund an sich zieht (III, Nrn. 160 ff.).
– Alsdann ist zu klären, wie weit die Standortfrage durch das zuständige Recht ihre Antwort vorgezeichnet erhält, oder wie weit im Gegenteil das zuständige Recht dafür auf das Ermessen des Aufgabenwalters vertraut (IV, Nrn. 181 ff.).

E.2 Kompetenzkonflikt gegen Regelungskonflikt?

157. Eine Schuld bleibt abzutragen: nämlich klarzustellen, ob weiterhin – mit der auch heute noch herrschenden Lehre [186] – auf die Einheit

---

[185] PETER SALADIN, Bund und Kantone, ZSR 1984 II 463.
[186] Vgl. JEAN-FRANÇOIS AUBERT, Traité, I Nr. 639; YVO HANGARTNER, Kompetenzverteilung, 172; ULRICH HÄFELIN/WALTER HALLER, Bundesstaatsrecht, NN., 367 f.

von Normkonflikt und Kompetenzkonflikt gezählt werden darf, oder ob sie als geschiedene Klassen gelten müssen, begrifflich eigenständig, mit je besonderem Lösungsmuster. Die Antwort mag so oder anders ausfallen: es scheint, das Ganze ist zuerst Verständigungsfrage.

a) Ist der Vorrang des Bundesrechts einmal auf das ihm Geziemende beschränkt, so müßte freilich das Hauptmotiv entfallen, dem Kompetenzkonflikt mit besonderen Regelungskonflikten Konkurrenz zu machen. Daß die Derogationsregel einschreitet, wenn kantonales Recht zu ordnen sucht, was Bundesrecht schon beantwortet, hat nichts Aufregendes an sich: darauf wird man sich einigen können. Von bedrohlicher «Dominanz des Bundes» ist bis hierher wenig zu spüren.

b) Alles weitere hängt davon ab, welcher Begriff des Normkonflikts gelten soll. Faßt man ihn eng, als «Konflikt zweier auf dieselbe Rechtsfrage gerichteter Normen»[187], so endet er zwangsläufig (eben ‹definitionsgemäß›) im Kompetenzkonflikt: Normkonflikt und Kompetenzkonflikt sind dann untereinander verbundene Begriffe. Will der Regelungskonflikt ‹mehr› umfassen, will er zur Stelle sein, sobald «Normen aus verschiedenen Zuständigkeitsbereichen miteinander in Reibung geraten»[188], dann birgt er in der Tat – ebenso ‹definitionsgemäß› – nur zum geringsten Teil Kompetenzkonflikte.

Ich ziehe einen engen, auf den Kompetenzkonflikt hin zulaufenden Begriff des Normkonflikts vor: Denn ein weit verstandener Normkonflikt umschließt, was Begriffe nicht tun sollten, Untergruppen von nicht vergleichbarer Qualität: ‹Kollisionen›, die teils der Derogationsregel unterliegen, teils mit ihr nichts zu schaffen haben. Er vereinigt, was nicht zusammengehört – und verleitet gerade deshalb dazu, Kompetenzkonflikt und Derogationsregel als überlebtes Unikum des Bundesstaatsrechts zu qualifizieren, lästig und leider geltendes Recht.

158. Und endlich die ‹Konflikte› unter nahe beieinander liegenden Normen, unter (eidgenössischen und kantonalen) Regeln, die wohl je unterschiedliche Rechtsfragen beantworten, aber Rechtsfragen, die denselben Regelungsgegenstand betreffen: sie vor allem hatte die Lehre im Auge, als sie davon sprach, Normkonflikte könnten sich nicht stets nach dem Vorrang des Bundesrechts entscheiden[189]. Daß derartige ‹Konflikte› ihr Maß an Art. 2 ÜB BV nehmen müßten, hat diese Vorschrift selbst freilich nie behauptet. Nochmals sei es betont: Der Vorrang des Bundesrechts greift von vornherein nicht, sobald Bund und Kantone un-

---

[187] PETER SALADIN, Bund und Kantone, ZSR 1984 II 460.
[188] CHRISTOPH STEINLIN, Raumplanungskompetenzen, 240.
[189] Vgl. besonders MARTIN KELLER, Aufgabenverteilung, 38 f., 79; CHRISTOPH STEINLIN, Raumplanungskompetenzen, 240 f.

terschiedliche Anliegen verfolgen – auch wenn sie einander sachlich nahe stehen sollten. Alles kommt darauf an, den Kollisionsbereich genau abzugrenzen, die erhebliche Rechtsfrage richtig zu stellen.

159. Normative ‹Engführungen›, das ist unbestritten, werfen *Koordinationsprobleme* auf; ein Blick auf die neuere Rechtsprechung genügt (Nrn. 98–101). Aber das Wort vom Norm«konflikt» greift dafür zu hoch. Welche Schwierigkeiten ergeben sich wirklich? Doch nur jene, daß die materielle Rechtsfindung nicht ‹isoliert› vonstatten gehen darf, blind für die Anliegen benachbarter Erlasse. Rechtsfindende Umsicht aber ist kein zuerst föderalistisches Gebot. Abstimmungsprobleme – Norm«konflikte» in einem weiten Sinne – stellen sich auch unter staatsrechtlich gleichgeordneten Erlassen ein (vgl. § 4). Sie sind der Preis jeder arbeitsteiligen Aufgabenwaltung, der ‹vertikal› bundesstaatlichen wie der ‹horizontal› nach Ressorts und Aufgabengesetzen organisierten. Lösen lassen sie sich allemal nur durch sachlich und verfahrensmäßig abgestimmte Rechtserzeugung: sachlich, indem jede Behörde die ihr obliegende Rechtsfrage unter Würdigung benachbarter Regelungsinteressen beantwortet; verfahrensmäßig, indem die Rechtsakte der ‹an sich› unabhängigen Aufgabenwalter als Teile eines zwar gegliederten, aber zusammenhängenden Rechtserzeugungsprozesses begriffen werden (darauf ist zurückzukommen: vgl. V und § 4/V). Wenn dennoch *ein* Aufgabenwalter nicht ‹mitmacht›, trotz umsichtiger Rechtsfindung das Ganze an *einem* Glied scheitert (zum Beispiel ein technisch bewilligtes Werk die noch erforderliche Standorterlaubnis nicht erhält): tant pis – dann erfüllt das Vorhaben nicht alle rechtlichen Voraussetzungen, hätte sie auch dann nicht geschafft, wenn der Gesetzgeber alle Teilerfordernisse in *ein* Gesetz gebracht, *einem* Aufgabenwalter in die Hand gegeben hätte. Worin läge dann der Norm«konflikt»?

III. Zuständiges Recht: Die Standortkompetenzen des Bundes

160. Raumwirksame Bundesaufgaben sind stets *Sachaufgaben,* ihre Erfüllung deshalb sachbezogen, ‹eindimensional›. An den weiten Blick der kantonalen Raumplanung – Flächenwidmung als Gefüge einander verhältnismäßig zugeordneter Nutzungsarten – kommen sie nicht heran; das übersteigt ihren Horizont. Eine Zuständigkeit des Bundes zur Stand-

ortwahl wird man deshalb nur *negativ* begründen können: mit der Erklärung des einschlägigen Bundesrechts, die allgemeine Nutzungsordnung habe für die betreffende Bundestätigkeit *keine Geltung*.

161. Von derartigen Freisetzungen des Bundes handelt das folgende. Dabei sollen nicht die einzelnen Bundesaufgaben auf ihren räumlichen ‹Durchgriff› hin befragt werden – die gesicherten Erkenntnisse darüber wurden bereits vermerkt (I). Die Suche gilt vielmehr den *Indikatoren der Freisetzung*. Als solche Schlüsselgrößen fallen in Betracht:
- die Sachnatur der raumwirksamen Aufgaben (A, Nrn. 163 f.),
- Zuständigkeiten des Bundes zur Nutzungsplanung (B, Nrn. 165 ff.),
- abschließende Bundesverfahren (C, Nrn. 168 ff.),
- Raumordnungsklauseln (D, Nrn. 172 ff.),
- Vernehmlassungs- und Antragsrechte der Kantone (E, Nrn. 175 f.), und schließlich
- Enteignungsbefugnisse (F, Nrn. 177 ff.).

162. Von vornherein braucht eines *nicht* erwogen zu werden: daß die Standortwahl jeder raumwirksamen Bundeszuständigkeit ohne weiteres innewohne, als (freilich weit gehende) «implied power». Der klare Wortlaut der Verfassung spricht dagegen – Raumplanung ist Aufgabe der Kantone[190] –, und außerdem auch ihr ‹Geist›: Solche Lösung würde als Leitmotiv der föderalistischen Aufgabenteilung einen ‹Trennungsgrundsatz› voraussetzen; ein Verfassungsdenken mithin, das für Bundesstaaten gewiß nicht ausgeschlossen ist[191], auf das schweizerische Bundesstaatsmodell aber nicht zutrifft.

A. Die Sachnatur der raumwirksamen Aufgabe

163. Eine *Grundvoraussetzung* muß erfüllt sein, bevor man die Geltung des kantonalen Planungsrechts für bundesrechtlich in die Wege geleitete raumwirksame Tätigkeiten überhaupt erwägen kann: Die raumwirksame Bundestätigkeit muß Fragen aufwerfen, die von der kantonalen Raumordnung aufgenommen und mit ihrem Rüstzeug mindestens mitbewältigt werden können; Sachgesetz und Raumplanung sollen *dieselbe Sprache* sprechen. Rechtsverbindliche kantonale Raumordnung

---

[190] BGE 107 Ib 114 E. 2a.
[191] So gilt in Österreich strenge Exklusivität der sachlichen Zuständigkeitsbereiche von Bund und Ländern; konkurrierende Kompetenzen kommen – grundsätzlich – nicht vor. Vgl. LUDWIG ADAMOVICH/BERND-CHRISTIAN FUNK, Österreichisches Verfassungsrecht, 2. A., Wien/New York 1984, 142 f., 161 ff.

(sie allein fällt in Betracht) ist darauf angelegt, den Planungsauftrag vorab im örtlichen und regionalen, selten auch im kantonalen Rahmen zu erfüllen; ihr Mittel sind vorzüglich die Nutzungspläne. Nutzungspläne aber verkraften nur bestimmte Typen raumwirksamer Vorhaben: Bauwerke im üblichen Sinne, die sich mit der Gedankenführung des Planes verknüpfen lassen, und Großvorhaben, soweit diese noch Gegenstand einer eigenen Nutzungszone bilden können: beidemal *vereinzelbare Werke*. Vereinzelbar müssen deshalb auch die bundesrechtlich regierten Werke sein, sonst mutet man dem Nutzungsplan Fragen zu, die er nicht bedacht hat und auch nicht hat bedenken können.

164. *Strangartige, netzbildende Werke* übersteigen die geschilderte Fassungskraft des Nutzungsplanes von Anfang an[192]. Deshalb umschließt die Sachzuständigkeit in diesen Fällen auch die Standortfrage.

Strangbildende Werke des Bundesrechts sind namentlich: *Eisenbahnstrecken*[193] (Art. 18 EBG); *Luftseilbahnen* (Art. 4 SeilbahnV); *Schwach- und Starkstromleitungen*, das *Fernmeldenetz der PTT* (Art. 5–7, 15 ElG; ohne Gebäude[194]); *Rohrleitungsanlagen* (Art. 5, 23 RLG; Art. 35 RLV; ohne Gebäude); *Nationalstraßen*[195] (Art. 10, 13, 21 NSG) und in gewissem Sinne auch eidgenössisch subventionierte *Hauptstraßen* (Art. 1, 7, 8 TreibstoffB; vgl. Nr. 202); *Flugsicherungsanlagen für Flugstraßen*[196] (Art. 40 Abs. 1 LFG). Eine kantonale Restzuständigkeit, anzutreffen etwa bei Luftseilbahnen und Flugsicherungsanlagen, bleibt von vornherein auf Fragen der Baupolizei (und allenfalls noch der Erschließung) beschränkt.

B. Zuständigkeiten des Bundes zur Nutzungsplanung

165. Die räumliche Einordnung *vereinzelbarer Vorhaben* – nur noch um sie geht es jetzt – ist *Bundessache*, wenn das Werk *Gegenstand eigener, durch Bundesrecht bestimmter Nutzungszonen* bildet und deren Zonenzwecke sich mindestens auch zu den Regelungsgegenständen eines ordentlichen kantonalen Nutzungsplanes äußern: Damit gibt Bundesrecht zu erkennen, daß es mit entgegenstehender kantonaler Nutzungsordnung rechnet und *dennoch* dem Bunde zubilligt, das Werk von eigener Hand in diese Normalordnung hineinzusetzen, die notwendigen ‹Übergänge› selber zu bewerkstelligen.

[192] In diesem Sinne auch MARTIN KELLER, Aufgabenverteilung, 188, 172; THOMAS PFISTERER, Einfluß des Raumplanungsrechts, Nr. 55.
[193] BGE 102 Ia 360 E. 6d.
[194] BGE 97 I 527f. E. 4; vgl. auch 100 Ib 410ff. E. 3.
[195] BGE 109 Ib 290f. E. 3a, b; BGE 1.2.1982 *Schnyder*, 6 E. 2.
[196] ZBl 1983 369 E. 3a, 370 E. 3b.

166. Nur selten kommt den Werken des Bundesrechts ein derartiger planungsrechtlicher Wehrschild zu.

a) Hauptbeispiel sind die *eidgenössisch konzessionierten Flughäfen:* Sie umgibt eine Sicherheitszone und eine Lärmzone (Art. 42 Abs. 1 LFG), mit je eigener Nutzungsordnung (Art. 57 ff., 61 ff. LFV), erlassen in einem bundesrechtlich beherrschten Planungs-, Auflage- und Rechtsschutzverfahren (Art. 43 LFG; Art. 60, 68 LFV). Lärm- wie Sicherheitszonen sind Konzessionserfordernis (Art. 37 Abs. 2 Bst. a, 38 Bst. f LFV). Vor allem wegen dieses planungsrechtlichen Instrumentariums gilt die luftfahrtrechtliche Ordnung für Flughäfen auch planerisch als abschließend; und eben weil es für Flugfelder nicht zur Verfügung steht (Art. 44ter LFG), bleiben solche privaten Flugplätze an die Raumplanung der Kantone gebunden[197]. Die «polizeilichen Befugnisse», die Art. 21 Abs. 2 LFG den Kantonen «vorbehält», beschlagen damit (was Bau- und Planungsrecht angeht) für die Flughäfen nurmehr untergeordnete Fragen der Baupolizei und Bauästhetik an Hochbauten, für die Flugfelder jedoch darüber hinaus auch die Standortfrage.

b) Hingegen gehören die *Projektierungszonen* und *Baulinien* des Nationalstraßen- und des Eisenbahnrechts (Art. 14 ff., 22 ff. NSG; Art. 18 b ff., 18 e ff. EBG) *nicht* hierher. Zwar kommen solche Zonen auch den längs dieser Verkehrsstränge errichteten Annexbauten zugute: Werken mithin, die von kantonaler Raumplanung nicht zwingend freigesetzt sein müssen. Aber die genannten Institute errichten keine eigenständige Nutzungsordnung; vielmehr sichern sie, vergleichbar einem Enteignungsbann, die Zwecke einer Hauptsache: des Bahn- und Nationalstraßennetzes. Und allein die Zwecke der Hauptsache bestimmen die Tragweite einer Sachzuständigkeit, nicht ihre zudienenden Sekundärinstitute.

167. Im übrigen wirken die Nutzungszonen des Bundesrechts vornehmlich *zugunsten bodenerhaltender Nutzungen.*

Zu vermerken sind:

a) der *Wald,* örtlich ‹selbsttätig› umgrenzt dank gesetzlichen Waldbegriffs (Art. 1 FPolV); fähig, kantonale Zonenpläne ‹stillschweigend› abzuändern[198]; und bewehrt mit einem grundsätzlichen Bauverbot (Art. 25 ff. FPolV; vgl. § 4/I);

b) der Bereich der *Ufervegetation,* umgrenzt durch den tatsächlichen Bestand an Schilf und Binsen, belegt mit grundsätzlichem Bauverbot (Art. 21 f. NHG)[199];

c) der schweizerische *Nationalpark* in seinen gesetzlichen Grenzen, belegt mit Bau- und Begehungsverboten (Art. 1 NationalparkG);

---

[197] BGE 102 Ia 362 E. 6 f., BGE 4. 7. 1979 *Aero-Club der Schweiz* (Kestenholz), 11 f. E. 2 c, 14 E. 2 c, d; vgl. auch ZBl 1980 440 f. E. 2 d/aa. Zur raumplanerischen Wirkung dieser (freilich vorweg polizeilich begründeten) Zonen nun HERMANN RODUNER, Grundeigentumsbeschränkungen zugunsten von Flughäfen, Zürich 1984, 34, 98.
[198] BGE 101 Ib 315 E. 2 b; vgl. auch 107 Ib 356 f. E. 2 c; 105 Ib 210 E. 1. GOTTHARD BLOETZER/ROBERT MUNZ, Walderhaltungsgebot, ZBl 1972 436.
[199] BGE 110 Ib 117 ff. E. 3 a; 98 Ib 18 f. E. 6; 96 I 692 E. 2 a.

d) *aufsichtsrechtlich verfügte Schutzzonen*: die *vorsorglichen Maßnahmen* gemäß Art. 16 NHG (zum Schutze von Naturlandschaften usf.), und die *vorübergehenden Nutzungszonen* gemäß Art. 37 RPG (zum Schutze besonders geeigneter Landwirtschaftsgebiete und besonders bedeutsamer Landschaften und Stätten), bewehrt mit den je notwendigen Eigentumsbeschränkungen[200].

C. Abschließende Bundesverfahren?

168. Gewisse Bundesverfahren erklären sich für abschließend: Hat das raumwirksame Vorhaben die eidgenössische Erlaubnis erwirkt, soll man, wie es scheint, ohne weiteres zur Tat schreiten können. Die aufgegebene Einheit von materiellem und formellem Recht[201] würde den Rückschluß auf das Materielle gebieten: das abschließende Bundesverfahren wäre Anzeige eidgenössischer Standortkompetenz. Die Frage ist nur, ob man solchen Erklärungen trauen darf.

169. Bundesrecht kann seine Verfahren auf zwei Arten für abschließend erklären: *negativ,* indem es bestimmt, eidgenössisch bewilligte Vorhaben unterlägen keiner kantonalen Bewilligung (Nr. 170); *positiv,* indem es bestimmt, die bundesrechtliche Verfügung gelte als Baubewilligung (Nr. 171). Beides ist selten, und die materielle Wirkung solcher Verfahrensausschlüsse liegt nicht immer klar zutage.

170. Einziges Beispiel eines *negativen Ausschlusses* gibt Art. 164 Abs. 3 MO: «Die Ausführung von Arbeiten, die der Landesverteidigung dienen, darf keiner kantonalen Gebühr oder Bewilligung unterworfen werden» – im besonderen keiner raumplanungsrechtlichen Bewilligung[202]; und über Art. 1 ZSG (Zivilschutz ist «Teil der Landesverteidigung») gilt der militärische Dispens auch für Werke des Zivilschutzes[203]. Die *materielle Reichweite* der Freisetzung ist allerdings bis heute nicht präzise abgesteckt.

Jedenfalls hat es das Bundesgericht abgelehnt, aus dem formellen Dispens auf durchgängige Befreiung auch von den materiellen Planungsvorschriften der Kan-

---

[200] Im Vergleich dazu wirken die BLN- und die ISOS-Inventare (SR 451.11 und .12) nur auf Bundesaufgaben, nicht allgemein; und nur als Grundsatz, nicht als Verhaltensnorm (vgl. Art. 6 Abs. 2 NHG).
[201] Vgl. BGE 92 I 211 E. 5.
[202] BGE 110 Ib 261f. E. 2a; 101 Ia 315f. E. 2; BGE 23.12.1953 *Schweizerische Eidgenossenschaft,* 8f. E. 3, 13 E. 4.
[203] JÜRG SPAHN, Bindung des Bundes, 26; EJPD/BRP, Erläuterungen RPG, Einl. N. 80b.

tone zu schließen[204]: Nicht jedes militärische Bauwerk diene der Landesverteidigung gleichermaßen; und selbst bei ‹echten› Militärbauten habe die Eidgenossenschaft «die öffentlichen Interessen, deren Wahrung die baupolizeilichen Vorschriften der kantonalen Baugesetze oder gemeindlichen Bauordnungen dienen sollen, *nach Möglichkeit zu beachten. Sie darf davon nur insoweit abrücken,* als die Erfüllung der Aufgabe der Landesverteidigung es *als notwendig* erscheinen läßt.»[205] Diese Einschränkung – die Nähe zum späteren Münchensteiner Entscheid (Nr. 95) ist unübersehbar – ist mit aller Eindringlichkeit zu betonen. Denn das Gericht will Art. 164 Abs. 3 MO nicht auf die unmittelbar der Verteidigung dienenden Werke beschränkt sehen[206] – mit Blick auf die doch recht unmilitärischen Zivilschutzzentren ein zu einfaches Urteil.

171. Kaum häufiger erscheinen *positive Ausschließlichkeitserklärungen.*

Die Pläne für *Bahnbauten* – nicht nur für Strecken, sondern auch für vereinzelbare Bahnhöfe, Wärterhäuser usf. – «sind ... allein von der Aufsichtsbehörde zu genehmigen» (Art. 18 Abs. 1 EBG); der Genehmigungsbescheid *«gilt als Baubewilligung»* (Art. 6 Abs. 3 EBV). Gleichen Anspruch hegt die Plangenehmigung für *Luftseilbahnen* (Berg- und Talstationen! Art. 4 Abs. 3 SeilbahnV) und *Anlagen der konzessionierten Schiffahrt* (Art. 30 Abs. 4 SchiffahrtsV).

Auch hier wäre es nicht richtig, unbesehen vom Formellen auf das Materielle zu schließen. Schon die Gesetzgebung räumt ein, «die auf kantonales Recht gestützten Anträge» gehörten berücksichtigt, soweit «ihre Anwendung die Bahnunternehmung in der Erfüllung ihrer Aufgaben nicht unverhältnismäßig einschränkt» (Art. 18 Abs. 3 EBG; vergleichbar Art. 4 Abs. 2 SeilbahnV). Selbst wenn dieses Zugeständnis fehlte, es verstände sich von selbst: Denn die genannten Zuständigkeiten des Bundes wollen Förderung und Sicherheit des Verkehrsbetriebes; sie sind kein Mittel der Raumplanung[207].

D. Raumordnungsklauseln?

172. Verbreitet sind *Raumordnungsklauseln:* Bestimmungen, die einen Aufgabenträger anhalten, «in Erfüllung» seiner Pflichten die Belange eines anderen, sachlich berührten Aufgabenträgers zu «berücksichtigen». Teils wenden sich solche Formeln an die Kantone, zumeist aber an den Bund.

---

[204] BGE 23.12.1953 *Schweizerische Eidgenossenschaft,* 13 E. 4, Dispositiv Ziff. 1 (Abweisung des entsprechenden Feststellungsbegehrens).
[205] BGE 23.12.1953 *Schweizerische Eidgenossenschaft,* 12 E. 3; vgl. auch BGE 110 Ib 263 E. 2c.
[206] BGE 110 Ib 262 E. 2b.
[207] Vgl. für die Bahnkompetenz BGE 98 Ib 483 E. 3d.

a) *Den Kanton belastende Raumordnungsklauseln* kennt (soweit ich sehe) nur das Raumplanungsgesetz (Art. 6 Abs. 4, 11 Abs. 1 RPG) – davon später (Nrn. 488, 725 f.).

b) *Den Bund belastende Raumordnungsklauseln* führt zunächst die *Verfassung* an: Sie gebietet, die «Erfordernisse der Landes-, Regional- und Ortsplanung» zu «berücksichtigen» (Art. 22^{quater} Abs. 3 BV), und ferner, «das heimatliche Landschafts- und Ortsbild, geschichtliche Stätten sowie Natur- und Kulturdenkmäler zu schonen und, wo das allgemeine Interesse überwiegt, ungeschmälert zu erhalten» (Art. 24^{sexies} Abs. 2 BV). Überaus zahlreich – und ohne festen Sprachgebrauch – treten Formeln dieser Art im *raumwirksamen Gesetzesrecht* auf. Neben «Raumplanung» und «Natur- und Heimatschutz» begünstigen sie auch Anliegen des «Landschaftsschutzes», des «Gewässerschutzes» und des «Umweltschutzes»; die genannten Belange gehören meist «berücksichtigt», zuweilen bleiben sie «vorbehalten», dürfen «nicht verletzt» werden, sind die Vorhaben mit ihnen «abzustimmen».

Derartige Formeln kennen – um nur die wichtigsten Fachbereiche zu nennen – das Recht der *Enteignung* (Art. 9 EntG), der *Nationalstraßen* (Art. 5 Abs. 2 NSG), der *Atomanlagen* (Art. 5 Abs. 1 AtG; Art. 3 Abs. 1 Bst. a BBAtG; Art. 10 Abs. 2 V über vorbereitende Handlungen, SR 732. 012), der *elektrischen Anlagen* (Art. 72 StarkstromV), der *Eisenbahnen* (Art. 5 Abs. 1, 18 e Abs. 1 EBG; Art. 3 Abs. 1 EBV), der *Luftseilbahnen* (Art. 3 Abs. 3 SeilbahnkonzessionsV; Art. 27 Abs. 5 SeilbahnV), der *Rohrleitungsanlagen* (Art. 3 Abs. 1 Bst. a RLG), der *Schiffahrt* (Art. 9 Abs. 2, 18 Abs. 1 SchiffahrtsV), der *Luftfahrt* (Art. 33 Abs. 2, 34 Abs. 1 Bst. c, 38 Bst. c, f, 43 Abs. 4, 48 Abs. 4, 63 LFV), der *Forstpolizei* (Art. 26 Abs. 4 FPolV); weiter eine ganze Reihe von *Subventionsbestimmungen* (vgl. statt vieler Art. 3, 14 WEG, ferner Nr. 641 d über Art. 30 RPG).

Gemeint ist allemal dasselbe: die Pflicht, die Belange der Raumordnung (oder verwandter Aufgaben) mitzuwürdigen, bevor aufgrund des einschlägigen Erlasses der Sachentscheid fällt; und deshalb kommt den ‹besonderen› Raumordnungsklauseln neben Art. 22^{quater} Abs. 3 BV (und auch neben Art. 24^{sexies} Abs. 2 BV) keine inhaltliche, höchstens noch mahnende Bedeutung zu [208].

173. Raumplanung sowie Natur- und Heimatschutz – die hauptsächlichen Gegenstände der aufgetragenen Rücksicht – fallen überwiegend in den Aufgabenbereich der Kantone. So wirken die Raumordnungsklau-

---

[208] THOMAS PFISTERER, Einfluß des Raumplanungsrechts, Nr. 52; CHRISTOPH STEINLIN, Raumplanungskompetenzen, 175 f.

seln vorzüglich ‹vertikal›, als *Gebot föderativer Rücksicht* den Kantonen gegenüber.

Die ‹horizontale›, *bundesinterne Bedeutung* fällt im Vergleich deutlich ab: Die vom Bund gehaltenen Zuständigkeitsteile der Raumplanung und des Natur- und Heimatschutzes beschlagen eher Randfragen.

a) *Allgemeine Raumpläne des Bundes* würden allenfalls – gestützt auf Art. 22^{quater} Abs. 2 BV – als Rahmenplan oder als Leitbild erscheinen (Nrn. 39, 525). Allerdings wären solche Bundespläne nicht mehr als Entscheidungsgrundlage; schon ein behördenbindender, eben «zu berücksichtigender» Bundesrichtplan hätte die Verfassung kaum mehr für sich[209]. – Zu vermerken wären ferner die *Planungsgrundsätze* gemäß Art. 3 RPG; diese Norm verordnet die notwendige Rücksicht allerdings gleich selber. – Einziger ‹Raumplan› des Bundes von Gewicht (vgl. Nr. 167) ist das *Forstgebiet;* von dessen Wirkungen auf die eidgenössischen Sachaufgaben wird noch zu reden sein (§ 4/I).

b) *Naturschutzgebiete des Bundes* bilden in gewissem Sinne die BLN-Gebiete – freilich gilt auch hier, daß der einschlägige Sacherlaß das Gebotene im einzelnen benennt (Art. 6 ff. NHG).

174. Trotz ihrer hauptsächlich föderativen Stoßrichtung verhalten sich die Raumordnungsklauseln *kompetenzrechtlich neutral.* Das ist für Art. 22^{quater} Abs. 3 BV längst erkannt.

a) Die Bestimmung bewirkt erstens nicht, daß der Bund sich ‹im Innern› seiner Sachzuständigkeiten an kantonales Raumplanungsrecht muß binden lassen[210].

b) Und zweitens tritt auch das Umgekehrte nicht ein: daß aus einer Raumordnungsklausel zu folgern wäre, die bundesrechtliche Verfügung habe über die Anliegen der Raumplanung abschließend befunden. Sie erweitert den Bereich der Sachzuständigkeit nicht[211]; höchstens (aber immerhin!) verbreitert sie den Wertungshorizont der entscheidenden Behörde.

Es gibt keinen Grund, den vielen gesetzlichen Rücksichtsgeboten nicht denselben Bescheid zu erteilen – unabhängig davon, ob sie den Bund oder die Kantone belasten.

---

[209] Vgl. LEO SCHÜRMANN, Bau- und Planungsrecht, 129; CHRISTOPH STEINLIN, Raumplanungskompetenzen, 181, 177.
[210] JEAN-FRANÇOIS AUBERT/RICCARDO JAGMETTI, Gutachten, 153; WILFRIED SCHAUMANN, Gedanken zur Auslegung der neuen Verfassungsartikel über das Bodenrecht, SJZ 1970 17, 21 Sp. 2; JÜRG SPAHN, Bindung des Bundes, 8 f.; DAVID WERNER, Grundsatzgesetzgebung, 53.
[211] BGE 103 Ia 339 E. 4 b; BGE 4.7.1979 *Aero-Club der Schweiz* (Kestenholz), 13 E. 2 c; mißverständlich insofern ZBl 1980 441 E. 2 d/bb. Statt vieler THOMAS PFISTERER, Einfluß des Raumplanungsrechts, Nr. 15.

E. Vernehmlassungs- und Antragsrechte der Kantone?

175. Mitunter obliegt dem Bund, die Kantone *anzuhören,* bevor er raumwirksam verfügt.

Rechte auf *Vernehmlassung* und *Antrag* sehen die Sacherlasse des Bundes zum Beispiel vor: für das generelle *Nationalstraßenprojekt* zugunsten der «interessierten Kantone» mit Einschluß der «betroffenen Gemeinden» (Art. 19 Abs. 1 NSG); für die Bewilligung von *Atomanlagen* zugunsten der «Kantone» mit Einschluß der «interessierten Gemeinden» (Art. 6 Abs. 1 BBAtG); für die Bewilligung von *Starkstromanlagen* zugunsten der «Regierungen der beteiligten Kantone» (Art. 15 Abs. 2 ElG); für die Konzessionierung von *Bahnstrecken* zugunsten der «Kantone» (Art. 5 Abs. 1 EBG) und für die Genehmigung von Plänen zugunsten der «beteiligten Kantone und Gemeinden» (Art. 18 Abs. 2 EBG), ebenso für die Festlegung von Projektierungszonen und Baulinien (Art. 18b Abs. 1, 18e Abs. 1 EBG); für die Konzessionierung von *Luftseilbahnen* zugunsten der «Kantone» (Art. 12 SeilbahnkonzessionsV) und für die Genehmigung von Plänen zugunsten der «Kantone» mit Einschluß der «Gemeinden» (Art. 4 Abs. 2 SeilbahnV); für die Konzessionierung von *Rohrleitungsanlagen* und die Genehmigung von Plänen zugunsten der «berührten Kantone» (Art. 6 Abs. 3, 22 RLG; Art. 17 Abs. 1, 31 Abs. 2 RLV); für die Konzessionierung von *Schiffahrtslinien* zugunsten der «interessierten kantonalen Behörden» mit Einschluß der Gemeinden (Art. 30 Abs. 3 SchiffahrtsV); für die Genehmigung von *Wasserbauten an Schiffahrtsgewässern* zugunsten der «beteiligten Kantonsregierungen» (Art. 6 Abs. 1 BRB betreffend die schiffbaren oder noch schiffbar zu machenden Gewässerstrecken, SR 747.219.1); für die Konzessionierung von *Flughäfen,* die Bewilligung von *Flugfeldern* und die Bestimmung von Lärm- und Sicherheitszonen zugunsten der «Regierungen der interessierten Kantone» (Art. 37 Abs. 3, 43 Abs. 3, 56 Abs. 2 LFV).

176. Das Verwaltungsverfahrensgesetz kennt keine Vernehmlassungsrechte der Kantone, bloß Akteneinsicht und rechtliches Gehör der Parteien (Art. 26 ff., 29 ff. VwVG). Man kann sich derartige Schriftenwechsel nur als *unmittelbaren Ausdruck des Bundesstaatsprinzips* erklären [212], vielleicht auch mit der besonderen Ortskenntnis des angehörten Verbandes. Im übrigen darf man nicht annehmen, dem zur Sache angehörten Kanton verbliebene *wegen* dieses Schriftenwechsels keine eigenen Verfügungsrechte mehr: dafür fehlte jeder Fingerzeig. Erst recht nicht folgt aus zustimmendem Antrag, das beachtliche kantonale Recht stehe dem Werk nicht entgegen [213].

---

[212] Vgl. PETER SALADIN, Bund und Kantone, ZSR 1984 II 508, 511 f.
[213] ZBl 1986 33 f. E. 6b; BGE 103 Ia 338 E. 3c; BGE 4.7.1979 *Aero-Club der Schweiz* (Kestenholz), 13 E. 2c.

F. Enteignungsbefugnisse?

177. Wegmarken zur räumlich umfassenden Bundeszuständigkeit mag man sich schließlich vom *Enteignungsrecht* erhoffen: Werke, für welche die erforderlichen Grundstücke zwangserworben werden können, würden sich kraft eiserner Hand des Enteignungsgesetzes ihren Standort ‹aussuchen› können. Schon ein Blick auf die lange Liste der enteignungsberechtigten Werke weckt Zweifel.

Das Enteignungsrecht des Bundes «kann geltend gemacht werden für Werke, die im Interesse der Eidgenossenschaft oder eines großen Teils des Landes liegen, sowie für andere im öffentlichen Interesse liegende Zwecke, sofern sie durch ein Bundesgesetz anerkannt sind» (Art. 1 Abs. 1 EntG). Im einzelnen sind das

a) durch den *Bund* errichtete Werke (Art. 3 Abs. 1 EntG), wovon ausdrückliche Erwähnung finden [214]: militärische Anlagen (Art. 98 Abs. 2 BVersB über die Verwaltung der schweizerischen Armee, SR 510.30); Fernmeldeleitungen (Art. 5 ff. ElG); Anlagen der Bundesbahnen (Art. 3 EBG).

b) durch *Dritte* errichtete Werke (Art. 3 Abs. 2 EntG), wovon durch Bundesgesetz ausdrücklich mit dem Enteignungsrecht ausgestattet sind [215]: durch *Kantone oder Gemeinden* errichtete Werke, wie: Schießplätze (Art. 32 MO); Werke des Zivilschutzes (Art. 75 Abs. 4 ZSG); Nationalstraßen (Art. 30, 39 NSG); subventionierte Kantonsstraßen (Art. 11 TreibstoffB); Werke des Gewässerschutzes (Art. 9 GSchG); Werke des Umweltschutzes (Art. 58 Abs. 1 USG); ferner durch *Private* errichtete, eidgenössisch konzessionierte oder bewilligte Werke, wie: Alarmanlagen zu Talsperren (Art. 23^{octies} Abs. 3 TalsperrenV); Wasserwerke (Art. 46 WRG); Vorbereitungen zu Atommüllagern (Art. 20 V über vorbereitende Handlungen, SR 732.012); Starkstromanlagen sowie Schwachstromanlagen zu öffentlichen Zwecken (Art. 42 ff. ElG); Bahnanlagen (Art. 3 EBG); Rohrleitungsanlagen (Art. 10, 26 RLG); Flughäfen und Flugsicherungsanlagen (Art. 50 Abs. 1 LFG).

178. Immerhin scheint der Schluß von der Enteignungsbefugnis auf ein ‹entsprechendes› Recht zum Standort fürs erste nicht abwegig.

a) Schon das *Enteignungsverfahren* weist in diese Richtung: Die Auflage des Werkplanes und das anschließende Einspracheverfahren – teils allein unter der Herrschaft des Enteignungsgesetzes abgewickelt [216], teils mit dem Plangenehmigungsverfahren gemäß Sachgesetz vereinigt [217]

---

[214] Vgl. FRITZ HESS, Das Enteignungsrecht des Bundes, Bern 1935, Art. 3 NN. 1 ff.
[215] FRITZ HESS, aaO. (Anm. 214), Art. 3 NN. 7 ff.
[216] So im Bereich des Schiffahrtsrechts (vgl. VPB 1977 Nr. 26) und des Elektrizitätsgesetzes (vgl. VPB 1977 Nr. 111).
[217] So im Bereich des Rohrleitungsgesetzes und des Nationalstraßenrechts (vgl. BGE 108 Ib 249 E. 2 c) sowie seit 1985 auch im Bereich des Eisenbahngesetzes (vgl. Art. 18 Abs. 4 EBG; Art. 20 Bst. c, 23 ff. V über die Planvorlagen für Eisenbahnbauten, SR 742.142.1).

– lassen nicht nur den Enteigneten zur Sprache kommen; auch der vom Werk sonstwie – nicht dinglich – «Berührte» (Art. 48 Bst. a VwVG!) hat Zutritt zum Verfahren[218]. Und die vorgebrachten Einwände brauchen nicht im Sachgesetz zu wurzeln; sie dürfen auch Raumplanung und Landschaftsschutz ins Spiel bringen[219]. Folgerichtig befaßt sich der enteignungsrechtliche Einsprachebescheid auch mit der Standortfrage.

b) Gelegentlich scheint das *Bundesgericht* dem Enteignungsrecht kompetenzrechtliche Bedeutung beizulegen. Mehrfach hat das Gericht die Maßgeblichkeit des kantonalen Rechts (auch) damit begründet, daß das bundesrechtlich bewilligte Werk das Enteignungsrecht des Bundes gerade nicht beanspruchen könne: zum Beispiel Atomanlagen[220] und Flugfelder[221].

179. Dennoch verkörpert die Enteignungsbefugnis für sich genommen *keine Planungszuständigkeit*. Wenn das Enteignungsverfahren Einwendungen der Raumplanung zuläßt, dann auf Geheiß der verfassungsrechtlichen Raumordnungsklausel (Art. 22^{quater} Abs. 3 BV). Ob Enteignungspläne sich über die Nutzungsordnung der Kantone hinwegsetzen dürfen, entscheidet im übrigen allein die ‹hinter› dem jeweiligen Werk stehende Sachzuständigkeit. Das Enteignungsrecht verleiht diese Kraft nicht: es verschafft Eigentum, keine Kompetenz.

G. Fazit

180. Die Standortfrage, so hat sich gezeigt, gehört nicht von selbst zur raumwirksamen Bundesaufgabe, und es gibt auch keine sicheren Schlüsselgrößen, an denen die Antwort abzulesen wäre. Entscheidend bleiben der Sinn der Bundesaufgabe und ihre gesetzliche Ausgestaltung auf der einen, die sachliche Fassungskraft der kantonalen Nutzungsordnung auf der anderen Seite.

a) *Bundesrecht* regiert die Standortfrage in zwei Fällen: wenn die *Sachnatur* eines Werkes das Lenkungsvermögen der Nutzungsplanung übersteigt, weil es nicht vereinzelbar ist (A); und wenn das Werk, obwohl vereinzelbar und dem Nutzungsplan deshalb an sich zugänglich,

---

[218] BGE 108 Ib 247 ff. E. 2, 3. Vgl. Art. 25 Abs. 2 V über die Planvorlagen für Eisenbahnbauten, SR 742.142.1.
[219] Vgl. für das bahnrechtliche Genehmigungsverfahren: VPB 1978 Nr. 138 E. 3.
[220] BGE 103 Ia 337 E. 3 b.
[221] BGE 4.7.1979 *Aero-Club der Schweiz* (Kestenholz), 12 E. 2 c. Enteignungsrecht und Kompetenzfrage deutlich auseinanderhaltend nun ZBl 1986 34 E. 6 c.

Gegenstand einer eigenen, bundesrechtlich bestimmten *Nutzungszone* bilden kann (B).

b) *Alle übrigen* raumwirksamen Aufgaben des Bundes – Sachplanungen, Bauten und Anlagen, Bewilligungen, Beiträge – sind für ihre räumliche Einordnung *materiell auf kantonales Raumplanungsrecht verwiesen,* unabhängig davon, ob neben dem Bundesverfahren Raum für kantonale Verfahren verbleibt – allerdings folgt aus materieller Bindung an kantonales Recht in aller Regel auch die Pflicht des Bundes zum kantonalen Bewilligungsverfahren. Die Standortansprüche solcherart ‹unvollkommen› ausgestatteter Bundeszuständigkeiten äußern sich nurmehr als *Standortinteresse.*

IV. Zuständiges Bundesrecht – vorbestimmte Standortwahl?

181. Die Suche nach Standortzuständigkeiten des Bundes fördert fürs erste nur (kraft Art. 2 ÜB BV) das materiell zuständige Recht zutage: in Einzelfällen Bundesrecht, zumeist kantonales Recht. Die *räumliche Gestaltungskraft des zuständigen Rechts* aber – und damit auch die Verdrängung der von der unzuständigen Regel formulierten Interessen – ist eine zweite Frage: darüber ist noch zu sprechen.

182. Die räumliche Gestaltungskraft des raumwirksamen Gesetzes trägt gewöhnlich nicht weit: Der Verlauf der Nationalstraßen ‹folgt› nicht aus dem Nationalstraßengesetz, der Ort eines Flughafens nicht aus dem Luftfahrtrecht, das Gefüge der Nutzungszonen nicht aus dem Planungsgesetz. Die Standortfrage bringt *notwendig Ermessen* ins Spiel. Die Gründe liegen in der Sache selbst (davon später: § 6/III/B); deshalb hängt das Planungsermessen nicht davon ab, ob die Standortfrage im Gesetzgebungs- oder im Verwaltungsverfahren, durch Rechtsetzung oder Rechtsanwendung beantwortet wird.

Freilich gibt es *Ausnahmen:* raumwirksame Aufgaben, deren räumliche Einordnung ‹nur› Auslegungsfrage ist. Dazu zählt vor allem die Begrenzung des Waldareals: einer Nutzungszone, deren bundesrechtliche Definition sich räumlich unmittelbar umsetzen läßt, ohne nennenswerte Entscheidungslast (Nr. 196) – der Wald ist mehr *Vor*gabe als Aufgabe.

183. Das Planungsermessen öffnet die Standortfrage, Kern aller Plankonflikte, zur Verfassung hin: erschließt ihr als Bausteine der Rechtsfindung alle in der Sache erheblichen Belange der Verfassung (§ 7), zu verarbeiten durch Abwägung (§ 8). Dazu gehören auch die *Standortinteressen* der konkurrierenden Aufgabengesetze, sowohl des unterlegenen als auch des kollisionsrechtlich zuständigen.

a) Standortinteressen hegt zunächst das *unterlegene,* als unzuständig von der Standortwahl ausgeschlossene Recht, sei es kantonaler oder eidgenössischer Herkunft.

Das leuchtet für die durch Bundesrecht *verdrängte kantonale Nutzungsordnung* unmittelbar ein: Sie beansprucht schon von Verfassung wegen den gesamten Raum (vom Wald immer abgesehen: Art. 18 Abs. 3 RPG); und deshalb trifft der Bund stets auf vorgewidmeten Boden, wenn er kraft seiner Standortzuständigkeiten Flächen ‹an sich zieht›. Aber auch all jene *Bundesaufgaben* haben Standortinteressen, deren bundesgesetzliche Ausstattung nur sachlich-technische Belange abdeckt und die räumliche Einordnung dem Kanton überläßt: Die Sache selbst will ihren sachgerechten Standort, technisch geeignet, verkehrsmäßig günstig usf.; die auf raumwirksames Bundesrecht gestützten Sachbeschlüsse betreffen stets einen konkret ins Auge gefaßten Raum.

Solche Standortinteressen werden nicht deshalb unbeachtlich, weil ‹anderes› Recht die Standortfrage regiert. Sie sind vielmehr notwendige Äußerung jeder raumwirksamen Aufgabe: mit ihr ganz selbstverständlich gegeben und von der Aufgabennorm der Verfassung gebilligt, insofern Teil ihres Verfassungsinteresses.

b) Zu den abwägungspflichtigen Belangen gehört, soweit das Planungsermessen sachlich reicht, auch die *Ratio des zuständigen Gesetzes.* Soweit das zuständige Recht Felder der Abwägung offenhält, so weit verzichtet es auf hinreichend bestimmte, ‹erkennbare› Verhaltensentwürfe, und so weit auch auf materiellen Vorrang gegenüber Belangen konkurrierender Gesetze. Denn die beteiligten Regelungsinteressen – sowohl des zuständigen als auch des verdrängten Gesetzes – sind im Reich der Abwägung beide ‹nur› Verfassungsinteressen, deren Gleichrang (§ 7/IV) nicht darunter leidet, daß das eine der kollisionsrechtlich zuständigen, das andere der kollisionsrechtlich abgewiesenen Norm entstammt.

184. *Erst jetzt* kann mit Recht davon die Rede sein, Bund und Kantone begegneten einander *auf gleicher Stufe,* nur so von einer Abwägung unter «Gesetzmäßigkeitsansprüchen» gesprochen werden: nachdem erstens (über Art. 2 ÜB BV) das zuständige Recht bestimmt ist *und* zweitens feststeht, daß das zuständige Recht sein Einverständnis zur Abwägung erteilt.

V. Bundesstaatliche Aufgabeneinheit

185. Aufgabenkonflikte zwischen Bund und Kantonen sind nicht nur Sachkonflikte, sondern auch – und vielleicht in erster Linie – föderative Konflikte. Soweit sie durch verfassungsgelenktes Abwägen zu schlichten sind, gehören – neben den Aufgabeninteressen des Bundes – auch die kantonalen Raumordnungsbelange als Interessen der *Bundes*verfassung mitgewogen. Bundesverfassungsrechtlicher Träger kantonaler Belange bildet der Grundsatz der bundesstaatlichen Aufgabeneinheit: repräsentiert durch Art. 3 BV (A, Nrn. 186 f.) und zugunsten des Gesamtstaates verdeutlicht durch Art. 2 ÜB BV (B, Nrn. 188 f.).

A. Vermittlung kantonaler Aufgabeninteressen durch Art. 3 BV

186. Art. 3 BV anerkennt den Aufgabenbestand der Kantone, «soweit ihre Souveränität nicht durch die Bundesverfassung beschränkt wird»; zuweilen verstärkt sich der allgemeine Satz zur besonders genannten Freihaltung kantonaler Aufgabenbereiche (Nrn. 35 f.). So bekundet sie ihr Interesse nicht nur an der Verwirklichung der verfassungsmäßigen Bundesaufgaben, sondern ebenso an der Geltung der kantonalen Aufgaben. Nicht aber an unverbundener Aufgabenwaltung: auch bundesstaatlicher Aufgabenteilung ist Rechtseinheit aufgetragen. Das in Art. 3 BV ausgesprochene Geltungsinteresse der eidgenössischen und kantonalen Aufgaben ist somit aufeinander hin zugerichtet; man kann – kurz – vom Grundsatz der *bundesstaatlichen Aufgabeneinheit* sprechen.

187. Der Grundsatz der bundesstaatlichen Aufgabeneinheit belastet *Bund und Kantone gleicherweise:* indem er die Aufgabenwaltung der Kantone mit den berührten Aufgabeninteressen des Bundes, und die Aufgabenwaltung des Bundes mit den berührten Aufgabeninteressen der Kantone zur Einheit aufruft, wo immer nach Maßgabe des zuständigen Rechts sich Gelegenheit bietet.

B. Verstärkung von Bundesinteressen durch Art. 2 ÜB BV?

188. Allen Sätzen der Verfassung eignet – mehr oder minder ausgeprägt – Grundsatzgehalt: ein programmatisches Verfassungsinteresse, das über den Stammbereich des einzelnen Verfassungssatzes hinaus verfassungsweit einheitsstiftend sich entfaltet (§ 7/I). Das gilt auch von

Art. 2 ÜB BV: Wo Bundesrecht kantonales Recht nicht «bricht», nicht ein Regelungskonflikt im engen Sinne vorliegt (Nrn. 153 f.); wo vielmehr eidgenössische und kantonale Aufgabeninteressen verfassungsunmittelbar aufeinander treffen und gegeneinander abzuwägen sind: dort wirkt auch, vermittelt durch Art. 2 ÜB BV, ein ‹Durchsetzungsinteresse› auf seiten der teilnehmenden Bundesbelange. Gewiß darf man sich diese Hilfe *nicht* so vorstellen, als käme eidgenössischen Interessen ohne weiteres höheres Gewicht zu: damit würde der Gleichrangigkeit allen Verfassungsrechts widersprochen. Das ‹Durchsetzungsinteresse› mahnt nur (zuhanden der Abwägung) die Eigenschaft der Bundesbelange als *Belange des Gesamtstaates* an – eine Eigenschaft, die keiner Sache naturgegeben innewohnt, sondern erst mit ihrer Zuweisung an den Bund hinzutritt: die Anerkennung für den Erfolg im bundesstaatlichen Aufgabenverteilungskampf, verliehen durch Art. 3 BV.

189. Die *Rechtsprechung* verfährt längst in diesem Sinne: indem sie dem Bund unter bestimmten Umständen zugesteht, auch solche Vorhaben aus eigenem Recht im Raum unterzubringen, die mangels eidgenössischer Standortkompetenz ‹eigentlich› der kantonalen Planung unterlägen. Denn

> «diese Unterwerfung geht nach der Rechtsprechung allerdings nur so weit, als die *Erfüllung der verfassungsmäßigen Aufgaben des Bundes dadurch nicht verunmöglicht oder erheblich erschwert* wird. Im zweiten Fall hat das kantonale Recht indessen nicht unbesehen vor der Bundesgewalt zurückzutreten, sondern nur dann, wenn die auf dem Spiele stehenden Belange des Bundes höher zu bewerten sind als die Interessen, die das kantonale Recht zu wahren hat.» [222]

190. Die Formel, zu bundesfreundlich geraten, verleitet allerdings zu *Mißverständnissen;* Vorsicht ist angebracht [223].
 a) Sinn kann sie von vornherein *nur für Werke des Bundes* machen. Bedenklich wäre, sie auf Vorhaben Privater zu übertragen, die der Bund (unter Teilgesichtspunkten) bewilligt: Bundes«aufgabe» ist dann allein der Erlaß des Verwaltungsaktes, nicht auch seine ‹Verwirklichung›. Scheitert ein bundesrechtlich bewilligtes Vorhaben ‹später› an kantonaler Raumplanung, so werden einzig die Absichten des Bauherrn vereitelt – und nicht die «Erfüllung einer Bundesaufgabe».

---

[222] BGE 91 I 423 f. E. II/2a; ferner 103 Ia 343 E. 5e.
[223] Kritisch PETER SALADIN, Bund und Kantone, ZSR 1984 II 462.

b) Der Satz bleibt aber *auch bei Bundesbauten irreführend*. Er macht den Anschein, als würden Zuständigkeiten von Bund und Kantonen ohne weiteres gegeneinander abgewogen – ein zu entlegener Gedanke nach allem, was sich über Kompetenzkonflikt und Regelungskonflikt herausgestellt hat (II). Wenn die Sachkompetenz des Bundes nicht ausreicht, um das Werk im Raum unterzubringen, wenn eidgenössische Bauten und Anlagen dem kantonalen Planungsrecht unterliegen: dann *müssen* eben kantonale Kompetenzfelder durchschritten werden, bevor gebaut werden kann. Unerwünschte Behinderungen ändern daran nichts; die hätten Verfassung- und Gesetzgeber selber wegräumen müssen. Freilich ist dem Kanton verwehrt, seine Planungszuständigkeiten (und besonders sein Planungsermessen!) als Waffe gegen ungeliebte Bundesvorhaben (und auch gegen sachlich-technische Bundesbewilligungen, vgl. a) zu verwenden, solange er dafür nicht sachliche, von seinen Aufgaben herrührende Interessen ins Feld führen kann [224] (vgl. Nr. 100). Derartiges Verbot aber – das Verbot zweckwidrigen Kompetenzeinsatzes – versteht sich von selbst; dafür wird eine besondere Abwägungsformel nicht gebraucht [225].

c) So drückt die Formel allerhöchstens noch das eben beschriebene ‹Durchsetzungsinteresse› der Bundesbelange aus (Nr. 188) – genauer: die Aufforderung, diesem Gesichtspunkt Rechnung zu tragen, wenn eidgenössisch in die Wege geleitete Vorhaben raumplanungsrechtliche Ausnahmen erheischen. Gefordert ist, mit anderen Worten, eine *bundesstaatsgerechte Auffassung der Standortgebundenheit* im Sinne der Art. 23 und 24 RPG.

Außerhalb der Bauzonen zieht Art. 24 RPG dem Ausnahmebedarf eidgenössisch bewilligter oder an die Hand genommener Werke keine engeren Grenzen, als die gerichtliche Formel es bisher tat: Beide verlangen Begründung des Raumbedarfs durch den Zweck des Vorhabens; beide wägen den Bedarf mit Gegeninteressen ab. *Innerhalb der Bauzonen* wären ‹engere› Ausnahmetatbestände des kantonalen Rechts theoretisch denkbar, praktisch nicht. Zwar obliegen die zulässigen Ausnahmen dem kantonalen Gesetzgeber. Aber die «Zonenkonformität» – zentrale Bauvoraussetzung des Bundesrechts (Art. 22 Abs. 2 Bst. a RPG)! – gilt überall: innerhalb des Baugebiets so gut wie außerhalb; und sie hat zum begrifflich notwendigen Gegenstück die «Standortgebundenheit»: an ihr kommt dem Sinne nach keine Ausnahmevorschrift vorbei, die vom Erfordernis der Zonenkonformität entbinden will.

---

[224] Vgl. ZBl 1986 32 E. 5 b; BGE 103 Ia 347 f. E. 7.
[225] Vgl. Peter Saladin, Bund und Kantone, ZSR 1984 II 462.

Und auch diese letzten Auswirkungen der gerichtlichen Formel sind sogleich *weiter abzuschwächen:* Denn die Verfassung selbst (Art. 22^{quater} BV) weist den Kantonen die Raumplanung als *ihre* Aufgabe ausdrücklich zu, nimmt die zu durchbrechende kantonale Planung vor den ‹eigenen› Bundesaufgaben ausdrücklich in Schutz (vgl. Nrn. 35 f.).

C. Zur Wortwahl: Bundestreue, bundesstaatliche Treuepflicht, bundesstaatliche Aufgabeneinheit

191. Wird von föderativer Rücksicht gehandelt, so kommt die Rede unvermeidlich auf «Bundestreue», «bundesfreundliches Verhalten» und ähnliches. Das Schrifttum verwendet die Ausdrücke[226], der Verfassungsentwurf der Expertenkommission (Art. 43 VE) und – selten – das Bundesgericht[227]. Deutscher Lehre und Rechtsprechung sind sie Gemeingut[228].

192. Wenn ich statt dessen (gewiß umständlicher) vom Grundsatz der bundesstaatlichen Aufgabeneinheit spreche, dann hat das im wesentlichen zwei Gründe.

a) Die Bundestreue erzeugt schon durch ihren *Wortklang* eine *einseitige Vorstellung:* die Vorstellung einer Pflicht, die die Kantone belastet und den Bund begünstigt. Eine «Kantonstreue» des Bundes[229] verbindet sich nicht ohne Anstrengung mit dem Ausdruck: Entweder muß man zur Lehre des dreigliedrigen Bundesstaates greifen; dann würde die Bundestreue Gliedstaat *und* Zentralstaat in die Pflicht des *Gesamt*staates stellen[230]. Oder man erklärt den Bundesstaat insgesamt zum Gegenstand des Prinzips, die Wirkungseinheit von Bund und Kantonen; so – als *Bundesstaats*treue – versteht der Verfassungsentwurf den Grundsatz[231]. Aber man sollte sich vor Begriffen hüten, deren gemeinter

---

[226] Mit durchaus unterschiedlicher Wertung! Vgl. FRITZ FLEINER/ZACCARIA GIACOMETTI, Bundesstaatsrecht, 144; YVO HANGARTNER, Kompetenzverteilung, 218; PETER WIDMER, Normkonkurrenz, 30 ff. Weitere Hinweise vor allem bei ALFRED KÖLZ, Bundestreue, ZBl 1980 151 Anm. 30.
[227] BGE 103 Ia 392 E. 8a.
[228] Heute beispielsweise bei HERMANN VON MANGOLDT/FRIEDRICH KLEIN, Grundgesetz, 590 f.; BRUNO SCHMIDT-BLEIBTREU/FRANZ KLEIN, Grundgesetz, Art. 20 N. 6; KONRAD HESSE, Grundzüge, NN. 268 ff. In der Verfassungsrechtsprechung seit BVerfGE 1, 299 (315); 3, 52 (57); zuletzt 61, 149 (205).
[229] *Expertenkommission,* Bericht, 106.
[230] Einläßlich ALFRED KÖLZ, Bundestreue, ZBl 1980 163 f.
[231] *Expertenkommission,* Bericht, 106.

Gehalt mit dem empfundenen nicht übereinstimmt[232]. Der tatsächliche Einsatz der Bundestreue hat sich, kein Wunder, stets gegen die Kantone gewendet[233]. Wer zu Recht ein *zweiseitiges Pflichtverhältnis* zwischen Bund und Kantonen einrichten will, sollte zumindest von *«bundesstaatlicher Treuepflicht»* reden[234].

b) Zweitens läßt sich der *Gehalt der Bundestreue* – oder besser eben der bundesstaatlichen Treuepflicht – *sachlich schwer fassen*. Der Grundsatz umspannt ein eher vages Bündel politischer, konventioneller und rechtlicher Verhaltensweisen: «bundesstaatliche Courtoisie» und «freundeidgenössische Gesinnung»; Information und Zusammenarbeit; rücksichtsvollen Kompetenzgebrauch und gegenseitigen Beistand[235]. Welch wolkiger Hang zur Harmonie! Die Bundestreue gerät, wird sie nicht auf rechtlich definierte Wirkungsfelder verwiesen, rasch zur Gefahr für den Rechtsgehalt der Verfassung; vor allem dann, wenn die Treuepflicht zum Streitverbot entartet[236]. Nicht zuletzt um diesen Vorwürfen auszuweichen, vermeide ich den Ausdruck sowohl der Bundestreue als auch der bundesstaatlichen Treuepflicht, das Dumpfe der Treue überhaupt: ihr überschießender Sinngehalt ist ‹hinterher› kaum mehr einzufangen. Rechtlich kann nur gemeint sein, Bund und Kantone hätten ihren Kompetenzgebrauch aufeinander einzustellen, wo immer sich rechtliche Möglichkeit bietet. Es reicht, diese wechselseitige Bedachtnahme zu benennen: als Grundsatz der bundesstaatlichen Aufgabeneinheit. Bescheidet man sich damit, so fällt es auch nicht schwer, dem Gebot Rechtsqualität beizumessen. Denn die bundesstaatliche Aufgabeneinheit ist Teilanliegen der bundesstaatlichen Rechtseinheit, sie zu wahren nicht nur politischer Auftrag, sondern ebenso Obliegenheit des positiven Rechts.

---

[232] Vgl. ALFRED KÖLZ, Bundestreue, ZBl 1980 166.
[233] So in der Tendenz FRITZ FLEINER/ZACCARIA GIACOMETTI, Bundesstaatsrecht, 144, und PETER WIDMER, Normkonkurrenz, 51; übrigens auch die in Anm. 227 erwähnten Urteile.
[234] ALFRED KÖLZ, Bundestreue, ZBl 1980 166 und durchgehend.
[235] Vgl. JEAN-FRANÇOIS AUBERT, Traité, I Nr. 157; WALTHER BURCKHARDT, Kommentar, 17, 21; ALFRED KÖLZ, Bundestreue, ZBl 1980 167ff.; PETER WIDMER, Normkonkurrenz, 38f.; *Expertenkommission,* Bericht, 106.
[236] ALFRED KÖLZ, Bundestreue, ZBl 1980 168f.

§ 4 Raumplanung und Sachplanung: ‹Besondere› Aufgabe vor ‹allgemeiner› Aufgabe?

193. Vom ‹vertikalen›, bundesstaatlichen Kollisionsrecht im Reich der Raumplanung war eben die Rede (§ 3). Der ‹klassische› Plankonflikt – Sachplan gegen Raumplan – hat freilich auch seine *‹horizontale›* Seite; um sie geht es hier. Die Frage heißt: Geht der Bodenkonsum sachbestimmter, ‹besonderer› Planungen der flächendeckenden Bodenwidmung der ‹allgemeinen› Raumplanung vor, oder, anders gewendet: unterliegt die Raumplanung der Sachplanung?

194. Die Untersuchung folgt ähnlichem Plan wie zuvor für den föderativen Konflikt: Das erste Wort gehört der Rechtsprechung (I, Nrn. 195 ff.). Eine Hoffnung (oder eher: eine Befürchtung) bestätigt sie nicht: daß der Sachplan wegen seiner ‹Besonderheit› den Sieg vor dem ‹allgemeinen› Flächenplan davontrüge. Im Gegenteil: Der Vorrang der Lex specialis, gern beschworene Formel des Kollisionsrechts, zeigt sich auch in anderen Rechtsbereichen kaum; gewöhnlich entscheidet der jeweilen schwergewichtig betroffene Erlaß die kollisionsrechtliche Auseinandersetzung für sich (II, Nrn. 208 ff.) – auch in der Raumplanung (III, Nrn. 234 ff.). Den verbleibenden Weg beschreitet der horizontale Plankonflikt gemeinsam mit dem vertikalen: Wiederum ist festzustellen, daß das zuständige Recht (ob Recht der Sachplanung oder Recht der Raumplanung) die konflikterzeugende Standortfrage nicht erkennbar beantwortet, wiederum ist Abwägung namentlich der Standortinteressen aufgetragen (IV, Nr. 247) – diesmal im Dienste ‹schlichter› (nicht bundesstaatlicher) Aufgabeneinheit (V, Nrn. 248 ff.).

I. Bindung der Sachplanung an die Raumplanung?

195. ‹Rein› horizontale Kollisionen zwischen Raumplan und Sachplan setzen voraus, daß beiderseits *dieselbe staatsrechtliche Stufe* engagiert ist. Das tritt in zwei Fällen ein: erstens, wenn kantonale Sachpläne auf kantonale Nutzungspläne stoßen (allerdings bringt die Selbständigkeit der Gemeinden, ist sie ausgeprägt genug, diesen Konflikt doch wieder in eine vertikale Lage); und zweitens, wenn eidgenössische Sachpläne auf eidgenössische Flächenpläne treffen. Typisch wäre die erste Paarung – als rechtlich ergiebig erweist sich nur die zweite.

a) Die Konflikte zwischen *kantonaler Sachplanung* und *kantonaler Raumplanung* regiert zuerst kantonales Recht. Damit ist schon ausgesprochen, wie ertraglos ein Gang durch solche Plankonkurrenzen ausfallen müßte: Die Sachplanungszuständigkeiten, Konkurrenten des allgemeinen Nutzungsplanes, ändern von Kanton zu Kanton, von ihrer rechtlichen Ausstattung im einzelnen ganz zu schweigen; die höchstrichterliche Praxis dazu führt schon wegen der beschränkten Prüfungsbefugnis kaum weiter; und auch die staatsrechtliche Selbständigkeit der Gemeinden, kein Nebenpunkt bei Plankonkurrenzen, ist von eidgenössischer Einheit weit entfernt.

b) Aus solcher Not hilft nur der Griff nach modellhaften ‹Ersatzkonflikten› des Bundesrechts – Brauchbares bieten die Kollisionen zwischen *eidgenössischer Sachplanung* und dem *Wald als Vertreter eidgenössischer ‹Raum›planung.* Sogleich ist einzuräumen: Das Forstgebiet läßt sich einer ‹richtigen› Flächenplanung nicht durchwegs gleichhalten; der Wald verhält sich zum Nutzungsplan wie die einzelne Nutzungszone zum planmäßigen Gefüge einer räumlichen Gesamtordnung. Die gemeinsamen Unterschiede zur Sachplanung rechtfertigen allerdings den Schritt: die *Flächenhaftigkeit* der verordneten Bodenwidmung, und der Umstand, daß auch das Forstgebiet mit einem *nutzungsüberwachenden Bewilligungsverfahren* bewehrt ist (A, Nrn. 196 ff.). Vor diesem Hintergrund erscheinen öffentliche Werke im Wald als Einbruch von Sachplänen in einen flächendeckenden Nutzungsplan (B–F, Nrn. 200 ff.).

A. Musterkonflikt: Raumwirksame Aufgaben des Bundesrechts im Wald

196. Heute trägt die Ordnung des Waldes alle Züge einer eigenständigen *Nutzungszone des Bundesrechts*[1]: Der Forst zieht aus eigener Kraft – ohne kantonale Festsetzung – seine *Zonengrenze*[2] (längs der tatsächlichen Waldränder); nennt seinen *Nutzungszweck*[3] (Schutz-, forstwirtschaftliche und Wohlfahrtsfunktionen); bestimmt die *zonenkonformen*

---

[1] GOTTHARD BLOETZER/ROBERT MUNZ, Walderhaltungsgebot, ZBl 1972 436; PETER SCHOEFFEL, Das eidgenössische Forstrecht und seine Entwicklung zu einem Element der Umweltschutzgesetzgebung, Basel 1978 (Maschinenskript), 168.
[2] BGE 98 Ib 367f. E.1; vgl. auch 108 Ib 510 E.3; 105 Ib 210 E.1.
[3] BGE 108 Ib 510 E.3, 383 E.2.

Bauten[4] (Forsthütten und nichtständige Kleinbauten); und gewährt über das Mittel der Rodungsbewilligung *Ausnahmen von der zonengerechten Nutzung*[5]. Folgerichtig anerkennt das Raumplanungsgesetz Bestand und Schutz des Waldes und gibt ihn dem Nutzungsplan *vor*[6] (Art. 18 Abs. 3 RPG).

Kraft Art. 1 FPolV[7] gilt «jede mit Waldbäumen oder -sträuchern bestockte Fläche» als Wald – «ungeachtet der Entstehung, Nutzungsart und Bezeichnung im Grundbuch» –, sofern sie nur «Holz erzeugt oder geeignet ist, Schutz- oder Wohlfahrtswirkungen» zu entfalten. Waldflächen gehören in Bestand und regionaler Verteilung erhalten (Art. 24 Abs. 1 FPolV; Art. 31 FPolG), seien sie Teil einer Schutz- oder einer Nicht-Schutzwaldung[8] (Art. 31 Abs. 2, 3 FPolG; Art. 2 Bst. b Ziff. 1, 2 FPolV). Bauten im Walde sind statthaft, solange sie «forstlichen Zwecken» dienen; übrige nur als «nichtständige», befristete bewilligte «Kleinbauten»[9] (Art. 28 FPolV). Beidemal bleibt der beanspruchte Boden Wald (Art. 28 Abs. 4, 25 Abs. 2 FPolV). Forstfremde Bauwerke (außer den eben erwähnten «nichtständigen Kleinbauten») kommen einer «Zweckentfremdung» von Waldboden gleich, gelten deshalb als Rodung und bedürfen entsprechender Bewilligung[10] (Art. 25 Abs. 1 FPolV). Rodungen setzen Bedürfnisse voraus, welche das Interesse an der Walderhaltung überwiegen; namentlich muß das Werk auf den vorgesehenen Standort angewiesen sein (Art. 26 FPolV). Sie gehören regelmäßig durch «flächengleiche Neuaufforstung in derselben Gegend» ausgeglichen[11] (Art. 26bis Abs. 1 FPolV).

197. Die Entwicklung des Forstrechts – von ursprünglich polizeilicher Aufgabe zu anerkanntem Bestandteil der Raumordnung – läßt auch die *Rodungsbewilligung* in *neuem Licht* erscheinen. Keine Rede kann mehr davon sein, mit ihr sei einzig ‹festgestellt›, forstliche Belange stünden dem Holzschlag nicht entgegen: Der Rodungsbescheid versieht *positiv raumgestaltende Funktion*. Das belegen vor allem die geforderte Standortgebundenheit des Werkes, für welches die Rodung verlangt wird (Nr. 198), und die daran anschließende Interessenabwägung (Nr. 199).

---

[4] VwGer AG 12.12.1983 *Aargauer Heimatschutz*, 17 E. 3 c/bb/aaa.
[5] ZBl 1981 164 E. A/3.
[6] HEINZ AEMISEGGER/THOMAS WETZEL, Wald und Raumplanung, 93; EJPD/BRP, Erläuterungen RPG, Art. 18 N. 18, Art. 15 N. 13 c; LEO SCHÜRMANN, Bau- und Planungsrecht, 176.
[7] Wegen der *Gesetzmäßigkeit* der FPolV vgl. BGE 107 Ib 356 f. E. 2 c; 103 Ib 58 f. E. 1; 100 Ib 486 E. 3 c; ZBl 1983 86 E. 2 a; 1975 80 E. 3 a. Vorbehalte gegenüber Art. 26 Abs. 3 FPolV in BGE 98 Ib 497 E. 4, 452 E. 3, 373 E. 3.
[8] BGE 106 Ib 57 E. 1 g; ZBl 1975 80 E. 3 a. Die Kantone können allen Wald zu Schutzwald erklären: BGE 106 Ib 56 f. E. 1 d–f.
[9] BGE 100 Ib 487 ff. E. 4.
[10] Statt vieler BGE 108 Ib 382 f. E. 2.
[11] Über die ‹Verjährung› dieser Pflicht: BGE 105 Ib 271 E. 6 b (30 Jahre).

198. Die *«Standortgebundenheit»* des Forstpolizeirechts (Art. 26 Abs. 3 FPolV) stimmt im Ergebnis mit jener des Raumplanungsrechts überein (Art. 24 Abs. 1 Bst. a RPG): Beidemal dispensiert der Begriff von der Regelnutzung[12], beidemal nur aus objektiven, nicht aus persönlich-finanziellen Gründen[13]. Weder für das Raumplanungs- noch für das Forstrecht ist verlangt, daß der beantragte Standort der ‹einzig mögliche› sei: Läßt er sich mit gewichtigen Gründen gegenüber anderen Plätzen als erheblich vorteilhafter ausweisen, ist es das Gesetz zufrieden[14]. Beidemal schließlich bleibt auch standortgebundenen Werken die Probe einer anschließenden Interessenabwägung nicht erspart[15].

Anfangs hatte das Bundesgericht dem forstrechtlichen Standorterfordernis gegenüber Skepsis an den Tag gelegt: es gehöre wohl als «Gesichtspunkt» berücksichtigt, nicht aber als Voraussetzung erfüllt – «bliebe doch sonst fast jede Rodung ausgeschlossen»[16]. Grund der Zurückhaltung war freilich ein allzu enger, technisch-absoluter Begriff der Standortgebundenheit[17]. Die planungsrechtliche Praxis – Art. 4 Abs. 3 BMR, Art. 20 GschG 1971, heute Art. 24 RPG – hatte sich solchem Verständnis nie hingegeben[18], und das Forstrecht hat keinen Grund, eigene Wege zu gehen: sein Wortlaut jedenfalls fordert das nicht. Richtigerweise *ist* erwiesene Standortgebundenheit Bedingung, damit die Interessenabwägung überhaupt einsetzen kann. Die jüngste Praxis zeigt in der Tat Angleichungen beider Traditionen[19].

199. Belange der Raumplanung prägen erst recht die *Interessenabwägung,* der sich das Rodungsgesuch nach abgelegter Standortprüfung stellen muß. Zwar setzt Art. 26 FPolV allein die Rodung als solche, nicht ausdrücklich auch ihre Auswirkungen der Abwägung aus; und er führt auch nur Interessen der «Walderhaltung» an, verdeutlicht noch durch Belange des Natur- und Heimatschutzes (Art. 26 Abs. 1, 4 FPolV; neben den Selbstverständlichkeiten, daß weder finanzielle Interessen zählen noch polizeiliche Gründe gegen die Ausreutung sprechen dürfen, Art. 26

---

[12] Für Art. 24 RPG: BGE 108 Ib 366 E. 5 b. – Für Art. 26 FPolV: ZBl 1981 164 E. A/3.
[13] Für Art. 24 RPG: BGE 108 Ib 367 E. 6 a, 362 E. 4 a; vgl. schon 102 Ib 79 f. E. 4 a, b. – Für Art. 26 FPolV ausdrücklich Abs. 3 zweiter Satz; BGE 104 Ib 227 ff. E. 7; 103 Ib 53 E. 5 c.
[14] Für Art. 24 RPG: BGE 108 Ib 362 E. 4 a; vgl. 99 Ib 156 E. 2 b, 158 E. 3 b. – Für Art. 26 FPolV: BGE 98 Ib 497 E. 4 und sogleich.
[15] Für Art. 24 RPG: BGE 108 Ib 367 E. 6. – Für Art. 26 FPolV: BGE 104 Ib 225 E. 4 b; 103 Ib 60 E. 2 d; 98 Ib 499 ff. E. 6 ff.
[16] BGE 98 Ib 497 f. E. 4; ferner 452 E. 3, 373 E. 3.
[17] Im Sinne eines ‹strikten› Angewiesenseins auf ganz bestimmte Standorte, wie es – bestenfalls – auf Bahnstränge und Straßen zutreffen kann; vgl. Anm. 16.
[18] Vgl. schon BGE 99 Ib 156 E. 2 b, 158 E. 3 b.
[19] Z. B. BGE 104 Ib 224 f. E. 4 b sowie 103 Ib 59 f. E. 2 c (zu Art. 26 FPolV) und BGE 108 Ib 367 f. E. 6 a (zu Art. 24 RPG) über die Standortgebundenheit von Kiesgruben im Wald und auf offenem Land.

Abs. 2, 3 FPolV). Dennoch fordert die Praxis zu Recht eine *gesamtheitliche Betrachtung*.

a) *Gegenstand* der Interessenabwägung bilden sowohl die *Rodung als solche* als auch deren *räumliche Auswirkungen*[20]. Und wird, wie meist, zu Bauzwecken gerodet, so gehört überdies das *geplante Bauwerk* der Abwägung ausgesetzt[21].

b) Die *Interessen*, welche Art. 26 FPolV einzeln anspricht, bezeichnen nicht mehr als die hauptsächlich betroffenen Belange. Im übrigen gilt das Gebot einer *umfassenden* Abwägung: Art. 26 FPolV beruft nach richtigem Verständnis *alle für den Einzelfall erheblichen Gesichtspunkte* und bleibt gerade nicht auf die grüne Optik der Walderhaltung (und des Landschaftsschutzes) beschränkt.

Dem *Landschaftsschutz* kommt als Stütze des Waldes freilich eine zentrale Rolle zu[22]. Darüber hinaus hat die Praxis ähnlich gerichtete Interessen des *Gewässerschutzes*[23] und der *Ökologie*[24] eingebracht. Anerkannte Beurteilungsgrundlage bilden aber seit je auch die Anliegen der örtlichen *Raumplanung*[25] – worunter besonders die (kritischen Auges gewürdigten!) Ziele der *touristischen Planung*[26] – und die Belange des *Verkehrs*[27]. Das Verbot schließlich, finanzielle Interessen an billigem Waldboden zu honorieren[28] (Art. 26 Abs. 3 FPolV), hat das Gericht nicht gehindert, *wirtschaftliche Gesichtspunkte* zu berücksichtigen: zum Beispiel das Interesse an stetiger Kiesversorgung[29] oder an verhältnismäßigem Einsatz öffentlicher Gelder[30].

c) Art. 26 FPolV verlangt endlich ein *freies Abwägen* der erheblichen Interessen[31]; die Rodung muß nicht länger «zwingender Notwendigkeit» entsprechen[32]. Kein an der Rodung beteiligtes Interesse, auch nicht das Interesse, den Wald zu erhalten, kann sich auf unbedingten Wertungsvorsprung verlassen.

---

[20] BGE 108 Ib 173 E. 4.
[21] BGE 98 Ib 500 E. 8.
[22] BGE 108 Ib 182 E. 5b, 177 E. 7; 107 Ib 53 E. 5; 104 Ib 227 E. 6; 103 Ib 60 E. 2d; 98 Ib 500 E. 8, 454 E. 5; ZBl 1975 82 E. 6.
[23] BGE 104 Ib 225 E. 5b; ZBl 1975 82 E. 6.
[24] BGE 104 Ib 227 E. 6; 103 Ib 60 E. 2d.
[25] BGE 108 Ib 174 E. 5a; ZBl 1980 304f. E. 3c.
[26] BGE 106 Ib 139f. E. 3; 103 Ib 51 E. 5a; 98 Ib 500 E. 7, 455f. E. 7; 96 I 506f. E. 4a; ZBl 1979 592 E. 2.
[27] BGE 104 Ib 230 E. 8a; 103 Ib 60 E. 2d; vgl. auch 98 Ib 218ff. E. 7; 106 Ib 44 E. 2.
[28] BGE 106 Ib 43 E. 2; 104 Ib 227ff. E. 7; 103 Ib 52f. E. 5b; 98 Ib 374 E. 4b.
[29] Vgl. BGE 104 Ib 230ff. E. 8; 103 Ib 60ff. E. 2d, 3.
[30] Vgl. BGE 98 Ib 221 E. 7c/bb.
[31] BGE 108 Ib 268 E. 3a.
[32] So die ältere, mit BGE 108 Ib 267 aufgegebene Praxis; vgl. noch BGE 106 Ib 140 E. 3; 98 Ib 372 E. 2, 497 E. 4.

B. Vorbedingung: Ein generelles Werkprojekt

200. Öffentliche Werke im Wald, verlangt das Bundesgericht, dürfen dem Rodungsverfahren erst zugeleitet werden, nachdem sie *«wenigstens als generelles Projekt»* von ihrer Fachbehörde *«geprüft und positiv beurteilt»* worden sind. Einmal erlauben

> «erst die dem Projekt zugrunde liegenden Vorabklärungen ... eine zuverlässige Beurteilung des Ausmaßes des Bedürfnisses nach dem Werk und somit eine genaue Bestimmung von Ort und Fläche der dafür erforderlichen Rodung ... Erst dann kann von einem *genügend geklärten und konkretisierten öffentlichen Interesse* gesprochen werden.»[33]

Und zweitens bietet allein die generelle Werkprojektierung

> «Gewähr dafür, daß keine polizeilichen Gründe, sei es des öffentlichen Baurechts oder des Gewässerschutzrechts, gegen das Projekt und somit auch gegen eine Rodung sprechen.»[34]

Kurz: Das *generelle Werkprojekt* ist forstrechtliche ‹Eintretensvoraussetzung›.

201. Damit ist erst die Form bezeichnet, in welcher sich die Belange der Sachplanung äußern, nicht aber deren *Verhältnis zum Einflußbereich der Gebietsplanung;* hier: der Ordnung des Forstes. Dafür ist zu unterscheiden:

a) Umschließt die Sachzuständigkeit, wie meist, das Recht zum Standort nicht, so folgt der Entscheidungsprozeß jenem Muster, das für die Bauten des allgemeinen (privaten) Siedlungsbedarfs im Wald Geltung hat[35]: Ort der Standortfrage bleibt das Rodungsverfahren, und das generelle Werkprojekt nimmt die Antwort dann nicht voraus.

Es wäre deshalb nicht richtig, die Forstbehörde als erste entscheiden zu lassen und der Sachbehörde freigeschlagenen Baugrund ohne rechtliche Widmung zuzuhalten: Damit würde «die Klärung des öffentlichen Interesses am projektierten Werk und an der Rodung gegenüber anderen im Spiele stehenden öffentlichen Interessen» – kurz: die Standortfrage – «den Forstbehörden zu einem guten Teil entzogen»[36]; sie verschöbe sich in den Bereich der Sachbehörde, ohne daß deren Aufgabe diese Kompetenzattraktion zu rechtfertigen vermöchte. Aus demselben Grunde darf

---

[33]   ZBl 1982 75 E.2a.
[34]   Anm. 33.
[35]   Vgl. BGE 108 Ib 384 E.3a; 105 Ib 281 E.3; 101 Ib 315f. E.2b. Über die Tragweite der ‹Rest›baubewilligung Nr.258.
[36]   ZBl 1982 75 E.2b.

das Werk nicht über den Stand der generellen Projektierung hinaus vorangetrieben werden. Verließe es das ‹Innere› der Verwaltung (würde das Projekt zuvor öffentlich aufgelegt, einem Einspracheverfahren ausgesetzt, dem Finanzreferendum unterstellt), wäre der Rodungsbescheid präjudiziert: man wüßte nicht, worüber die ‹eigentlich› zuständigen Forstbehörden noch zu befinden hätten.

b) Die ‹echte› Kollision zwischen Sach- und Gebietsplanung tritt erst auf, wo auch die Sachzuständigkeit die Standortfrage mit umfaßt (vgl. § 3/III). Von der kollisionsrechtlichen Zuordnung der Pläne in diesen (selteneren) Fällen handelt das folgende.

C. Rodungen für den Hauptstraßenbau

202. Der Bund bezeichnet das *Netz der kantonalen Hauptstraßen* und gewährt an dessen Ausbau Beiträge (Art. 1 Abs. 1 Bst. a, Abs. 2, Art. 7, Art. 8 Abs. 1 TreibstoffB). Die entsprechenden Bauprojekte werden zwar von den Kantonen verfertigt, aber nach Normalien und generellen Ausbauprogrammen des Bundes; und sie sind dem Eidgenössischen Departement des Innern zur «Prüfung» und «Genehmigung» vorzulegen, worauf sie die erforderlichen «Baubewilligungen» des Bundes erteilt bekommen (Art. 8 Abs. 2, 3 TreibstoffB). Den Schluß macht das Enteignungsverfahren: nach kantonalem oder (wenn die Kantone es wünschen, Art. 11 TreibstoffB) nach eidgenössischem Recht. Man mag über die Kognition der eidgenössischen Genehmigungsbehörde streiten, vielleicht auch über die Natur ihrer Straßen«baubewilligung»: Sicher ist, daß dieser *wesentlich dem Bund zuzurechnende Planungsprozeß* die Linienführung der Straße, die *Standortfrage* also, *abschließend* erledigen will (Nr. 164).

203. Dieser Einsicht beugt sich auch die Rechtsprechung, wenn sie *Straßenplanung und Rodungsverfahren* aufeinander abstimmt.

a) Einerseits bedürfen Hauptstraßen im Wald einer *Rodungsbewilligung*[37].

Anders verhält es sich angeblich für *Nationalstraßen:* Die Genehmigung des generellen Projektes durch den Bundesrat und des Ausführungsprojektes durch das Departement umschließe die «notwendigen Entscheide darüber, in welcher Weise die forstpolizeilichen Anforderungen zu erfüllen sind»[38]. Der Unterschied läßt sich höchstens damit rechtfertigen, daß die Nationalstraßenplanung eidgenössisch stärker

---

[37] BGE 106 Ib 42, 43 E. 2; 98 Ib 219 E. 7 b.
[38] VPB 1975 Nr. 21.

beherrscht wird als die Hauptstraßenplanung (vgl. Art. 8 Abs. 2 TreibstoffB im Gegensatz zu Art. 13 und 21 Abs. 1 NSG). Dennoch ist der Ausschluß der Forstbehörden fragwürdig: Der Waldkonsum des Straßenbaus wirft allemal Fragen auf, die nicht schon mit dem Hinweis auf die Standortkompetenz der betreffenden Fachbehörden erledigt sind; davon sogleich.

b) Der *materielle Gehalt des Rodungsbescheides* andererseits sieht sich im Vergleich zu ‹gewöhnlichen› Rodungsverfahren *arg beschränkt:* Die Standortfrage steht nicht mehr zu erörtern; die Plangenehmigung der Straßenbehörde «billigt sinngemäß» die erforderlichen Ausreutungen[39]. Zwar hört man, die «optimale Linienführung» der Straße habe in beiden Verfahren – sowohl im straßenbaulichen als auch im forstrechtlichen – «ähnliche Bedeutung»[40]. Bald aber wird eingeräumt:

> «Die *Rodungsbewilligungsbehörden* haben *nicht die Befugnis, sich in alle Einzelheiten der Straßenprojektierung einzumischen.* Sie dürfen nur dann die Standortgebundenheit eines rechtskräftig beschlossenen öffentlichen Straßenwerkes verneinen und die Rodungsbewilligung verweigern, wenn die Baubehörden die Straßenplanung im Hinblick auf den vom Gesetz geforderten Schutz des Waldes *offensichtlich mit ungenügender Sorgfalt* durchgeführt haben, insbesondere wenn sie in dieser Hinsicht entweder überhaupt keine Überlegungen oder nur solche angestellt haben, die ohne weiteres als unsachgemäß erkennbar sind. Das wäre etwa dann anzunehmen, wenn die Straßenbaubehörden im Laufe der Projektierung die Meinung der zuständigen Forstpolizeibehörden überhaupt nicht eingeholt hätten oder über eine solche in offensichtlich unsachgemäßer Weise hinweggegangen wären. *Anders entscheiden würde der Zuständigkeitsordnung widersprechen»,* vor allen Dingen würden die Forstbehörden «als obere Instanzen der Straßenbaubehörden tätig»[41].

Durch den Straßenplan nicht gelöst (und von ihm auch nicht zu beantworten) sind hingegen die mit dem Straßenbau verbundenen forstlichen Folgen, besonders *Ort und Umfang der Ersatzaufforstung:* sie bleiben *selbständiger Gegenstand* der Rodungserlaubnis[42].

Freilich ist es *wenig folgerichtig,* wenn das Gericht von Straßenprojekten dann doch den Nachweis erwartet, sie seien forstlich «standortgebunden». Diese Forderung gilt eben nur für Vorhaben, die dem Forstrecht in diesem Punkte unterstehen (Nr. 198). Gehört die Straßenführung einmal zum Pflichtenheft der Straßenbaubehörden, dann macht allein *deren* Recht Regel. Daß der Forst, wäre er zuständig, Standortgebundenheit verlangen würde, ist von den Straßenbehörden nurmehr als forstliches Aufgabeninteresse zu gewichten, nicht aber als Voraussetzung zu erfüllen.

---

[39] BGE 98 Ib 220 E. 7 c.
[40] BGE 106 Ib 43 f. E. 2.
[41] BGE 106 Ib 44 E. 2; ähnlich 98 Ib 219 f. E. 7 b, c.
[42] Vgl. BGE 98 Ib 219 E. 7 b.

Das Gericht tut sich, kein Wunder, schwer mit der forstlichen «Standortgebundenheit» von Straßenführungen[43]: Der Nachweis kann nicht gelingen, ohne die Verantwortung für den Standort des Werkes zu verdoppeln.

D. Rodungen für Flußkraftwerke

204. Nach demselben Muster erledigt sich die Kollision zwischen einer Wasserkraftkonzession auf der einen und der Rodung für das zugestandene Kraftwerk auf der anderen Seite. Zwar ist die Verleihung von Wasserrechten (mit Ausnahme interkantonaler und auslandberührender Gewässerstrecken sowie unter Vorbehalt eidgenössischer «Planprüfung», Art. 6 f. und 5 Abs. 3 WRG) Sache allein der Kantone. Dennoch greift die Praxis durchwegs zu ‹horizontalen› Argumenten. So wie Straßen im Wald eigener Rodungsbewilligung bedürfen, so auch Kraftwerkzentralen im Wald[44]; und so wenig die Forstverwaltung sich als Straßenoberinspektorat aufführen darf, so wenig kommt ihr die Aufsicht über die Wasserrechtsverleihung zu: die ordnungsgemäß erteilte *Konzession*, hält das Bundesgericht fest, steht im Rodungsverfahren nicht zur Disposition[45]; sie *entscheidet über die räumliche Einordnung des Kraftwerks*[46]. Immerhin:

> «Es wird ... künftig angezeigt sein, wie für die fischereirechtliche Bewilligung mit den Fischereibehörden, so für die Rodungsbewilligung mit den Forstbehörden schon bei der Ausarbeitung eines Kraftwerkprojekts Fühlung zu nehmen.»[47]

Unnötig deshalb der Hinweis, das Flußkraftwerk sei auch «aus der Sicht der kantonalen Forstbehörden relativ standortgebunden»[48].

E. Rodungen für Fernmeldeleitungen

205. Aus der Art schlägt der Bau elektrischer Leitungen durch Waldgebiet, folgt man einem neueren Urteil des Bundesgerichts: Über die Führung von PTT-Kabeln soll der Forst entscheiden; das Elektrizitätsgesetz stelle die Postbetriebe wohl von kantonalem Raumplanungsrecht

---

[43] BGE 98 Ib 219 f. E. 7 c.
[44] Vgl. ZBl 1983 85 ff.; BGE 98 Ib 120 ff.
[45] ZBl 1983 87 f. E. 2 c; ferner, mit Bezug auf das Baubewilligungsverfahren, ZBl 1980 135 E. 2.
[46] Vgl. ZBl 1983 88 E. 3.
[47] ZBl 1983 89 E. 5 mit Hinweis auf BGE 106 Ib 44 (vgl. Nr. 203 b).
[48] ZBl 1983 88 E. 3.

frei, nicht aber vom eidgenössischen Walderhaltungsgebot und von der forstrechtlichen Zuständigkeitsordnung[49]. Das Urteil überzeugt nicht.

a) Zu Recht ruft der Entscheid in Erinnerung, das Gemeinwesen sei an die eigene Gesetzgebung gebunden[50]; gewiß stoßen elektrische Leitungen, wenn sie Wald queren, auf gleichgeordnetes Bundesrecht; und in der Tat waren sie wegen ihres bundesrechtlichen Status von kantonaler Raumordnung freigestellt – aber aus alledem folgt nichts zugunsten des Forstes. Denn die erwähnte Bindungsfreiheit im bundesstaatlichen Verhältnis konnte sich auch nur einstellen, weil die Standortfrage Teil der elektrizitätsrechtlichen Sachkompetenz ist (vgl. Nr. 164) – aus Gründen, die in der Sache selbst liegen[51] und die sich nicht verflüchtigen, kaum betreten derartige Leitungen Wald. Es bleibt auch im ‹horizontalen› Konflikt dabei: Forstgesetz *und* Elektrizitätsgesetz beanspruchen das Recht zum Standort; gerade die Beschwörung des Legalitätsprinzips löst den Widerstreit nicht.

b) Die Zuständigkeit der Forstbehörden, meint das Gericht, soll sich auch mit Art. 22 Abs. 2 NSV stützen lassen[52]: Danach bleiben Rodungen bewilligungspflichtig, wenn das für den Nationalstraßenbau erworbene Land im Wald liegt. Das Argument ist verunglückt. Denn Art. 22 Abs. 2 NSV handelt vom Landerwerb im Umlegungsverfahren (Art. 19 ff. NSV), und recht besehen betrifft er nur den durch Umlegung beigezogenen, von der Straßentrasse nicht berührten Wald. Jenen Holzschlag aber, der dem Straßenkörper Platz schafft, eben ‹unmittelbar› dem Straßenbau dient, billigt schon die Plangenehmigung[53].

F. Rodungen für Militärbauten

206. Ein letztes: Gleich wie genehmigte Straßenbauvorhaben und konzedierte Flußkraftwerke die ‹nötigen› Rodungen beanspruchen dürfen, ohne eine forstrechtliche Standortgebundenheit nachweisen zu müssen (C, D), so soll auch bei Werken der Landesverteidigung die Standortfrage im Rodungsverfahren nicht mehr zu beantworten sein[54]. Die Gleichsetzung ist kaum zu begründen.

a) Was das Gericht den Postbetrieben gegenüber so eindringlich betont hat (Nr. 205a), hätte es auch hier in Erinnerung rufen dürfen: Der Bund ist an sein eigenes Recht gebunden, die Militärverwaltung im besonderen an das Forstpolizeirecht. Denn der Dispens gemäß Art. 164 Abs. 3 MO (Nr. 170) wirkt eben (ausdrücklich!) nur gegen *kantonale* Bewilligungen, und der Rodungsbescheid, auch wenn er für gering-

---

[49] BGE 103 Ib 250 ff. E. 3, 4.
[50] BGE 103 Ib 251 E. 3.
[51] Netzstruktur des Leitungswerks, Elektrizitätspolizei, Störungsfreiheit: vgl. BGE 97 I 528 f. E. 4 b.
[52] BGE 103 Ib 252 E. 4.
[53] VPB 1975 Nr. 21.
[54] ZBl 1984 505 f. E. 2 a.

fügige Ausreutungen den Kantonen obliegt (Art. 25bis Abs. 1 Bst. a FPolV), ist eine Verfügung des *eidgenössischen* Rechts, gehört in den Kreis der «Bundesaufgaben»[55] (Art. 2 Bst. b NHG).

b) Es läßt sich auch nicht ins Feld führen, die ‹Natur› der Verteidigungsaufgabe umschließe ‹von selbst› die Zuständigkeit zur Standortwahl. Privilegien dieser Art wurden – im Verhältnis zur kantonalen Raumplanung – nur den strangartigen Werken zugestanden: Werken, die sich wegen ihrer Netzstruktur nicht in Einzelbauten aufteilen und deshalb auch nicht vom Nutzungsplan bewältigen lassen (§ 3/III/A). Analoges gilt für die ‹horizontalen› Beziehungen dieser Bauten zum Wald (vgl. C, D, E). Militärwerke hingegen – Waffenplätze, Zeughäuser, Munitionsdepots – *sind* Einzelanlagen, sind von einer Flächenplanung wie eben der eidgenössisch beherrschten Forst‹zone› genauso zu verstehen und zu verarbeiten wie gewöhnliche Bauten auch. Gewiß: Die Standortbedürfnisse lassen sch nur durch die militärische Ressortplanung einleuchtend begründen, und die forstrechtliche Standortgebundenheit des Werks wird im Lichte dieser Planungen zu beurteilen sein. Nur gilt das auch von den öffentlichen Werken der Zivilverwaltung – dort sind den Rodungsgesuchen generelle Werkprojekte beizulegen (Nr. 200) –, und aus der Notwendigkeit dieser fachlichen Vorleistungen wurde jedenfalls nicht gefolgert, über die Standortgebundenheit sei hauptfrageweise bereits befunden (Nr. 201 a). Weshalb sollte es sich mit Bauten des Militärs anders verhalten?

G. Fazit

207. Sogleich fällt auf: Es ist nicht die Art des Gerichts, unter kollidierenden raumwirksamen Aufgaben nur die eine gelten zu lassen und die andere von der Welt zu weisen. Im Gegenteil: ‹Irgendwie› bauen alle Konfliktgegner an der Lösung mit; formelhaftes Vorrecht ‹besonderer› Aufgabenbereiche vor ‹allgemeinen› Plänen sucht man vergeblich[56]. Man kann dem Ergebnis nur zustimmen: Abstimmungspflicht und Richtplaninstrumentarium gelten auch für den horizontalen Planstreit. Allerdings bleibt das kollisionsrechtliche Verhältnis der betroffenen Aufgabengesetze zu gerne ungeklärt, deutlicher Bescheid ist selten. Die Unsicherheit wundert nicht: Ein Blick über das raumwirksame Recht hinaus zeigt, daß schlichte (nicht bundesstaatliche) Gesetzeskonkurrenzen sich kaum nach gefestigtem Muster entscheiden – am wenigsten auf einen Vorrang der Lex specialis hin.

---

[55] BGE 100 Ib 450 E. 3 b; 99 Ib 97 E. 1 a.
[56] Vgl. immerhin BGE 98 Ib 130 E. 4 a; auch 103 Ib 249 E. 1.

II. Vorrang des ‹besonderen› Gesetzes?

208. ‹Hinter› dem Konflikt von Sachplan und Raumplan, von engerem und umfassenderem Plan wartet als kollisionsrechtliche Grundregel der *Vorrang des besonderen Gesetzes*. Der Rechtsspruch gehört zu den oft genannten Hilfsmitteln der Rechtsfindung – sein Nutzen allerdings steht schon in der Methodenlehre nicht über allen Zweifeln (A, Nrn. 209 ff.). Was er wirklich zu leisten vermag, läßt erst die *Methodenpraxis* erkennen, das heißt: die Bewältigung konkreter Normkonkurrenzen durch den Richter. Hier aber herrschen unübersehbare Verhältnisse; eine beispielhafte Auswahl muß genügen (B, Nrn. 212 ff.). Schon ein kleiner Auschnitt bestätigt, daß nicht äußerliche Logik das vorrangige Gesetz erkürt; entscheidender sind die gesetzliche Geschlossenheit und die Regelungsinteressen des Rechtsbereiches, zu welchem die kollidierenden Normen gehören (C, Nrn. 222 ff.).

Eine *terminologische Bemerkung* vorweg: Ich verstehe unter Gesetzeskonkurrenz (Normkonkurrenz, Regelungskonkurrenz) *jedes Zusammentreffen mehrerer Normen in einem Sachverhalt,* sofern sich ihre Anwendungsbereiche *wenigstens teilweise überschneiden.* Auf welche Weise die Konkurrenz beigelegt wird, soll für den Begriff keine Rolle spielen – besonders nicht die Aussicht, daß am Ende nur eine Norm Anwendung findet: Kein Streit, der Sieger kennt, wäre mehr Streit. Der Ausgang der Kollision ist allein Frage der kollisionsrechtlichen Rechtsfolge, und dafür bieten sich verschiedenste Möglichkeiten an (vgl. Nrn. 226 ff.).

A. «Lex specialis derogat legi generali»

209. Der Spruch: «lex specialis derogat legi generali» verfügt bei bestimmtem Kollisions‹tatbestand› eine bestimmte kollisionsbeseitigende ‹Rechtsfolge›.

a) Als ‹Tatbestand› wird erstens vorausgesetzt, daß *zwei Regeln* zugleich *ein und dieselbe Rechtsfrage* zu beantworten beanspruchen – das heißt: keine der beiden Normen aus intertemporalen Gründen (als neuere vor der älteren) oder aus Gründen der Normenhierarchie (als ranghöhere vor der rangtieferen) vorgeht. Zweitens ist gefordert, daß die beiden Normen sich in einem *Verhältnis der Spezialität* befinden – das heißt: die eine, ‹allgemeine› Norm begrifflich oder wertmäßig völlig in der anderen, ‹speziellen› Norm aufgehe[57].

---

[57] KARL LARENZ, Methodenlehre, 146; REINHOLD ZIPPELIUS, Methodenlehre, 49.

b) Als ‹Rechtsfolge› will der Satz *Verdrängung der allgemeinen Norm durch die besondere:* sie allein regiert die Rechtsfrage, allein ihre Wirkungen treten ein[58].

A.1 Tatbeständlicher Ansatz: Das äußere System

210. Das methodische Rezept des Rechtsspruchs setzt am *äußeren System* des Rechts an: dem rechtstechnischen Verhältnis der Norm zum Gefüge des Gesetzes, des Gesetzes zum Gefüge des Rechts. Insofern gehört die Derogationsregel (solange nicht positiviert) zum Rüstzeug der *systematischen Auslegung.* Diese Liaison beschwert sie mit einer doppelten Hypothek, noch bevor sie zu ‹wirken› beginnt:

a) Auslegung aus dem äußeren System trägt *keinen selbständigen Nutzen* ein; mehr als «Fortsetzung der grammatischen Auslegung» verkörpert sie nicht[59]. Aus dem systematischen Standort einer Regel spricht kein sachlicher Sinn, höchstens bestätigt er die ohnedies ermittelte Normbedeutung[60].

b) Nicht genug damit: Vorausgesetzt ist ferner *kodifikatorische Geschlossenheit* des systematisch auszulegenden Rechtsbereiches. Hat nicht schon der Gesetzgeber rechtstechnisch gutes Handwerk verrichtet, fördert auch der Systemblick des Richters nichts zutage. Erfolg wird man sich allenfalls bei den großen Rechtsgesetzen ausrechnen dürfen: Zivilgesetzbuch, Obligationenrecht, Strafgesetzbuch; freilich ist auch hier Vorsicht angebracht. Von den ‹Spezialgesetzen› hingegen ist die notwendige begriffliche Durchbildung nicht zu erwarten[61]; dort bleibt Auslegung aus dem äußeren System Abenteuer. Erst recht gilt das vom Versuch, die systematischen Zusammenhänge der Spezialgesetze untereinander aufzusuchen.

---

[58] Vgl. (kritisch) KARL LARENZ, Methodenlehre, 147.
[59] CLAUS-WILHELM CANARIS, Systemdenken, 91.
[60] BGE 96 I 100 E. 2c: «Der Standort einer gesetzlichen Bestimmung bildet nur insofern einen Anhaltspunkt für deren rechtliche Qualifikation, als sich daraus Rückschlüsse auf Sinn und Zweck der Vorschrift ziehen lassen.» So auch CLAUS-WILHELM CANARIS, Systemdenken, 91; ARTHUR MEIER-HAYOZ, Art. 1 ZGB, N. 189. Vgl. auch BGE 105 Ib 229 E. 3b, 54f. E. 3c.
[61] PETER LIVER, Begriff und System der Rechtsetzung, in: Probleme der Rechtsetzung, Basel 1974, 135, 177.

A.2 Lösungsansatz: Rechtsgewinnung vom Allgemeinen zum Besonderen

211. Die allgemeine Zurückhaltung vor den ‹Hilfen› des äußeren Systems schlägt in Mißtrauen um, sobald man sich die Mechanik der Derogationsregel im besonderen vergegenwärtigt: *Weil* alle Anwendungsfälle des besonderen Gesetzes zugleich vom allgemeinen Gesetz erfaßt werden, *muß,* behauptet sie, das besondere ‹logisch› vorgehen; die spezielle Regel hätte sonst keinen eigenen Anwendungsbereich mehr.

a) Gehörige Vorsicht gebietet schon die *Scheinlogik logischer Schlußweisen*[62]. Nichts ist notwendig, was nicht zuvor begründet wurde. Den Lauf der Logik bestimmt die wertende Wahl der Prämissen, und gerade dieses Geschäft wird keiner juristischen Auslegung geschenkt. Gewiß gehören dabei die rahmenbildenden Gesetze der Logik eingehalten[63], sonst wäre von Rationalität der Auslegung von vornherein nicht die Rede. Aber sie allein erzeugen die Vordersätze nicht, aus denen die logische Schlußweise ihr ‹Ergebnis› hervorzuzaubern vermöchte. Ob zwei konkurrierende Normen in einem solchen Verhältnis der Spezialität zueinander stehen, daß die ‹besondere› der ‹allgemeinen› vorgeht, ist am wenigsten eine Frage der Gesetzestechnik. Entscheidend bleibt, daß der richtige Sinn der beteiligten Vorschriften dieses Ergebnis verlangt. Zu Recht weigert sich die Rechtsprechung, den bloßen «Vorbehalt» anderer Gesetze als Geltungsverzicht des vorbehaltenden Erlasses zu verstehen[64].

b) Ferner ist *wirkliche Spezialität unter Rechtssätzen selten.* Wenn der Vorrang des besonderen Gesetzes logische Berechtigung haben will, dann wären begrifflich sauber gebaute Rechtssatzkomplexe erste Voraussetzung. Nicht nur hätte die besondere Norm alle Tatbestandsmerkmale der allgemeinen zu übernehmen (und ihr mindestens ein neues hinzuzufügen); auch die Rechtsfolge der besonderen Vorschrift hätte jene der allgemeinen mit einzuschließen[65]. Derweise geschlossene Normensysteme kennt bestenfalls das Strafrecht (Nr. 218). Häufiger *überschneiden* sich allgemeine und besondere Regel, hält auch die allgemeine Norm ein Bündel von Tatbestandsmerkmalen, die in der besonderen nicht wiederkehren. Damit scheitert die Derogationsregel zumeist schon an den eigenen Ansprüchen.

---

[62] Vgl. WALTHER BURCKHARDT, Methode und System, 282, 288; KARL ENGISCH, Logische Studien, 13, 18; ARTHUR MEIER-HAYOZ, Art. 1 ZGB, N. 191.
[63] CLAUS WILHELM CANARIS, Systemdenken, 22f.
[64] BGE 100 Ib 411f. E. 3 (zu Art. 4 Abs. 4 BMR); 91 IV 32 E. 2 (zu Art. 102 SVG).
[65] REINHOLD ZIPPELIUS, Methodenlehre, 50.

c) Und schließlich denkt sich die Derogationsregel eine Art von Rechtsgewinnung, die von der Grundnorm herkommend den zu ordnenden Sachverhalt differenzierend befragt, Stück um Stück (und ‹endgültig›) den zuständigen Normteilen unterstellt und zum Schluß des Bestimmungsganges die Summe zieht – so wie die Flora zur botanischen Erkenntnis hinführt: selbsttätig, ohne wertenden Anteil des Fragers. Solcher *Geist linearer Ableitung* verträgt sich mit dem «hermeneutischen Zirkel» der Rechtsgewinnung nicht. Wenn die Subsumtion eines Sachverhaltes unter ‹seinen› Obersatz voraussetzt, daß Sachverhalt und Norm – zuvor – in wechselseitiger Erhellung einander zugeordnet worden sind[66]; wenn ferner der Sinn des einschlägigen Rechtssatzes sich aus ‹System› und Zweck des Gesetzes auch nur gewinnen läßt, nachdem diese Sinnstifter ihrerseits Maß an der zu interpretierenden Norm genommen haben; kurz: wenn sowohl Normwahl als auch Sinnermittlung Verstehen erfordern und Ableiten nicht genügen lassen, dann ist kaum mehr zu begründen, weshalb ausgerechnet Gesetzeskonkurrenzen als einzige Auslegungsfrage sich äußerlichen Lösungsmustern sollen beugen müssen.

B. Drei kollisionsrechtliche Beispiele

212. Den Befund bestätigt ein Blick auf wenige Normkonkurrenzen des Zivil-, des Straf- und des Verwaltungsrechts.

B.1 Zivilrecht: Haftungskonkurrenz

213. Haften mehrere Personen «aus *verschiedenen Rechtsgründen* ... für *denselben Schaden*» (Art. 51 OR), dann verbindet diese Haftungsmehrheit ein Verhältnis ‹unechter Solidarität›[67].

Im *externen* Verhältnis (zwischen Geschädigtem und Schädigern) herrscht Anspruchs- oder Klagenkonkurrenz: Der Ersatzberechtigte kann wahlweise jeden Haftpflichtigen, als wäre er ‹echter› Solidarschuldner, auf den ganzen Schaden belangen[68] – Herabsetzungsgründe vorbehalten[69] –, solange Drittverschulden den adäquaten Kausalzusammenhang zum belangten Schädiger nicht unterbricht[70]. Für das

---

[66] Durch «Hin- und Herwandern des Blickes» (KARL ENGISCH, Logische Studien, 15). Vgl. ferner statt vieler KARL LARENZ, Methodenlehre, 87f., 158f.
[67] BGE 97 II 344 E.3. THEO GUHL/HANS MERZ/MAX KUMMER, Obligationenrecht, 188f.; HUGO OSER/WILHELM SCHÖNENBERGER, Art. 51 OR, N. 4.
[68] BGE 97 II 415 E.7d; 93 II 322 E.2e.
[69] BGE 95 II 53f. E.4a.
[70] BGE 98 II 104 E.4; 97 II 343f. E.3; 93 II 322f. E.2e.

interne Verhältnis (unter Schädigern) macht die Regreßkaskade des Art. 51 Abs. 2 OR Regel: Verschuldens- vor Vertrags- vor Kausalhaftung; insoweit sind die Regreßregeln der echten Solidarität – Kopfteilung im Regelfall (Art. 148 OR), richterliches Ermessen bei solidarischen Deliktschuldnern (Art. 50 Abs. 2 OR) – außer Kraft gesetzt [71]

214. Art. 51 OR *verklammert grundsätzlich alle Haftungstatbestände,* auch wenn sie sich aus anderen Gesetzen als dem Obligationenrecht ergeben [72]. Mancher Sacherlaß kennt allerdings eigenes Haftungsrecht und unterwirft auch den Fall der Haftungsmehrheit ‹besonderen› Regeln. Gewöhnlich ist es dann Sache der Rechtsprechung, die kollidierenden Haftungssysteme in das richtige Verhältnis zueinander zu bringen. Von einem besseren Recht der Lex specialis ist dabei wenig zu spüren.

Zwei Beispiele seien herausgegriffen: die Haftungsvorschriften des Straßenverkehrsgesetzes und die Regreßregeln der Schadensversicherung.

a) Sind bei einem *Unfall* mehrere für den Schaden eines Dritten verantwortlich, so haften sie Art. 60 Abs. 1 SVG zufolge «solidarisch» [73]. Die Abweichung von der gemeinrechtlichen Klagenkonkurrenz [74] trüge praktischen Nutzen nur ein, wenn damit im internen Regreßverhältnis Kopfteilung (Art. 148 OR) statt der sonst herrschenden Rückgriffskaskade (Art. 51 Abs. 2 OR) statuiert wäre. Gerade das trifft unter Unfallhaftpflichtigen nicht zu: Art. 60 Abs. 2 SVG verteilt den Schaden «unter Würdigung aller Umstände», unter mehreren Motorfahrzeughaltern zuerst nach Maßgabe des von ihnen zu vertretenden Verschuldens [75]. So wird die ‹Sonderordnung› des SVG am Ende durchwegs mit Blick auf die gemeinrechtlichen Regeln gehandhabt: Art. 60 SVG wird nur zugebilligt, die nach je eigenem Recht hergeleiteten Verantwortlichkeiten aus Anlaß eines Straßenverkehrsunfalles zur Solidarschuld zusammenzufassen, nicht aber die Kraft, solche Schuld materiell zu begründen [76]. Verworfen wurde ferner die Ansicht, Art. 60 SVG arbeite mit natürlicher statt (wie üblich) mit adäquater Kausalität [77].

b) Anspruchskonkurrenz gemäß Art. 51 OR gilt auch, wenn einer der Ersatzpflichtigen aus *Schadensversicherung* (Sachversicherung oder auf Kostenersatz gehende Personenversicherung [78]) haftet. Im internen Verhältnis läßt Art. 72 Abs. 1 VVG den Versicherer, soweit Ersatz geleistet wurde, von Gesetzes wegen (und nicht nur, wie gemeinrechtlich, nach richterlichem Ermessen) auf ersatzpflichtige Dritte zu-

---

[71] THEO GUHL/HANS MERZ/MAX KUMMER, Obligationenrecht, 30.
[72] HUGO OSER/WILHELM SCHÖNENBERGER, Art. 51 OR, N. 2.
[73] BGE 105 II 213 E. 4a; 102 II 38 E. 1b; 99 II 95 E. 2a.
[74] BGE 95 II 349 E. 4.
[75] Seit dem 1.8.1975 (BGE 105 II 213f. E. 4b). Bis zu diesem Datum im Prinzip nach Kopfteilen (vgl. AS 1959 698); freilich hatte das Gericht schon unter dieser älteren Regelung bevorzugt auf die Verschuldensverhältnisse abgestellt (BGE 99 II 97f. E. 2c).
[76] BGE 95 II 349 E. 4: «L'art. 60 n'est pas une règle autonome instituant une responsabilité aggravée ... Il se borne à régler la modalité de cette responsabilité.»
[77] BGE 95 II 634 E. 2, 349f. E. 5.
[78] Zu dieser Gleichsetzung BGE 104 II 47ff. E. 4; Kumulation gemäß Art. 96 VVG gilt nur in der *Summen*versicherung.

rückgreifen; und zwar auf solche Dritte, die dem Geschädigten «aus unerlaubter Handlung» Ersatz schulden. Zählte man zu diesen Haftungstatbeständen nicht nur das Delikt, sondern auch die ihm (gesetzessystematisch) gleichgestellten Kausalhaftungen der Geschäftsherren, Tierhalter und Werkeigentümer (Art. 55 ff. OR), so widerspräche Art. 72 VVG den Regreßprioritäten des gemeinen Rechts. Die ältere Lehre hat diesen Schluß – teilweise – in der Tat gezogen und Art. 72 VVG als ‹spezielle› Haftungsregel dem zwar jüngeren, aber ‹allgemeineren› Art. 51 OR vorgezogen[79]. Das Bundesgericht (und auch die herrschende Meinung) sind dieser Anschauung nicht gefolgt: aus Achtung vor dem Willen des ‹allgemeinen› Obligationenrechts zur Rechtsvereinheitlichung. Rückgriffsrechte des Versicherers werden nurmehr – insoweit mit Art. 51 Abs. 2 OR übereinstimmend – gegen ‹echt› deliktisch, aus schuldhafter Handlung Haftende gewährt[80].

215. Wäre es auf den Vorrang einer Lex specialis angekommen: die Regreßvorschrift des Versicherungsvertragsgesetzes hätte sich der zwar jüngeren, aber ‹allgemeineren› Rückgriffskaskade gemäß Art. 51 Abs. 2 OR nicht beugen müssen, und die Solidarschuldnerschaft des Straßenverkehrsgesetzes hätte sich vom älteren gemeinen Recht weit schärfer abheben lassen. Statt dessen hat die Rechtsprechung *einheitsstiftende Auslegungen* vorgezogen: hat das ältere VVG auf das neue gemeine Haftungsrecht verpflichtet und das neuere SVG im Geiste des älteren OR zurückgebunden, beidemal die *Ratio des gemeinen Rechts als Bezugspunkt der Sondervorschriften* vor Augen.

B.2 Strafrecht: Gesetzeskonkurrenz und Idealkonkurrenz

216. Die Strafrechtslehre unterscheidet zwischen ‹echter› und ‹unechter› Konkurrenz: zwischen Ideal- und Realkonkurrenz auf der einen und schlichter Gesetzeskonkurrenz auf der anderen Seite[81].

a) *Unechte*[82] *Konkurrenzen* treten ein, wenn der Straftäter mehrere Straftatbestände erfüllt, die sich wechselseitig *ausschließen,* so daß am Ende nur eine Norm als einschlägig übrig bleibt.

Ausschlußverhältnisse dieser Art erscheinen vorab als Spezialität und als Konsumtion[83]. *Spezialität* schließt den allgemeinen Tatbestand «mit allen einzelnen

---

[79] Vgl. die Hinweise bei HUGO OSER/WILHELM SCHÖNENBERGER, Art. 51 OR, N. 12 a. E.
[80] BGE 45 II 646 f. E. 2; 47 II 412 E. 3, 415 f. E. 4; und seither ständig. THEO GUHL/HANS MERZ/MAX KUMMER, Obligationenrecht, 191.
[81] Zu den Begriffen einläßlich: GÜNTER STRATENWERTH, Allgemeiner Teil, I §§ 18 f.
[82] Durchaus nicht scheinbare Konkurrenz! Kritisch zum Begriff VITAL SCHWANDER, Strafgesetzbuch, Nr. 318/1; GÜNTER STRATENWERTH, Allgemeiner Teil, I § 18 N. 1.
[83] Weitere – strittige – Formen unechter Konkurrenzen sind die *Subsidiarität* und die *mitbestrafte Vor- oder Nachtat;* vgl. HANS SCHULTZ, Allgemeiner Teil, I 134; GÜNTER STRATENWERTH, Allgemeiner Teil, I § 18 NN. 7 ff.

Merkmalen» in den besonderen ein[84], wie etwa den Grundtatbestand in einen privilegierten oder qualifizierten Tatbestand[85], oder – zuweilen – den gemeinrechtlichen in einen spezialrechtlichen[86]. *Konsumtion* läßt den konsumierten Tatbestand «wertmäßig, dem Verschulden und Unrecht nach»[87] im konsumierenden aufgehen, wie etwa ein verhältnismäßig geringfügiges, typisches Begleitdelikt in der Haupttat[88].

b) Positiv geregelt sind allein die Fälle der *echten Konkurrenz* (Art. 68 Ziff. 1 StGB). *Idealkonkurrenz* meint die Verwirklichung mehrerer eigenständiger Straftatbestände durch eine Handlung, *Realkonkurrenz* das prozessuale Zusammentreffen mehrerer Straftaten[89].

Unter dem Gesichtspunkt der Normenkonkurrenz interessieren unechte Gesetzeskonkurrenz und Idealkonkurrenz: nur sie beruhen auf *Handlungseinheit,* lassen mithin in *einem* Sachverhalt *mehrere* Vorschriften zusammentreffen.

217. Die *Grenze* zwischen Idealkonkurrenz und unechter Gesetzeskonkurrenz wird gesetzlich nicht bestimmt, sie zu finden ist Sache der Auslegung. Weil auf Idealkonkurrenz zum mindesten (und obligatorisch[90]) Straferhöhung steht, unechte Konkurrenz hingegen daran vorbeiführt, muß die Rechtsprechung die Unterscheidung notgedrungen *mit Blick auf die sanktionsrechtlichen Konsequenzen* treffen. Diese Optik hat zu bemerkenswert zweckhaftem Begriff der Spezialnorm geführt.

a) Kriterium dafür, ob erfüllte Straftatbestände ineinander aufgehen, ist die Frage, ob *aller Unrechtsgehalt der Tat* durch die Bestrafung nach einer der zusammentreffenden Bestimmungen *völlig abgegolten* werde[91]. Maßgeblich ist dieser Prüfstein deshalb, weil

> «le but de la législation pénale est d'assurer non pas la juste addition des éléments de la ou des infractions en cause, mais bien *la répression globale et équitable de l'ensemble du ou des comportements illicites.»*[92]

---

[84] BGE 91 IV 213 E. 4; ferner 106 IV 369 E. 5; 96 IV 165 E. 3; 83 IV 127 E. 2.
[85] GÜNTER STRATENWERTH, Allgemeiner Teil, § 18 N. 4; VITAL SCHWANDER, Strafgesetzbuch, Nr. 316.
[86] Vgl. das Verhältnis der gemeinrechtlichen Urkundendelikte zum Steuerdelikt (Art. 335 Ziff. 2 StGB; BGE 108 IV 31 f. E. 3 b) und zum Urkundendelikt gegen das Gemeinwesen (Art. 15 VStrR; BGE 108 IV 182 ff. E. 3 b, c).
[87] BGE 91 IV 213 f. E. 4; ferner 101 IV 204 E. II/5; 96 IV 165 E. 3.
[88] GÜNTER STRATENWERTH, Allgemeiner Teil, I § 18 N. 5; VITAL SCHWANDER, Strafgesetzbuch, Nr. 317.
[89] Vgl. BGE 101 IV 204 E. II/5; 100 IV 148 f. E. 3 (Idealkonkurrenz). Im Gegensatz dazu BGE 105 IV 81 f. E. 3; 102 IV 243 f. E. II/4 (Realkonkurrenz).
[90] BGE 103 IV 226.
[91] BGE 106 IV 369 E. 5; 97 IV 33 E. 2 a; 91 IV 32 E. 2.
[92] BGE 100 IV 149 E. 3.

b) Woran erkennt man solch allgemeinen Ablaß, wenn nicht das Strafgesetz selber ihn ausspricht? Jedenfalls nicht an der Regelungstechnik[93], sie zeige denn den deutlichen Willen des Gesetzes, eine selbständige Ordnung zu schaffen: zum Beispiel ausgedrückt durch einen geschlossenen, eigenen Straftarif[94]. Aussagekräftigere Hinweise vermittelt das wechselseitige *Verhältnis der geschützten Rechtsgüter:* solange sie sich nur überschneiden, solange den zusammentreffenden Vorschriften eigene – auch geringfügige – Rechtsgüteranteile zu verteidigen bleiben: solange gilt in der Regel Idealkonkurrenz[95]. Die Gefahr ‹doppelter› Bestrafung gehört erst im Rahmen der Strafzumessung ausgeräumt, der Praktikabilität halber nicht schon im Stadium der Zuordnung[96].

218. Was läßt diese Rechtsprechung erkennen? Zunächst einen im Vergleich zu anderen Rechtsbereichen *höheren Stellenwert der Systemargumente.* Kein Wunder: Begriffliche Durchbildung und systematische Geschlossenheit des Strafrechts widerspiegeln nur das verfassungsrechtliche *Bestimmtheitsgebot,* das für Strafnormen ausgeprägteste Bedeutung gewinnt[97]. Dennoch wird der strafbestimmende Konkurrenztyp – unechte oder Idealkonkurrenz – im Einzelfall nicht aus dem System gewonnen. Entscheidend bleiben auch im formalisierten Strafrecht *materielle* Gesichtspunkte: Rechtsgüterschutz und Abgeltung von Unrecht.

B.3 *Verwaltungsrecht: Rechtsschutzkonkurrenz*

219. Das Verwaltungsverfahrensgesetz des Bundes hat – ohne einläßliche Bezeichnung – «widersprechende» Rechtsschutzbestimmungen des (älteren) Bundesrechts aufgehoben (Art. 80 Bst. c VwVG), nicht aber jene, die ein Verfahren «eingehender» regeln (Art. 4 VwVG). So wäre der Vorrang der speziellen Norm für einmal positiviert?

220. Näheres Hinsehen zeigt, daß der Maßstab des «Eingehenderen» gerade hier nicht systemverhaftet ist. Im einzelnen gehört unterschieden:

---

[93] BGE 106 IV 369 E. 5.
[94] BGE 83 IV 129f. E. 2.
[95] BGE 105 IV 247f. E. 3b; 103 IV 246 E. 2a; 101 IV 204 E. II/5. Dabei kann es in Grenzfällen sogar auf den Vorsatz des Täters ankommen, beispielsweise im Verhältnis zwischen Steuerdelikt und gemeinem Urkundendelikt (BGE 108 IV 181 E. 2, 31f. E. 3b).
[96] BGE 100 IV 149f. E. 3.
[97] «Nulla poena sine lege», strafrechtliches Analogieverbot: durch Art. 1 StGB förmlich ausgesprochen. Vgl. BGE 105 Ia 64 E. 2; 102 IV 258 E. 2.

a) Von vornherein bezieht sich Art. 4 VwVG nur auf *ältere* (vor 1969 erlassene) Verfahrensvorschriften. Unter ihnen fallen all jene außer Betracht, die dem VwVG «widersprechen»: Regelungen, welche im Vergleich dazu geringeren Rechtsschutz bieten[98], denn Sinn des VwVG ist (neben bundesrechtlicher Verfahrenseinheit) die Garantie eines prozessualen Mindestschutzes[99]. Von daher erschließt sich auch, was mit «eingehenderer» Verfahrensregelung der Sondergesetze gemeint ist: Gültig bleiben Vorschriften, die *besseren Rechtsschutz* vermitteln als das allgemeine Verfahren; oder Bestimmungen, die (mit Rücksicht auf die Sachgesetzlichkeiten des betroffenen Aufgabenbereiches) *anderen Rechtsschutz* gewähren, ohne die Parteien im Ergebnis schlechter zu stellen. Solche Vorschriften *können* «präziser»[100] ausfallen als das VwVG, ebensogut aber allgemeiner, kürzer.

b) *Nicht* in den Regelungsbereich von Art. 4 VwVG fallen *neuere* (nach 1969 erlassene) Verfahrensvorschriften; schon deshalb gehen sie, einläßlicher oder nicht, dem VwVG vor. Nicht ohne weiteres allerdings: Der rechtsvereinheitlichende Wille des Verwaltungsverfahrensgesetzes als prozeßrechtlicher Grunderlaß gebietet, abweichende Vorschriften späterer Sondergesetze «VwVG-konform»[101] auszulegen.

221. Argumente des äußeren Systems, so zeigt sich auch hier, verfehlen den Sinn des Art. 4 VwVG. Das «eingehendere» Gesetz, dessen Geltung vorbehalten bleibt, wird allein aus dem *Regelungszweck des vorbehaltenden Gesetzes* bestimmt; überdies bestätigt sich, ähnlich wie zuvor für die Haftungskonkurrenzen, die *einende Kraft des gemeinen Rechts*.

C. *Hilfsgrößen der kollisionsrechtlichen Zuordnung: Gemeinrechtsinteressen und Sonderrechtsinteressen*

222. Schlüsse lassen sich aus den wenigen Rechtsprechungsbeispielen nicht ziehen, schon gar nicht allgemeine Konkurrenzsätze aufstellen: dafür fehlt das feste Fundament. Was folgt, sind *Anhaltspunkte*.

---

[98] BGE 108 Ib 251 E. 2d; VPB 1973 Nr. 33 (16f.).
[99] BBl 1965 II 1354.
[100] ANDRÉ GRISEL, Droit administratif, 961.
[101] PETER SALADIN, Verwaltungsverfahrensrecht, 41; vgl. auch ANDRÉ GRISEL, Droit administratif, 961.

223. Vorausgesetzt wird eine Normkonkurrenz, die sich *nicht auf Anhieb* als *Scheinkonkurrenz* zu erkennen gibt. Ob Scheinkonkurrenz vorliegt – das heißt: mehrere Normen nicht ernstlich dieselbe Rechtsfrage zu beantworten beanspruchen –, ist Auslegungsfrage. Der Befund soll wirkliche Gesetzeskonkurrenz nicht leichthin ausschließen: zu groß die Gefahr voreiliger Zuordnungen.

224. Normkonkurrenzen gehören *vorrangig aufgrund geschriebenen Kollisionsrechts* der konkurrierenden Normbereiche gelöst. Freilich darf man dunkle Andeutungen nicht schon für ernsthaftes Kollisionsrecht halten: Aussagekräftig und verläßlich sind nur verhältnismäßig ausführliche Lösungsentwürfe. Verweisungen und Vorbehalte haben gewöhnlich nur den Wert, mögliche Kollisionen anzuzeigen.

225. Soweit geschriebenes Kollisionsrecht fehlt, so weit muß der Normenstreit *durch Auslegung* geschlichtet werden; davon sogleich (Nrn. 226 ff.). Führt solche Auslegung zu keinem Ende (vermag keiner der konkurrierenden Rechtssätze Geltung zu beanspruchen), liegt eine *Kollisionslücke* vor: das maßgebliche Recht ist dann durch *Lückenfüllung* zu bilden.

C.1 Alternative Konkurrenz

226. Der kollisionsrechtlichen Normenwahl öffnen sich verschiedene Möglichkeiten. Freilich stehen nicht immer alle zur Verfügung. Vielmehr ist nach Rechtsbereichen zu unterscheiden:

a) Eine *Wahl des anzuwendenden Rechts durch den Rechtsgenossen* (alternative Konkurrenz) kommt nur für das *Zivilrecht* in Betracht, und auch dort allein im Geltungsbereich der *Verfügungsmaxime.*

b) In allen übrigen Rechtsbereichen, sowohl im *zwingenden Zivilrecht* als auch – vor allem! – im *Verwaltungs-, Organisations- und Verfahrensrecht,* ist die Konkurrenz *von Amtes wegen* zu bereinigen, es wäre denn ein Wahlrecht ausdrücklich eingeräumt, wie gelegentlich im Enteignungsrecht. Die Antwort kann unterschiedlich ausfallen: entweder so, daß die konkurrierenden Sätze *gehäuft* zur Anwendung gebracht werden (C.2, Nr. 227); oder so, daß der eine Rechtssatz den andern *verdrängt* (C.3, Nrn. 228 ff.).

C.2 Kumulative Konkurrenz

227. *Gehäufte Anwendung* konkurrierender Rechtssätze (kumulative Konkurrenz) setzt vorweg *Verträglichkeit der Rechtsfolgen* voraus. Darüber hinaus muß sich solcher Ausgang als *positiver Wille des Gesetzes* erweisen. Das ist am ehesten dort zu erwarten, wo die konkurrierenden Normen sich nur am Rande schneiden und ihre Zerlegung in Kollisionsbereich (die ‹Schnittmenge›) und eigenständige Restbereiche unverhältnismäßige Mühe bereitet. Häufung aus Verlegenheit ist unzulässig: So würden die Randbezirke der berührten Normen unnötig eingenebelt, die konkurrierenden Vorschriften ausgerechnet an pflegebedürftigster Stelle der sachgerechten Fortbildung entzogen.

C.3 Exklusive Konkurrenz

228. Ist die Häufung der konkurrierenden Rechtssätze nicht gewollt, so muß nach Wegen gesucht werden, die eine Regel kraft der andern zu *verdrängen* (exklusive Konkurrenz). Das ist jedenfalls dort geboten, wo die konkurrierenden Rechtsfolgen einander ausschließen oder behindern.

229. Die Suche nach der vorrangigen Norm verläuft im Spannungsfeld zweier Gegensätze: dem Interesse an einheitlichem Recht einerseits, dem Interesse an sachgerechtem Recht andererseits.

C.31 Gemeinrechtsinteressen, Sonderrechtsinteressen

230. Gutes Recht strebt nach *gemeiner und überschaubarer Ordnung.* In solchem Dienste stehen vorzüglich Kodifikationen und Grunderlasse: Versuche, die verstreuten Teilordnungen eines Sachbereiches zum systematisch durchgebildeten Regelwerk zusammenzufügen oder zumindest durch einen gemeinsamen Normrahmen zu unterfangen. Gesetzen dieser Art eignet der Wille, einen Ausschnitt der Rechtsordnung zu *vereinfachen* und zu *vereinheitlichen:* Überlebtes auszuräumen, Widersprüchliches zu bereinigen, Verbleibendes zu festigen. Dieser Wille verdient Respekt, wenn gemeines Recht oder Grunderlaß mit Sachgesetzen (auch neueren Datums) zusammenstoßen: Der Zug zur Rechtseinheit muß schon die Auslegung des Sachgesetzes prägen; und erst recht die kollisionsrechtliche Gewichtung und Abwägung der konkurrierenden Regelungsinteressen, wenn die gemeinrechtskonforme Auslegung des Sachgesetzes Widersprüche nicht auszuräumen vermag.

231. Gutes Recht strebt zugleich nach *sachgerechter und besonderer Ordnung;* danach, die Eigenheiten des Regelungsgegenstandes in den rechtlichen Verhaltensentwurf aufzunehmen: nicht um Wirklichkeit zu Recht zu erklären, sondern um dem Recht in der Wirklichkeit Gehör und Achtung zu verschaffen. Die Normativität überwindet, die Normalität nachziehend, keine beliebigen Spannen. Guter Rechtsfindung muß deshalb auch daran gelegen sein, unter kollidierenden Rechtssätzen vorrangig jenen beizuziehen, der den Sachgesetzlichkeiten des Normgegenstandes näher steht: ihn besser erfaßt, materiell und verfahrensmäßig. Das braucht nicht stets die einläßlichere Norm zu sein: Entscheidend ist ihre vergleichsweise stärkere Legitimität, die Frage zu beherrschen.

C.32 *Gradmesser der Gemeinrechtsinteressen: Die gesetzliche Geschlossenheit des Kollisionsbereichs*

232. Das Interesse an einheitlicher, das Herrschaftsfeld von Sondererlassen eindämmender Rechtsordnung vermag sich nur durch *befugte Vertreter* Gehör zu verschaffen. Nicht jedes Gesetz ist dazu berufen: es kommt auf die gesetzliche Geschlossenheit des Kollisionsbereiches an.

233. Mit *gesetzlicher Geschlossenheit des Kollisionsbereichs* ist der bekundete Wille der konkurrierenden Normen gemeint, an einer gesamtheitlichen, nach gleichbleibenden Leit-Gesichtspunkten verfaßten Ordnung eines Lebensbereiches teilzuhaben. Dafür ist zu unterscheiden:

a) *Hohe Geschlossenheit* kann nur Rechtsbereichen zukommen, die in einem Zug – in gesetzgeberischer ‹Handlungseinheit› – normiert werden: dem *Einzelgesetz* als solchem sowie den *Kodifikationen* zusammenhängender Sachbereiche. Im übrigen hängt die innere Folgerichtigkeit derartiger Erlasse von der Qualität des Gesetzgebers ab, besonders auch vom Einfühlungsvermögen des revidierenden Gesetzgebers.

b) *Mindere,* aber immerhin noch *beachtenswerte Geschlossenheit* herrscht unter *verbundenen Gesetzen:* Erlasse, die (obwohl einzeln gesetzt) ein verhältnismäßig festes Gefüge einander zugeordneter Rechtsmassen bilden. Komplexe dieser Art treten jedenfalls in zwei Ausprägungen auf: einmal als Kombination von gemeinem Recht und ausgelagertem Sondergesetz (man denke an ZGB und OR mit ihren zivilrechtlichen ‹Ausführungserlassen›); sodann als Gefüge von allgemeiner Rahmenordnung und angebundenem Sachgesetz (als Beispiel seien genannt: das Verwaltungsverfahrensgesetz und die Verfahrensvorschriften der einzelnen Verwaltungsgesetze, das (künftige[102]) Subventionsgesetz und die Beitragsbestimmungen des ‹besonderen› Bundesrechts). Beidemal bildet sich ein *inhaltlicher und wertmäßiger Schwerpunkt* des Normengefüges beim ‹zentralen› Erlaß.

c) Umspannt der Kollisionsbereich *innerlich unverbundene Gesetze,* ist von Systemargumenten nichts zu halten: dann fehlt eben der verläßliche Rahmen, in den hinein sich die Teilordnungen einfügen könnten. Die konkurrierenden Gesetze treten einander vorerst ‹frei› gegenüber, angetrieben nur von der eigenen Ratio, und zusammen keinem festeren Richtpunkt verpflichtet als dem steten Auftrag zur Rechtseinheit. So bleibt nurmehr übrig, nach der *schwergewichtig betroffenen Aufgabe* zu fragen: nach jenem Erlaß, der sich materiell und verfahrensmäßig am ehesten eignet, die anstehende Frage zu bewältigen.

III. Zuständiges Recht: Das Gesetz der schwergewichtig betroffenen raumwirksamen Aufgabe

234. Es ist Zeit, die kollisionsrechtliche Umschau zu beenden und zum Ausgangspunkt zurückzukehren: den Konflikten unter raumwirksamen Tätigkeiten staatsrechtlich gleichgeordneter Aufgabenträger, den ‹horizontalen› Plankonflikten. Positives Kollisionsrecht bieten die raumwirksamen Aufgabengesetze kaum, wie sich sogleich zeigt (A, Nrn. 236 ff.). So muß der eben beschriebene Weg der Auslegung beschritten werden (B, Nrn. 239 ff.) – und dafür vor allem die Frage beantwortet sein, wie weit dem Raumplanungsgesetz die Rolle eines raumwirksamen Grunderlasses zukomme.

235. *Ort* des horizontalen Plankonflikts, das ist noch vorauszuschicken, bildet auch hier die *Standortfrage,* wie zuvor schon im vertikalen Streit (Nr. 156). Von horizontalen Plankonflikten kann deshalb nur dort die Rede sein, wo beide beteiligten Planungen, sowohl der Flächen- als auch der Sachplan, das Recht zum Standort beanspruchen. (Für die Standortzuständigkeiten des Bundes vgl. § 3/III.)

A. Positives Kollisionsrecht?

236. Man wird dem Gesetzgeber nicht unterstellen, er habe das Streitpotential im Verhältnis von Raumplan und Sachplan unterschätzt. Aber

---

[102] Siehe zuletzt die Vernehmlassungsvorlage des Eidgenössischen Finanzdepartementes für ein Subventionsgesetz, September 1981.

kaum je fällt ein Wort der *Entscheidung* (Nr. 237); so bleibt es beim allgemeinen Abstimmungsgebot des Raumplanungsgesetzes (Nr. 238), das heißt: bei der gesetzlich verordneten *Aufgabe,* Plankonkurrenzen zu schlichten.

237. An *ausdrücklichem Kollisionsrecht* bieten die raumwirksamen Erlasse, selten und dürftig, Verweisungen und Vorbehalte an.

a) Mit *Verweisungen* arbeiten beispielsweise die Allgemeine Gewässerschutzverordnung und das Investitionshilfegesetz für Berggebiete: Den Umfang des generellen Kanalisationsprojekts bestimmt gemäß Art. 15 AGSchV «das im Zonenplan ausgeschiedene Baugebiet»; und Art. 12 IHG verpflichtet die Entwicklungskonzepte, die Zielsetzungen der «rechtskräftigen kantonalen Gesamt- und Teilrichtpläne» zu übernehmen: Beidemal macht sich ein Sacherlaß Teile des RPG zu eigen. Auch das umgekehrte geschieht: So verweist Art. 18 Abs. 3 RPG für «Umschreibung» und «Schutz» des Waldareals auf die Forstgesetzgebung.

b) Als problematischer erweisen sich *Vorbehalte:* Art. 4 Abs. 4 des mittlerweile ausgelaufenen BMR hatte in den provisorischen Schutzgebieten die «Spezialgesetzgebung des Bundes» reserviert; heute spart die Baubewilligung des RPG «die übrigen Voraussetzungen des Bundesrechts und des kantonalen Rechts» aus (Art. 22 Abs. 3 RPG; vgl. auch Art. 38 Abs. 2 RLV); und gleiches hätte laut Art. 25 Abs. 3 des Gesetzentwurfs[103] zugunsten von Bewilligungsverfahren «nach anderen Bundesgesetzen» gelten sollen. Derartige Vorbehalte schaffen keine rechte Klarheit: Der Kreis der begünstigten Gesetze ist nicht genannt; und selbst wenn er es wäre, so bliebe dennoch Auslegungsfrage, unter welchen Umständen eine derweise ‹vorbehaltene› Regel dem vorbehaltenden Erlaß den Rang abliefe[104] (Nr. 211a). Die Inhaltsarmut der Vorbehalte zeigt sich auch darin, daß Art. 25 Abs. 3 des erwähnten Entwurfs in der Überzeugung gestrichen wurde, an der Rechtslage nichts zu ändern[105].

238. Das Raumplanungsgesetz verordnet nicht sonstwie bewältigten Plankollisionen *«Abstimmung»,* als zentralen Ort dafür den *Richtplan* (Art. 1 Abs. 1, 2 Abs. 1 RPG und durchgehend). Nie aber spricht es aus, was Abgestimmtheit *ist;* es beschreibt nur den Weg zum Erfolg. Unter kollisionsrechtlichen Gesichtspunkten – nur sie zählen jetzt – lassen sich immerhin zwei negative Feststellungen treffen:

a) *Das Abstimmungsgebot mißbilligt Planhierarchien*[106]. Schon die (immerhin ausdrücklich vermerkten) Rücksichten, die die Kantone dem Bunde wegen der Art. 6 Abs. 4 und 11 Abs. 1 RPG schulden, bleiben ohne Wirkung auf das bundesstaatliche Aufgabengefüge (Nr. 174); und

---

[103] BBl 1978 I 1043.
[104] Anm. 64.
[105] EJPD/BRP, Erläuterungen RPG, Art. 25 N. 3 und Anm. 595.
[106] Vgl. Martin Lendi/Hans Elsasser, Raumplanung, 186, 228.

für eine Rangfolge in der Sache – etwa für ein Vorrecht des Sachplanes – fehlt vollends jeder Hinweis.

b) *Das Abstimmungsgebot begründet aber auch keinen Gleichrang unter Plänen,* als wären widerstreitende raumwirksame Aufgaben kraft Richtplanes auf ein und dieselbe Stufe gehoben und nunmehr gleichberechtigt untereinander abzuwägen. Wenn Abstimmung Abwägen bedeuten will, dann nur soweit, als das einschlägige Recht zustimmt. Darüber gibt nicht das RPG Auskunft. Es rechnet mit solchen Spielräumen und mobilisiert sie durch Appell zur Abstimmung für seine Zwecke – gewiß; aber es vermag sie nicht aus eigener Kraft herbeizuschaffen (vgl. § 13/I).

B. *Exklusive Konkurrenz von Raumplan und Sachplan*

239. Man soll das Recht zweier raumwirksamer Aufgaben *nicht häufen,* wenn die Befugnis zur Standortwahl beiden gleichermaßen zukommt: Raumpläne und Sachpläne haben je ihr eigenes, durch *ihre* Aufgabeninteressen geprägtes Herkommen. Niemand kann erwarten, die unterbreiteten Standortangebote und die vorgebrachten Standortansprüche würden im Einzelfall widerspruchslos ineinander aufgehen; es wäre Zufall. Mit Plankonflikten kommt nur die *verdrängende Konkurrenz* zurande.

B.1 *Gemeinrechtsinteressen: Das Raumplanungsgesetz als raumwirksamer Grunderlaß?*

240. Das raumwirksame Recht erscheint *nicht als Kodifikation;* es bildet auch *kein System* einander zugeordneter und aufeinander eingestellter Gesetze: Seine Teilstücke sind vereinzelt entstanden, zur Befriedigung vereinzelter, durch Sachaufgaben ausgelöster Regelungsbedürfnisse[107]. Überhaupt bezeichnet Raumwirksamkeit lediglich einen sachbestimmten, dem Raumplanungsgesetz zugeneigten Rechtsauszug[108], so wie sich Rechtsauszüge unter verschiedensten Gesichtspunkten vorstellen lassen: finanzwirksames Recht, umweltbezogenes, verteidigungsrelevantes usf.

241. Systematische Erkenntnisse sind auch nicht daraus zu gewinnen, daß das RPG als *Grundsatzgesetz* auftritt. Damit ist zunächst eine bun-

---

[107] EJPD/BRP, Erläuterungen RPG, Einl. N. 18; KURT KIM, Raumplanung Schweiz, 61.
[108] BBl 1978 I 1011 f.

desstaatliche Kategorie gemeint: die dem eidgenössischen Gesetzgeber zugestandene *Normdichte*[109]. Für das Verhältnis zu den übrigen *Bundesgesetzen* folgt unmittelbar daraus nichts.

242. Immerhin trägt das Raumplanungsgesetz *Züge eines Grunderlasses*, die sich auch gegenüber gleichgeordneten Gesetzen entfalten. Allerdings gehen sie nicht vom Gesetz als ganzem aus, und ihre kollisionsrechtliche Leistung bleibt bescheiden.

a) Soweit das RPG Boden zu widmen beansprucht, dient es der *Stammaufgabe* der Raumplanung (§ 1/III/A), und so lange ist es gewöhnlicher *Aufgabenerlaß*. In dieser Rolle verfolgt es arteigene Interessen, die allein für die Flächenwidmung Gültigkeit haben[110]. Sie sind nicht «breit» genug, die Interessen der ‹besonderen› raumwirksamen Aufgaben mit zu umfassen; auch nicht hinreichend legitimiert, sich diesen Aufgaben als vorweg zu erfüllende Voraussetzung aufzudrängen.

b) Sobald das RPG die raumwirksamen Aufgaben (mit Einschluß ihrer Stammaufgabe, der Nutzungsplanung) «aufeinander abzustimmen» aufgibt, besorgt es die *Querschnittaufgabe* der Raumplanung (§ 1/III/B), und von da an ist es *Grunderlaß*. Freilich ist einzuschränken: Das Hauptgewicht der Querschnittaufgabe liegt im *Verfahrensrechtlichen*, in der Pflicht aller raumwirksamen Aufgaben, an der Richtplanung teilzunehmen[111]. Auch wenn davon organisierende und daher auch harmonisierende Wirkungen ausgehen (vgl. § 10), so stellen die Vorschriften über den Richtplan doch keinen eigenständigen Grundstock *materiellen* Planungsrechts vor – was sie aber müßten, wenn das RPG den verklammerten raumwirksamen Sachaufgaben als ihr gemeines Recht gelten wollte. An diesem Befund ändern die materiell überwölbenden Ziele und Grundsätze der Raumplanung (Art. 1 und 3 RPG) wenig. Denn sie wenden sich nicht als allgemeinverbindliche Verhaltensvorschriften an die Fachbereiche, sondern als Wertekatalog, der zum je einschlägigen Recht hinzutritt und ‹nur› beansprucht, dessen Konkretisierung zu durchdringen[112]. So geht das RPG, wo es einmal materieller Grunderlaß wäre, mit weicher Regelungstechnik der Konkurrenzfrage von Anfang an aus dem Weg.

---

[109] Anm. 1/17.
[110] Vgl. BBl 1978 I 1013f.
[111] EJPD/BRP, Erläuterungen RPG, Art. 1 NN. 9ff.
[112] HEINZ AEMISEGGER, Planungsgrundsätze, 84ff.; EJPD/BRP, Erläuterungen RPG, Art. 3 NN. 1ff., 19; LEO SCHÜRMANN, Bau- und Planungsrecht, 116ff.

B.2 Sonderrechtsinteressen: Aufgabeneffektivität und haushälterische Bodennutzung

243. Die raumwirksame Sachaufgabe sorgt sich zuerst um *effektive Aufgabenwaltung,* gemessen an *ihren* Aufgabenzwecken. Das gilt auch vom Bodenkonsum: Er folgt, als bloß eine Voraussetzung unter anderen, den sachlich-wirtschaftlichen Zweckmäßigkeiten des Ressorts.

244. Der Drang des Fachbereichs, seine Ansprüche an den Boden aufgabengerecht befriedigt zu erhalten, sähe sich grundsätzlich in Frage gestellt, wenn die nutzungsrechtliche Flächenwidmung, Stammaufgabe der Raumplanung, Gemeinrechtsinteressen ins Feld zu führen vermöchte. Das gelingt ihr nur mittelbar, über den Umweg der Planungsziele und der Planungsgrundsätze. Selber ist die *Flächenwidmung Fachressort* geblieben.

245. Daraus ergibt sich für die nicht positiv geschlichtete Konkurrenz von Raumplan und Sachplan zweierlei.

a) Raumplan und Sachplan begegnen einander kollisionsrechtlich auf gleicher Stufe. Müssen die Geltungsansprüche der beteiligten Planungen einmal gegeneinander abgewogen werden, dann geschieht das frei: ohne ‹vermutetes› Vorrecht der einen oder der andern Aufgabe.

b) Raumplan und Sachplan unterstehen den Zielen und Grundsätzen der Raumplanung gleichermaßen: ihr einheitsstiftender Geist durchwirkt nicht allein – ‹einseitig› – die Pläne der raumwirksamen Sachaufgaben, sondern setzt auch bei den Flächenplänen an.

Der Ressortcharakter auch der ‹allgemeinen› Flächenplanung erklärt, weshalb horizontale Plankonkurrenzen stets nach demselben Muster entschieden werden: *Zuständig* ist das *Recht der schwergewichtig betroffenen Aufgabe* (C).

C. Zuständigkeit der schwergewichtig betroffenen raumwirksamen Aufgabe

246. Es wurde bereits vermerkt (Nr. 207): Die planungsrechtliche Praxis des Bundesgerichts verzichtet durchwegs darauf, einen Vorrang der Lex specialis auch nur ins Spiel zu bringen, von vereinzelten Ausnahmen abgesehen[113]. Vielmehr werden Standortkonkurrenzen gewöhnlich

---

[113] Vgl. immerhin BGE 98 Ib 130 E. 4a; auch 103 Ib 249 E. 1.

(und gewöhnlich unausgesprochen) *zugunsten des schwergewichtig betroffenen Gesetzes und ‹seines› Behördenapparates entschieden.* Schwergewichtig ist jenes Gesetz betroffen, das zum Kollisionsgegenstand – hier: zur Standortfrage – den näheren Sachbezug aufweist: das die Standortfrage kraft seiner materiellen Regelung, kraft seines Behördenapparates und seiner Verfahren besser ‹begreift›.

Zu Recht obliegt deshalb dem Fachbereich (und nicht der Forstverwaltung), über eine Straßenführung im Wald zu befinden: zur «Standortgebundenheit» derart zonenübergreifender Werke vermag das Forstpolizeirecht – wie jedes Nutzungsplanungsrecht auf vereinzelbare Vorhaben gemünzt (Nr. 163) – nichts Sinnvolles auszusagen (I/C). Daß Flußkraftwerke in gleicher Weise freigesetzt werden (I/D), ist nicht völlig zwingend, immerhin aber zu vertreten: Sie sind gewöhnlich Teil ebenso gebietsübergreifender Energiegewinnungs‹netze›. Nicht recht will hingegen einleuchten, weshalb Fernmeldeleitungen für die Standortfrage dem Forstrecht unterstehen (I/E), Militärbauten aber umgekehrt davon freigestellt sein sollen (I/F). Fernmeldeleitungen reichen (wie Straßen und Bahnen) über den Horizont der Nutzungsplanung hinaus; und die Bauten der Landesverteidigung, mit dem ‹Recht zum Standort› eben nur im Verhältnis zu den Kantonen ausgestattet, haben im Vergleich zu gewöhnlichen, dem Forst gehorchenden öffentlichen Werken (Nr. 201 a) nichts Besonderes an sich.

IV. Zuständiges Recht – vorbestimmte Standortwahl? (Verweisung)

247. Auch für den horizontalen Plankonflikt, gleich wie im föderativen Verhältnis, gilt: Mit der kollisionsrechtlichen Verdrängung der einen Regel durch die andere ist *allein die Zuständigkeitsfrage* gelöst. Das vorrangige Gesetz darf beanspruchen, die Standortfrage seinem Regelungsprogramm gemäß zu beantworten. Aber der Entscheid zugunsten *einer* Regelung bedeutet nicht, die ausgeschiedenen Konkurrenten könnten vergessen werden. Sie gehören vielmehr mit ihren *Regelungsinteressen* in Betracht gezogen, wenn nach Maßgabe des einschlägigen Rechts zur Standortwahl geschritten wird: berücksichtigt gleich einem Planungsgrundsatz. Mittler (und zugleich Voraussetzung) solchen Mitwägens sind die *Ermessensspielräume der zuständigen Norm*. Davon war für den föderativen Plankonflikt bereits die Rede (§ 3/IV); die Ausführungen dort gelten auch hier.

V. Raumwirksame Aufgabeneinheit

248. Der Grundsatz der bundesstaatlichen Aufgabeneinheit, so hat sich gezeigt (§ 3/V), liegt in Art. 3 BV beschlossen; er gehört zu den verfassungsgestaltenden Grundentscheidungen des aktuellen Bundesstaates. Ein solcherart verklammernder Leitgrundsatz ‹fehlt› hingegen für die horizontalen Aufgabenkonflikte, sieht man von Art. 2 BV ab. Freilich bedarf es der Mahnung zur Einheit nicht eigens; abgestimmte Aufgabenwaltung schon ‹innerhalb› einer Staatsebene versteht sich als Auftrag von selbst. Aufgabenwaltung ist Rechtswaltung; Recht aber, und sei es auf Einzelgesetze versplittert, beansprucht zum mindesten Widerspruchsfreiheit im praktischen Ergebnis, insofern eben Einheit.

A. Einheit und Ressort

249. Die institutionellen Voraussetzungen einheitlicher Aufgabenwaltung scheinen nicht sonderlich günstig. Schon der flüchtigste Blick auf die Organisationserlasse erkennt als Leitstern heutiger Staatsverwaltung das *Ressortprinzip*[114]. Seine Vorzüge liegen auf der Hand: Sachnähe, Einsatz von Fachverstand – aber auch Arbeitsökonomie, ‹Reduktion von Komplexität›: zugleich *Gefahren für die Aufgabeneinheit*. Es bedarf keiner Begründung, welches Prinzip – Einheit oder Ressort, materielles oder Organisationsrecht – die primären Werte vertritt: Das Ressort bleibt der Aufgabeneinheit verpflichtet, die Aufgabenwaltung nur der Praktikabilität halber auf Ressorts verteilt. Das Ressort ist Hilfsgröße, nicht Eigenwert.

250. Einheitsstiftende Aufgabenwaltung steht im Pflichtenheft jedes Fachbereichs: ohne weiteres, vermerkt oder nicht, von Verfassung wegen. Die Erfahrung lehrt freilich, daß kein Ressort diese Seite der Aufgabe gerne pflegt, daß sie vielmehr verfahrensrechtlicher Veranstaltung bedarf. Im raumwirksamen Verfassungsbereich erweist diesen Dienst der Richtplan; davon später (§§ 10 ff.). Hier ist bemerkenswert, daß die Rechtsprechung für den horizontalen Plankonflikt (und anders als im vertikalen) von selber gewisse verfahrensrechtliche Regeln entwickelt hat oder solche Regeln zumindest mitdenkt.

---

[114] Vgl. nur – für den Bund – die Art. 58 ff. VwOG sowie die zugehörige V über die Zuweisung der Ämter an die Departemente und der Dienste an die Bundeskanzlei, SR 172.010.14.

B. Ansätze eines koordinativen Verfahrensrechts

251. Ein festes Regelgefüge, eine koordinatives ‹Normalverfahren› gewissermaßen, bietet das Bundesgericht allerdings nicht; es bleibt bei *Einzel*forderungen im Hinblick auf *bestimmte* Konfliktslagen – ein wenig tragfähiges Fundament für Verallgemeinerungen. Wenn die herumliegenden Bruchstücke dennoch in einen gewissen Zusammenhang gebracht werden – nicht ohne das Urteilsmaterial zu strapazieren! –, dann mischen sich zwangsläufig auch nicht belegbare Ansprüche unter das bereits Gesicherte. Dieser Vorbehalt war vorauszuschicken.

252. Steht das zuständige Recht einmal fest, und zeigt es sich der Rücksichtnahme auf die Anliegen des zurückgedrängten Rechts zugeneigt, so stellt sich die Aufgabe, solche Rücksichtnahme im Entscheidungsprozeß zu sichern: davon handeln die koordinativen Verfahrens‹regeln› der Praxis. Sie fordern im wesentlichen dreierlei (B.1 – B.3, Nrn. 253 ff.):

B.1 Äußerungsrecht und Anhörungspflicht

253. Die fremden Regelungsinteressen müssen dem zuständigen Aufgabenbereich und der durch ihn regierten Güterabwägung *zugetragen* werden: deshalb das Äußerungsrecht des interessierten Ressorts und die Anhörungspflicht des zuständigen Ressorts.

a) Das *Äußerungsrecht* sichert dem berührten Fachbereich zu, seine Regelungsinteressen selber zum Ausdruck zu bringen, so wie er es für richtig hält. Die Freiheit des zuständigen Ressorts liegt nurmehr darin, die angemeldeten Interessen zu bewerten und mit gegenläufigen Belangen abzuwägen. Sie zu ‹ändern› kommt ihm nicht zu: Der zuständige Fachbereich überschritte seine Kompetenz[115].

b) Die *Anhörungspflicht* hält den zuständigen Fachbereich an, fremde Ressorts beizuziehen, sobald deren Regelungsinteressen berührt sind und das eigene Recht den Spielraum vermittelt, sie zu berücksichtigen. Dem zuständigen Fachbereich (und nicht dem interessierten!) fällt die Initiative zu: Er hat den Entscheidungsprozeß in Gang gesetzt, sein Recht regiert den Gegenstand; nur aus seiner Sicht ist abzuschätzen, wie weit fremde Belange berührt sind und zur Mitwirkung herbeigerufen gehören[116].

254. Äußerungsrecht und Anhörungspflicht wurzeln unmittelbar im Ressortprinzip, sind mit dem Pflichtenheft eines Amtes stets mitgedacht; ausdrücklicher Mahnung im Sachgesetz bedarf es nicht.

---

[115] Vgl. BGE 99 Ib 195 f. E. 5; 98 Ib 456 f. E. 7 f., 498 ff. E. 6 f.
[116] Vgl. BGE 106 Ib 44 E. 2; ZBl 1983 370 E. 4a.

Immerhin gebieten gewisse Bundeserlasse eigens, «interessierte» Bundesstellen zum Verfahren beizuziehen, so beispielsweise beim Bau von *Atomanlagen* (Art. 6 Abs. 1 BBAtG) und bei vorbereitenden Handlungen im Hinblick auf Lagerstätten für Atommüll (Art. 5, 15 der V über vorbereitende Handlungen, SR 732.012), beim Bau von *Starkstromleitungen* (Art. 73 Abs. 4 der V über die Vorlagen für elektrische Starkstromanlagen, SR 734.25), im *eisenbahnrechtlichen* Plangenehmigungsverfahren (Art. 18 Abs. 2 EBG), im Plangenehmigungsverfahren des *Rohrleitungsgesetzes* (Art. 23 Abs. 1 RLG), für Konzessionierung und Bewilligung von *Flugplätzen* (Art. 37 Abs. 3, 43 Abs. 3 LFV) – und umgekehrt werden Ressorts mitunter schon durch das ‹eigene› Recht befähigt, sich in fremden Verfahren Gehör zu verschaffen, so etwa das Bundesamt für Forstwesen bei Erfüllung von «Bundesaufgaben» (Art. 11 Abs. 1 NHV), das Bundesamt für Raumplanung bei raumwirksamen Vorhaben des Bundes (Art. 11 Abs. 1 RPV), das Bundesamt für Umweltschutz bei gewässerschutzberührenden Angelegenheiten (Art. 8 AGschV). Die Verwaltungspraxis kann solche Vorschriften nur begrüßen (Rechtssicherheit!); allerdings ist vor dem verhängnisvollen Umkehrschluß zu warnen, überall sonst könne in souveränem Alleingang entschieden werden.

Vielmehr ist die bloße Zuordnung von Amt auf Aufgabe durch Organisationsrecht Beleg genug: Der *Pflicht* zur Aufgabe entspricht ein *Recht* auf die Aufgabe; und zwar ein Recht allein der betreffenden Fachstelle. Ein Recht, welches die Formulierung der ‹Amtspolitik›, den Beschluß über Prioritäten und Schwergewichte umschließt, ob im Rahmen eigener Aufgabenwaltung oder ‹nur› für zudienende Vernehmlassungen an die Adresse anderer Ämter.

255. Die Verletzung des Ressortsprinzips trägt einen rügbaren *Rechtsfehler* in den Verwaltungsentscheid des zuständigen Fachbereichs[117], rügbar sowohl durch Private[118] (Art. 48 Bst. a VwVG) als auch durch den übergangenen Aufgabenträger: mittels Behördenbeschwerde (wenn das einschlägige Recht sie gewährt[119]), gestützt auf das allgemeine Beschwerderecht (wenn der Aufgabenträger «Gemeinwesen» ist, eigene Aufgabeninteressen zu verfechten hat und sich vom mißliebigen Entscheid hinreichend «berührt» zeigt[120]), oder endlich mittels dienstrechtlicher Intervention[121].

---

[117] Vgl. BGE 106 Ib 44 E. 2.
[118] Keine ‹Parallelität› von Rechtsschutzinteresse und Schutzrichtung der Norm! BGE 108 Ib 250 E. 2 d; 104 Ib 255 f. E. 7 c.
[119] Beschwerden von Kantonen und Gemeinden gemäß Art. 34 Abs. 2 RPG! Dazu ZBl 1982 217 ff. E. 1, 2.
[120] Vgl. FRITZ GYGI, Bundesverwaltungsrechtspflege, 169 ff.; *Derselbe,* Zur Beschwerdebefugnis des Gemeinwesens in der Bundesverwaltungsrechtspflege, ZSR 1979 I 449, 457 f.; ALFRED KÖLZ, Die Beschwerdebefugnis der Gemeinde in der Verwaltungsrechtspflege, ZBl 1977 97, 123.
[121] Grundsätzlich kein Rechtsmittel unterlegener Behörden gegen Entscheide hierarchisch übergeordneter Stellen! PETER SALADIN, Verwaltungsverfahrensrecht, 182.

B.2 Adäquate Äußerungsform

256. Die fremden Regelungsinteressen fließen dem Hauptstrom des zuständigen Verfahrens formlos zu: Der beigezogene Aufgabenbereich *äußert sich*, aber er *verfügt nicht* – eine Binsenwahrheit, denn wo keine Sachzuständigkeit besteht, kann auch kein förmlicher Verwaltungsakt ergehen.

257. Die Dinge liegen freilich verzwickter. Häufig verbleiben dem (an der Standortfrage) interessierten Ressort eigenständige Entscheidungsanteile: was läge näher, als gerade diese ‹Restverfügung› zur Artikulation auch der Standortinteressen einzusetzen? Man muß der Versuchung widerstehen, muß Vernehmlassung und Verfügung deutlich trennen.

258. Das gelingt ohne Mühe, solange dem beigezogenen Fachbereich *nur Nebenpunkte* zur eigenständigen Beurteilung überlassen sind. Die Nebenpunkte bleiben dann im Entscheid um die Hauptfrage ‹vorbehalten› (oder sind bereits vorweg erledigt – eine Frage der Zweckmäßigkeit), dürfen – was sich von selbst versteht – nicht als Hebel mißbraucht werden, den zuständigenorts gefällten Hauptentscheid zu hintertreiben, und hindern den beigeladenen Aufgabenbereich im übrigen keineswegs, in der Vernehmlassung mit der ganzen Breite seines Ressorts anzutreten.

Bauten im Wald benötigen zunächst und hauptsächlich eine Bewilligung der Forstbehörden: für forstliche Bauwerke eine Bewilligung gemäß Art. 28 FPolV, für forstfremde, ‹zonenwidrige› eine Rodungsbewilligung (Art. 25 ff. FPolV). Damit ist die Standortfrage entschieden (Art. 22 Abs. 2 Bst. a RPG); den gemeinen Baubehörden verbleiben Fragen der Erschließung (Art. 22 Abs. 2 Bst. b RPG) und der Baupolizei (Art. 22 Abs. 3 RPG) zu klären[122]. Die raumplanerische Wünschbarkeit des Bauvorhabens allerdings ist nach wie vor Sorge der Baubehörden; sie soll sich im Rodungsverfahren (durch das Sprachrohr der verwaltungsinternen Vernehmlassung) Gehör verschaffen, und nicht die sachlich untergeordneten Erschließungs- und Baupolizeibescheide befrachten. Vergleichbare Verschränkungen erzeugt (freilich sind die Rollen vertauscht) der Widerstreit von *Straßenbau* und Forstpolizei: Die Standortfrage entscheidet sich im Straßenplanverfahren, die Forstbehörden befinden nurmehr über die ‹Modalitäten› der Rodung[123]. Auch hier aber: Walderhaltungsinteres-

---

[122] An der *Notwendigkeit* einer Baubewilligung ist nicht zu zweifeln; vgl. BGE 108 Ib 384 E. 3a; 106 Ib 145 E. 5; 101 Ib 314. Uneinigkeit herrscht aber über die *materielle Tragweite* des planungsrechtlichen Bescheids: vgl. (zutreffend) BVR 1981 477 E. 1 und (die Zuständigkeit des Planungsrechts überschätzend) VwGer AG 12.12.1983 *Aargauer Heimatschutz*, 9 ff. E. 2c. Zum ganzen HEINZ AEMISEGGER/THOMAS WETZEL, Wald und Raumplanung, 84 f., 86 ff.; ferner ZBl 1983 369 f. E. 3 b.
[123] Vgl. BGE 98 Ib 219 E. 7 b.

sen gehören von den Forstbehörden vollständig in das Straßenplanverfahren eingebracht, ‹nur› als Interesse gewiß, aber in der Sache unbesehen ihrer kärglichen Restzuständigkeit.

259. Schwieriges Gelände taucht auf, sobald die ‹Restzuständigkeiten› der interessierten Fachbehörde *keine Nebensächlichkeiten* mehr beschlagen, sondern kraft ihres Gewichts die Auslegung des zuständigen Rechts zu bestimmen beginnen. Das zuständige Recht muß dann auf *verfahrensmäßig verfestigte, verläßliche Äußerungen* des interessierten Ressorts dringen.

So verhält es sich, wie erwähnt (Nrn. 200, 201 a) für *öffentliche Werke im Wald* (soweit sie für die Standortfrage dem Forstrecht unterliegen): Als Zeugnis ernsthafter, einen Holzschlag rechtfertigender Aufgabeninteressen verlangt die Praxis ein generelles Projekt[124]. Ähnliches gilt, wenn Forstgebiet zur *Erweiterung der Bauzone* beansprucht wird. Die forstrechtliche Standortgebundenheit solchen Ansinnens kann allein durch Raumplanung einsehbar gemacht werden[125]. Damit die vorgelegte Planung als Vertreterin überwiegender Rodungsinteressen in Betracht fallen kann, fordert das Bundesgericht in tatsächlicher Hinsicht, daß die betreffende Gemeinde einen «hohen Waldanteil» aufweise und keine anderen Entwicklungsmöglichkeiten mehr beibringen könne[126]; und in materieller Hinsicht, daß die vorgelegte Planung «razionale» und «complessa» sei: nach sachgerechten Gesichtspunkten verfaßt und umfassend angelegt[127], so daß der Rodungsbedarf «überzeugend nachgewiesen» erscheint[128].

Die vorgebrachten Aufgabeninteressen sollen vor allen Dingen *adäquat verfestigt* sein: einerseits so weit ausgereift, daß sie als verläßlicher Wille des vortragenden Fachbereichs gelten dürfen, andererseits nicht so weit vorangetrieben, daß die zur Hauptsache zuständige Behörde in Zugzwang gesetzt wird – was bleibt, ist die Handlungsfreiheit eines Seiltänzers. Das Gebot schließt es jedenfalls aus, die Kundgabe so zu bildender Interessen in die Form eines rechtsverbindlichen Aktes zu kleiden; das wäre, nebenbei, auch ein Verstoß gegen die normative Redlichkeit.

Deshalb ist Vorsicht geboten, wenn die Rechtsprechung von waldbeanspruchenden Nutzungsplänen als letztes – in formeller Hinsicht – verlangt, sie müßten

---

[124] ZBl 1982 75 E. 2 a.
[125] BGE 99 Ib 195 f. E. 5; 98 Ib 498 ff. E. 6 f., 456 f. E. 7 f., 452 E. 3.
[126] BGE 103 Ib 51 E. 5 a; 99 Ib 499 E. 5 c; 98 Ib 452 E. 3.
[127] BGE 99 Ib 195 f. E. 5, 499 E. 5 c.
[128] BGE 103 Ib 51 E. 5 a. In ähnlichem Sinne verlangt das Gericht für touristisch begründete Rodungsgesuche ein entsprechendes *Fremdenverkehrskonzept:* BGE 106 Ib 138 ff. E. 3; 103 Ib 51 E. 5 a; 98 Ib 499 E. 7; auch 96 I 506 ff. E. 4.

von der zuständigen kantonalen Behörde *genehmigt* sein[129]. Ein *rechtsverbindlicher* Bescheid darf damit nicht gemeint sein[130]: Erstens wäre er wegen Art. 18 Abs. 3 RPG nichtig; und außerdem: welchen Wert erhoffte man sich vom Rodungsverfahren noch, wenn die Forstbehörde ‹endgültige› (und durch die Gemeinde womöglich noch demokratisch zementierte) Beschlüsse vorgelegt erhielte? Eine schlichte *Vorprüfung* des Plan*entwurfs* durch die Plangenehmigungsbehörde dagegen ist sinnvoll und weckt auch keine Bedenken.

B.3 Koordination eigenständiger Verfahren

260. Ein letztes: Materiell eigenständige Regelungsanteile folgen gewöhnlich ‹ihrem› Verfahren[131]; *ein* Vorhaben bedarf dann *mehrerer* Verwaltungsakte.

Freilich spricht vieles dafür, die sachlich zusammenhängenden Teilverfahren unter dem Schirm der schwergewichtig betroffenen Aufgabe zu einem einzigen zu vereinen: zuvorderst die *Verwaltungsökonomie* und das Bedürfnis des Bürgers, eine *einheitliche Entscheidungsbehörde* vorzufinden. Diesem Geist entspringt beispielsweise Art. 38 RPG: Danach konsumiert das Baubewilligungsverfahren nunmehr das gewässerschutzrechtliche; deshalb die «Anhörung» der Fachstelle für Gewässerschutz durch die Baubehörde[132]. Solange freilich die Verfahren materiell selbständiger Aufgabenteile nicht ausdrücklich zusammengelegt sind, so lange wird man davon ausgehen müssen, daß selbständigem materiellem Recht selbständige Verfahren entsprechen.

261. Bleibt es bei eigenständigen Verfahren, so gehören sie derart miteinander verknüpft, daß der Gegenfluß der Regelungsinteressen gesichert bleibt und – vor allem! – keine Teilordnung ohne die notwendigen anderen Teilordnungen rechtskräftig wird. Dafür ist unerläßlich, die Teilentscheide suspensiv aufeinander zu *bedingen*[133].

---

[129] BGE 99 Ib 499 E. 5c, 196 E. 5.
[130] So aber anscheinend im Urteil 99 Ib 500 E. 5c.
[131] Wohnhäuser im Wald bedürfen auch baurechtlicher Bewilligung (Anm. 125); Straßenplangenehmigungen regeln nicht auch schon die Bedingungen der Ersatzaufforstung (BGE 98 Ib 219 E. 7b).
[132] EJPD/BRP, Erläuterungen RPG, Art. 38 N. 3.
[133] HEINZ AEMISEGGER/THOMAS WETZEL, Wald und Raumplanung, 124ff. Vgl. auch ZBl 1985 275 E. 4b/bb.

§ 5 Fazit: Kollisionsrechtliche Konstante – zuständige Norm und Norminteresse

262. Das verfassungsrechtliche Umfeld der Raumplanung ist, wie mir scheint, durchschritten. Die Rede war von den ‹großen› Konflikten, die Art. 22^{quater} BV auszustehen hat: vom Widerstreit der Raumplanung mit den Grundrechten (§ 2), sodann von ihren Beziehungen zu den (übrigen) raumwirksamen Aufgaben, insbesondere den Sachplanungen – und zwar in zweifacher Ausprägung: erstens in einer vertikal-bundesstaatlichen (§ 3), zweitens in einer horizontalen, ‹rein› sachlichen (§ 4). An allen drei Fronten sollte das je spezifische Kollisionsrecht ins Licht gerückt und vor allem die Frage geklärt werden, ob (und wie weit) die kollisionsrechtliche Grenzbereinigung ein ‹Abwägen› unter gegnerischen Geltungsansprüchen zulasse – keine Nebensache für den Richtplan, der Abstimmung zum Leitsatz erhebt. Der Bescheid beruhigt: Abwägen ist erlaubt, ja geboten; diese Gemeinsamkeit vor allem zählt. Im einzelnen zeigen sich aber auch Unterschiede.

263. Von den *Unterschieden* zunächst – sie betreffen den *ersten* Schritt des kollisionsrechtlichen Prozesses: den *Weg zur zuständigen Norm.*

a) Der Streit, den Art. 22^{quater} BV mit ‹seinem› Grundrecht führt – das Wechselspiel um *Raumplanung und Eigentumsgarantie,* Aufgabe und Grundrecht, Bindung und Freiheit: dieser Streit entscheidet sich von Anfang an durch *Güterabwägung* (Nr. 59). Darin drückt sich der Gleichrang aller Verfassungssätze aus – aber auch, vor allem, daß zwischen Raumplanung und Eigentumsgarantie keine wirkliche Front verläuft. Aufgabennorm und Freiheitsrecht sind beide gleicherweise ‹zuständig›: zwei Seiten einer Münze. Soweit mehrere Grundrechte um Einfluß anstehen – *Grundrechtskonkurrenz* besteht –, gehört vorweg noch nach der *vorherrschend betroffenen Garantie* gefragt (Nrn. 50f.).

b) Der föderative (vertikale) Plankonflikt – *kantonale Raumplanung gegen eidgenössische Sachplanung* – geht kraft *Art. 2 ÜB BV* mit der Zuständigkeit von *Bundesrecht* aus (Nrn. 153 ff.), sofern der Bund die Standortfrage (jene Frage, die den Kern der Plankonflikte ausmacht) an sich gezogen hat (Nrn. 160 ff., 180).

c) Und schließlich der ‹rein› sachliche (horizontale) Wettstreit zwischen *Raumplanung als ‹allgemeiner› Gebietsplanung* und *Sachplanung als ‹besonderer› Werkplanung:* Vergebens sucht man hier nach dem Vorrang einer Lex specialis – vom schrägen Eindruck ganz abgesehen, den der Rechtsspruch stets hinterläßt (Nrn. 208 ff.). Die kollisionsrechtliche Zuordnung von allgemeinem und besonderem Gesetz wird vielmehr durch die *materiellen Regelungszwecke* des Kollisionsbereichs bestimmt, danach gewichtet, ob Gemeinrechtsinteressen oder Sonderrechtsinteressen den Vorzug verdienen (Nrn. 222 ff.). Sachplan und Raumplan trennen sich hier unentschieden: beide sind gleichermaßen Fachbereich, ‹speziell›. So erhält am Ende jene raumwirksame Aufgabe den Zuschlag, die sich sachlich und verfahrensmäßig als *schwergewichtig betroffen* erweist (Nr. 246).

264. Wenn auch die Wege sich unterscheiden, die zur kollisionsrechtlich zuständigen Norm führen – was danach, im Rahmen der zuständigen Norm, geschieht, folgt allemal demselben Muster: Der *zweite* Schritt des kollisionsrechtlichen Prozesses wendet sich den *Regelungsinteressen des zurückgewiesenen Gesetzes* zu, zieht sie (zusammen mit allen übrigen in der Sache erheblichen Belangen) als Bausteine der Rechtsfindung bei, wo immer der zuständige Rechtssatz die erforderliche Freiheit zur Abwägung (Ermessen vor allem) einräumt. So wird kollisionsrechtliches Unheil, kaum angerichtet, weithin wiedergutgemacht. Die Kür des zuständigen Rechtssatzes verliert ihre Härten, wenn man weiß, sie spricht nicht materiell das letzte Wort. *Zuerst Zuordnung, dann Optimierung:* Diese kollisionsrechtliche Konstante wahrt sowohl die *Praktikabilität des Rechts* als auch die *Einheit des Rechts*.

Dritter Abschnitt
Aufgabenwaltung

265. Im konfliktreichen Aufgabenfeld der Raumplanung tritt früher oder später «Abwägung» als Friedensstifter auf den Plan: soviel hat der erste Abschnitt ergeben. Nach der Umschau nun ‹System›: Der dritte Abschnitt soll Abwägen und Abstimmen in den Lauf staatlichen Aufgabenhandelns einbinden (§§ 6–9).

266. Abwägung hat einen schlechten Namen. Wohin sie blickt, nur Zweifel und Bedenken: Das Legalitätsprinzip fürchtet um Einfluß; der Gleichheitssatz, herkömmlich Hauptbürge der Gerechtigkeit, hat die Felder der Abwägung bereits geräumt, nur gerade das Willkürverbot hinterlassend; und ein guter Teil der Methodenlehre sieht mit der Abwägung bloß unerlaubte Billigkeit an die Türen des Rechts drängen. Den Aufgabenträgern freilich, zum Entscheid gezwungen, ist Abwägung Alltag. In der Tat: Abwehr hilft nicht weiter, ist völlig uninteressant. Vom Gegenteil soll hier die Rede sein: davon, daß Abwägung sich zu den legitimen Mitteln der Aufgabenwaltung zählen darf; von den Möglichkeiten, sie dem Recht zu erschließen.

267. Der Anspruch – Abwägung als Figur des Rechts – wirft sogleich neue Fragen auf: jedenfalls nach Ort, Mittel und Verfahren solchen Handelns. Damit ist fürs nächste auch der Weg gewiesen.

a) Vorweg benötigt der abwägende Aufgabenwalter das Einverständnis des einschlägigen Rechts: Von diesen *Orten der Interessenabwägung* zuerst (§ 6).

b) Ist die Erlaubnis einmal eingeholt, so gehört als zweites geklärt, woraus der *Werkstoff der Abwägung* besteht, genauer: welche Bedingungen das sachdienliche Abwägungsmaterial erfüllen muß, damit die Abwägung rechtlich regierter Vorgang bleibt (§ 7).

c) Und endlich das *Verfahren des Abwägens* selbst: Bemäntelung bloßer Willkür, wie ein gängiges Wort lautet, oder doch ernsthafte ‹Methode› (§ 8)?

§ 6 Aufgabennorm

268. Aufgabe des Richtplans ist die Abstimmung raumwirksamer Aufgaben (§ 10), Voraussetzung für gutes Gelingen dieses Werks die normative Offenheit des einschlägigen Aufgabenrechts: eine Aufgabennorm, die die erforderlichen Handlungsfreiheiten einräumt (I, Nrn. 269 ff.). Die Normen der Verfassung erfüllen diese Erwartung aufs beste (II, Nrn. 284 ff.). Gewöhnlich aber werden raumwirksame Aufgaben auf tieferer Normstufe besorgt; besonders die konfliktträchtige Standortfrage wird weithin in den Formen der Rechts‹anwendung› beantwortet (§ 11/I/C). Ob die raumwirksame Aufgabe auch so noch abstimmbar bleibt, der Richtplan auch dann noch Wirkungsfelder findet, hängt am Ende allein von der Regelungsdichte des raumwirksamen Gesetzes ab: davon, ob auch das Gesetz mit Aufgabennormen arbeitet, sich als «Auftrag an die Verwaltung» versteht (III, Nrn. 315 ff.).

I. Die raumwirksame Staatsaufgabe

269. Den Einzugsbereich des Richtplans bestimmen zwei Größen: die erfaßten Tätigkeiten müssen *raumwirksam* (A, Nrn. 270 f.), und sie müssen *Statsaufgabe* sein (B, Nrn. 272 ff.). Und weil er darauf setzt, diese Tätigkeiten brächten die Voraussetzungen der Abstimmbarkeit selber ein, interessiert an der Staatsaufgabe vor allem jener ‹Ort›, der die erwarteten Handlungsfreiheiten begründet: die *Aufgabennorm* (C, Nrn. 280 ff.; und einläßlich II, III).

A. Raumwirksamkeit (Verweisung)

270. *Raumwirksam* sind Aufgaben, «wenn sie die Nutzung des Bodens oder die Besiedlung des Landes verändern oder bestimmt sind, diese zu erhalten» (Art. 1 Abs. 1 RPV). Einzelheiten zum Begriff gehören nicht hierher; davon später (§ 11/I).

271. Zu den raumwirksamen Aufgaben der Bundes*verfassung* zählen [1]:
– als *ausschließliche* (das heißt: mit ursprünglich derogierender Kraft ausgestattete) und daher normativ auch *erschöpfende* Zuständigkeiten: Eisenbahnen (Art. 26); Post- und Telegrafenwesen (Art. 36); herkömmlich auch Heerwesen (Art. 20, 22) sowie Zivil- und Kulturgüterschutz (Art. 22bis)

---

[1] Vgl. die teilweise abweichenden Aufzählungen bei MARTIN KELLER, Aufgabenverteilung, 80 f., und EJPD/BRP, Erläuterungen RPG, Einl. N. 16a.

– als *konkurrierende* (das heißt: mit nachträglich derogierender Kraft ausgestattete) und normativ *erschöpfende* Zuständigkeiten: Gewässerschutz (Art. 24bis Abs. 2 Bst. a); Schiffahrt (Art. 24ter); Fortleitung und Abgabe elektrischer Energie (Art. 24^{quater}); Atomenergie (Art. 24^{quinquies}); Tier- und Pflanzenschutz (Art. 24^{sexies} Abs. 4); Umweltschutz (Art. 24^{septies}); Rohrleitungen (Art. 26bis); Förderung der Landwirtschaft und Schutz wirtschaftlich bedrohter Landesteile (Art. 31bis Abs. 3 Bst. b, c); Nationalstraßen (Art. 36bis); Luftschiffahrt (Art. 37ter).

Diese beiden Zuständigkeitsgruppen eint, daß sie den zugewiesenen Gegenstand durchgreifend zu regeln ermächtigen: man kann sie deshalb als sachlich *«umfassende»*[2] Aufgaben umschreiben und so von den *«teilweisen»* der folgenden zwei Gruppen abheben. Zu den raumwirksamen – nun teilweisen – Zuständigkeiten des Bundes zählen weiter:

– als *konkurrierende* (wie erwähnt: mit nachträglich derogierender Kraft ausgestattete) und normativ *auf Grundsätze beschränkte* Zuständigkeiten: Raumplanung (Art. 22^{quater}); Wasserbau- und Forstpolizei (Art. 24); Wasserwirtschaft (Art. 24bis Abs. 1); Jagd und Fischerei (Art. 25); Fuß- und Wanderwege (Art. 37^{quater}).
– als *«parallele»*[3] (das heißt: gleichlaufende Tätigkeiten der Kantone nicht ausschließende) Zuständigkeiten: Öffentliche Werke (Art. 23); Errichtung und Förderung von Polytechniken, Universitäten usf. (Art. 27); Errichtung und Übernahme von Forschungsstätten (Art. 27^{sexies}); Wohnbauförderung (Art. 34^{sexies}); Straßenbauförderung (Art. 36ter Abs. 1 Bst. b).

B. Staatsaufgabe

272. Die *«Staatsaufgabe»* hält sich bis heute verhüllt[4]. Sie ist weder Verfassungs- noch Gesetzesbegriff, und die Dinge liegen auch dort nicht klarer, wo das positive Recht – wie etwa Art. 30 GG – den Ausdruck verwendet[5]: Durchwegs wird anerkannt, daß erst die *jeweils geltende Rechtsordnung* den wirklichen Aufgabenbestand des Staates zu erkennen erlaubt und daß der beanspruchte Wirkungsbereich *in die Zukunft hin offen* bleiben muß[6]. Von einem haltgebenden Katalog des staatlichen Pflichtstoffs ist im übrigen wenig zu spüren[7].

---

[2] ULRICH HÄFELIN/WALTER HALLER, Bundesstaatsrecht, N. 313; YVO HANGARTNER, Kompetenzverteilung, 94 f.; MARTIN KELLER, Aufgabenverteilung, 80.
[3] JEAN-FRANÇOIS AUBERT, Traité, I, III Nr. 703; ULRICH HÄFELIN/WALTER HALLER, Bundesstaatsrecht, NN. 303 f.; YVO HANGARTNER, Kompetenzverteilung, 188 f.
[4] Vgl. PETER MÜLLER, Aufgabennormierung, 1; CHRISTOPHE ZUMSTEIN, Staatsaufgabe, 12 f., mit Hinweisen auf den Sprachgebrauch.
[5] Aus dem deutschen Schrifttum vgl. etwa: HANS PETER BULL, Staatsaufgaben, 43 ff.; HANS H. KLEIN, Öffentliche Aufgabe, DöV 1965 757 ff.; FRITZ OSSENBÜHL, Verwaltungsaufgaben, VVDStRL 29 153 ff. mit Hinweisen; HANS PETERS, Aufgaben, 878 ff.
[6] Z. B. FRITZ OSSENBÜHL, Verwaltungsaufgaben, VVDStRL 29 153.
[7] Jetzt aber PETER SALADIN, Verantwortung, 118 ff.

273. Immerhin ist auf *drei Eingrenzungen* Verlaß.

a) Staats*aufgaben* fallen nicht mit bloßer Staats*tätigkeit* zusammen: Tätigkeiten bezeichnen tatsächliches, Aufgaben gesolltes Handeln. Der Staatsaufgabe eignet notwendig Normativität[8]; sie ist staatliche Obliegenheit.

b) *Staats*aufgaben sind ferner abzuheben von bloß *öffentlichen* Aufgaben: Über öffentliche Aufgaben läßt sich nur sagen, daß ‹die Öffentlichkeit› sich für sie interessiert[9] – nicht genug, um sie dem Staat zuzurechnen. Jede staatliche Aufgabe ist eine öffentliche (müßte es jedenfalls sein!), nicht jede öffentliche aber ist auch eine staatliche Aufgabe.

c) Staatsaufgaben bezeichnen schließlich, wird nichts anderes vermerkt, *Sach*aufgaben[10]. Gewiß wären auch andere Gliederungen denkbar: nach Staatsfunktionen etwa, oder nach Staatszwecken[11]. Gewinn verspricht allerdings nur eine sachbezogene Betrachtungsweise: Rechtsetzung, Regierung und Verwaltung sowie Rechtsprechung sind Erfüllungshilfe jeder Sachaufgabe und tragen insofern (weil inhaltsleer) nichts bei, den Pflichten des Staates beizukommen. Und die übrigen Gliederungskriterien lassen sich alle auf das Muster des Sachbereichs zurückführen (Nrn. 294 ff.).

274. Aber auch als *sachliche Obliegenheit des Staates* nimmt der Begriff manche Farbe an.

Neuerdings umschreibt CHRISTOPHE ZUMSTEIN die Staatsaufgabe als die «ausreichend bestimmte, in der Verfassung oder im Völkerrecht begründete, durch das subkonstitutionelle Recht in mehr oder weniger großem Maße konkretisierte Verpflichtung des Staates zu zweckgerichteter Tätigkeit», gewöhnlich «in einem bezeichneten Sachgebiet»[12]. HANS PETER BULL setzt voraus, daß der Staat auf umschriebenem Bereich und mit bestimmtem Ziel «nach rechtlichen Maßstäben zulässigerweise tätig wird»[13]. PETER MÜLLER spricht kurz von «Sachzuständigkeit»[14]; FRITZ OSSENBÜHL (und mit ihm PETER SALADIN) läßt als Staatsaufgabe gelten, was das Gemeinwesen nach der jeweils geltenden Verfassungsordnung zulässigerweise für sich

---

[8] CHRISTOPHE ZUMSTEIN, Staatsaufgabe, 33.
[9] HANS PETERS, Aufgaben, 878 f.; ihm folgend etwa HANS H. KLEIN, Öffentliche Aufgabe, DöV 1965 756 Sp. 1; PETER SALADIN, Grundrechtsprobleme, 66; CHRISTOPHE ZUMSTEIN, Staatsaufgabe, 151 f.
[10] PETER MÜLLER, Aufgabennormierung, 14; CHRISTOPHE ZUMSTEIN, Staatsaufgabe, 161.
[11] Insbesondere zur Gliederung nach Staatszwecken vgl. die Literaturübersichten bei PETER MÜLLER, Aufgabennormierung, 18, und CHRISTOPHE ZUMSTEIN, Staatsaufgabe, 20.
[12] CHRISTOPHE ZUMSTEIN, Staatsaufgabe, 161.
[13] HANS PETER BULL, Staatsaufgaben, 44.
[14] PETER MÜLLER, Aufgabennormierung, 14.

in Anspruch nimmt[15]. HANS PETERS fordert, daß «der Staat die Aufgabe selbst unmittelbar übernimmt oder sie in mittelbarer Verwaltung durch eine Körperschaft oder Anstalt des öffentlichen Rechts oder einen ausdrücklich mit der Übernahme beliehenen Unternehmer nach öffentlichem Recht erfüllen läßt»[16]; und HANS KLEIN – damit soll die kurze Umschau ein Ende haben – will den Begriff auf jene Aufgaben einschränken, «deren Ausübung sich auf die Gewichtsverteilung zwischen Bund und Gliedstaaten auszuwirken vermag»[17].

B.1 Materielle Funktionen des Aufgabenbegriffs?

275. Vielfalt und Unsicherheit rühren mindestens zum Teil daher, daß dem Begriff (meist unausgesprochen) *materielle Funktionen unterlegt* werden. Sogleich wird klar: Die Staatsaufgabe soll sich gegen beliebige Betriebsamkeit des Gemeinwesens richten; erwartet werden Ausgrenzungen, Gewißheit über die staatlich belegten Wirkungsfelder, über seine *Zuständigkeit*[18].

B.11 Die Staatsaufgabe als ‹Sphäre› des Staates?

276. Der Aufgabenkatalog soll die ‹Sphäre› des Staates in dreifacher Hinsicht bestimmen: gegenüber Privaten, in der Sache selbst, im Verhältnis zu konkurrierenden Körperschaften desselben Staates. Nie gelingt die Ausgrenzung wirklich.

a) Schon im Verhältnis zum *Privatmann* zeigt sich kein klares Bild. Gewiß müssen die Tätigkeitsbereiche des Staates *sichtbar gemacht* und *rechtlich begründet* werden[19]: das ist der erste Preis des Rechtsstaates. Eine ‹Gütertrennung› zwischen staatlich und privat ist damit aber nicht erreicht: noch wäre zu entscheiden, ob die Staatlichkeit einer Aufgabe Subjekte des Zivilrechts als Aufgabenwalter dulde oder den staatlichen Trägern zugestehe, in Formen des Privatrechts zu handeln. Und tatsächlich gelten der herrschenden Meinung hoheitliche Aufgabenwalter und hoheitliche Handlungsformen nicht als notwendiges Requisit staatlicher Aufgaben[20].

b) Nicht besser steht es um die *sachliche* Ausgrenzungskraft. Zwar sollen Staatsaufgaben nur *hinreichend Bestimmtes* umfassen dür-

---

[15] FRITZ OSSENBÜHL, Verwaltungsaufgaben, VVDStRL 29 153; PETER SALADIN, Grundrechtsprobleme, 66.
[16] HANS PETERS, Aufgaben, 880.
[17] HANS H. KLEIN, Öffentliche Aufgaben, DöV 1965 758 Sp. 1.
[18] PETER MÜLLER, Aufgabennormierung, 61 f.; CHRISTOPHE ZUMSTEIN, Staatsaufgabe, 93 f.
[19] Vgl. PETER MÜLLER, Aufgabennormierung, 61; CHRISTOPHE ZUMSTEIN, Staatsaufgabe, 61, 83, 106.
[20] ‹Wahlfreiheit› des Gemeinwesens! Vgl. Anm. 11/29.

fen: eine beschränkte Breite zulässiger Alternativen[21]. Auch hier läßt man besser Vorsicht walten. Selbst der Sachwille ‹genau› beschriebener Aufgaben hindert den Aufgabenträger nicht an selbständiger Wertung und Gestaltung des anvertrauten Rechtsgutes. Überdeutlich zeigt sich das im Verhältnis zwischen Verfassungsauftrag und Gesetz (II/D).

c) Für den *Bundesstaat* kommt ein dritter Anspruch hinzu: Nur durch das Mittel der Staatsaufgabe, scheint es, lassen sich die besetzten und beschriebenen Handlungsfelder (a, b) herausheben und als Verbandskompetenz dem Bund zuweisen – *die* Voraussetzung, um den Kantonen ‹für den Rest› Allzuständigkeit zu sichern[22]. Aber wer wollte dem bloßen Katalog von Bundesaufgaben zutrauen, funktionstüchtigen Föderalismus im Kern zu sichern? Jedermann weiß, die «Generalkompetenz» der Kantone gemäß Art. 3 BV liegt allein in den Händen des Bundesgesetzgebers. *Er* umschreibt die wirkliche Tragweite der dem Bunde zugeschiedenen Staatsaufgaben; erst dann ist – wegen derogatorischer Kraft des Bundesrechts (Art. 2 ÜB BV) – der mögliche Aufgabenkreis der Kantone gegeben[23].

B.12 Die Staatsaufgabe als ‹Sachtotalität›?

277. Zumeist unausgesprochen verbindet sich mit dem Begriff der Staatsaufgabe die geläufige Vorstellung einer *totalen Verantwortung* des Staates je Sachbereich: von der Begründung der Aufgabe bis hin zu ihrer tatsächlichen Erfüllung. Das hat dann umgekehrt zur ‹Folge›, daß Staatsaufgaben nicht vorliegen, wo dem Gemeinwesen derart durchgreifende Herrschaft nicht zukommt[24]. Solche Sicht macht allerdings keinen Sinn. Was wäre so noch Staatsaufgabe? Wenig mehr als die Regalien, die öffentlichen Werke und die Ausdrücke des staatlichen Gewaltmono-

---

[21] Vgl. ROLAND HALLER, Handels- und Gewerbefreiheit, 110; JÖRG PAUL MÜLLER, Soziale Grundrechte, 90f.; PETER MÜLLER, Aufgabennormierung, 61; CHRISTOPHE ZUMSTEIN, Staatsaufgabe, 110f.

[22] ROLAND HALLER, Handels- und Gewerbefreiheit, 109; PETER MÜLLER, Aufgabennormierung, 61; PETER SALADIN, Föderalismus, ZSR 1978 I 417f.; *Kommission Wahlen,* Schlußbericht, 263, 267f.

[23] In aller Deutlichkeit nun PETER SALADIN, Bund und Kantone, ZSR 1984 II 468ff. Vgl. auch JEAN-FRANÇOIS AUBERT, Traité, I Nr. 635; FRITZ FLEINER/ZACCARIA GIACOMETTI, Bundesstaatsrecht, 68, 92. Zu Recht stärkt der Verfassungsvorentwurf die Kantone nicht durch Vergrößerung ihres Aufgabenkreises, sondern durch neue Mitverantwortung an Bundesaufgaben; vgl. Art. 53 Abs. 1, 62 Abs. 1, 65 VE; hierzu PETER SALADIN, Rahmengesetzgebung, ZbJV 1978 506f., 529f. Das Konzept der gegenwärtigen Aufgaben-«Neuverteilung» (BBl 1981 III 737, 757) erscheint im Vergleich recht kurzatmig; das Heil soll in besserer «Entflechtung» der Aufgabenkreise liegen.

[24] So etwa HANS PETERS, Aufgaben, 880, 882ff.; vgl. auch HANS H. KLEIN, Öffentliche Aufgabe, DöV 1965 758.

pols. Damit hätte man die Belange des Gemeinwesens ganz unzureichend erfaßt. Seine ordnenden und gestaltenden ‹Eingriffe› reichen von zurückhaltender Rahmenordnung bis zum Unternehmen in eigener Regie; entsprechend umfaßt die ‹Zuständigkeit› des Privatmanns wenig Sorge hier, Eigenverantwortung dort. Die Vorstellung einer ‹Sachgesamtheit› – herangetragen aus der Welt getrennter Staats- und Bürgersphären – führt zu keinem Ende. Es kann für den Begriff der Staatsaufgabe auf den Tiefgang des staatlichen Einflusses nicht ankommen[25].

B.2 Entlastung des Begriffs: Die Staatsaufgabe als staatliche Zurechenbarkeit

278. Nach alledem kann der Aufgabenbegriff nicht materiell ‹klar› umrissen sein, will man das wirkliche Rechtswirken des Staates erfassen und nicht nur seine unbestrittenen Königreiche. Als *dem Staate zurechenbare Verantwortung* – also funktional – würde die Staatsaufgabe besser getroffen: So wäre der Blick dafür geweitet, daß dem Gemeinwesen die verschiedensten Erwartungen angetragen werden, deren richtige Beantwortung kaum immer erfordert, die ganze Staatsmaschine anzuwerfen[26]. Nicht ‹Sphären› soll man dem Staate zurechnen, sondern *Handlungsanteile aus der staat-gesellschaftlichen Wirkeinheit.*

279. Die dem Staate zurechenbaren Verantwortungen – eben: die Staatsaufgaben – erschließen sich, wie vermerkt, aus der jeweilen geltenden Rechtsordnung; mitunter bemühende Ausgrenzungsschwierigkeiten werden nicht ausbleiben[27]. Aber nicht darum geht es hier. Was interessiert, ist der ‹Beginn› der Staatsaufgabe, das Zuschreiben von Verantwortung – kurz: die *Aufgabennorm.*

C. Aufgabennorm – Strukturelemente

280. Die Aufgabennorm ist *Rechtsnorm*[28]. Es gibt keine Zuständigkeit des Staates außer der rechtlich vermittelten.

281. Die Aufgabennorm *verfaßt* die Staatstätigkeit. Verfassen heißt: die Aufgabe *beschreiben* und *zuteilen*[29].

---

[25] Peter Müller, Aufgabennormierung, 16 f.
[26] Vgl. *Expertenkommission,* Bericht, 113.
[27] Vgl. dazu Fritz Ossenbühl, Verwaltungsaufgaben, VVDStRL 29 155 ff.
[28] Hans Peter Bull, Staatsaufgaben, 122 ff.; Christophe Zumstein, Staatsaufgabe, 92, 70.
[29] In diesem Sinne hält auch der Verfassungsvorentwurf Aufgaben*beschreibung* (Art. 26 ff. VE) und Aufgaben*verteilung* (Art. 3, 48 ff. VE) auseinander. Zu den Essentialia der Aufgabennorm z. B. Peter Müller, Aufgabennormierung, 120; Christophe Zumstein, Staatsaufgabe, 84.

a) Die Aufgabennorm nennt – als Aufgaben*beschreibungsnorm* – zum mindesten den *Sachbereich;* darüber hinaus, wenn sie will, auch die *Mittel,* die der Aufgabenwaltung zur Verfügung stehen. Die Mittel gehören deshalb nicht zur notwendigen Beschreibung, weil der Weg zur zweckmäßigen Erfüllungsform stets – kraft Legalitätsprinzips – über das demokratische Gesetz führt (III/A).

b) Die Aufgabennorm weist ferner – als Aufgaben*zuteilungsnorm* – die beschriebene Aufgabe der verantwortlichen Körperschaft oder der verantwortlichen Behörde zu.

282. Die *erforderliche Bestimmtheit*[30] der Aufgabennorm (besonders der Aufgabenbeschreibung) läßt sich nicht allgemein festlegen, sondern erst angesichts des Aufgabeninhalts und des Aufgabenträgers; sie beurteilt sich für Aufgabennormen der Verfassung anders als für Aufgabennormen des Gesetzes. Allerdings kann von Aufgabennorm nur solange die Rede sein, als dem Aufgabenwalter Entscheidungs- und Gestaltungsfreiheiten verbleiben: eine *erhebliche «Klarstellungslast»*[31]. Gewiß ist der entscheidungsarme Vollzug nicht weniger Staatsaufgabe. Aber zuvor will das zu Vollziehende rechtlich verfaßt sein, und so beruht auch der Vollzug – freilich mittelbar – auf ermessengewährender Aufgabennorm.

283. *Orte* von Aufgabennormen sind zuerst die Gesetzgebungsaufträge der *Verfassung*[32]*:* Jede Statsaufgabe nimmt ihren notwendigen Anfang im Gesetz; Gesetzgebung aber braucht Verfassungsgrundlage (II, Nrn. 284 ff.). Auch das *Gesetz* freilich kann Aufgabennormen enthalten: vom Gesetzgeber ‹weitergereichte› Zuständigkeiten gewissermaßen; bewußt unerfüllte, nicht zu Ende gebrachte Rechtsetzung (III, Nrn. 315 ff.).

II. Aufgabennormen der Verfassung

284. Aufgabennormen der Verfassung, notwendige Voraussetzung staatlichen Handelns (A, Nrn. 285 ff.), sind vorab die von ihr zugeschiedenen Rechtsetzungskompetenzen (B, C, Nrn. 290 ff., 297 ff.); bestimmt,

---

[30] Für die Aufgabennormen der Verfassung z.B. ULRICH HÄFELIN, Verfassunggebung, 105 ff.; CHRISTOPHE ZUMSTEIN, Staatsaufgabe, 83 f.
[31] RENÉ RHINOW, Rechtsetzung, 267.
[32] GEORG MÜLLER, Rechtsetzung, 130; CHRISTOPHE ZUMSTEIN, Staatsaufgabe, 106, 130.

im politischen Prozeß der Gesetzgebung verdichtet und klargestellt zu werden (D, Nrn. 312 ff.).

A. Verfassungsvorbehalt

285. Die Aufgaben des *Bundes* stehen seit je unter dem *Vorbehalt der Bundesverfassung*. Gemäß Art. 3 BV muß sich die «Bundesgewalt» ihre Rechte «übertragen» lassen, bevor sie tätig werden kann. Was ihr nicht übertragen ist, fällt in die «Souveränität» der Kantone: Der Verfassungsvorbehalt hat *föderalistische Gründe*[33].

A.1 Nur föderalistische Gründe?

286. Mit dem Hinweis auf Art. 3 BV könnte es sein Bewenden haben: Über den Verfassungsvorbehalt ist, was den Bund angeht, kein Zweifel möglich. Aber eben *nur* für den Bund – daß die Aufgaben der Kantone dagegen einer verfassungsrechtlichen Grundlegung nicht weiter bedürften, läßt sich aus Art. 3 BV gerade nicht herauslesen[34]; und recht besehen hat eine ausschließlich föderalistische Herleitung des eidgenössischen Verfassungsvorbehaltes wenig Berückendes an sich. Viel grundlegender ist die Frage, ob eine neue Aufgabe *überhaupt* in die Staatlichkeit hereingenommen werden soll – keine Frage, von der sich die Verfassung unberührt abwenden darf. Die wahren Gründe eines Verfassungsvorbehaltes können nicht zuerst bundesstaatlicher Art sein.

A.2 Auch demokratische Gründe?

287. Welcherart wären die Gründe dann? Es sind zunächst *demokratische Erwägungen*[35], die zum Verfassungsvorbehalt hinleiten: In der Tat unterstehen alle Kantonsverfassungen von Bundesrechts wegen (Art. 6 Abs. 2 Bst. c BV) dem obligatorischen Referendum[36]; und zu dieser ‹Anrufung› des Verfassungsvolkes will ein Gesetzgeber schlecht passen, der sich seine Gegenstände nach Belieben erwählt: durch einfaches Gesetz,

---

[33] Vgl. statt vieler JEAN-FRANÇOIS AUBERT, Traité, I Nr. 611.
[34] LUZIUS WILDHABER/STEPHAN BREITENMOSER, Aufgabennormen, 47. Anders etwa PETER MÜLLER: Art. 3 BV mache «eine weitere verfassungsrechtliche Normierung auf kantonaler Ebene grundsätzlich überflüssig» (Aufgabennormierung, 62).
[35] Vgl. GEORG MÜLLER, Rechtsetzung, 143 f.; JÖRG PAUL MÜLLER, Soziale Grundrechte, 90 f.; PETER MÜLLER, Aufgabennormierung, 103 ff., besonders 104–108; LUZIUS WILDHABER/ STEPHAN BREITENMOSER, Aufgabennormen, 47; CHRISTOPHE ZUMSTEIN, Staatsaufgabe, 105 f.
[36] Vgl. statt vieler JEAN-FRANÇOIS AUBERT, Traité, I Nr. 572.

weithin[37] allein dem fakultativen Referendum unterliegend. Die Bundesverfassung zieht diese Konsequenz freilich nicht; und auch die demokratische Tradition der Kantone scheint sich an ‹fehlenden› Aufgabenvorbehalten nicht gestoßen zu haben[38].

Überdies ist einzuräumen, daß von Grundsatzentscheiden über Aufnahme oder Verwerfung neuer Staatsaufgaben recht besehen nur dort die Rede sein kann, wo die Aufgabennorm die Aufgabenziele hinreichend präzise vorgibt: eine Voraussetzung, die nicht immer gegeben ist. Im Vergleich dazu bietet das Gesetzesreferendum – auch als ‹nur› fakultatives – demokratisch mindestens so effiziente Mitwirkungsgelegenheit, weil mit dem Gesetz ein weitaus ‹genauerer› Entwurf der Staatsaufgabe auf dem Tisch liegt[39].

A.3 Verfassungsfunktionale Gründe

288. Gewichtiger sind *funktionale Gründe*. Wenn man der Verfassung die Rolle zuhält, Staat und Recht zu begründen und den ersten Beitrag zu ihrer Gestaltung zu leisten; wenn sie Macht begrenzen und Einheit stiften soll: dann ist nur die Verfassung berechtigt, Staatsaufgaben zu bezeichnen.

a) Der Verfassungsvorbehalt macht die *Wirkungsfelder staatlicher Tätigkeit* klar[40]: Voraussetzung dafür, daß der Rechtsstaat sein Versprechen halten kann, «begrenzter Staat»[41] zu sein. Gewiß: Begrenztheit des Staates vermag nur das ‹genaue› Gesetz zu gewährleisten. Auf erste, grundsätzliche Schranken der Verfassung ist dennoch nicht zu verzichten. Denn mit dem Gesetzgeber tritt ein potentiell allgegenwärtiger Rechtserzeuger auf den Plan: Jede nur denkbare Regelungsmaterie läßt sich in ein Gesetz ‹kleiden›, solange dieses Instrument nicht selbst auf bestimmte Zwecke festgelegt wird. Auch Grundrechtsgarantien – «negative» Zuständigkeitsgrenze des Staates[42] – ändern daran wenig.

b) Nur kraft Verfassungsvorbehalts läßt sich ein *erster grundsätzlicher Konsens* zur bezeichneten Aufgabe heranbilden[43]. Freilich sind

---

[37] Übersicht bei ANDREAS AUER, Droits politiques, 34f., 54f. Im übrigen wäre es Art. 6 BV mit repräsentativer Gesetzgebung zufrieden: BGE 103 Ia 375 E. 3a; 99 Ia 543 E. 4b.
[38] PETER MÜLLER, Aufgabennormierung, 74f.
[39] PETER MÜLLER, Aufgabennormierung, 113.
[40] HANS PETER BULL, Staatsaufgaben, 114ff.; PETER MÜLLER, Aufgabennormierung, 104f.
[41] KURT EICHENBERGER, Fragen des Ausmaßes und der Methoden von Partialrevisionen der Bundesverfassung im Vorfeld einer Totalrevision, ZSR 1977 I 209, 218.
[42] JEAN-FRANÇOIS AUBERT, Traité, I Nr. 699; FRITZ FLEINER/ZACCARIA GIACOMETTI, Bundesstaatsrecht, 69, 102, 242f.; ROLAND HALLER, Handels- und Gewerbefreiheit, 116f.; KONRAD HESSE, Grundzüge, N. 291.
[43] ROLAND HALLER, Handels- und Gewerbefreiheit, 109; JÖRG PAUL MÜLLER, Soziale Grundrechte, 90f.; LUZIUS WILDHABER/STEPHAN BREITENMOSER, Aufgabennormen, 47.

Verfassunggeber und Gesetzgeber weithin identisch, durchlaufen Verfassungs- und Gesetzesvorlagen (in den Kantonen wenigstens) weithin identische Entscheidungsverfahren. Dennoch bleiben Verfassunggebung und Gesetzgebung geschiedene Gegenstände, verkörpern sie unterschiedliche Etappen in der normativen ‹Bewältigung› einer Staatsaufgabe. Die Aufgabennorm der Verfassung entlastet: So sieht sich der Gesetzgeber der Mühe enthoben, die ‹großen› Fragen nach dem Sinn der Aufgabe und dem Recht des Staates zur Aufgabenwaltung zu beantworten [44] – soviel ist (und bleibt!) durch die Verfassung auf jeden Fall gesichert. Und sollte ein Gesetzesentwurf später dennoch verworfen werden, so wäre doch nur eine Aufgaben*variante* gescheitert und nicht die Aufgabe selbst.

c) Ein letztes: Die Sätze der Verfassung bilden Recht und stiften Einheit auch außerhalb ihrer Stammbereiche – als Norminteresse teilnehmend an der Konkretisierung offener, ermessengewährender Normen (§ 7/I). Hierfür beansprucht die Verfassung die Rolle eines *Interesseninventars:* eines Plans jener Belange, die eben deshalb rechtsbildend und einheitsstiftend wirken dürfen, *weil* die Verfassung sie anerkennt; und die ohne diese Anerkennung den Behörden von Rechtsetzung und Rechtsanwendung nicht mit der benötigten Autorität gegenübertreten würden. Die Einheit der Verfassung kann sich nicht verwirklichen, ihre Konkretisierung nicht ausgewogen ausfallen, wenn ausgerechnet die Grundsteine der Staatsaufgaben fehlen.

289. Wie steht es um *Einwände?*

a) Es läßt sich dem begrenzenden Anspruch einer Aufgabennorm erstens nicht vorhalten, er betreibe die *illusionäre Trennung von bürgerlicher und staatlicher ‹Sphäre›* [45]. Zum Verfassungsvorbehalt zieht mit hinreichender Kraft die bloße Einsicht, daß jeder Aufgabe, sowie sie dem Staate zugeschrieben und seinem Gewaltmonopol erschlossen wird, ungeheure Möglichkeiten der Durchsetzung erwachsen. Eine solche Erhöhung welcher Zwecke auch immer kann nicht in die Macht allein des einfachen Rechts fallen.

b) Zweitens: Daß die Aufgabennorm – in ihrer richtunggebenden Funktion – den *Gehalt des Gesetzes nicht verläßlich festhalten kann* (auch nicht soll!), versteht sich von selbst [46]. Sinn des Verfassungsvorbehaltes

---

[44] Vgl. CHRISTOPHE ZUMSTEIN, Staatsaufgabe, 112.
[45] Vgl. aber PETER MÜLLER, Aufgabennormierung, 105.
[46] ULRICH HÄFELIN, Verfassunggebung, 118; HANS HUBER, Formenreichtum, ZbJV 1971 176; JÖRG PAUL MÜLLER, Soziale Grundrechte, 91; PETER MÜLLER, Aufgabennormierung, 109; CHRISTOPHE ZUMSTEIN, Staatsaufgabe, 102f.; und viele andere.

ist allein, den benötigten Verfassungskonsens herzustellen, damit der Gesetzgeber vorbereitetes Feld antreffe. Er kümmert sich um Legitimation, nicht um Berechenbarkeit.

c) Die *zeitlichen Hemmnisse* endlich, die man dem Verfassungsvorbehalt schlechthin anlastet[47], wären erst noch als echte Verluste nachzuweisen. Denn der ‹direkte› Weg ins Gesetz ist so direkt wieder nicht: die grundsätzliche Auseinandersetzung über Sinn oder Unsinn einer neuen Aufgabe muß dann eben auf Gesetzesstufe ausgestanden werden. Und mit einem «Ein-Phasen-System»[48] – dem gleichzeitigen Erlaß von Verfassungsnorm und zugehörigem Aufgabengesetz – scheinen die verbleibenden Verzögerungen doch erheblich geringer auszufallen. Außerordentliche Fälle sind im übrigen an das Dringlichkeitsrecht zu erinnern.

B. Aufgabennormen der Verfassung: Gesetzgebungszuständigkeiten

290. Nimmt die Staatsaufgabe ihren Anfang im Gesetz, so bildet nur jene Verfassungsnorm Aufgabennorm, die *aus eigener Kraft zur Gesetzgebung ermächtigt*. *Mittel* und (funktionaler) *Träger* der Staatsaufgabe sind damit, für diese erste und notwendige Stufe der Aufgabenwaltung, bestimmt: Gesetz, Gesetzgeber. Zu handeln ist noch von den Aufgabennormen selbst: von ihrer *Ausdrucksweise* (davon sogleich) und insbesondere von ihren *Orten* im Verfassungsgefüge (C., Nrn. 297 ff.).

291. Der Blick richtet sich, Art. 3 BV getreu, auf die *Bundesaufgaben:* für sie gilt der Verfassungsvorbehalt schon heute und ohne Zweifel. Drei Fragen erheben sich dann: nach dem *Inhalt* der Aufgabe, nach der zugebilligten *Regelungsdichte* (Grundsatzgesetzgebung!) und nach den *Wirkungen* der Aufgabennorm auf das kantonale Recht. Nur die erste Größe interessiert hier: die Aufgaben*beschreibung;* die zwei andern handeln von bundesstaatlicher Aufgaben*zuweisung* und bleiben deshalb weg[49].

---

[47] *Expertenkommission,* Bericht, 110 f.; ROLAND HALLER, Handels- und Gewerbefreiheit, 108 f.; PETER SALADIN, Föderalismus, ZSR 1978 I 418.
[48] Vgl. RUDOLF WERTENSCHLAG, Das Ein-Phasen-System in den Kantonen und im Bund, ZBl 1984 521, 526 f.
[49] Vgl. hierzu nur JEAN-FRANÇOIS AUBERT, Traité, I NN. 686, 689; ULRICH HÄFELIN/WALTER HALLER, Bundesstaatsrecht, NN. 295 ff., 316 ff.

292. Die Aufgaben*beschreibung* verfährt nach unterschiedlichen Mustern. Die Übung unterscheidet Aufgabenbeschreibungen nach Sachgebieten, nach Ordnungskriterien, nach Querschnittproblemen und nach Staatsprogrammen[50].

B.1 Sachgebiete

293. Die Umschreibung nach *Sachgebieten,* heißt es, «dominiert»[51].

Von *sachbestimmten Gesetzgebungszuständigkeiten* ist die Rede, wenn die Verfassung beispielsweise[52]:
- ‹*Wesenheiten*› zuweist, wie etwa Heer-, Zoll-, Bank-, Post- und Telegrafenwesen (Art. 20 Abs. 1, 28, 31^{quater} Abs. 1, 36 Abs. 1); oder, häufiger,
- ‹*natürlich*› bestimmte, dem Recht ‹real› entgegentretende *Lebensbereiche* zur Regelung aufgibt, wie etwa Schiffahrt, Fischerei und Jagd, Eisenbahnen, Rohrleitungsanlagen, Luftschiffahrt (Art. 24ter, 25, 26, 26bis, 37ter).

Man darf weiter gehen: Recht besehen umschließt *jede Aufgabennorm ein Sachgebiet.* Hinter allen Staatsaufgaben stehen konkrete gesellschaftliche Regelungsbedürfnisse; Bedürfnisse, die sich nur so einstellen können, daß die Rechtsgenossen bestimmte *Lebens*bereiche als problemhaft, eben: als regelungsbedürftig erfahren. Einzig die Beschreibungs*technik* mag ändern: der Weg, wie man ‹zur Sache› kommt. Besondere Wege zur Sache beschreiten Aufgabennormen, wenn sie mit «Ordnungskriterien», «Querschnittproblemen» und «Staatsprogrammen» arbeiten – darin aber erschöpft sich ihre Besonderheit: solche Einteilungen haben einzig Anschauungswert[53].

B.2 «Ordnungskriterien»?

294. Zuständigkeiten ohne Sachbereich sieht die herrschende Lehre, wo die Verfassung dem Bund bestimmte *Regelungstechniken* zur Verfügung hält: Staatsvertragsrecht, Zivilrecht und Strafrecht (Art. 8, 64, 64bis BV) gelten als «Normenkomplexe, die einem ... besonderen *Ordnungskriterium* folgen»[54]. Näheres Hinsehen hat gezeigt, daß diese scheinbar

---

[50] Yvo HANGARTNER, Kompetenzverteilung, 92 ff.; und schon MAX IMBODEN, Rechtsetzungskompetenzen, 254 ff. In diesem Sinne auch ROLAND HALLER, Handels- und Gewerbefreiheit, 104 ff.

[51] MAX IMBODEN, Rechtsetzungskompetenzen, 254; ROLAND HALLER, Handels- und Gewerbefreiheit, 104; YVO HANGARTNER, Kompetenzverteilung, 92.

[52] Einläßlich YVO HANGARTNER, Kompetenzverteilung, 92 ff.

[53] PETER SALADIN, Bund und Kantone, ZSR 1984 II 452.

[54] MAX IMBODEN, Rechtsetzungskompetenzen, 255; ferner etwa YVO HANGARTNER, Kompetenzverteilung, 96 ff.; HANS HUBER, Formenreichtum, ZbJV 1971 189; PETER WIDMER, Normkonkurrenz, 26.

inhaltsleeren, «modalen» Begriffe sehr wohl Sachbereiche im Sinne haben (§ 3/II/B).

B.3 «Querschnittprobleme»?

295. «*Querschnittprobleme*» berühren überkommene – «grundsätzlich alle» – Sachbereiche «unter einem bestimmten Aspekt»[55]; sie vereinigen Ausschnitte gegebener Aufgaben kraft eines gemeinsamen Gesichtspunktes zum ‹neuen› Problem. Als Beispiel steht gewöhnlich der Umweltschutz. Aber schon der Begriff zeigt, daß erneut Sachgebiete gemeint sind; und keine, die sich von den überkommenen erheblich unterscheiden[56].

Was ‹quer› liegt, ist allein Frage der Betrachtungsweise. Quer liegt, bezogen auf in sich ‹abgerundete› Ressorts, jede Aufgabe, die sich von einer *Bedrohungslage* herleitet: Heerwesen so gut wie Zivilschutz, Konsumentenschutz so gut wie Polizei; auch jede einigermaßen weit gefaßte *Förderungskompetenz* (etwa Art. 27 Abs. 1, 27bis Abs. 1, 27[sexies] Abs. 1 BV) sowie die freilich seltenen *kollisionsrechtlichen Zuständigkeiten* im interkantonalen Verkehr (Art. 42[quinquies], 46 Abs. 2 BV und nun allgemein Art. 45 Abs. 2 VE). Und von queren Dingen handeln schließlich alle *ressourcenbezogenen* Staatsaufgaben (unter ihnen Umweltschutz), solange man nicht bereit ist, Ressourcen als eigenwertigen Sachbereich zu nehmen[57]!

B.4 «Staatsprogramme»?

296. Als Kompetenzzuweisung nach *«Staatsprogrammen»* gelten gemeinhin die zielbestimmten Rechtsetzungsermächtigungen[58], statt vieler etwa Raumplanung, Wirtschafts- und Konjunkturpolitik (Art. 22[quater] Abs. 1, 31bis Abs. 3, 31[quinquies] Abs. 1 BV). Zu Unrecht geraten derartige Aufgabennormen in einen Gegensatz zu den üblichen Sachzuständigkeiten.

drei: Die *Gegenpunkte* finden sich an anderer Stelle. Es sind zusammengenommen

a) Mit Ausnahme des Zweckartikels (Art. 2 BV) und den wenigen aufgabenübergreifenden Programmerklärungen (Art. 22[quater] Abs. 3, 24[sexies] Abs. 2, 31bis Abs. 1,

---

[55] Yvo Hangartner, Kompetenzverteilung, 105.
[56] Peter Müller, Aufgabennormierung, 11; Peter Saladin, Bund und Kantone, ZSR 1984 II 452 f.
[57] Dazu jetzt Beat Sitter, Plädoyer für das Naturrechtsdenken – Zur Anerkennung von Eigenrechten der Natur, Beiheft 3 zur ZSR, Basel 1984, besonders 27 ff.
[58] Max Imboden, Rechtsetzungskompetenzen, 256; Yvo Hangartner, Kompetenzverteilung, 118 f.; Roland Haller, Handels- und Gewerbefreiheit, 107. Einläßliche Übersicht bei Peter Saladin, Struktur und Stil, 225 ff.

34^{quinquies} Abs. 1 BV) treten alle Staatszielbestimmungen im Verein mit zweifelsfreien Kompetenznormen auf. Kein Staatsziel beansprucht, für sich Aufgabennorm zu sein; immer versteht es sich als eines ihrer (beschreibenden) Elemente (Nrn. 302 f.).

b) Keine Zukunft ist dem Versuch beschieden, den Staatszielbestimmungen nur schwächere rechtliche Bindungskraft zuzugestehen: Ein qualitativer Unterschied läßt sich im Vergleich zum Lenkungsvermögen herkömmlicher Aufgabennormen nicht ausmachen (Nrn. 314, 378).

c) Die Besonderheit der zielbestimmten Aufgabennorm mag allenfalls noch darin liegen, daß sie ihren Sachbereich ‹weniger genau› umreißt als eine gegenständlich bestimmte Norm. Hierzu ist zweierlei festzuhalten. Erstens darf von den ‹natürlichen› Normsetzungssubstraten (Nr. 293) nicht zu große Leitkraft erwartet werden: das «Heerwesen», die «Eisenbahn» begreift im Rechtssinne erst, wer das Gesetz liest; und schon gar nicht sieht man diesen Substraten die Zwecke an, denen sie dienstbar gemacht werden dürfen. Zum andern lassen sich die Aufgaben der lenkenden Verwaltung beschreibend gar nicht einfangen, auch nicht mit liebevollster Ausschmückung der Details: Raumplanung und soziale Sicherheit, Umweltschutz und Vollbeschäftigung zum Beispiel sind keine vorfindlichen Gegenstände, sondern anzustrebende Leitbilder, denen die Verfassung nur beikommen kann, wenn sie *deren* Sprache spricht – eben: die zu erreichenden Ziele verdeutlicht (Nr. 379).

C. Insbesondere: Orte von Gesetzgebungszuständigkeiten

297. Welche Verfassungssätze sind fähig, Aufgabengesetze des Bundes zu tragen, oder, anders gewendet: *Wo liegen die Aufgabennormen?* Wenig Mühe bereiten die ‹eigentlichen› Gesetzgebungsermächtigungen und Gesetzgebungsaufträge, wenig Mühe auch das Notrecht (C.1, C.2, Nrn. 298 ff., 301). Im Streit liegt dagegen der Aufgabengehalt von Zielbestimmungen (C.3, Nrn. 302 f.), Verfassungsgrundsätzen (C.4, Nr. 304) und – vor allem – von Grundrechten (C.5, Nrn. 305 ff.).

C.1 Gesetzgebungs«ermächtigungen», Gesetzgebungsaufträge

298. *Gesetzgebungs«ermächtigungen»* und *Gesetzgebungsaufträge* werden – zu Unrecht! – im Hinblick auf einen unterschiedlichen Verpflichtungsgehalt der Aufgabennormen unterschieden[59]. Auf diesen Punkt kommt es hier nicht an: «Ermächtigung» wie Auftrag sprechen gleichermaßen den Gesetzgeber an, sind insofern gleichermaßen Aufgabennorm.

---

[59] Vgl. JEAN-FRANÇOIS AUBERT, Traité, I Nr. 688; ULRICH HÄFELIN, Verfassunggebung, 89 f., 97; YVO HANGARTNER, Staatsrecht, I 65. Kritisch PETER SALADIN, Struktur und Stil, 229 f., CHRISTOPHE ZUMSTEIN, Staatsaufgabe, 64 f.

Eine *aufgabenspezifische Gesetzgebung* wird begründet, wenn die Verfassung[60]:
- die *«Gesetzgebung»* über einen zugewiesenen Bereich (z. B.: Art. 20 Abs. 1, 22bis Abs. 1, 24ter) oder überhaupt
- ein *«Wesen»* (z. B.: Art. 28, 36 Abs. 1)

zur *«Bundessache»* erklärt; ferner wenn der Bund ermächtigt wird,
- *«auf dem Wege der Gesetzgebng»* tätig zu werden (z. B.: Art. 22[quater] Abs. 1, 32bis Abs. 1, 33 Abs. 2);
- *«Bestimmungen»* (z. B.: Art. 24[quater] Abs. 1, 25, 31[quater] Abs. 1) oder *«Vorschriften»* (z. B.: Art. 24[quinquies] Abs. 2, 24[septies] Abs. 1, 31bis Abs. 2 und 3) zu erlassen;
- *«Maßnahmen»* (z. B.: Art. 23bis Abs. 3, 27[quater] Abs. 2) und *«Vorkehren»* (z. B.: Art. 31[quinquies] Abs. 1) einzuleiten oder für bestimmte Dinge zu *«sorgen»* (z. B.: Art. 23bis Abs. 3, 34[quater] Abs. 4); oder schließlich
- private oder kantonale Bestrebungen zu *«fördern»* (z. B.: Art. 22[quater] Abs. 2, 23bis Abs. 2, 27[sexies] Abs. 1) und zu *«unterstützen»* (z. B.: Art. 24[sexies] Abs. 3, 27 Abs. 1, 27bis Abs. 1).

Eine umfassende Typologie ist mit diesen Hinweisen nicht erreicht. Grundsätzlich gilt: *jede* dem Bund zugeschiedene *Tätigkeit* umschließt kraft Legalitätsprinzips eine entsprechende grundlegende Gesetzgebungskompetenz, wenn nicht ausdrücklich das Gegenteil vermerkt wird – siehe sogleich.

299. *Kein Recht zur Gesetzgebung* wird begründet, wenn die Verfassung den Bund verhält[61]:
- *«im Rahmen seiner verfassungsmäßigen Befugnisse»* gewisse Maßnahmen zu treffen (z. B.: Art. 22ter Abs. 2, 31bis Abs. 1); oder
- *«in Erfüllung seiner Aufgaben»* auf bestimmte Dinge Rücksicht zu nehmen (z. B.: Art. 22[quater] Abs. 3, 24[sexies] Abs. 2).

Beide Formeln mahnen zu bestimmt geartetem Gebrauch sonstwo begründeter Zuständigkeiten.

300. Rechtsetzungszuständigkeiten brauchen nicht auf den ersten Abschnitt der Verfassung beschränkt zu bleiben[62]; und sie können auch in ungeschriebenem Verfassungsrecht gründen[63].

---

[60] Übersicht über die farbigen Formulierungen der Verfassung z. B. bei YVO HANGARTNER, Kompetenzverteilung, 92 ff.; PETER SALADIN, Struktur und Stil, 225 ff.

[61] JEAN-FRANÇOIS AUBERT, Traité, I Nr. 278; ULRICH HÄFELIN/WALTER HALLER, Bundesstaatsrecht, N. 288; YVO HANGARTNER, Kompetenzverteilung, 70 f. Besonders zu Art. 22[quater] Abs. 3 BV vgl. Nr. 174.

[62] YVO HANGARTNER, Kompetenzverteilung, 69. Als Grundsatz (immerhin *nur* als Grundsatz) vertreten diese Beschränkung z. B. JEAN-FRANÇOIS AUBERT, Traité, I Nr. 615; ULRICH HÄFELIN/WALTER HALLER, Bundesstaatsrecht, NN. 283 f.

[63] Statt vieler JEAN-FRANÇOIS AUBERT, Traité, I Nrn. 624 ff.

C.2 Dringlichkeitsrecht, Staatsnotstand

301. Das *verfassungsändernde Dringlichkeitsrecht* des Bundes (Art. 89bis Abs. 3 BV) sowie das einen Staatsnotstand voraussetzende *extrakonstitutionelle Notverordnungsrecht*[64] sind als Rechtsetzungskompetenzen definiert und stehen soweit den ordentlichen Gesetzgebungszuständigkeiten gleich.

C.3 Zielbestimmungen?

302. Die geltende Verfassung kennt nur wenige Zielbestimmungen, die *für sich allein* stehen. Dazu gehören:
- als *verfassungsweite* Zielbestimmung: der Zweckartikel (Art. 2 BV); und
- als zwar verdeutlichte, aber noch *aufgabenübergreifende* Zielbestimmung die Programmerklärung der Wirtschaftsverfassung (Art. 31bis Abs. 1 BV) sowie die zugunsten von Raumplanung, Heimatschutz und Familie verheißenen Rücksichten (Art. 22^{quater} Abs. 3, 24^{sexies} Abs. 2, 34^{quinquies} Abs. 1 BV).

Es ist völlig unbestritten, daß diese Zielbestimmungen die Kraft nicht aufbringen, einen eigenen Rechtsbestand zu gründen[65].

303. Alle übrigen Zielbestimmungen sind in ‹ihre› Aufgabennorm eingebaut, sind für sie geschaffen. Schon deshalb liegt die stete Gegenüberstellung von Zielnorm und Kompetenznorm im Ansatz schief[66]. Sinn und Rechtsqualität von Zielen stehen im übrigen außer Frage; darauf ist zurückzukommen (§ 7/III).

C.4 Verfassungsgrundsätze?

304. Verfassungsgrundsätze als aufgabenübergreifende *«Bauprinzipien des Rechtsinhalts»*[67] sind (schon ‹begrifflich›) gerade nicht geschaffen,

---

[64] Staatsnotstand gilt heute als anerkannter Rechtsetzungstitel: JEAN-FRANÇOIS AUBERT, Traité, II Nr. 1547; ULRICH HÄFELIN/WALTER HALLER, Bundesstaatsrecht, N. 966; YVO HANGARTNER, Staatsrecht, I 38 f. Ablehnend FRITZ FLEINER/ZACCARIA GIACOMETTI, Bundesstaatsrecht, 787 ff.

[65] JEAN-FRANÇOIS AUBERT, Traité, I Nr. 278; ULRICH HÄFELIN/WALTER HALLER, Bundesstaatsrecht, N. 287 f.; YVO HANGARTNER, Kompetenzverteilung, 70 f.; JÖRG PAUL MÜLLER, Soziale Grundrechte, 113 f.; PETER SALADIN, Struktur und Stil, 225.

[66] PETER SALADIN, Struktur und Stil, 228 f., 231; JÖRG PAUL MÜLLER, Soziale Grundrechte, 96.

[67] HERMANN HELLER, Die Souveränität, Berlin/Leipzig 1927, 48.

Sachbereiche abzustecken: man wird sie als Aufgabennorm nicht verwenden können.

C.5 Grundrechte?

305. Von ferne betrachtet sperren sich die Grundrechte, als Aufgabennorm in Anspruch genommen zu werden: Zum Schutz staatsfreier Bürgersphäre wurden sie ersonnen, und sie haben diese abwehrende Haltung auch im Sozialstaat nicht abgelegt[68]. Dennoch kann es dabei nicht bleiben: Das abwehrende Grundrecht selber führt zur Einsicht, daß erlebte Freiheit ohne verteilende Tat des Gesetzes Erlebnis weniger bleibt; kehrt sich, Erwartungen weckend, notwendig zum *positiven Programm,* will Freiheit als Staatsaufgabe[69]. Vor dieser Forderung steht die Verfassung jetzt.

306. Der Aufbruch der Grundrechte hat die Lehre veranlaßt, den Freiheitsrechten eine *Doppelnatur* zuzuschreiben: die Rolle des *subjektiven Anspruchs* einerseits (um die überkommene Seite der Grundrechte nicht ihrer neuen Zukunft opfern zu müssen), und die Rolle des *objektiven Rechtssatzes* andererseits (um der Forderung nach gesetzlicher Sicherung ihrer Zusagen im Rahmen des Möglichen entgegenzukommen – zum ganzen einläßlicher die Nrn. 351 f.). Erschließt dieses Grundrechtskonzept neue Aufgabengehalte?

C.51 Anspruchsbegründende Grundrechtsschicht als Aufgabennorm?

307. Die *anspruchsbegründende Schicht* umfaßt das individuell Zumeßbare des Grundrechts: alles, was unvermittelt aus der Freiheitsgarantie ‹fließt›, ohne Dazutun des Gesetzes, gesichert bereits durch die Autorität des Verfassungsgerichts[70]. Wie tief diese Schicht reicht, welche Ansprüche sie im einzelnen umfaßt: darüber entscheidet das Kriterium der *Justitiabilität,* ein funktionaler, zeitgebundener Prüfstein[71].

---

[68] Dazu statt vieler JÖRG PAUL MÜLLER, Soziale Grundrechte, 156, 150.
[69] Dazu statt vieler KONRAD HESSE, Grundzüge, Nrn. 293 ff.; JÖRG PAUL MÜLLER, Soziale Grundrechte, 152 f.; PETER SALADIN, Grundrechte, 295 ff.
[70] JÖRG PAUL MÜLLER, Soziale Grundrechte, 158.
[71] JÖRG PAUL MÜLLER, Soziale Grundrechte, 179 ff.; *derselbe,* Elemente, 64 ff.; RENÉ RHINOW, Rechtsetzung, 191 f.

Justitiabilität bezeichnet *keinen bestimmten Katalog* gerichtlich zusprechbarer Rechte. So wie die Rolle des Verfassungsgerichts im Gefüge der Verfassungsorgane ändern kann, so wie die Aussagekraft von grundrechtswirksamen Aufgabengesetzen die Grundrechte unter neues Licht stellen mag: so sind auch die Auffassungen über das je Justitiable nichts Festes. Das belegen schon die grundrechtsvermittelten Abwehrrechte: selbst dafür mußten die Verfassungssätze vorerst *justitiabel gemacht* werden[72]. Und erst recht zeigt sich der Wandel der Anschauung an den Leistungsrechten, die das Bundesgericht bestimmten Freiheitsgarantien neuerdings abgewinnt[73].

308. Der aktuellen Justitiabilitätsgrenze braucht weiter nicht nachgespürt zu werden. Was zählt, ist die Einsicht, daß die anspruchsbegründende Schicht *formulierte Rechtstitel* enthält: hypothetische Zusagen, einklagbar unter gegebenen Voraussetzungen. Ließe sich daraus ein ‹Grundrechtsgesetz› fügen? Ein Gesetz, das sich (nicht nur für den Bereich der Bundesaufgaben) über die allgemeinen und besonderen Grundrechtsschranken äußern und die entsprechenden Abwehr- und Leistungsansprüche zu nennen hätte? Umwerfend neu wäre der Versuch nicht[74].

So hat der Bundesgesetzgeber für das *Verwaltungsverfahren* «die sich aus der Rechtsprechung zu Art. 4 BV ergebenden Grundsätze in Art. 26 ff. VwVG ... näher umschrieben»[75] – mit der Folge, daß sich diese verwaltungsrechtlichen Normen als Ausdruck von Bundesverfassungsrecht gegen kantonale Verfahren kehren[76]. Und die Art. 48 ff. des verworfenen RPG 74 hätten den verfassungsrechtlichen Begriff der *materiellen Enteignung* (Art. 22ter Abs. 3 BV) gesetzlich ausführen wollen; als Verfassungsgrundlage wäre im Ingreß des Gesetzes Art. 22ter genannt worden[77].

309. Dennoch sträubt sich der Instinkt gegen solches Ansinnen – mit Recht. Grundrechtsansprüche zu konkretisieren ist das Geschäft des

---

[72] CHRISTOPH ZENGER, Numerus clausus, ZSR 1983 I 31. Vgl. die ‹Ausflüsse› aus Art. 4 BV!
[73] BGE 107 Ia 307 E. 4: «An dem Satz, wonach die Grundrechte keinen Anspruch auf positive Leistungen des Staates vermittelten, kann nach heutigem Verfassungsverständnis nicht unter allen Umständen festgehalten werden.» Ferner z. B. BGE 105 Ia 95 f. E. 4a; 100 Ia 402 E. 5 (Benützung öffentlichen Grundes). BGE 109 Ia 13 E. 3 b, 7 f. E. 1, 2 (prozessuales Armenrecht). BGE 108 Ia 29 ff. E. 5; 105 Ia 121 f. (Gleichheit der Geschlechter). BGE 106 Ia 136 ff.; 102 Ia 302 ff. (Haftverhältnisse).
[74] Und auch kein Exotikum! Vgl. PETER SALADIN, Bund und Kantone, ZSR 1984 II 477.
[75] BGE 99 V 188.
[76] Für den Anspruch auf Akteneinsicht ausdrücklich BGE 100 Ia 104 E. 5 d; PETER SALADIN, Verwaltungsverfahrensrecht, 49, 133; *derselbe,* Bund und Kantone, ZSR 1984 II 475.
[77] BBl 1974 II 816, 830 ff.; 1972 I 1526 ff. Kritisch JEAN-FRANÇOIS AUBERT/RICCARDO JAGMETTI, Gutachten, 153.

Verfassungsgerichts (Art. 113 Abs. 1 Ziff. 3 BV): dem Aufgabenprimat des Parlaments entspricht der Grundrechtsprimat des Gerichts[78]; Freiheiten sollen nicht ungehemmt zur Verfügung der demokratischen Mehrheit stehen. So hätte ein ‹Grundrechtsgesetz› sich von vornherein wohl damit zu bescheiden, den Stand der Verfassungsrechtsprechung nachzuzeichnen – nicht eben die typische Aufgabe des Parlaments. Und selbst wenn diese Grenze beachtet würde, so bliebe noch die Versteinerung der Grundrechtspraxis zu befürchten, die Verkümmerung gerade der wichtigsten Grundrechtsfunktion: der Fähigkeit, neuen Bedrohungen unvermittelt – aus der Kraft ihrer Freiheitsidee – entgegenzutreten[79].

C.52 Objektiv-programmatische Grundrechtsschicht als Aufgabennorm?

310. Als Element der objektiven Rechtsordnung wendet sich das Grundrecht auch an den Gesetzgeber: kraft *programmatischer Schicht*[80]. In solcher Mission will es institutionelle Sicherung seines Gehalts in freiheitswirksamen Regelungsbereichen, will grundrechtliche Mitgestaltung von Aufgabengesetzen. So aber stellt das Grundrecht *Ziel ohne Kompetenz* vor: ein *Grundrechtsinteresse*[81], oder allgemeiner: ein *Verfassungsinteresse* (§ 7/I). Es schafft nicht die notwendige Legitimation herbei, ein freiheitsvermittelndes, freiheits‹zuteilendes› Gesetz aufzubauen: Grundrechte werden «gewährleistet», stehen «unter Schutz», sind «unverletzlich» – aber sie stoßen den Gesetzgeber nicht an, «Vorschriften» zu erlassen, «Vorkehren» zu treffen, schlagen ihm kein Grundrecht als seine «Sache» zu[82]. Eben darin hat die Staatszielbestimmung, dem programmatischen Grundrechtsgehalt sonst strukturell vergleichbar[83], Entscheidendes voraus: sie verfügt über ihren eigenen Zuständigkeitsträger. Das Grundrecht hingegen muß sich (außerhalb seiner anspruchsbegründenden Schicht) an eine zugeneigte Aufgabennorm anzuhängen suchen

---

[78] Vgl. JÖRG PAUL MÜLLER, Elemente, 21 f.
[79] So erwiese sich der Begriff der materiellen Enteignung gemäß Art. 48 RPG 74 durch die Praxis bereits als überholt (vgl. BGE 106 Ia 185 E. 4; 105 Ia 336 f. E. 3 c, d), oder, schlimmer, es wäre zu diesen Urteilen gar nicht gekommen.
[80] KONRAD HESSE, Grundzüge, NN. 290 ff.; JÖRG PAUL MÜLLER, Soziale Grundrechte, 157.
[81] PETER HÄBERLE, Leistungsstaat, VVDStRL 30 122.
[82] LUZIUS WILDHABER/STEPHAN BREITENMOSER, Aufgabennormen, 57.
[83] Vgl. ROLAND HALLER, Handels- und Gewerbefreiheit, 125 ff.; PETER SALADIN, Struktur und Stil, 232 f.

– eine Ausnahme gilt nur gerade für den Fall offenkundiger und schwerer Grundrechtebedrohung in den Kantonen: hier wäre der Bund zu grundrechtsschützenden Vorkehren unmittelbar gestützt auf seine Aufsichtsmacht befugt (und auch verpflichtet!)[84].

C.6 Fazit

311.   Als Fazit ergibt sich zweierlei.

a) Sache allein der Gesetzgebungs«ermächtigungen» und der Gesetzgebungsaufträge ist die *Begründung der Staatsaufgabe.* Denn die Aufgabennorm muß in der Lage sein, ‹ihr› Aufgebengesetz zu tragen, und das heißt: den Gesetzgeber für ihren Bedarf anzustoßen. Diesem Anstoß sind Grenzen der Bestimmtheit gesetzt: Es darf nicht zweifelhaft sein, daß Aktivität des Staates erwartet wird.

b) Nicht allein Sache der Aufgabennorm ist hingegen die *Ausgestaltung der Staatsaufgabe* im einzelnen. In den Handlungsspielraum, den die Aufgabennorm eröffnet (Nrn. 313 f.), drängen die Anliegen der sachberührten Verfassungssätze, mit dem Anspruch, die begründete Staatsaufgabe mitzuprägen. Dieses ist die Stunde des Verfassungsgrundsatzes und der programmatischen Grundrechtsschicht, die Stunde der Verfassungsinteressen überhaupt.

D. *Verfassungspolitik des Gesetzes*

312.   Die Rechtserzeugung jeder Stufe ist eingespannt in das Wechselverhältnis von Bindung und Freiheit, Erkenntnis und Entscheidung[85], der Rechtserzeugungsprozeß gekennzeichnet als gegliederte Folge von Akten, in welchen zu Beginn die Freiheit, am Ende die Bindung überwiegt, stets aber Anteile ‹freier› Rechtsetzung und ‹gebundener› Rechtsanwendung miteinander aufscheinen. Der Sprung *von der Verfassung zum Gesetz* – die formelle Gesetzgebung – bildet den *ersten Schritt* dieses Ablaufs.

313.   Verfassungsbindung und Entscheidungsfreiheit des formellen Gesetzgebers wechseln von Aufgabennorm zu Aufgabennorm. Die Unterschiede im einzelnen können auf sich beruhen: es reicht die Erkenntnis, daß verfassungsausführende Gesetzgebung stets überwiegend «er-

---

[84]   Peter Saladin, Bund und Kantone, ZSR 1984 II 478 f.
[85]   René Rhinow, Rechtsetzung, 176, 233 f. und durchgehend.

kenntnisarme Entscheidung»[86] ist (nicht entscheidungsarme Erkenntnis), «Konkretisierung»[87], «Wertungsoperation»[88], «Rechtsschöpfung»[89].

314. Freiheitsreichtum und Bindungsarmut des Gesetzgebers äußern sich nach zwei Richtungen[90].

a) Sie äußern sich zunächst *im ‹Innern› des zugeschiedenen Rechtsetzungsgegenstandes*. Wo die Aufgabennorm nicht offenkundige Grenzen zieht und ‹klare› Vorgaben verordnet, sieht sich der Gesetzgeber rechtlich ‹frei›. Die Verfassung selbst anerkennt einen *Entscheidungsvorrang des Gesetzgebers* im Aufgabenbereich: einmal mit der ‹Unberührbarkeit› von Bundesgesetzen und allgemeinverbindlichen Bundesbeschlüssen (Art. 113 Abs. 3 BV); sodann mit einer gewiß nicht ‹juristischen› Ordnung des Rechtsetzungsverfahrens[91]. Gesetze werden, man weiß es, erstritten und ausgehandelt, nicht erwogen und gefunden: Gesetzgebung ist *Politik*.

b) Freiheitsreichtum und Bindungsarmut des Gesetzgebers äußern sich überdies in der *verfassungsbestimmenden Kraft des Gesetzes*. Geschäft des Gesetzes bildet nicht nur die Ausgestaltung zugewiesener Gegenstände; schon deren begriffliche Grenzen bedürfen der Konkretisierung. Diesen Schritt aber tut der Gesetzgeber mit der Auftragserfüllung selbst – und *erst* durch sie: man kann ihn nicht vorweg erledigen, gewissermaßen als ‹formelle› Vorfrage der im übrigen materiellen Aufgabenwaltung[92]. Die Verfassung versteht erst, wer das Gesetz kennt: so ist Gesetzgebung *Verfassungs*politik.

---

[86] RENÉ RHINOW, Rechtsetzung, 176.
[87] HANS HUBER, Formenreichtum, ZbJV 1971 186f.
[88] CHRISTOPHE ZUMSTEIN, Staatsaufgabe, 108.
[89] FRIEDRICH MÜLLER, Methodik, 139; HERBERT KRÜGER, Verfassungswandlung, 157.
[90] RENÉ RHINOW, Rechtsetzung, 178. Zum Gesetzgebungsermessen vgl. z. B. BGE 109 Ia 327f. E. 4; 103 Ia 381 E. 6.
[91] Expertenkommissionen, Vernehmlassungsverfahren, parlamentarische Debatte, Referendumsdrohungen usf.! Vgl. besonders KURT EICHENBERGER, Rechtsetzungsverfahren und Rechtsetzungsformen in der Schweiz, ZSR 1954 II Iaff.
[92] WALTHER BURCKHARDT, Gesetzgebungskompetenzen, ZbJV 1932 311, für Art. 64 BV besonders 317ff. und *derselbe,* Kommentar, 586f.; HANS HUBER, Art. 6 ZGB, N. 19. Vgl. ferner WALTER LEISNER, Von der Verfassungsmäßigkeit der Gesetze zur Gesetzmäßigkeit der Verfassung, Tübingen 1964, besonders 28ff.

III. Aufgabennormen des Gesetzes?

315. Die Verfassung fordert vom Gesetz, die von ihr erteilten Aufgaben ‹auszuführen›, das Ungewisse ihrer Rede klarzustellen (A, Nrn. 316 ff.). Im raumwirksamen Verfassungsbereich allerdings nimmt das Gesetz diese Forderung nur unzureichend auf: Die Verdichtungslast wird zu erheblichen Teilen auf die Gesetzesanwendung überwälzt (B, C, Nrn. 322 ff., 330 ff.), der Plan auf diese Weise rechtspolitisch aufgeladen (D, Nr. 340).

A. Gesetzesvorbehalt

316. Mit dem Entscheid *Wäffler*[93] hat sich der Geltungsbereich des Gesetzesvorbehalts – bis dahin beschränkt auf die Eingriffsverwaltung[94] – in die Leistungsverwaltung hinein ausgedehnt. Der «Vorbehalt» des Gesetzes fragt in den Worten des Bundesgerichts danach, «wieweit der Gesetzgeber die Regelung der Materie in der Delegationsnorm noch selbst vorzubestimmen (habe)»[95]; das heißt: nach dem *notwendigen Inhalt der formell-gesetzlichen Grundlage staatlichen Handelns*[96]. Zu diesem ‹Minimum› treibt, so scheint es zunächst, der Bedarf nach demokratischer Grundlegung des Rechts[97].

317. Sogleich zeigt sich aber, daß damit nur ein Einstieg bezeichnet ist. Denn

> «die Probleme, die sich in verfassungsrechtlicher Hinsicht für die Delegation stellen, (sind) noch längst nicht gelöst. Sie gipfeln in der Frage, ... wie konkret und detailliert von Verfassung wegen der Inhalt der Delegationsnorm umschrieben sein muß: einer Norm, die sich in einer einfachen, ja stillschweigenden *Ermächtigung* erschöpfen oder ausführliche Bestimmungen bis zur *eingehendsten Regelung* der delegierten Befugnis enthalten kann.»[98]

---

[93] BGE 103 Ia 369, 380 ff. E. 5, 6; bestätigt durch 103 Ia 402 E. 3 a; 104 Ia 309 E. 3 a. Einläßliche Würdigungen dieses Leitfalles bei PETER SALADIN, Grundrechte, XLVIII; JÖRG PAUL MÜLLER, Soziale Grundrechte, 7 ff.; CHRISTOPH ZENGER, Numerus clausus, ZSR 1983 I 10 ff.; THOMAS COTTIER, Gesetzliche Grundlage, 48 ff.
[94] Zuletzt BGE 100 Ia 195 E. 4 a.
[95] BGE 103 Ia 381 E. 6.
[96] Kritisch zum Begriff PETER SALADIN, Grundrechte, XLVIII; THOMAS COTTIER, Gesetzliche Grundlage, 38 f.
[97] THOMAS COTTIER, Gesetzliche Grundlage, 65 f.
[98] BGE 103 Ia 381 E. 6.

Eine allgemein gültige Antwort wird der Frage nicht zuteil. Sie hänge, meint das Gericht, sowohl vom Regelungsgegenstand selbst als auch vom Gewicht ab, das man den gewaltenteiligen, demokratischen und rechtsstaatlichen Grundsätzen im einzelnen beimessen will. Und weiter:

> «Es geht somit um eine Wertung, die darnach ausgerichtet sein muß, das Wesentliche vom weniger Wesentlichen zu unterscheiden, und die, unter Berücksichtigung aller Elemente und unter Ausgleich sich widerstreitender Interessen, zu einer *gewissen Auswahl* führen muß. Diese Wertung obliegt zunächst den gesetzgebenden Organen.»[99]

Damit weitet sich der Blick für die *grundlegende Frage* nach der ‹richtigen› Verteilung der Regelungslast.

A.1 Verteilung der Regelungslast

318. Die Regelungslast sammelt sich dort, wo «*erkenntnisarme Entscheidungen*»[100] fallen. Jene Behörde prägt die Ordnung eines Sachbereichs – entscheidet erkenntnisarm –, welche Offenheit empfängt und Bestimmtheit hinterläßt. Als Instrumente der Lastenverteilung wirken somit *Normstufe* und *Normdichte*[101].

319. Die *Wahl der Normstufe* ist zugleich eine Wahl des für sie zuständigen *Organs:* Parlament und Volk, Parlament allein, Regierung, Verwaltung. Jedes dieser Organe zeigt ein anderes Gepräge: verfügt über eigenes politisches Gewicht, eigene Arbeitsweise, eigene verfahrensrechtliche Ausstattung. Je höher die gewählte Normstufe liegt, desto abgesicherter, und je tiefer, desto schwächer der Stand der erzeugten Norm. Schmale Trägerschaft jedoch wird durch Anpassungsfähigkeit belohnt, und breite Sicherung erkauft mit umständlichem Verfahren. Kurz: Die Wahl der Normstufe wird gegensätzlich beherrscht von Interessen der *Legitimation* und der *Innovation*.

a) Von *demokratisch legitimierter Entscheidung* darf gewöhnlich dann nicht abgesehen werden, wenn sich «mehrere verfassungsmäßige Lösungen» anbieten oder

---

[99] BGE 103 Ia 381 f. E. 6.
[100] RENÉ RHINOW, Rechtsetzung, 176.
[101] Vgl. für den hier befolgten funktionalen Ansatz vor allem RENÉ RHINOW, Rechtsetzung, 244 ff.; darauf aufbauend THOMAS COTTIER, Gesetzliche Grundlage, 148 f., 171 f. und durchgehend; GEROLD STEINMANN, Unbestimmtheit, 62 ff. Für einen materiellen, mit der ‹Wichtigkeit› der Regelungsanteile arbeitenden Ansatz KURT EICHENBERGER, Gesetzgebung im Rechtsstaat, VVDStRL 40 7, 26 f.; GEORG MÜLLER, Rechtsetzung, 110 ff.

«nicht justitiable Fragen» anstehen[102]. Der Grundsatz erleidet Einbrüche, wo Legitimation zum Schaden der Sache in Schwerfälligkeit umschlägt, weil die Praxis begründet nach laufender Anpassung des Rechts ruft[103] oder weil die Regelung mit anderen Körperschaften abgestimmt und deshalb zur Disposition politischer Verhandlungen stehen muß[104].

b) Der Gegenpol – die *neuernde Entscheidung auf tiefer Stufe*, legitimiert allein durch *Ermächtigungsnorm* – ist erreicht, wenn auf demokratische Grundlegung in der Sache nur deshalb verzichtet wird, weil «nicht oder nur mit Mühe vorausgesehen werden kann, welcher Weg einzuschlagen ist, um der konkreten Situation am besten zu entsprechen»[105]. Das gilt ausgeprägt von der versuchsweisen Erprobung neuer Modelle[106].

320. Die *Wahl der Normdichte* ist zugleich eine Wahl der *Handlungsweise,* der sich das nachfolgende (normanwendende) Organ bedienen muß: entscheidungsarme Erkenntnis oder erkenntnisarme Entscheidung. Beiden Handlungsweisen gehören typischerweise unterschiedliche Handlungsfelder zu: der entscheidungsarmen Erkenntnis eine ex ante zu sichernde Wirklichkeit, der erkenntnisarmen Entscheidung eine ex post zu gestaltende Aufgabe. Wirkung ex ante benötigt dichte, Wirkung ex post offene Normen. Je dichter die Norm erscheint, desto unselbständiger und berechenbarer, und je offener, desto beweglicher das Verhalten der Behörde. Offene Normen jedoch haben den Nachteil rechtsstaatlicher Defizite, und dichte den Vorteil anspruchsloser Anwendbarkeit aus eigener Kraft: Die Wahl der Normdichte wird gegensätzlich beherrscht von Interessen der *Berechenbarkeit* und der *Einzelfallgerechtigkeit.*

a) *Dichte Normen* bleiben besonders in grundrechtswirksamen und abgaberechtlichen Regelungsbereichen unverzichtbar[107]. Nicht nur gehören die «Grundzüge» der Regelung ins Gesetz[108]; die Regelung muß überdies «klar und unzweideutig» sein[109]. In menschenrechtlich hoch empfindlichen Verhältnissen (Haft!) steigert sich das Gebot bis zum Erfordernis ‹selbsttätiger›, kein Anwendungsermessen frei lassender Bestimmtheit[110].

---

[102] BGE 103 Ia 383 E. 6 d.
[103] Gebührentarife! BGE 99 Ia 702 f. E. 3 b; 103 Ia 384 E. 6 g.
[104] Koordiniertes ‹Umschiffen› eines Numerus clausus an Hochschulen! BGE 103 Ia 391 f. E. 7 d/ee, 384 E. 6 g.
[105] BGE 103 Ia 383 E. 6 f.
[106] Schulversuche! BGE 102 Ia 67 f. E. 4 c.
[107] BGE 105 Ia 144 f. E. 5 a; 103 Ia 382 E. 6 b, c.
[108] BGE 106 Ia 257 E. 2 c; 104 Ia 310 E. 3 c; 103 Ia 274 E. 3 a; 98 Ia 592 E. 3 d.
[109] BGE 106 Ia 366 E. 2. Vgl. Nr. 335.
[110] BGE 106 Ia 138 f. E. 3 b.

§ 6/III A.2 Nr. 321

b) *Offene Normen* drängen sich auf, wo immer der Gegenstand sich nicht eignet, zum voraus in generell-abstrakte Rechtssätze gefaßt zu werden[111] – zum Beispiel wegen stark technischer Prägung[112] oder weil die Rechtsfolgen individuell zumeßbar bleiben müssen[113]. Dabei legt das Gericht mildere Maßstäbe an, wenn die Offenheit der Norm durch demokratische Kontrolle der normbeauftragten Behörde ausgeglichen wird[114] oder als Auftrag an die Verwaltung zuhanden rechtsstaatlich hinreichend überwachter Politiken gedacht ist[115].

A.2 Folge: Das formelle Gesetz als Kompetenzbegriff

321. Wem an richtiger Verteilung der Regelungslast liegt, der kann eines nicht wollen: die übliche ‹Besetzung› des formellen Gesetzes durch den materiellen Rechtssatz, die ausschließliche Verbindung von demokratischer Norm und generell-abstrakter Norm[116]. Ein solcherart «dualistisches» Gesetzeskonzept[117] bereitet zumal der *Lenkungsverwaltung* nur Ungemach.

Der legitimationsbedürftige ‹Kern› gestaltender Staatsaufgaben – allen voran Raumplanung[118] und Wirtschaftsverwaltung[119] – läßt sich gerade nicht generell-abstrakt einfangen: durch allgemein gültigen Verhaltensentwurf, der kraft Verfügung auf den ‹passenden› Einzelfall nur noch abzubilden wäre. Das Unvermögen des materiellen Rechtssatzes hat mit dem Regelungsgegenstand selber zu schaffen (für die Raumplanung: Nr. 324); und so läßt es das aufgabenverfassende demokratische Gesetz weithin mit sachleerer Ermächtigung des Aufgabenwalters bewenden, überwälzt die unbefriedigten Legitimationsbedarfe auf die Akte der Gesetzesanwendung, denen dann, ‹weil› nicht generell-abstrakt, das Tor zum legitimationsverschaffenden formellen Gesetzgebungsverfahren verschlossen bleibt[120].

[111] BGE 107 Ia 105 E. 3b; 103 Ia 381 E. 6.
[112] BGE 105 Ia 145 E. 5a; 104 Ia 115ff. E. 3; 99 Ia 704 E. 3c – alle zum Gebührenrecht.
[113] Vgl. die Zumessungsfreiheit des Strafrichters (Art. 63ff. StGB, BGE 101 IV 390f. E. 2c) sowie die feste Formel, Rechtsgleichheit entfalte in Planungssachen nur «abgeschwächte» Wirkung: BGE 107 Ib 339 E. 4a; 103 Ia 257 E. 4.
[114] BGE 106 Ia 204 E. 2c; 102 Ia 461ff. E. 4 (über die Kompetenzzuweisung an das Parlament). BGE 104 Ia 340f. E. 4b; 102 Ia 10 E. 3b (zur Kompetenzzuweisung an ein nachgeordnetes Gemeinwesen).
[115] Vgl. BGE 104 Ia 422f. E. 5b.
[116] Keinen Grund zur Freude geben deshalb die Begriffsbestimmungen des (referendumspflichtigen) Bundesgesetzes und allgemeinverbindlichen Bundesbeschlusses durch das GVG (Art. 5f).
[117] Dazu statt vieler THOMAS COTTIER, Gesetzliche Grundlage, 6ff.
[118] Z.B. MAX IMBODEN, Plan, 396f.; MARTIN LENDI, Planungsrecht, ZSR 1976 II 87; LEO SCHÜRMANN, Bau- und Planungsrecht, 117; EJPD/BRP, Erläuterungen RPG, Art. 4 N. 2.
[119] FRITZ GYGI, Schweizerische Wirtschaftsverfassung, 178ff.; HANS HUBER, Niedergang, 45; GEROLD STEINMANN, Unbestimmtheit, 89ff.
[120] So mitunter die Tendenz der Rechtsprechung: vgl. BGE 98 Ia 644f. E. 3c (wegen mangelnder Allgemeinheit kein zulässiger Gegenstand einer Gesetzesinitiative der Widerruf einer Konzession); vgl. auch 102 Ia 139ff. E. 6 (wegen mangelnder Bestimmtheit kein zulässiger Initiativgegenstand eine Programmnorm; anders – richtig – nun BGE 104 Ia 415ff.).

Aus derart verquerer Lage führt nur noch ein umfassender Normbegriff heraus, der auf die Normstruktur fürs erste – begrifflich – nicht achtet [121]. Das formelle Gesetz wäre dann nurmehr «demokratisches Gesetz» [122], nicht auch notwendig materielles Gesetz: Kompetenzbegriff [123], nicht Inhaltsbegriff. Folgerichtig würde sich das Legalitätsprinzip zunächst mit der Forderung nach *reiner Ermächtigungsnorm* bescheiden: darin läge das ununterschreitbare Minimum; und es wäre anschließend die Sorge der bereichsbeherrschenden Verfassungssätze, die Ermächtigungsnorm im erforderlichem Maße ‹anzureichern› und zu strukturieren [124].

B. *Aufgabennormen des raumwirksamen Gesetzes*

322. Zu den schwierigen Kunden des Legalitätsprinzips zählt besonders die Raumplanung – ja, mit abgestuften Anteilen, die gesamte raumwirksame Staatstätigkeit: in der Tat wirkt die demokratisch-gesetzliche Grundlage von Gebiets- und Sachplänen wenig aussagekräftig.

B.1 *Die Standortfrage als Ort notwendigen Ermessens*

323. Jedes raumwirksame Gesetz bildet sein eigenes Verhältnis von Bindung und Freiheit, und so fällt der Anteil erkenntnisarmer Entscheidung nicht für jede raumwirksame Aufgabe gleich aus. Allerdings handeln alle raumwirksamen Gesetze (wenigstens mittelbar) von *Standortfragen:* von der *räumlichen Einordnung der durch sie in die Wege geleiteten raumwirksamen Tätigkeiten.* Diese Gemeinsamkeit genügt: Denn die Standortfrage eröffnet notwendig einen erheblichen, generell-abstrakt nicht erschließbaren Entscheidungsspielraum; sie vor allem macht das raumwirksame Gesetz zum *Auftrag an die Verwaltung* [125].

---

[121] RENÉ RHINOW, Rechtsetzung, 227f.; THOMAS COTTIER, Gesetzliche Grundlage, 95ff., 124f.
[122] THOMAS COTTIER, Gesetzliche Grundlage, 95f.
[123] FRITZ OSSENBÜHL, Normative Anforderungen, B 155.
[124] THOMAS COTTIER, Gesetzliche Grundlage, 129, 132ff., 144ff., 230ff. Freilich bleibt auch ein so entlastetes, die Mitarbeit der sachberührten Verfassungssätze anrufendes Legalitätsprinzip *Verfassungs*grundsatz. Gewiß wendet es sich in erster Linie an den «Fachrichter» (130), gewiß bildet es «über das Willkürverbot hinaus nicht selbständiges verfassungsmäßiges *Recht*» (131). Aber was folgt daraus *gegen* den Verfassungsrang der Gesetzmäßigkeit als *Grundsatz?*
[125] ULRICH SCHEUNER, Das Gesetz als Auftrag der Verwaltung, DöV 1969 585; vgl. auch THOMAS FLEINER, Die Delegation als Problem des Verfassungs- und Verwaltungsrechts, Freiburg 1972, 128ff.; GEORG MÜLLER, Rechtsetzung, 78ff.

324. Der entscheidende Grund für das Zurückstehen des Gesetzes liegt in der Sache selbst. Jede raumwirksame Aufgabe hat zu ihrem notwendigen Gegenstand den *physischen Raum* (Nrn. 9, 567 f.); der physische Raum aber ‹tritt› nicht ‹ein›, einem hypothetischen Tatbestande gleich, der dann die bereitstehende Rechtsfolge nach sich zieht. Der physische Raum *ist:* zwingt sich jedem raumwirksamen Vorhaben als Gegebenheit auf, normativ nicht steuerbar. Die Standortwahl kann kein Geschäft der Subsumtion sein, keine Unterordnung des Raums unter «seine» Norm. Raum und Norm finden vielmehr über eine Optimierung von Aufgabenzweck und räumlicher Gegebenheit zum ‹richtigen› Standort: die raumwirksame Norm verwirklicht sich in den Raum hinein. *Deshalb* bleibt dem Gesetzgeber nichts anderes übrig als der Verzicht auf vorwegnehmende Standortwahl durch generell-abstrakten Rechtssatz.

325. Der Verzicht auf vorwegnehmende Standortwahl treibt den Gesetzgeber zwangsläufig dazu, *Ermessen* einzuräumen und *unbestimmte Gesetzesbegriffe* zu verwenden.

Für das folgende soll freilich *auch der unbestimmte Gesetzesbegriff,* soweit er Beurteilungsspielräume eröffnet, als *Grundlage ‹echten› Ermessens* gelten[126]. Denn sowohl Ermessen als auch unbestimmter Gesetzesbegriff übertragen der Verwaltung Wertungsanteile zu eigener Verantwortung; beidemal bleibt es Sache des Richters, die rechtlich gebotenen Grenzen zu ziehen. Ermessen und unbestimmter Gesetzesbegriff sind *gleicherweise Mittel funktionaler Arbeitsteilung* zwischen Verwaltung und Richter; nur die Regelungstechnik wechselt[127]. Die Unterscheidung trägt prozessual wenig ein und läßt sich, kein Zufall, auch praktisch nicht durchhalten.

a) Auf *prozessualem Feld* haben sich die beiden Figuren *angeglichen.* Zwar bleibt Ermessenswaltung (bis auf die ‹Rechts›fehler des Ermessens, vgl. Art. 104 Bst. a OG) dem Zugriff des Richters entzogen[128], gilt im ‹Gegensatz› dazu die Auslegung unbestimmter Gesetzesbegriffe (bis auf «gewisse Beurteilungsspielräume») als frei überprüfbare Rechtsfrage[129]. Aber einerseits gebärdet sich das Ermessen längst nicht mehr als «trojanisches Pferd»[130]. Die Praxis hat gelernt, es zu zügeln: zuerst mit Hilfe von Art. 4 BV[131], und heute außerdem vermöge ermessendurchdringender Sachgesichtspunkte sowie ermessenleitender Begründungsmuster (Nrn. 344, 347 und §§ 7 f.); so haben sich die ‹Rechts›fehler des Ermessens längst in das Ermessen hinein

---

[126] Dazu und zum folgenden RENÉ RHINOW, Rechtsetzung, 58 ff., besonders 62–65, 67–69; GEROLD STEINMANN, Unbestimmtheit, 58 f.
[127] PETER SALADIN, Verwaltungsverfahrensrecht, 192 f.
[128] BGE 108 Ib 210 E. 2, 63 E. 3 b; 105 Ib 408 E. 1 c; 104 Ib 113 E. 3.
[129] BGE 104 Ib 112 E. 3; 101 Ib 123 E. 3 a; 100 Ib 386 f. E. 4 a.
[130] HANS HUBER, Niedergang, 34.
[131] BGE 103 Ib 354 E. 5 c; 101 Ia 221 E. 6 a; 98 Ia 463 f. E. 3.

vorgearbeitet. Und andererseits bewirkt der mitunter beträchtliche Beurteilungsspielraum um den unbestimmten Gesetzesbegriff eben auch Handlungsfreiheit, weil von seiner Konkretisierung der Eintritt der Rechtsfolge abhängt; so hatte der Richter den unbestimmten Gesetzesbegriff nie wirklich als Rechtsfrage im Griff.

b) Vor allen Dingen aber mißrät die Trennung *materiell*. Erstens unterlaufen der Rechtsprechung immer wieder ‹falsche› Zuordnungen[132]; das Bundesgericht selbst zweifelt am Gelingen[133]. Gewiß: Ermessengewährende Normen verweisen auf Zweckmäßigkeitserwägungen, Beurteilungsspielraum bergende Regeln ‹nur› auf besonderes Fachwissen; Ermessen ist durch materielles Recht erteilte Ermächtigung, Beurteilungsspielraum aus dem Verfahrensrecht fließendes Ergebnis – selber *darf* der Richter Ermessen nicht walten lassen, *kann* er Beurteilungsspielräume nicht ausfüllen[134]. Aber der Unterschied verblaßt, kaum ist er festgehalten. Der Gebrauch des Ermessens, verantwortlich unternommen, bedarf durchwegs besonderer Fachkenntnis: insofern *kann* der Richter Zweckmäßigkeitserwägungen nicht anstellen, auch wenn er es aus eigenem Recht dürfte. Und die Unbestimmtheit von Gesetzesbegriffen, recht verstanden, erweist sich häufig als Tor zur Zweckmäßigkeit: insofern *darf* der Richter Beurteilungsspielräume nicht auffüllen, auch wenn er es aus eigenem Wissen könnte. Zweitens enthalten, als wäre damit nicht genug, offene Normen oftmals sowohl unbestimmte Gesetzesbegriffe als auch Ermessensermächtigungen[135]; die ursächlichen Anteile der beiden Typen am Gesamtentscheid wird man vergeblich zu benennen suchen. Und schließlich die Planungsgrundsätze des Raumplanungsgesetzes: Sie beanspruchen, Ermessen ausgerechnet mithilfe unbestimmter Gesetzesbegriffe zu verdichten[136]!

Die Handlungsfreiheiten im einzelnen – das heißt auch: die Abstimmungsfreundlichkeit des raumwirksamen Rechts – wechseln von Aufgabe zu Aufgabe; davon wird noch zu reden sein (§ 13/I/B).

B.2 Über allem Ermessen: Die allgemeine Planungspflicht gemäß Art. 2 RPG

326. Art. 2 RPG verhält Bund, Kantone und Gemeinden, die für ihre raumwirksamen Aufgaben nötigen Planungen zu «erarbeiten» und sie «aufeinander abzustimmen».

Planung gilt als «Technik der vorwegnehmenden Koordination einzelner Handlungsbeiträge und ihrer Steuerung über längere Zeit»[137], oder, ausführlicher, als systematischer, dauernder Vorgang, um (a) Vorstellungen über einen erwünschten

---

[132] Vgl. RENÉ RHINOW, Rechtsetzung, 62, mit Nachweisen.
[133] BGE 106 Ib 120 E. 2; 101 Ia 262 E. 3; 98 Ib 217 E. 2 b; 96 I 373 E. 4.
[134] FRANCESCO BERTOSSA, Beurteilungsspielraum, 90 f., 99.
[135] Vgl. nur Art. 29 RPG: «Der Bund *kann* an Entschädigungen für *besonders bedeutsame* Schutzmaßnahmen ... Beiträge leisten.»
[136] EJPD/BRP, Erläuterungen RPG, Art. 3 N. 19.
[137] FRITZ SCHARPF, Planung, 38.

Zustand zu gewinnen *(Planerarbeitung)*, (b) diesen erwünschten Zustand durch allseitig abgestimmtes und auf das Ziel hin ausgerichtetes Handeln zu erreichen *(Planfestsetzung und -durchführung)*, (c) tatsächliche Entwicklungen, Vorstellungen über den erwünschten Zustand und im Hinblick auf ihn getroffene Maßnahmen laufend zu überprüfen *(Plananpassung)*[138].

Art. 2 RPG tritt zum Recht der raumwirksamen Aufgaben hinzu: als *Anweisung zu planmäßiger Aufgabenwaltung*. Ob das verbindliche Ergebnis der Aufgabenwaltung als «Plan» erscheint, beurteilt sich nach dem je einschlägigen Sachgesetz. Die allgemeine Planungspflicht des RPG ist eine Pflicht zur Planung als Arbeitshilfe, nicht zum Plan als Rechtsinstitut.

327. Die Pflicht zur Planung gilt für die raumwirksamen Aufgaben in unterschiedlichem Maße. Wenige Beispiele:

a) Die *Nutzungsplanung* (Art. 1 Abs. 2 Bst. a RPV) schlägt sich ‹definitionsgemäß› als Nutzungs*plan* nieder: dem rechtsverbindlichen Bescheid über die zugelassene Bodennutzung. Aber auch der Nutzungsplan unterliegt der Planung: einmal, weil er der durch Richtplan vorgegebenen «anzustrebenden Entwicklung» verpflichtet bleibt (Art. 26 Abs. 2, 8 Bst. a RPG); sodann, weil er stets an den sich ändernden Verhältnissen Maß zu nehmen hat (Art. 21 Abs. 2 RPG).

b) Auch *öffentliche oder im öffentlichen Interesse liegende Bauten und Anlagen* (Art. 1 Abs. 2 Bst. b RPV) führen gewöhnlich zu verbindlichen Planfestsetzungen: nämlich den nach Maßgabe der einschlägigen Aufgaben- und Enteignungsgesetze geforderten *Werkplänen*[139]. Und auch hier wirkt die Planungspflicht vorab in den Phasen der Planerarbeitung und Plananpassung: in der Planerarbeitung insofern, als sie im Verein mit Zielen und Grundsätzen der Raumplanung den sachlichen Horizont von den Ressortzielen löst und auf eine gesamträumliche Betrachtungsweise hin erweitert[140]. Und in der Plananpassung insofern, als bei veränderter Lage von den Zielen und Grundsätzen der Raumplanung Impulse zur Überprüfung und Anpassung noch unverwirklichter Werkpläne ausgehen können – wichtig vor allem für große, in Etappen zu erstellende Werke[141]. Beidemal gehören alle Werke eines Ressorts

---

[138] EJPD/BRP, Erläuterungen RPG, Art. 3 N. 9. Für weitere Begriffe vgl. MARTIN LENDI, Planungsrecht, ZSR 1976 II 44 mit Hinweisen.
[139] Vgl. etwa Art. 18 EBG; Art. 12, 21 NSG; Art. 27 EntG.
[140] Art. 22^{quater} Abs. 3 BV! Über die verfassungsunmittelbare Verpflichtungskraft VPB 1978 Nr. 138 E. 3; BRB 17. 12. 1973 *Schweizer Alpenclub*, 6 E. 2; JÜRG SPAHN, Bindung des Bundes, 15.
[141] Vgl. den Schlußbericht der Kommission zur Überprüfung von Nationalstraßenstrecken (NUP, Kommission Biel), Bern 1981; BBl 1985 I 534.

miteinbezogen; die Planung darf sich nicht in Beschauung von Einzelobjekten erschöpfen.

c) Besonderes gilt von den *raumwirksamen Bewilligungen und Beiträgen* (Art. 1 Abs. 2 Bst. c und d RPV): Sie ergehen als Verwaltungsakt und lösen durchwegs private Vermögensverfügungen aus. Von vornherein entfällt deshalb die Anpassungsfunktion der Planung – von den wenigen Fällen abgesehen, in denen der Widerruf ursprünglich fehlerfreier Verfügungen statthaft ist [142]. Die ‹Planung› einer Einzelverfügung andererseits macht wenig praktischen Sinn. Art. 2 RPG kann für raumwirksame Bewilligungen und Beiträge nur – aber immerhin! – eine in sich zusammenhängende und auf Art. 1 und 3 RPG ausgerichtete Verfügungspraxis fordern; besser noch: ein räumlich konkretisiertes Bewilligungs- oder Förderungskonzept (für Beispiele: Nr. 523 b a. E.). Jedenfalls obliegt die Einordnung privater Vorhaben nicht länger allein dem Gesuchsteller.

328. Diese mit Planung verbundenen Pflichten zeigen, daß von neutraler Arbeitsmethode nicht die Rede sein kann: der erklärte Dienerwille trügt. Planung *«steigert»* eben die Möglichkeiten kollektiven Handelns und *«erweitert»* den Bereich der wählbaren Ziele [143] – Folge ihres Gebots, die rechtlich eingeräumten Handlungsfreiheiten systematisch und mit Blick über Einzelfall und Ressort hinaus ‹auszunützen›. Art. 2 RPG vereinigt die offenen Normen eines Sachbereiches zu geschlossener Wirkung; läßt die einzelnen Konkretisierungen, weil in Zusammenhänge eingebunden, als schwerer angreifbar erscheinen; verleiht ihnen *neue Durchsetzungskraft*.

Diesem ‹Synergieeffekt› des verbundenen Ermessens sind die Bedenken wohl zuzuschreiben, Planungskompetenzen als natürlichen Bestandteil jeder Sachkompetenz zu betrachten [144]. Mit Art. 2 RPG hat sich der Streit jedenfalls für den raumwirksamen Verfassungsbereich erledigt.

---

[142] Vgl. statt vieler BGE 103 Ib 206 f. E. 3.
[143] FRITZ SCHARPF, Planung, 38.
[144] GEORG MÜLLER, Rechtsetzung, 41 f. Herrschender Meinung zufolge ist die Planungsbefugnis in der Sachbefugnis eingeschlossen; vgl. etwa WOLF LINDER, Planung und Verfassung, ZSR 1977 I 369, 385; FRITZ OSSENBÜHL, Normative Anforderungen, B 72.

B.3 Demokratische und rechtsstaatliche Defizite?

329. Aufgabennormen des raumwirksamen Gesetzes beschwören – je nach Subjekt des Aufgabenträgers – die Gefahr von Defiziten herauf. Von *Legitimationsdefiziten* zunächst, wenn Entscheidungen auf Verfahren abgewälzt werden, denen nicht zukommt, demokratische und gewaltenteilige Interessen zu befriedigen. Und überdies von *Berechenbarkeitsdefiziten,* sollten Entscheidungen aufgrund von Normen fallen, deren Leitkraft gering bleibt und die dem Richter deshalb auch keine verläßliche Nachkontrolle ermöglichen. Wie weit solche Defizite eintreten, ist zuerst eine Frage der *Erlaßform,* in welche die raumwirksame Entscheidung ‹gekleidet› wird. Das soll, stellvertretend für alle, am Beispiel des Nutzungsplanes veranschaulicht werden (C, Nrn. 330 ff.); so läßt sich dann die Notwendigkeit von Korrekturen eher abschätzen (D, Nr. 341).

C. Insbesondere: Ungenügende Rechtsleistungen des Nutzungsplans?

330. Die rechtsstaatlich-demokratischen Defizite des Nutzungsplanes haben sich dem juristischen Publikum längst mitgeteilt. Im argen liegt einmal die *Berechenbarkeit* des Plans: Der Rechtsgleichheit, vernimmt man bis in heutige Zeit, komme für die Raumplanung «nur abgeschwächte Bedeutung» zu (Nrn. 416 ff.) – obwohl immerhin Grundrechtsbeschränkungen in Frage stehen. Wenig besser steht es um seine *Legitimation:* Bei weitem nicht alle Nutzungspläne ‹primärer› Qualität sind in das demokratische Gesetzgebungsverfahren gewiesen. Man müßte meinen, die Rechtsprechung hätte Grund zum Einschreiten: gegen fehlende Berechenbarkeit des Plans aus *grundrechtlicher* (C.1, Nrn. 332 ff.), gegen Legitimationsmängel aus *gewaltenteiliger* Sicht (C.2, Nrn. 336 ff.). Bald zeigt sich, sie tut es kaum.

331. Nicht eigens herangezogen wird die prominente Urteilsfolge zur *Rechts‹natur› des Raumplans*[145]. Zwar sei, verkündet das Gericht, der Raumplan weder Erlaß noch Verfügung, sondern «Zwischengebilde eigener Art»[146]. Sogleich ist aber beizufügen: nur mit Blick auf die Rechtsschutzbedürfnisse des einzelnen hat es diesen Satz gesprochen – um sich prozessual alle Wege offen zu halten –, nicht in der Absicht, die ‹richtige› Form des Plans zu definieren.

---

[145] Vgl. statt vieler die Darstellung bei LEO SCHÜRMANN, Bau- und Planungsrecht, 122 ff., mit Hinweisen auf das Schrifttum.
[146] BGE 94 I 342 E.3. Grundlegend BGE 90 I 353 E.2 b («una disposizione intermedia o diversa»); zuletzt BGE 107 Ia 334 E.1 b, 275 f. E.2 b; 106 Ia 387 E.3 c, 316 E.3, 79 f. E.2 b.

C.1 Berechenbarkeitsdefizite: Das Planungsgesetz als «gesetzliche Grundlage» planverfügter Eigentumsbeschränkungen?

332. Nach fester Formel sind öffentlichrechtliche Eigentumsbeschränkungen zulässig, wenn sie auf *gesetzlicher Grundlage* beruhen, im *öffentlichen Interesse* liegen, *verhältnismäßig* sind und – kommen sie einer Enteignung gleich – gegen *volle Entschädigung* ergehen[147]. Die gesetzliche Grundlage im besonderen ist nachgewiesen, sobald der Eingriff

> «in einem Gesetz im materiellen Sinne, das heißt in einer generell-abstrakten Norm vorgesehen ist, die sich ihrerseits als verfassungsmäßig erweist.»[148]

333. Will ein *Nutzungsplan* vor der Eigentumsgarantie bestehen, so muß, glaubt man der Rechtsprechung, als gesetzliche Grundlage das (kantonale) Planungsgesetz befragt werden[149].

Freilich ist auch kommunales Recht als gesetzliche Grundlage von Eigentumsbeschränkungen anerkannt[150], gemeindliche Satzungsbefugnis vorausgesetzt. Soweit dieser Satz zur Rechtfertigung planverfügter Eigentumsbeschränkungen herangezogen wurde, war allerdings wiederum das Verhältnis des Nutzungsplanes zum Planungsgesetz zu beurteilen – nun eben zum ‹Planungsgesetz› der Gemeinde: dem Baureglement –, nicht aber ging vom Nutzungsplan selber als gesetzlicher Grundlage die Rede[151].

Der Nutzungsplan bleibt solange im Rahmen seiner planungsgesetzlichen ‹Grundlage›, als er sich damit begnügt, vorgegebene Zonenzwecke über Land zu verteilen[152]; er verläßt sie, sobald er Zonentypen oder Nutzungsvorschriften vorsieht, die das Baugesetz nicht kennt[153] – so im Ergebnis das Bundesgericht.

334. Diese Sicht hält dem Planungsgesetz eine materielle Lenkkraft zugute, die es bei weitem nicht aufbringt. Die entscheidenden Fragen der Plangestaltung – Lokalisierung und Dimensionierung der Nutzungs-

---

[147] BGE 109 Ia 258 E.4; 108 Ia 35 E.3; 107 Ib 335 E.2a und viele andere.
[148] BGE 109 Ia 190 E.2; 108 Ia 35 E.3a; 102 Ia 114 E.4.
[149] Vgl. BGE 107 Ib 335 E.2b; 106 Ia 367 E.2a; 105 Ia 235f. E.3d; 101 Ia 219 E.5a; 94 I 133ff. E.6; 92 I 281f. E.1; 91 I 332ff. E.III/1.
[150] BGE 100 Ia 161 E.5d; 97 I 805 E.7, 796 E.3b; 89 I 470 E.3b.
[151] Vgl. BGE 110 Ia 32f. E.3; 96 I 133 E.3.
[152] Vgl. BGE 107 Ib 335 E.2b; 101 Ia 218 E.4; 94 I 133 E.6; 93 I 250 E.2; 91 I 334f. E.1b/bb, 125.
[153] Vgl. BGE 106 Ia 367ff. E.2a, b.

zonen – klärt es nicht, *kann* es nicht klären (Nrn. 323 ff.). Die Praxis weiß das längst, sonst hätte sie dem Gleichheitssatz in Planungssachen nicht den Rückzug auf das Willkürverbot verordnet (Nrn. 416 ff.). Dennoch gibt sie sich mit dem Planungsgesetz als Grundlage planverfügter Eigentumsbeschränkungen zufrieden – und hakt damit die Bestimmtheit der Eingriffsnorm (eine grundrechtliche Forderung!) leichthin als erfüllt ab, läßt die Frage unberührt, ob nicht der Nutzungsplan selber vor dem Grundrecht zur Eingriffsgrundlage zählen müßte, soweit die erwartete Bestimmtheit erst von ihm eingebracht wird. Der Kurzschluß würde vermieden, wenn Planungsgesetze – wie es sich gehörte – als *Ermächtigungsnorm zugunsten beauftragter Planungsträger* betrachtet würden[154]. Daß er im übrigen wenig Schaden anrichtet, ist allein dem gütigen Umstand zu verdanken, daß jedenfalls die Zonenpläne weithin als formelles Gesetz ergehen (Nr. 337b), die grundrechtlichen Bestimmtheitsdefizite des Planungsgesetzes somit durch demokratische Plansetzung wettgemacht werden.

335. Zu keinem anderen Ergebnis führt die Formel, *«besonders schwere» Eingriffe* bedürften *«klarer und unzweideutiger» Grundlage:* die Forderung richtete sich, soweit Planung in Frage stand, erneut an das Planungsgesetz[155].

Die «klare» gesetzliche Grundlage folgt keinem restlos klaren Schicksal.

a) Die *ältere Rechtsprechung*[156] bediente sich der Formel, um eine Strapazierung überkommener Baupolizeigesetze durch aufgepfropfte Planung zu verhindern: «unübliche»[157], eben neuartige Eigentumsbegrenzungen sollten gesetzlich eigens und bestimmt fundiert werden[158]; die stets beanspruchte freie Kognition erwies sich als notwendiges Mittel zu *diesem* Zweck[159].

b) Sowie die Planung den Schleier des Ungewohnten ablegte, verlor sich auch die «klare» gesetzliche Grundlage; übrig blieb *in neueren Entscheiden* allein die

---

[154] So auch THOMAS COTTIER, Gesetzliche Grundlage, 57.
[155] Vgl. BGE 108 Ia 35 f. E. 3a; 106 Ia 366 E. 2; 93 I 250 E. 2; 92 I 284 E. 3b; 91 I 125; 89 I 104 f. E. 1, 2, 191 f. E. 1; 85 I 231 ff. E. 1, 2; 84 I 172 ff. E. 3, 4; 81 I 29 f. E. 2, 3; 78 I 428 E. 2; 77 I 218 f. E. 2.
[156] Zuerst: BGE 74 I 155 f. E. 5; 77 I 218 f. E. 2. Zuletzt: BGE 92 I 284 E. 3b; 93 I 250 E. 2. Zu dieser Rechtsprechung eingehend CHRISTOPH ROHNER, Kognition des Bundesgerichts, NN. 587 ff.; PETER SALADIN, Grundrechte, 162 ff.; THOMAS COTTIER, Gesetzliche Grundlage, 55 f.
[157] BGE 91 I 341 E. 3; 89 I 467 f. E. 2. Aufgegeben mit BGE 91 I 332 E. 1.
[158] PETER SALADIN, Grundrechte, 164.
[159] So setzt BGE 91 I 125 die «klare gesetzliche Grundlage» in Gegensatz zur Willkürrüge; vgl. ferner 96 I 134 E. 3.

freie Kognition für schwere Eingriffe[160], gelegentlich als fortführender Erbe der alten Formel kenntlich gemacht[161].

c) Ein *neuester Entscheid* freilich führt beide Linien wieder zusammen: «Lorsque les restrictions de droit public apportées à la propriété privée sont spécialement graves, la jurisprudence exige que la base légale soit claire et non équivoque; le Tribunal fédéral examine librement si cette exigence est satisfaite.»[162]

Die geschilderte Praxis hat im Grunde die *Grenzen der zulässigen Auslegung* im Auge; am kompetenzverschaffenden, materiell inhaltsarmen Grundzug des Planungsgesetzes aber ändert sie nichts.

C.2 Legitimationsdefizite: Delegation von Planungsbefugnissen?

336. *Grundsätzlich* fordert die Praxis von Eigentumsbeschränkungen (wie erwähnt) nur eine gesetzliche Grundlage *im materiellen Sinn*[163], auch seitdem Art. 22ter Abs. 2 BV Bund und Kantone dafür auf den «Weg der Gesetzgebung» weist[164]. So genügt eine *generell-abstrakte Norm des zuständigen Organs:* des eidgenössischen oder kantonalen Verfassung- oder Gesetzgebers; des Gemeindegesetzgebers, wenn ihn das kantonale Recht hierzu ermächtigt; oder schließlich der verordnungsetzenden Exekutive[165]. Allerdings:

> «Sous peine de vider la réserve de la loi prévue à l'art. 22ter Cst. de sa substance, la loi formelle doit en tout cas définir la manière dont l'autorité délégataire devra user du pouvoir qui lui est délégué ... A tout le moins doit elle indiquer approximativement l'objet, le but, l'étendue de la compétence accordée.»[166]

Damit war die Linie der vordem einsamen Fiskalrechtsprechung für den gesamten Grundrechtsbereich aufgenommen und darüber hinaus zum selbständigen Inhalt der Gewaltenteilung als verfassungsmäßiges Recht erhoben: Jede Regelung, «soweit sie die Rechtsstellung der Bürger schwerwiegend berührt», gehöre mit ihren «Grundzügen» in ein

---

[160] BGE 94 I 56 E. 2a; 95 I 553 E. 3a; 96 I 133f. E. 3; 97 I 641f. E. 6a, 795 E. 3a; 98 Ia 38 E. 2; 99 Ia 49 E. 5, 250 E. 2, 485 E. 3.
[161] BGE 96 I 134 E. 3: «... im gleichen Sinne wurde früher vom Erfordernis einer klaren bzw. unzweideutigen Rechtsgrundlage gesprochen.» Vgl. ferner BGE 102 Ia 522 E. 4; 99 Ia 412 E. 4 zur persönlichen Freiheit.
[162] BGE 106 Ia 366 E. 2; bestätigt mit 108 Ia 35 E. 3a, 110 Ib 266 E. 4.
[163] PETER SALADIN, Grundrechte, 157, mit Nachweisen.
[164] BGE 98 Ia 591 E. 3b.
[165] BGE 100 Ia 161 E. 5d; 98 Ia 591 E. 3b, 664 E. 5b; 97 I 805 E. 7, 796 E. 3b.
[166] BGE 98 Ia 592 E. 3d; dann 100 Ia 161 E. 5d; 103 Ia 274 E. 3a; 104 Ia 199 E. 2c.

formelles Gesetz[167] – jedenfalls *Art* und *Zweck* der Maßnahme sowie die dafür zuständige *Behörde* und das maßgebliche *Verfahren*[168]. So sieht sich das bescheidene Grunderfordernis des generell-abstrakten, bloß «verfassungsmäßigen» Rechtssatzes gehörig relativiert, ja, recht besehen, außer Kraft gesetzt[169].

337. *Unmittelbaren Nutzen* versprechen die eben gezeichneten Leitlinien nur, soweit Pläne in den Aufgabenbereich der *Exekutive* fallen; die Delegationspraxis hat (ausschließlich!) die Übertragung der Rechtsetzungsbefugnisse von der gesetzgebenden zur Regierungsgewalt im Auge[170]. Die wenigen Entscheide über Plandelegationen an Verwaltungsbehörden vermitteln allerdings kein geschlossenes Bild.

a) Eine Reihe *älterer Entscheide* mißt der planmäßigen Lokalisierung gesetzlich bereitgestellter Eigentumsbegrenzungen untergeordnete, sekundäre Bedeutung zu.

Keine delegationsrechtlichen Probleme hat die Praxis in regierungsrätlichen Verfügungen und Verordnungen des *Natur- und Heimatschutzes* ausgemacht[171], obwohl solche Schutzordnungen sich auf wenig präzise Ermächtigungen stützen[172], örtlich teils sehr weit reichen[173], regelmäßig als Nutzungspläne dargestellt werden[174] und einschneidende Bauverbote oder Bewirtschaftungsbeschränkungen verhängen[175]. Die Problematik übergeht wenigstens nicht das Urteil zum *Zürcher Fluglärmgesetz*[176], dessen § 2 den Regierungsrat ermächtigt, «Lärmschutzzonen mit den nach Maßgabe

---

[167] BGE 106 Ia 257 E.2c; 104 Ia 310 E.3c; 100 Ia 66 E.2a; 98 Ia 109 E.2. Einzelne Entscheide beschränken den Grundsatz – soweit Freiheitsrechte in Frage stehen – ausdrücklich nicht auf «schwere» Eingriffe: vgl. BGE 104 Ia 340 E.4b; 103 Ia 376 E.3a; 102 Ia 460 E.3b; 98 Ia 592 E.3d.
[168] BGE 104 Ia 311 E.3c.
[169] THOMAS COTTIER, Gesetzliche Grundlage, 52.
[170] BGE 104 Ia 340 E.4b; 102 Ia 460 E.3b; 101 Ia 10 E.3b; 100 Ia 161 E.5d; 99 Ia 542f. E.4a, b; 97 I 804f. E.7.
[171] Vgl. BGE 94 I 52; 81 I 340; ZBl 1959 100; 1957 460; 1950 308. Vgl. ferner BGE 98 Ia 381.
[172] In den genannten Fällen auf § 182 des Zürcher EG ZGB: «Der Regierungsrat ist berechtigt, auf dem Verordnungsweg ... zur Sicherung der Landschaften, Ortschaftsbilder und Aussichtspunkte vor Verunstaltung ... die nötigen Verfügungen zu treffen ...»
[173] Vgl. statt aller den 17 Gemeinden berührenden Berner Regierungsratsbeschluß vom 30.3.1977 «betreffend das Naturschutzgebiet Aarelandschaft Thun-Bern», BSG 426.131.12.
[174] So ausdrücklich § 7 der Luzerner Natur- und HeimatschutzV, vom 6.5.1965; die zahlreichen Zürcher Schutzordnungen erklären routinehaft (meist mit § 2) den jeweilen beigefügten Plan zum «Bestandteil der Verordnung».
[175] Vgl. als Beispiel die §§ 4 und 9 der Luzerner V zum Schutze des Sempacher Sees und seiner Ufer, vom 20.7.1964, die – theoretisch zumindest – ein ‹fotografisches› Einfrieren des Landschaftsbildes ermöglicht (Bewilligungspflicht für das Fällen von Bäumen, Ausforstungsverfügungen usf.).
[176] BGE 96 I 705.

des § 1 gebotenen» – das heißt: dem angestrebten Lärmschutz dienenden – «Beschränkungen» für die Erstellung neuer und die Benützung bestehender Bauwerke zu erlassen. Zwar sei, räumt das Gericht ein, die delegierte Befugnis «von großem Gewicht». Aber: Die «Darstellung der belasteten Gebiete in einem Zonenplan» ergänze das Gesetz nicht, «bestimme» es vielmehr «näher»[177], und so blieben die Delegationsschranken gewahrt.

Was diese Rechtsprechung vielleicht erklärt (aber kaum vor Anfechtung bewahrt), sind die Macht der Gewöhnung – Natur- und Heimatschutzverordnungen haben Tradition! – sowie die verhältnismäßig klar gerichtete, einzweckhafte Ratio solcher Maßnahmen.

b) Die Grenze des Zulässigen überschreitet freilich auch in den Augen des Gerichts die Befugnis eines Gemeinderates, seinen eigenen *Nutzungsplanentwurf* von der öffentlichen Auflage an «provisorisch» anzuwenden, denn damit verbinde sich «una delega in bianco del potere legislativo all'esecutivo communale»: die zulässigen Eigentumsbegrenzungen seien nach Art und Zweck auch nicht annähernd im formellen Gesetz vorgezeichnet[178]. Daraus ist zu schließen, daß die planungsrechtliche Grundordnung eines Gemeinwesens, daß der grundlegende Entscheid über Zusprechung und Verweigerung räumlicher Entwicklungschancen, Zulassung und Aussperrung einander konkurrenzierender Nutzungsansprüche in die Hände des Gesetzgebers gehört[179]. Nicht überall trifft das heute zu[180].

C.3 Fazit

338. Bestimmtheits- und Legitimationsdefizite des Planungsgesetzes bilden solange ‹kein Problem›, als der verbindliche Plan selber auch im *formellen Gesetzgebungsverfahren* ergeht. Für gesetzliche Bestimmtheit ist dann hinreichend gesorgt, ebenso für demokratische Legitimation.

339. Dort hingegen werden Normstufe und Normdichte der gesetzlichen Planungsgrundlage zum Thema, wo Pläne Sache allein der *Exekutive* sind: heute besonders Landschaftsschutzpläne (vgl. Nr. 337a) und Sachpläne (vgl. Nr. 414). Denn Verordnung und Verfügung, die Handlungsformen der Exekutive, vermögen die grundrechtlichen und gewal-

---

[177] BGE 96 I 712f. E. 5.
[178] BGE 100 Ia 162 E. 5d.
[179] EJPD/BRP, Erläuterungen RPG, Einl. N. 39.
[180] Vgl. die durch neueste (!) Gesetzesrevision bestätigte Ausnahme des Kantons Freiburg: hier erläßt der Gemeinderat (die Exekutive) den Zonenplan (Art. 78–82 BauG FR; ebenso bedenklich §§ 15–21 BauG SO).

tenteiligen Mängel einer ungeeignet gebauten Entscheidungsfolge nicht wiedergutzumachen. Die Rechtsprechung hilft, kein Wunder, nicht weiter: zu sehr sind ihre Leitsätze der Zweiheit von Rechtssatz und Verfügung verhaftet. Für die ordnende und weithin auch für die leistende Verwaltung ist damit freilich auszukommen: dort schafft das «klare und unzweideutige» Gesetz Gewißheit über den Grundrechtseingriff, bewahrt die formell gesetzliche Verankerung der «Grundzüge» vor demokratischer Auszehrung. In der lenkenden Verwaltung schlagen diese Rezepte (wie bemerkt) nicht an, auch nicht in der Raumplanung[181]. Unkritischer Formelgebrauch schafft hier nur Scheinruhe: legt dem Plan die Maßstäbe einer Rechtswelt an, die er längst verlassen hat; Maßstäbe, die den Plan deshalb nicht fordern können.

D. Gesetzespolitik des Plans

340. Nach alledem steht fest: Planung «eignet» sich nicht zu generell-abstrakter Vorwegnahme[182]; das Planungsgesetz zeichnet den Plan nicht vor, er entspringt erkenntnisarmer Entscheidung des Planungsträgers. Seine Freiheit entfaltet sich im ‹Innern› der zugeschiedenen Planungsgegenstände; sie trägt ihm aber ferner auf, mit der Planfestsetzung auch den begrifflichen Sinn des Planungsgegenstandes selber (in seiner räumlichen Bedeutung) festzulegen. Es wiederholt sich auf tieferer Stufe die auftragsbestimmende Kraft des Beauftragten: So wie der Gesetzgeber Verfassungspolitik betreibt, so betreibt der Plansetzer Gesetzespolitik.

IV. Materielle Anreicherung von Aufgabennormen

341. Offene Normen verpflichten zu nachträglichem Ausgleich der erzeugten ‹Defizite›. Hierbei ist zu unterscheiden: Demokratische Defizite gehören durch legitimationsverschaffende Beteiligungsverfahren aufgefangen – eine Forderung, die ich nicht weiter verfolge, weil sie für die raumwirksame Aufgabeneinheit nicht von Belang ist, und nur um diese *materielle* Einheit geht es hier. Das Augenmerk soll auf jene Defizite gerichtet werden, die die offene Norm durch ihre Unbestimmtheit erzeugt: deren Ausgleich führt notwendig zur Befragung der Verfassung (A, Nrn. 342 ff.) und zu einer darauf ausgerichteten Argumentation (B, Nrn. 345 ff.).

---

[181] Pierre Moor, Participation, ZSR 1976 I 174f.
[182] Vgl. BGE 103 Ia 381 E.6.

A. ‹Verfassungsinteressen›

342. Geläufiger Vorstellung zufolge bildet die Rechtsordnung einen «pyramidenförmigen Bau»[183], dessen Stufen – Verfassung, Gesetz, Verordnung, Individualakt – dreifach untereinander verbunden sind: Erstens durch eine *Rangfolge,* kraft derer jede Norm allen ‹tieferen› vorgeht; zweitens durch eine *Erzeugungskette,* indem jede Norm (mit Ausnahme der Verfassung) ihre Erzeugungsbedingungen höherenorts vorfindet; und drittens durch einen *Individualisierungszusammenhang,* der jede Norm als Verdichtung ihrer vorgesetzten Grundlage erscheinen läßt. Diesem Stufenbau ist zuzuschreiben, daß die Auslegung jeder Norm zunächst in den Rahmen der nächst höheren Stufe gestellt ist. Sowie freilich der Anteil der erkenntnisarmen Entscheidung steigt, «Auslegung» sich zu «Konkretisierung» wendet, verliert die stufengerechte Verweisung ‹nach oben› an sinnstiftender Leitkraft. Das gilt ausgeprägt von Aufgabennormen und dem durch sie eröffneten Ermessen: *Offene Normen jeder Stufe verweisen unmittelbar in die Verfassung.*

343. Auf die *Verfassung* (und nicht in den ‹rechtsfreien› Raum) muß sich der Blick richten, weil Ermessen nicht Belieben, die durch es vermittelte Freiheit keine unrechtliche Freiheit ist[184]: als würde Urgewalt in die Zivilisation des Rechts einbrechen. Vielmehr: Ermessen wird durch Recht begründet und durch Recht beschränkt; es ist Teil des Rechts, eines ihrer Ausdrucksmittel. Ermessenswaltung bleibt – wie jedes Staatshandeln – Rechtswaltung. Würde sie auf Normen ‹vor› oder ‹über› der Verfassung rekurrieren: die Verfassung selbst wäre aufgegeben, und damit auch die Einheit des Rechts.

344. Die Verfassung ist als Richtpunkt sowohl des Gesetzgebungs- als auch des Verwaltungsermessens anerkannt, wenn auch bis heute unzureichend genutzt.

a) Völlig unbestritten ist die Leitfunktion der ‹großen› *Verfassungsgrundsätze:* wie etwa der Rechtsgleichheit[185], der Verhältnismäßigkeit[186], des Vertrauens-

---

[183] GEORG MÜLLER, Rechtsetzung, 11, aufbauend auf ADOLF MERKL, Prolegomena einer Theorie des rechtlichen Stufenbaues, in: Die Wiener rechtstheoretische Schule (Ausgewählte Schriften von HANS KELSEN, ADOLF MERKL und ALFRED VERDROSS), Wien/Frankfurt (M)/Zürich und Salzburg/München 1968, II 1311, besonders 1335–1350.
[184] BGE 107 Ia 204 E.3; 103 Ib 354 E.5c; 98 Ia 463f. E.3.
[185] BGE 103 Ib 354 E.5c; vergleichbar die Bindung an «Sinn und Zweck» der ermessengewährenden Norm: BGE 103 Ib 25 E.1; 98 Ia 463 E.3; 97 I 140 E.3.
[186] BGE 103 Ib 354 E.5c; 101 Ia 221 E.6a.

schutzes[187], der Abwägungspflicht[188]. Einigkeit herrscht freilich auch über deren geringen Normgehalt[189].

b) Etabliert hat sich ferner die sinnstiftende Kraft der *Grundrechte*. In ihrer Eigenschaft als Sätze des objektiven Rechts «programmieren» sie die Rechtsetzung und «harmonisieren» sie die Rechtsanwendung im Reich der offenen Normen[190].

c) Erst in *Ansätzen* bedient sich die Praxis dagegen *bereichhafter, sachspezifischer Interessen der Verfassung*. Zu denken ist immerhin an die Grundsätze des Abgaberechts – Kostendeckungs- und Äquivalenzprinzip[191]. Ein gehöriger Sprung in diese Richtung ist zu vermelden, seitdem die Planungsgrundsätze gemäß Art. 3 RPG den ‹Verfassungsgeist› des Planungsauftrages (Art. 22^{quater} BV) in alle raumwirksamen Ermessensräume hinein getragen haben[192].

Unzureichend ist die Ausschöpfung der Verfassung deshalb, weil die Suche nach aussagekräftigen Leitgrößen der Ermessenswaltung gewöhnlich den gesamten Aufgabenbereich außer acht läßt. Man kann diese Einäugigkeit nicht hinnehmen: Wenn Ermessen an die Verfassung rekurriert, dann eben an die ‹*Interessen*› *der gesamten Verfassung;* und sollten die Instrumente dafür nicht bereitstehen, so ist die Dogmatik gehalten, sie nachzuliefern (einläßlich zum ‹Verfassungsinteresse› § 7).

B. Interessenabwägung

345. Regelmäßig beanspruchen mehrere Verfassungsbelange zugleich, sich in den ausfüllungsbedürftigen Ermessensraum hinein zu verwirklichen: alle jene, die sacherhebliche Anliegen vertreten. Wäre die ins Ermessen entlassene Rechtsfrage nicht derweise ‹mehrdimensional›, es hätte kein rechtlicher Grund bestanden, sie normativ offen zu lassen.

346. Aus diesem Grunde wird ein *Optimierungsprozeß* nötig. Denn welche Verfassungsbelange in erster Linie dem Ermessen sich aufzuprägen berechtigt sind, steht – Gleichrang der Verfassungssätze! – nicht von vornherein fest.

---

[187] Vgl. BGE 104 Ia 118f. E. 4c.
[188] BGE 101 Ia 221 E. 6a; 98 Ia 463f. E. 3.
[189] THOMAS COTTIER, Gesetzliche Grundlage, 209.
[190] JÖRG PAUL MÜLLER, Soziale Grundrechte, 157f.; *derselbe,* Elemente, 48ff. Vgl. zur Argumentation des Bundesgerichts aus Grundrechtsinteressen z. B. BGE 104 Ia 378ff. E. 3 und 103 Ia 387ff. E. 7d: beide Urteile zu grundrechtlichen Anforderungen an das Rechtshandeln in nicht unmittelbar freiheitsrechtlich geschützten Bereichen.
[191] BGE 107 Ia 33f. E. 2d; 106 Ia 253 E. 3a; 104 Ia 114ff. E. 2–4; 103 Ia 88f. E. 5b.
[192] LEO SCHÜRMANN, Bau- und Planungsrecht, 116ff., mit Nachweisen.

347. Der Optimierungsprozeß muß sich als *geeignete Argumentation* abwickeln. Es kommt nicht darauf an, wie man ihn nennt: Interessenabwägung, Güterabwägung, Herstellen praktischer Konkordanz. Wesentlich ist die *gegliederte Folge verfassungsrechtlicher Begründungen,* die kraft ihrer Strukturiertheit und kraft ihres Verfassungsbezugs den gefällten Entscheid als nachvollziehbar und richtig erscheinen läßt (einläßlich zur Interessenabwägung § 8).

§ 7 ‹Verfassungsinteressen›

348. Planlosigkeit zeichnet die Bundesverfassung, *«Formenreichtum»*[1], wie es höflich heißt – eine staatsrechtliche Binsenwahrheit[2].

Eine Sichtung der geschriebenen Verfassungsvorschriften fördert zunächst drei ‹Klassen› zutage: *organisations- und verfahrensrechtliche Normen* (einschließlich der Regeln zur Verfassungsrevision), *Gesetzgebungszuständigkeiten* und *Freiheitsrechte*. Damit ist die Reihe nicht erschöpft; allerdings beginnt der Boden eines geeinten Sprachgebrauches zu schwinden. Die Verfassung enthält weiter: *«materielles» Recht* (das heißt: selbständig anwendbare Vorschriften außerhalb des Grundrechtsbereichs, verirrtes Gesetzesrecht gewissermaßen), *Normativ- oder Staatszielbestimmungen* (das heißt: materielle Direktiven an den Gesetzgeber, gewöhnlich in Aufgabennormen eingebaut), *Verfassungsgrundsätze* (zumeist ungeschriebene Leit-Gesichtspunkte der Rechtserzeugung), und schließlich – freilich umstritten – *«Deklamationen»*, Verfassungssätze ohne Rechtsgehalt.

Die Breite der anzutreffenden Typologien schwankt, wenig einheitlich sind auch die verwendeten Begriffe. Die Unterschiede können auf sich beruhen: hier zählt nur der negative Befund, daß den Regeln der Verfassung *keine einheitliche Erscheinungsweise* eignet; es steckt kein gemeinsames Bauprinzip in ihnen.

349. Solch uneinheitliche Erscheinungsweise ist nicht in sich ein Mangel. Aber sie muß überwunden werden, wo immer im Rechtshandeln Güterabwägung, Optimierung der sachberührten Verfassungsbelange gefordert ist (§ 6/IV). Denn solche Optimierung braucht einen *strukturell vergleichbaren Auszug aus den beteiligten Verfassungsvorschriften,* das ‹Grundsatzhafte› ihres Wortlauts. Sie müssen sich auf einen gemeinsamen Kern zurückführen lassen, sonst bleibt praktische Gleichwertigkeit allen Verfassungsrechts unerreichbar. Nötig ist, mit anderen Worten, eine zwischen Verfassungswortlaut und Optimierungsprozeß vermittelnde Rechtsfigur: gewonnen aus der Verfassungsregel, und zugerichtet auf den Abwägungsvorgang. Solchen Dienst erweist das *Verfassungsinteresse*.

---

[1] Hans Huber, ZbJV 1971 172.
[2] Vgl. außerdem Jean-François Aubert, Traité, I Nr. 276; Ulrich Häfelin, Verfassunggebung, 88 ff.; Jörg Paul Müller, Soziale Grundrechte, 64 ff.; Peter Saladin, Struktur und Stil, 225 ff.

350. Verfassungsinteresse ist die ‹hinter› der Verfassungsregel stehende Stoßrichtung, der *Programmgehalt* eines Verfassungssatzes (I, Nrn. 351 ff.). Als normative Teilschicht der formellen Verfassung sind Verfassungsinteressen nicht beliebig einführbar: sie unterliegen einem *Numerus clausus* (II, Nrn. 355 ff.). Zugleich aber ist ihre Bindungskraft – *weil* an die positive Verfassung gebunden – *rechtlicher* Art (III, Nrn. 376 ff.), stehen die Verfassungsinteressen – *weil* Abkömmling von Verfassungssätzen – einander *a priori gleich* (IV, Nrn. 381 ff.).

I. Verfassungsinteressen als normativer Teilgehalt des Verfassungssatzes

351. Den *Grundrechten* legt die Lehre *unterschiedliche normative Teilgehalte* bei: Aussage‹schichten›, die sich in Regelungsdichte, Wirkweise und Durchsetzungsverfahren voneinander unterscheiden [3].

a) Grundrechte sind zuerst und herkömmlich *subjektive Rechte*. In diesem Kleid vermitteln sie staatsgerichtete, gerichtlich zumeßbare Ansprüche – vor allem *Freiheitsrechte:* Abwehr-, neuerdings auch leistungsverschaffende Teilhaberechte [4].

b) Grundrechte bilden überdies als *objektive Rechtssätze* (nicht die einzige!) *Grundlage der gesamten Rechtsordnung* [5], getrieben von der Einsicht, daß die verfassungsmäßigen Freiheiten unerfüllt bleiben, wenn sie nicht auch gesetzlich bestimmt, begrenzt und gesichert werden. In diesem Sinne prägen Grundrechte sowohl (kraft «programmatischer» Funktion) die Rechtsetzung als auch (kraft «flankierender», «harmonisierender» Funktion) die Rechtsanwendung [6].

«Programmatische» und «harmonisierende» Funktion heben sich wohl in Adressatenkreis und Durchsetzungsverfahren voneinander ab: der programmatische Gehalt von Grundrechten richtet sich an den Gesetzgeber, der harmonisierende an den Richter [7]. Aber ein struktureller oder inhaltlicher Unterschied der beiden objekti-

---

[3] JÖRG PAUL MÜLLER, Soziale Grundrechte, 155 ff.; KONRAD HESSE, Grundzüge, NN. 279 ff.
[4] Statt vieler KONRAD HESSE, Grundzüge, NN. 283 ff.; JÖRG PAUL MÜLLER, Elemente, 47 f.
[5] Statt vieler KONRAD HESSE, Grundzüge, NN. 290 ff. Zum Wortstreit um das «institutionelle» Grundrechtsverständnis vgl. JÖRG PAUL MÜLLER, Elemente, 13 ff., und PETER SALADIN, Grundrechte, LVI f.
[6] JÖRG PAUL MÜLLER, Soziale Grundrechte, 157 f.
[7] JÖRG PAUL MÜLLER, Soziale Grundrechte, 157 f.

ven Grundrechtsschichten folgt daraus nicht: Beidemal ist die Aufgabe gestellt, rechtssatzmäßig nicht determinierte Bereiche – Ermessen – unter Berücksichtigung grundrechtlicher Anliegen zu konkretisieren. Nicht wechselnde Offenheit der objektiven Grundrechtspostulate, sondern einzig ein wechselndes Normenumfeld begründet im einen Falle die Zuständigkeit des Richters und verbietet sie im andern: Gesetzlich eingeräumtes Ermessen ist von materiellen Normgehalten gewöhnlich dicht genug umstellt, damit der Richter, wenn er es ‹ausfüllt›, die Legitimität seiner Gewalt nicht überspannt. Derart ‹eindeutig› ist die Rechtsetzung kaum je gebettet: ihr Normenumfeld ist die Verfassung, die Bandbreite zulässiger Lösungen mit jener nicht vergleichbar, die sich dem Richter durch Gesetz eröffnet.

352. Subjektiver und objektiver Teilgehalt des Grundrechts stehen in *funktionell unterschiedlicher Beziehung* zur ‹ganzen› Verfassungsregel: die subjektiv-anspruchsbegründende Schicht – das im Verfassungswortlaut unmittelbar Ausgedrückte – verkörpert den Stammgehalt, die objektiv-grundlegende Schicht den ‹dahinter› stehenden, übergreifenden Programmgehalt des Grundrechts: ideell den Stammgehalt tragend, zugleich von ihm formell gestützt.

353. Die *funktionelle Teilung* der Grundrechte in Stammgehalt und Programmgehalt läßt sich *verallgemeinern*[8]*:* Jedem Verfassungssatz eignet – wenn auch in unterschiedlichem Ausmaß – über die im Verfassungswortlaut aufscheinende Stammbedeutung hinaus bereichsübergreifende, einheitsstiftende Wirkung: ein ideeller Gehalt, der unabhängig ist von der stets situationsbedingten Aussagedichte der formellen Verfassungsnorm, und der auch mit ihrer überkommenen Wirkweise – anspruchsbegründend, kompetenzerteilend, «materiell» rechtsetzend – nichts zu schaffen hat. Als Programm will die Verfassungsvorschrift ihr Anliegen in sachlich benachbarte Bereiche des Verwaltungs- und Rechtsetzungshandelns hineintragen, darauf zählend, daß die dort zuständigen Rechtsgrundlagen Fenster zur Verfassung öffnen und ihr derweise Einlaß gewähren und Mitarbeit ermöglichen. Im Programmgehalt des Verfassungssatzes liegt der Schlüssel zur praktischen Einheit der Verfassung (IV/C): so erst wird einsehbar, aus welchem Antrieb die systemlos nebeneinander her lebenden Verfassungsvorschriften ihre Vereinzelung überwinden und Hand bieten zu materieller Verbundenheit; so auch wird das positive Verfassungsrecht besser genutzt, schwindet das Bedürfnis nach ‹über› der Verfassung stehenden einheitsstiftenden ‹Prinzipien›.

---

[8] Vgl. ROLAND HALLER, Handels- und Gewerbefreiheit, 126 f.; PETER SALADIN, Bund und Kantone ZSR 1984 II 466.

354. Dieser Programmgehalt, Teilschicht der Verfassungsnorm, soll ‹*Verfassungsinteresse*› heißen: Verfassungsinteresse sei jedes in die Verfassung eingebrachte Anliegen.

Die Wortwahl ist gegen Einwände gewiß nicht gefeit. Geläufiger Definition zufolge beschreiben Interessen die Anteilnahme eines Subjektes an einem Gegenstand (Nr. 449), und Subjekt ist die Verfassung allerdings nicht: ‹deshalb› könnte sie, streng genommen, auch keine Interessen ‹haben›. Immerhin steht doch zu bezweifeln, ob dieser richtige Einwurf auch stimmt, denn die Verfassung hat (wie jeder Rechtssatz) ihren *eigenen* Willen und wird in rechtspolitischen Auseinandersetzungen auch als *wirklicher Akteur* erlebt – außer vielleicht von vertrockneten Rationalisten. Die Subjekteigenschaften der Verfassung brauchen aber nicht weiter bemüht zu werden; das Verfassungsinteresse läßt sich als Begriff auch so rechtfertigen.

a) Eingelebt hat sich einmal das Wort vom «*Grundrechtsinteresse*»[9]: das Interesse des Grundrechts, sich einzubringen und zu verwirklichen; oder ‹genauer›: das Interesse zum Beispiel des Bürgers, vom Grundrecht so ungehindert als möglich Gebrauch zu machen, die Anliegen des Grundrechts durch die Gesetzgebung so weit als möglich anerkannt und gesichert zu sehen. Mit gleichem Recht kann man vom ‹Aufgabeninteresse›, mit gleichem Recht auch vom ‹Verfassungsinteresse› reden.

b) Jeder Verfassungssatz drückt zunächst die Interessen eines bestimmten Verfassungspublikums aus. Aber sowie der Verfassunggeber diese Interessen unter den Schirm der Verfassung stellt, lösen sie sich von ihren Trägern ab, ‹objektivieren› sich, halten sich fordernd bereit, ihren Beitrag zur Rechtsbildung zu leisten. Verfassungsinteressen sind nicht eigentlich Interessen *der* Verfassung, sondern Interessen *in der* Verfassung; man könnte deshalb, wieso nicht, von Verfassungs‹gütern› sprechen, von Verfassungs‹zielen› oder Verfassungs‹programmen›. Aber darüber ginge das Bewegende, Drängende des Interesses verloren, würde eher vergessen, daß die Subjekte der Rechtsbildung – Gesetzgeber und Verfassungsrichter – gehalten sind, *für* die ‹richtigen› Interessenträger zu handeln. So ist es gleich besser (und auch genauer, weil unmittelbar zu verstehen), von Interessen *der* Verfassung zu sprechen.

c) Und endlich erzeugt der Begriff erwünschte Assoziationen: die *Assoziation von Verfassungsinteresse und Interessenabwägung.* Auf der einen Seite erinnert das Wort die Programme der Verfassung an ihre eigene Begrenztheit: es sind Belange, bestimmt zur Abwägung gegen andere Belange. Und auf der andern Seite wird der Interessenabwägung beigebracht, woher sie ihre Zutaten vorweg zu beziehen hat: nämlich aus der Verfassung.

Wichtiger als der Begriff ist im übrigen die Einsicht in das *Funktionale* und *Offene* der Figur: Funktional ist das Verfassungsinteresse insofern, als ihm aufgegeben ist, zur praktischen Einheit der Verfassung (IV/C) beizutragen; deshalb – wegen des stets mitgedachten Abwägungsvorbehaltes – ist es nur *Interesse.* Und offen ist das Verfassungsin-

---

[9] Vgl. ZBl 1985 81 E. 3b, 74 E. 4a; PETER HÄBERLE, Leistungsstaat, VVDStRL 30 122.

teresse insofern, als jede (‹wichtige› oder ‹nebensächliche›) Verfassungsnorm mit gleichem Recht befugt ist, ihr Programm zuhanden der erwarteten Verfassungsintegration einzubringen; deshalb ist es *Verfassungs*interesse, nicht Postulat einer über ihr stehenden ‹Gerechtigkeit›, eines Verfassungs‹geistes› oder ‹Grundkonsenses›.

II. Numerus clausus von Verfassungsinteressen

355. Verfassungsinteressen sind *Teil der formellen Verfassung;* sie bestehen nur aufgrund und im Rahmen der Verfassung. Solche Bindung ist das notwendige Gegenstück zur Aufgabe des Verfassungsinteresses, mitzubauen an der praktischen Einheit der Verfassung. Denn diese Einheit kann nur aus der Verfassung selber entstehen.

356. Die *normative Erscheinungsweise* dieser Verfassungsschicht ist freilich nichts Festes. Drei Typen sollen näher beleuchtet werden: das Verfassungsinteresse ‹im Kleid› eines formellen Verfassungssatzes (A, Nr. 357), das Verfassungsinteresse ‹hinter› dem formellen Verfassungssatz (B, Nrn. 358 ff.), und endlich der Verfassungsgrundsatz als ‹Sonderform› eines Verfassungsinteresses (C, Nrn. 367 ff.).

A. *Verfassungsinteresse als formeller Verfassungssatz*

357. Das Verfassungsinteresse kann im Kleid eines formellen Verfassungssatzes erscheinen. Das gilt von den wenigen für sich stehenden Staatszielbestimmungen (wie etwa den Wohlfahrtsklauseln, Art. 2, 31bis Abs. 1 BV) und den ausdrücklich genannten Verfassungsgrundsätzen (wie etwa der Verhältnismäßigkeit in Art. 5 Abs. 1 VE); ferner auch von den verfassungsgerichtlich anerkannten ungeschriebenen Grundsätzen (einläßlich: C).

B. *Verfassungsinteresse ‹hinter› dem formellen Verfassungssatz*

358. Gewöhnlich muß das Verfassungsinteresse vom positivierten Stammgehalt einer bereichhaften Verfassungsnorm her entwickelt werden. Das trifft für die Grundrechte zu (vgl. Nrn. 351 f.), aber nicht nur für sie: auch Organisations-, Verfahrens- und Kompetenzvorschriften treten zunächst ‹in eigener Sache› auf, als Grundlage von Behörden, Rechtsabläufen und Gesetzen. Der zur Einheitsstiftung bestimmte übergreifende Programmgehalt ist hier wie dort *zu bilden.*

359. Die Gewinnung von Verfassungsinteressen aus dem formellen Verfassungssatz ist *Akt der Verfassungsinterpretation,* ist Recht und Pflicht der dazu berufenen Organe, und stößt an keine anderen Grenzen als an jene, die die Verfassungsauslegung von der Verfassungsänderung trennen[10]. Darauf soll weiter nicht eingetreten werden, von wenigen Hinweisen zum ‹Verhältnis› von Verfassungssatz und Verfassungsinteresse abgesehen (B.1 – B.3).

B.1 Anknüpfungspunkt: Geschriebener und ungeschriebener Verfassungssatz

360. Der einfache Weg, ein Interesse als Interesse der Verfassung auszuweisen, führt über dessen Anknüpfung an einen *geschriebenen Verfassungssatz.*

An zweierlei ist dabei zu erinnern:

a) Zur geschriebenen Verfassung gehört nur, was *im formellen Verfahren der Verfassunggebung* (und -revision) Teil der Verfassungsurkunde geworden ist[11] (freilich mit Einschluß des Verfassungsnotrechts, Art. 89bis Abs. 3 BV[12] und der Übergangsbestimmungen). Geschriebenes Verfassungsrecht *außerhalb* der Verfassungsurkunde besteht nicht; vorkommen kann es allenfalls als ‹Abdruck› ungeschriebenen Verfassungsrechts[13].

b) Umgekehrt hat *alles geschriebene Verfassungsrecht uneingeschränkte Verfassungsqualität,* auch wenn es Drittrangiges vertritt: überwiegende Lehre und herrschende Rechtsprechung lehnen es ab, aus der formellen eine ‹echte›, materielle Verfassung herauszuheben (Nr. 391).

361. Formelles Verfassungsrecht ist auch der *ungeschriebene Verfassungssatz* – formell deshalb, weil die ‹Autorität des Subjekts›[14], das ihn

---

[10] KONRAD HESSE, Grundzüge, NN. 77 f.; HERBERT KRÜGER, Verfassungsänderung, DöV 1961 721 ff.
[11] JEAN-FRANÇOIS AUBERT, Traité, I Nrn. 256, 275.
[12] Denn es unterliegt wie ‹gewöhnliches› Verfassungsrecht der Annahme durch Volk und Stände, wenn auch zeitlich verzögert; vgl. PETER SALADIN, Struktur und Stil, 224.
[13] So z. B. Art. 1 StGB – «Nulla poena sine lege» – als Ausdruck des in Art. 4 BV wurzelnden Rechtsstaatsprinzips; oder Art. 3 FG – «Die Freiheit von Lehre und Forschung *bleibt* gewährleistet» – als Ausdruck eines wenigstens im Bundeshaus als geltend vorausgesetzten entsprechenden Grundrechts (BBl 1981 III 1068).
[14] Vgl. HERBERT KRÜGER, Verfassungsgrundsatz, 210.

verkündet (gewöhnlich das Bundesgericht), eine qualitativ gleichstehende Legitimation zur Verfassungsrechtsetzung beibringt wie der ordentliche Verfassunggeber[15], wenn auch in sachlich engeren Schranken. Ist der ungeschriebene Rechtssatz einmal als Verfassungsregel anerkannt, läßt sich ihm auch ‹sein› Verfassungsinteresse abgewinnen – genauso wie der geschriebenen Verfassungsnorm.

a) Voraussetzung ungeschriebener *Grundrechte* ist – ständige Rechtsprechung – ihre Rolle als *«unentbehrlicher Bestandteil der demokratischen und rechtsstaatlichen Ordnung des Bundes»*[16]*;* dazu zählen bis heute die Meinungsäußerungsfreiheit[17], die persönliche[18], die Sprachen-[19] und die Versammlungsfreiheit[20]; vor 1969 auch die Eigentumsgarantie[21].

b) Für den *Aufgabenbereich* liegen die Dinge verzwickter, denn Art. 3 BV begründet das System der aufgezählten Bundeszuständigkeiten mit auffangender Generalkompetenz der Kantone[22]. Allerdings besteht er nicht auf ausdrücklicher Aufzählung, und so gibt die Verfassung auch über gehörige (nicht «restriktive»![23]) Auslegung hinaus Raum für stillschweigende Zuständigkeiten des Bundes[24]. Solche Zuständigkeiten hat die Verfassungspraxis anerkannt: *kraft Sachzusammenhangs,* gewöhnlich durch ‹Schluß› vom ausdrücklich genannten Aufgabenzweck auf die stillschweigend gebilligten Mittel[25]; und *kraft Natur der Sache,* gewöhnlich entwickelt aus dem Bestand des Bundes als Staat oder als Bundesstaat[26].

---

[15]   JEAN-FRANÇOIS AUBERT, Traité, I Nr. 312.
[16]   BGE 100 Ia 400 E. 4c; 104 Ia 96 E. 5c (mit dem problematischen Zusatz, das ungeschriebene Grundrecht müsse «Voraussetzung für die Ausübung anderer Freiheitsrechte» bilden).
[17]   BGE 87 I 117 E. 2.
[18]   BGE 89 I 98 E. 3; 90 I 34 E. 3a.
[19]   BGE 91 I 485f. E. II/1.
[20]   BGE 96 I 224 E. 4.
[21]   ZBl 1961 69; BGE 89 I 98 E. 3; 1969 als Teil der Bodenrechtsartikel in die Verfassung aufgenommen (BBl 1967 II 133, AS 1969 1249ff.).
[22]   Statt vieler WALTHER BURCKHARDT, Kommentar, 14.
[23]   JEAN-FRANÇOIS AUBERT, Traité, I Nr. 633; WALTHER BURCKHARDT, Kommentar, 14.
[24]   In der Lehre weithin anerkannt; vgl. JEAN-FRANÇOIS AUBERT, Traité, I Nrn. 624ff.; ULRICH HÄFELIN/WALTER HALLER, Bundesstaatsrecht, N. 279. Zurückhaltender FRITZ FLEINER/ZACCARIA GIACOMETTI, Bundesstaatsrecht, 75ff.
[25]   Beispiele etwa bei YVO HANGARTNER, Kompetenzverteilung, 75ff.
[26]   Das sind teils *Selbstverständlichkeiten* (Verfügung des Bundes über seine Hoheitszeichen, SR 111), teils fällt aber auch *Fragwürdiges* darunter, wie etwa lange Zeit die unter dem Titel des staatlichen ‹Persönlichkeitsrechtes› betriebene Förderung kultureller Belange (vgl. BBl 1980 II 148f.; 1969 II 512; 1965 I 1448). Zur «Natur der Sache» gehört überdies das über Art. 89bis Abs. 3 BV hinausreichende *Notstandsrecht* (vgl. Anm. 6/64 und als Beispiel die Neutralitätsschutzbeschlüsse 1914, AS 30 347, und 1939, AS 55 769).

B.2 Bevorzugte Indikatoren: Zielnormen von Verfassung und Gesetz

362. Die Verfassung kennt keine ziellos umherirrenden Normen [27]. Rechtsetzung ist Zwecksetzung, Verfassunggebung erst recht: Jede Verfassungsvorschrift verficht bestimmte materielle Anliegen, die Verfassung insgesamt erscheint (in ihrer programmatischen Schicht) als *Gefüge rechtlicher Vektoren* – unabhängig davon, wieweit und mit welchen Mitteln der einzelne Verfassungssatz Richtung und Stärke seiner Zwecke offenlegt. *Wenn* er es aber tut: wenn er, wie zu Recht die neueren Aufgabennormen, Ziele nennt und Programme verkündet, dann muß sein Verfassungsinteresse zuerst *daran* anknüpfen.

363. Im Aufgabenbereich lassen sich Verfassungsinteressen auch von der *Ratio des ausführenden Gesetzes* her rückerschließen. Verfassungs‹interpretation› durch Gesetz hat wenig Anrüchiges an sich: Weithin erst die kompetenzformende Kraft des Gesetzgebers gibt, man weiß es (§ 6/II/D), der Kompetenznorm faßlichen Inhalt; und so ist es nur systemgerecht, auch den Sinn verfassungsrechtlicher Zielbestimmungen (und erst recht die Stoßrichtung ‹zielloser› Aufgabennormen) unter das aktualisierende Licht des Aufgabengesetzes zu stellen. Die Ratio des Gesetzes ihrerseits bereitet wenigstens dort kein Kopfzerbrechen, wo der Gesetzgeber die Regelungsziele in einen «Zweckartikel» gepackt hat: eine Tugend vor allem der neueren Verwaltungsgesetze [28]. Den praktischen Nutzen solcher Programmerklärungen belegt allen voran das Raumplanungsgesetz mit seinen «Zielen» und «Grundsätzen» [29] (Art. 1 und 3 RPG).

B.3 Die ‹Nähe› von Verfassungssatz und Verfassungsinteresse

364. Wenn Verfassungsinteresse nur sein kann, was an formellen Verfassungssätzen anzuknüpfen vermag, so stimmt nicht auch das Umgekehrte: daß jedem Verfassungssatz ein und nur ein Interesse entspreche. Der Schluß würde schon daran scheitern, daß es ‹den› Verfassungssatz nicht gibt; weder Artikel noch Absatz, und schon gar nicht die grammatische ‹Einheit› des Satzes können den erwarteten Maßstab vermitteln.

---

[27] PETER SALADIN, Bund und Kantone, ZSR 1984 II 466.
[28] So u.a. Art. 1 BewG; Art. 1 FG; Art. 1 ZSG; Art. 1 LVG; Art. 1 USG.
[29] Darüber LEO SCHÜRMANN, Bau- und Planungsrecht, 116ff.

Vielmehr lassen sich mit gleichem Recht *mehrere* Verfassungsinteressen aus *einem* Verfassungssatz gewinnen wie *mehrere* Verfassungssätze durch ein *gemeinsames* Verfassungsinteresse überwölben. Das Spiel darf nur nicht so weit getrieben werden, daß die erzeugten Verfassungsinteressen zur Güterabwägung nicht mehr taugen. Daraus folgen zwei Einschränkungen.

365. *Erstens* muß die *Zahl der Verfassungsinteressen beschränkt* bleiben: Übersicht ist erste Voraussetzung guter Rechtsfindung. Einer Verfassungsvorschrift sollen deshalb nicht unnötig detaillierte Interessengehalte beigelegt werden. Neu herbeiinterpretierten Anliegen gehört die Frage vorgelegt, ob sie wirklich neu sind und nicht einfach nur Facetten eines bekannten Verfassungsinteresses vorstellen.

Im Bereich der *Wirtschaftsverfassung* arbeitet die Rechtsprechung seit je mit einem ‹besonderen› Gleichheitssatz: der «Gleichbehandlung der Gewerbegenossen» (oder «Wettbewerbsneutralität»)[30]. Und die Lehre gewinnt der Verfassung darüber hinaus Postulate ab wie beispielsweise «Freiheitlichkeit», «Stabilität», «soziale Sicherheit»[31] sowie – aus wirtschaftswissenschaftlicher Sicht – «Zielkonformität», «Systemkonformität», «Konsistenz», «Optimalität»[32]. PAUL RICHLI hat neuestens gezeigt, daß sich alle genannten Interessen auf bestens eingeführte Grundsätze zurückbilden lassen[33].

366. Auf der *anderen* Seite sind weitgespannte, großen Teilen der Verfassung gemeinsam zugeschriebene Interessen von zweifelhaftem Wert, wenn man sich für die Reichweite *inhaltliche Plattheit* einhandelt. Mehr noch: Konturlose ‹Grundsätze› bieten sich nur zu leicht an, partikuläre Interessen an den legitimierenden Verfahren der Verfassunggebung vorbei in die Verfassung zu heben.

Für Fremdgehalte weitaus am anfälligsten erweist sich das als Verfassungsgrundsatz eingereihte[34] *öffentliche Interesse;* darüber später (§ 8/IV). Zwielichtig auch der nirgends positivierte (und auch nicht aus dem ‹Wesen› des Bundesstaates folgende[35]) Grundsatz der *Subsidiarität.* Wenn damit – wie etwa in Art. 31bis Abs. 4 BV – die Verhältnismäßigkeit staatlichen Eingreifens gemeint ist, rede man *davon.*

---

[30] BGE 106 Ia 274 f. E. 5 a; 104 Ia 98 E. 7; 102 Ia 547 E. 11 e. Kritisch HANS MARTI, Wirtschaftsfreiheit, 74 ff.
[31] FRITZ GYGI, Schweizerische Wirtschaftsverfassung, 163 ff., 174 ff.
[32] Vgl. die Nachweise bei PAUL RICHLI, Wirtschaftspolitik, 115 f.
[33] PAUL RICHLI, Wirtschaftspolitik, 110 f., 116 ff.
[34] Etwa bei ANDREAS AUER, Verfassungsgerichtsbarkeit, Nr. 304; oder bei BLAISE KNAPP, Principes, 171.
[35] Vgl. JEAN-FRANÇOIS AUBERT, Traité, I Nr. 633/2; WALTHER BURCKHARDT, Kommentar, 14.

Wenn aber Subsidiarität (wie meist[36]) sich mit der Forderung nach restriktivem Kompetenzgebrauch gegen den Bund zu richten anschickt, betritt sie juristischen Wunschhimmel.

C. Verfassungsgrundsätze als Verfassungsinteressen?

367. Kaum behelligt von kritischer Lehre[37] hat das Bundesgericht einer Reihe von «Grundsätzen» Verfassungsrang zugebilligt: Gesetzmäßigkeit[38], Rechtssicherheit[39], Verhältnismäßigkeit[40], Rückwirkungsverbot[41], Vertrauensschutz[42] – und das sind nicht alle[43]. Ihre Existenz, ihren Sinn bezweifeln: beides wäre, wirft man nur flüchtige Blicke auf die Rechtsprechung, völlig aussichtslos. Es kann sich nur noch darum handeln, ihr Verhältnis zur Verfassung zu regeln, vor allem die Frage zu klären, wieweit Verfassungsgrundsätze funktional betrachtet nicht selber Verfassungsinteressen ‹sind› und welche Folgen dem formellen Status des Verfassungsgrundsatzes hieraus erwachsen (C.3, Nrn. 374f.). Zuvor muß allerdings, so gut es geht, der Begriff des Verfassungsgrundsatzes selber in Sicht kommen (C.1, C.2, Nrn. 368 ff, 372 f.).

C.1 Verfassungsgrundsatz, Verfassungsprinzip und Verfassungssatz

368. Um Verfassungs«grundsatz» und Verfassungs«prinzip» rankt sich barockes Definitionswerk[44]. Will man die beiden Figuren überhaupt voneinander unterscheiden, dann vielleicht so:

a) *Verfassungsprinzipien* wären die ‹hinter› der Verfassung stehenden *Normideen* oder *Rechtsgedanken* im Sinne JOSEF ESSERS: *«offene» Prinzipien*[45], welche – «immer unterwegs»[46] – als «Band einer ein-

---

[36] ZACCARIA GIACOMETTI, Die Auslegung der schweizerischen Bundesverfassung, Tübingen 1925, 22f.; HANS GEORG LÜCHINGER, Bundesverfassung, 170ff., mit Hinweisen auf die ältere Lehre (Fußnote 31).
[37] Vgl. aber BLAISE KNAPP, Principes, 169; PAUL RICHLI, Wirtschaftspolitik, 103 ff.; PETER SALADIN, Fairneß, 89.
[38] BGE 103 Ia 402 E. 3a, 380ff. E. 5, 6.
[39] BGE 109 Ia 114f. E. 3; 105 Ib 82 E. 6b.
[40] Anm. 50 a. E.
[41] BGE 106 Ia 258 E. 3a; 101 Ia 83 E. 1, 85 E. 2.
[42] BGE 108 Ib 385 E. 3b; 103 Ia 508f. E. 1; 102 Ia 579 E. 6.
[43] Vgl. nur BGE 103 Ia 312 E. 3a (*polizeiliche Generalklausel* als «principe constitutionnel qui limite valablement les libertés garanties par la constitution») und 105 Ib 82 E. 6b (*Parallelismus der Rechtsetzungsformen* als «verfassungsmäßiges Prinzip»).
[44] Vgl. die Übersicht bei HERBERT KRÜGER, Verfassungsgrundsatz, 192ff.
[45] KARL LARENZ, Methodenlehre, 351.
[46] JOSEF ESSER, Grundsatz und Norm, 280.

heitlichen Handhabung gleicher Gedanken», als «Formel für eine Reihe von typisch zutreffenden Gesichtspunkten»[47] aus konkreten Konfliktlösungen herauswüchsen und neue sachverwandte Konflikte lösend zu durchdringen vermöchten, derweise wieder an Prinzipiengehalt gewinnend.

b) Als *Verfassungsgrundsätze* verblieben dann die *«rechtssatzförmigen» Prinzipien*[48]: Sätze, die sich aus «offenen» Prinzipien zur ‹anwendbaren› Regel verdichtet hätten, wenn auch regelmäßig nicht zu konditionalen Wenn-Dann-Sätzen, sondern zu ‹nur› finalen, zielhaften, programmatischen, deren Sinn über den formulierten Inhalt hinaus auf ‹ihr› Prinzip zurückverwiese und stets wieder am Gehalt des Prinzips zu messen wäre.

Allerdings ist sogleich einzuschränken: Die *Grenze* zwischen Verfassungsprinzip und Verfassungsgrundsatz ist *«fließend»*[49] und wesentlich davon abhängig, was die Rechtsprechung aus dem Prinzip ‹macht›. Gewisse Sätze lassen sich der einen Klasse so gut zuteilen wie der andern[50], und für die prozeßrechtliche Wertung als «verfassungsmäßiges Recht» (Art. 113 Abs. 1 Ziff. 3 BV) spielt der Unterschied keine Rolle (Nr. 371).

369. Einigkeit herrscht immerhin darüber, daß Verfassungsgrundsätze (und auch Verfassungsprinzipien – im folgenden rede ich ohne Unterschied von «Grundsätzen») *keinen eigenen Sachbereich* regieren. Sie gelten überall: als «Faktor vor der Klammer»[51], als «Bauprinzip des Rechtsinhalts»[52]. Für sich genommen sind die kraftlos: «durchgehende, stetige, formale Direktiven» gesetzgeberischen Handelns[53], «formende und richtunggebende Sachgehalte der Verfassung objektiven Charakters»[54]. Erst zusammen mit dem bereichhaften Verfassungssatz nehmen

---

[47] JOSEF ESSER, Grundsatz und Norm, 267.
[48] KARL LARENZ, Methodenlehre, 267.
[49] KARL LARENZ, Methodenlehre, 351.
[50] Die Verhältnismäßigkeit wird bald als «offenes» Prinzip eingeordnet (z.B. von HERBERT KRÜGER, Verfassungsgrundsatz, 192; KARL LARENZ, Methodenlehre, 352f.; PETER SALADIN, Fairneß, 71), bald als rechtssatzförmiger Grundsatz gehandelt (z.B. bei PETER LERCHE, Übermaß, 316), bald – in diesem Argumentationsfeld – überhaupt nicht ‹untergebracht› (ULRICH ZIMMERLI, Verhältnismäßigkeit, ZSR 1978 II 23f.). Das Bundesgericht endlich läßt alle Farben leuchten: Bestandteil der Freiheitsrechte (BGE 110 Ia 35 E. 4; 103 Ia 432 E. 4b), ‹Ausfluß› aus Art. 4 BV (BGE 102 Ia 330 E. 5b; 96 I 104 E. 3b), allgemeiner ungeschriebener Grundsatz des Verfassungsrechts (BGE 99 Ia 373f. E. 2).
[51] PETER MÜLLER, Aufgabennormierung, 30.
[52] HERMANN HELLER, Die Souveränität, Berlin/Leipzig 1927, 48.
[53] PETER LERCHE, Übermaß, 77; vgl. auch *denselben,* Verfassungsdirektiven, AöR 1965 369: «durchgehende formale Rechtssätze».
[54] ULRICH SCHEUNER, Staatszielbestimmungen, 336.

sie Farbe an, bilden anhand seiner Gesetzlichkeiten Sinn, um damit auf ihn einzuwirken. Eben dieser übergreifende Geltungsanspruch scheint den Verfassungsgrundsatz auszumachen; alle Begriffe heben in der einen oder anderen Weise darauf ab.

370. So steht der Verfassungs*grundsatz* ‹vor› der Sache – gewiß; nur möchte man doch wissen, worin *sonst* er sich von ‹gewöhnlichen› Verfassungs*sätzen* unterscheide. Es läßt sich kaum etwas Rechtes finden[55].

a) Erstens ist daran zu erinnern, daß auch den schlichten Verfassungssätzen eine über sich selbst hinausweisende Reichweite zukommt. Auch sie müssen – in programmatischer Mission, als Verfassungsinteresse – «Bauprinzip des Rechtsinhalts» spielen, will man die «praktische Konkordanz» allen Verfassungsrechts ernst nehmen (Nrn. 353 f.).

b) Zweitens kann den Verfassungsgrundsätzen nicht zugute gehalten werden, sie verträten – allein ihrer ‹Ausgeklammertheit› wegen! – qualitativ höheres, wichtigeres Verfassungsrecht als der seinem Sachbereich verhaftete Verfassungssatz. Das Ergebnis wären feste Rangordnungen unter Verfassungssätzen – ein zu verwerfender Ausgang (IV/A).

c) Ebensowenig läßt sich schließlich die Wirkweise des Verfassungsgrundsatzes absetzen: Nicht nur den Verfassungsgrundsätzen wird zugemutet, ihren Lenkungsanspruch mit berührtem Verfassungsrecht zu ‹teilen›. Auch der Stammgehalt des gewöhnlichen Verfassungssatzes, und redete er mit der Akribie eines Verordnunggebers, muß sich mit benachbartem Verfassungsrecht abstimmen, bleibt wertender Vermittlung verpflichtet: Verfassungssatz wie Verfassungsgrundsatz sind vereinzelt stehende, apodiktische Urteile, nicht systematisch verbundene, hypothetisch operierende Rechtssätze (IV/B).

371. Kein Wunder, nimmt es die *staatsrechtliche Praxis* des Bundesgerichts mit dem Unterschied zwischen verfassungsmäßigem ‹Recht› und bloßem Verfassungs‹grundsatz› nicht zu genau.

a) Zwar muß, wer staatsrechtliche Beschwerde führt, Verletzung eines «verfassungsmäßigen Rechts» (Art. 84 Abs. 1 Bst. a OG) rügen, das heißt: der direkt-anspruchsbegründenden Schicht eines Verfassungssatzes[56]. Berufung allein auf einen Verfassungsgrundsatz reicht nicht[57]: Das einschlägige Grundrecht selbst gilt als getroffen, wenn eine staatliche Vorkehr der gesetzlichen Grundlage ermangelt[58], kein

---

[55] Zum folgenden HERBERT KRÜGER, Verfassungsgrundsatz, 196 ff.
[56] JÖRG PAUL MÜLLER, Elemente, 47 f.
[57] ANDREAS AUER, Verfassungsgerichtsbarkeit, Nr. 304.
[58] BGE 105 Ia 183 ff. E. 3.

öffentliches Interesse vorzeigt[59], Freiheit unverhältnismäßig einschränkt[60]; am Grundrecht selbst muß die Verfassungsrüge deshalb ansetzen, und der mißachtete Verfassungsgrundsatz gibt nur die Begründung dafür. Das beweist, wenn überhaupt, nur die inhaltliche Unselbständigkeit des Verfassungsgrundsatzes, nicht aber strukturelle Andersartigkeit.

b) Entsprechende *Gegenbeispiele* – Verfassungsgrundsätze *als* anerkannte verfassungsmäßige Rechte – finden sich ohne Mühe. So hat die Rechtsprechung nicht, wie es ‹richtig› wäre, nur subjektive Rechte als Gegenstand der staatsrechtlichen Beschwerde zugelassen, sondern auch objektives Verfassungsrecht, worunter den Grundsatz der Gewaltenteilung[61]. Überdies haben sich all jene Verfassungsgrundsätze längst zu verfassungsmäßigen Rechten verselbständigt, deren Heimatgrundrecht allein noch in Art. 4 BV liegt. Wie will man sich begreiflich machen, daß Verletzungen des rechtlichen Gehörs[62], der Rechtssicherheit[63], des Rückwirkungsverbotes[64], auch des Vertrauensprinzips[65], nur deshalb mit staatsrechtlicher Beschwerde aufgegriffen werden dürfen, ‹weil› sie den Gleichheitssatz verletzen? Die wunderbare Kraft dieses Grundrechts ist Schimäre: Die Rechtsprechung dürfte auch hier zugeben, daß sie Grundsätze prozessual als eigenständige Grundrechte behandelt. Entscheidend bleibt, daß diese Grundsätze *individuell zumeßbar* sind und sich deshalb, sachleer oder nicht, zur gerichtlichen Verwirklichung so gut eignen wie die ‹richtigen› Grundrechte.

C.2 Verfassungsgrundsatz, Rechtsgrundsatz und verfassungsgestaltende Grundentscheidung

372. Ein Teil der (deutschen) Lehre hebt «*Rechtsgrundsätze*» und «*verfassungsgestaltende Grundentscheidungen*»[66] vom ‹gewöhnlichen› Verfassungsgrundsatz ab: Rechtsgrundsätze wären «Ableitungen aus dem Prinzip der Gerechtigkeit im Hinblick auf ... typische ... Interessenlagen des menschlichen Zusammenlebens», verfassungsgestaltende Grundentscheidungen «politisch-rechtliche Fundamentalnormen» aus dem «gestaltenden Willen der einen Staat tragenden sozialen Mächte»; beide gälten als *Rechtsquelle,* und gar als Quelle von *Verfassungs*recht[67].

---

[59] BGE 107 Ia 57 ff. E. 3 d, e.
[60] BGE 107 Ia 68 ff E. 3 b.
[61] BGE 104 Ia 444 f. E. 4 a; 103 Ia 380 ff. E. 5, 6.
[62] BGE 108 Ia 191 E. 2; 107 Ia 185 E. 3.
[63] BGE 109 Ia 114 f. E. 3. BGE 102 Ia 338 E. 3 d verknüpft das Gebot mit dem sachberührten Grundrecht (hier: die Eigentumsgarantie).
[64] BGE 101 Ia 83 E. 1, 85 E. 2.
[65] BGE 103 Ia 508 f. E. 1; 102 Ia 579 E. 6.
[66] HANS JULIUS WOLFF, Rechtsgrundsätze, 33 ff.; HANS JULIUS WOLFF/OTTO BACHOF, Verwaltungsrecht I, § 25 Ia, b, IIa, c. Ihm folgend (wenigstens in der Terminologie) z. B. YVO HANGARTNER, Kompetenzverteilung, 81; und PETER MÜLLER, Aufgabennormierung, 55 f.
[67] HANS JULIUS WOLFF, Rechtsgrundsätze, 37 ff., 47 ff.

373. Ich schließe mich dieser Unterscheidung nicht an und billige den beiden Figuren auch keinen Verfassungsvorrang zu: allemal stehen, wie üblich, Verfassungsgrundsätze in Rede.

a) Schon die *Gegenüberstellung* von Rechtsgrundsatz als «normativem Fundament» jeder Rechtsordnung und verfassungsgestaltender Grundentscheidung als ‹nur› politisch begründbarer Schlichtung eines ethisch «weitgehend indifferenten» Interessenstreits[68], die Zweiheit also von sittlicher Konstante und geschichtlicher Variable, leuchtet nicht immer ein; die Grenze zumindest steckt im Nebel. Wo will man das Sozialstaatsprinzip, wo das demokratische Prinzip ‹einordnen›? Auch der «ethische Mindestgehalt» einer Rechtsordnung muß sich auf eine durch Konsens getragene verfassungsgestaltende Grundentscheidung verlassen können; und umgekehrt: Auch der «verfassungsgestaltenden Grundentscheidung» ist aufgetragen, kraft ‹richtiger› Systemwahl Gerechtigkeit und Menschenwürde zu verwirklichen.

b) Als problematischer noch erweist sich der angebliche *Verfassungsvorrang* von Rechtsgrundsätzen und verfassungsgestaltenden Grundentscheidungen. Legt man ihnen *Über*verfassungsrang bei, so sind auch schon die ersten heteronomen Schranken der Verfassunggebung errichtet, wird der gefährliche Griff in den naturrechtlichen Giftschrank unvermeidlich[69]. Wenig mehr Gewinn verspricht der Versuch, Rechtsgrundsatz und verfassungsgestaltende Grundentscheidung als verfassungsfestes Verfassungsrecht zu begreifen: Wiederum würden Schranken gezogen, nun immerhin durch die Verfassung selbst, autonom. Beidemal aber, das bleibt entscheidend, wäre dem Konzept einer offenen, der Aktualisierung fähigen und bedürftigen Verfassung[70] widersprochen.

C.3 *Verfassungsbindung des Verfassungsgrundsatzes*

374. Wo steht der Verfassungsgrundsatz nach alledem? Seinen verfassungsweiten, einheitsstiftenden Geltungsanspruch teilt er mit dem Verfassungsinteresse; einziges Spezifikum bildet noch seine freilich nicht immer ganz so entschiedene ‹Sachleere›. Wie jeder gewöhnliche Verfassungssatz unterliegt er der Gleichrangigkeit allen Verfassungsrechts, und auch seine Wirkweise unterscheidet sich nicht wesentlich von jener der übrigen Verfassungsnormen. So wird man den Verfassungsgrundsatz – gleich dem Verfassungsinteresse – als *Erscheinungsweise eines Verfassungssatzes* nehmen müssen.

---

[68] HANS JULIUS WOLFF, Rechtsgrundsätze, 40, 47 f.
[69] So implizit HANS JULIUS WOLFF, Rechtsgrundsätze, 39; kritisch auch HERBERT KRÜGER, Verfassungsgrundsatz, 201 f.
[70] RICHARD BÄUMLIN, Staat, Recht und Geschichte, 11, 15, 26 ff.; *derselbe*, Demokratie, 81 f.; HORST EHMKE, Verfassungsinterpretation, VVDStRL 20 62 ff.; DIETER GRIMM, Verfassungsfunktion, AöR 1972 500; KONRAD HESSE, Grundzüge, NN. 19 ff.

375. Dem Verfassungsgrundsatz verbleiben dann zwei Möglichkeiten, sich mit der formellen Verfassung ins reine zu setzen.

a) Entweder läßt er sich als Abschichtung eines formellen (geschriebenen oder ungeschriebenen) Verfassungssatzes ansprechen; das Besondere wäre nur, daß der Verfassungsgrundsatz sich durch Praxis und Tradition verselbständigt und die sichtbare Verbindung zu ‹seinem› Verfassungssatz gelöst hätte: das Verfassungsinteresse eines verlorenen Verfassungssatzes.

b) Oder aber – mißlingt die Einbindung, würde der benützte Verfassungssatz zum Feigenblatt – der Verfassungsgrundsatz wird selber als (ungeschriebener) Verfassungssatz anerkannt; dann aber gehört er den für ungeschriebenes Verfassungsrecht üblichen Aufnahmeprüfungen unterworfen (Nr. 361).

Sachliche Präzision ist damit gewiß nicht gewonnen. Erreicht ist aber immerhin die *enge, konkrete Bindung des Verfassungsgrundsatzes an einen formellen Verfassungssatz*[71] oder wenigstens die Verpflichtung, neue Grundsätze nach den für ungeschriebenes Verfassungsrecht geltenden Regeln zu bilden. Sind allein noch diese Wege zur Verfügung: die Möglichkeit, Beliebiges als Verfassungsgrundsatz zu behaupten und frei von Rechenschaft zur gerade gewünschten Beleuchtung der Verfassung heranzuziehen, steht nicht länger offen. Der Verfassungsgrundsatz wird in die Verfassung gezwungen – ein Gebot verfassungsinterpretatorischer Redlichkeit.

III. Rechtsqualität von Verfassungsinteressen

376. Als programmatischer Teilgehalt der einzelnen Verfassungsvorschrift rückt das Verfassungsinteresse in die Nähe von «Staatszielbestimmungen» und «Staatsprogrammen», dem gern verwendeten Versatzstück neuerer Zuständigkeitsnormen. So kann für die *Rechtsqualität des Verfassungsinteresses* nicht gleichgültig sein, was die Lehre gemeinhin von Zielsätzen hält.

377. Die *normative Kraft* von zielbestimmten Vorschriften steht, das sei vorweg bemerkt, *nicht hoch im Kurs.*

---

[71] Für eine Bindung auch BLAISE KNAPP, Principes, 169; HERBERT KRÜGER, Verfassungsgrundsatz, 211.

a) Der Befund trifft zuerst auf die *isolierten Programmerklärungen* der Art. 2 und 31bis Abs. 1 BV zu: Dem Zweckartikel und besonders den Wohlfahrtsklauseln werden Rechtsqualität rundweg abgesprochen und das Etikett der Deklamation angeheftet [72].

b) Weniger hart, im ganzen aber skeptisch zeigt sich die Lehre gegenüber ressortverpflichteten, *in verfassungsrechtliche Kompetenzvorschriften eingebetteten Zielbestimmungen* [73].

Zum mindesten wird ihnen «Unbestimmtheit» vorgehalten [74] und damit verbunden geringe Bindungskraft [75]. Von «Verklausulierungen der Bundeszuständigkeiten» [76] ist die Rede, von «politischen Deklarationen» und «Grundsätzen ohne klare rechtliche Verbindlichkeit», «Fremdkörpern in einer rechtsstaatlichen Verfassung» [77]. Am schärfsten hat solche Zielvorgaben ERNST FORSTHOFF verworfen: Programmatisches gehöre, weil gesetzlicher Vermittlung bedürftig, nicht in die Verfassung; verfassungswürdig seien allein Vorschriften über «die Sicherheit der staatlichen Form und Existenz und die Rechtssicherheit der Staatsgenossen» [78].

c) Mißmut schlägt programmatischen Normen schließlich auch auf der Stufe des *Gesetzes* entgegen. Für viele stehe Art. 3 RPG: Zwar zählt man die Planungsgrundsätze immerhin zum Recht [79], aber oft genug zum Recht zweiter Wahl: nur *innerhalb* des freien Ermessens sollen Grundsätze wirken, als Direktive ohne Einfluß auf das ermessengewährende Gesetz [80].

378. Aus mehreren (gewiß nicht neuen! [81]) Gründen halte ich es für falsch, Programmsätze zu rechtlich minderer Ware zu stempeln. Aus einem *allgemeinen* zuerst: Das Mißtrauen zielbestimmten Normen gegenüber entspringt einer Lehre, die als Recht nur streitbeendende, insofern

---

[72] Vgl. JEAN-FRANÇOIS AUBERT, Traité, I Nr. 278 b, c; WALTHER BURCKHARDT, Kommentar, 10 f.; FRITZ FLEINER/ZACCARIA GIACOMETTI, Bundesstaatsrecht, 74; ULRICH HÄFELIN, Verfassunggebung, 96, 99, 107; *Kommission Wahlen,* Schlußbericht, 60.
[73] Übersicht bei PETER SALADIN, Struktur und Stil, 225 ff.
[74] PETER MÜLLER, Aufgabennormierung, 32.
[75] JÖRG PAUL MÜLLER, Soziale Grundrechte, 245 f.; ULRICH SCHEUNER, Staatszielbestimmungen, 339 f.
[76] HANS HUBER, Formenreichtum, ZbJV 1971 189.
[77] ULRICH HÄFELIN, Verfassunggebung, 102 f.
[78] ERNST FORSTHOFF, Verwaltungsrecht, 64.
[79] Vgl. HEINZ AEMISEGGER, Planungsgrundsätze, 84 f.; EJPD/BRP, Erläuterungen RPG, Art. 3 NN. 11 ff.; MARTIN LENDI, Grundfragen, SJZ 1980 57 Sp. 1; *derselbe,* Materielle Grundsätze, 8 Sp. 2, 9 Sp. 2 f.
[80] Vgl. die eben genannten Schriften von MARTIN LENDI; ferner noch die Erstauflage des Lehrbuches SCHÜRMANN, Bau- und Planungsrecht, Bern 1981, 105 f.
[81] Vgl. besonders DIETER GRIMM, Verfassungsfunktion, AöR 1972 498 f.

perfekte oder ohne fremde Hilfe perfektionierbare Sätze gelten läßt – für den Richter Verhaltensnormen herkömmlichen Wenn-Dann-Baumusters, für den Gesetzgeber gegenständlich ausgrenzende Kompetenznormen. Dieses Urteil ist mittlerweile so gründlich als Vorurteil überführt worden, daß sich ausholende Worte der Begründung erübrigen[82]. Nur soviel: Recht braucht nicht immer Streit zu beenden (gewiß soll es das vor allem!); Recht erfüllt seine Aufgabe als Friedensordnung auch dann, wenn es Entscheidungsprozesse mittels vorgegebener Lösungsrichtungen lediglich entlastet[83]. Wer dahin nicht folgen mag, den müßte immerhin beunruhigen, daß das Bundesgericht Programmsätze schon längst und mit Erfolg als rechtliche Bausteine konkreter Fallösung heranzieht, im Bereich des Verwaltungsrechts etwa die Planungsgrundsätze gemäß Art. 3 RPG[84].

379. *Besonders verhängnisvoll* wirkt sich ein auf Streitentscheidung verengter Rechtsbegriff *für die Verfassung* aus.

a) Die Verfassung hat heute *weder inhaltlich noch rechtstechnisch die Wahl* zwischen ausgrenzenden und richtungweisenden Sätzen, zwischen ‹klarem› Recht und ‹ungewisser› Verbindlichkeit: weite Teile der neuesten Verfassunggebung *müssen* sich programmatischer Rede bedienen, wenn sie überhaupt zu einem verfassungsgerechten Ende kommen wollen. Denn Aufgaben des leistenden und noch mehr des lenkenden Staates – fast immer davon handeln aktuelle Revisionen – begnügen sich nicht mit ordnender und sichernder Bewirtschaftung bestimmter Regelungsgegenstände; sie gehen auf ein vorgestelltes Zumutesein ihrer Klientel aus und müssen dem Gesetzgeber so auch zugestehen, seine Regelungen der jeweils herrschenden Bedrohung anzupassen[85]. Wie anders wollte man verfahren? Dichtere Umschreibungen würden den Sinn der Verfassung verfehlen, über längere Zeit zu wirken, und der Verzicht auf Ziele überhaupt führte in föderatives und rechtsstaatliches Abseits: Die Kantone wären erst recht auf nichtswürdige «Restbestände»[86] verwiesen; die rechtliche Lenkungskraft der Verfassung gegenüber dem

---

[82] Vgl. JOSEF ESSER, Grundsatz und Norm, z. B. 24ff., 50ff., 118.
[83] DIETER GRIMM, Verfassungsfunktion, AöR 1972 498f. In diesem Sinne auch RICHARD BÄUMLIN, Demokratie, 82; GEORG MÜLLER, Rechtsetzung, 134; JÖRG PAUL MÜLLER, Soziale Grundrechte, 120; PETER SALADIN, Struktur und Stil, 233f.; *derselbe,* Verfassungsreform, AöR 1979 370f., 384f.
[84] Hinweise auf die Rechtsprechung bei LEO SCHÜRMANN, Bau- und Planungsrecht, 119f.
[85] PETER SALADIN, Struktur und Stil, 231f.
[86] MAX IMBODEN, Rechtsetzungskompetenzen, 257.

Gesetzgeber sähe sich aufgehoben. Vielmehr: Zielbestimmte und ‹klassische› Kompetenznorm bilden, was ihre machtgewährende und machtbegrenzende Rolle angeht, keine Gegenpole; in dieser Funktion führen sie einen gemeinsamen Kampf. Zielvorgaben sind die dem Lenkungsstaat angepaßte Form der Aufgabenumschreibung: die Fortsetzung des Rechtsstaates in den Sozialstaat[87]. Gerade der Lehre von der «rechtsstaatlichen Verfassung», den Vertretern von «inhaltlicher Bestimmtheit, Klarheit und Zuverlässigkeit»[88] müßte heute an Zielvorgaben gelegen sein. Man kann den Programmsätzen Rechtsstatus nicht verwehren, ohne die Verfassung in eine doppelte Legalität hineinzuführen: einem rechtlichen stünde ein rhetorisches Grundgesetz zur Seite, dem verfassungskräftigen Rechtsstaat der erst durch Gesetz zu Leben erweckte Sozialstaat – ein unannehmbares Ergebnis[89].

Bezeichnend etwa die ‹Erkenntnis›, das Rechtsstaatsprinzip gehöre den echten Rechtsgrundsätzen an, das Sozialstaatsprinzip dagegen nur den verfassungsgestaltenden Grundentscheidungen[90] (vgl. Nrn. 372 f.); nicht erstaunlich auch, daß der Sozialstaat als eine der leitenden Verfassungsideen gerne tiefem Vergessen anheimfällt, wenn von den «Schranken» der Verfassungsrevision die Rede ist (vgl. Nr. 390).

b) Außerdem wendet sich schon der *politische Sinn der Verfassung* gegen die Abspaltung von Verfassungs-Nichtrecht. Die Verfassung ist Beginn des Rechts in der Politik; es kann nicht anders sein, als daß Politik in die Verfassung drängt[91]. Die rechtsbildende Kraft der Verfassung ist nicht allein und nicht zuerst Juristenwerk, sie ist vor allem Frucht des «Willens zur Verfassung»[92]. Solchen Willen muß die Verfassung wecken können: durch Appell an die Vernunft, gewiß; aber auch durch Appell an Gefühle und Bedürfnisse des Verfassungsvolkes[93]. Dafür taugen Programmsätze eher als dürre Ermächtigungen. Wie will man Volk und Ständen begreiflich machen, die «Mehrung der Wohlfahrt» sei leere Floskel, die «Rücksicht des Bundes auf die Bedürfnisse der Familie» freundliche Ermahnung, das Absinthverbot aber: Recht?

---

[87] Vgl. PETER SALADIN, Verfassungsreform, AöR 1979 371, 385.
[88] ULRICH HÄFELIN, Verfassunggebung, 105 und durchgehend; WERNER KÄGI, Grundordnung, 39 ff.
[89] Vgl. neben den in Anm. 83 genannten Autoren vor allem HORST EHMKE, Verfassungsinterpretation, VVDStRL 20 85.
[90] HANS JULIUS WOLFF/OTTO BACHOF, Verwaltungsrecht, I § 25 I/a/1, II/a.
[91] Verfassungsrecht ist «politisches Recht»! Vgl. statt vieler RICHARD BÄUMLIN, Demokratie, 75; HORST EHMKE, Verfassungsinterpretation, VVDStRL 20 65.
[92] KONRAD HESSE, Grundzüge, N. 44.
[93] HERBERT KRÜGER, Verfassungsänderung, DöV 1961 724 Sp. 2; *derselbe,* Verfassungswandlung, 157; PETER SALADIN, Verfassungsreform, AöR 1979 380.

380. *So wie Zielbestimmungen Recht sind, so auch die Verfassungsinteressen.*

IV. Gleichrang von Verfassungsinteressen

381. Verfassungsinteressen sind einander so ebenbürtig wie ‹ihre› Verfassungssätze einander gleichstehen: *einerlei Verfassungsrecht, einerlei Verfassungsinteressen.* Der Gleichrang der Verfassungssätze schafft sich allerdings immer Gegner: ein Blick auf deren Lehren lässt sich nicht vermeiden (A, Nrn. 382 ff.) – ein Blick, der mit neuer Kraft an die Richtigkeit des einen und gleichen Verfassungsrechts glauben läßt: die Verfassung ist Ort unwiderleglicher Befehle (B, Nrn. 392 ff.), ihr Zusammenschluß zu praktischer Einheit stets neu gestellte Aufgabe, nur stückweise und für kurze Zeit lösbar (C, Nrn. 405 ff.).

A. Verschiedenerlei Verfassungsrecht?

382. Ein Teil der Lehre – nicht die einhellige, auch nicht die Praxis (Nr. 392) – stuft die formelle Verfassung in Klassen unterschiedlicher Qualität ab: äußere Zeichen sind Rangordnungen der Verfassungswerte (A.1, Nrn. 383 f.) und – häufiger – materielle Schranken der Verfassungsrevision (A.2, Nrn. 385 ff.); ‹dahinter› steht ein materieller Verfassungsbegriff (A.3, Nr. 391).

A.1 Rangordnung der Verfassungswerte?

383. Verfassungshandeln zieht in *Wertkonflikte:* kaum je tritt die Verfassung mit gemachter Meinung an Gesetzgeber und Verfassungsrichter heran. So wird eine Wahl unter widerstreitenden Werten unvermeidlich – allerdings nach ‹unbekanntem› Maßstab: die Verfassung schweigt zu ihren Präferenzen. Das juristische Handwerk, gewöhnt an Vorgaben höherer Normstufe, kann solche Stille weithin nur als Fehlsamkeit begreifen: Die Verfassung müßte wenigstens im Verborgenen ihre Werte geordnet haben?

384. *Umfassende Wertgebäude* werden dennoch nur selten errichtet[94]: zu offensichtlich wäre das Spekulation, «un jeu assez stérile»[95]. Umso

---

[94] Vgl. vor allem HANS NEF, Wertordnung, 190 ff.; ferner – für den Teilbereich des öffentlichen Interesses – JEAN-PIERRE BLANC, Öffentliches Interesse, 76 ff., 93. Eine umfassende «Wertschau» der Verfassung unternimmt – freilich ohne fixe Hierarchien anzustreben – HANS HAUG, Verfassungsrevision, 84 ff.

[95] MARCEL BRIDEL/PIERRE MOOR, Hiérarchie des règles, ZSR 1968 I 410.

kräftiger blühen *Wertordnungen in abgegrenzten Verfassungsbereichen,* am ausgeprägtesten in der Wirtschafts- und der Eigentumsverfassung: Verbreiteter Lehre gelten Wirtschafts- und Eigentumsfreiheit als Zentralwert ihrer Teilverfassungen; wirtschafts- und eigentumspolitischen Aufgabennormen verbleibt die Rolle einer «Ausnahme» (vgl. § 2/III/B, C). Und beinahe Gemeingut ist die *Definition von «obersten Werten»,* von «Konstanten» oder «Essentialia» der Verfassung: Liberalismus, Föderalismus, Demokratie und Rechtsstaat[96] – auch eine Form von Hierarchie, solange die Bereitschaft fehlt, diese Werte als bloße Normideen zu nehmen und sie den Kräften der Verfassungsbildung auszusetzen.

A.2 Materielle Schranken der Verfassungsrevision?

385. Die Bundesverfassung «kann jederzeit ganz oder teilweise revidiert werden» (Art. 118 BV); von den Grenzen des Erlaubten ist nichts zu vernehmen. Sollte sich die Verfassung dem Pouvoir constituant bis zur Selbstaufgabe ausgeliefert haben? Das scheint unausdenklich vorab deshalb, weil mit dem Institut der Verfassungsinitiative das verführbare Volk unmittelbaren Zugriff auf das Grundgesetz erhält (Art. 121 BV). Gebeutelt von solcher Vision versucht ein Teil des Schrifttums, den «absoluten Verfassungsbestand» der Willkür des Verfassungsrevisors zu entziehen: mit *materiellen Schranken der Verfassungsrevision.*

Keine materiellen Schranken bilden – dieses vorweg –:

a) was sich von selbst versteht: die *formellen* (besser: die verfahrensrechtlichen) *Erfordernisse gehöriger Revision,* nämlich: Förmlichkeit und Zustandekommen der Initiative, Einheit von Form und Materie, sowie – auch wenn es hierfür auf die materiellen Auswirkungen der Novelle ankommt[97] – die Grenze zwischen Partial- und Totalrevision[98] (Art. 120 f. BV; Art. 68–72, 75 PRG).

---

[96] Vgl. MARCEL BRIDEL/PIERRE MOOR, Hiérarchie des règles, ZSR 1968 I 406; WERNER KÄGI, Partialrevision, ZSR 1956 II 830 a ff.; MARTIN LUCHSINGER, Prinzipien des Rechtsstaates, 29 ff., 123 ff.; HANS NEF, Wertordnung, 196; KARL SPÜHLER, Schranken der politischen Rechte, 157 ff.

[97] JEAN-FRANÇOIS AUBERT, Traité, I Nrn. 353 ff.; FRITZ FLEINER/ZACCARIA GIACOMETTI, Bundesstaatsrecht, 704 f.; YVO HANGARTNER, Staatsrecht, I 220 f. Immerhin gilt die Anzahl der berührten Artikel als Indiz (MARCEL BRIDEL/PIERRE MOOR, Hiérarchie des règles, ZSR 1968 I 417).

[98] A.M. WERNER KÄGI, Partialrevision, ZSR 1956 II 842 a f.; PAUL SIEGENTHALER, Verfassungsrevision, 140 f.

b) die *offensichtliche Undurchführbarkeit:* Tatsächliche Unmöglichkeit des Inhalts bezeichnet die Grenze der Rechtsetzung (als eine Ordnung des Vernünftigen) überhaupt [99].

c) das *Fehlen von Vorschriften über ein extrakonstitutionelles Notverordnungsrecht:* Notstand ist stets vorbehaltener Rechtsetzungstitel jeder Verfassung, die sich als Friedensordnung versteht [100].

386. Unter den materiellen Schranken werfen nur jene wirkliche Probleme auf, die eine Gruppe ‹unverzichtbarer› Werte zu schützen vorgeben, und die sich zudem von der Verfassung selbst begründet glauben. Von Interesse sind, positiv gewendet, allein die *autonomen, ‹oberen› Grenzen*[101] der Verfassunggebung.

Unbeachtet bleiben:

a) die ‹unteren› Schranken der Verfassungsrevision: Ihnen wird zugetraut, das Grundgesetz von ‹verfassungsunwürdigen› Inhalten und individuell-konkreten Akten reinzuhalten [102] – eitle Hoffnungen.

b) die *heteronomen Schranken,* das heißt: die der Verfassung von übergeordneter Normstufe vorgegebenen Grenzen der Revision. Dazu gehört – in Teilen – das *Völkerrecht*[103], vielleicht auch das ‹neue› Naturrecht (Eigenrechte der Natur! [104]). Das Völkergewohnheitsrecht insbesondere weist den Verfassungsstaat mehr und mehr in Schranken: ein rechtsstaatlicher Kern ist seinem Belieben bereits entzogen [105], und die Verantwortung für Umweltgüter – mehr als das Koexistenzprinzip der guten Nachbarschaft! [106] – wird unter dem Druck der Verhältnisse folgen müssen [107].

---

[99] BBl 1983 II 1421; 1980 I 73; BGE 94 I 125f. E.3; YVO HANGARTNER, Staatsrecht, I 34.

[100] «Ein völlig unberechenbarer Ausnahmezustand kann ... nicht normativ bewertet werden.» (HERMANN HELLER, Staatslehre, 288) Vgl. Anm. 6/64.

[101] Zu diesen Begriffen vgl. nur JEAN-FRANÇOIS AUBERT, Traité, I Nrn. 324f.

[102] WERNER KÄGI, Partialrevision, ZSR 1956 II 847 aff.; HANS NEF, Verfassungsrevision, ZSR 1942 112; KARL SPÜHLER, Schranken der politischen Rechte, 285 f.

[103] Vgl. statt vieler JEAN-FRANÇOIS AUBERT, Traité, I Nr. 326.

[104] BEAT SITTER, Plädoyer für das Naturrechtsdenken – Zur Anerkennung von Eigenrechten der Natur, Beiheft Nr. 3 zur ZSR, Basel 1984, besonders 27 ff.

[105] PETER SALADIN, Verantwortung, 154 f.

[106] ALFRED VERDROSS/BRUNO SIMMA, Universelles Völkerrecht, 3. A., Berlin 1984, §§ 1025, 1028, 1029 ff.; JÖRG PAUL MÜLLER/LUZIUS WILDHABER, Praxis des Völkerrechts, 2. A., Bern 1982, 451 f.

[107] Vgl. immerhin die Europäische Raumordnungscharta der Europäischen Raumordnungsministerkonferenz, vom 20.5.1983 (veröffentlicht u.a. in: MARTIN LENDI/HANS ELSASSER, Raumplanung, 304 ff.), besonders Ziff. 16; sowie die Stockholmer Erklärung über die Umwelt des Menschen, vom 16.6.1972 (BBl 1973 II 816), besonders Ziff. 21 f.

387. Die solcherart bestimmten Schranken müssen schließlich *rechtliche Schranken* sein, also Ungültigkeit der sie mißachtenden Verfassungsänderung bewirken. Wer seinen Schranken diese Kraft nicht zugeben will, rede mit Vorteil von rechtspolitischen oder sittlichen Postulaten an die Verfassunggebung [108].

388. Schranken *dieser* Wesensart – materiell, autonom und rechtlich – laufen notwendig auf einen *absoluten Verfassungsbestand* hinaus. Mangels geschriebener Anhaltspunkte [109] muß sich die Lehre ihn allerdings auf dem Wege der Auslegung suchen [110]. Als Leitbilder der Auslegung erscheinen – ausgesprochen oder nicht – der Schutz der Verfassung vor ‹Selbstzerstörung› (Nr. 389) sowie ein Kanon ‹ewiger›, unverbrüchlicher Werte (Nr. 390).

389. Die Revidierbarkeit der Verfassung, heißt es, hat nicht den Sinn, «ihre Perversion als rechtliche Möglichkeit» in Aussicht zu nehmen [111]. Unzulässige Gegenstände der Verfassungsänderung sind dann:

    a) die *Existenz des Staates* [112]. So soll sich die Schweiz weder ihrer Staatlichkeit begeben dürfen [113] noch auf die dafür ‹notwendigen› Sicherheiten – zum Beispiel die Landesverteidigung [114] – verzichten können.

    b) die *Revisionsbestimmungen der Verfassung* [115]. Sowenig der Staat sich aufgeben darf, sowenig darf Volk und Ständen ankommen, ihren Pouvoir constituant abzulegen: «Im Souveränitätsakt kann nicht die Souveränität selbst beseitigt werden» [116].

---

[108]   In diesem Sinne MARCEL BRIDEL/PIERRE MOOR, Hiérarchie des règles, ZSR 1968 I 412 f.; HANS HAUG, Verfassungsrevision, 242; im Grunde auch die «unechten Schranken» PAUL SIEGENTHALERS (Verfassungsrevision, 186 und durchgehend).

[109]   Parlamentarische Versuche, ‹Mißbräuchen› des Initiativrechts positive Riegel zu schieben, sind bislang gescheitert: Vgl. die Motionen GOBAT, Amtl. Bull. 1894 f. 58 ff., 99 f.; BRÜGGER, S 1923, 39 ff., 93 ff.; MAILLEFER, N 1923 146 ff. Einläßliche Darstellungen bei JEAN-FRANÇOIS AUBERT, Traité, I Nr. 334, und KARL SPÜHLER, Schranken der politischen Rechte, 88 ff.

[110]   Vgl. statt vieler FRITZ FLEINER/ZACCARIA GIACOMETTI, Bundesstaatsrecht, 706.

[111]   WERNER KÄGI, Partialrevision, ZSR 1956 II 828 a.

[112]   FRITZ FLEINER/ZACCARIA GIACOMETTI, Bundesstaatsrecht, 707 Fußnote 23; LOUIS DUPRAZ, Revision, ZSR 1956 II 420 a; WERNER KÄGI, Partialrevision, ZSR 1956 II 845 a f.; HANS NEF, Verfassungsrevision, ZSR 1942 I 133; KARL SPÜHLER, Schranken der politischen Rechte, 279.

[113]   FRITZ FLEINER/ZACCARIA GIACOMETTI, Bundesstaatsrecht, 706.

[114]   KARL SPÜHLER, Schranken der politischen Rechte, 280.

[115]   FRITZ FLEINER/ZACCARIA GIACOMETTI, Bundesstaatsrecht, 706; WERNER KÄGI, Partialrevision, ZSR 1956 II 828 a; HANS NEF, Verfassungsrevision, ZSR 1942 I 135 ff.; KARL SPÜHLER, Schranken der politischen Rechte, 277.

[116]   HANS NEF, Verfassungsrevision, ZSR 1942 I 137.

390. Außerdem soll die Verfassungsrevision – ‹begrifflich›! – allein der «Entfaltung und institutionellen Gewährleistung (der) Grundwerte unter den sich wandelnden gesellschaftlichen Bedingungen»[117] dienen dürfen. Folgerichtig gehören Verfassungsänderungen in den Rahmen eines «absoluten Verfassungssystems»[118] eingespannt. Als solcher wirken gewöhnlich[119]:

a) die hauptsächlichen *rechtsstaatlichen Grundsätze*[120], wie Rechtsgleichheit, Gewaltenteilung, Gesetzmäßigkeit;

b) die *Grundrechte*[121], freilich nicht in einheitlicher Besetzung;

c) das *demokratische Prinzip*[122], mit dem Zugeständnis immerhin, daß sich nicht nur eine gültige Ausprägung von Demokratie denken lasse; und

d) die *föderalistische Struktur*[123] der Schweiz als gewählte Staatsform.

Eines räumen auch die Gegner der Schrankenlehre ein: Der Verfassunggeber darf den *Bestand der Kantone* nicht ändern, ohne zuvor das Einverständis der betroffenen Stände eingeholt zu haben[124]. Das Ergebnis sei nicht bestritten, immerhin aber die Frage gestellt, ob nicht der Rekurs auf das suprakonstitutionelle *Selbstbestimmungsrecht der Völker* überzeugender ausfiele, als nun doch wieder von einer (autonomen) Verfassungsschranke zu sprechen, auch wenn es die ‹einzige› bleiben soll: Daß im Verhältnis der Kantone Völkerrecht (subsidiär und sinngemäß) Regel macht, wäre nichts neues[125]; auch nicht, daß die 1848er Verfassung die historisch älteren Kantone zwar rechtlich konstituiert, nicht aber wirklich erschaffen hat[126].

---

[117] WERNER KÄGI, ZSR 1956 II 827a. Offenkundig steht die Unterscheidung zwischen rechtlich nicht änderbarer Verfassung und revidierbarem Verfassungsgesetz im Sinne CARL SCHMITTS Pate (Verfassungslehre, 21 ff.); übrigens auch bei den Lehren HANS NEFS (Verfassungsrevision, ZSR 1942 130, 133).

[118] WERNER KÄGI, Partialrevision, ZSR 1956 II 808aff., «Grundnormen», 830aff. Ähnlich FRITZ FLEINER/ZACCARIA GIACOMETTI, Bundesstaatsrecht, 706 («Ewige Normen»); YVO HANGARTNER, Staatsrecht, I 217f. («Ethisches Minimum der Rechtsordnung»); MARTIN LUCHSINGER, Prinzipien des Rechtsstaates, 101 ff. (die «Prinzipien des Rechtsstaates als materielle Schranken der Verfassungsrevision»); KARL SPÜHLER, Schranken der politischen Rechte, 270 (kein «Recht zu beliebigen sinnlosen Experimenten»).

[119] Gelegentlich wird auch ein «Mindestmaß» an sozialer Gerechtigkeit hinzugerechnet: vgl. KARL SPÜHLER, Schranken der politischen Rechte, 278.

[120] Vgl. beispielsweise MARTIN LUCHSINGER, Prinzipien des Rechtsstaates, 113.

[121] Vgl. beispielsweise WERNER KÄGI, Partialrevision, ZSR 1956 II 834a.

[122] Vgl. beispielsweise KARL SPÜHLER, Schranken der politischen Rechte, 276.

[123] Vgl. beispielsweise HANS NEF, Verfassungsrevision, ZSR 1942 145.

[124] JEAN-FRANÇOIS AUBERT, Traité, I Nrn. 541, 561, 592.

[125] BGE 106 Ib 159f. E. 3; 96 I 648 E. 4c. FRITZ FLEINER/ZACCARIA GIACOMETTI, Bundesstaatsrecht, 162; ULRICH HÄFELIN/WALTER HALLER, Bundesstaatsrecht, N. 1774; YVO HANGARTNER, Staatsrecht, I 56.

[126] JEAN-FRANÇOIS AUBERT, Traité, I 592.

A.3 Materieller Verfassungsbegriff?

391. Geschäftsgrundlage sowohl der verfassungsrechtlichen Wertordnungen als auch (und vor allem) der Schrankenlehre bildet ein *materieller Verfassungsbegriff:* die inhaltliche Vorstellung von der *wahren Grundordnung des Staates.*

Die materielle Verfassung achtet (anders als die *geschriebene* Verfassung) nicht auf die *Erscheinungsform* ihrer Sätze, ferner auch nicht (anders als die *formelle* – geschriebene oder ungeschriebene – Verfassung) auf deren *Erzeugungsform:* Sie mißt nicht allen geschriebenen Verfassungssätzen Verfassungskraft zu und anerkennt auch ungeschriebenes Verfassungsrecht; zugleich legt sie einfachem Gesetzesrecht mitunter Verfassungsrang bei und nimmt nicht alle Schöpfungen von Verfassunggeber und Verfassungsgericht als ‹echtes› Verfassungsrecht ab[127].

Als materielle Verfassung gilt der *«Inbegriff der wesentlichen, das heißt die Ordnung entscheidend konstituierenden und prägenden Grundnormen»*[128]: die erhöhte formelle Gesetzeskraft muß durch würdigen Inhalt verdient sein. Ihren Ursprung findet sie in den tragenden «Grundwerten», den «Konstanten» der Rechtsgemeinschaft: in der *«Staatsidee»,* ihrerseits durch Verfassung nicht gesetzt, sondern zu Recht erkannt[129]. Den materiellen Verfassungskreis im einzelnen abzustecken bereitet freilich Mühe: das Bewußtsein einer inhaltlichen Grundordnung, hört man, habe sich «völlig verloren»[130]; und so richten sich die Kräfte darauf, vom verschwimmenden Begriff wenigstens den absoluten Kern zu retten – mit bekanntem Ausgang (Nr. 390). Dennoch (oder gerade deshalb?) geht unerschüttert die Klage, das Gebaren des Verfassunggebers verletze eben diesen Verfassungsbegriff[131].

B. Der Verfassungssatz als unwiderlegliches Urteil

392. In der Tat: Die Verfassungs*praxis* schert sich nicht um den materiellen Verfassungsbegriff.

---

[127] Zu den Begriffen vgl. nur JEAN-FRANÇOIS AUBERT, Traité, I Nrn. 247 ff., 251 ff.
[128] WERNER KÄGI, Partialrevision, ZSR 1956 II 815a; Vgl. auch *denselben,* Grundordnung, 41 ff., besonders 53: «innerer, zwingender Zusammenhang von Dauerhaftigkeit, Grundwert und Verfassungsnorm».
[129] WERNER KÄGI, Partialrevision, ZSR 1956 II 745a, 817a, 853a.
[130] HANS NEF, Verfassungsrevision, ZSR 1942 I 114.
[131] WERNER KÄGI, Partialrevision, ZSR 1956 II 758a ff.; KARL SPÜHLER, Schranken der politischen Rechte, 121 ff., 130 ff.

a) Das *Bundesgericht* kennt nur «*einerlei Verfassungsrecht*»: alles (und nur!), was formell gültigen Eingang in die Verfassungsurkunde gefunden hat [132], immerhin unter Einschluß (weniger) ungeschriebener Verfassungssätze (Nr. 361). So hat es den Begriff des verfassungsmäßigen Rechts (Art. 113 Abs. 1 Ziff. 3 BV) stets vom formellen Standort der Norm abhängig gemacht [133] und in jüngster Zeit wiederholt den Gleichrang von Grundrecht und Aufgabennorm anerkannt [134] – eine Einsicht übrigens, zu der es schon im letzten Jahrhundert fand [135]. Kurz: Die rechtliche Besonderheit des Verfassungsrechts liegt «lediglich in der gesteigerten formellen Gesetzeskraft» [136]. Dieses klare Bild wird nicht dadurch getrübt, daß die Rechtsprechung sich im Schrankenstreit bislang zurückgehalten hat [137].

Auch nicht durch die dunkle Andeutung zur *Basler Wiedervereinigungsinitiative*, es sei «an sich nicht unhaltbar», ein Volksbegehren auf *unmittelbaren* Gebietsanschluß – weil auf Verfassungs«vernichtung» gerichtet – für ungültig zu erklären [138]. Mit diesem Entscheid habe das Gericht die Existenz des Staates als materielle Schranke der Verfassungsrevision anerkannt, heißt es gelegentlich [139]. Solches herauszulesen erfordert freilich eine kräftige Auslegungsgabe: das Gericht vermerkt mit Blick auf die Geschichte im Gegenteil, eine Wiedervereinigung der beiden Basel sei bundesrechtlich erwünscht, und im übrigen lag ihm ein *mittelbares* Anschlußbegehren zum Entscheid vor, das die verfahrensrechtlichen Grundlagen eines Vereinigungsentscheides erst schaffen wollte: Solche Initiative sei «keineswegs unstatthaft» [140].

b) Nicht anders hält es der *Bundesrat* in seinen Botschaften: Schranken der Revision wurden immer wieder verworfen [141]. Wichtigste und nichtigste Gegenstände haben den Weg der Partialrevision einge-

---

[132] BGE 22, 1020 f. E. 5; 56 I 332 E. 3.
[133] BGE 33 I 532 f.; 29 I 498 E. 2.
[134] BGE 105 Ia 336 E. 3 c; 99 Ia 618 E. 4 d.
[135] BGE 15, 204 f. E. 2: «Sofern freilich eine besondere Bestimmung der Kantonsverfassung die Gesetzgebung zu einer bestimmten Maßnahme ermächtigt, so kann nicht mit Erfolg geltend gemacht werden, diese Maßnahme verstoße gegen allgemeine kantonalverfassungsmäßige Gewährleistungen. Die allgemeinen kantonalverfassungsmäßigen Gewährleistungen sind dann eben durch die ... entgegenstehende Ermächtigung stillschweigend beschränkt.» Vgl. ferner BGE 22, 1020 f. E. 5.
[136] BGE 29 I 498 E. 2.
[137] BGE 94 I 533 E. 9.
[138] BGE 61 I 173 ff. E. 4, 5.
[139] HANS NEF, Verfassungsrevision, ZSR 1942 I 109; KARL SPÜHLER, Schranken der politischen Rechte, 128 f.
[140] BGE 61 I 175 E. 5, 6.
[141] Vgl. z. B. BBl 1977 III 359; 1976 II 1135; 1960 I 1431 f.; 1954 I 740 ff.; 1948 III 919; 1919 IV 630.

schlagen[142], gleicherweise unbehelligt; den Bundesrat haben weder Initiativen gestört, die Individuell-Konkretes im Schilde führten[143], noch – immerhin bedenklich! – solche, die Völkerrecht verletzt hätten[144].

Beizufügen ist: Auch ein großer Teil des Schrifttums stellt sich gegen Schrankenlehre[145] und Werthierarchie[146]; ich denke, aus guten Gründen.

393. Schrankenlehre und Werthierarchie lassen sich mit dem *Konzept der Bundesverfassung nicht vereinbaren.* Der Verfassungssatz wirkt nur aus eigenem Vermögen (B.1, Nrn. 394 ff.), steht nur für sich allein (B.2, Nrn. 399 ff.), fordert unbedingt (B.3, Nrn. 403 f.): diese Züge sind es, die jede Alternative zum Gleichrang der Verfassungssätze verbauen. Man kann sie nicht als rechtlich falsch erweisen, unter keinen Umständen: Der Verfassungssatz gilt kraft Behauptung; er ist unwiderlegliches, ist apodiktisches Urteil.

B.1 *Autonomie des Verfassungssatzes*

394. Der Verfassungssatz *bestimmt sich selbst,* Völkerrecht vorbehalten (Nr. 386 b): er führt das Recht an und ist doch Teil des Rechts. Weder gehorcht er höherem Recht: dann wäre er nicht Führer des Rechts; noch unterliegt er höherer Macht: dann wäre er nicht Recht. Der Verfassungssatz ist *unwiderleglich durch suprakonstitutionelle Kräfte.*

395. *Höherem Recht* müßt die Verfassung gehorchen, wenn die Rechtsgültigkeit ihrer Sätze von Schranken des materiell Zulässigen abhinge. Wären die Schranken Erzeugnis allein der Verfassung: sie ließen sich, «barrières de papier», durch die Macht der Verfassung selbst überwinden, außer Verfassunggebung und Verfassungsänderung wären ver-

---

[142] Vgl. nur die beiden (verworfenen) Zivildienstinitiativen (BBl 1982 III 1; 1973 I 89), und im Gegensatz dazu die (ebenfalls gescheiterten) Initiativen für 12 motorfahrzeugfreie Sonntage (BBl 1977 II 1065) oder gegen das «Ladensterben» (BBl 1982 III 261).
[143] Z.B. die Rothenturm-Initiative (BBl 1985 II 1447, 1458) und die Rheinau-Initiative (BBl 1954 I 747 ff.).
[144] So etwa die Staatsvertragsinitiative (BBl 1974 II 1133, 1151 f.).
[145] Aus dem älteren Schrifttum vor allem WALTHER BURCKHARDT, Kommentar, 815, und FRITZ FLEINER, Schweizerisches Bundesstaatsrecht, Tübingen 1923, 398 f. Für die neuere Literatur besonders JEAN-FRANÇOIS AUBERT, Traité, I Nrn. 332 f.; MARCEL BRIDEL/PIERRE MOOR, Hiérarchie des règles, ZSR 1968 I 415.
[146] Allgemein statt vieler ULRICH HÄFELIN, Verfassunggebung, 88 f.; besonders für die Wirtschaftsverfassung FRITZ GYGI, Schweizerische Wirtschaftsverfassung, 81 ff., 107 ff., 149 ff., und für die Eigentumsverfassung PETER SALADIN, Eigentumskonzept, 45 ff.

schiedenen Organen zugewiesen¹⁴⁷. Das tut die Bundesverfassung nicht: beidemal sind Volk und Stände kompetent¹⁴⁸. Da hilft es wenig, die *heute* revidierende Gewalt als Pouvoir constitué des *historischen* Verfassunggebers zu konstruieren: ein Taschenspielertrick, um die Wirksamkeit autonomer Verfassungsschranken zu retten; und der Preis: ein Verfassungsgnadentum der Gründergeneration. Die Schrankenlehre kann sich am überpositiven Recht nicht vorbeistehlen; allenfalls hat sie die Wahl zwischen göttlicher Offenbarung und Naturrecht: keine annehmbare Aussicht für den politischen Staat. Verfassunggebung als Erkenntnis aus suprakonstitutionellem Recht entleert die Verfassung ihrer Staatlichkeit, *«löst» den Staat «in Recht auf»*¹⁴⁹.

396. *Höherer Macht* wäre die Verfassung unterstellt, wenn die Rechtsgültigkeit ihrer Sätze von machtkräftiger «Gesamt-Entscheidung über Art und Form der politischen Einheit» abhinge¹⁵⁰. Wäre die Grundentscheidung Erzeugnis allein der Verfassung: sie ließe sich durch das Recht der Verfassung selbst überwinden. Rechtmäßige Verfassungsänderung nurmehr im Rahmen der Grundentscheidung freilich, die Zweiheit von Verfassung und Verfassungsgesetz, ist nicht das System der Bundesverfassung¹⁵¹. Wohl macht sie den Unterschied zwischen üblicher und durchgreifender Verfassungsänderung, kennt sie Partialrevision und Totalrevision. Aber beide Entscheidungen bleiben gleicherweise *rechtliche* Entscheidungen, erlangen Rechtskraft allein *aufgrund* vorgeschriebener Verfahren, einzig daß die Totalrevision den beschwerlicheren Weg vor sich hat. Nichts ist davon zu spüren, daß die Totalrevision sich dem Recht verweigerte: gleich einer ungebändigten Urgewalt stets auf dem Sprung, aus dem dräuenden Dunkel ihres Naturzustandes hervorzubrechen und, vorbei an der Schwächlichkeit legaler Verfassungsrevision, dem Verfassungsvolke neue Existenzwerte zu beschweren. Verfassunggebung als Entscheidung aus überpositiver Macht entleert die Verfassung ihrer Rechtlichkeit, *«reduziert» das Recht «auf den Staat»*¹⁵².

---

¹⁴⁷ Vgl. LOUIS DUPRAZ, Revision, ZSR 1956 II 380 a f.; MARTIN LUCHSINGER, Prinzipien des Rechtsstaates, 104.
¹⁴⁸ JEAN-FRANÇOIS AUBERT, Traité, Nrn. 281, 327; FRITZ FLEINER/ZACCARIA GIACOMETTI, Bundesstaatsrecht, 701.
¹⁴⁹ HERMANN HELLER, Staatslehre, 223.
¹⁵⁰ CARL SCHMITT, Verfassungslehre, 20 ff.
¹⁵¹ Vgl. aber HANS NEF, Verfassungsrevision, ZSR 1942 I 128 ff.; WERNER KÄGI, Partialrevision, ZSR 1956 II 827 a.
¹⁵² HERMANN HELLER, Staatslehre, 223.

397. Die wirklichen Grenzen der Verfassunggebung liegen anderswo. Es sind weder Schranken des Rechts gegen die Macht der Verfassung, noch Schranken der Macht gegen das Recht der Verfassung.

a) Erste Grenze bildet die *Sittlichkeit des Verfassunggebers,* eine ‹innere› Grenze der Unantastbarkeit. Ob der Verfassunggeber sittlich handeln *soll,* ist keine Frage: Rechtfertigung kann er anders nicht erreichen[153]. Ob er sittlich handeln *muß,* die ethischen Forderungen als «normative Blickpunkte des richtigen positiven Rechts»[154] nicht übergehen kann und daher Schranken seiner Verfügungsgewalt *erfährt:* darüber entscheidet erst das tatsächliche Kräfteverhältnis zwischen sittlichem Antrieb des Verfassunggebers und sittlichem Widerstand der Verfassungsunterworfenen. Solche Spannung hebt sich nicht dadurch auf, daß die Bundesverfassung Verfassunggeber und Verfassungsunterworfene nahe zueinander setzt. Sie bleiben trotz direkter Demokratie geschiedene Wirkeinheiten[155].

b) Zweite Grenze bildet die *Wirksamkeit der zu gebenden Verfassung,* eine ‹äußere› Grenze der Unerreichbarkeit. Jeder «Versuch, durch bewußt gesetzte Normativität eine entsprechende Normalität ... zu erzeugen»[156], mag schon am Unwillen der überkommenen Normalität scheitern, sich auf die Seite der gesetzten Normativität ziehen zu lassen, und sei die Justizmaschine noch so schlagkräftig. Normalität ist träge, nicht jeder Sprung ihr zumutbar[157]. So bleibt die Neuerungsfähigkeit der Verfassung eng begrenzt: Sie kann es sich nicht leisten, auf die verfestigende Kraft einer normwilligen Normalität zu verzichten. Am wenigsten die Bundesverfassung: Initiative und Referendum knüpfen jede Verfassungsänderung an die Bereitschaft des Volkes zur Selbstbewegung, und wer bewegt sich gerne ohne Not, wenn er gefragt wird?

398. Was bleibt von der Schrankenlehre? Das Weltbild des Autors bleibt, und der Eindruck verdeckten Spiels: Bekenntnis im Gewand von Erkenntnis. Von Glauben beseelt ist jedermann, ob an die Macht der Werte oder an die Macht der Entscheidung. Aber es ist Anmaßung, ihn der Verfassung vorzusetzen. Gewiß *gibt* es falsches Verfassungsrecht; die Autonomie der Verfassung paktiert weder mit der Verfassung des

---

[153] HERMANN HELLER, Staatslehre, 315.
[154] HANS HAUG, Verfassungsrevision, 231.
[155] Vgl. RENÉ RHINOW, Demokratie, ZSR 1984 II 171 ff., 200, 207 ff.
[156] HERMANN HELLER, Staatslehre, 292.
[157] Vgl. DIETER GRIMM, Verfassungsfunktion, AöR 1972 503; PETER SALADIN, Verfassungsreform, AöR 1979 380.

Relativisten noch mit der Verfassung des Dezisionisten. Aber sie verbietet dem subjektiven Bekenntnis, sich selbsttätig zu objektiver Normativität zu befördern: die autonome Verfassung bleibt gesellschaftlich zu verantwortende Verfassung.

B.2 Einzeldasein des Verfassungssatzes

399. Der Verfassungssatz *wirkt aus sich allein,* nicht als Teil eines gesellschaftlichen Gesamtplans. Die Verfassung ist stets ein Ort punktueller Garantien: Der Verfassungssatz ist *unwiderleglich durch umliegendes Verfassungsrecht.*

400. Der Verfassungssatz ist *punktuell durch Herkunft:* eine Antwort auf geschichtliche Freiheitsbedrohung und geschichtlichen Aufgabenbedarf[158]. So kann die Verfassunggebung nicht zur Ruhe kommen: Die normative Grundordnung des Staates ist stets in Bewegung, die Gelegenheit kodifikatorischer Geschlossenheit bietet sich nie[159]. Auch ursprüngliche Verfassunggebung und Totalrevision bleiben Versammlungen punktueller Garantien und punktueller Aufträge, nur eben geordnet und auf den neuesten Stand gebracht.

401. Der Verfassungssatz ist weiter *punktuell in seiner Ideologie:* der Hintergrund der einen Vorschrift trägt nicht unbedingt für andere. Zunächst deshalb nicht, weil die Verfassung das Gedankengut unterschiedlicher Zeiten zusammenführt; vor allem aber durchweht die Gegenwart selbst kein verbindender Geist. Heutiger Zeit sind, kein Verlust, die ‹großen› Ziele abhanden gekommen: eine übermächtig einende Vorgabe – Industrialisierung, Abwehr, Wiederaufbau – ist nicht in Sicht; vielleicht, daß Umweltruin diesen ‹Dienst› in Zukunft erweisen wird. Zur Stunde jedenfalls ist die Einheit der Ziele und Werte Mythos; die ‹Gesellschaft der Gleichen› hat sich zur Gesamtheit von Gruppen zerschlagen. Sollte ausgerechnet das Grundgesetz sich davon abschirmen können? Was derzeit an die Verfassung herantreibt, ist Zeugnis unterschiedlichster Gruppenanliegen, getragen von stets wechselnden, sich verschlingenden, nicht berechenbaren Koalitionen.

---

[158] Für die *Grundrechtsgarantien* ausdrücklich JEAN-FRANÇOIS AUBERT, Traité, II Nr. 1753; HORST EHMKE, Verfassungsinterpretation, VVDStRL 20 82; ULRICH HÄFELIN, Verfassunggebung, 93; KONRAD HESSE, Grundzüge, N. 300; JÖRG PAUL MÜLLER, Elemente, 17. Für den *Aufgabenbereich* vgl. FRITZ OSSENBÜHL, Verwaltungsaufgaben, VVDStRL 29 153 f.
[159] HERBERT KRÜGER, Verfassungsänderung, DöV 1961 723 Sp. 2.

402. Der Verfassungssatz ist schließlich *punktuell in seiner Wirkweise.* Mit Erwartungen befrachtet betritt er die Verfassung; als rechtliche Garantie, als rechtlicher Auftrag erzeugt er seinen eigenen erwarteten Rechtsbestand: durch das Medium des Gesetzgebers oder des Verfassungsgerichts. Gewiß unterliegt solche Verwirklichung auch den Einflüssen benachbarten Verfassungsrechts; der Verfassungssatz darf nicht ‹isoliert› ausgelegt werden [160]. Trotzdem: Jeder Verfassungssatz muß seinen Sachbereich alleine begründen und alleine anführen können; Voraussetzungen und Gesetzlichkeiten seines Wirkens gehören zu ihm selbst [161].

B.3 Unbedingtheit des Verfassungssatzes

403. Der Verfassungssatz *gilt unbedingt.* Sein Wille hängt weder vom Eintritt noch vom Bestand eines Vordersatzes ab: Der Verfassungssatz ist *unwiderleglich durch äußere Sachverhalte.*

404. Kein Verfassungssatz hält, für sich gesehen, mit seinem Fordern zurück: ‹richtige›, ‹günstige› oder sonstwie vorgestellte Umstände werden nicht abgewartet [162]. Wirken will der Verfassungssatz: anstoßen, gewährleisten, ordnen; die Realität zu bedenken, den Kompromiß ins Auge zu fassen ist nicht sein Geschäft, ist Geschäft vielmehr der Verfassungsverwirklichung. Der Bund *«erläßt»* Vorschriften über den Schutz der natürlichen Umwelt, er *«bekämpft»* Luftverschmutzung und Lärm: sofort und nachhaltig, nicht erst wenn Schäden eintreten, nicht allein im Rahmen des wirtschaftlich Tragbaren. Die Glaubens- und Gewissensfreiheit *«ist»* unverletzlich, und bleibe das Land deswegen unverteidigt, richte sich der Glaube gegen die Freiheit anderer. Der Bundesrat *«schlägt»* der Bundesversammlung Gesetze *«vor»*, aus eigenem Antrieb und nach eigenem Pflichtdenken, zur Freude des Parlaments oder nicht. Kurz: Die Gebote der Verfassung anerkennen keine bedingende Umwelt, sind nie Rechtsfolge: sie *wollen* gelten. Und sollten widrige Umstände sie daran hindern – umso schlimmer für die Umstände, dann müssen *sie* ändern: den Weg zur Wirkung zu ebnen ist Teil des Verfassungsprogrammes selbst [163].

---

[160] Horst Ehmke, Verfassungsinterpretation, VVDStRL 20 77 f.; Ulrich Häfelin, Verfassungsgebung, 88.
[161] Horst Ehmke, Verfassungsinterpretation, VVDStRL 20 66.
[162] Vgl. Herbert Krüger, Verfassungsgrundsatz, 197 ff.
[163] Vgl. Jörg Paul Müller, Soziale Grundrechte, 158 ff.

C. Verfassungssatz, Verfassungsinteresse und die ‹Einheit der Verfassung›

405. Ist die Verfassung Ort unwiderleglicher Urteile, so *muß* man ihren Sätzen a priori gleichen Rang beilegen, ebenso den in ihnen verkörperten Verfassungsinteressen. Sie birgt die Gesamtheit der Garantien und Aufträge, *die Bausteine der Rechtsbildung,* zu treuen Handen von Gesetzgeber, Verwaltung und Richter: ein «bewegliches System»[164].

406. Die Bausteine der Rechtsbildung *fügen sich zu keiner materiellen Einheit*[165]: Autonomie, Einzeldasein und Bedingungslosigkeit des Verfassungssatzes verhindern seine Vereinnahmung durch einen kodifikatorischen ‹Geist›. Jede Hoffnung auf Geschlossenheit und Ganzheit der Verfassung zerschlägt sich an der Unruhe des Verfassunggebers. Sie bleibt ändernder Sinngebung immer zugänglich, kennt im Bestand ihrer Sätze Zuwachs und Abgang: ein «offenes System»[166]. Und doch: So wie die Vernunft das einfache Recht zu *praktischer Widerspruchsfreiheit* aufruft, so auch – als dessen Quelle – die Verfassung. Dieses (und nicht mehr) kann die ‹Einheit der Verfassung› meinen, soweit sie sich als materielle Einheit versteht. Solche Einheit ist nach drei Seiten hin zu verdeutlichen.

407. *Erstens* vermag die Verfassung den Ruf nur funktional aufzunehmen: Weder ist die Verfassung eins mit sich, noch hat sie es in der Hand, die Einheit des einfachen Rechts zu bewirken. Bloß als Mittel zur Einheit kann sie sich empfehlen, als ausschließliches Mittel vor allem. Einheit der Verfassung bedeutet *Rechtsbildung unter Beizug aller erheblichen Verfassungselemente,* unter Beizug sowohl des einschlägigen Verfassungssatzes als auch der berührten Verfassungsinteressen.

408. *Zweitens:* Auch eine solcherart ‹aufgegebene› Einheit ändert nichts am Gleichrang der Verfassungssätze und Verfassungsinteressen, unbeschadet aller Widersprüche. So treibt Rechtsbildung unter Beizug aller erheblichen Verfassungselemente früher oder später zu *wertender*

---

[164] Claus Wilhelm Canaris, Systemdenken, 74 ff., 82 ff., 156 f.
[165] Hierzu und zum folgenden Ulrich Häfelin, Verfassunggebung, 124; Hermann Heller, Staatslehre, 301 f.; Peter Lerche, Verfassungsdirektiven, AöR 1965 349; Friedrich Müller, Einheit, 223 f.
[166] Claus Wilhelm Canaris, Systemdenken, 61 ff., 64 f., 156; vgl. auch Richard Bäumlin, Staat, Recht und Geschichte, 26 ff.; *derselbe,* Demokratie, 81 f.

Wahl unter widerstreitenden Verfassungsgütern. Das ist der Preis ihrer Unwiderleglichkeit: dem Recht auf Apodiktik entspricht die Pflicht zur Abwägung, dem ständigen Gleichrang die Wertfolge im Einzelfall. Aber die Ordnung des Konkreten zerstört nicht den Gleichrang im allgemeinen: Einmal benützt, springen Verfassungssatz und Verfassungsinteresse in ihre eine und gleiche Ruhelage zurück. Jedes einzelne Verfassungshandeln muß für die eigene Wertwahl stets aufs neue mit dem Gleichrang seiner Bausteine rechnen können: Gleichrang ist Voraussetzung für Fortschritt.

409. *Drittens* und vor allem: Die kraft Abwägung erreichte Einheit der Verfassung bleibt *bruchstückhaft und gefährdet.* Bruchstückhaft bleibt sie, weil das Verfassungshandeln, dem sie entwächst, von vornherein auf ein Teilfeld des Rechts beschränkt ist; auf jenes Feld, das von den erheblichen Verfassungselementen gebildet und zugleich durch die praktische Entscheidung des Verfassungsorgans belegt wird: eine Einheit nur nach Bedarf. Und gefährdet bleibt sie, weil Geschichte über sie wegtreibt; weil sie sich auf nichts anderes stützt als das berührte (veränderbare) Verfassungsrecht und dessen (widerrufliche) Bewertung und Abwägung durch Gesetzgeber und Verfassungsrichter: eine Einheit nur auf Zeit.

§ 8 Interessenabwägung

410. Mit der Interessenabwägung tritt – nach der Aufgabennorm und den Verfassungsinteressen – der dritte Parameter raumwirksamer Aufgabenwaltung ins Licht. Die Interessenabwägung will, ein Gebot der Rechtsgleichheit, Vernunft in das Ermessen tragen (I, Nrn. 411 ff.); will Methode sein (II, Nrn. 422 ff.), dem Gericht neue Kontrollpunkte erschließen (III, Nrn. 438 ff.).

I. Aufgabe: Einsehbarkeit raumwirksamer Ermessenswaltung

411. Offene Normen des demokratischen Gesetzes sind für raumwirksame Aufgaben sachliche Notwendigkeit, auch um den Preis demokratischer und rechtsstaatlicher Defizite: Das war der Befund vorstehender Erörterungen (§ 6/III/B). Der Befund verpflichtet: Was der formelle Rechtssatz an Legitimations- und Berechenbarkeitsinteressen nicht befriedigt, kehrt sich zur Forderung an das Verfahren der Rechtsverwirklichung[1]; zur Forderung nach so gefügter Entscheidfolge, daß die verbleibenden Erwartungen adäquat erfüllt werden können: kraft der beigezogenen Behörden (ihrer Autorität, ihrer Verfahren, ihrer Art zu begründen), und dank sach- und stufengerechten Einsatzes ausgleichender Arbeitsmittel.

412. Für die Stammaufgabe der Raumplanung (§ 1/III/A) haben Bundesgesetzgeber und Bundesgericht diese Forderung nur (aber immerhin) *in Teilen erfüllt.*

a) Etabliert hat sich die *Entscheidfolge:* Richtplan, Nutzungsplan, Baubewilligung; etabliert auch (im grundsätzlichen) die Stufenfolge kollektiver und individueller *Bürgerbeteiligung:* allgemeine Mitwirkung, Entscheid der Stimmberechtigten, Anhörung und Rechtsschutz Betroffener (A, Nrn. 413 f.). Den Legitimationsinteressen müßte damit Genüge getan sein.

b) Die grundrechtlichen Berechenbarkeitsinteressen freilich bleiben unbefriedigt, unbefriedigt gerade durch den Rechtsschutz in Planungssachen: Schicksalsergeben nehmen Lehre und Rechtsprechung

---

[1] JÖRG PAUL MÜLLER, Soziale Grundrechte, 264; *derselbe,* Entscheidstrukturen, 172; THOMAS COTTIER, Gesetzliche Grundlage, 213 f.

hin, daß die herkömmlichen Bürgen materieller Gerechtigkeit vor den Regeln des Planungsrechts ins Leere treten – sichtlich fehlen *Muster, offene Normen einsehbar ‹aufzufüllen›* (B, Nrn. 415 ff.).

A. Die planungsrechtliche Entscheidfolge: Richtplan, Nutzungsplan, Baubewilligung

413. Die Entscheidfolge der Raumplanung umspannt (ideal) drei Stufen: Richtplanung (Art. 6 ff. RPG), Nutzungsplanung (Art. 14 ff. RPG), Baubewilligungsverfahren (Art. 22 ff. RPG). Jede Stufe bietet *standardisierte Entscheidungsläufe* an: je zugeschnitten auf einen typischen Entscheidungs*gegenstand*, den dafür geeigneten Entscheidungs*träger* und die ihm zustehende Entscheid*wirkung*[2].

a) Die *Richtplanung* der Kantone ist einmal (als Nutzungsrichtplanung) dazu bestimmt, die Nutzungsplanung vorzubereiten (Art. 6 RPG); zugleich sorgt sie (als Koordinationsrichtplanung) für Abstimmung aller raumwirksamen Aufgaben (Art. 8 RPG; auf beides ist zurückzukommen: vgl. § 10/I). Allein die Richtplanung ist in der Lage, orts- und ressortübergreifende Planungsfragen anzugehen. Sie bildet die Interessen des Gemeinwesens an sachgerechter Erfüllung der raumwirksamen Aufgaben heran; Zeugnis davon legt der *Richtplan* ab: eine beschränkt bindungskräftige, beschränkt bestandeskräftige Etappe im Zuge staatlicher Aufgabenwaltung.

b) Die *Nutzungsplanung,* gewöhnlich Sache der Gemeinden, ordnet die zulässige Nutzung des Bodens. Sie ist nicht Vollzug der Richtplanung, sondern grundsätzlich Lenkungsaufgabe eigenständiger Herkunft; fügt sowohl örtliche Nutzungsbedürfnisse als auch (nach Maßgabe des Richtplans) überörtliche Belange zu einem sinnvollen Ganzen einander verhältnismäßig zugeordneter Teilzwecke. Ergebnis davon ist der *Nutzungsplan,* der allgemein verbindliche Bescheid über Art, Ort und Maß der erlaubten Bodenverwendung.

c) Das *Baubewilligungsverfahren* schließlich legt die Gedankenführung des Nutzungsplanes auf das einzelne Bauvorhaben um; den Schlüssel dazu liefert das Erfordernis der Zonenkonformität (Art. 22 Abs. 2 Bst. a RPG). Allerdings bleibt das Baubewilligungsverfahren ein Werkzeug der einzelfallweisen Planverwirklichung; es ist kein Planungsinstrument. Das Verfahren endet – individuell-konkret – mit *Baubewilligung* oder *Bauabschlag.*

Stellt man die Glieder der planungsrechtlichen Entscheidfolge in eine Reihe, so zeigt sich – verkürzt und befreit von Beiwerk – ein *gleitend sich änderndes Verhältnis von Gemeinbezug und Individualbezug.* So

---

[2] Vgl. Martin Lendi, Grundfragen, SJZ 1980 58 ff., 76 ff., und allgemein: Raumbedeutsame Pläne, ZSR 1973 I 124 ff.; Leo Schürmann, Bau- und Planungsrecht, 128 f., 134 ff., 153 ff.; Erich Zimmerlin, Instrumentarium, 577 ff.

wie das Betroffensein der Allgemeinheit vom Richtplan über den Nutzungsplan zur Baubewilligung hin verblaßt, so tritt es für den einzelnen im Gegenzug sich verstärkend hervor[3]. Damit im Gleichklang wandeln sich Entscheidungsgegenstand und Entscheidungsträger – von der Bereinigung staatlicher Aufgabeninteressen zum Widerstreit mit den Nutzungsansprüchen Privater, von der Regierung zu Gesetzgeber und Gericht; wechseln die Wirkungen der Entscheide und die Beteiligungsrechte des Bürgers – von der umstößlichen Anleitung raumwirksam tätiger Behörden über den allgemein verbindlichen Raumordnungsentwurf bis hin zum individualisierten Verwaltungsrechtsverhältnis, von der offenen Mitwirkung aller über den politischen Entscheid einer kraft Stimmrecht qualifizierten Öffentlichkeit bis hin zu förmlichen Parteirechten einzelner.

414. *Ungenügende Entscheidfolgen* leistet sich hingegen ein guter Teil des Sachplanungsrechts, allen voran *Nationalstraßen- und Atomgesetz*[4]. Gewiß richten beide Erlasse gegliederte Verfahren der Rechtserzeugung ein: die Vielschichtigkeit der Vorhaben in Schritten bewältigend, in Schritten ‹Genauigkeit› und Verbindlichkeit gewinnend – das Nationalstraßengesetz führt vom Netzbeschluß der eidgenössischen Räte über das behördenbindende generelle Projekt der Bundesbehörden zum allgemein verbindlichen Ausführungsprojekt der Kantone (Art. 9 ff., 12 ff., 21 ff. NSG), das Atomrecht (für den Bau von «Atomanlagen») von der Rahmenbewilligung des Bundesrates (zu genehmigen durch die Bundesversammlung) zu den Bau- und Betriebsbewilligungen des zuständigen Departementes (Art. 1 ff. BBAtG, Art. 4 Abs. 1 Bst. a AtG) und des Standortkantons (Art. 4 Abs. 3 AtG). Aber beide Verfahren gehorchen nur den Bedürfnissen der Sache. Ganz auf der Strecke bleiben die demokratischen Erwartungen: das Mitwirkungsgebot gemäß Art. 4 Abs. 2 RPG – auch für die Sachplanung des Bundes verbindlich![5] – findet kaum Gehör, und von politischer Mitentscheidung durch die behelligten Gebietskörperschaften ist erst recht nicht die Rede, obwohl sie wenigstens bei Atomanlagen angebracht wäre[6]. Keinen Ersatz schafft die Anhörung der Kantone (Art. 19 Abs. 1 NSG; Art. 6 Abs. 1 BBAtG), keinen Ersatz auch die öffentliche Auflage von Nationalstraßenprojekten (Art. 26 f. NSG) oder das Einwendungsrecht des Jedermann im atomrechtlichen Bewilligungsverfahren (Art. 5, 7 BBAtG), offensichtlich nicht: anders sind die Initiativen zur «Wahrung der Volksrechte» bei solchen Vorhaben nicht zu verstehen[7].

---

[3] Jörg Paul Müller, Entscheidstrukturen, 175.
[4] Peter Saladin, Verantwortung, 131; vgl. auch Kernenergie, 298 ff., 307 ff.
[5] EJPD/BRP, Erläuterungen RPG, Art. 13 N. 9 b.
[6] Peter Saladin, Demokratische Sonderrechte, 281 f.
[7] Vgl. BGE 108 Ia 38; 105 Ia 11; 104 Ia 343; 102 Ia 131.

B. Insbesondere : Die Interessenabwägung als Mittel sachgerechter Entscheidbegründung

415. Eines freilich ändern auch sorgsamst gegliederte Entscheidfolgen, auch best ausgebaute Beteiligungsrechte nicht: Nach wie vor ist das Ergebnis der raumwirksamen Entscheidung nicht vorauszusehen. Zwar erscheint der planungsrechtliche Entscheidungsrahmen dank gestufter Entscheidfolge nunmehr ‹unterteilt›, ‹eingebettet›, und deshalb faßlicher, weniger offen; zwar werden die jeder Stufe verbleibenden Entscheidungsspielräume dank Beteiligungsrechten von Behörden und Privaten mit ‹Entscheidungsmaterial› versorgt. Aber noch immer scheint der raumwirksame Entscheid dem Zauberkasten des Aufgabenwalters zu entspringen: der Gleichheitssatz, traditioneller Maßstab materieller Gerechtigkeit, faßt trotz aller Bemühungen des Verfahrensrechts in der Planung nicht Fuß (B.1, Nrn. 416 ff.). So erhebt sich doch mit Kraft die Frage, ob an ‹Unberechenbarkeit› und ‹Unvergleichbarkeit› planungsrechtlicher Entscheide nicht eben die Rechtsgleichheit selber Schuld trage; oder besser: das Bild, das man sich von ihr gemeinhin macht (B.2, Nrn. 419 ff.).

B.1 Zerfall des Gleichheitssatzes?

416. Daß Pläne nicht «sinn- und zwecklos» sein dürfen, bar «ernsthafter sachlicher Gründe»[8], daß das Verbot willkürlichen Staatshandelns auch für den Planungsträger zählt, braucht weiter nicht erklärt zu werden. Mühe bekundet der Plan mit dem *Gebot rechtsgleicher Behandlung:* keine rechtlichen Unterscheidungen zu treffen, für die ein vernünftiger Grund in den zu regelnden tatsächlichen Verhältnissen nicht ersichtlich ist[9], eben: Gleiches nach Maßgabe seiner Gleichheit gleich, Ungleiches nach Maßgabe seiner Ungleichheit ungleich zu behandeln[10].

417. Die *Rechtserheblichkeit tatsächlicher Unterschiede,* so die feste Regel, beurteilt sich «im Einklang mit den beherrschenden Prinzipien der Rechtsordnung und je im Hinblick auf die konkrete zu bewältigende Situation»[11]; dafür kommt dem Gesetzgeber ein «weiter Spielraum der Gestaltungsfreiheit»[12] zu. Immerhin:

---

[8] BGE 109 Ia 327 E. 4; 106 Ib 188 E. 4a.
[9] BGE 108 Ia 114 E. 2b; 102 Ia 44 E. 3d.
[10] BGE 106 Ia 275 E. 5b; 103 Ia 519 E. 1b.
[11] BGE 100 Ia 328 E. 4b.
[12] BGE 108 Ia 114 E. 2b; 106 Ib 188 E. 4a.

«Ein strengerer Maßstab ist ... dann anzuwenden, wenn die rechtlich ungleiche Behandlung in einem Bereich erfolgt, der durch die Grundrechte einen besonderen Schutz erfährt. Dies ist der Fall, wenn die ungleiche Behandlung den Menschen in seiner Wertschätzung als Person betrifft ... oder im Bereiche von verfassungsmäßigen Ansprüchen der Bürger sowie von grundrechtsbeschränkenden Maßnahmen erfolgt. In solchen Fällen müssen triftige und ernsthafte Gründe vorliegen, die sich aus den tatsächlichen Unterschieden ergeben, damit eine rechtliche Ungleichbehandlung vor der Verfassung standhält.» [13]

418. Im Planungsrecht bleiben die genannten Kriterien *ohne rechte Wirkung*. Schon die «konkrete zu bewältigende Situation» – die planmäßige Gestaltung des Raums – scheint die Rechtsgleichheit beträchtlich zu überfordern: In den Plänen walte nicht «die Folgerichtigkeit formaler Gleichbehandlung ..., sondern eine andere, auf das Planungsziel ausgerichtete und zu ungleicher Auswirkung auf die Betroffenen führende zweckrationale Folgerichtigkeit räumlich-geometrischer Ordnung» [14]. Das ‹Wesen› der Planung, seufzt die Praxis, muß eben auch ähnliche Verhältnisse «völlig verschieden» behandeln, muß «irgendwo» eine Grenze ziehen, die – immerhin! – nicht «jeder vernünftigen Planung widersprechen» und auch nicht auf «offensichtlich unzulässigen sachfremden Überlegungen» beruhen darf [15]: Der Gleichheitssatz, derweise «abgeschwächt», fällt mit dem Willkürverbot zusammen. So werden die «beherrschenden Prinzipien der Rechtsordnung» nicht mehr gebraucht, und auch der versprochene «strengere Maßstab» bleibt – trotz eigentumsbeschränkender Planwirkungen – außer Sicht.

Deutlich differenzierter geht die Rechtsprechung ans Werk, wenn Planungsvorkehren nicht vergleichend (auf Rechtsgleichheit hin), sondern unter dem Gesichtspunkt zumeist der Eigentumsgarantie, gelegentlich auch der Gemeindeautonomie, ‹für sich› überprüft werden. Hier fühlt sie sich befähigt, mit Planungsgrundsätzen en détail zu fechten (wenn auch ohne feste Methode), hier scheut sie sich mit Recht nicht, Pläne zu mißbilligen, deren Anordnungen man wohl für falsch, kaum aber für «grundfalsch» [16] (eben: willkürlich) halten kann [17]. Der Unterschied leuchtet nicht ein: Was der Eigentumsgarantie gelingt – die substantielle rechtliche Beurteilung einer Planungsmaßnahme kraft planungsrechtlich anerkannter Gesichtspunkte –, müßte auch der Gleichheitssatz zuwege bringen; wie, davon sogleich.

---

[13] BGE 106 Ib 188f. E.4a; vgl. ferner 106 Ia 275 E.2b; 104 Ia 379 E.3.
[14] BVerwGE 11, 14 (17).
[15] BGE 107 Ib 339 E.4a; 103 Ia 257f. E.4.
[16] Fritz Gygi, Zur bundesgerichtlichen Kognition im staatsrechtlichen Beschwerdeverfahren wegen Verletzung verfassungsmäßiger Rechte, ZBl 1985 97, 100.
[17] Vgl. BGE 110 Ia 53 ff. E.4, 33 ff. E.4 – und im Grunde auch 107 Ib 336 ff. E.3, wobei am Ende doch Willkür den Ausschlag gab (339 f. E.4).

B.2 Von der Gleichheit der Entscheidergebnisse zum Gleichmaß der Entscheidbegründungen

419. Rechtsgleichheit ist der erste Weg zur Gerechtigkeit, diesen Weg zu sichern erste Pflicht des generell-abstrakten Rechtssatzes, seine hinreichende Bestimmtheit erstes Mittel dafür: an dieser klassischen Gedankenkette will die Lehre mit Recht festhalten[18] – und hat sie im Angesicht ihr nicht geheurer Planung dennoch längst fallen lassen: der gerichtliche Befund, Pläne unterlägen nurmehr dem Willkürverbot (Nr. 418), stößt nicht auf vernehmbaren Widerspruch[19].

420. Schon die entschuldigend vorgebrachte ‹Sondernatur› der Raumplanung müßte Zweifel wecken. Gewiß: Der zu gestaltende Raum ist eine einmalige Gegebenheit; er kann die Rolle eines hypothetischen Tatbestandes, der typisch sich wiederholend eintritt und dabei ‹seine› generell-abstrakt vorausbestimmte Rechtsfolge nach sich zieht, nicht spielen (Nr. 324). Ist hierin begründet, daß Pläne herkömmliche (‹formale›) Gleichbehandlung nicht gewährleisten können, dann liegt die Klage von vornherein schief, «Grundstücke ähnlicher Lage und ähnlicher Art» würden «völlig verschieden» eingestuft[20]. Solche Grundstücke *sind* in den Augen des Planungsauftrages eben *nicht «ähnlich»*, bilden nicht «tatsächliche Verhältnisse» der Art, die gleiche Regelung erheischte; von einem «Defizit an Rechtsgleichheit»[21] kann mit Sinn nicht die Rede sein. Der Gleichheitssatz darf fairerweise gar nicht erst ins Feld der Raumplanung geschickt werden – jedenfalls nicht in herkömmlicher Ausrüstung.

421. *Nicht in herkömmlicher Ausrüstung: Wenn* der Rechtsgleichheit Zugänge zur Planung eröffnet werden sollen, dann liegt der Schlüssel *hier.* Man darf den Gleichheitssatz nicht für die gesamte Lenkungsverwaltung seiner Mission entbinden, und sollte sein gewohntes Gewand ihn nicht befähigen, sich ‹im Innern› der offenen Norm zu bewegen, dann ist Umkleiden das Gebot der Stunde, nicht Rückzug. Dazu wäre folgendes zu erwägen:

---

[18]   Vgl. GEORG MÜLLER, Rechtsetzung, 84f.; GEROLD STEINMANN, Unbestimmtheit, 70f.; BEATRICE WEBER-DÜRLER, Rechtsgleichheit, 45, 197.
[19]   Vgl. nur WALTER HALLER, Raumplanung, 170f.; MARTIN LENDI, Planungsrecht, ZSR 1976 II 77ff.; JÖRG PAUL MÜLLER/STEFAN MÜLLER, Grundrechte, 301.
[20]   BGE 107 Ib 339 E. 4a.
[21]   WALTER HALLER, Raumplanung, 171.

a) Rechtsgleichheit will ‹*gleiches Recht*›, genauer: will *nach gleichen Ellen zugemessenes Recht*. Dieses Ziel *kann* zur Formel führen, «Gleiches nach Maßgabe seiner Gleichheit gleich», Ungleiches entsprechend ungleich zu behandeln, nämlich solange die Rechtsnorm mit beliebiger Verwirklichung ihres Tatbestandes rechnen kann, das heißt: solange ihr Regelungssubstrat die Sprache eines generell-abstrakten Lösungsentwurfes versteht. Dann ist es, wenn auch verkürzt, richtig, Rechtsgleichheit als ‹Gleichheit› von Regelungs*ergebnissen* bei ‹gleichen› tatsächlichen Verhältnissen aufzufassen. Aber: Die erwähnte Formel ‹ist› nicht die Rechtsgleichheit, sondern gibt nur einen Ausdruck des Gebotes wieder, zugeschnitten auf herkömmliche Ordnungs- und Leistungsaufgaben. Wahres Anliegen bleibt (auch in traditionellen Wirkungsfeldern) das *Gleichmaß der Rechtserzeugung:* darauf muß man sich zurückbesinnen, wenn Gleichheitssatz und Lenkungsverwaltung aufeinandertreffen.

b) Solche Rückbesinnung entlastet und fordert zugleich. Sie entlastet, weil die herkömmlichen Forderungen der Rechtsgleichheit, derweise relativiert, den Raumplan nicht länger als Querschläger erscheinen lassen. Und sie fordert, weil dem Grundanliegen des Gleichheitssatzes – Gleichmaß der Rechtserzeugung – planungsgerechte Wege erst noch zu bahnen sind. Diese Wege, soviel steht fest, führen nicht über dichtere Normen des Planungsgesetzes, gerade nicht: es muß bei offener Kompetenzgrundlage bleiben. So kann sich die Forderung nach gleich gemessenem Recht nurmehr an die Entscheidfindung selbst wenden, genauer: an die Entscheid*begründung*. *Hier* muß – ‹im Rahmen› der ermessengewährenden Norm – mit gleichen Ellen gemessen und nach gleichem Rezept verfahren werden: mithilfe gleichartig erzeugter Bausteine, und kraft eines Argumentationsmusters, welches diesen Bausteinen gleichbleibende Wirkchancen einräumt. Nur ein so gewonnener Ermessensentscheid wird – *wegen* seiner Begründungsgeschichte – über den Einzelfall hinausweisen können, wird als allgemein einsehbar und nachvollziehbar, eben: als rechtsgleich gelten dürfen. Von daher bezieht das Bemühen Sinn, die Interessenabwägung als Mittel der Ermessenswaltung methodisch zu festigen.

II. Methode

422. Interessenabwägungen haben sich als Entscheidungshilfe *allgemein durchgesetzt.*

Grundrechtsbeschränkungen sind gehalten, «überwiegende» Interessen aufzuführen und den Nachweis der Verhältnismäßigkeit zu erbringen[22]; vor der Rücknahme fehlerhafter Verfügungen ist «abzuwägen, ob dem Postulat der richtigen Durchsetzung des objektiven Rechts oder dem Interesse an der Wahrung der Rechtssicherheit der Vorrang gebührt»[23]; Ausnahmebewilligungen setzen die «richtige Abwägung öffentlicher und privater Interessen» voraus[24] – und so fort.

Die ‹Verfassung› der Abwägung hingegen, die Kunst der Begründung, wird kaum gepflegt: Abwägung will den Ruch dunkler Dezision nicht ablegen, bleibt in der Praxis zu oft auf falsche Weise ‹frei›. Ich kann mir nicht vornehmen, diesen Mangel zu beheben – höchstens den Versuch einer Linderung: davon das folgende.

423. *Leitstern* sei ein normativer Anspruch: Die Interessenabwägung soll als *Figur des Rechts* gelten, soll als Mittel der Entscheidung rechtlich zugelassen, in ihrem Inhalt rechtlich bestimmt, im Ablauf der Argumente rechtlich angeleitet werden.

a) Von der *rechtlichen Zulassung* war bereits die Rede. Abwägungen müssen vom einschlägigen Recht angeordnet sein, entweder ausdrücklich oder (kraft offener Norm) stillschweigend: da liegen die *Orte der Interessenabwägung* (§ 6).

b) Interessenabwägungen bedürfen weiter, was ihren Werkstoff angeht, *rechtlicher Bestimmung.* Auch hierüber wurde das Nötige gesagt: Als *Bausteine der Interessenabwägung* dienen zuerst die Verfassungsinteressen (§ 7).

c) Ein drittes tritt hinzu: der Ruf nach Methode, nach *rechtlicher Anleitung,* derzufolge die erwähnten Bausteine aufgesucht, in die Entscheidungsbildung eingebracht und ‹richtig› verwertet werden – wie vermerkt ein Gebot der Rechtsgleichheit. Dieser letzte Punkt ist bislang nicht erörtert worden; das ist nachzuholen.

---

[22] Statt vieler BGE 107 Ib 336 E.2c.
[23] Statt vieler BGE 103 Ib 206f. E.3.
[24] ZBl 1971 39; MAX IMBODEN/RENÉ RHINOW, Verwaltungsrechtsprechung, Nr.37 B/III. Zu Art.24 RPG besonders BGE 108 Ib 368ff. E.6b.

424. Die *Methode der Interessenabwägung* folgt einem einfachen Dreischritt: Vorweg gehören die Interessen, soweit erheblich, ermittelt (A, Nrn. 425 ff.), sodann bewertet (B, Nrn. 429 ff.) und zum Schluß gegeneinander abgewogen (C, Nrn. 432 ff.). Das Rezept ist weder neu[25] noch sonderlich raffiniert. Dennoch hat es seinen Nutzen: unter anderem den, die gerichtlich rügbaren Fehler der Abwägung hervortreten zu lassen (III, Nrn. 438 ff.).

A. Ermittlung der Interessen

425. In einem *ersten Schritt* sind *alle erheblichen Interessen aufzusuchen und in den Abwägungsvorgang einzustellen*[26]. Die eingestellten Interessen stehen *vorerst gleichwertig* nebeneinander.

426. Interessen sind *erheblich,* soweit die Rechtsordnung sie anerkennt und die zu entscheidende Rechtsfrage sie sachlich, zeitlich und funktional berührt.

a) Von vornherein fallen nur *rechtlich anerkannte Interessen* in Betracht: Interessen, die das positive Recht ausdrücklich oder stillschweigend zum mindesten billigt. Sie brauchen sich nicht rechtssatzmäßig zu Recht oder Pflicht ausgeformt zu haben: nur schutzwürdig müssen sie sein, fähig, «sich in das Gerüst der Grundprinzipien unserer positiven Rechtsordnung ein(zu)fügen»[27]. Als Interessen dieser Art erscheinen vorab die *Verfassungsinteressen* (§ 7) sowie ihre ‹ersten Ableitungen›: die Ratio der auf Verfassungssätzen fußenden Aufgabengesetze (Zweckartikel! vgl. Nr. 363) und deren rechtssatzmäßige Grundsätze (Art. 3 RPG!).

b) Erheblich sind ferner allein die *sachlich berührten Interessen:* jene Belange, die «nach Lage der Dinge»[28] vom Bereich der anstehenden Rechtsfrage erfaßt werden – nie die «gesamten Umstände des Falles».

---

[25] Vgl. das Abwägungsgebot gemäß § 1 Abs. 7 BBauG; hierzu WERNER ERNST/WERNER HOPPE, Raumplanungsrecht, NN. 282 ff.; und KONRAD GELZER, Bauplanungsrecht, NN. 38 ff., je mit Hinweisen auf die Rechtsprechung des Bundesverwaltungsgerichts. Allgemein zur Interessenabwägung HEINRICH HUBMANN, Methode der Abwägung, 145 ff.
[26] BGE 108 Ib 370 f. E. 6 b/cc; 104 Ia 184 f. E. 2 c/bb, Ib 232 E. 8 c; 98 Ia 463 f. E. 3.
[27] PETER SALADIN, Verwaltungsverfahrensrecht, 183, zum insofern vergleichbaren «schutzwürdigen Interesse» gemäß Art. 48 Bst. a VwVG und 103 Bst. a OG; dazu auch BBl 1965 II 1320 f.
[28] BVerwGE 34, 301 (309); 45, 309 (314); 48, 56 (63); WERNER ERNST/WERNER HOPPE, Raumplanungsrecht, N. 290.

Für die «*Lage der Dinge*» zählen die Eigenartigkeiten des zu regelnden Sachverhaltes, im raumwirksamen Recht namentlich die «physischen Merkmale des Planungsraumes»[29]; der *Bereich der anstehenden Rechtsfrage* meint die Gesamtheit jener Entscheidungsmöglichkeiten, die ernsthaft in Betracht fallen; und davon *erfaßt* werden Interessen dann, wenn eine dieser Entscheidungsmöglichkeiten geeignet ist, ihnen wirtschaftliche, ideelle, materielle oder anders geartete Nachteile[30] zuzufügen.

c) Die eingestellten Interessen müssen drittens *aus zeitlicher Sicht beachtlich* sein: Grundsätzlich fallen, einleuchtend genug, andere als *aktuelle Belange* außer Betracht[31].

Künftig neu auftretende Interessen gehören nur ausnahmsweise zur Abwägung beigezogen. Erstens muß feststehen, daß sie nach dem gewöhnlichen Lauf der Dinge überhaupt aktuell werden; zweitens ist zu prüfen, ob das einschlägige Recht den künftigen Belangen, kommt ihre Zeit, nicht schon ‹eigene› Tore offenhält: Richtpläne zum Beispiel werden «überprüft und nötigenfalls angepaßt», wenn sich die «Verhältnisse geändert» haben, außerdem «in der Regel alle zehn Jahre» (Art. 9 Abs. 2, 3 RPG). Künftige Belange zählen deshalb dann nicht zum Abwägungsmaterial des Richtplans, wenn sie wegen ihres Gewichts ein Revisionsverfahren anzustoßen vermögen, und wenn nicht: sofern sie für die nächsten zehn Jahre voraussichtlich stillhalten.

Auch aktuelle Interessen weisen häufig in die Zukunft, erhalten ihre Züge von der Entwicklung aufgeprägt, die man für sie gemeinhin erwartet. Das gilt für alle Interessen, die in irgendeiner Art von gesellschaftlichen Bedarfen handeln: für den Ruf nach hinreichend Bauland etwa, oder für das Interesse an stetiger Energieversorgung. Solche Belange sind kraft *kunstgerechter Prognose* zu verdeutlichen[32].

d) Und endlich dürfen nur jene Interessen herangezogen werden, deren Beurteilung der zuständigen Stelle nach Rang und Namen *zusteht*. Freilich gibt nicht der Katalog ihrer Fachaufgaben das Maß dafür: die Befugnis zur Interessenabwägung schließt den ressortübergreifenden Blick notwendig ein. Immerhin: Kommen ‹politische› Belange ins Spiel, dann gehört sich prüfende Besinnung auf die staats- und verfahrensrechtliche Legitimationskraft der entscheidenden Behörde, bevor solche Belange in die Abwägung eingestellt werden.

---

[29] Leo Schürmann, Bau- und Planungsrecht, 118.
[30] In Anlehnung an das «Berührtsein» des Beschwerdeberechtigten; vgl. BGE 104 Ib 249 E. 5 b.
[31] Vgl. Gustav Grauvogel, § 1 BBauG, VIII/5.
[32] Vgl. Werner Ernst/Werner Hoppe, Raumplanungsrecht, NN. 285 a ff.; Martin Lendi/Hans Elsasser, Raumplanung, 256 ff.

427. Die Ermittlung der erheblichen Interessen (das «Zusammenstellen des Abwägungsmaterials»[33]) ist *Rechtsfrage*. Nicht Sachverhaltsteile werden erhoben, *nicht Tatfragen* stehen an. Bereitzustellen sind vielmehr die Bausteine der kraft Abwägung zu bildenden Norm: die Verfassungsinteressen; und diese Verfassungsinteressen, weil normative Teilschicht der Verfassung (§ 7/I), erscheinen (jedes für sich) selber als Norm.

428. Die erheblichen Interessen sind *von Amtes wegen*[34] zusammenzutragen, unter gehörigem Beizug interessierter Amtsstellen und betroffener Privater (Vernehmlassungsverfahren, rechtliches Gehör!).

B. Bewertung der Interessen

429. In einem *zweiten Schritt* sind *die ermittelten Interessen* zu *bewerten*, indem die Folgen ihrer Verwirklichung im konkreten Fall benannt und beurteilt werden[35].

430. Bewerten heißt zunächst: zwei Größen (oder mehr) mittels einer *Reihe der Vorziehenswürdigkeit* zueinander in Beziehung setzen. Nun erreichen Wertungen die Erweisbarkeit einer objektiven Erkenntnis nie[36]; stets bleiben sie, sofern nicht das positive Recht sie ausspricht, Bekenntnis. Wenn nicht-positivierte Wertungen rechtlich zählen wollen, dann müssen sie *einsehbar* gemacht werden. Das gelingt nur durch *Folgendiskussion*[37]: durch Darstellung und Erörterung dessen, was sich (wahrscheinlich) einstellen müßte, würde das eine Interesse dem andern vorgezogen; durch *Vorschau auf die Wirkungen des Bekenntnisses,* begleitet von der Bereitschaft zur Umkehr, sobald die Folgen sich vom «Wünschbaren»[38] entfernen sollten. Gewiß wertet auch die Folgendiskussion – aber sie gibt, anders als undiskutierte Bekenntnisse, dem Rechtsgenossen die Chance, den Wertungen aus eigener Einsicht zu folgen, und sie

---

[33] BVerwGE 45, 309 (322).
[34] Vgl. BGE 107 Ib 53 E. 5.
[35] LEO SCHÜRMANN, Bau- und Planungsrecht, 118; GEORG MÜLLER, Interessenabwägung, ZBl 1972 347.
[36] Anders anscheinend deutsche Lehre und Rechtsprechung: Vgl. BVerwGE 34, 301 (309) («objektive Gewichtigkeit einzelner Belange»); ferner 45, 309 (315); GUSTAV GRAUVOGEL, § 1 BBauG, VIII/6 b.
[37] Dazu und zum folgenden ADALBERT PODLECH, Wertungen, AöR 1970 197 ff.; vgl. auch HEINRICH HUBMANN, Rationale Wertung, 19; MARTIN KRIELE, Rechtsgewinnung, 178 f.; GERHARD STRUCK, Argumentation, 142.
[38] REINHOLD ZIPPELIUS, Methodenlehre, 70.

nimmt der Behörde zugleich die Freiheit, die Grenzen der Überzeugbarkeit zu überschreiten: Die Folgendiskussion verhindert den herrschsüchtigen Selbstvollzug der Werte. Um allgemeine Zustimmung zu den Diskussionsergebnissen geht es nicht, auch nicht um Mehrheitswertungen; nur darum, behördliche Bekenntnisse so weit von der Persönlichkeit der Organwalter zu lösen, daß sie vermittelbar werden. «Das Ergebnis der Reduktion» – das heißt: der Folgendiskussion – «erscheint rational, weil sie selbst rationales, das heißt an Gründen kontrolliertes Verhalten ist.»[39]

431. Feste *Wertmaßstäbe*, vermöge derer das Gewicht der einzelnen Belange nur noch abzulesen wäre, wird nach allen Predigten über den Gleichrang der Verfassungsinteressen niemand erwarten. *Wertungsgesichtspunkte,* unter sich nicht zum ‹System› verbunden, tun es freilich auch; und an solchen Hilfsgrößen herrscht kein Mangel, läßt man nur Fantasie walten.

Wertungsgesichtspunkte können normativer oder faktischer Art sein.

a) Mit *normativen Gesichtspunkten* ist die ‹Haltung› des positiven Rechts zu den eingestellten Interessen gemeint.

– In Betracht fällt zunächst, was das *einschlägige Gesetzesrecht* erkennen läßt. Ob es etwa durch ausgeprägt strenge Regelung auffalle: Daß das Raumplanungsgesetz die Ausnahmen innerhalb der Bauzone den Kantonen überläßt, außerhalb aber selber (restriktiv und weithin abschließend) Ordnung schafft, kann nur heißen, der Bundesgesetzgeber stufe den Grundsatz der Zonenkonformität im Außenbereich höher ein als im Siedlungsgebiet (Art. 23 f. RPG). Oder ob bestimmte Belange durch außergewöhnliche Vollzugskontrollen besonders abgesichert seien: wie etwa die Interessen des Umweltschutzes durch die Befugnis des Bundes, gegen umweltschutzrechtliche Verfügungen der Kantone Rechtsmittel schon des kantonalen Rechts zu ergreifen (Art. 56 Abs. 1 USG).

– Gemeint ist ferner die *Erheblichkeit eines Interesses für die ‹Ideen› der Verfassung:* für Rechtsstaatlichkeit und Sozialstaatlichkeit, für Liberalität, Demokratie, Föderalismus und außenpolitische Solidarität[40]. Man wird die Entwicklungspolitik eines Gemeinwesens zum Beispiel danach bewerten dürfen, ob sie zur Eigentumsstreuung beitrage und räumlich-bauliche Voraussetzungen zu erfreulichem Wirtschaften, zu sozialer Kommunikation und kultureller Bildung schaffe; ob sie wohlfahrtliche Ausgewogenheit befördere (Vorteils- und Lastengleichheit unter Stadtteilen!); ob sie konsensfähige Aussichten anbiete.

---

[39] ADALBERT PODLECH, Wertungen, 199.
[40] Vgl. ULRICH HÄFELIN/WALTER HALLER, Bundesstaatsrecht, NN. 140 ff. Gewöhnlich werden diese Verfassungs‹ideen› als materielle Schranken der Verfassungsrevision gehandelt; vgl. Nr. 390 und die Hinweise dort.

b) *Faktische Wertungsgesichtspunkte* heben auf die Erfahrungen ab, die sich mit den einzelnen Interessen verbinden. Für die Wertschätzung eines Belangs können eine Rolle spielen namentlich:
- *Nutzwert, Sachgerechtheit:* das Maß, in welchem die Bedürfnisse der streitigen ‹Sache› befriedigt, zum Beispiel die tägliche Flut der Berufspendler effizient in geordnete Bahnen gelenkt wird.
- *Schadensrisiko:* Eine Gemeinde etwa wird, wenn sie ihre Energiepolitik formuliert, die Augen nicht davor verschließen dürfen, daß Kernkraft im Vergleich zu anderen Energien Schadensfälle ungeheuren Ausmaßes zu ‹produzieren› imstande ist.
- *Widerrufbarkeit, Beherrschbarkeit:* Vorsicht kann mitunter (beispielsweise bei Einführung neuer Verkehrssysteme) nahelegen, auf Unterteilbarkeit eines Vorhabens zu achten (derart, daß die Anlagen der einzelnen Ausbauschritte sich zur Not auch allein verwenden lassen); kann ferner gebieten, jene Lösung zu bevorzugen, die den ‹Weg zurück› nicht versperrt (Versuche, Provisorien!).
- *Offenheit, Substituierbarkeit:* Aus ähnlichen Gründen – Zukunft ist stets ungewiß – dürfen Planungsbehörden jene Belange höher bewerten, von denen zu vermuten steht, sie würden auch vor veränderten Verhältnissen gültig und aktuell bleiben, oder deren Rolle nötigenfalls von anderen (verwandten) Belangen übernommen werden kann.

Die Reihe läßt sich fortsetzen – wichtig ist nur, daß die faktischen Wertungsgesichtspunkte den Kreis des rechtlich Gebilligten nicht verlassen.

Immer bleibt die Bewertung der ermittelten Interessen *frei und umfassend,* außer das positive Recht ordne anderes an.

C. Abwägung im engeren Sinne

432. In einem *dritten Schritt* sind die ermittelten und bewerteten *Interessen gegeneinander abzuwägen* und nach Maßgabe des beigelegten Wertes *zu breitest möglicher Widerspruchsfreiheit zu führen*[41].

433. Abwägung im engeren Sinne, Kernstück des Abwägungsvorganges, fordert verhältnismäßige Ergebnisse, also: sachgerechte, ausgewogene Entwürfe, deren ‹Kosten› vernünftig bleiben[42]. Abwägung bedeutet somit zwei Dinge *nicht:*

a) Abwägung bedeutet *nicht notwendig Auswägen, Ausgleichen:* Abwägung ist Mittel der *Entscheidung*[43], will nicht lauen Kompromiß.

---

[41] Leo Schürmann, Bau- und Planungsrecht, 118; Georg Müller, Interessenabwägung, ZBl 1972 347, 351.
[42] Max Imboden/René Rhinow, Verwaltungsrechtsprechung, Nr. 57 B IV/b/4; Karl Larenz, Methodenlehre, 278 ff., 286; Reinhold Zippelius, Methodenlehre, 71, 124.
[43] Verbot des «Konflikttransfers»! (Werner Ernst/Werner Hoppe, Raumplanungsrecht, N. 304)

Zwar sollen die berührten Belange, den Vorzugsreihen entsprechend, weitest möglich – «optimal»[44] – zu ihrem Recht kommen. Nur soll die Sache dabei nicht geopfert werden: «In der Kollision zwischen verschiedenen Belangen» darf durchaus «für die Bevorzugung des einen und damit notwendig für die Zurückstellung eines andern» entschieden werden[45].

b) Abwägung bedeutet weiter *nicht notwendig ‹Sieg› des am höchsten bewerteten Interesses*. Erneut gehören die Folgen erörtert: nunmehr die Folgen der verbleibenden vertretbaren Entscheidungsmöglichkeiten. Im Verlauf dieser Diskussion mag der Kronprinz stürzen, sollte sich zeigen, daß ihm mit den gegenläufigen Belangen aufs ganze gesehen zuviel geopfert werden müßte.

434. Der *Vorgang des Abwägens* folgt innerhalb der eben gezogenen Grenzen keinem festen Rezept. Insbesondere ist nicht geboten (und schon gar nicht immer zweckmäßig), zuerst die öffentlichen und die privaten Interessen je für sich – «untereinander» – ins reine zu bringen und hernach die so gefügten Blöcke «gegeneinander» auffahren zu lassen[46]. Die abwägende Behörde hat ferner nicht die Pflicht, bis zuletzt mit allen erheblichen Belangen zu spielen: kunstgerechter Abwägung widerspricht nicht, verhältnismäßig nebensächliche Interessen aus den Entscheidgründen zu entlassen und so, Schritt für Schritt Vielschichtigkeit abbauend, den Streit auf das Wesentliche zuzuspitzen. Im übrigen ist dieser letzte Schritt des Abwägungsvorganges *Entschließung,* nur noch der entscheidenden Behörde zurechenbarer Willensakt, der so oder anders ausfallen kann: ein *Rest von Unwägbarkeit* bleibt.

D. Abwägung als Methode: Ein Luftschloß?

435. Ein Rest von Unwägbarkeit bleibt – und damit auch der Eindruck von Willkür: Interessenabwägung verführe «zu subjektiven Werturteilen einer Einzelfallgerechtigkeit, die kaum noch rechtsstaatlich verallgemeinert werden» könne[47], diene als «Vorspann zu freiem Argumentieren»[48], verwegener noch: «Interessenabwägung als Instrument

---

[44] REINHOLD ZIPPELIUS, Methodenlehre, 71.
[45] BVerwGE 48, 56 (64); 45, 309 (315); 34, 301 (309).
[46] So aber § 1 Abs. 7 BBauG; vgl. GUSTAV GRAUVOGEL, §1 BBauG, VIII/5 d–f.
[47] FRIEDRICH MÜLLER, Einheit, 199.
[48] GERHARD STRUCK, Argumentation, 17; vgl. auch *denselben,* Interessenabwägung als Methode, in: Festschrift für JOSEF ESSER, Kronburg 1975, 171, 183.

der Rechtsfindung gibt es nicht.»[49] Der Hauptharst der Methodenlehre wartet ab: Ob Abwägung Methode sei, stehe nach heutiger Erkenntnis «vielleicht nicht abschließend» fest[50]; über Richtmaße der Wertung lasse sich «für den praktischen Gebrauch nicht viel sagen»[51] – und so weiter. Kurz: Abwägung verbreitet «Unsicherheit»[52].

436. Der Streit um das methodische ‹Wesen› der Abwägung soll hier nicht aufgenommen werden; mir scheint, er führt zu nichts. Güterabwägungen, echte Methode oder nicht, haben sich durchgesetzt (Nr. 422); die Lehre, soweit sie sich damit schwertut, kämpft gegen Windmühlen. Abwägung als Mittel der Rechtsfindung ist nur die folgerichtige Antwort auf die offene, lückenschaffende Norm, die offene Norm ihrerseits nur sachgerechtes Ausdrucksmittel lenkungsstaatlicher Aufgaben (Nrn. 322 ff., 379). Die Frage liegt falsch – Abwägung *muß* Methode sein. Sie muß sich, ihren Hang zur Regellosigkeit beherrschend, auf die Ansprüche der Methodik einstellen; einer Methodik freilich, die ihrerseits gehalten ist, vom Ideal des berechenbaren Rechts herabzusteigen. Denn die Justiz wird es sich auf Dauer nicht leisten dürfen, der ‹offenen› Norm nur mit formaler Kontrolle oder unsystematischer Diskussion entgegenzutreten: Sie würde in den Feldern der Lenkungsverwaltung Rechtsschutz minderer Güte bieten.

437. Nur hingewiesen sei auf die beiden *Haupteinwände*, die der Abwägung vorgehalten werden, und auf Grundzüge einer möglichen Gegenrede.

a) Abwägen, so lautet ein erstes Bedenken, gehe «auf Kosten der Legalität»[53], wolle «die Kanten des gesetzten Rechts abschleifen»[54]: «ein bequemes sprachliches Muster, das über die beteiligten Normtexte und die sie konkretisierenden Sprachdaten ... allzu rasch hinwegzugehen pflegt»[55]. Recht und Abwägung ein Gegensatz? Eben nicht, jedenfalls nicht notgedrungen. Erneut sei betont: Abwägung muß, damit sie berechtigtes Mittel der Rechtsfindung bleibt, von der einschlägigen Norm angeordnet oder gebilligt sein *und* mit rechtlich einwandfreien Bausteinen arbeiten.

b) Tiefer reicht der zweite Einwand. Werte, hört man, wären «an sich» und «ideal», ließen sich weder logisch ableiten noch rational erklären[56]. So betrachtet

---

[49] JEAN NICOLAS DRUEY, Interessenabwägung, 148.
[50] KARL LARENZ, Methodenlehre, 279.
[51] ARTHUR MEIER-HAYOZ, Art. 1 ZGB, N. 330.
[52] Vgl. die Fragen bei GEORG MÜLLER, Interessenabwägung, ZBl 1972 339.
[53] HANS HUBER, Einheit, ZBl 1957 484 f.
[54] JEAN NICOLAS DRUEY, Interessenabwägung, 133.
[55] FRIEDRICH MÜLLER, Einheit, 199.
[56] Z. B. JEAN NICOLAS DRUEY, Interessenabwägung, 140, 142; ferner die Nachweise bei ADALBERT PODLECH, Wertungen, 202 f.

kann eine Wertung tatsächlich nur noch auf subjektive Zustimmung des Publikums hoffen, kann ungläubigen Dritten nicht objektiv entgegengehalten werden, außer um den Preis einer «Tyrannei der Werte»[57]: Das Bild der Werte als objektiver, nur leider unvermittelbarer ‹Wesenheiten› muß den nicht erleuchteten Betrachter zynisch grinsend in Dummheit halten[58]. Welcher denkende Mensch wird sich das gefallen lassen? Nein – aus Erfahrung *sind* Werte nicht, sie *gelten:* gelten nach Maßgabe ihrer gesellschaftlichen «Annehmbarkeit»[59]; sind Norm, und daher der Begründung sowohl fähig als auch bedürftig. Wären sie nicht Norm, verfügten Werte über ‹ihren› Rang unbesehen der mit ihnen verbundenen Folgen: menschliche Verantwortung selbst wäre abgeschafft. Denn zu verantwortlichem Handeln gehört unabdingbar beides: die Treue zur Instanz der Werte *und* die Bereitschaft, sich den Erfolg der wertgerechten Tat zurechnen zu lassen[60]; sohin Verantwortung nicht nur *vor* dem Wert, sondern auch *für* den Wert. Ferner: Auch ‹klassische› Auslegung steht unter Begründungszwang, kann – nicht anders als Abwägung – auf den Versuch der Überzeugung, kann auf Rhetorik nicht verzichten[61]. Gewiß mag sich der Anteil erkenntnisarmer Wertung auf weniges vermindern. Nur ‹logische› Folge einer Norm ist das Auslegungsergebnis nicht, bestenfalls logische Folge der zuvor gegebenen Begründung[62]. So steht doch zu bezweifeln, ob Abwägung und Auslegung sich in einer Weise voneinander unterscheiden, welche Anerkennung hier, Verwerfung dort rechtlich rechtfertigt. Sollten sich die Zweifel bestätigen, sähe man sich endlich auch des Zwanges enthoben, der Güterabwägung – bestrebt, sie zu legitimieren – mathematische Verläßlichkeit abzupressen[63].

III. Fehler

438. Das *Bundesgericht* überprüft Interessenabwägungen als Rechtsfrage *«grundsätzlich frei»*[64]. Allerdings

«... auferlegt es sich *Zurückhaltung,* soweit die Beurteilung von der Würdigung örtlicher Verhältnisse abhängt, welche die kantonalen Behörden besser kennen und überblicken, und soweit sich ausgesprochene Ermessensfragen stellen.»[65]

---

[57] CARL SCHMITT, Tyrannei der Werte, 51 ff., besonders 59 ff.
[58] Für Kritik: ADALBERT PODLECH, Wertungen, 204 ff., mit Hinweisen; vgl. auch CARL SCHMITT, Tyrannei der Werte, 51 ff.
[59] ADALBERT PODLECH, Wertungen, 209.
[60] Vgl. PETER SALADIN, Verantwortung, 31 f.
[61] MARTIN KRIELE, Rechtsgewinnung, 167 ff., besonders 169–171. Vgl. auch GERHARD STRUCK, Argumentation, 139 ff., sowie CHAIM PERELMAN, Argumentationslehre, Nrn. 71 ff., besonders Nrn. 83, 87, 91, 98.
[62] Vgl. WALTHER BURCKHARDT, Methode und System, 282, 288; ARTHUR MEIER-HAYOZ, Art. 1 ZGB, N. 191.
[63] Vgl. für solche Versuche HEINRICH HUBMANN, Rationale Wertung, 23 ff., und Methode der Abwägung, 151 ff.
[64] BGE 109 Ib 219 E. 6a; 107 Ib 336 E. 2c; 103 Ia 252 E. 2a.
[65] BGE 109 Ia 259 E. 4; 107 Ia 38 E. 3c, Ib 336 E. 2c.

Zurückhaltung ist indessen auch in solchen Fällen nicht geboten, wenn sich die kantonalen Behörden gerade in der Würdigung der Örtlichkeiten uneins sind und das Gericht über die erforderlichen Kenntnisse verfügt (Augenschein!)[66]. Im übrigen hat es die Rechtsprechung bis heute nicht unternommen, die Abwägungsfehler zu systematisieren.

439. Weiter vorgestoßen ist das deutsche *Bundesverwaltungsgericht*. Das Gebot gerechter Abwägung, so die feste Regel, ist verletzt,

> «wenn eine (sachgerechte) Abwägung überhaupt nicht stattfindet. Es ist verletzt, wenn in die Abwägung an Belangen nicht eingestellt wird, was nach Lage der Dinge in sie eingestellt werden muß. Es ist ferner verletzt, wenn die Bedeutung der betroffenen privaten Belange verkannt oder wenn der Ausgleich zwischen den von der Planung berührten öffentlichen Belangen in einer Weise vorgenommen wird, die zur objektiven Gewichtigkeit einzelner Belange außer Verhältnis steht.»[67]

Danach ergeben sich, bezogen auf die Abwägung insgesamt und bezogen auf ihre drei Denkschritte, im wesentlichen vier Abwägungsfehler: Abwägungsausfall (A, Nr. 440), Ermittlungsdefizit und Ermittlungsüberschuß (B, Nr. 441), Fehlbewertung (C, Nr. 442) und Abwägungsmißverhältnis (D, Nrn. 443 f.).

A. *Abwägungsausfall*

440. Ein Entscheid ist fehlerhaft, wenn eine *Abwägung überhaupt unterbleibt,* obwohl sie aufgrund der einschlägigen Norm geboten wäre *(Abwägungsausfall)*[68].

a) *Totale Abwägungsausfälle* – ein völliges Übergehen des Abwägungsgebots – sind selten. Für die Ausnahmebewilligungen des Raumplanungsgesetzes ist immerhin festzustellen, daß die unterinstanzliche Rechtsprechung das Abwägungsgebot (Art. 24 Abs. 1 Bst. b, Abs. 2 RPG) gelegentlich übersieht oder ihm nur halbherzig nachkommt, ohne einläßliche Begründung[69].

b) Abwägungsausfälle erscheinen ferner in Form *unzulässiger Ermessensbindungen:* Das Abwägungsgebot fordert grundsätzlich «umfassende Würdigung aller berührten privaten und öffentlichen Interessen»[70]; vorwegnehmende Festsetzungen

---

[66] ZBl 1985 533 E. 2.
[67] BVerwGE 34, 301 (309); bestätigend 45, 309 (314 f.); 48, 56 (63 f.).
[68] WERNER ERNST/WERNER HOPPE, Raumplanungsrecht, N. 290; KONRAD GELZER, Bauplanungsrecht, N. 43. Vgl. BGE 106 Ib 44 E. 2.
[69] Vgl. BGE 108 Ib 367 E. 6, 363 E. 4d zu Art. 24 Abs. 1 RPG.
[70] BGE 104 Ia 185 E. 2 c/bb; vgl. auch 98 Ia 463 f. E. 3.

müssen ihrerseits rechtens sein, einer gehörigen Teilabwägung entspringen und das Werk des ordentlicherweise zuständigen Aufgabenträgers bilden[71]. Kopfzerbrechen verursachen vor allem die *ermessensbindenden Volksinitiativen:* ein beliebtes Mittel, die Behörden für den Kampf gegen Kraftwerke und Autobahnen einzuspannen[72]. Schon deren Auswirkungen auf das kantonale Kompetenzgefüge stecken voller (freilich nicht unlösbarer) Probleme[73]. Die Kernfrage aber ist, ob solche Bindung bundesstaatsrechtlich in Ordnung gehe. Man wird unterscheiden müssen: Wird das Ermessen durch selbständiges kantonales Recht[74] eingeräumt, läßt sich gegen eine Bindung (dann eben auch durch kantonales Recht!) nichts einwenden. So wecken keine bundesrechtlichen Bedenken jene Initiativen, die eidgenössisch angeordnete Anhörungen der Kantone zu demokratisieren, das heißt: dem Referendum zu unterstellen trachten – sofern nicht Bundesrecht die Vernehmlassung ausdrücklich zur Sache der Kantons*regierungen* erklärt (vgl. Nr.175). Legt hingegen Bundesrecht den Grund des Ermessens, so steht kantonalen Initiativen nicht zu, den (zwar kantonal organisierten, aber zu eidgenössischem Rechtshandeln eingespannten) Aufgabenwalter festzulegen. Beansprucht eine Atomanlage beispielsweise eine raumplanungsrechtliche Bewilligung gemäß Art.24 RPG, so bewirken kantonale Atomschutzinitiativen für dieses Verfahren nur, daß die Bewilligungsbehörde das demokratische Interesse gegen solche Werke in die Abwägung einzustellen hat. Die Abwägung selber bleibt von Bundesrechts wegen frei: ihren Ausgang vorwegzunehmen haben sie – Art.2 ÜB BV! – nicht die Kraft[75] (Nr.142a.E.).

B. *Ermittlungsdefizit, Ermittlungsüberschuß*

441. Ein Entscheid ist fehlerhaft, entweder wenn die Behörde *nicht alle* (rechtlich anerkannten) Interessen in die Abwägung einstellt, die von der zu entscheidenden Rechtsfrage berührt sind *(Ermittlungsdefizit)*[76]; oder wenn sie im Gegenteil auch solche Belange in die Abwägung einstellt, die das Recht *nicht billigt* oder die von der zu entscheidenden Rechtsfrage *nicht berührt* sind *(Ermittlungsüberschuß)*[77].

a) Den typischen Fall eines *Ermittlungsdefizites* bildet die *Verengung des Entscheidungshorizontes* zum Beispiel durch Rücksicht allein auf die Fachbelange der Hauptfrage[78] oder wegen unangebrachter Verweisung auf die Entscheidungsbefugnisse anderer Behörden[79].

[71] Vgl. BVerwGE 45, 309 (321).
[72] Vgl. BGE 109 Ia 134; 108 Ia 38; 105 Ia 11; 102 Ia 131.
[73] Vgl. dazu BGE 108 Ia 39f. E.3; 104 Ia 419ff. E.4–6; ALFRED KÖLZ, Die kantonale Volksinitiative in der Rechtsprechung des Bundesgerichts, ZBl 1982 1ff., 10f.
[74] Vgl. BGE 107 Ia 339 E.1b; 105 Ib 107 E.1a; 103 Ib 314 E.2b.
[75] Vgl. ZBl 1986 32 E.5b (freilich zu absolut), ferner BGE 109 Ia 141 E.4a.
[76] «Abwägungsdefizit»: WERNER ERNST/WERNER HOPPE, Raumplanungsrecht, N.290; KONRAD GELZER, Bauplanungsrecht, N.44.
[77] «Abwägungsüberschuß»: WERNER ERNST/WERNER HOPPE, Raumplanungsrecht, N.291.
[78] Vgl. BGE 106 Ib 44 E.2; ZBl 1983 89 E.5.
[79] Vgl. BGE 104 Ia 184f. E.2c/bb.

b) Den typischen Fall eines *Ermittlungsüberschusses* bildet die *Einstellung sachfremder Belange,* etwa von Interessen der subjektiven Annehmlichkeit in das Verfahren gemäß Art. 24 RPG[80] oder der örtlichen Lage gemeindeeigener Grundstücke in das Verfahren der Zonenplanrevision[81]; und allgemein von Belangen, die nach dem *Sinn der ermessengewährenden Norm* in der Entscheidung nichts zu suchen haben.

C. Fehlbewertung

442. Ein Entscheid ist fehlerhaft, wenn die Behörde die abzuwägenden Belange in einer Weise bewertet, die *der Wünschbarkeit ihrer Folgen widerspricht,* und sie deswegen die Bedeutung der Belange verkennt *(Fehlbewertung)*[82].

a) Fehlbewertung ist ohne weiteres anzunehmen, wo die *Wertwahl nicht begründet,* insbesondere keine Folgendiskussion geführt wird[83].

b) Fehlbewertung liegt ferner vor, wenn als Hilfsgröße der Bewertung *nicht die einschlägigen* (normativen oder faktischen) *Wertungsgesichtspunkte* herangezogen werden[84]. So kommt den Wirtschaftsinteressen an der Ausbeutung einer Lehmgrube nicht deshalb hoher Wert zu, weil der Betrieb Arbeitsplätze sichert; entscheidend ist vielmehr, ob die Sicherung gerade dieses Wirtschaftszweiges auf längere Sicht mit den raumordnungspolitischen Entwicklungsvorstellungen des Gemeinwesens übereinstimmt[85]. Und für die Bestrebungen einer Gemeinde, auf entschädigungspflichtige Rückzonungen um der Geldersparnis willen zu verzichten, zählt der Ehrgeiz des Kassiers nach ausgeglichener Rechnung nichts: maßgebend ist einzig, ob wegen der Zahlung geradezu das finanzielle Überleben der Gemeinde in Frage gestellt wäre[86].

c) Fehlbewertung tritt schließlich ein, wenn einem Interesse *nicht jenes Gewicht beigelegt* wird, das ihm mit Blick auf die einschlägigen Gesichtspunkte *vertretbarerweise* beigelegt werden darf[87]. Es geht namentlich nicht an, die vom Gemeinwesen vorgebrachten Belange – die ‹öffentlichen› Interessen – unbesehen höher zu be-

---

[80] BGE 108 Ib 362 E. 4a; 102 Ib 79 E. 4b.
[81] BGE 107 Ib 339f. E. 4.
[82] «Abwägungsfehleinschätzung»: WERNER ERNST/WERNER HOPPE, Raumplanungsrecht, N. 292; KONRAD GELZER, Bauplanungsrecht, N. 45. Vgl. BGE 109 Ib 23 E. 7.
[83] Vgl. als Beispiele einläßlicher Folgendiskussion BGE 100 Ib 412ff. E. 4 (über die Auswirkungen einer Verkabelung elektrischer Überlandleitungen; dazu auch 99 Ib 78ff. E. 3–7); 108 Ib 368ff. E. 6b (über folgenbestimmte Standortwahl einer Lehmgrube); 109 Ib 219ff. E. 6 (über die Tragweite eines Kraftwerkausbaus).
[84] Ähnlich formuliert das Bundesgericht zu Art. 4 BV: «Im Bereich grundrechtsbeschränkender Maßnahmen ... prüft das Bundesgericht frei, ob die kantonale Instanz die *richtigen Bezugspunkte* für die Beurteilung der Gleichheit oder Ungleichheit der Verhältnisse gewählt habe.» (BGE 106 Ia 275 E. 5b).
[85] BGE 108 Ib 369 E. 6b/aa.
[86] BGE 107 Ia 244f. E. 3c, 4. Gefährlich aufweichend nun BGE 111 Ia 20ff. E. 2c, d.
[87] Vgl. BGE 109 Ib 223 E. 7.

werten als die gegenläufigen privaten Interessen[88] (IV) oder die Anliegen des Bundes jenen der Kantone «vermutungsweise» vorzuziehen (§ 3/V/B).

D. Abwägungsmißverhältnis

443. Ein Entscheid ist schließlich fehlerhaft, wenn er die abzuwägenden Interessen in einer Weise ausgleicht, die *zu ihrer (zutreffenden) Bewertung außer Verhältnis* steht *(Abwägungsmißverhältnis)*[89].

444. Die Abwägung im engeren Sinne führt, wie erwähnt, an einen Punkt heran, von dem aus nur noch unvermittelte, «elementare»[90] Entschließung zum Entscheid führt. Abwägungsmißverhältnis bezeichnet deshalb auch keinen weiteren Fehler des Abwägungs*vorgangs,* sondern meint eine letzte Kontrolle dessen, was herausschaut: eine Kritik des Abwägungs*ergebnisses.* Hier vor allem hat gerichtliche Zurückhaltung ihren Sinn: aus Achtung vor der Selbstverantwortung der Planungsträger[91] (Art. 2 Abs. 3 RPG, Gemeindeautonomie!), aber auch aus funktionalen Gründen: wo der objektiv nicht nachvollziehbare Willensakt, wo wirkliches Ermessen beginnt, dort endet die Macht des Gerichts; zu prüfen bleibt allein die *Verhältnismäßigkeit* des Entscheids[92]. Ob damit nicht wieder jener dürftige Stand erreicht ist, den man überwunden wähnte: die nur formale Kontrolle der Ermessenswaltung? Für diesen letzten Schritt der Abwägung: ja – aber nur noch für diesen Schritt. Im übrigen jedoch erschließt gegliedertes Abwägen neue Ansätze gerichtlicher Kontrolle – nämlich bei Zusammenstellung und Bewertung des Abwägungsmaterials –, und schränkt das Feld elementarer Entschließung entsprechend ein: insgesamt kein unerheblicher Zuwachs an Justitiabilität. Besten Beweis dafür bietet die Rechtsprechung zu den Planungsgrundsätzen des Raumplanungsgesetzes[93] (Art. 3 RPG).

---

[88] Vgl. BGE 109 Ia 114f. E.3; 107 Ib 336ff. E.2c, 3; GEORG MÜLLER, Interessenabwägung, ZBl 1972, 350, 342.
[89] «Abwägungsdisproportionalität»: WERNER ERNST/WERNER HOPPE, Raumplanungsrecht, N. 292.
[90] BVerwGE 34, 301 (309).
[91] Vgl. Anm. 65f. Solche Achtung ist selbst dort geboten, wo die *Angemessenheit* eines Plans überprüft wird (vor allem im Genehmigungsverfahren gemäß Art. 26 RPG): vgl. BGE 106 Ia 71f. E.2a; 104 Ia 139 E.3d; ZBl 1983 317f. E.3c; 1982 353f. E.3c.
[92] Vgl. LEO SCHÜRMANN, Bau- und Planungsrecht, 120; WERNER ERNST/WERNER HOPPE, Raumplanungsrecht, N. 287.
[93] Vgl. dazu HEINZ AEMISEGGER, Planungsgrundsätze, 89f.; LEO SCHÜRMANN, Bau- und Planungsrecht, 119f.

E. Fehlerfolge

445. Mängel der Abwägung sind *«Mängel unmittelbar des Norminhalts»*[94]: fehlerhafte Verwaltungsakte sind nach üblichen Regeln anfechtbar, ausnahmsweise (wegen Kompetenzwidrigkeit oder schwerer Sachmängel) nichtig[95]; fehlerhafte Rechtssätze stets nichtig[96].

IV. Insbesondere: Die Interessenabwägung und das öffentliche Interesse

446. Kaum eine Abwägung, die nicht «öffentliche» Interessen ins Spiel brächte (A, Nrn. 447 f.) – die Frage ist nur: was ist damit in der Sache gemeint? Oder eher: Kann überhaupt ‹etwas› gemeint sein, das dieses Gütezeichen von Haus aus verdiente (B, Nrn. 449 ff.)? Ein prüfender Blick auf jene Gehalte, mit denen im Zuge staatlicher Aufgabenwaltung das öffentliche Interesse angefüllt wird, ernüchtert (C, Nrn. 454 ff.); führt zum Verzicht auf den Begriff (D, Nrn. 463 ff.).

A. Das öffentliche Interesse als Rechtsbegriff

447. Das Wort von der «osmotischen Gesellschaft»[97] ist Gemeinplatz: Die Räume selbstverantwortlichen Handelns haben sich verengt, staatliche Sorge für privates Wohl, privates Handeln ‹für› die Öffentlichkeit sich vervielfacht. Man erlasse mir Gründe und Belege solcher Entwicklung, sie sind im Alltag zu greifen. Entstanden ist das Bild von der «Verflechtung» öffentlicher und privater Belange[98]: Staat und Gesellschaft bleiben wohl unterscheidbar, die Zweiheit der ‹Sphären› aber, gemeinhin dem liberalen Staatsdenken unterstellt, scheint heute verblaßt, der Ruf nach «weniger Staat» nur noch Zeugnis verklärender Rückwärtsschau.

---

[94] BVerwGE 56, 283 (288). Vgl. auch BGE 109 Ib 223 E. 7.
[95] MAX IMBODEN/RENÉ RHINOW, Verwaltungsrechtsprechung, Nr. 40 B I–VI.
[96] YVO HANGARTNER, Staatsrecht, I 197; MAX IMBODEN/RENÉ RHINOW, Verwaltungsrechtsprechung, Nr. 40 B I. Kritisch zu dieser Unterscheidung FRIDOLIN SCHIESSER, Die akzessorische Prüfung, Zürich 1984, 130 ff.
[97] Vgl. vor allem ERNST WOLFGANG BÖCKENFÖRDE, Die verfassungstheoretische Unterscheidung von Staat und Gesellschaft als Bedingung der individuellen Freiheit, Opladen 1973; und ERNST FORSTHOFF, Der Staat der Industriegesellschaft, München 1971, 21 ff.
[98] Vgl. FRITZ OSSENBÜHL, Verwaltungsaufgaben, VVDStRL 29 144; PETER SALADIN, Unternehmen und Unternehmer in der verfassungsrechtlichen Ordnung der Wirtschaft, VVDStRL 35 7, 28 ff.; REINHOLD ZIPPELIUS, Staatslehre, § 35 I; und viele andere.

448. Dennoch führt das öffentliche Interesse als *Rechtsbegriff* ein zähes Leben. Die Rechtsprechung will sich von ihm nicht trennen[99], der Gesetzgeber rechnet unverdrossen mit dem Terminus[100], und auch die Verfassung hält sich nicht zurück.

Ihre Sprache allerdings *verwirrt*. Dem Leser der Verfassung präsentieren sich: gemeinsame Wohlfahrt (Art. 2), Wohlfahrt des Volkes (Art. 31bis Abs. 1), öffentliches Wohl (Art. 32^{quater} Abs. 1, 35 Abs. 3) und Gemeinwohl (Art. 31ter Abs. 1); ferner öffentliche Interessen (Art. 22ter Abs. 2), allgemeine Interessen (Art. 31bis Abs. 2), Gesamtinteressen (Art. 31bis Abs. 3) und, als wäre damit nicht genug, Gesamtinteressen des Landes (Art. 39 Abs. 3). Verhältnismäßig geschlossen dagegen die ‹polizeiliche› Gruppe: hier erscheinen öffentliche Gefahr (Art. 32ter Abs. 3), öffentliche Ordnung (Art. 50 Abs. 1), polizeiliche Gründe (Art. 54 Abs. 2), Sicherheit, Ruhe und Ordnung (Art. 102 Ziff. 10).

Das öffentliche Interesse, das ist einfach festzustellen, bleibt «fester und unverzichtbarer Bestandteil der öffentlichen Rechtsordnung»[101] – ein doch verblüffender Befund, denkt man an die Absagen, die die Interessentheorie als Kriterium des öffentlichen Rechts überall einfängt: dafür gilt das öffentliche Interesse als schlechthin unbrauchbare Größe[102]. Dennoch soll der Begriff vorerst hingenommen werden. Die Frage ist dann, ob das öffentliche Interesse bestimmte Sachanliegen vertrete, ob es, anders gesagt, Inhaltsbegriff sei.

B. Das öffentliche Interesse als Inhaltsbegriff?

449. Interessen, auch öffentliche, beschreiben die Anteilnahme eines Subjektes an einem Gegenstand[103]. Der Begriff will einen Interessen*gegenstand* und einen Interessen*träger* mit dem Vermögen, dem ins Auge gefaßten Gegenstand einen Wert beizulegen; allenfalls, sollte man es mit einem altruistischen Interessenträger zu tun haben, einen *Begünstig-*

---

[99] Weder bei grundrechtlichen (statt vieler: BGE 108 Ia 146 ff. E. 5 c/bb) noch bei verwaltungsrechtlichen Interessenabwägungen (statt vieler: BGE 109 Ib 220 ff. E. 6 c).
[100] Vgl. Art. 10 Abs. 3 LVG oder Art. 4 Abs. 1 Bst. a und Abs. 2 Bst. b der Vernehmlassungsvorlage 1981 für ein Subventionsgesetz; ferner etwa Art. 51 BauG FR (Zonen von «allgemeinem» Interesse) und § 22 BauG ZG (Zonen des «öffentlichen» Interesses).
[101] PETER HÄBERLE, Öffentliches Interesse, 204.
[102] Kritisch etwa FELIX BERNET, Öffentliches Interesse, SJZ 1976 218 Sp. 2; WALTHER BURCKHARDT, Organisation, 34 f.; RAYMOND DIDISHEIM, Droit civil, 35; FRITZ GYGI, Rechtsetzungszuständigkeit, ZSR 1976 I 346 f.; HANS HUBER, Art. 6 ZGB, N. 121; und viele andere. Zurückhaltend auch BGE 109 Ib 149 f. E. 2.
[103] HANS JULIUS WOLFF/OTTO BACHOF, Verwaltungsrecht, § 29 I/a. Ebenso WOLFGANG MARTENS, Öffentlich als Rechtsbegriff, 173; JEAN-PIERRE BLANC, Öffentliches Interesse, 84 f.

ten. Soviel ist sprachlich vorgegeben, soweit herrscht auch juristisch Eintracht. Der Sinn des ‹Öffentlichen› hingegen, sowohl für den Gegenstand als auch für den Träger des Interesses, liegt durchwegs im Streit.

B.1 Interessengegenstand: Das ‹Öffentliche›?

450. Nur eine untere Grenze ist gewiß: Das öffentliche Interesse umfaßt mehr als bloße Polizeigüter, wahrt *mehr als öffentliche Ordnung*[104]. Im übrigen bleibt ein Katalog des Öffentlichen unauffindbar.

a) Nur vereinzelt und eher im älteren Schrifttum wird vertreten, öffentliche Interessen müßten sich durch *besondere Werthaftigkeit* auszeichnen: hätten die «Befriedigung elementarer und idealer Wertbedürfnisse» sicherzustellen[105], eine hinreichend enge Verbindung zur «Gerechtigkeit» zu wahren[106].

b) Die überwiegende Lehre ortet hinter dem öffentlichen Interesse mit Recht *politische Fragen,* deren Beantwortung nicht das Geschäft des Verfassungsrichters, sondern nur des die Verfassung verwirklichenden Gesetzgebers sein könne[107]. Öffentlichen Interesses sei, was der Verfassunggeber dem Staate zur Aufgabe mache und der Gesetzgeber in diesen Bereichen für richtig halte: so wären *öffentliches Interesse und Staatsaufgabe verbundene Begriffe.*

Solche Verbindung würde zwei Abgrenzungen ermöglichen: *Gemeinnutz –* utilité publique – wäre Zeichen nur solcher Tätigkeiten, die in Erfüllung sozial-gesellschaftlicher (nicht staatlicher!) Aufgaben von Privaten ohne Gewinnstreben besorgt werden[108]; und *allgemeine Interessen –* intérêts généraux – würden den außerrechtlichen «but moralo-philosophique de l'Etat»[109] benennen.

c) Auch *vermittelnde Positionen* werden eingenommen, etwa so: Versage die Verfassung als Leitlinie des öffentlichen Interesses, bleibe nur «der Rekurs auf elementare Gerechtigkeitsvorstellungen als Ausdruck eines kulturepochalen Naturrechts», und solche Vorstellungen heranzubilden sei nicht Alleinrecht des Gesetzgebers[110].

---

[104] Jean-François Aubert, Traité, II Nr. 2183; André Grisel, Droit administratif, 340, 599; Max Imboden/René Rhinow, Verwaltungsrechtsprechung, Nr. 57 B/II/a, Nr. 131 B/I; Blaise Knapp, Intérêt, 153.
[105] Jean-Pierre Blanc, Öffentliches Interesse, 93, auf Hans Nef, Wertordnung, 200 ff., abhebend.
[106] Hans Huber, Gemeinwohl, ZSR 1965 I 59.
[107] Vgl. Peter Saladin, Grundrechte, 352 ff., 398; Jean-François Aubert, Traité, II Nr. 2183; Alfred Kölz, Vertretung des öffentlichen Interesses, ZBl 1985 53 f.
[108] Max Imboden/René Rhinow, Verwaltungsrechtsprechung, Nr. 57 B/II/c; Blaise Knapp, Intérêt, 143 f., 151.
[109] Blaise Knapp, Intérêt, 152 f.; ähnlich Robert Piaget, Droit public et droit privé, RDAF 1948 1 ff., 5.
[110] Jörg Paul Müller, Elemente, 128.

B.2 Interessenträger: Die ‹Öffentlichkeit›?

451. Auch vor dem *Träger* öffentlicher Interessen hängen dicke Wolken.

a) Schon *quantitativ* läßt sich die Frage nicht beantworten. Eine «unbestimmte Personenmehrheit», und eine «größtmögliche» dazu?[111] Die «Mehrheit» schlechthin?[112] Oder reicht «un grand nombre d'administrés»[113]? Die Antwort ist Glaubenssache[114]; besser, man spricht von *unbestimmtem und unbestimmbarem Publikum*[115]. Damit wird wenigstens der Irrtum vermieden, öffentliche Interessen erschöpften sich in demokratischen Mehrheitsinteressen, wie übrigens auch die kurzschlüssige Gleichsetzung öffentlicher mit Interessen des Staates[116].

b) Die *Qualität* des Publikums liegt zunächst im Negativen: Es muß *zugängliches, offenes* – eben: öffentliches – Publikum, darf nicht geschlossene gesellschaftliche Gruppe sein: nicht Familie, nicht Verein[117]. Aber soziale Klassen und Berufsstände? Überwiegend wird ihnen die Weihe des Öffentlichen verweigert[118]; teils – mir scheint: zu Recht – zugestanden[119]: Anders urteilen hieße soziale Klassen (und zwar, kein Zufall, die benachteiligten) ins Abseits des für das ‹Staatsganze› Unerheblichen drängen, hieße von Staates wegen Klassenkampf führen – kaum hinzunehmen von einem sozialen Rechtsstaat, mit der Wohlfahrtsklausel (Art. 2 BV) nicht zu vereinbaren (Nr. 90).

---

[111] JEAN-PIERRE BLANC, Öffentliches Interesse, 86 f.
[112] Vgl. ERWIN RUCK, Schweizerisches Verwaltungsrecht I, 3. A., Zürich 1951, 200 f.
[113] ANDRÉ GRISEL, Droit administratif, 339.
[114] Kritisch zur quantitativen Frage WALTER LEISNER, Privatinteressen, DöV 1970 222 Sp. 2 f.
[115] WOLFGANG MARTENS, Öffentlich als Rechtsbegriff, 177; vgl. auch HANS JULIUS WOLFF/OTTO BACHOF, Verwaltungsrecht, § 29 III/b/1.
[116] So betont PETER HÄBERLE eindringlich die «Entstaatlichung» des öffentlichen Interesses (Öffentliches Interesse, 208 ff.); vgl. auch HANS HUBER, Gemeinwohl, ZSR 1965 I 63.
[117] WOLFGANG MARTENS, Öffentlich als Rechtsbegriff, 178.
[118] JEAN-PIERRE BLANC, Öffentliches Interesse, 89.
[119] Vor allem durch das Bundesgericht: Die gesamte Rechtsprechung zu den (früheren) kantonalen *Feriengesetzen* anerkennt Klasseninteressen als öffentliche Interessen (vgl. zuletzt BGE 87 I 188 f. E. 1; 85 II 376 f. E. 2, 3). Aus neuerer Zeit wären vor allem das öffentliche Interesse an der *Bekämpfung von Wohnungsnot* zu nennen (statt vieler: BGE 103 Ia 420 f. E. 4 a; 102 Ia 376 E. 4) und auch die Entscheide zur Ordnung der *Ladenschlußzeiten* nach Inkrafttreten des Arbeitsgesetzes (vgl. etwa BGE 101 Ia 486 E. 7). Über die ‹Öffentlichkeit› sozialpolitischer Interessen besonders FRITZ GYGI, Wirtschaftsverfassung, 135 ff.

452. Unterstellt endlich, über die Öffentlichkeit als Interessenträger herrsche Klarheit: Blieben öffentliche Interessen die Interessen von versammelten Einzelpersonen, oder würden sie zum Interesse der Körperschaft selbst? Gewiß: Die *Interessefähigkeit menschlicher Verbände* gilt so gut wie die Lehre von der «realen Verbandspersönlichkeit»[120] als reine Mystik; öffentliche Interessen sollen personbezogene und persongetragene Belange bleiben, auch wenn sie (sprachlich) als Interessen *des* Verbandes, *des* Staates ausgegeben werden[121]. Aber ist damit fester Boden gewonnen? Um praxistüchtig zu sein, muß sich das öffentliche Interesse durch Parlament und Behörde vertreten lassen; und dieses vorgebrachte öffentliche Interesse kann weder die Interessen jedes einzelnen Publikumsmitglieds abdecken noch darf es sich im Eigeninteresse des Interessenwalters erschöpfen: vielmehr erscheint es als jenes Interesse, das der Repräsentant als wohlverstandenes Anliegen seiner Klientel halten darf. Solche Wechselwirkung wird überall anerkannt[122]: zu bescheiden deshalb, wenn sich das Interesse ‹des› Verbands bloß als denkökonomische «Abbreviatur zur Kennzeichnung dieses verwickelten Sachverhalts»[123] wähnt.

Das Bundesgericht, gewiß kein Tempel der Mystik, hat die *Eigenständigkeit repräsentierter Interessen* mit seiner Praxis zur Verbandsbeschwerde längst anerkannt. Die verwaltungsgerichtliche wie die staatsrechtliche Rechtsprechung[124] verlangen fürs Eintreten den Nachweis von Interessen, deren Wahrung (dem Verband) «nach seinen Statuten aufgetragen» ist, «die der Mehrheit oder doch einer großen Anzahl seiner Mitglieder gemeinsam sind und zu deren Geltendmachung durch Beschwerde jedes dieser Mitglieder befugt wäre»[125]. *Schon dann* gilt das Beschwerderecht: das ist bemerkenswert, weil solche Lage weder den (herkömmlich betrachtet) ‹eigenen› Interessen des Verbandes als juristischer Person noch allen seinen Mitgliedern zugerechnet werden kann. Die stets vorgebrachte Prozeßökonomie – das Gericht hätte sonst mit einer «Vielzahl von Beschwerdeführern» zu kämpfen[126] – trifft den Kern

---

[120] OTTO GIERKE, Die Grundbegriffe des Staatsrechts und die neuesten Staatsrechtstheorien, Tübingen 1915, 93 f., 98. Ablehnend statt vieler HERMANN HELLER, Staatslehre, 112 ff.; und HERBERT KRÜGER, Staatslehre, 147 ff., 212 f.
[121] WOLFGANG MARTENS, Öffentlich als Rechtsbegriff, 182 mit Hinweisen; vgl. auch HANS HUBER, Gemeinwohl, ZSR 1965 I 58.
[122] Vgl. HANS JULIUS WOLFF/OTTO BACHOF, Verwaltungsrecht, § 29 II/b («... diese (Einzelinteressen) faktisch oder ideal integrieren ...»); vergleichbar HANS HUBER, Gemeinwohl, ZSR 1965 I 57 f.; WOLFGANG MARTENS, Öffentlich als Rechtsbegriff, 182.
[123] WOLFGANG MARTENS, Öffentlich als Rechtsbegriff, 182.
[124] Zu dieser Übereinstimmung BGE 100 Ib 336 E. 2 a.
[125] BGE 104 Ib 384 E. 3 b; ebenso 107 Ia 340 f. E. 1. Etwas enger – «Gesamtheit oder doch (die) Mehrheit seiner Mitglieder» – noch BGE 101 Ib 110 f. E. 2 a; 100 Ib 336 E. 2 a.
[126] FRITZ GYGI, Bundesverwaltungsrechtspflege, 160; ähnlich HANS MARTI, Staatsrechtliche Beschwerde, Nr. 111.

nicht. Kern ist, daß der Verband *Interessen nicht sammelt, sondern formend repräsentiert;* nicht Instruktionen seiner Mitglieder, sondern seiner Statuten befolgt. Kein Prozeßmandat wird verlangt[127], auch nicht der Beweis, eine «beträchtliche Anzahl» der Mitglieder wünsche die Beschwerde: das Gericht nimmt den Verband als wirklich handelnden Interessenwalter eines Zweckpublikums, ohne auf die tatsächliche Interessenlage der Publikumspersonen zu achten.

B.3 Fazit

453. Schon dieser kurze Blick auf den Stand der Diskussion zeigt: Große Stücke lassen sich auf die materielle Leitkraft des öffentlichen Interesses nicht halten. Die Suche nach seinem Gehalt sei hier abgebrochen und der Blick aufs Grundsätzliche gerichtet: auf die stets mitgedachte Verbindung von öffentlichem Interesse und staatlicher Aufgabenbesorgung. Sollte diese Verbindung so ausschließlich nicht sein; sollte der Staat im Gegenteil auch oder mitunter gar nur für Private tätig werden: dann wäre jede weitere Suche nach dem Sachgehalt des öffentlichen Interesses ohne Witz.

C. Das ‹Öffentliche› als Leitmotiv staatlicher Aufgabenwaltung?

454. Im öffentlichen Recht, dem zweckgebundenen «Sonderrecht des Staates»[128], sollen sich öffentliche Interessen erfüllen: darin liegt, überall hervorgehoben, das Handlungsrecht des Gemeinwesens[129]. Das öffentliche Interesse ist Leitmotiv staatlicher Aufgabenwaltung, ihr stets vorausgetragener Zweck; kurz: staatliches Handeln unterliegt *öffentlicher Widmung.*

455. Man braucht nicht die Privatwirtschaftsverwaltung zu bemühen, um der sprichwörtlichen Öffentlichkeit staatlicher Aufgabenbesorgung kräftige Stöße zu versetzen. Schon für ‹echte› Staatstätigkeit – amtliches Handeln durch staatliche Organe, und in den hoheitlichen Formen des Verwaltungsrechts – ist der Satz fragwürdig; fragwürdig, weil er von Prämissen ausgeht, die sich nicht hinreichend belegen lassen. Erstens

---

[127] HANS MARTI, Staatsrechtliche Beschwerde, Nr. 116.
[128] PIERRE MOOR, Le droit administratif et la distinction entre droit public et droit privé, in: Mélanges HENRI ZWAHLEN, Lausanne 1977, 145, 161 f.; CHRISTIAN PESTALOZZA, Kollisionsrechtliche Aspekte, DöV 1974 188, 190; HANS JULIUS WOLFF/OTTO BACHOF, Verwaltungsrecht, § 22 II/c.
[129] Statt vieler HERBERT KRÜGER, Staatslehre, 763.

unterstellt er, daß öffentliche Interessen sich zu einem widerspruchsfreien Ganzen fügen lassen und als ‹Block› den privaten Anliegen entgegentreten (C.1, Nrn. 456 ff.); und zweitens nimmt er als selbstverständlich an, Einrichtungen des öffentlichen Rechts seien auf öffentlichen Nutzen festgelegt (C.2, Nrn. 460 ff.).

C.1 Grundrechtsbeschränkungen: Eintracht öffentlicher Interessen?

456. Je breiter das öffentliche Interesse als Leitmotiv beansprucht wird, desto weniger läßt es sich als Wirkungsfluß einheitlicher Richtung auffassen; und je mehr Anliegen zu öffentlichen erklärt werden, desto weniger können sie dem Staat allein zugerechnet werden.

457. Besonders deutlich zeigt sich die ‹Ausfransung› des Öffentlichen in der Rechtsprechung des Bundesgericht zu den *Voraussetzungen von Grundrechtsbeschränkungen*.

a) Um Grundrechte zu begrenzen, verlangt das Bundesgericht neben gesetzlicher Grundlage und verhältnismäßigem Vorgehen seit je und bis in letzte Zeit unangefochten[130], daß sich die staatliche Vorkehr durch überwiegende öffentliche Interessen auszeichne[131]. Stets sah es sich von der Frage bedrängt, welche Eingriffsinteressen als öffentlich anerkannt, welche als unwürdig ausgeschieden werden sollten. Der Kreis der öffentlichen Belange bevölkerte sich – vielfach kritisiert[132] – zusehends: zunächst unter dem Mantel des mißhandelten Polizeibegriffs[133], nach dem Entscheid Grießen[134] unverhüllt als Sammlung besonderer Sachanliegen. Heute will das öffentliche Interesse, jedenfalls im Bereich der wirtschaftlichen Grundrechte, konturlos erscheinen: «kaum mehr verbindlich feststellbar»[135], sich ausweitend «comme une routine»[136].

---

[130] Vgl. aber JÖRG PAUL MÜLLER, Elemente, 129 f.
[131] In diesem Sinne schon BGE 10, 241 f. E. 4, 5. Zuletzt etwa BGE 109 Ia 267 ff. E. 4 (für die Wirtschaftsfreiheit) und 269 ff. E. 5 (für die Eigentumsgarantie).
[132] Etwa von HANS HUBER, Gemeinwohl, ZSR 1965 I 47, 58 f.; JEAN-PIERRE BLANC, Öffentliches Interesse, 89 f., 93. Distanziert auch JEAN-FRANÇOIS AUBERT, Traité, II Nr. 2185, III Nrn. 2184 f.; GEORG MÜLLER, Privateigentum, ZSR 1981 II 59 f.
[133] JÖRG PAUL MÜLLER, Elemente, 125 f.; ANDREAS JOST, Polizeibegriff, 113 f.
[134] BGE 97 I 499, 506 E. 4c.
[135] JÖRG PAUL MÜLLER, Elemente, 125; vgl. auch GEORG MÜLLER, Privateigentum, ZSR 1981 II 59 f.
[136] JEAN-FRANÇOIS AUBERT, Traité, III Nrn. 2184 f.

b) Gewiß hat sich der Gehalt des Öffentlichen erweitert; aber «comme une routine»? Seit einiger Zeit beginnt das Gericht (ohne freilich den eingefahrenen Begriff fallen zu lassen), die öffentlichen Eingriffsinteressen ausdrücklich an *Aufgabennormen der Verfassung* festzumachen und ihren Verfassungsrang damit *formell* zu belegen.

Mieterschutzbestimmungen und Abbruchverbote liegen im öffentlichen Interesse nicht nur, weil Wohnraum ein «besoin essentiel de l'homme» ist, sondern wesentlich auch deshalb, weil Wohnbauförderung und Mieterschutz zur staatlichen Aufgabe erhoben sind [137]. Und raumplanerische Eigentumsbeschränkungen beziehen ihr öffentliches Interesse zuerst daraus, daß eine Reihe raumwirksamer Aufgaben – Raumplanung selbst, Walderhaltung, Gewässerschutz und Verwandtes – Verfassungsrang erhalten haben [138].

458. Erste *Wandlungen des Wortgebrauchs* sind nicht ausgeblieben. In neuesten Entscheiden liest man, Maßnahmen der Raumplanung hätten auf «umfassender Interessenabwägung» zu beruhen [139], oder auch: ob Vertrauen in behördliche Zusagen zu schützen sei, richte sich nach den «in Frage stehenden Rechten und Interessen im Einzelfall» [140]. Von «öffentlichen» und «privaten» Belangen ist nicht die Rede. Nur Zufall? Eher sprachliche Quittung dafür, daß sich die klassische Front – öffentlich gegen privat – nicht aufbauen ließ.

Im einen Falle wurde gegen eine Planungszone ins Feld geführt, sie widerspreche wirtschafts- und wohlfahrtspolitischen Anliegen der Verfassung (weil sie die Erstellung neuer Wohnungen unterbinde): ein öffentliches Anliegen, von dem sich der Beschwerdeführer privaten Nutzen erhoffte und den das Gericht ihm nur abschlug, weil das «Allgemeininteresse an der Planungszone» von den «entgegenstehenden öffentlichen Interessen» nicht aufgewogen wurde [141]. So spielte der Private zum eigenen Schutz öffentliche Interessen gegeneinander aus; entsprechend verblieb die grundrechtlich gebotene Interessenabwägung ganz in der ‹Sphäre› des Öffentlichen. Ähnlich ein zweites Urteil: Der Anspruch eines Bauherrn, im Einklang mit einer eingelebten, aber reglementswidrigen Praxis ein drittes Stockwerk (statt der zulässigen zwei) bewilligt zu erhalten, wäre dank Art. 4 BV geschützt worden (Gleichbehandlung im Unrecht! [142]), hätte sich nicht ein Dritter in seinem privaten Interesse auf den Grundsatz gesetzmäßigen Verwaltungshandelns berufen, um die Einhaltung dieser nachbarschützenden Bauvorschrift zu erwirken [143]. Am Ende muß der Ent-

---

[137] Art. 34 sexies, 34 septies BV; BGE 99 Ia 39 f. E. 3 b; 98 Ia 498 E. 4 b.
[138] Art. 22 quater, 24, 24 bis Abs. 2 Bst. a, 24 sexies, 24 septies BV; BGE 105 Ia 336 E. 3 c; 102 Ia 115 f. E. 5 a; 99 Ia 615 ff. E. 4.
[139] BGE 3.11.1982 *GABA AG*, 23 E. 6 c/bb.
[140] BGE 108 Ia 214 E. 4 a.
[141] BGE 3.11.1982 *GABA AG*, 23 E. 6 c/bb. Vgl. auch BGE 110 Ib 34 E. 4.
[142] BGE 104 Ib 372 f. E. 5; 103 Ia 244 f. E. 3 a; 99 Ib 383 f. E. 5 b.
[143] BGE 108 Ia 214 f. E. 4 a, b.

scheid unter privaten Belangen wählen, von denen sich keiner mehr als öffentliches Eingriffsinteresse begreifen läßt.

459. So offenbart die Praxis *Umwertungen,* die es nur noch auszusprechen gilt:

a) *Erstens:* Mit der Verknüpfung von Eingriffsinteresse und sachhaltiger Verfassungsnorm (meist einer Staatsaufgabe) ist die Freiheit, Beliebiges als «öffentlich» anzuerkennen, ebenso verloren wie der Einwand abgeschnitten, Eingriffsinteressen seien an sich konturlos: Das öffentliche Interesse findet als Verfassungsinteresse den *Weg zurück in das Recht*[144] und hat mit dem Numerus clausus der Verfassungsbelange (§ 7/II) sein Auskommen zu finden.

b) Die verfassungsrechtliche Anbindung des öffentlichen Interesses macht *zweitens* den Blick dafür frei, daß es nicht ‹als solches› besteht[145], vielmehr im Einzelfall erst zum hinreichenden Eingriffsinteresse heranwachsen muß: heranwachsen muß aus einander durchaus widersprechenden Gestaltungsinteressen der Verfassung, die auch nicht alle auf der ‹öffentlichen› Seite der Front zu liegen brauchen; mithin entstehen kann aus Koalitionen von ‹öffentlich› mit ‹privat› ins Feld geführten Anliegen und seinen Gegenspieler nicht immer nur im Lager des Bürgers zu suchen hat. Es ist nur folgerichtig, wenn die Praxis Grundrechtseingriffe zuweilen mithilfe privater Belange begründet und mißbilligt auch unter Berufung auf Interessen des Gemeinwesens.

Die Konsequenzen für das ‹Grundrechtsverständnis› liegen auf der Hand: Spätestens diese Interessenverwerfungen zwingen, Abschied zu nehmen vom Grundrecht als «Schutzwall um menschlichen Egoismus»[146]; zwingen, Freiheit gegenüber dem Nächsten und gegenüber dem Gemeinwesen zu verantworten, sie auch im Rechtssinne so – als *gebundene* Freiheit – zu ‹definieren›.

C.2 Polizeirecht und Baubewilligung: Öffentliche Widmung des Verwaltungsrechts?

460. Das Schillernd-Unscharfe des «Öffentlichen» entfremdet eine Reihe verwaltungsrechtlicher Einrichtungen ihrer hergebrachten Zwecke: Polizeirecht und Baubewilligung zum Beispiel.

---

[144] Vgl. Peter Häberle, Öffentliches Interesse, 217; Georg Müller, Privateigentum, ZSR 1981 II 61 ff.
[145] Vgl. Alfred Kölz, Vertretung des öffentlichen Interesses, ZBl 1985 55.
[146] Vgl. Peter Saladin, Verantwortung, 203 ff.

461. Die Polizei, heimgekehrt zu ‹klassischen› Polizeigütern[147], steht mit ihrer Aufgabe, «öffentliche Ordnung, Ruhe, Sicherheit, Gesundheit und Sittlichkeit sowie Treu und Glauben im Geschäftsverkehr»[148] zu gewährleisten, ausgeprägt in privaten Diensten. Zwar mag sich die *Gleichung von Polizeigut und öffentlichem Gut*[149] retten lassen, solange es gilt, Gefahren abzuwenden, vornehmlich «schwere, unmittelbar drohende und nicht anders abwendbare», mithin Gefahren, die die polizeiliche *Generalklausel* auf den Plan rufen[150]: nicht ohne Grund verlagert sich die Palette polizeilicher Güter in solchen Fällen auf Elementares[151]. Schief liegt die Gleichung aber im Bereich der präventiven *Spezialpolizei*: Handels-, Wirtschafts-, Lebensmittel-, Bau- und Arbeitsplatzvorschriften ordnen den Freiheitsgebrauch, schützen den Einzelnen (zum Teil vor sich selbst), nicht das Öffentliche[152]. Völlig aus den Fugen gerät das Prinzip vor dem (allgemeine wie Spezialpolizei beherrschenden) *Störerprinzip*[153].

Einerseits gilt als *Störer* der öffentlichen Ordnung (und damit als Adressat der ordnungwahrenden oder -wiederherstellenden Polizeiverfügung) nicht nur, wer unmittelbar ordnungswidrige Zustände schafft[154], sondern auch, wer als *«Mitstörer»* willentlich zu unmittelbaren Störungen Gelegenheit gibt[155]. Andererseits soll der *«Veranlasser»* von Störungen ungeschoren bleiben[156]: ungeschoren, wessen Verhalten mittelbar zu Störungen führt, die er aber (wie der Gastwirt eines Nachtlokals den

---

[147] BGE 97 I 506 E. 4c.
[148] Vgl. BGE 109 Ia 122 E. 4b; 106 Ia 269 E. 1; 104 Ia 475 E. 2. Kritisch zur schwankenden Terminologie etwa FRITZ GYGI, Polizeibegriff, 236 ff.; ANDREAS JOST, Polizeibegriff, 20 f.
[149] Der herrschenden Lehre gilt die «öffentliche Ordnung» als Kern des «öffentlichen Interesses»: vgl. JEAN-FRANÇOIS AUBERT, Traité, II Nr. 2183; BLAISE KNAPP, Grundlagen, Nr. 95; MAX IMBODEN/RENÉ RHINOW, Verwaltungsrechtsprechung, Nrn. 57 B/II/a und 131 B/I und andere.
[150] BGE 103 Ia 311 f. E. 3a; vgl. auch 108 Ia 303 f. E. 4.
[151] FRITZ GYGI, Polizeibegriff, 245 f.; ANDREAS JOST, Polizeibegriff, 90, 92, 120 f.
[152] So schützen Vorschriften der Handels- und Wirtschaftspolizei – um nur sie zu nennen – wesentlich vor ‹unnützem› Geldausgeben: Vgl. die Begründungen der Ausverkaufsordnung (SJZ 1968 239), des Bundesgesetzes über den Abzahlungsvertrag (BBl 1960 I 534) und des Gesetzentwurfs über den Konsumkredit (BBl 1978 II 487 ff.). – usf. Weitere Nachweise bei ANDREAS JOST, Polizeibegriff, 50 ff.
[153] JEAN-FRANÇOIS AUBERT, Traité, II, III Nrn. 1769 f.; ANDRÉ GRISEL, Droit administratif, 602 ff.; MAX IMBODEN/RENÉ RHINOW, Verwaltungsrechtsprechung, Nr. 135 B/I.
[154] BGE 102 Ib 207 f. E. 3; als *Verhaltensstörer* durch eigenes oder durch Verhalten ihm unterstehender Dritter; als *Zustandsstörer* durch Nichtbeherrschen der Gefahr, die von einem in seiner Gewalt stehenden Gegenstand ausgeht. Zu diesen Begriffen neuestens DANIEL THÜRER, Störerprinzip, ZSR 1983 I 472 ff., 479 ff.
[155] BGE 107 Ia 62 E. 5b; 103 Ia 314 E. 4; 99 Ia 511 E. 4b.
[156] MAX IMBODEN/RENÉ RHINOW, Verwaltungsrechtsprechung, Nr. 135 B/I/a.

angeheiterten Lärm seiner letzten Gäste¹⁵⁷, oder der rationalisierende Unternehmer die gewalttätigen Ausschreitungen brotloser Arbeiter¹⁵⁸) «nicht will», auch nicht «in Kauf nimmt». Wenn bedacht wird, daß Mitstörer und Veranlasser sich kaum auseinanderhalten lassen¹⁵⁹, so werden die ‹Wahlmöglichkeiten› deutlich, die sich der Polizei eröffnen: In ihrer Hand liegt es, Polizeigüter gefährdende Äußerungen Privater bald als ordnungswidrig zu untersagen («Mitstörung»!), bald als dafür nicht ursächlich («Veranlassung»!) im Ergebnis zu schützen – im Namen des öffentlichen Interesses¹⁶⁰ und beidemal unter Einsatz polizeilicher Mittel.

462. Ein ähnliches Bild zeigen die Institute der Bewilligung und mehr noch der Ausnahme. Auch hier sieht die Lehre nichts als öffentliche Interessen¹⁶¹, auch hier hat sich die Einrichtung von solcher Vereinnahmung längst entfernt, am weitesten im Planungsrecht.

a) Die *Baubewilligung* gibt nur noch zum geringsten Teil den einfachen Bescheid, daß dem Bauvorhaben öffentliches Recht «nicht entgegensteht»¹⁶². Vielmehr schafft sie – besonders bei großen Vorhaben – Gelegenheit, die Gestalt des beabsichtigten Werkes im Gefüge des Planungsrechts und seines weiten Ermessens ‹auszuhandeln›: auf Anliegen des Bauherrn, des Gemeinwesens, der Nachbarschaft und von Verbänden hin zu optimieren¹⁶³. So nimmt die Baubewilligung Züge des Vertrags an, gewinnt insofern *konstitutive Bedeutung*¹⁶⁴.

b) Die *Ausnahmebewilligung* hat ihre öffentliche Widmung schon mit der Lehre vom «Härtefall» verloren: was kann privatnütziger sein als Rücksicht auf Einzelnöte, auch wenn diese, wie es immer heißt, vom Gesetz «nicht gewollt»¹⁶⁵ sind? Es ist nur folgerichtig, daß neuere Ausnahmetatbestände von ‹öffentlichen› Voraussetzungen ablassen: Art. 24

---

[157] ZBl 1971 539 E. 3; 1968 314 E. 6. Vgl. aber BVR 1977 184 E. 6 b.
[158] BGE 63 I 222 E. 3.
[159] MAX IMBODEN/RENÉ RHINOW, Verwaltungsrechtsprechung, Nr. 135 B/I/a. Kritisch auch DANIEL THÜRER, Störerbegriff, ZSR 1983 I 478.
[160] WALTER LEISNER, Privatinteressen, DöV 1970 219 Sp. 2 f.
[161] Klassischer Rede folgend «stellt» die Bewilligung einzig «fest», daß der beabsichtigten Tätigkeit «keine öffentlichrechtlichen Hindernisse» entgegenstehen, das heißt: daß die zum Schutz der öffentlichen Ordnung erlassenen allgemeinen Verbote für den Einzelfall aufgehoben werden können: Vgl. BGE 103 Ib 208 f. E. 5 a; 100 Ib 303 E. 3; 94 I 344 E. 4 a.
[162] ALDO ZAUGG, Kommentar, Art. 1 N. 1; ERICH ZIMMERLIN, Kommentar, § 152 N. 5.
[163] Vgl. BLAISE KNAPP, Grundlagen, Nr. 539.
[164] Vgl. für die konstitutive Wirkung des Baubescheids KARL HEINRICH FRIAUF, «Latente Störung», Rechtswirkungen der Bauerlaubnis und vorbeugende Nachbarklage, DVBl 1971 713, 721 f.
[165] BGE 107 Ib 119 E. 2 b, Ia 216 E. 5; 99 Ia 137 f. E. 7 a.

Abs. 1 RPG verlangt für Ausnahmen außerhalb der Bauzonen (neben der Standortbedingtheit des Werks) nur noch, daß dem Dispens «keine überwiegenden Interessen» entgegenstehen; das können öffentliche so gut wie private sein [166].

D. Fazit: Das öffentliche Interesse als Aufgabe

463. Es zeigt sich: Das öffentliche Interesse verliert an eigenständiger Aussagekraft, und zwangsläufig gilt dasselbe von der privaten ‹Gegenseite›. Heute läßt sich vorsichtig nur feststellen: Es gibt von der Rechtsordnung anerkannte (oder mißbilligte) Interessen; Interessen einzelner, von Gruppen, von Körperschaften; verteilt und wahrgenommen nach den Gesetzlichkeiten des Einzelfalls.

464. In dem Maße, wie Sachanliegen sich weder nur dem öffentlichen noch nur dem privaten Bereich zuordnen lassen, wie die Belange des Staates selbst auseinandertreiben, in dem Maße verliert die bewertende Gegenüberstellung von öffentlicher und privater ‹Seite› in Abwägungen ihren Sinn. Höchstens lassen sich die Sachanliegen – je nach dem, *wer* sie vorbringt – als öffentlich oder privat *beanspruchte* Interessen bezeichnen, wenn man sich davon Ordnung verspricht. Stets aber ist zu trennen zwischen dem Anliegen und der Situation, in die hinein es berufen wird: das öffentliche Interesse ist *kein Inhaltsbegriff.*

465. Nicht zugleich entfällt die Aufgabe, die mitzulösen das öffentliche Interesse angetreten war: Staats- und Verwaltungsrecht auf Gemeinwohl zu verpflichten. Allerdings läßt sich solches Leitbild nicht mehr anhand bestimmter ‹Sachen› beschreiben: Was von öffentlichem Belang ist, kann sich erst in der zu lösenden konkreten Konfliktlage zeigen, unter wertender Abwägung der dafür erheblichen, mit Blick darauf ermittelten Interessen: das öffentliche Interesse ist *Aufgabe.*

466. Als *Rechtsbegriff* gehört das öffentliche Interesse *gemieden.*
a) Spricht positives Recht *nicht ausdrücklich* davon, soll der Ausdruck wegbleiben. Der Zwang zum Begriff ist nicht allzu groß: Die meisten Interessenabwägungen brauchen ihn, wenn sie ihre Rechtsgrund-

---

[166] EJPD/BRP, Erläuterungen RPG, Art. 24 N. 24.

lage besehen, nicht einzuführen. Das trifft besonders auf die Güterabwägungen bei Grundrechtseingriffen zu, abgesehen von Eigentums- und Wirtschaftsfreiheit (Art. 22ter Abs. 2, 31bis Abs. 2, 3 BV).

b) Wo positives Recht das öffentliche Interesse als Gesetzes- oder Verfassungsbegriff *ausdrücklich verwendet,* dort allerdings führt kein Weg am Wort vorbei. Freilich gilt dann erst recht, daß der Sinngehalt des Öffentlichen nicht überschätzt werden darf. Der Begriff verkörpert nicht zuerst bestimmte Sachanliegen (das Ressortziel etwa), sondern muß auch hier als Aufforderung gelesen werden, die Abwägung der einschlägigen Interessen in den Dienst des zu ermittelnden Gemeinwohls zu stellen.

§ 9 Fazit: Verfassungsinteressen und Interessenabwägung – die Zeit in der Staatsaufgabe

467. Man erinnert sich meiner Postulate: Abwägung als Mittel der Rechtserzeugung wurde vom Einverständnis des einschlägigen Rechts, namentlich vom Bestand einer Aufgabennorm abhängig gemacht (§ 6); Bausteine der Abwägung sollten allein die in der Rechtsordnung anerkannten Interessen bilden: Verfassungsinteressen vor allem (§ 7); und dem Vorgang der Abwägung endlich wurde eine gleichbleibende Denkweise zur Pflicht gemacht (§ 8). Das alles habe ich vorgetragen, um Abwägung als Kind des Rechts zu legitimieren – ich hoffe, das Unternehmen sei geglückt.

468. Den Eindruck von festgefügtem Stillstand, der sich mit rechtlicher Systematisierung stets verbindet, wollte ich freilich nicht erwecken: er wäre falsch. Das Gegenteil trifft zu: Aufgabenwaltung durch Abwägung bleibt, auch rechtlich verfaßt, dynamisch; ist stets in Bewegung, *stets unterwegs.*

a) Dynamisch sind schon die *Verfassungsinteressen,* das Abwägungsmaterial. Sie sind es einmal deshalb, weil der Kreis der Verfassungssätze selbst mit der Zeit ändert: durch Verfassunggebung, förmlich oder kraft gerichtlicher Anerkennung ungeschriebenen Verfassungsrechts. Bewegung schafft ferner die (mitunter verfassungswandelnde) Konkretisierung gegebener Verfassungssätze durch Gesetzgeber und Verfassungsrichter. So ist der Numerus clausus der Verfassungsinteressen (§ 7/II) ein Numerus clausus nur für den Augenblick: das Abwägungsmaterial stehe so zur Verfügung, wie die Verfassung es jeweilen anbietet; und ein Numerus clausus nur kraft Verfahren: neue Verfassungsinteressen zu erzeugen sei Obliegenheit allein der zu Verfassunggebung und -konkretisierung befugten Organe. Im übrigen bleibt ihr Kreis der Zukunft zugewendet, bleibt verfahrensrechtlich geordneter Entwicklung fähig und auch bedürftig.

b) Dynamisch ist ferner die *Interessenabwägung,* die formgebundene Zurichtung rechtlich anerkannter Belange. Es liegt auf der Hand, weshalb: Die Bewertung der Interessen (§ 8/II/B) hebt kraft Folgendiskussion auf die gesellschaftliche Wünschbarkeit der Wertaussage, die Abwägung im engeren Sinne (§ 8/II/C) kraft Abwägungsbeschluß auf den Willen der Behörden ab. Wünschbarkeit und Wille sind beides Größen der Geschichte, durch sie gebildet und zugleich sie bildend; führen beide die Interessenabwägung und das durch sie erzeugte Recht an die Kraft der Zeit heran.

c) Dynamisch ist endlich die *Staatsaufgabe* selbst, soweit Verfassungsinteressen und Interessenabwägung als aufgabenbestimmende Elemente ins Gewicht fallen, das heißt: soweit die Offenheit der Aufgabennorm reicht (§ 6/IV). Mit der Aufgabennorm bekräftigt das positive Recht seine Wandlungsbereitschaft: den Erzeugnissen der Aufgabenwaltung – generell-abstrakter Rechtssatz und individuell-konkreter Verwaltungsakt – kann nur einstweilige Richtigkeit zukommen, beschränkt auf Gegenwart und absehbare Zukunft.

469. Die Staatsaufgabe in Bewegung läßt den Aufgabenwalter nicht zur Ruhe kommen: *Sie bleibt Aufgabe.* Sie bleibt Aufgabe, weil die Verfassungs- und Abwägungslage stetig sich ändernd durch die Tür der Aufgabennorm ins Recht tritt und die Aufgabenwaltung mitzuprägen beansprucht, gegenläufigen Interessen der Rechtssicherheit zum Trotz. Das Recht zur Aufgabenbesorgung trägt die Pflicht zur Aufgabenpflege in sich: die Pflicht des Aufgabenwalters, seine Erzeugnisse vor der Zeit zu rechtfertigen, zu überprüfen, nachzuführen. So wie neue Staatsaufgaben aufgefordert sind, die Norminteressen des gegebenen Rechts mitzuwürdigen und sich dem überkommenen Aufgabenbestand einzufügen, so sieht sich der überkommene Aufgabenbestand gehälten, die Gestaltungsinteressen neuer Aufgaben wahrzunehmen und auf sie zuzugehen: So will es die ‹Einheit› der Verfassung.

Zweiter Teil
Verwaltungsrecht

470. Von den materiellen Möglichkeiten und Grenzen einheitlicher Aufgabenwaltung, dem materiellen Kollisionsrecht, war im ersten Teil die Rede; nachzuliefern sind jetzt Organisation und Verfahren der Abstimmung: das *formelle Kollisionsrecht* (§§ 10–18).

471. Anders als das materielle Kollisionsrecht hat der Gesetzgeber die ‹äußere› Seite der Abstimmung einläßlich geregelt: durch die Vorschriften über Richtplanung und Richtplan. So ist das formelle Kollisionsrecht wesentlich *Verwaltungsrecht*.

472. *Richtplanung und Richtplan* gehören im Überblick vorangestellt (§ 10). Der darauffolgende Abschnitt wendet sich den Wirkungen der Planungsergebnisse zu, beleuchtet die *Planbindung:* Hauptstütze koordinierter Aufgabenbesorgung (§§ 11–14). Mit der *Planfestsetzung,* dem formgebundenen Heranbilden der Planbindung, beschäftigt sich ein letzter Abschnitt (§§ 15–18).

Erster Abschnitt
Richtplanung und Richtplan

473. Raumplanung als *Querschnittaufgabe* hat, wie früher erwähnt, zur verfassungsmäßigen Pflicht,
- die raumwirksamen Aufgaben mit Einschluß der Nutzungsplanung aufeinander abzustimmen (Nr. 27),
- die Nutzungsplanung für sich und auf diesen Abstimmungsprozeß hin vorzubereiten (Nr. 28), und
- im Hinblick auf diese Teilzwecke Grundzüge der anzustrebenden räumlichen Entwicklung zu entwerfen (Nr. 29).

Verwaltungsrechtliches Kleid der Querschnittaufgabe sind *Richtplanung und Richtplan* (Nr. 30, einläßlich nun § 10).

§ 10 Die Regelung des Gesetzes im Überblick

474. Richtplanung und Richtplan sind beschreibend nur schwer in den Griff zu bekommen: alles fließt, nichts wiederholt sich – so bleibt nur der Versuch, sich dieser ‹Erscheinung› unter ausgewählten Gesichtspunkten zu nähern: hoffend, daraus möge sich mit der Zeit ‹das› Gesamtbild ergeben. Solche Gesichtspunkte sollen sein: das *System* der Richtplanung (I, Nrn. 475 ff.) und ihre *Elemente* (II, Nrn. 479 ff.), das *Verfahren* (III, IV, Nrn. 491 ff., 516 ff.) und sein Ergebnis, der *Richtplan* (V, Nrn. 536 ff.). Die beiden letzten Gesichtspunkte werden in Teilen einläßlicher wiederaufzunehmen sein: aus dem Verfahren die Festsetzung des Plans (§§ 15–18), vom Plan selbst die ausgelösten Bindungen (§§ 11–14). Den Schluß macht eine vergleichende Umschau unter *richtplanverwandten Einrichtungen* (VI, Nrn. 545 ff.).

I. System [1]

475. Gemäß Art. 8 RPG zeigt der *Richtplan* mindestens, «*a.* wie die raumwirksamen Tätigkeiten im Hinblick auf die anzustrebende Entwicklung aufeinander abgestimmt werden», und «*b.* in welcher zeitlichen Folge und mit welchen Mitteln vorgesehen ist, die Aufgaben zu erfüllen». Den ersten Teil der genannten Bestimmung umschreibt Art. 3 RPV als die «wesentlichen Ergebnisse der Planung und Koordination im Kanton und der Koordination mit Bund und Nachbarkantonen». Der Richtplan seinerseits baut auf den *«Grundlagen»* des Art. 6 RPG auf: das sind Untersuchungen und Planungen zu bestimmten Teilfragen der Raumplanung (Abs. 2 und 3) sowie ausformulierte raumordnungspolitische Vorstellungen über die erwünschte räumliche Entwicklung des Kantons (Abs. 1). Aus dieser Regelung ergibt sich *in systematischer Hinsicht* dreierlei (Nrn. 476–478):

476. *Erstens:* Das Gesetz macht – freilich nicht ausdrücklich – einen *Unterschied* zwischen Richt*planung* und Richt*plan*[2].

---

[1] Dieser (hier geringfügig geänderte) Abschnitt wurde verfaßt für Leo Schürmann, Bau- und Planungsrecht, 134 ff.

[2] Vgl. Martin Lendi, Richtplanung, 98. Keinen Unterschied zwischen Richtplanung und Richtplan, zwischen Prozeß und Akt macht Pierre Moor, Plan directeur, 584: «Ce n'est pas d'un plan directeur, mais d'une planification directrice qu'il doit s'agir.»

a) *Richtplanung* insgesamt ist ein *stetiger Prozeß* der Vorbereitung und Abstimmung raumwirksamer Aufgaben einschließlich der Nutzungsplanung. Sie umfaßt die Erstellung der Grundlagen (Art. 6 RPG) und die Erarbeitung des Richtplans (Art. 8 RPG), beides unter fortwährender Zusammenarbeit mit den davon berührten Behörden des Bundes und der Nachbarkantone (Art. 7 RPG) sowie unter Beteiligung der Gemeinden und der Bevölkerung (Art. 4, 10 RPG; vgl. II, III, IV).

b) Davon zu unterscheiden ist der *Richtplan* als solcher: Er hält die wesentlichen *Ergebnisse des genannten Prozesses* fest: so, wie sie im Zeitpunkt des Planbeschlusses vorliegen; und hervorgebracht durch eine auf diesen Zeitpunkt hin ausgerichtete und entsprechend verstärkte Planungsarbeit. Zugleich bildet er den verbindlichen *Ausgangspunkt aller weiteren Richtplanung*. Nur von diesem einstweiligen «Ergebnisprotokoll»[3] handelt Art. 8 RPG, nicht vom Planungsprozeß; und nur diese Ergebnisse werden gemäß Art. 9 RPG «für die Behörden verbindlich» (vgl. V).

477. *Zweitens:* Der Richtplan dient einer *doppelten Aufgabe*. Er hält die *Ergebnisse sowohl der Nutzungsrichtplanung als auch der Koordinationsrichtplanung* fest[4] (§ 12/I).

a) Der Richtplan dient einmal zur Vorbereitung der Nutzungsplanung mit Einschluß der zugehörigen Infrastruktur, indem er die (mit Blick auf die erwünschte Entwicklung) notwendigen Änderungen an der geltenden Nutzungsordnung aufträgt. Insofern ist er *Nutzungsrichtplan*. Darin liegt die traditionelle Aufgabe des Richtplans; das RPG 74 und die von ihm beeinflußten kantonalen Gesetze (etwa der Kantone Zürich und Solothurn) nennen sie ausdrücklich und als einzige Funktion. Trotz gewandelten Aufgabenverständnisses[5] (vgl. V) gibt das geltende Gesetz sie nicht völlig auf. Das wird zwar nicht ausgesprochen, bestätigt sich aber mittelbar an verschiedener Stelle: Will der Richtplan zeigen, «wie die raumwirksamen Tätigkeiten ... aufeinander abgestimmt werden», so muß er sich mit den Nutzungsplänen schon deshalb beschäftigen, weil auch sie zu den raumwirksamen Staatsakten zählen (Art. 1 Abs. 2 Bst. a RPV). Ferner verlangt der Richtplan nicht Abstimmung als Selbstzweck, sondern Abstimmung «im Hinblick auf die anzustrebende Entwick-

---

[3] EJPD/BRP, Erläuterungen RPG, Vorbem. Art. 6–12, N. 8.
[4] MARTIN LENDI, Richtplanung, 100; *derselbe,* Grundfragen, SJZ 1980 58 Sp. 1.
[5] Vgl. MARTIN LENDI, Richtplanung, 97 f.; LEO SCHÜRMANN, Bau- und Planungsrecht, 114 ff.

lung» (Art. 8 Bst. a RPG); damit setzt er die erwünschte Nutzungsordnung (in ihrem grundsätzlichen Gehalt) als bekannt voraus. Quelle dieser erwünschten Nutzungsordnung sind die Grundlagen des Art. 6 RPG: «Für die Erstellung der Richtpläne» müssen die Grundzüge der anzustrebenden räumlichen Entwicklung bestimmt werden (Abs. 1), und die dafür notwendigen Erhebungen und Teilplanungen beschlagen ihrerseits die typischen Gegenstände der Nutzungsplanung: Landwirtschafts-, Schutz- und Gefahrengebiete (Abs. 2); Siedlungsräume, Verkehr und Versorgung, öffentliche Bauten und Anlagen (Abs. 3).

b) Der Richtplan dient außerdem der Koordination raumwirksamer Aufgaben, indem er festhält, welcherart raumwirksame Tätigkeiten «einander ausschließen, behindern, bedingen oder ergänzen» (Art. 2 Abs. 2 RPV); insofern ist er *Koordinationsrichtplan*. Diese Teilaufgabe ist, wenigstens was ihre Betonung im Gesetz angeht, neu[6]. Sie folgt unmittelbar aus dem Ziel der Raumplanung, für «haushälterische» Nutzung des Bodens zu sorgen (Art. 1 Abs. 1 RPG). Die koordinierende Funktion des Richtplans – mit Art. 8 Bst. a RPG vorweg angesprochen und durch Informations- und Kooperationspflichten vielfach bekräftigt (Art. 7, 10 Abs. 2 RPG; Art. 5 RPV) – verlangt für den Bereich der Raumplanung eine *sachlich umfassende, horizontale wie vertikale Koordination:* Alle raumwirksamen Tätigkeiten eines Aufgabenträgers müssen in den Prozeß der Abstimmung eingebracht werden, alle Aufgabenträger (Bund, Kantone, Gemeinden) sich daran beteiligen.

478. *Drittens:* Die im Richtplan festgehaltenen Planungs- und Koordinationsergebnisse bilden in ihrer Gesamtheit *zwei Aussageschichten* – ein die planerischen Gehalte verbindendes *Konzept* (Art. 8 Bst. a RPG), und ein daran anknüpfendes, seine Verwirklichung betreffendes *Programm*[7] (Art. 8 Bst. b RPG). Dieser doppelte Aussagegehalt des Richtplans schlägt sich als Zweiteiligkeit der einzelnen Planeintragung nieder (§ 12/III/C).

---

[6] MARTIN LENDI, Richtplanung, 98; *derselbe,* Grundfragen, SJZ 1980 58 Sp. 1.
[7] MARTIN LENDI, Richtplanung, 101 f.

II. Elemente

479. Die ‹Zutaten› zur Richtplanung lassen sich in zwei Gruppen teilen. Eine erste umfaßt *Sachgrundlagen* und *Zielrahmen* der Kantone (Art. 6 Abs. 1–3 RPG): Elemente, die *wegen* der Richtplanung erarbeitet werden (A, B, Nrn. 480 ff., 484 ff.). Zur zweiten Gruppe gehören *Sachpläne, Konzepte* und *Bauvorhaben des Bundes* sowie die *Richtpläne der Nachbarkantone* (Art. 6 Abs. 4 RPG): Elemente, die der Richtplanung ‹von außen› zugeführt werden (C, D, Nrn. 487 ff., 490).

A. Sachgrundlagen der Kantone

480. Was Art. 6 Abs. 1 RPG mit den «Grundzügen» der anzustrebenden räumlichen Entwicklung verlangt, baut auf Kenntnissen auf, die sich die Kantone über (deskriptive) *Untersuchungen* und (normative) *Teilplanungen* der Abs. 2 und 3 beschaffen müssen[8].

481. Die *Gegenstände* dieser Sachgrundlagen sind durch Bundesrecht verbindlich vorgegeben; den Kantonen steht nicht zu, den einen oder anderen Bereich auszulassen[9].

‹Genährt› werden die Sachgrundlagen durch Planungen der Ressorts, der Gemeinden, der Regionen und der kantonalen Fachstelle für Raumplanung selbst – die fachliche Verantwortung bleibt freilich allemal bei der Fachstelle. *Thematisch* entsprechen die Sachgrundlagen den *Teilrichtplänen klassischen Zuschnitts,* wie sie zum Beispiel das verworfene RPG 74 verlangt hatte[10]: deren Gegenstände – Besiedlung und Landschaft, Verkehr, Versorgung, öffentliche Bauten und Anlagen (Art. 10 ff. RPG 74) – kehren in Art. 6 Abs. 2 und 3 RPG wieder, wenn auch in veränderter Form. Einige Kantone haben ihre überkommenen Gesamtpläne kurzerhand zu Grundlagen im Sinne des Bundesrechts ‹erklärt›: ausdrücklich zum Beispiel Solothurn (§ 1 Abs. 2 Richtplan V SO).

482. Mit Gewinn ergänzt der Kanton diese Arbeiten durch eine *Übersicht* über seine Sachpläne, Konzepte und Bauvorhaben: Was für den Bund Pflicht ist (Art. 10 Abs. 2 RPV), empfiehlt sich auch für die Gliedstaaten.

---

[8] EJPD/BRP, Erläuterungen RPG, Art. 6 N. 2.
[9] Zu den Sachgrundlagen gemäß Art. 6 Abs. 2 und 3 RPG vgl. einläßlich EJPD/DRP, Richtplan, 12 ff.; LEO SCHÜRMANN, Bau- und Planungsrecht, 138 ff.
[10] BBl 1972 I 1509 ff.

483. Die Sachgrundlagen insgesamt[11] erfüllen die Funktion eines planmäßig zusammengetragenen *Katalogs von gewerteten Zuständen, Trends und Entwicklungsmöglichkeiten je Sachbereich*. Dabei ist zu beachten, daß die Abs. 2 und 3 nicht von derselben Warte aus arbeiten: *Abs. 2*, handelnd von Landwirtschafts-, Erholungs-, Schutz- und Gefahrengebieten (von bodenerhaltenden, verhältnismäßig statischen Nutzungen also), stellt vorab die *natürlichen Eignungen* fest und trifft seine räumlichen Wertungen in diesem eher unbeweglichen Rahmen. *Abs. 3* hingegen hat Besiedlung und Infrastruktur im Auge: bodenverändernde, stets neue Flächen belegende und naturgegebenen Beschränkungen kaum unterworfene Nutzungen. Deshalb kann es der Kanton nicht dabei bewenden lassen, den gegenwärtigen Stand dieser Nutzungen zu ermitteln und ihre weitere Entwicklung lediglich zu prognostizieren. Besiedlung und Infrastruktur werden als ‹dynamische› Gegenstände erst dann sachgerecht erfaßt, wenn unterschiedliche *Möglichkeiten einer anzustrebenden Entwicklung* ausgewiesen und bewertet werden.

Auch wenn nur von Grundlagen die Rede ist und die einzelnen Teile kein widerspruchsfreies Gesamtwerk bilden müssen (auch nicht bilden sollen!), so ist doch ein Plan*gefüge* gefordert, das heißt: ein Bündel zeitlich gleichliegender, formal vergleichbarer Planungen – ohne Not nicht mehr als eine je Sachbereich –, die sich *konfrontieren* lassen und deren wechselseitige Einwirkungen der Leser ohne übermäßige Mühe soll erkennen können. Die Übung einzelner Kantone, die Grundlagen aus ihrem jahrzehntealten Planfundus zusammenzukramen, ohne die zutage geförderten Stücke wenigstens noch zu überarbeiten, ist Unfug.

B. Zielrahmen der Kantone

484. Es gibt kein sinnvolles Weiterentwickeln der Nutzungsplanung, kein sinnvolles Abstimmen raumwirksamer Aufgaben ohne *Bezugsgröße*. Den Dienst solcher Bezugsgröße versehen die *«Grundzüge» der anzustrebenden räumlichen Entwicklung* (Art. 6 Abs. 1 RPG): hervorgebracht aus den Sachgrundlagen, und dazu bestimmt, der Plansetzung als Blickpunkt zu dienen (Art. 8 Bst. a RPG) – eine «raumbezogene Konkretisierung der in Art. 3 RPG abstrakt formulierten Planungsgrundsätze», die «Organisation des Raumes»[12]. Auch dieses Element der Richtplanung ist bundesrechtlich vorgeschrieben; weder läßt es sich ‹einsparen›, noch geht es in den Sachgrundlagen der Abs. 2 und 3 auf.

---

[11] Dieser (hier geringfügig geänderte) Absatz wurde verfaßt für LEO SCHÜRMANN, Bau- und Planungsrecht, 141.
[12] HELLMUT RINGLI, Richtplanung, 14.

485. Die «Grundzüge» bieten dem Kanton beste Gelegenheit, eigenständige Raumordnungspolitik zu formulieren. Daraus erklärt sich auch, weshalb die raumordnungspolitischen ‹Selbstdarstellungen› von Kanton zu Kanton unterschiedliches Gepräge, unterschiedliche Dichte, unterschiedliche Entschlossenheit zeigen. Aus Bundessicht läßt sich immerhin dreierlei verdeutlichen:

a) *Nicht* erwartet werden *gesellschaftliche Generalplanungen* nach dem Muster staatspolitischer Grundsätze: Art. 6 Abs. 1 RPG spricht, deutlich genug, von der anzustrebenden *«räumlichen»* Entwicklung.

b) *Nicht* erwartet werden *geschlossene Leitbilder:* Es reichen *«Grundzüge»,* eben: die hauptsächlichen Entwicklungslinien, eine Schau räumlich konkretisierter Lenkungsvorstellungen, die wohl als Karte auftreten mag, sich aber besser mit Text bescheidet.

Gewiß *dürfen* die Kantone ihren Richtplänen Leitbilder der klassischen Art unterlegen. Aber sie sollten es nicht tun[13]: Einmal wegen der – unnötigen! – Aufwendungen, die sich mit solchen Würfen stets verbinden; zweitens und vor allem wegen ihrer überschießenden Bindungskraft: Präzise Leitbilder täuschen Zukunftsgewißheit vor, über die sie einfach nicht verfügen können. Und doch glaubt man ihnen, betört von ihrer Bestimmtheit; nicht lange, und sie kehren sich von dienender Orientierungshilfe zu fordernder Leistungsvorgabe.

c) *Nicht* erwartet wird schließlich die *bundesstaatliche Harmonisierung* der Grundzüge. Der Zielraum bleibt Selbstdarstellung des *Kantons;* er unterliegt keinem Leitbild des Bundes.

486. Wie denn solche «Grundzüge» *positiv* auszusehen hätten, wird man sich nach diesen Ausgrenzungen fragen. Statt einer Antwort stehe das Beispiel des Kantons *Luzern.*

a) Luzern ließ als erstes – durch eine kantonale Raumplanungskommission – einen *«Grundlagenbericht»* zu Art. 6 Abs. 2 und 3 RPG erarbeiten. Dieser Bericht, verabschiedet am 30. März 1983, wurde in ein offenes *Vernehmlassungsverfahren* geschickt. Das kantonale Raumplanungsamt wertete die eingegangenen Stellungnahmen aus und unterbreitete die ‹heiklen› Schwerpunktfragen wiederum der Raumplanungskommission. Vor diesem Hintergrund formulierte der Regierungsrat seine *«Entwicklungsabsichten»* und legte sie als Teil eines «Berichtes über die Grundlagen zur kantonalen Richtplanung» am 8. März 1985 dem Luzerner Großen Rat vor.

b) Der *Bericht im einzelnen* teilt sich in vier Planungs-Sachbereiche – Landschaft, Siedlung, Verkehr, Versorgung und Entsorgung –; jede dieser Rubriken behandelt einzelne Sachfragen: der Bereich Siedlung unter anderem die «Größe der

---

[13] Kritisch zum zielorientierten Leitbild für viele FRITZ WEGELIN, Leitbilder, 3 f. Vgl. auch PIERRE MOOR, Plan directeur, 580 f.; LEOPOLD VEUVE, Plan directeur, 5 ff.

Siedlungsgebiete», die «qualitativen Aspekte der Ortsplanungen», die «zentralen Orte». Grundlagenbericht und Stellungnahmen dazu werden kurz in Erinnerung gerufen; darauf aufbauend folgen die «Entwicklungsabsichten», in ihrer Gesamtheit die bundesrechtlich verlangten «Grundzüge» (Art. 6 Abs. 1 RPG) bildend. Die Entwicklungsabsichten erscheinen als zukunftgerichtete Quintessenz aus der Grundlagen‹übung›: bestätigen, verstärken oder ändern deren erste Lösungsansätze, ‹verdichten› sie zu aktuellen *problembezogenen* Planungsgrundsätzen; zu Grundsätzen, die auf die besonderen Konfliktlagen des betreffenden Kantons in seiner gegenwärtigen Verfassung antworten. In *örtlicher* Hinsicht sind die Entwicklungsabsichten teils allgemein gehalten, teils (besonders im Sachbereich Verkehr) auf bestimmte benannte Regionen gemünzt. In diesem Punkte allerdings würde man sich etwas plastischere Angaben wünschen statt der dürren Verweisungen auf die Grundlagen: für sich gelesen bleiben die Entwicklungsabsichten streckenweise in der Tat «nur bedingt verständlich» (S. 3 des Berichts).

c) Der Regierungsrat beantragt dem Großen Rat, vom Bericht zustimmend Kenntnis zu nehmen; das Parlament verfügt über das Recht, «zuhanden des Richtplans Aufträge zu erteilen» (S. 9 des Berichts), das heißt: Planungsmotionen einzubringen (§ 53 Abs. 3 der Luzerner Staatsverfassung).

C. *Eidgenössische Sachpläne, Konzepte und Bauvorhaben*

487. Konzepte und Sachpläne des Bundes fließen kraft Art. 6 Abs. 4 RPG in die kantonale Richtplanung ein; vernünftigerweise auch seine Bauvorhaben (sie fehlen ohne einsichtigen Grund in der Aufzählung).

a) Voraussetzung dafür ist gehörige *Bekanntmachung* der Konzepte, Sachpläne und Bauvorhaben; sie fällt gewöhnlich dem Bundesrat zu (Art. 10 Abs. 1 RPV; ferner Nr. 499).

b) Die förmliche Kundgabe *bindet* den Bund *nicht materiell* an den veröffentlichten Planungsstand: Sachpläne, Konzepte und Bauvorhaben bleiben nach Maßgabe ihrer Rechtsgrundlagen abänderbar.

488. Konzepte, Sachpläne und eben auch Bauvorhaben des Bundes seien zu *«berücksichtigen»,* meint Art. 6 Abs. 4 RPG. Das Maß der Rücksicht richtet sich nach der Tragweite der eidgenössischen Sachkompetenz. Deutlicher:

a) Planungen im Geltungsbereich solcher Bundeskompetenzen, denen das ‹Recht zum Standort› (§ 3/III) *nicht* eignet, gehören lediglich als Norminteresse (durch Abwägung) berücksichtigt.

b) Wo dem Bund zukommt, über Standortfragen zu befinden, dort allerdings muß der Kanton den entsprechenden Plan, das entsprechende Vorhaben als bundesrechtliche Randbedingung zunächst hinnehmen. Freilich nicht wehrlos: Auch die ‹kompetente› Standortwahl des Bundes ist durchwegs gehalten, die kantonalen Raumordnungsinteressen wertend und wägend aufzunehmen (§ 3/IV, V).

Differenzen im einen oder andern Fall gebieten behördliche Zusammenarbeit.

489. Beizufügen bleibt: Die Begriffe des «Sachplans» und des «Konzepts» haben materiell wenig zu bedeuten. Was in einer Bundesplanung rechtlich steckt, bemißt sich allein nach der einschlägigen Rechtsgrundlage; und Rechtswirkung entfaltet sie immer nur ‹im Kleid› einer jener Rechtsformen, die heute (kraft Geschäftsverkehrsgesetz, Verwaltungsorganisationsgesetz oder Verwaltungsverfahrensgesetz) zur Verfügung stehen: *als* Gesetz, Parlamentsbeschluß, Verordnung, Verfügung oder Verwaltungsvorschrift. Wenn die ‹vollständig› eidgenössisch beherrschten Planungen im täglichen Umgang als «Sachplan» und die eher ‹abstrakten›, konzeptionellen Planwerke des Bundes als «Konzept» bezeichnet werden [14], dann ist das eine anschauliche Sprachregelung, mehr nicht.

D. Richtpläne der Nachbarkantone

490. Auch Richtpläne von Nachbarkantonen gehören zu den Elementen der kantonalen Richtplanung, freilich erst nach ihrer Genehmigung durch den Bundesrat, und lediglich mit jener Bindungskraft, die Art. 9 RPG verleiht (§ 13). Zusammenarbeit gemäß Art. 7 RPG, soviel ist beizufügen, bleibt aber *stets* aufgegeben: auch und gerade im Verhältnis zu jenen Nachbarkantonen, die an Richtplänen noch nichts vorzuweisen haben.

III. Verfahren

491. Vier Arbeitsschritte lösen sich, ineinander verwoben, im Laufe der Richtplanung ab: Den *Planungen* der Kantone und des Bundes (A, Nrn. 492 ff.) folgen die *Zusammenarbeit* unter Behörden (B, Nrn. 503 ff.) sowie die *Mitwirkung* der Gemeinden und des Volkes (C, Nrn. 510 ff.); den Schluß bildet die *Planfestsetzung* durch Bund und Kanton (D, Nrn. 514f. und §§ 15–18).

---

[14] Vgl. EJPD/DRP, Richtplan, 39; EJPD/BRP, Erläuterungen RPG, Art. 13 N. 2f.

A. Planungen des Kantons, Planungen des Bundes

492. Der Stoff jeder Gesamtplanung sind die *Einlagen der Fachbereiche*. Für die Richtplanungen sind das teils Leistungen der Kantone (A.1, Nrn. 493 ff.), teils Leistungen des Bundes (A.2, Nrn. 498 ff.).

A.1 Planungen des Kantons

493. Die *Grundlagen* gemäß Art. 6 RPG bilden die Einlage des Kantons (II/A, B).

494. In wessen *Zuständigkeit* sie fallen, beurteilt sich nach kantonalem Recht. Immerhin nicht uneingeschränkt:

a) Die Kantone sind gehalten, eine «*Fachstelle für Raumplanung*» (Art. 31 RPG) zu bezeichnen: eine (und nur eine!) Stelle, die für den Vollzug all jener Aufgaben *fachlich verantwortlich* zeichnet, die das RPG dem Kanton als solchem zuweist, unter Ausschluß weiterer Delegation. Zu solcher Aufgabe gehört auf jeden Fall die Richtplanung[15], gehören auch die Grundlagen gemäß Art. 6 RPG. Unzulässig ist es, die fachliche Verantwortung dafür den Ressorts abzutreten[16]; bedenklich, die Grundlagen durch die Regionen zusammenstellen zu lassen[17].

b) Von der fachlichen Verantwortung zu trennen ist die *politische*. Wenn Richtplanung sich als Teil der politischen Planung versteht, dann sind schon die Grundlagen den staatsleitenden Behörden zuzuführen: vor allem der Regierung, in Teilen auch dem Parlament.

- Die *Regierung* soll ihrer Fachstelle *einläßliche Planungsaufträge* erteilen: so werden jedenfalls die allerschlimmsten Irrfahrten vermieden. Die *Sachgrundlagen* (Art. 6 Abs. 2 und 3 RPG) gehören der Regierung wenigstens zur Kenntnis gebracht; über die *Grundzüge* der anzustrebenden räumlichen Entwicklung – recht eigentlich ‹Leitlinien der kantonalen Raumordnungspolitik›, ein Politikum ersten Ranges also! – muß die Regierung förmlich beschließen.
- Das politische Gewicht der *Grundzüge* gebietet, sie überdies auch dem Parlament vorzulegen – mindestens zur Kenntnisnahme; angemessener wäre freilich ein verantwortlicher Sachbeschluß und das Recht des Rates, durch Planmotion unmittelbar gestaltend einzugreifen[18].

---

[15] EJPD/BRP, Erläuterungen RPG, Art. 31 N. 2.
[16] HELLMUT RINGLI, Richtplanung, 9 f.
[17] Wie beispielsweise im Kanton Solothurn (§ 64 BauG SO i. V. mit § 1 Abs. 2 RichtplanV SO) und tendenziell auch im Kanton Bern (vgl. Art. 104 BauG BE).
[18] Vgl. Art. 45ter Abs. 2 GVG. THOMAS COTTIER, Rechtsnatur, ZSR 1984 I 426 f.; CHRISTOPH LANZ, Politische Planung, 116.

495. Zum *Verfahren* der Grundlagenerarbeitung läßt sich wenig sagen: es richtet sich nach den Geboten der Arbeitsökonomie, nach dem Erscheinungsbild des Kantons, dem Stand der Vorarbeiten – nach normativ nicht erfaßbaren Faktoren also.

496. Eine *Zusammenarbeit* (B) mit Bund, Nachbarkantonen und benachbartem Ausland gehört vorerst nicht zum Dringendsten: noch geht es darum, das Abstimmungsmaterial überhaupt zusammenzubekommen. Erste Kontakte aber werden durchaus ihren Nutzen haben (Nrn. 506 f.).

497. Auch die *Mitwirkung* (C) der Bevölkerung wird nicht bereits jetzt in voller Breite anlaufen: Die Erfahrung lehrt, daß das Volk zuvor milder Anregung bedarf, zum Beispiel durch einen Planentwurf (Nr. 510). Der Kanton mag immerhin dazu aufrufen, im Hinblick auf den Richtplan Anregungen einzubringen[19]. Anders liegen die Dinge bei den Gemeinden: Ihre verfassungsrechtliche Rolle, ihr eigenes Aufgabeninteresse können gebieten, sie schon jetzt zur Mitarbeit heranzuziehen.

A.2 Planungen des Bundes

498. Den eidgenössischen Beitrag zur Richtplanung bilden die (raumwirksamen) *Sachpläne* und *Konzepte* (Art. 13 RPG; II/C).

499. Die *Zuständigkeit* zu *Erarbeitung* und *Beschluß* von Sachplänen und Konzepten legt das einschlägige *Sachgesetz* fest. Dem *Bundesrat* hingegen obliegt die ‹Benennung› der Bundesplanungen: obliegt festzulegen, welche Planungen als Konzepte und Sachpläne im Sinne des Raumplanungsrechtes gelten und in die Richtplanung einfließen sollen; welche Planungen mithin von den Grundlagen und im Richtplan selbst zu «berücksichtigen» sind (Art. 6 Abs. 4, 11 Abs. 1 RPG; Art. 10 Abs. 1 RPV). Der ‹Benennungsbeschluß› tritt zum Beschluß über die Planung selbst – so wie sie das Sachgesetz vorsieht – hinzu. Auf die Bindungskraft der benannten Planung hat er keinen Einfluß – wohl aber ist bedeutsam, *daß* sie den einen oder anderen Stempel überhaupt aufgedrückt erhält: So bestätigt der Bundesrat, daß er sie als richtplanwürdig ansieht; als eine Planung, welche Ziele und Grundsätze der Raumplanung gehörig berücksichtigt und auf die übrigen Planungen sowie auf den raumordnungspolitischen Zielrahmen des Bundes, sollte er jemals geboren werden (Nr. 525), abgestimmt ist. Im übrigen ist die Benennung ‹nur› Ordnungspflicht: die Kantone sind den Bundesplanungen so oder anders Rücksicht schuldig.

---

[19] Art. 10 Abs. 1 BauG AI.

Die Aufgabe harrt der Erledigung; mittlerweile behelfen sich Bund und Kantone mit der «Übersicht» gemäß Art. 10 Abs. 2 RPV[20]. Einzig die den Kantonen vorgegebenen Fruchtfolgeflächen (das kriegswirtschaftlich freizuhaltende Ackerland) werden von 1986 an, wenn alles gut geht, als Sachplan bezeichnet sein.

500. Das einschlägige Sachgesetz bestimmt auch das *Verfahren* der Planerarbeitung, mit einer wichtigen Einschränkung: Art. 13 Abs. 1 RPG zufolge gehören die Bundesplanungen verwaltungsintern aufeinander abgestimmt (einläßlich: IV).

501. Über die föderative *Zusammenarbeit* (B), soweit sie sich in dieser Planungsphase bereits aufdrängt: Nrn. 506 f.

502. Auch Bundesplanungen unterliegen dem *Mitwirkungsgebot* (C) gemäß Art. 4 Abs. 2 RPG[21], nicht aber der (inhaltslose) Beschluß des Bundesrates über deren ‹Eingabe› als Sachplan oder Konzept (Art. 10 Abs. 1 RPV), und auch nicht der als Planungsgrundlage dienende Zielrahmen des Bundes (Nr. 525).

B. Zusammenarbeit

503. Der *zweite Planungsschritt* steht im Zeichen behördlicher Zusammenarbeit. Er setzt an den eingebrachten Planungen (A) an und sucht mittels geordneter Gegenüberstellung nach den abstimmungsbedürftigen Stellen des Plangefüges: stellt die raumwirksamen Aufgaben (sowohl den aktuell geltenden Stand als auch die kundgemachten Absichten) zunächst einzeln den kantonalen Grundlagen gegenüber, vergleicht sie sodann untereinander, und stimmt sie an den ausgefällten Berührungspunkten (Nr. 504) ab[22]:
– die Nutzungsplanung auf die anzustrebende räumliche Entwicklung (Nutzungsrichtplanung); und
– die raumwirksamen Sachaufgaben untereinander sowie auf die zu entwickelnde Nutzungsplanung, je mit Blick auf die Grundzüge der anzustrebenden räumlichen Entwicklung (Koordinationsrichtplanung).
Nicht letzte Widerspruchsfreiheit ist gefordert; «Abstimmung» will lediglich (vor dem Hintergrund gemeinsamer Grundlagen und Ziel-

---

[20] EJPD/BRP, Grundlagen, Konzepte, Sachpläne und Bauvorhaben des Bundes, Übersicht, Bern 1980, nachgeführt 1984.
[21] EJPD/BRP, Erläuterungen RPG, Art. 13 N. 9 b.
[22] Vgl. HELLMUT RINGLI, Richtplanung, 5, 18.

vorstellungen) *praktische Verträglichkeit* unter raumwirksamen Aufgaben[23].

504. Abstimmung erheischende *Berührungspunkte* liegen vor, wo immer raumwirksame Aufgaben
- sich auf die Verwirklichungschancen der anzustrebenden räumlichen Entwicklung spürbar auswirken, oder
- einander ausschließen, behindern, bedingen oder ergänzen (Art. 2 Abs. 2 RPG).

Nur wenn von einer Abstimmung «wesentliche Ergebnisse» (Art. 3 RPV; § 12/I/C) zu erwarten sind, werden Aussagen im Richtplan nötig; übriger Abstimmungsbedarf ist ‹direkt› durch die betroffene Ressortplanung zu befriedigen[24].

505. An diesen richtplanerheblichen Berührungspunkten wird, sobald mehr als ein Aufgabenträger betroffen ist, *Zusammenarbeit* aufgenommen, das heißt: die aktive Suche beider Parteien nach sachgerechter Lösung (Art. 7 Abs. 1 RPG).

Von vornherein bleibt diese Art aktiver Zusammenarbeit – stets eine zeitraubende Sache! – auf die *absehbaren Plankonflikte* beschränkt. Es wäre nicht richtig, schon jetzt alle Träger raumwirksamer Aufgaben aufzubieten. Art. 7 RPG ist es zufrieden, wenn den eher am Rande beteiligten Behörden der Planentwurf zur Vernehmlassung unterbreitet wird (Nr. 512).

Solche Verpflichtung gilt freilich nur im *föderativen* Verkehr. Der Stil *innerkantonaler* Konfliktbewältigung bleibt Sache des Kantons. Insbesondere ist er nicht gehalten, mit den Gemeinden «zusammenzuarbeiten» (dennoch sollte er es tun!): Bundesrecht verlangt nur «Mitwirkung» (Art. 10 Abs. 2 RPG); dafür reicht ein Vernehmlassungsverfahren (Nr. 511b). Und zum *Ausland* hin wird Zusammenarbeit einzig «gesucht»[25] (Art. 7 Abs. 3 RPG).

506. *Zuständig,* als Akteur der Zusammenarbeit aufzutreten, ist das *Ressort.*

---

[23] Vgl. MARTIN LENDI/HANS ELSASSER, Raumplanung, 228; EJPD/BRP, Erläuterungen RPG, Art. 1 N. 18.
[24] HELLMUT RINGLI, Richtplanung, 5.
[25] Aber durchaus mit Erfolg! Vgl. für Beispiele grenzüberschreitender Zusammenarbeit CAROLINE WALSER, Koordinierende Raumplanung, 61 ff.

Bundesseits folgt dieser Satz aus Art. 5 Abs. 3 RPV. Für seinen Bereich hätte der Kanton freie Hand, eine höhere als die Fachstufe in die Auseinandersetzung zu schicken (Art. 10 Abs. 1 RPG). Er tut es besser nicht: Die Zusammenarbeit sollte der Sache zuliebe auf technischer Ebene gehalten werden.

507. Die Zusammenarbeit folgt *keinem geregelten Verfahren.* Gerade Formlosigkeit macht ihren Wert: erlaubt, ohne Gesichtsverlust aufeinander zuzugehen, sorgt für aufbauendes Klima. Nur wenig bleibt zu beachten:

a) Die Zusammenarbeit in Gang zu setzen obliegt dem *Kanton.* Er «schafft» (Art. 22^{quater} Abs. 1 BV) die Richtplanung, Konflikte sind zuerst aus *seiner* Sicht abzusehen.

b) Arbeitskontakte zwischen Bund und Kantonen werden *über das Bundesamt für Raumplanung* aufgenommen (Art. 5 Abs. 3 RPV).

c) Abstimmung durch Zusammenarbeit bedeutet auch in einem weithin formfreien Verfahren nicht Aushandeln und Feilschen, sondern *kunstgerechte Interessenabwägung* (§ 8) unter *Beachtung des einschlägigen Kollisionsrechts* (§§ 3, 4).

d) Vom *Bereinigungsverfahren,* das Art. 7 Abs. 2 RPG für den Fall fruchtloser Zusammenarbeit bereithält, ist in dieser Planungsphase höchst zurückhaltend Gebrauch zu machen (§ 16/I).

508. Der Kanton kann – muß nicht – schon während laufender Zusammenarbeit die Bevölkerung zur *Mitarbeit* (C) einladen: zum Beispiel indem er die Grundlagen (A) einem öffentlichen Einwendungsverfahren aussetzt[26].

509. *Ergebnis* der Zusammenarbeit unter Behörden und der Planung im Innern des Kantons bildet ein *erster Richtplanentwurf:* ein gewerteter und verarbeiteter Auszug aus den Grundlagen.

C. Mitwirkung

510. Der erste Planentwurf wird – *dritter Schritt –* den Mitwirkungsberechtigten zugeleitet. Nicht mehr um Zusammenarbeit unter gleichberechtigten Partnern geht es: nurmehr (aus der Sicht der Mitwirkenden) um Einflußnahme auf einen sich verfestigenden Rahmen, und (aus der Sicht der Planungsträger) um Einholen von Rückmeldungen aus ‹interessiertem› Kreise.

---

[26] Art. 8 Abs. 2 EVRPG GE.

511. Zur Mitwirkung aufgerufen sind Bevölkerung, Gemeinden und «andere Träger raumwirksamer Aufgaben» (Art. 4 Abs. 2, 10 Abs. 2 RPG).

a) Die Mitwirkungsrechte der *Bevölkerung* umschließen von Bundesrechts wegen zumindest die *öffentliche Auflage* des Planentwurfs und ein *Einwendungsverfahren*[27], das jedem einzelnen den Weg unmittelbar an die kantonale Fachstelle öffnet[28].

Die Mitwirkungsrechte ihrer Bevölkerung haben, kein erfreulicher Befund, noch längst nicht alle Kantone ausdrücklich geregelt[29]. Die Praxis sollte sich davon freilich nicht hindern lassen, Auflage- und Einwendungsverfahren unmittelbar gestützt auf Bundesrecht durchzuführen. Und vor allen Dingen müßte sie darauf dringen, daß *vollständige Planentwürfe* aufgelegt werden (und nicht, wie schon geschehen, nur gemeindeweise Ausschnitte daraus), daß *jede Gemeinde* damit bedient wird (und nicht nur der Kantonshauptort), und endlich: daß über die Behandlung der Einwendungen *Rechenschaft* abgelegt wird (der überarbeitete zweite Planentwurf ist eben nicht Antwort genug!).

b) Die *Gemeinden* gehören gesondert beigezogen[30]; auf welche Weise und mit welcher Intensität, ist Sache des Kantons.

Gewöhnlich werden die Gemeinden schon zu Beginn der Richtplanung begrüßt[31]. Wo nicht, bekommen sie spätestens den ersten Planentwurf zu Gesicht[32].

c) Unter den *«anderen Trägern raumwirksamer Aufgaben»*, die Art. 10 Abs. 2 RPG nennt, erscheinen vorab *Regionalplanungsverbände*.

512. Im gleichen Zug wird der Planentwurf den Partnern der Zusammenarbeit – Bund und Nachbarkantonen (Art. 7 Abs. 1 RPG), aber auch

---

[27] Pra 1985 Nr. 210 E. 2d. LEO SCHÜRMANN, Bau- und Planungsrecht, 149 f.; EJPD/BRP, Erläuterungen RPG, Art. 4 N. 10 a. E.
[28] Vgl. aber Art. 21 Abs. 3–5 des eben erst (1983!) revidierten Freiburger Baugesetzes.
[29] Normativ säumig waren Mitte 1985 die Kantone Schwyz, Obwalden, Glarus, Zug, Basel-Landschaft, St. Gallen (trotz neuester Revision 1983!), Graubünden, Aargau, Tessin, Wallis, Neuenburg und Jura. Vgl. ANDREAS KELLERHALS, Information und Mitwirkung nach Art. 4 RPG, Bern 1983, 44 ff.
[30] EJPD/BRP, Erläuterungen RPG, Art. 10 N. 2.
[31] So etwa – mehr oder minder deutlich – in den Kantonen Zürich (§ 33 BauG ZH), Bern (Art. 103 Abs. 2 Bst. a BauG BE), Luzern (§ 11 Abs. 1 BauG LU), Uri (Art. 42 c Abs. 1 BauG UR), Nidwalden (§ 19 EVRPG NW), Basel-Stadt (§§ 2 Abs. 3, 4 Abs. 1 EVRPG BS), Schaffhausen (§ 11 Abs. 1 EVRPG SH), Appenzell Innerrhoden (Art. 10 Abs. 2 BauG AI), Graubünden (Art. 6 Abs. 1 RichtplanV GR), Aargau (§ 121 Abs. 1 BauG AG), Thurgau (§ 42 Abs. 1 BauG TG), Waadt (Art. 5 f. Richtplandekret VD), Genf (Art. 6 Abs. 1, 8 Abs. 3 EVRPG GE).
[32] Vgl. die Ordnung in den Kantonen Freiburg (Art. 21 Abs. 4 BauG FR) und Solothurn (§ 64 Abs. 2 BauG SO), ferner auch in Appenzell Außerrhoden (Art. 10 Abs. 1 BauG AR), St. Gallen (Art. 43 Abs. 2 BauG SG), Jura (Art. 92 Abs. 3 BauG JU).

dem benachbarten Ausland (Art. 7 Abs. 3 RPG) – zur *Stellungnahme* unterbreitet. Das Verfahren bietet Gelegenheit, Zusammenarbeit dort nachzuholen, wo der Abstimmungsbedarf vorausschauend nicht ohne weiteres ersichtlich war (Nr. 505).

Die *Vernehmlassungen des Bundes* können, wenn dem Kanton daran gelegen ist, zu einer ‹Zwischenbeurteilung› zusammengefaßt werden, wobei sich dann auch das Bundesamt für Raumplanung äußert. Die ‹Zwischenbeurteilung› entspricht nicht bereits der Vorprüfung des Richtplans (Art. 6 Abs. 3 RPV): noch gehört sie zur Planerarbeitung. Die Erfahrung zeigt aber, daß mit der Zwischenbeurteilung das Bedürfnis nach förmlicher Vorprüfung schwindet.

513. Nach Schluß der Mitwirkungs- und Vernehmlassungsverfahren überarbeitet der Kanton den Plan. Ergebnis davon ist ein *zweiter Richtplanentwurf.*

D. Planfestsetzung (Verweisung)

514. Der zweite Planentwurf wird den festsetzenden Behörden zugeleitet. Zuvor kann ein letzter Schriftenwechsel mit den Gemeinden abgehalten werden[33]. Verwaltungsintern gehören sich die üblichen Mitberichte.

515. Die Planfestsetzung umspannt mehrere aufeinander eingestellte Verfahren, an denen sich (in unterschiedlichen Rollen) Behörden der Kantone und des Bundes beteiligen (einläßlich: §§ 15–18).

IV. Exkurs: Die Planabstimmung im Bund

516. Auch der Bund steht vor der Aufgabe, seine raumwirksamen Planungen aufeinander abzustimmen (Art. 2 Abs. 1 RPG). Nicht nur im Zuge der Richtplanung, bei dieser Gelegenheit aber besonders dringend möchte man wissen, wie das Gebot sich praktisch durchschlägt, nachdem das Raumplanungsgesetz bundesinterne *Koordinationsverfahren* nicht eigens vorsieht (A, Nrn. 517 ff.). Vor allem die Stellung des *Bundesamtes für Raumplanung* hierbei interessiert (B, Nrn. 526 ff.), ferner auch der Nutzen eines – heute fehlenden – *Raumordnungsverfahrens* (C, Nrn. 532 ff.).

---

[33] Zum Beispiel in den Kantonen Freiburg (Art. 21 Abs. 5, 6 BauG FR) und Schaffhausen (§ 13 Abs. 2 EVRPG SH).

A. Mittel der Planabstimmung

517. Zum Repertoire der innereidgenössischen Planabstimmung gehören *organisationsrechtliche* (A.1, Nrn. 518 f.), *verfahrensrechtliche* (A.2, Nrn. 520 f.) und *materiellrechtliche* Mittel (A.3, A.4, Nrn. 522 f., 524 f.).

A.1 Organisationsrechtliche Mittel

518. Überaus zahlreich sind die organisationsrechtlichen Mittel der Abstimmung, überaus zahlreich die koordinierenden Ausschüsse, Kommissionen und Amtsstellen. Sie machen Abstimmung möglich, ohne sie zu gewährleisten: sind *Gefäß, nicht Inhalt*.

519. Von diesen Orten der Abstimmung sollen nur die der Raumplanung gewidmeten vermittelt werden.

a) Erwähnung verdient einmal der *Ausschuß des Bundesrates für Raumordnung*[34] (vgl. Art. 17 VwOG). Er versammelt die Vorsteher des Justiz- und Polizeidepartements (dem das Bundesamt für Raumplanung angehört) sowie der beiden raumwirksamsten Ministerien: des Departementes des Innern und des Verkehrs- und Energiewirtschaftsdepartementes. Abstimmung großen Stils darf man von diesem Gremium allerdings nicht erwarten: Der Ausschuß tagt höchst selten, und dann auch nur, um politisch ‹heikle› Geschäfte vorzuberaten – kaum aber, um Konzeptionelles zu bereden.

b) Reiche Früchte trägt hingegen die *Raumplanungskonferenz des Bundes*[35] ein. Ihr gehören Sachbearbeiter der raumwirksam tätigen Bundesstellen (mit Einschluß der Bundeskanzlei) an; Vorsitz und Sekretariat liegen beim Bundesamt für Raumplanung[36]. Die Konferenz sorgt für bundesinterne Koordination raumwirksamer Aufgaben, erarbeitet «Grundlagen rechtlicher, methodischer, verfahrensmäßiger und materieller Art», stellt die Übersicht der Bundesplanungen (Art. 10 Abs. 2 RPV) zusammen und wirkt bei der Prüfung der Richtpläne mit[37]. Vor allem aber zieht sie die Ressorts aus ihrem Einzeldasein heraus, zwingt zum Gespräch, bewirkt allein durch ihre Existenz Verständnis für fremde Belange.

c) Als *ständige Koordinationsstelle* im Irrgarten des *Militärdepartementes* tritt schließlich seit 1981 die Direktion der Eidgenössischen Militärverwaltung (vertreten durch die Abteilung Liegenschaften) auf[38]. Sie ist – für raumwirksame Geschäfte –

---

[34] Eidgenössischer Staatskalender 1985/1986, Bern 1985, 46.
[35] BRB vom 28.2.1983 über die Ablösung der Chefbeamtenkonferenz und der Arbeitsgruppe für raumordnungspolitische Koordination. Wegen dieser Vorgängergremien vgl. MONICA WEMEGAH, Administration, 98 ff.
[36] Ziff. 2 des BRB (Anm. 35).
[37] Ziff. 1.1–1.3 des BRB (Anm. 35).
[38] Kreisschreiben des EMD und des EJPD vom 5.11.1981 über die internen Koordinationsmaßnahmen des EMD im Bereich der Raumplanung.

‹Kontaktadresse› zum Bundesamt für Raumplanung, zu anderen Departementen und zu Kantonen.

A.2 Verfahrensrechtliche Mittel

520. Auch für die verfahrensrechtlichen Instrumente der Abstimmung gilt, daß Aufgabeneinheit ermöglicht, nicht aber in der Sache vorgezeichnet wird: die Koordination bleibt gewöhnlich *negativ,* beschränkt sich auf das Vermeiden von Widersprüchen [39].

521. Vermerkt seien die Vernehmlassung, der Mitbericht und das Raumordnungsverfahren.

a) Die *Vernehmlassung* [40] verschafft ohne große Umtriebe Kenntnis über das Interessenumfeld, erlaubt in rechtlichen Grenzen, den Entscheid über ein raumwirksames Vorhaben darauf hin auszurichten. Freilich bleibt sie dem Einzelfall verhaftet, gestattet keinen konzeptionellen Weitblick. Dafür ist die Vernehmlassung – immerhin – stets einsetzbar und bei raumwirksamen Vorhaben des Bundes zugunsten des Bundesamtes für Raumplanung allgemein vorgeschrieben (Art. 11 Abs. 1 RPV) – oft auch durch das Sachgesetz selber (Nr. 254).

b) Ähnliches gilt vom *Mitbericht* [41], einer Vernehmlassung der Departemente zu Bundesratsgeschäften, die der Koordination bedürfen (Art. 54 VwOG): Wiederum kommt nur der konkrete Entscheidungsgegenstand in den Blick. Immerhin bringt der Mitbericht die Streitpunkte auf den Tisch des Bundesrates.

c) *Nicht* eigens vorgesehen ist ein *Raumordnungsverfahren* nach dem Muster der Umweltverträglichkeitsprüfung (Art. 9 USG): zumindest bei Großvorhaben des Bundes eine Schwäche des geltenden Rechts (einläßlich: C).

A.3 Materiellrechtliche Mittel

522. Materiellrechtliche Mittel der Abstimmung verpflichten die Abstimmungsergebnisse auf vorgegebene Leitinhalte; die Koordination wird – mit unterschiedlicher Färbung – positiv [42].

Positive Koordination verdient nicht allgemein den Vorzug vor der negativen. Zwar vermeidet sie die Gefahr, kopflos von Einzelfall zu Einzelfall zu taumeln. Aber sie zeigt Neigung zu Umständlichkeit und Starrsinn. Deshalb soll positive Ko-

---

[39] Vgl. CHRISTOPH LANZ, Politische Planung, 29; FRITZ SCHARPF, Komplexität, 90 f.; FRITZ WEGELIN, Planung, 26 ff.; MONICA WEMEGAH, Administration, 30 f.

[40] Allgemein positiviert für das Rechtsmittelverfahren (Art. 57 VwVG; Art. 110 OG); für das Verwaltungsverfahren nur (und nicht konsequent) in den Spezialgesetzen.

[41] Vgl. KARL HUBER, Koordination, 327; JEAN-MARC SAUVANT, Das Mitberichtsverfahren innerhalb der Bundesverwaltung, VerwPra 1972 37; FRITZ WEGELIN, Planung, 26 f.

[42] Vgl. CHRISTOPH LANZ, Politische Planung, 29; FRITZ SCHARPF, Komplexität, 91 ff.; FRITZ WEGELIN, Planung, 29 ff.; MONICA WEMEGAH, Administration, 31 ff.

ordination sich mit dem überschaubaren Sachbereich zufriedengeben. Ressortübergreifende Koordination dagegen gehört inhaltlich offen gehalten, gehört einzig auf Verfahren und Institutionen verpflichtet. Es reicht, dieser ‹großen› Abstimmung durch verhältnismäßig abstrakte Richtlinien der Raumordnungspolitik (Nr. 525) positiven Halt zu geben.

523. Positiv koordinierend wirken:

a) *Weisung, Richtlinie, Kreisschreiben und «Verwaltungsverordnung»* (zur Rechtsnatur: VI/C). Ihr klassisches Einsatzfeld liegt freilich im ressortgebundenen Rechtsvollzug. Der Koordination von Planungen dienen sie kaum, es sei denn als Mittel, planerische Konzeptionen (siehe sogleich) für «verbindlich» zu erklären oder bestimmte fachübergreifende Rücksichtspflichten ausdrücklich anzumahnen, wie beispielsweise das Gebot, bei Erfüllung von Bundesaufgaben auf Fuß- und Wanderwegnetze Rücksicht zu nehmen[43] (Art. 37^{quater} Abs. 3 BV).

b) ‹*Leitbilder*› *und* ‹*Konzeptionen*› (zur Rechtsnatur: VI/B) sind vorzüglich geeignet, der Koordination den notwendig weiten, bereichsübergreifenden Blick zu verschaffen. So fehlt es nicht an Beispielen, auch nicht für raumwirksame Konzeptionen. Erwähnung verdienen (vgl. zur nachfolgenden Typologie Nrn. 551 f.):

- als *Absichtserklärung über die Grundlinien der künftigen Politik* das (gescheiterte) «raumplanerische Leitbild der Schweiz ‹CK-73›»[44], der (nunmehr sechste) Landwirtschaftsbericht[45], der angekündigte Raumordnungsbericht[46] (Nr. 524), ferner der raumplanerische Teil der Regierungsrichtlinien[47].
- als *Vorentscheidung über die Ausgestaltung von Sachvorlagen* zum Beispiel das gesamtwirtschaftliche Entwicklungskonzept für das Berggebiet[48], die Gesamtverkehrskonzeption[49], die Gesamtenergiekonzeption[50].
- als *Richtlinie für den Vollzug* etwa das schweizerische Tourismuskonzept[51], das Konzessionskonzept für Luftseilbahnen[52], das Standortkonzept der Ge-

---

[43] BBl 1979 III 695 (Kreisschreiben des Bundesrates vom 29. 8. 1979 über die «direkte Rechtsanwendbarkeit von Art. 37^{quater} Abs. 3 BV»).
[44] DRP/Chefbeamtenkonferenz des Bundes, Raumplanerisches Leitbild der Schweiz «CK-73», Bern 1973.
[45] BBl 1984 III 469.
[46] BBl 1984 I 223.
[47] BBl 1984 I 177, 222f.
[48] Der Delegierte für Konjunkturfragen/HANS FLÜCKIGER, Gesamtwirtschaftliches Entwicklungskonzept für das Berggebiet, Bern 1970; BRB vom 5.5.1971; BBl 1973 I 1589, 1591 ff. (Botschaft über Investitionshilfe für Berggebiete).
[49] Eidg. Kommission für die schweizerische Gesamtverkehrskonzeption, Schlußbericht, Bern 1977; BBl 1983 I 941, 954ff. (Botschaft über die Grundlagen einer koordinierten Verkehrspolitik).
[50] Eidg. Kommission für die Gesamtenergiekonzeption, Das schweizerische Energiekonzept, Schlußbericht, Bern 1978; vgl. BBl 1982 I 781, 812ff. (Botschaft über das Kernkraftwerk Kaiseraugst).
[51] Beratende Kommission für Fremdenverkehr des Bundesrates, Das Schweizerische Tourismuskonzept, Bern 1979; BRB vom 25.3.1981.
[52] Bundesamt für Verkehr, Konzessionspolitik für touristische Luftseilbahnen, Konzessionskonzept, Bern 1977.

birgslandeplätze[53], verschiedene periodische Bauprogramme[54], die Bundesinventare der Landschaften von nationaler Bedeutung (VBLN) und der schützenswerten Ortsbilder und Stätten (VISOS), ferner auch die (eidgenössischer Genehmigung unterliegenden) regionalen Entwicklungskonzepte gemäß Art. 10 ff. IHG.

A.4 Insbesondere: Der Raumordnungsbericht des Bundes und die Richtlinien der Raumordnungspolitik

524. Der Raumordnungsbericht insbesondere – von den Räten aus dem RPG entfernt[55], vom Bundesrat in erfreulichem Selbstauftrag nun doch angekündigt[56] – ist ein *ganz unentbehrliches Mittel konzeptioneller, positiver Planabstimmung*[57]. Unentbehrlich zunächst zur ‹reinen› Berichterstattung, als Instrument der *Information und Kontrolle* über das Schicksal der tatsächlichen und rechtlichen Raumverfassung, über den Erfolg programmatischer Vorgaben von gestern, über die Treue von Bund und Kantonen zu den gesetzlichen Planungsaufträgen. Zweitens befördert der Bericht *Planung und Koordination der raumwirksamen Bundesaufgaben,* treibt sie allein durch den Druck voran, der Öffentlichkeit in wiederkehrenden Abständen ‹etwas› vorlegen zu müssen. Drittens enthält der Bericht ein *Programm der eidgenössischen Raumordnungspolitik,* eben: «die zukünftigen Absichten des Bundesrates»[58]. Hier liegt der Kern des Berichts: davon hängt ab, ob die Koordination des Bundes sich von der negativen zur positiven, auf materielle Vorstellungen hinblickenden Abstimmung wendet.

525. Periodisch erneuerte *Richtlinien der Raumordnungspolitik* hätten zur Aufgabe, das raumwirksame Tätigkeitsprogramm des Bundes sachlich zu leiten und politisch zu unterfangen: Sie aktualisierten und konkretisierten das Verfassungsinteresse der Raumplanung (und dessen einfachgesetzliche Ausprägung: die Ziele und Grundsätze der Raumpla-

---

[53] Vgl. BBl 1979 II 537; VPB 1980 Nr. 92.
[54] Z. B. für die Nationalstraßen (3. Bauprogramm, BRB vom 20.12.1982), für den Ausbau des Hauptstraßennetzes (zuletzt: BRB vom 7.7.1982), für zivile Bauten des Bundes (zuletzt: BRB vom 25.11.1983).
[55] EJPD/BRP, Erläuterungen RPG, Vorbem. Art. 13 N. 2.
[56] BBl 1984 I 223; die gesetzliche Grundlage stellt Art. 11 Abs. 2 RPV.
[57] Vgl. MARTIN LENDI, Raumordnungsbericht, 20. In Österreich und der Bundesrepublik Deutschland haben derartige Berichte längst Tradition; siehe zuletzt: Österreichische Raumordnungskonferenz, Vierter Raumordnungsbericht, Wien 1984; und: Bundesminister für Raumordnung, Bauwesen und Städtebau, Raumordnungsbericht 1982, Bonn 1983.
[58] BBl 1984 I 223.

nung gemäß Art. 1 und 3 RPG) vor dem Hintergrund des Raumordnungsberichts. Ausdrücklich niedergelegt ist die Pflicht zu derartiger Rahmenzielsetzung zwar (leider!) nirgends, wohl aber von Art. 22^{quater} Abs. 2 BV mitgedacht (Nr. 39) und in den Grundlagen des Bundes (Art. 13 RPG; Art. 11 Abs. 2 RPV) eingeschlossen. Richtiger Ort des Zielrahmens sind die Richtlinien der Regierungspolitik[59]: Die Entwicklung des Raumes gehört mit der außenpolitischen, der wirtschaftlichen und der gesellschaftlichen Entwicklung zu den ‹großen› Fragen der politischen Führung.

Heute freilich gefällt man sich, nach Bruchlandungen der Konzepte aus den siebziger Jahren, in kleinmütiger Wende zurück. Vergiftung von Boden, Luft und Wasser, Niedergang der Tier- und Pflanzenwelt, Verödung von Orts- und Landschaftsbildern, und allgemein: verlorene ‹Heimat›, verlorener Bürgersinn, verlorene Ausdrucksfähigkeit – all das ‹ereignet› sich, wird weithin als Menge unerklärlicher Einzelerscheinungen begriffen und bestenfalls punktuell flickend ‹bewältigt›. Als hätte die Raumentwicklung der letzten Jahrzehnte damit nichts zu schaffen: die Krise des Städtebaus, die Industrialisierung der Landwirtschaft, der Hang zu buchstäblich grenzenloser Mobilität. Die neuesten Regierungsrichtlinien (für die Jahre 1983–1987) machen immerhin einen Anfang: schauen sich den Zustand der natürlichen Lebensgrundlagen an[60] und versprechen – man denke: als «politische Leitlinie»! – besseren Vollzug der ressourcenschützenden Gesetze[61]. Aber solcher Anfang ist viel zu schüchtern, viel zu vage – und wird nicht weit führen, rafft sich der Bund nicht endlich auf, den verfassungsrechtlich erwarteten Zielrahmen der Raumordnungspolitik an die Hand zu nehmen. Man kann nur hoffen, der Raumplanungsbericht (Nr. 524) werde die erforderlichen Grundlagen schaffen.

B. Das Bundesamt für Raumplanung insbesondere

526. Womit tritt das Bundesamt für Raumplanung im Prozeß der Koordination an? Das Amt ist «Fachstelle des Bundes» (Art. 32 RPG), «berät und unterstützt» die Kantone in der Richtplanung (Art. 5 Abs. 2 RPV), spielt Schaltstelle zwischen Bund und Kantonen (Art. 5 Abs. 1 und 3 RPV), leitet die Prüfung der Richtpläne (Art. 6 RPV) und instruiert die Genehmigungs- und Bereinigungsentscheide des Bundesrates (Art. 7, 9 RPV), hat ‹Anspruch› auf Anhörung zu raumwirksamen Bundesvorhaben (Art. 11 Abs. 1 RPV), erarbeitet Grundlagen der Koordination und hält den Vorsitz in der Raumplanungskonferenz inne (Art. 11 Abs. 2 RPV). Diese Befugnisse reichen, recht genutzt, längst hin

---

[59] Und zwar das Kapitel über die «politischen Leitlinien»; vgl. BBl 1984 I 172.
[60] BBl 1984 I 166 ff.
[61] BBl 1984 I 177.

– *müssen* hinreichen, denn auf die Alternativen (B.1–B.3) kann man nichts geben.

B.1 Das Bundesamt als Stabsstelle des Bundesrates?

527. Das Bundesamt für Raumplanung ist gewöhnliches Linienamt: einem Departement unterstellt (Art. 58 Abs. 1 Bst. C VwOG), ohne unmittelbaren Zutritt zum Bundesrat. Das weckt Befürchtungen: Raumplanung als politische Planung werde im Staub der Administration versinken[62].

528. Hätte es damit etwas auf sich: eine Beförderung des Amtes zur Stabsstelle des Bundesrates – administrativ entweder der Bundeskanzlei «unterstellt» oder einem Departement[63] (Art. 39 VwOG) – würde wenig helfen. Einmal wäre (kein Nebenpunkt im Verwaltungsalltag!) mit Abwehrreflexen der angestammten Ressorts zu rechnen; sodann ließen sich ähnliche (und ähnlich berechtigte) Wünsche anderer Ämter mit ‹Querbezug› kaum mehr abweisen, und endlich würden die Interessen der Raumplanung von keinem ‹richtig› verantwortlichen Departementsvorsteher mehr vor dem Bundesrat vertreten[64].

B.2 Querweisungsrechte des Bundesamtes?

529. Einem Amt können für einzelne Sachfragen *Querweisungsrechte*[65] zugesprochen sein: ein Stück Administrativmacht, das sich ‹seitwärts› in das vertikal organisierte Verwaltungsgefüge einschiebt.

a) Querweisungsrechte sind zunächst das ‹logische› Arbeitsinstrument der *Stabsstellen* (Nr. 528).

So verfügen über Weisungsrechte zum Beispiel das Bundesamt für Organisation in Fragen der automatischen Datenverarbeitung (Art. 6 BOG), die Drucksachen- und Materialzentrale im Drucksachenbereich (Art. 3 Abs. 2 Bst. c V-EDMZ).

b) Weisungs- und Zustimmungsbefugnisse tauchen freilich auch in der *Linie* auf.

---

[62] MARTIN LENDI, Gefahren, 7 Sp. 2; vgl. auch MONICA WEMEGAH, Administration, 28 f.
[63] Vgl. als Beispiele solcher «spezieller» Stabsstellen das Bundesamt für Organisation (Art. 1 Abs. 1 BOG), oder die Eidg. Finanzkontrolle (Art. 1 Abs. 2 FKG); ferner die militärische Leitungsorganisation (Zentralstelle und Stab für Gesamtverteidigung, Art. 3 ff. des BG über die Leitungsorganisation und den Rat für Gesamtverteidigung, SR 501, und Art. 2 ff. des zugehörigen BRB, SR 501.1). Zur Stabsstelle allgemein: GEORG MÜLLER, Die Stabsstelle der Regierung als staatsrechtliches Problem, Basel/Stuttgart 1970.
[64] Vgl. EJPD/BRP, Erläuterungen RPG, Art. 32 N. 3.
[65] KARL HUBER, Koordination, 329.

Das Bundesamt für Umweltschutz «überwacht» die Gewässerschutzmaßnahmen bei jenen Bundesbauten, die dem kantonalen Gewässerschutzrecht nicht unterstehen (Art. 7 Abs. 2 AGSchV); das Amt für Bundesbauten ist als «Baufachorgan» unter anderem «verantwortlich für Zweckmäßigkeit und Wirtschaftlichkeit» der Bauprojekte (Art. 10 Abs. 1 Bst. a, 11 BauV), und so fort.

530. Querweisungsrechte bleiben freilich immer eine *halbe Sache:* Im Konfliktsfall muß eben doch die ‹vertikale› Weisungsmacht herbeigerufen werden. Nicht umsonst erscheinen ‹hinter› dem Weisungsrecht des Ressorts das schlichtende Departement, der bereinigende Bundesrat[66].

B.3 *Sonderbefugnisse des Raumplanungsministers?*

531. Ein letzter Anlauf: Was dem Bundesamt für Raumplanung unter Ämtern an Vorrechten verweigert wird (B.1, B.2), ließe sich wenigstens teilweise – für raumwirksame Entscheide des Bundesratskollegiums – durch ein Widerspruchsrecht des für Raumplanung verantwortlichen Departementsvorstehers wiedergutmachen[67]? Man braucht mit dieser Möglichkeit nicht lange zu spielen: Besseres Recht für einzelne Bundesräte sind heute unausdenkbar, von den bescheidenen Sonderbefugnissen des Bundespräsidenten abgesehen[68] (Art. 14, 19 ff. VwOG).

C. *Das Raumordnungsverfahren insbesondere*

532. Mit dem Raumordnungsverfahren wird festgestellt, ob raumwirksame Vorhaben den Erfordernissen der Raumplanung genügen und untereinander abgestimmt sind, sowie nötigenfalls vorgeschlagen, wie sie dahin gebracht werden können[69].

533. Dem Schweizer Recht ist ein Raumordnungsverfahren *nicht bekannt.*

---

[66] So: Art. 10 BOG; Art. 7 Abs. 2 AGSchV; Art. 7 V über die Zusammenarbeit auf dem Gebiete der Statistik in der Bundesverwaltung (SR 172.054.31); Art. 14 EinkaufsV. Die Koordinationsmacht der Eidg. Parlaments- und Zentralbibliothek erschöpft sich von Anfang an in einem Antragsrecht an den Bundesrat (Art. 8 Abs. 1 des Bibliotheksreglements, SR 432.22).
[67] Vgl. HANS GÜNTHER SCHÖLER, Verfassungsrechtlich zulässige Möglichkeiten einer Stärkung der Stellung des Raumordnungsministers, DöV 1977 731, 733.
[68] JEAN-FRANÇOIS AUBERT, Traité, II Nr. 1502; ULRICH HÄFELIN/WALTER HALLER, Bundesstaatsrecht, NN. 819, 825 f.
[69] Vgl. als Beispiel Art. 23 des Bayerischen Landesplanungsgesetzes, abgedruckt in: WERNER CHOLEWA/HARTMUT DYONG/HANS-JÜRGEN VON DER HEIDE, Raumordnung in Bund und Ländern, Band 2, Bayern I.1.

Eingeführt ist es dagegen in der Bundesrepublik *Deutschland,* dort freilich nur auf *Länderebene*[70].

a) Das Raumordnungsverfahren gilt als **länderrechtliche Ausgestaltung des allgemeinen Abstimmungsgebotes** (§ 4 Abs. 5 ROG), zugeschnitten auf den ‹komplizierten› Einzelfall. Es hat sein Anwendungsfeld dort, wo die Behörden mit der schlichten Vernehmlassung nicht mehr zurande kommen. Die Entwicklungsplanung selbst wird deswegen nicht entbehrlich, im Gegenteil: Die Ergebnisse eines Raumordnungsverfahrens können auf die Entwicklungspläne einwirken oder deren Revision mit anstoßen.

b) Die *Durchführung des Verfahrens* obliegt der Landesplanungsbehörde. Es wird auf Antrag eines Aufgabenträgers oder von Amtes wegen eingeleitet, ruft alle berührten Fachbereiche zur Mitwirkung auf, beurteilt die Raumordnungsverträglichkeit des Vorhabens und mündet in ein «Verfahrensergebnis, das sich zu den Anforderungen (an das geprüfte Vorhaben) aus der Sicht der Raumordnung äußert»[71]. Dieses Ergebnis bindet nicht unmittelbar, tritt auch nicht an die Stelle fachgesetzlicher Bewilligungen; vielmehr fließt es der entscheidenden Behörde als zu berücksichtigendes Ressortinteresse zu.

c) *Bedeutung* hat das Raumordnungsverfahren vor allem als *Mittel der alternativen Standortplanung* erlangt: größere Bedeutung dort, wo räumliche Entwicklungspläne fehlen, ‹offen› gehalten sind[72] oder Belange der Ressorts nicht hinreichend berücksichtigt haben; und geringere, wo verfestigte, örtlich konkretisierte und fachlich abgestimmte Zielvorgaben bestehen.

534. Dem Raumordnungsverfahren läßt sich am ehesten die *Umweltverträglichkeitsprüfung* gleichhalten, 1985 eingeführt durch das Umweltschutzgesetz.

Zur Prüfung aufgeboten werden Planung, Errichtung und Änderung von «Anlagen, welche die Umwelt erheblich belasten können»; sie obliegt dem zum Entscheid über das Vorhaben zuständigen Ressort (Art. 9 Abs. 1 USG). Grundlage der Verträglichkeitsprüfung bildet ein «Bericht», den der Gesuchsteller «nach den Richtlinien der Umweltschutzfachstellen» zuhanden des Ressorts einholt (Abs. 2, 3). Die Umweltschutzfachstelle des zuständigen Verbandes[73] beurteilt den Bericht und stellt

---

[70] In den Landesplanungsgesetzen (Raumordnungsgesetzen) der Länder Baden-Württemberg (§§ 13 f.), Bayern (Art. 23), Hessen (§ 11), Niedersachsen (§ 14), Rheinland-Pfalz (§ 18), Saarland (§ 14), Schleswig-Holstein (§ 14). Die Städte Berlin, Bremen und Hamburg sowie das Land Nordrhein-Westfalen kennen kein Raumordnungsverfahren. Zum Folgenden einläßlich: WALTER BIELENBERG/WILFRIED ERBGUTH/WILHELM SÖFKER, Raumordnungs- und Landesplanungsrecht, M 440, M 445, M 450.
[71] WALTER BIELENBERG/WILFRIED ERBGUTH/WILHELM SÖFKER, Raumordnungs- und Landesplanungsrecht, M 450 N. 4.
[72] Bayern, das seine Entwicklungspläne bewußt offen hält, vermerkt für die Jahre 1981/1982 290 abgeschlossene und 130 neue Verfahren (Bayerische Staatsregierung, Raumordnungsbericht 1981/1982, München 1984, 224); kritisch dazu WALTER BIELENBERG/WILFRIED ERBGUTH/WILHELM SÖFKER, Raumordnungs- und Landesplanungsrecht, M 440 NN. 15 f.
[73] BBl 1979 III 787.

der ordentlichen Behörde Antrag (Abs. 5); bei gewissen ‹Großverschmutzern› (Raffinerien, Aluminiumhütten usf.) gehört in jedem Fall die eidgenössische Fachstelle beigezogen (Abs. 7). Die Verträglichkeitsprüfung versteht sich nicht als eigenständiges Bewilligungsverfahren; vielmehr wird sie in die einschlägigen Verwaltungsverfahren gleich einer zusätzlichen Schleife eingelegt [74].

535. Daß das Raumordnungsverfahren nicht wenigstens für Großvorhaben Fuß gefaßt hat, kann man nur bedauern – das überkommene Instrumentarium reicht eben nicht hin: weder die Richtplanung, noch das Bereinigungsverfahren gemäß Art. 12 RPG, und schon gar nicht die Umweltverträglichkeitsprüfung. Das gesetzgeberische Versäumnis sollte bei Gelegenheit wiedergutgemacht werden.

a) Die *Richtplanung* legt ihr Hauptgewicht auf die kollisionsrechtliche ‹Gesamtbewirtschaftung› des raumwirksamen Verfassungsbereichs; sie läßt Aufwand in der Breite ihres Wirkens walten, weniger in den Einzelheiten des konkreten Geschäfts. So eignet sie sich nur beschränkt zu vertiefter Alternativplanung. Und abgesehen davon kann die Richtplanung nicht beliebig in Gang gesetzt werden, einfach aus aktuellem Anlaß, nur weil ein neues Vorhaben neuen Abstimmungsbedarf erzeugt. Auch als stetiger, «rollender» Prozeß ist sie nicht unablässig in Betrieb. Vielmehr läuft sie in Arbeitswellen ab, periodisch das Aufgelaufene abtragend und in den Richtplan einbringend; zwischendurch herrscht Ruhe, ist der Richtplan Bezugspunkt, nicht Gegenstand des Staatshandelns.

b) Ebensowenig kann das *Bereinigungsverfahren* (Art. 12 RPG; einläßlich § 16) ein Raumordnungsverfahren ersetzen: Art. 12 RPG spielt nur während schwebender Richtplanung, setzt ausgebrochenen Streit voraus, gilt als letztes, ‹politisches› Mittel der Konfliktbewältigung – das Raumordnungsverfahren dagegen soll auch während ruhender Richtplanung berufen werden können, soll Konflikte vermeiden, soll ausgeprägt sachbestimmt arbeiten.

c) Die *Umweltverträglichkeitsprüfung* schließlich (Nr. 534) vertritt – bei allem Respekt – im Vergleich zur Raumplanung den engeren Standpunkt: Wenn auch Umweltverträglichkeit in Raumordnungsverträglichkeit nicht ohne Rest aufgeht, so läßt sich ein Raumordnungsverfahren, das die Belange der Umwelt miterledigt, immerhin denken [75], das Umgekehrte nicht. Heute steht die Raumplanung vor der mißlichen

---

[74] BBl 1979 III 786.
[75] So verfährt z. B. Bayern; vgl. den Raumordnungsbericht 1981/1982 (Anm. 72), 224.

Lage, daß die ‹Konkurrenz› ihre Fachprüfung gesetzlich positiviert hat und sie selber als umfassenderes Ressort nichts vorzuweisen hat – außer gerade der ‹Benennung› von Bundesplanungen durch den Bundesrat (Art. 10 Abs. 1 RPV; Nr. 499).

V. Richtplan

536. Die «Ergebnisse der Planung und Koordination im Kanton und der Koordination mit Bund und Nachbarkantonen» (Art. 3 RPV) – anders gesagt: die Ergebnisse sowohl der Nutzungsrichtplanung als auch der Koordinationsrichtplanung – finden Eingang in den Richtplan, soweit sie verbindlicher Festsetzung bedürfen: Der Richtplan ist Handlungsplan, nicht Zielbild (A, Nrn. 537 ff.), Durchgangsplan, nicht Endpunkt (B, Nrn. 540 ff.).

A. Handlungsplan, nicht Zielbild

537. Der Richtplan entwirft kein zusammenhängendes und abschließendes Bild des erwünschten Zustandes. Vielmehr gibt er an, wie Bund, Kantone und Gemeinden ihre raumwirksamen Zuständigkeiten, soweit sie der Abstimmung bedürfen, wahrnehmen sollen, damit sie sich zu sinnvoller Ordnung fügen: Er setzt keine Zustände fest, sondern *Maßnahmen im Hinblick auf angestrebte Zustände*[76].

538. Der *erwünschte Zustand* des Raumes ergibt sich aus den kantonalen Grundlagen (Art. 6 RPG), die *Wirklichkeit* der raumwirksamen Zuständigkeiten aus dem aktuellen Handlungsstand der Fachbereiche. In den Richtplan gehört der Abgleich beider Größen: die *Differenz*.

539. Die Idee eines Handlungsplanes bestimmt das Konzept des *Mindestinhalts* gemäß Art. 8 RPG; darauf ist zurückzukommen (§ 12/I).

---

[76] MARTIN LENDI, Richtplanung, 97 f.; LEO SCHÜRMANN, Bau- und Planungsrecht, 143 f.; EJPD/BRP, Erläuterungen RPG, Art. 8 NN. 5 f. Noch stärker prozeßorientiert PIERRE MOOR, Plan directeur, 584 f.

B. Durchgangsplan, nicht Endpunkt

540. Der Richtplan setzt keinen Endpunkt, schließt keinen Planungsprozeß ab, dem nur noch Realisierung folgte. Im Lauf der stetig sich erneuernden, der «rollenden» Planung will er nicht mehr als einstweiliges «Ergebnisprotokoll»[77], nicht mehr als ‹Durchgangsplan›, «tableau d'affichage»[78] sein: einerseits Frucht der vorangegangenen Planung und Koordination, andererseits Grundlage sowohl der Aufgabenwaltung durch die Fachbereiche als auch aller weiteren Richtplanung[79] – eine «Etappe»[80] auf dem Weg zur raumwirksamen Aufgabeneinheit; einer Einheit, die der Richtplan befördert, nicht aber selber schon herstellt[81].

541. Der ‹Durchgangsplan› zeigt das Bild eines Schnittes, der zu bestimmtem Zeitpunkt durch die Menge aller raumwirksamen Planungsprozesse gelegt wird. Diese Planungsprozesse werden zwar, in Erwartung des Planbeschlusses, auf diesen Augenblick hin zugerichtet und soweit möglich vorangetrieben[82], erzeugen aber dennoch (und erlaubterweise!) ein *uneinheitliches Bild:* reichen von räumlich beschlußreifen Vorhaben über ungezählte Stufen abnehmend fortgeschrittener Planungen bis zurück zu Planungsabsichten und Koordinationsbedarfen[83].

542. Der Auftritt des Richtplans als ‹Durchgangsplan›, seine Funktion als «Etappe»: beides bestimmt die Züge der Plan*form* gemäß Art. 3 f. RPV. Auch darauf ist später zurückzukommen (§ 12/II, III).

C. Planbindung (Verweisung)

543. Die Handlungsimpulse des Richtplans (A) werden so, wie er sie im Augenblick festhält (B), für die Behörden *«verbindlich»* (Art. 9 Abs. 1 RPG).

544. Die Verbindlichkeit des Richtplans ist von rechtlich, sachlich und zeitlich beschränkter Tragweite: sie soll im folgenden Abschnitt ‹eingekreist› werden (§§ 11–14).

---

[77] EJPD/BRP, Erläuterungen RPG, Vorbem. Art. 6–12 N. 8.
[78] Pierre Moor, Plan directeur, 578.
[79] Martin Lendi, Richtplanung, 98 f.; EJPD/DRP, Richtplan, 55.
[80] Blaise Knapp, Grundlagen, Nr. 713.
[81] Pierre Moor, Plan directeur, 579.
[82] Leo Schürmann, Bau- und Planungsrecht, 135.
[83] Leo Schürmann, Bau- und Planungsrecht, 145; EJPD/BRP, Erläuterungen RPG, Art. 8 N. 9.

VI. Verwandte Erscheinungen

545. Der Richtplan gehört zum *Instrumentarium der Staatsleitung,* ausgerichtet und beschränkt auf die Raumordnung. Im Gefüge der politisch-administrativen Führungsmittel besetzt er nur eine Stelle neben anderen: neben *Regierungsrichtlinien* (A, Nrn. 546 ff.), *Konzeptionen* (B, Nrn. 550 ff.) und *Verwaltungsvorschriften* (C, Nrn. 554 ff.) zum Beispiel. Diese Verwandten sollen nicht im einzelnen erörtert, immerhin aber ihre bundesrechtlichen Typen vorgestellt werden: Begriff, Zweck und Verbindlichkeit, ferner auch ihr Verhältnis zum Richtplan.

A. Regierungsrichtlinien und Finanzplan der Legislatur

546. Führungsmittel erster Ordnung sind die Richtlinien der Regierungspolitik[84] und – damit verbunden – der Legislaturfinanzplan[85].

a) Zu Beginn jeder Legislatur unterbreitet der Bundesrat der Bundesversammlung einen «*Bericht über die Richtlinien der Regierungspolitik*» zur Kenntnisnahme. Er vermittelt einen «Überblick über die Gesamtheit der Regierungsaufgaben», nennt die «Ziele» der bundesrätlichen Politik, ordnet die Richtliniengeschäfte «nach Bedeutung und Dringlichkeit»[86] (Art. 45bis Abs. 1 GVG). Die Räte behandeln den Bericht (und wenn möglich die Motionen dazu) getrennt, aber in gleicher Session (Art. 45ter GVG); und die jährlichen Geschäftsberichte des Bundesrates unterrichten über die «Realisierung» der Richtlinien und begründen «Abweichungen sowie neue Vorhaben» (Art. 45 Abs. 5 GVG).

b) Der *Finanzplan der Legislaturperiode,* den Räten gleichzeitig mit den Regierungsrichtlinien zugeleitet und sachlich auf sie abgestimmt (Art. 45bis Abs. 3 GVG), «setzt aufgrund der Prioritätenordnung der Richtlinien den künftigen Finanzbedarf für jede Legislaturperiode fest und zeigt, wie dieser gedeckt werden soll», unter Rücksicht auf Konjunktur- und Wachstumspolitik. Dieser mehrjährige Finanzplan ist Grundlage der einjährigen, mit dem Voranschlag gekoppelten Finanzpläne (Art. 29 Abs. 2–4 FHG).

---

[84] Zuletzt: BBl 1984 I 157. Vgl. hierzu u. a. LEO SCHÜRMANN, Richtlinien der Politik des schweizerischen Bundesrates, ZBl 1968 407; RAIMUND GERMANN, «Richtlinien der Regierungspolitik» – Fragen zu einer neuen Institution, VerwPra 1973 71; CHRISTOPH LANZ, Politische Planung, 57 ff.; WALTER PFISTER, Regierungsprogramm und Richtlinien der Politik, Bern/Frankfurt (M) 1974, 231 ff.
[85] Zuletzt: BBl 1984 I 266. Vgl. hierzu u. a. RUDOLF PROBST, Richtlinien, 690 ff.; ANDRÉ WINTER, Die Entwicklung der Finanzplanung des Bundes, Dießenhofen 1978.
[86] BBl 1984 I 161, 172, 182. Das Ansinnen des Bundesrates, auf die Setzung von Prioritäten zu verzichten (BBl 1984 I 159 f.), ist von den Räten zurückgewiesen worden (Amtl. Bull. S 1984 242 Sp. 2, 372 f.; N 1984 737 ff., 817, 924 f.).

547. Die Richtlinien sind *Absichtserklärungen des Bundesrates*[87], bekundet in kollegialer Verantwortung und (wenigstens nach außen hin) kein Regierungsprogramm der Bundesratsparteien, kein Koalitionsvertrag[88]. Angetrieben von der Vorleistung des Bundesrates soll in «Parlament, Volk und Parteien» eine Diskussion über den Weg der Politik in Gang kommen, sollen die Absichten der Regierung Zustimmung und Trägerschaft unter den «maßgebenden politischen Kräften» suchen[89].

548. *Gebunden* fühlt sich der Bundesrat durch die Richtlinien ‹nur› politisch, nicht rechtlich[90]. Der Satz ist richtig und falsch zugleich.

a) *Richtig* ist er mit Blick auf den *Inhalt* der Richtlinien: Es sind Kundgebungen, von Anfang an als solche bezeichnet. Sie sollen den Prozeß der politischen Entscheidfindung ans Licht der Öffentlichkeit tragen, mehr nicht: Will man den Bundesrat denken hören, dann muß man ihm auch zugestehen, ohne Umschweife und vor allem unbehelligt vom mißtrauischen Blick der Rechtssicherheit auf die Richtlinien zurückzukommen, muß man ihm das *Recht auf Fehler* einräumen. Das Geschäftsverkehrsgesetz anerkennt es ausdrücklich: Abweichungen sind zwar zu begründen – im jährlichen Geschäftsbericht und in der Botschaft des betreffenden Sachgeschäfts (Art. 45 Abs. 5, 45^{quinquies} GVG) –, aber *womit* sich der Bundesrat rechtfertigt, steht ihm frei: weder sind «Veränderungen der Umstände» verlangt noch «stichhaltige» Gründe[91], sondern einfach: Gründe; und entsprechend leitet der Bundesrat das Recht zur Abweichung *sowohl* «aus veränderten Rahmenbedingungen» *als auch* «aus neuen politischen Entscheidungen» her[92]. Wenn ‹sichere› Bindung gefragt ist, dann müssen Richtliniengeschäfte dem Bundesrat durch übliche Motion, der Verwaltung durch dienstrechtliche Weisung aufgetragen werden (vgl. Nr. 552 c). Man darf nicht übersehen: Berichte sind politische Belletristik; ihnen fehlt auch die Spur jener Formstrenge, die normative Bindung erst ermöglicht. Materiell verpflichtet sich der Bundesrat nur – aber immerhin – bei seiner *Glaubwürdigkeit,* ‹bindet› sich als Behörde, die sich wegen ihrer staatsrechtlich herausragenden Rolle auch ihr Denken überlegen muß.

---

[87] BBl 1984 I 158.
[88] Vgl. BBl 1980 I 590.
[89] BBl 1980 I 591, 1984 I 159.
[90] BBl 1984 I 158, 1980 I 590.
[91] Thomas Cottier, Rechtsnatur, ZSR 1984 I 422.
[92] BBl 1981 III 666. Vgl. Rudolf Probst, Richtlinien, 688.

Daran ändert die *Planmotion* gemäß Art. 45ter Abs. 2 GVG nichts: Gewiß erlaubt sie dem Parlament, die Richtlinien unmittelbar zu ändern – aber was dabei herausschaut, ist wiederum bloß Richtlinie [93]. Die Planmotion belegt nur, daß die Heranbildung der politischen Absichten kein Alleinrecht des Bundesrates ist, nicht aber ‹folgt› aus der Einrichtung materiellrechtliche Bindungskraft der Richtlinien.

b) *Falsch* ist der Satz vom ‹nur› politischen Verpflichtungsgehalt mit Blick auf das *Verfahren* der Richtlinien- und Finanzplansetzung. Abweichungen sind wohl erlaubt, ohne Nachweis besonderer materieller Voraussetzungen; aber sie gehören *begründet* – und diese Begründungspflicht als solche ist (verfahrensrechtliche) *Rechts*pflicht.

549. Im Vergleich zu alledem steht der Richtplan auf ‹tieferer› Stufe und bindet ‹stärker›. Gewiß: Auch der Richtplan, besonders die hinter ihm stehenden Grundzüge der anzustrebenden räumlichen Entwicklung (Art. 6 Abs. 1 RPG), gehört in den Dunstkreis der politischen Planung. Nur bleiben Richtplanung und Richtplan, anders als Regierungsrichtlinie und Finanzplan, Mittel einer *Bereichs*planung, und jedenfalls der Richtplan, das Ergebnis des Planungsprozesses, steigt weit hinab in die Niederungen des verwaltungstechnischen Details. Folgerichtig verkündet Art. 9 Abs. 1 RPG die Verbindlichkeit des Richtplans ausdrücklich; folgerichtig beschränkt sie sich – wie aus den materiellen Änderungsvoraussetzungen hervorgeht (Art. 9 Abs. 2 RPG) – nicht nur auf verfahrensmäßige Bindung.

B. Konzeptionen

550. Konzeptionen sind breit angelegte, auf weite Sicht verfaßte ‹Beiträge› zur staatlichen Willensbildung – ein präziser *Begriff* freilich fehlt.

Art. 13 RPG hilft nicht weiter: Das Gesetz redet von «Konzepten», ohne sie zu erklären. Die *Bundeskanzlei* begreift Konzeptionen als «umfassende Studie über einen öffentlichen Aufgabenbereich, welche ausgehend von einer Analyse des Ist-Zustandes Vorschläge für die mittel- oder längerfristig zu erreichenden Ziele ausarbeitet und die dazu erforderlichen Maßnahmen und Mittel aufzeigt. Verfassungs- und Gesetzesvorlagen gelten nicht als Konzeption.» [94]

---

[93] THOMAS COTTIER, Rechtsnatur, ZSR 1984 I 427.
[94] Schweizerische Bundeskanzlei, Richtlinien vom 22.10.1982 «über die Ausarbeitung von Konzeptionen sowie die Antragstellung an den Bundesrat» (nicht veröffentlicht).

551. Sowenig der Begriff feststeht, sowenig auch der *Zweck* der Konzeption: Wer über Sachzuständigkeit verfügt, der darf ihren Gebrauch, wenn er will, auch ‹konzipieren› – und so entstehen Konzeptionen bald auf Geheiß des Bundesrates, bald aus eigenem Antrieb des Amtes; entspringen sie einmal verwaltungsinterner Arbeit, ein andermal den Leistungen einer Expertenkommission; werden sie mit Blick auf das Parlament verfertigt oder für den Hausgebrauch – ein buntes Bild [95].

Die Bundeskanzlei unterscheidet nach dem Zweck der Konzeptionen *drei Typen* – wobei allerdings die konkrete Konzeption Elemente mehrerer Typen in sich vereinigen kann.

a) Ein erster Typus erscheint als *Absichtserklärung über die Grundsätze der künftigen Politik;* solche Konzeptionen ergehen (oder müßten ergehen) als Berichte des Bundesrates an die Eidgenössischen Räte [96] – freilich soll diese Form «für die politisch wesentlichen Absichtserklärungen in zentralen Aufgabenbereichen» reserviert bleiben [97]; man verdirbt sich sonst die Aufmerksamkeit des Parlaments. Neben den Regierungsrichtlinien (A) zählen zu Konzeptionen dieser Art: die Gesamtverteidigungskonzeption [98], das Armeeleitbild 80 [99], die Richtlinien für die Rüstungspolitik [100], ferner die genannten Landwirtschafts- und Raumordnungsberichte (Nr. 523 b), in gewissem Sinne auch (als Grundlage der Regierungsrichtlinien) die «Ziele für eine schweizerische Forschungspolitik» gemäß Art. 21 f. FG [101].

b) Konzeptionen können sodann der *Vorentscheidung über die Ausgestaltung von Vorlagen* dienen; solche Konzeptionen streben Beschlüsse des Bundesrates über die Erarbeitung bestimmter parlamentspflichtiger Geschäfte an [102]. Hierher gehören zum Beispiel: die Medien-Gesamtkonzeption [103], die Mehrjahresprogramme der Forschungsförderung [104] (Art. 23 FG), ferner eine Reihe raumwirksamer Konzeptionen (Nr. 523 b).

c) Schließlich erscheinen Konzeptionen auch als *Richtlinien für den Vollzug;* derartige Papiere richten das Verhalten verschiedener Verwaltungseinheiten auf gemeinsame Ziele aus [105], entfalten insofern materiell koordinierende Wirkung. Über-

---

[95] Übersicht über die Konzeptionen des Bundes (Stand 1982) bei HANS WERDER, Koordination von Konzeptionen, 22 ff.
[96] HANS WERDER, Koordination von Konzeptionen, 15 f.
[97] HANS WERDER, Koordination von Konzeptionen, 15.
[98] BBl 1973 II 112. Vgl. ULRICH ZWYGART, Die Gesamtverteidigungskonzeption unter besonderer Berücksichtigung der strategischen Fälle, Dießenhofen 1983, besonders 25 ff.
[99] BBl 1975 II 1706; Bericht des EMD über den Ausbauschritt 1984–1987, Bern 1982.
[100] BBl 1983 II 133. Vgl. BEAT SCHÄR-KERN, Das Problem der Rüstungsbeschaffung in der Schweiz, Bern 1983.
[101] Vgl. BBl 1981 III 1086 f.
[102] HANS WERDER, Koordination von Konzeptionen, 16 ff.
[103] Eidg. Expertenkommission für die Medien-Gesamtkonzeption, Schlußbericht, Bern 1982.
[104] Vgl. BBl 1981 III 1088.
[105] HANS WERDER, Koordination von Konzeptionen, 19 f.

aus zahlreich erscheinen Vollziehungskonzeptionen im raumwirksamen Aufgabenbereich (Nr. 523 b).

552. In der *Verbindlichkeit* liegt die Krux der Konzeption – Grund genug, sich vor dem Hang zur ‹Gesamtschau› in acht zu nehmen. Man wird, wenn das Gesetz wie gewöhnlich schweigt, auf den Zweck der Konzeption abstellen müssen, um einen Begriff von ihrer Bindungskraft zu erhalten. Grob und keineswegs abschließend läßt sich festhalten:

a) Konzeptionen als *Absichtserklärung über die Grundlinien der künftigen Politik* (Nr. 551 a) werden (als Bericht der Regierung an das Parlament) vom Bundesrat beschlossen und von den Räten – Planmotionen vorbehalten – zur Kenntnis genommen [106]. Was über die Verbindlichkeit der Regierungsrichtlinien ausgeführt wurde (Nr. 548), gilt für alle Konzeptionen dieser Art. Will der Bundesrat sie für den Verwaltungsgebrauch nutzen, dann muß er sie durch Beschluß ‹umsetzen› – wie, davon sogleich (c).

b) Konzeptionen als *Grundlage von Vorentscheidungen über die Ausgestaltung von Vorlagen* (Nr. 551 b) hegen schon nach eigenem Selbstverständnis keine Bindungsabsichten: Sie wollen Entscheide ermöglichen, nicht fällen – ‹bindend› wirken sie sich höchstens auf die Anträge aus, die dem Bundesrat unterbreitet werden: Der Beschlussesentwurf ‹stützt› sich eben auf die Konzeption, ‹ergibt› sich aus ihr. Freilich sollen solche Konzeptionen, gerade weil *Vor*entscheidungen anstehen, nicht auf einen bestimmten Ausgang hin festgelegt sein; vielmehr gehören alle ernsthaften Alternativen ausgebreitet [107] und – wo nötig – unterschiedliche Szenarien erarbeitet [108].

c) Konzeptionen als *Richtlinien für den Vollzug* schließlich (Nr. 551 c) ‹sind› nichts anderes als dienstrechtliche Instrumente der Verwaltungsführung: sie binden kraft Weisungsmacht der Verwaltungsspitze. Allerdings läßt sich die Konzeption der Verwaltung nicht ‹einfach so›, als Ganzes, für verbindlich vorsetzen [109]. Sie muß auf die Wirkungsvoraussetzungen des Rechts hin zugerichtet, muß in Verwaltungsvorschriften ‹ausgedrückt› werden [110] (C).

---

[106] HANS WERDER, Koordination von Konzeptionen, 15 f.
[107] HANS WERDER, Koordination von Konzeptionen, 18.
[108] Vgl. etwa die «Szenarien einer künftigen schweizerischen Energiepolitik» der Gesamtenergiekonzeption (Anm. 50), Schlußbericht Band II, 3 ff.
[109] So aber der BRB vom 25. 3. 1981 über das Schweizerische Tourismuskonzept (Anm. 51).
[110] HANS WERDER, Koordination von Konzeptionen, 20.

553. Stellt man *Richtplan und Konzeption* nebeneinander, wird sogleich klar: Der Richtplan *ist* Konzeption, und zwar, grundsätzlich, Konzeption für den Vollzug. Zwei Punkte sind aber zu präzisieren.

a) Konzeption für den Vollzug ist nur der Richtplan gemäß Art. 8 RPG: das, was ‹am Ende› der Richtplanung herausschaut, und nicht die übrigen Produkte dieses Prozesses: nicht die Grundzüge der anzustrebenden räumlichen Entwicklung (Art. 6 Abs. 1 RPG), nicht der Zielrahmen des Bundes (Art. 13 RPG), auch nicht der Raumordnungsbericht. Dieses sind Absichtserklärungen über den Verlauf der künftigen Politik: richtigerweise Berichte an das Parlament.

b) «Vollzug» ist, wenn vom Richtplan die Rede ist, in breitester Bedeutung zu verstehen. Nicht nur die Verwaltung, auch das Parlament ist angesprochen, sofern es raumwirksame Aufgaben erfüllt; nicht nur unmittelbares Staatshandeln, auch die Tätigkeit Privater ist gemeint, soweit sie dem Staate zurechenbar bleibt (einläßlich: § 11/II, III).

C. *Verwaltungsvorschriften*

554. Dienstbefehle, Verwaltungsverordnungen, Richtlinien, Kreisschreiben usf. – kurz und für alle: *Verwaltungsvorschriften* – sind Führungsmittel von Dienst- und Verbandsaufsicht, dazu bestimmt, die Besorgung staatlicher Aufgaben durch die beaufsichtigten Stellen zu lenken[111].

Die *Bezeichnung der Verwaltungsvorschriften im einzelnen* verwirrt: weder sind die Begriffe gesetzlich festgeschrieben, noch bietet die Praxis ein klares Bild.

a) *Dienstanweisungen* heißen gewöhnlich jene Akte, die für den Hausgebrauch einer Zentralverwaltung gedacht sind, mithin Dienstaufsicht voraussetzen[112]. Als *Dienstbefehl* beziehen sie sich auf den konkreten Einzelfall – häufig ist dann die Rede von «Verfügungen»[113]; als *Verwaltungsverordnung* regeln sie das Verwaltungs-

---

[111] Zu den Verwaltungsvorschriften: THOMAS FLEINER, Grundzüge, § 11 NN. 15f., § 12 NN. 67ff., § 16 NN. 56ff.; ANDRÉ GRISEL, Droit administratif, 89f.; MAX IMBODEN/RENÉ RHINOW, Verwaltungsrechtsprechung, Nr. 9 B/I; BLAISE KNAPP, Grundlagen, Nrn. 216ff.; VPB 1981 Nr. 1, 1980 Nr. 127 Ziff. 2.5a. Aus dem besonderen Schrifttum vgl. vorab PIERRE-LOUIS MANFRINI, Nature et effets juridiques des ordonnances administratives, Genf 1978; KURT STAMPFLI, Rechtliche Probleme allgemeiner Dienstanweisungen, Freiburg 1982; FRITZ OSSENBÜHL, Verwaltungsvorschriften und Grundgesetz, Bad Homburg/Berlin/Zürich 1968.
[112] BLAISE KNAPP, Grundlagen, Nr. 1328f.
[113] Vgl. als publiziertes Beispiel die «Verfügung des Eidg. Post- und Eisenbahndepartementes betreffend Einführung der Stundenzählung 0–24», SR 172.059.411.

handeln generell-abstrakt, erteilen «Anweisungen an das öffentliche Personal bei Erfüllung seiner Dienstpflichten»[114] – weithin werden solche Akte als «Weisungen» bezeichnet[115]. Verwaltungsverordnungen, die sich der Grenze zum Außenbereich nähern, sollen als «Rechts»verordnung ergehen und als solche publiziert werden[116].

b) Von generell-abstrakten Dienstanweisungen kaum zu unterscheiden sind *Richtlinien*. Gewiß: Sie erscheinen häufig weniger streng redigiert, als man es von Normen gemeinhin erwartet; sie erwecken den Eindruck schwächer bindender «Empfehlungen»[117], handeln häufig auch von technischeren Dingen, beanspruchen mitunter Geltung über den Bereich der Dienstaufsicht hinaus – aber von gefestigten Unterschieden darf man nicht sprechen[118].

c) Als *Kreisschreiben* treten gewöhnlich Akte der Verbandsaufsicht auf: Vorschriften des Bundes an die Kantone, oder der Kantone an die Gemeinden[119]. Aber: Kreisschreiben gehen zuweilen auch an die Stellen ein und derselben Körperschaft (etwa wenn der Adressatenkreis unbestimmt ist, insbesondere auch die dezentralisierte Verwaltung angeschrieben wird[120]); und umgekehrt wendet sich der Bund eben auch mit «Richtlinien» und «Weisungen» an die Kantone[121].

Nicht hierher gehören, dies zur Abgrenzung:

d) *Anstaltsordnungen* und die arbeitsrechtliche (weder betriebliche noch technische) *Ordnung des öffentlichen Dienstes*[122]: Die Regelung der Sonderstatusverhältnisse zwischen dem Gemeinwesen und seinen Angestellten, zwischen der Anstalt und ihren Benützern gehört in die ‹Sphäre› dessen, was als «objektives Recht» gilt[123].

---

[114] BGE 104 Ia 163 E. 2. Vergleichbar 107 V 155 E. 2 b; 105 Ib 139 E. 1.

[115] Z. B. die «Weisungen des Eidg. Finanzdepartementes an alle Amtsstellen der allgemeinen Bundesverwaltung über die gleitende Arbeitszeit», vom 31.3.1980 (nicht veröffentlicht; vgl. Art. 15 Abs. 3 ArbeitszeitV, SR 172.221.122).

[116] HANS WERDER, Koordination von Konzeptionen, 20; VPB 1981 Nr. 1 Ziff. 4, 5. Vgl. die SubmissionsV, die EinkaufsV und die BauV – alle als «Weisungen an die Verwaltung» bezeichnet (SR 172.05).

[117] ANDRÉ GRISEL, Droit administratif, 90; VPB 1980 Nr. 127 Ziff. 2.5 a (in der Betonung des Unterschiedes freilich zu absolut).

[118] Z. B. die Richtlinien der schweizerischen Bundeskanzli «für die Vorbereitung und Erledigung der Bundesratsgeschäfte», vom 27.9.1985; die «Richtlinien der Gesetzestechnik», von September 1976, herausgegeben von der Bundeskanzlei und dem Bundesamt für Justiz (beide nicht veröffentlicht); ferner die Richtlinien des Bundesrates «über Administrativuntersuchungen», BBl 1981 III 1014.

[119] MAX IMBODEN/RENÉ RHINOW, Verwaltungsrechtsprechung, Nr. 9 B/I. Bekanntes Beispiel sind die Kreisschreiben des Bundesgerichts als betreibungsrechtliche Aufsichtsbehörde an die kantonalen Aufsichtsbehörden gemäß Art. 15 Abs. 3 SchKG.

[120] Z. B. das «Kreisschreiben des Bundesrates an die Departemente, Anstalten und Regiebetriebe des Bundes betreffend Fuß- und Wanderwege», BBl 1979 III 695.

[121] Z. B. die Richtlinien «über die Luftreinhaltung beim Verbrennen von Siedlungsabfällen» und von «Sonderabfällen», BBl 1982 I 1331, 1337; oder die Weisungen im Bereich der Grundbuchvermessung gemäß Art. 4 Abs. 2 V über die Grundbuchvermessung (SR 211.432.2).

[122] Z. B. die V über die Eidg. Technischen Hochschulen, SR 414.131; und im Bereich des öffentlichen Dienstes die einschlägigen Erlasse unter SR 172.221.

[123] BGE 104 Ia 164 E. 2. FRITZ GYGI, Bundesverwaltungsrechtspflege, 138; MAX IMBODEN/RENÉ RHINOW, Verwaltungsrechtsprechung, Nr. 65 B/I; BLAISE KNAPP, Grundlagen, Nrn. 1885 ff.

e) «*Vollzugshilfen*» von Behörden, «*Empfehlungen*», «*Wegleitungen*» und «*Hinweise*»[124]: Zu derart wolkigen Gebilden nehmen Amtsstellen gerne Zuflucht, wenn eine solide Aufsichtsbefugnis fehlt – heimlich hoffend auf die normative Kraft alles Schriftlichen.

f) *Vorschriften privater, nicht beliehener Verbände*[125]: Sie fallen schon wegen mangelnder Rechtsetzungsmacht ihrer Schöpfer als Formen eines ‹Innenrechts› nicht in Betracht[126]. Höchstens wirken sie als Auslegungshilfe, als «soft law»[127].

555. Verwaltungsvorschriften stehen im Dienste unterschiedlicher *Zwecke:* Die aufsichthabende Behörde kann sie als Stütze eines *rechtsgleichen Staatshandelns* verwenden[128], kann mit ihrer Hilfe Konzeptionen in den Verwaltungsalltag umsetzen und dadurch für übergreifend *koordinierte Verwaltungspraxis* sorgen[129], kann endlich – Personalstopp und leere Kassen im Rücken – auf *Rationalisierungsgewinne* hoffen[130] oder sich dazu hergeben, ‹vorgesetzte› *Standpunkte* durchzudrücken[131]. Die beiden letztgenannten Einsätze sollten unterbleiben: Sie verfremden den Sinn des Ermessens, die Freiheit zum sachgerechten Einzelfallentscheid[132].

556. Nicht gerade lichteste Klarheit herrscht über die *Verbindlichkeit* der Verwaltungsvorschriften.

a) Der *Bindungsbereich* ist zweifach einzugrenzen. Einmal bleiben Dienstanweisungen und ihre Verwandten auf die konkrete aufsichtsrechtliche Beziehung beschränkt; sie stehen und fallen mit dem organisationsrechtlich vermittelten ‹Zugriff› der aufsichtsführenden Behörde auf ihre Untergebenen[133]. Zweitens entfalten Verwaltungsvor-

---

[124] Z.B. die «Vollzugshilfe im Bereich Landwirtschaft» der Bundesämter für Raumplanung und Landwirtschaft, vom 18.5.1983, zur Ausscheidung von Landwirtschaftszonen gemäß Art. 16 RPG; oder die «Überlegungen, Hinweise, Empfehlungen» des Bundesamtes für Raumplanung zum «Richtplan nach dem Bundesgesetz über die Raumplanung», Bern 1979.
[125] Z.B. die «Norm 118» (Allgemeine Bedingungen für Bauarbeiten) des Schweizerischen Ingenieur- und Architektenvereins, Zürich 1977; oder die «Normensammlung» der Vereinigung der Schweizerischen Straßenfachmänner, Zürich (erscheint laufend).
[126] MAX IMBODEN/RENÉ RHINOW, Verwaltungsrechtsprechung, Nr. 5 B/III/b.
[127] Vgl. BERND STAUDER/JOACHIM FELDGES/PETER MÜLBERT, Praxis und Perspektiven von Konsumentenschutz durch «soft law» in der Schweiz, ZSR 1984 I 245, besonders 261 ff.
[128] BGE 107 Ib 121 E. 4a, V 155 E. 2b; 104 Ib 337 E. 1c.
[129] HANS WERDER, Koordination von Konzeptionen, 20.
[130] Vgl. BLAISE KNAPP, Grundlagen, Nr. 1900.
[131] «Evokation»! BLAISE KNAPP, Grundlagen, Nr. 1892.
[132] THOMAS FLEINER, Grundzüge, § 16 N. 58.
[133] MAX IMBODEN/RENÉ RHINOW, Verwaltungsrechtsprechung, Nr. 9 B/II/a; BLAISE KNAPP, Grundzüge, Nrn. 1329, 1340f.

schriften nur Wirkung ‹im Rahmen› des Rechts. Denn die Weisungsgewalt entbindet nicht von der Pflicht zu rechtssatzgemäßem Handeln, insbesondere nicht vom Gebot fallgerechter Normauslegung[134]; und der Richter prüft die ‹nach außen› hin verbindliche Verfügung «direkt»[135] auf ihre Rechtmäßigkeit. Solange aber die Verwaltungsvorschrift diese Grenzen achtet, die ‹Sphäre› des Bürgers, seine Rechtsstellung nicht berührt: solange schafft sie kein «objektives Recht», bedarf sie keiner Publikation, ist sie als solche nicht anfechtbar[136]. Eine Ausnahme macht die (staatsrechtliche) Praxis nur – unter bestimmten Umständen (Nr. 670) – bei Verwaltungsverordnungen «mit Außenwirkung»[137].

Die Teilung in «objektives Recht» und (nicht-objektives?) «Innenrecht» freilich erzeugt Unwohlsein[138]. Auch Verwaltungsvorschriften entspringen staatlicher Normsetzungsbefugnis, wenn auch einer ‹anders› gewidmeten. Nicht ohne Grund spricht das Bundesgericht vorsichtiger davon, Dienstanweisungen verkörperten «nicht Bundesrecht *im Sinne* von Art. 104 Bst. a OG»[139]; und in Verantwortlichkeitsprozessen läßt sich die «Rechts»widrigkeit schädigender Staatsakte schon längst unter Hinweis auf verletzte Verwaltungsvorschriften begründen[140].

b) Die *Bindungskraft* von Verwaltungsvorschriften ist – im soeben abgesteckten Rahmen – eine Frage allein der normativen Technik: Die Vorschriften können bald als konditionale, befolgbare Verhaltensnorm, bald als finaler, abwägungspflichtiger Grundsatz auftreten.

557. Das ‹Verhältnis› von *Richtplan und Verwaltungsvorschrift* endlich läßt sich nicht ohne Vorbehalte angehen, eben weil es ‹die› Verwaltungsvorschrift nicht gibt. Eines immerhin kann man festhalten: Der Richtplan wendet sich weithin an die unter Aufsicht arbeitende Verwaltung; insofern enthält er, wieso nicht, individuell-konkrete Dienstbefehle, wenn auch Dienstbefehle mit Abwägungsvorbehalt. Aber die Aufsichtsbefugnis der plankompetenten Behörde ist nicht der Schlüssel zur Planbindung. Einmal deshalb nicht, weil der (kantonale) Planbeschluß durchaus in die Hände des Parlaments gelegt sein kann: einer Behörde ohne Weisungsgewalt über die raumwirksam tätige Verwaltung. Soweit

---

[134] BGE 107 Ib 122f. E. 4b; 106 Ib 254 E. 1; 104 Ib 52f. E. 3a.
[135] BGE 106 Ib 253 E. 1.
[136] BGE 107 V 155 E. 2b; 105 Ib 139ff. E. 1, 2; MAX IMBODEN/RENÉ RHINOW, Verwaltungsrechtsprechung, Nr. 9 B/II/b, c, e.
[137] BGE 98 Ia 511 E. 1; vgl. auch 102 Ia 187f. E. 2.
[138] Vgl. PETER SALADIN, Verwaltungsverfahrensrecht, 65f.
[139] BGE 105 Ib 140 E. 2; vgl. auch FRITZ GYGI, Bundesverwaltungsrechtspflege, 290f.
[140] BGE 107 Ib 164 E. 3a; 89 I 492f. E. 6c. ANDRÉ GRISEL, Droit administratif, 797f.

der Richtplan – zweitens – Behörden des Nachbarkantons anspricht, tut er das ohnehin nicht im Gewande der Aufsicht, sondern kraft der in Art. 22^{quater} Abs. 2 BV niedergelegten Koordinationsbefugnis des Bundes: einer Sachzuständigkeit also. Vor allem aber verfehlt der hierarchische Geist von Dienst- und Verbandsaufsicht den Sinn des Richtplans. Sinn des Richtplans ist, Stetigkeit in die behördliche Willensbildung hineinzutragen; und so richtet er seine Verpflichtungskraft nicht (wie Dienstbefehl und Verwaltungsverordnung[141]) einseitig auf den Normadressaten, sondern bindet *beide Teile:* die raumwirksam tätige Behörde so gut wie die plankompetente selbst.

---

[141] PETER SALADIN, Verwaltungsverfahrensrecht, 65.

Zweiter Abschnitt
Planbindung

558. Die raumwirksame Aufgabeneinheit steht und fällt mit der Verbindlichkeit des Richtplans: *Art. 9 RPG* wirkt als ihr zentraler Vermittler. Als ein höchst schweigsamer Vermittler auch: «Richtpläne sind für die Behörden verbindlich» – mehr wird nicht gesagt; der Satz ist so klar wie nichtssagend. Mit dem folgenden Abschnitt soll ihm Inhalt zuwachsen (§§ 11–14).

559. Nichtssagend ist der Satz, weil er gewohnte Worte in ungewohnten Zusammenhang bringt: «Verbindlichkeit» gemahnt an Gebot und Verbot, an Rechtsverhältnis und Erzwingbarkeit. Aber so kann es Art. 9 RPG nicht meinen, gerade nicht: ‹Nur› die Behörden sollen gebunden sein, die Bürger nicht; nur der ‹Innen›bereich liegt im Visier, nicht die Außenwelt. Wohl will der Richtplan von seinen unmittelbaren Adressaten gehört werden, nichts aber mit den mittelbaren Auswirkungen seiner Vorschriften zu tun haben. Nun kann man nicht beides bekommen – Verläßlichkeit nach innen, Verantwortungsfreiheit nach außen; einmal Norm, einmal Nichts. Freilich gibt die Bewirtschaftung der raumwirksamen Aufgaben genug zu tun; man versteht, weshalb der Richtplan der Rechtsschutzfront fürs erste entrinnen will. Derartiger Wunsch aber verpflichtet. Er verpflichtet, die Schwelle des rechtsschutzbewehrten «Rechtsverhältnisses» nicht zu betreten. Darauf muß sich der Richtplan einstellen: mit der Wahl seiner Adressaten, mit der Wahl von Inhalt und Form, mit der Wahl seiner Bindungskraft.

560. Die *Adressaten* des Richtplans (§ 11), sein *Inhalt* und seine *Form* (§ 12) und endlich seine *Bindungskraft* (§ 13) sind die Parameter, kraft derer Art. 9 RPG beschrieben werden soll. Und erst im Lichte dieser Hilfsgrößen ist die Gegenprobe anzustellen: ob der Richtplan *«Außenwirkung»* entfalte (§ 14).

§ 11 Adressaten

561. Der Richtplan zielt auf Behörden, die raumwirksame Aufgaben erfüllen (Art. 8 f. RPG). Durch drei Größen wird der Planadressat näher bestimmt: durch den *Gegenstand* des Richtplans, die raumwirksame Aufgabe (I, Nrn. 562 ff.), durch die Eigenschaft als *Behörde* (II, Nrn. 580 ff.), und durch die *Form zu handeln* (III, Nrn. 594 ff.).

I. Gegenstand des Richtplans: Raumwirksame Aufgaben

562. Mit den raumwirksamen Aufgaben können nur *Aufgaben des Staates* gemeint sein (A, Nrn. 563 f.). Gehörige Fragen wirft hingegen die *Raumwirksamkeit* der einzelnen Aufgabe auf (B, Nrn. 565 ff.).

A. Staatsaufgabe (Verweisung)

563. «*Staatsaufgabe*», soviel zur Erinnerung, ist jede dem Staate zurechenbare Verantwortung (§ 6/I/B); gleichgültig, wer tätig wird und welcher Formen er sich bedient; gleichgültig auch, ob der Handlungsbeitrag des Staates – gemessen am ‹Total› der staat-gesellschaftlichen Wirkeinheit – gering bleibe oder überwiege.

564. Eine *sprachliche Bemerkung* ist beizufügen: Daß das RPG von raumwirksamen «Aufgaben» hier, von raumwirksamen «Tätigkeiten» dort spricht, hat wenig zu bedeuten; vor allem steckt kein Unterschied der Sache dahinter. Die wankelmütige Terminologie ist das Verdienst der parlamentarischen Redaktionskommission, mit deren Sprachgewissen die Vorstellung sich nicht vereinbaren ließ, raumwirksame «Aufgaben» aufeinander abzustimmen. Nur Tätigkeiten, wurde man beschieden, könnten aufeinander abgestimmt werden, nicht Aufgaben[1].

B. Raumwirksamkeit

565. Art. 1 Abs. 1 RPV nennt Tätigkeiten (und damit auch die ‹hinter› ihnen stehenden Aufgaben) raumwirksam, «wenn sie die Nutzung des Bodens oder die Besiedlung des Landes verändern oder bestimmt sind, diese zu erhalten». Nicht der Inhalt, nur die *Wirkung* des Staatshandelns zählt[2].

---

[1] Vgl. Kommission N 20./21. 11. 1978, 24 ff.
[2] PIERRE MOOR, Plan directeur, 577.

B.1 Funktion

566. Der Begriff der raumwirksamen Aufgabe hebt aus der Menge aller staatlichen Aufgaben eine Teilmenge heraus und belegt deren Träger wegen ihres Bodenkonsums mit besonderen (zusätzlichen) Pflichten, ohne die sachliche Selbständigkeit der Ressorts oder die politische Autonomie der Gebietskörperschaften in der Substanz anzutasten.
- Die Träger raumwirksamer Aufgaben unterstehen erstens einer *Planungspflicht* (Art. 2 Abs. 1, 13 Abs. 1 RPG).
- Zweitens obliegt ihnen *Abstimmung*, und zwar Abstimmung sowohl der einzelnen Aufgabenhandlung (Art. 1 Abs. 1 RPG; Art. 2 Abs. 2 RPV) als auch der dafür unternommenen Planung (Art. 2 Abs. 1, 13 Abs. 1 RPG).
- Drittens haben sie auf die *Planungsgrundsätze* zu «achten» (Art. 3 RPG), und
- viertens sind die Aufgabenträger gehalten, an der *Richtplanung* teilzunehmen (Art. 8 RPG; Art. 4 RPV).

Diese Pflichten ‹ergeben› sich aus der Querschnittaufgabe der Raumplanung (§ 1/III/B); sie bestimmen den Bedeutungsgehalt der «Raumwirksamkeit» (B.2).

B.2 Bedeutungsgehalt

567. Eines ist allen Pflichten gemeinsam, die den raumwirksam tätigen Behörden auferlegt werden: Sie unterstellen ‹Planbarkeit›, setzen voraus, daß die raumwirksame Aufgabe willentlicher Steuerung zugänglich ist, und zwar gerade in dem Punkt, auf welchen es der Querschnittaufgabe ankommt: in den Auswirkungen der Aufgabenwaltung auf die Nutzung des Bodens. Als *raumwirksam* – und damit als der Richtplanung verpflichtet – kann allein der *gezielte, gewollte Einfluß auf die räumliche Ordnung eines bestimmten Gebietes* gelten [3]. Dabei ist zu unterscheiden: Aufgaben *bodenverändernder* Zielrichtung (Nr. 18 b) gelten *stets* als raumwirksam, seien sie ausdrücklich bestimmt, die Nutzung des Bodens zu verändern, oder ‹nur› dafür geeignet. Aufgaben *bodenerhaltender* Zielrichtung hingegen gelten nur dann als raumwirksam, wenn sie *erklärtermaßen* «bestimmt» (Art. 1 Abs. 1 RPV) sind, die Nutzung des Bodens zu erhalten: Ohne diese Einschränkung würde wegen der zufälligen ‹Untätigkeiten› raumneutraler Aufgaben jede sinnvolle Verbin-

---

[3] Das folgende angelehnt an EJPD/BRP, Erläuterungen RPG, Art. 1 N. 14.

dung zur Planungspflicht verlorengehen. Allemal genügt es, wenn der raumwirksame Zweck (neben anderen Zielen) mehr als eine nur untergeordnete Rolle spielt.

568. Die raum*wirksamen* Aufgaben bilden einen qualifizierten Ausschnitt aus der Menge der raum*bedeutsamen* (raum*beeinflussenden,* raum*relevanten*) Aufgaben, nämlich den Ausschnitt der – wie vermerkt – räumlich ‹planbaren›. Tätigkeiten, deren Auswirkungen auf den Raum eher Nebenerscheinung sind, ihnen nach der Erfahrung zwar zurechenbar, aber weder örtlich noch zeitlich in jenem Maße vorauszusehen, das eine Planung erst ermöglicht: diese Tätigkeiten faßt Art. 2 Abs. 2 RPG als *«übrige Tätigkeiten»* zusammen und auferlegt ihren Trägern lediglich die Pflicht zu aufnehmender «Rücksicht». Als «übrige» Tätigkeit gelten namentlich Maßnahmen der Finanz-, Wirtschafts- und Sozialpolitik.

569. Die «raumwirksame Aufgabe» ist ein Kind des geltenden RPG, besonders die Definition in Art. 1 Abs. 1 RPV. Die Sache selbst aber, die Einsicht in das Übergreifende der Raumplanung, ist keineswegs neu. An Vorläufern hat es nicht gefehlt[4], auch nicht an Vorbildern im ausländischen, vor allem im deutschen Recht[5]. Immerhin geht Art. 1 RPV gerade im Vergleich zum deutschen Recht eigene Wege: Während Abs. 2 dieser Bestimmung die Reihe mit den Beiträgen zu raumwirksamen Vorhaben schließt, zählt § 3 ROG nach herrschender Lehre auch Steuergesetze, Versorgungs- und Verkehrstarife sowie Vorkehren der Wirtschaftspolitik zum Kreis der «raumbedeutsamen» Maßnahmen[6]. Derlei ausgreifende Sicht ist *nicht* zu empfehlen, Art. 1 RPV *nicht* «zu eng ausgefallen»[7]. Denn raumwirksame Aufgabe und Richtplan bilden aufeinander bezogene Begriffe: die raumwirksame Aufgabe als Gegenstand des Richtplans, der Richtplan als Mittel zu deren Bewirtschaftung. Und vorab die Thematik des Richtplans – Art. 6 Abs. 2 und 3 RPG – macht klar, daß er für ‹direkte› Einflußnahmen auf die Raumgestalt ausgelegt ist; zu ‹direkten› – gezielten – Eingrif-

---

[4] Vgl. Art. 44 RPG 74 oder auch § 8 BauG ZH. Auch dem Schrifttum der siebziger Jahre war der Begriff durchaus geläufig: vgl. etwa KURT KIM, Raumplanung Schweiz, 59 ff. («raumwirksame Kompetenzen des Bundes»); MARTIN LENDI, Planungsrecht, ZSR 1976 II 61, 85 f., 96 («raumbedeutsame Staatstätigkeit»); CHRISTOPH STEINLIN, Raumplanungskompetenzen, 42 («raumwirksame Vorkehren»).
[5] So gelten gemäß § 3 Abs. 1 des bundesdeutschen Raumordnungsgesetzes jene Planungen und Maßnahmen als «raumbedeutsam», «durch die Grund und Boden in Anspruch genommen oder die räumliche Entwicklung eines Gebietes beeinflußt wird». Ähnliche Begriffsbestimmungen finden sich in den Raumordnungsgesetzen (Landesplanungsgesetzen) der deutschen Bundesländer.
[6] Vgl. WERNER CHOLEWA/HARTMUT DYONG/HANS-JÜRGEN VON DER HEIDE, Raumordnung in Bund und Ländern, § 3 NN. 23, 26; WERNER ERNST/WERNER HOPPE, Raumplanungsrecht, N. 64.
[7] MARTIN LENDI/HANS ELSASSER, Raumplanung, 191.

fen in den Raum muß folglich fähig sein, was als raumwirksame Staatstätigkeit gelten will. Gewiß hat die Raumplanung Grund, das Werk zum Beispiel der Steuergesetzgebung zu fürchten. Aber es reicht vollkommen, derartigen Störern Rücksicht auf die Belange der Raumplanung abzuverlangen (Art. 2 Abs. 2 RPG!).

C. Die raumwirksamen Aufgaben des Bundes im einzelnen

570. Den Begriff der raumwirksamen Aufgabe bestimmt allein Art. 1 Abs. 1 RPV; die Aufzählung des zweiten Absatzes ist Illustration: beispielhaft und nicht abschließend.

571. Die folgende Zusammenstellung beschränkt sich auf die raumwirksamen Aufgaben des *Bundes,* und dabei auf das *Augenfällige*[8]. Sie folgt den Aufgabentypen der Verordnung (Art. 1 Abs. 2 RPV; über die Einreihung im einzelnen läßt sich freilich streiten) und berücksichtigt in Grundzügen die Aufgabenzuständigkeiten.

C.1 Art. 1 Abs. 2 Bst. a RPV: Raumpläne, Sachpläne, Konzepte, Grundlagen

572. Art. 1 Abs. 2 Bst. a RPV geht ausschließlich *staatliche Planungen* an, diese aber von Anfang bis Ende, von der schlichten Erarbeitung über die Planfestsetzung bis hin zur Genehmigung durch die Aufsichtsbehörde. Hierher gehören auch konzeptionelle Planungen über öffentliche Bauten und Anlagen (Bst. b, ohne die eigentlichen Werkpläne), über die Erteilung von Bewilligungen und Konzessionen (Bst. c) und über die Gewährung von Beiträgen (Bst. d) sowie – mangels eigener Rubrik – die Fachbegutachtung solcher Aufgaben. Planungen, die von privater Seite (oder von autonomen Verwaltungseinheiten) zur Genehmigung eingegeben werden, erfaßt Bst. c.

573. Unter Art. 1 Abs. 2 *Bst. a* RPV fallen namentlich:
- als Aufgabe der *Bundesversammlung:* SR 4 – Begrenzung der Ufervegetation (Art. 21 f. NHG), des Nationalparks (Art. 1 NationalparkG). SR 7 – Beschluß über die allgemeine Linienführung der Nationalstraßen (Art. 11 NSG).
- als Aufgabe des *Bundesrates:* Festsetzung raumwirksamer Konzeptionen (Nr. 523 b). SR 4 – Festsetzung der Inventare von Objekten mit nationaler Bedeutung (Art. 5 NHG; vgl. VBLN und VISOS); Genehmigung von Verträgen der Nationalparkkommission (Art. 5 Abs. 2 NPG). SR 70 – Genehmigung von Richtplänen, Beschlüsse im Bereinigungsverfahren und Festsetzung vorübergehender Nutzungszonen (Art. 11 f., 37 RPG); Festsetzung der je Kanton

---

[8] Vgl. für Einzelheiten EJPD/BRP, Grundlagen, Konzepte, Sachpläne und Bauvorhaben des Bundes (Übersicht), Bern 1980, nachgeführt 1984.

zu schützenden Fruchtfolgeflächen (gemäß zu revidierender RPV). SR 72 – Genehmigung der generellen Nationalstraßenprojekte (Art. 20 NSG); Bezeichnung des Hauptstraßennetzes (Art. 8 Abs. 1 TreibstoffzollB). SR 8 – Festsetzung der Standorte für Deponien und Entsorgungsanlagen für gefährliche Abfälle (Art. 31 Abs. 5 USG). SR 9 – Begrenzung des Waldareals (Art. 1 FPolV); Festsetzung von Jagdbannbezirken (Art. 1 V über die eidgenössischen Jagdbannbezirke, SR 922.31).

- als Aufgabe der *zentralisierten Verwaltung* (Departemente und Ämter): SR 4 – Festsetzung vorsorglicher Maßnahmen des Natur- und Heimatschutzes (Art. 16 NHG). SR 7 – Genehmigung unbestrittener Richtplananpassungen (Art. 7 Abs. 2 RPV); Genehmigung von Lärm- und Sicherheitszonenplänen um eidgenössisch konzessionierte Flughäfen (Art. 42 ff. LFG; Art. 56 ff. LFV). SR 8 – Genehmigung von Sanierungsplänen des Gewässerschutzes (Art. 16 Abs. 2 GSchG); Umweltverträglichkeitsprüfung (Art. 9 USG). SR 9 – Genehmigung von regionalen Entwicklungskonzepten (Art. 26 Abs. 3 IHG); Festsetzung des Berggebietes und der voralpinen Hügelzone (Art. 2,8 V über den Produktionskataster, SR 912.1), des Rebbaukatasters (Art. 5 f. Weinstatut, SR 916.140).

- als Aufgabe *autonomer Verwaltungseinheiten:* Beschluß über Unternehmens- und Betriebskonzepte durch SBB und PTT, unter Vorbehalt der Aufsichtsbefugnisse von Bundesrat und Bundesversammlung (vgl. Art. 1, 7 f., 9 ff. SBBG; Art. 1, 13 ff., 16 ff. PTT-OG).

- als Aufgabe *anderer Träger der Bundesebene:* Begutachtung raumwirksamer Bundesaufgaben durch die Eidgenössische Kommission für Denkmalpflege (Art. 3 ff. V über die Förderung der Denkmalpflege, SR 445.11) und durch die Eidgenössische Natur- und Heimatschutzkommission (Art. 2 ff. NHV); Beschluß über Unternehmens- und Betriebskonzepte durch die SWISSAIR (vgl. Art. 103 LFG).

C.2 Art. 1 Abs. 2 Bst. b RPV: Öffentliche Bauten und Anlagen

574. Keine Verständnisschwierigkeiten bereiten «Errichtung» und «Veränderung» öffentlicher Bauten und Anlagen, auch nicht deren «Nutzung»: Gemeint ist jede ihrer Art nach baubewilligungspflichtige Tätigkeit des aufgabenerfüllenden Staates. Von der «Planung» gehören nurmehr Werk- und Ausführungspläne hierher; generelle Projekte sowie konzeptionelle Planungen über Bauten und Anlagen zählen zu Bst. a. Problembefrachtet sind die «im öffentlichen Interesse liegenden» Werke: die ‹private›, das Finanzvermögen beschlagende Bautätigkeit des Gemeinwesens und die im Dienste der ‹Öffentlichkeit› stehenden Gebäulichkeiten Privater. Das soll nurmehr vermerkt werden; die Frage ist später aufzunehmen (Nrn. 587 ff.). Vorerst kommt es allein auf die *Bauten des Staates* an, und darunter nur auf jene, die ihm als *Gebrauchswert* dienen und deshalb zum Verwaltungsvermögen zählen.

575. Unter Art. 1 Abs. 2 *Bst. b* RPV fallen namentlich:
- als Aufgabe der *Bundesversammlung:* SR 1 – Objektkredite für Bauvorhaben des Bundes (Art. 23 BV; Art. 2 Bst. c BauV). SR 7 – Bau neuer Bahnlinien durch den Bund bzw. Stillegung von Bahnlinien des Bundes (Art. 2, 4 Abs. 3 SBBG).
- als Aufgabe des *Bundesrates:* Errichtung von Atommüllagerstätten (subsidiär) durch den Bund (Art. 10 Abs. 1, 1 Abs. 1 BBAtG).
- als Aufgabe der *zentralisierten Verwaltung* (Departemente und Ämter): SR 1 – Allgemeine (zivile und militärische) Bauplanung des Bundes durch Baufachorgane, Planungsgruppen und Projektkommissionen (Art. 10 ff. BauV). SR 5 – Belegung und vertragliche Sicherung von Schießplätzen gemäß Art. 33 MO. SR 7 – Genehmigung von Ausführungsprojekten für Nationalstraßen (Art. 28 Abs. 1 NSG), von Projekten für eidgenössisch subventionierte Hauptstraßen (Art. 8 Abs. 2 TreibstoffB).
- als Aufgabe *autonomer Verwaltungseinheiten:* Genehmigung von Projekten und Bewilligung von Baukrediten durch SBB und PTT (vgl. Art. 6 Ziff. 9 V zum SBBG, SR 742.311; Art. 16bis Abs. 2 Bst. i PTT-OG).

C.3 Art. 1 Abs. 2 Bst. c RPV: Konzessionen und Bewilligungen für raumwirksame Vorhaben

576. Bewilligungen und Konzessionen bilden die größte Gruppe raumwirksamer Staatsakte; es hält schwer, einen Überblick zu gewinnen. Stets wiederkehrender Ausgangspunkt ist ein *raumwirksames Privatvorhaben,* ‹von außen› an den Bund herangetragen; sein Handlungsbeitrag – eben: die raumwirksame Aufgabe des Staates – besteht darin, dieses Vorhaben unter bestimmten Gesichtspunkten zu prüfen und entweder durch *Verwaltungsakt* darüber zu entscheiden: durch Konzession, Bewilligung und Plangenehmigung; oder durch *Vernehmlassung* an die Adresse der zuständigen Behörde sich dazu zu äußern. Für welche Gesichtspunkte der Bund sich interessiert und für wieviele, spielt keine Rolle; keine Rolle auch die ‹Tiefe› der Kognition, solange nur raumbezogene Gesichtspunkte zu prüfen sind. Die *Möglichkeit raumwirksamer Einflußnahme* allein, auch wenn sie gemessen am Ganzen gering ist, genügt als Kennzeichen einer raumwirksamen «Aufgabe»; sie bleibt auch dann eine raumwirksame Aufgabe «des Bundes», wenn die ‹daneben› einzuholenden Bewilligungen von Kanton und Gemeinde die Hauptfragen bewältigen. Vor allem braucht die raumwirksame Aufgabe des Bundes nicht zugleich «Bundesaufgabe» im Sinne von Art. 2 NHG zu sein: Denn dieser Vorschrift geht es zuerst um die *föderative* Zuordnung unbestritten staatlicher Aufgaben[9], während Art. 1 RPV sich gerade für die

---

[9] Vgl. mit Bezug auf die Befugnis des Bundes, die Pläne von Wasserwerken zu «prüfen» (Art. 5 Abs. 3 WRG), VPB 1970/1971 Nr. 78 E. 2 ff.

Staatlichkeit eines Handlungsbeitrages in erster Linie interessiert und auf dessen staatsrechtlichen Ort nicht weiter achtet.

577. Unter Art. 1 Abs. 2 *Bst. c* RPV fallen namentlich:
- als Aufgabe der *Bundesversammlung:* Genehmigung von Rahmenbewilligungen des Bundesrates für Atomanlagen (Art. 8 Abs. 2 BBAtG); Konzessionierung von Bahnstrecken (Art. 5 Abs. 2 EBG).
- als Aufgabe des *Bundesrates:* SR 2 – Festsetzung kantonaler Bewilligungskontingente für den Erwerb von Ferienwohnungen durch Personen im Ausland (Art. 11 BewG). SR 72 – Verleihung von Wasserrechten an grenzberührenden und (subsidiär) an interkantonalen Gewässerstrecken (Art. 38 Abs. 2, 3 WRG). SR 73 – Erteilung von Rahmenbewilligungen für Atomanlagen (Art. 8 Abs. 1 BBAtG); Bewilligung von vorbereitenden Handlungen für Atommüllanlagen (Art. 10 Abs. 2 BBAtG). SR 74 – Erneuerung von unbestrittenen Bahnkonzessionen (Art. 5 Abs. 3 EBG); Konzessionierung von Rohrleitungsanlagen (Art. 5 RLG); Genehmigung von Bauplänen für Wasserbauten an Schiffahrtsgewässern (Art. 6 f. BRB betreffend die schiffbaren oder noch schiffbar zu machenden Gewässerstrecken, SR 747.219.1). SR 78 – Konzessionierung von Fernmeldeanlagen, sofern das betreibende Unternehmen einen öffentlichen Dienst im allgemeinen Landesinteresse besorgt (Art. 16 Abs. 1 V 1 zum TVG, SR 784.101).
- als Aufgabe der *zentralisierten Verwaltung* (Departemente und Ämter): SR 4 – Bewilligung von Rodungen der Ufervegetation (Art. 22 Abs. 3 NHG). SR 72 – Genehmigung von Bauplänen für Talsperren (Art. 5 Talsperren V); Prüfung von Plänen für Wasserkraftwerke (Art. 5 Abs. 3 WRG). SR 73 – Genehmigung von Bauplänen für Starkstromanlagen, die einer Bahn dienen, sie kreuzen oder berühren (Art. 15 Abs. 1 ElG). SR 742 – Genehmigung von Bauplänen für Eisenbahnwerke und für Bauvorhaben Dritter im Bahnbereich (Art. 10 Abs. 2, 18 Abs. 1, 18a Abs. 1 EBG). SR 743 – Konzessionierung von Luftseilbahnen (Art. 23 SeilbahnkonzessionsV); Genehmigung von Bauplänen für Luftseilbahnen (Art. 4, 3 Abs. 1 SeilbahnV). SR 744 – Konzessionierung von (privaten) Autobuslinien (Art. 3 PVG; Art. 10 ff. VV II zum PVG, SR 744.11); von Trolleybuslinien (Art. 4 ff. BG über die Trolleybusunternehmungen, SR 744.21). SR 746 – Genehmigung von Bauplänen für Rohrleitungsanlagen (Art. 23 RLG); Bewilligung von Bauvorhaben Dritter im Leitungsbereich (Art. 28 RLG). SR 747 – Genehmigung von Bauplänen für schiffahrtsbedingte Anlagen, Baubewilligung (Art. 30 SchiffahrtsV); Konzessionierung von Schiffahrtslinien und Bewilligung von Rundfahrten etc. (Art. 9 ff., 18 ff. SchiffahrtsV). SR 748 – Konzessionierung von Flughäfen, Bewilligung von Flugfeldern (Art. 37 LFG); Bewilligung von Außenlandeplätzen im Gebirge (Art. 8 Abs. 3 LFG; Art. 51 Abs. 1 LFV); Konzessionierung von Luftfahrtlinien (Art. 27 LFG; Art. 101 LFV); Festsetzung von Flugwegen und -räumen (Art. 8 Abs. 7 LFG); Genehmigung von An- und Abflugverfahren (Art. 34 Abs. 3 LFV); Bewilligung von Flugsicherungsanlagen (Art. 40 LFG; Art. 1 Bst. a, 4 BRB über die Ordnung des Flugsicherungsdienstes, SR 748.132.1). SR 9 – Bewilligung von Waldrodungen im Schutzwald über 30 Aren (Art. 25bis Abs. 1 Bst. a FPolV).
- als Aufgabe *autonomer Verwaltungseinheiten:* Konzessionierung von privaten

Nachrichtenübertragungsleitungen, von privaten Funkanlagen, von Radio- und Fernsehempfangsanlagen usf. durch die Generaldirektion PTT (Art. 29 ff., 35 ff., 57 ff. V 1 zum TVG, SR 784.101).
- als Aufgabe *anderer Träger der Bundesebene:* Genehmigung von Bauplänen für Starkstromanlagen durch das Eidgenössische Starkstrominspektorat (Art. 15 Abs. 2 ElG; vgl. aber Art. 15 Abs. 1).

C.4 Art. 1 Abs. 2 Bst. d RPV: Beiträge zu raumwirksamen Vorhaben

578. Art. 1 Abs. 2 Bst. d RPV endlich hat Subventionen an raumwirksame Maßnahmen im Auge, gleichgültig, welcher Kategorie (Bst. a, b oder c) das unterstützte Vorhaben zugehört.

579. Unter Art. 1 Abs. 2 *Bst. d* RPV fallen namentlich:
- als Aufgabe der *Bundesversammlung:* SR 72 – Beiträge an Wasserbauten über 5 Mio. (Art. 10 Abs. 2 WasserbaupolizeiG). SR 74 – Rahmenkredite der Privatbahnhilfe (Art. 61 EBG); Übernahme der SBB-Fehlbeträge durch die allgemeine Bundeskasse (Art. 7 Bst. e, 16 Abs. 2 SBBG); Beiträge zum Ausbau von Wasserstraßen (siehe die Bundesbeschlüsse und Staatsverträge unter SR 747.224); Beiträge an den Bau von Flugplätzen (Art. 101 LFG; Art. 8 Abs. 1 BB über den Ausbau der Zivilflugplätze, SR 748.811).
- als Aufgabe des *Bundesrates:* SR 7 – Beiträge an Entschädigungen für Schutzmaßnahmen der Raumplanung (Art. 29 RPG), an Wasserbauten (Art. 10 Abs. 1 WasserbaupolizeiG; vgl. aber Abs. 2); Abgeltung gemeinwirtschaftlicher Leistungen der SBB (BB über den Leistungsauftrag 1982 an die Schweizerischen Bundesbahnen, SR 742.37). SR 9 – Festlegung von Flächenbeiträgen (Art. 2 BG über Bewirtschaftungsbeiträge an die Landwirtschaft mit erschwerten Produktionsbedingungen, SR 910.2; Art. 1 ff. der zugehörigen V, SR 910.21).
- als Aufgabe der *zentralisierten Verwaltung* (Departemente und Ämter): SR 4 – Beiträge an Bauten und Anlagen der Berufsbildung (Art. 63 f. BBG), an den Ausbau der kantonalen Hochschulen (Art. 1 ff. HFG), an Turn- und Sportanlagen (Art. 12 Abs. 2 BG über die Förderung von Turnen und Sport, SR 415.0), zur Erhaltung schützenswerter Objekte (Art. 13, 15 NHG; Art. 1 BB betreffend die Förderung der Denkmalpflege, SR 445.1; Art. 2 der zugehörigen V, SR 445.11). SR 5 – Beiträge an Zivilschutzbauten (Art. 69 Abs. 1 ZSG; Art. 105 ff., 120 ZSV). SR 7 – Beiträge an Richtpläne (Art. 28 RPG), an konzessionierte Eisenbahn-, Schiffahrts-, Autobus- und Trolleybusbetriebe (Art. 49 ff., 56 ff., 95 Abs. 1 und 2 EBG). SR 8 – Beiträge an Anlagen des Gewässerschutzes und der Abfallbeseitigung (Art. 33 GSchG; Art. 48 ff. AGSchV), an Umweltschutzmaßnahmen bei Straßen (Art. 50 USG); Wohnbau- und Eigentumsförderung (Art. 12 ff., 21 ff., 35 ff., 43, 47 ff. WEG; im Berggebiet ferner: Art. 3 ff. VWBG. SR 9 – Investitionshilfe im Rahmen der regionalen Entwicklungskonzepte (Art. 15 IHG); ungezählte Beiträge der Landwirtschaftsgesetzgebung, besonders Beiträge an Bodenverbesserungen und landwirtschaftliche Hochbauten (Art. 1 ff. BoV); Beiträge der Forstge-

setzgebung, besonders zu Waldpflege und Waldzusammenlegung (Art. 37, 37bis, 41 ff. FPolG); Beiträge zur Pflege und Wiederherstellung von öffentlichen Fischgewässern (Art. 32 BG über die Fischerei, SR 923.0).
- als Aufgabe *anderer Träger der Bundesebene:* SR 4 – Erhaltung des Nationalparks durch die Stiftung «Schweizerischer Nationalpark» (Art. 5 NationalparkG). SR 9 – Gewährung von Bürgschaften an Betriebe, die gemäß IHG förderungswürdig sind, durch die Schweizerische Bürgschaftsgenossenschaft (Art. 9 f. BG über die Bürgschaftsgewährung in Berggebieten, SR 901.2); Gewährung von Darlehen und Bürgschaften an Hotelbauten in Fremdenverkehrsgebieten usf. durch die Schweizerische Gesellschaft für Hotelkredit (Art. 6 BG über die Förderung des Hotel- und Kurortkredits, SR 935.12).

II. Planerhebliche Aufgabenträger

580. Einem Subjekt müssen, damit es Adressat des Richtplans wird, *«raumwirksame Aufgaben»* obliegen (A, Nr. 581), es muß für deren *«Erfüllung»* zuständig (B, Nrn. 582 f.), und es muß *«Behörde»* sein (C, Nrn. 584 ff.).

A. *«Raumwirksame Aufgaben» erfüllende Behörden*

581. Der Richtplan zielt, wie bemerkt, auf Behörden, die raumwirksame Aufgaben erfüllen (I); und er zielt, was hier nachzutragen ist, *nur* auf sie. Freilich äußert sich der Plan auch zur Frage, «... mit welchen Mitteln vorgesehen ist, die Aufgaben zu erfüllen» (Art. 8 Bst. b RPG). Aber damit sind zunächst die planerischen Mittel angesprochen. Und was die finanziellen und personellen Folgen beabsichtigter Vorhaben (oder auch Rückwirkungen einer gegebenen Personal- und Finanzlage auf die Sache selbst) angeht: Folgen und Rückwirkungen dieser Art will Bst. b lediglich *sichtbar* machen. Denn Hauptaufgabe des Richtplans bleibt die *räumliche* Abstimmung; er ist kein Plan der gesamten Politik [10].

B. *«Erfüllende» Behörden*

582. Bloß die *«Erfüllung»* raumwirksamer Aufgaben bekümmert den Richtplan (vgl. Art. 8 Bst. b RPG): das Verhalten nur jener Behörden, denen im Zuge der Aufgabenwaltung der entscheidende ‹Schritt in den

---

[10] Vgl. EJPD/DRP, Richtplan, 55 (freilich etwas mißverständlich): «Richtpläne im Sinne des RPG sollen zeigen, *wie* etwas realisiert wird, *wenn* es realisiert wird.» Ähnlich schon BBl 1978 I 1018.

Raum› zufällt. Uninteressant ist die Bereitstellung des normativen Rahmens, der gesetzlichen Grundlage der raumwirksamen Tätigkeit; uninteressant auch die Nachkontrolle auf rechtliche ‹Richtigkeit› hin.

583. So *scheiden* als Planadressaten *aus:*
 a) *rechtsetzende Behörden, außer* sie hätten es mit *Plan*gesetzen (Nr. 596) zu tun. Durch den Richtplan nicht berührt wird somit der Erlaß von *Planungs*gesetzen und von *Sach*gesetzen, soweit sie sich in raumwirksamen Aufträgen an die Verwaltung erschöpfen; ebensowenig ihre Ausführung durch Verordnung.
 b) *richterliche Behörden.* Sie fallen aus dem Kreis der Planadressaten einfach deshalb heraus, weil ihr Pflichtenheft sich mit dem Zweck des Richtplans nicht trifft. Nie ist der Richtplan Rechtsgrundlage einer Verfügung; stets werden Staatsakte – auch richtplangelenkte – ‹direkt› auf ihre Vereinbarkeit mit dem Sachgesetz befragt (§ 14/I).

C. *«Behörden»*

584. Der Begriff der Behörde läßt nur eine Abgrenzung sicher zu: Das Stimmvolk, auch wenn es Raumwirksames beschließt, ist nicht gemeint. Alles übrige liegt im Dunkel; das RPG zählt ‹seine› Behörden nicht auf. So muß der Kreis der Planadressaten – eben die «Behörden» im Sinne von Art. 9 Abs. 1 RPG – *aus der Funktion des Richtplans* gewonnen werden: «Behörde» wäre jedes Subjekt, dem das Recht eine raumwirksame Aufgabe zur Erfüllung zuweist. Sogleich ist beizufügen: *allein* um die Adressaten geht es hier; wieweit der Richtplan im einzelnen tatsächlich zu binden vermag, ist eine Frage zuerst des einschlägigen «Rechts» (§ 13/I), eine Frage aber auch der hierarchischen Position der angesprochenen Behörde im Gefüge der Administration (über die Planadressaten der Bundesebene: § 13/IV/A).

C.1 *Zentralisierte Verwaltung*

585. Die Verwaltung bewältigt, wie sich gezeigt hat (I/C), den weitaus größten Teil der raumwirksamen Aufgabenlast. Daß der Richtplan diesen Hauptträger angehe, die Departemente und Ämter mit Einschluß der Regierung: darüber herrscht kein Zweifel. Es kommt nicht darauf an, ob die Verwaltungsbehörde kraft Sachzuständigkeit tätig wird, ob sie sich als interessierte Stelle zuhanden der zuständigen vernehmen läßt, ob sie als Aufsichtsbehörde ersatzweise handelt oder ob sie als Rechtsmittelbehörde im Verwaltungsbeschwerdeverfahren die Verfügung einer raumwirksam tätigen Behörde überprüft.

C.2 Autonome Verwaltungseinheiten

586. Einer autonomen Verwaltungseinheit steht – Sinn ihrer Ausgliederung – ein mehr oder weniger *«substantieller Handlungsspielraum»* zu[11]. Der aber hindert nicht, solche Verwaltungseinheiten zu den Adressaten des Richtplans zu zählen; er wirkt sich allenfalls auf die Bindungskraft der Plannorm aus.

C.3 Private Träger raumwirksamer Aufgaben?

587. Private als Adressaten des Richtplans? Die Vorstellung weckt Zweifel, denn Subjekte des Bürgerlichen Rechts sind nach geläufigem Sprachempfinden keine «Behörden». Man muß sie mitunter dennoch zu den Planbetroffenen zählen: Der Richtplan handelt, wie erwähnt, von den raumwirksamen Staatsaufgaben schlechthin (Art. 8 RPG), wer auch immer sie besorge; und Art. 9 RPG spricht deren Träger insgesamt an, nennt sie, ein Wort für alle, «Behörden» – einfach weil Behörden den Hauptharst der Betroffenen stellen. Jede engere Sicht führt zu Ungereimtheiten.

588. Auch Private lassen sich auf den Richtplan nur verpflichten, wenn sie «raumwirksame Aufgaben» besorgen; genauer und in diesem Zusammenhang besonders zu betonen: wenn sie Aufgaben *des Staates* besorgen. Hier liegen die wahren Abgrenzungsschwierigkeiten: Denn staatliche Aufgaben verlangen nicht notwendig nach öffentlichrechtlichen Erfüllungsformen (III/B); im äußersten Fall können sie sich hinter privatrechtlichen Handlungen privatrechtlicher Subjekte verbergen. So muß eben – einmal mehr – im Einzelfall geklärt werden, ob das Wirken Privater der Verantwortung des Staates zuzuschreiben ist und *deshalb* unter die Herrschaft des Richtplans fällt.

589. Klar liegen die Dinge dort, wo das (gewöhnlich vorbestehende) Subjekt des Zivilrechts ein ‹Stück Staatsaufgabe› zur Verwaltung nach außen hin ausdrücklich übertragen erhält. Solche *Auftragsverwaltung* bedarf der Grundlegung mindestens

---

[11] Vgl. BGE 98 Ib 67 E. 1 b. ANDRÉ GRISEL, Droit administratif, 197 f.

durch formelles Gesetz[12], wenn nicht gar durch Verfassung[13]. Im Wirtschaftsverwaltungsrecht ist sie an der Tagesordnung[14], und von dort rühren auch gewisse raumwirksame Ausläufer her (für Beispiele vgl. Nrn. 577, 579 a. E.). Im übrigen ist unwichtig, ob der mit der Staatsaufgabe betraute Private zivilrechtlich handle oder sich verwaltungsrechtlicher Formen bediene, insofern staatlich «beliehen» sei[15].

590. Schwierigkeiten bereiten hingegen die *gemischtwirtschaftlichen Unternehmungen:* Gesellschaften des Handelsrechts, die das Gemeinwesen zu bestimmtem Zweck eigens gründet oder an deren Kapitalbasis oder Unternehmensleitung es zumindest mitträgt[16]. Die Beweggründe solchen Verhaltens – stets genannt: die Sehnsucht des Staates nach «Beweglichkeit»[17] – sollen auf sich beruhen, unterstellt sei ferner das Einverständnis des positiven Rechts. Die Zurechnungsfrage ist immer noch heikel genug: die Frage, woran man dem wirtschaftenden Subjekt ansehe, daß der Staat die Fäden zieht. Denn man kann das Gebaren der Unternehmung nicht nach Maßgabe der Kapitalverhältnisse in einen vom Staate zu verantwortenden und in einen ‹übrigen› Teil aufspalten. Die Unternehmung handelt oder sie handelt nicht; ihre Äußerungen sind dem Staat als (auch) die seinen anzulasten oder nicht: anzulasten zwar nicht im Sinne einer zivilrechtlichen Verantwortlichkeit (darüber befindet allein das Handelsrecht), aber anzulasten als von ihm ermöglicht und gebilligt, einzustufen als

---

[12] BGE 104 Ia 446 E. 4 c; 100 Ia 177 f. E. 4 a; 94 I 638 E. 3; VPB 1975 Nr. 1. Ebenso die herrschende Lehre; vgl. statt vieler MAX IMBODEN/RENÉ RHINOW, Verwaltungsrechtsprechung, Nr. 157 B/I, IIa; und FRITZ OSSENBÜHL, Verwaltungsaufgaben, VVDStRL 29 163 f.

[13] Vgl. WALTER LEISNER, Privatinteressen, DöV 1970 219 Sp. 1 f.; CHRISTIAN PESTALOZZA, Kollisionsrechtliche Aspekte, DöV 1974 188 und durchgehend. Solche Verfassungsgrundlage verschaffen etwa Art. 32 Abs. 3, 34^{quater} Abs. 2, 34^{quinquies} Abs. 5, 34^{novies} Abs. 5, 37^{quater} Abs. 4 BV.

[14] Übersichten in VPB 1975 Nr. 1 und (vor allem) bei PAUL RICHARD MÜLLER, Gemeinwesen, 205 ff.

[15] Ausdruck hoheitlicher Befugnisse eines zivilrechtlichen Subjekts können sein: a) *Ordnungspolizeibefugnisse,* z. B. der Kommandanten von Luftfahrzeugen (Art. 8 ff. V über die Rechte und Pflichten des Kommandanten eines Luftfahrzeuges, SR 748.225.1); b) *Gewerbepolizeibefugnisse* zahlreicher Fachverbände, z. B. der kantonalen Handelskammern zur Erteilung von Ursprungszeugnissen (Art. 4 V über die Ursprungsbeglaubigung, SR 946.31); c) *Weisungs- und Kontrollbefugnisse* der wirtschaftlichen Selbstverwaltung, etwa des Zentralverbandes schweizerischer Milchproduzenten für Milchzuteilung und Preisbestimmung (Art. 2, 35 Abs. 2 MB; Art. 12, 13, 16, 22, 23 VmV; vgl. die zahlreichen Weisungen unter SR 916.350, .351 und .356); d) *Subventionsbefugnisse,* etwa der Institutionen der Forschungsförderung (Art. 8, 13 FG).

[16] Art. 762 OR. BLAISE KNAPP, Grundlagen, Nrn. 1406 ff.; LEO SCHÜRMANN, Wirtschaftsverwaltungsrecht, 220 ff.; THEO GUHL/HANS MERZ/MAX KUMMER, Obligationenrecht, 662; Übersichten bei PAUL RICHARD MÜLLER, Gemeinwesen, 172 ff. Verbreitet sind gemischtwirtschaftliche Betriebe in den Gemeinden (Verkehrs- und Versorgungsbetriebe!). Auf Bundesebene verdienen Erwähnung die SWISSAIR (BBl 1953 I 757, 819), ferner – heute freilich reprivatisiert – die ASUAG (BS 10 443, nach wechselvollem Schicksal seit 1961 handelsrechtlich organisiert; vgl. AS 1961 1085 und 1968 99; Nachweise bei PAUL RICHARD MÜLLER, Gemeinwesen, 168, Anm. 300 und 180 f.; über den Verkauf der Bundesbeteiligung BBl 1983 III 945, 952 f., 958).

[17] Vgl. ERNST FORSTHOFF, Verwaltungsrecht, 411; ANDRÉ GRISEL, Droit administratif, 295; WOLFGANG MARTENS, Öffentlich als Rechtsbegriff, 132; PAUL RICHARD MÜLLER, Gemeinwesen, 131 ff.

Teil *seiner* Politik, und deshalb an staatlichen Zielsetzungen, an Richtlinien, Konzeptionen und eben auch an Richtplänen zu messen. Und es ist Sorge und Pflicht allein des Staates zu sehen, wie er solche Verpflichtung ‹seinen› Unternehmungen beliebt macht[18]. Eine Zurechenbarkeit dieser Art wird sich jedenfalls dort einstellen, wo die Gesellschaft staatlich «beherrscht» ist, das heißt: wo das Gemeinwesen wegen seiner finanziellen Beteiligung, wegen seines Stimmrechts oder aus anderen Gründen die Verwaltung oder die Geschäftsführung «entscheidend beeinflussen» kann[19] (vgl. Art. 6 BewG).

C.4 Parlamente?

591. Von vornherein kommen Parlamente als Planadressaten nur in Frage, wenn sie raumwirksame Aufgaben «erfüllen» (B), das heißt im wesentlichen: raumwirksam verfügen oder unmittelbar raumwirksames Recht – Plangesetze – erlassen. Das ist übers ganze gesehen wenig (für Beispiele vgl. Nrn. 573, 575, 577, 579 a. A.). Gewöhnlich beschränkt sich die Rolle des Parlamentes darauf, den normativen Rahmen der raumwirksamen Staatstätigkeit – das Planungsgesetz, das Sachgesetz – bereitzustellen.

592. Darf der Richtplan Parlamente behelligen? Die Frage verleitet zu kurzem Nein – und doch muß es erlaubt sein: Wenn man den Zweck des Richtplans als Schlüssel zum Kreis der Adressaten anerkennt, dann gibt es materiellrechtlich keinen Grund zum kleinlauten Rückzug, kommt ein Hohes Haus als Aufgabenträger schon nur in Sicht. Sogleich ist aber beizufügen: Allein um die Adressaten des Richtplans geht es hier; um das ‹Betroffensein› von Behörden. Über die Bindungskraft des Richtplans gerade Parlamenten gegenüber wird noch zu reden sein; dafür kommt es dann in der Tat (auch) auf die Handlungsform des Parlaments, auf die verfassungsrechtliche Beziehung zwischen Legislative und Exekutive an: auf Organisationsrecht mithin (für den Bund: Nrn. 652 ff.).

---

[18] Vgl. PETER SALADIN, Grundrechtsprobleme, 76 f.
[19] BBl 1981 III 622. Das gilt ausgeprägt von Kraftwerkgesellschaften und ‹Privat›bahnen. An den Bernischen Kraftwerken (BKW) z. B. sind beteiligt: die Kantone Bern und Jura zu insgesamt 74%, bernische Gemeinden zu 5%; an der Berner Alpenbahn-Gesellschaft (BLS): der Kanton Bern zu 71%, die Eidgenossenschaft zu 12% (nach: Who Owns Whom?, Der schweizerische Beteiligungsatlas 1981, Zürich 1981, 40).

D. Die Behörden des Bundes im einzelnen (Verweisung)

593. Die raumwirksamen Aufgaben des Bundes wurden einläßlich aufgezählt (I/C), dort auch – wenigstens grob – die beteiligten Behörden genannt.

III. Planerhebliche Handlungsformen

594. Der Richtplan achtet nicht auf die Handlungsform, derer sich die Behörde bedient: jede Äußerung ist planerheblich, wenn sie nur zur Erfüllung raumwirksamer Aufgaben beiträgt.

A. Rechtssatz, Plan, Verfügung

595. Im Kraftfeld des Richtplans stehen zunächst die *einseitig beherrschten rechtsverbindlichen Handlungsformen des Staates* (und der beliehenen Aufgabenträger): Rechtssatz, Plan, Verfügung.

596. *Rechtssätze* fallen als planerhebliche Handlungsform nur in Betracht, wenn sie – ohne der anwendenden Behörde noch Planungsermessen einzuräumen – *als solche raumwirksam* sind, also als solche (und «parzellenscharf») die Nutzung des Bodens oder die Besiedlung des Landes verändern oder bestimmt sind, sie zu erhalten. Das trifft nur auf *Plangesetze* zu: auf Nutzungspläne im ‹Kleid› eines Gesetzes mithin; auf Normen, welche unbesehen materieller Rechtssatzbegriffe (Art. 5 Abs. 2 GVG!) einem Nutzungsplan gleichkommen und ebensogut als Karte oder als Reihe miteinander verknüpfter Einzelverfügungen hätten ergehen können.

> Beispiele von Plangesetzen sind: das Nationalparkgesetz (SR 454) für die Begrenzung des Schweizerischen Nationalparks; die Verordnung über die eidgenössischen Jagdbannbezirke (SR 922.31) für die Umschreibung der Bannbezirke; mittelbar auch die (einzig bei Erfüllung von «Bundesaufgaben» greifenden) Verordnungen über die Bundesinventare der Landschaften und Naturdenkmäler sowie der schützenswerten Ortsbilder der Schweiz (SR 451.11, .12).

597. Übliche Äußerungsform des raumwirksamen Staatshandelns sind *Pläne* und *Verfügungen*. Dazu ist weiter nichts zu bemerken, allenfalls in Erinnerung zu rufen, daß von den Plänen vorerst nur die rechtsverbindlichen zählen: Werkpläne und Nutzungspläne vor allem. Konzeptionen, generelle Projekte, Pläne für den Hausgebrauch der Verwaltung gehören in den Zusammenhang der Verwaltungsvorschriften (C).

B. Vertrag

598. In Betracht fällt ferner der *Vertrag* als *zweiseitig beherrschte rechtsverbindliche Handlungsform des Staates* (und beliehener oder beauftragter Aufgabenträger).

599. Der Vertrag zur Erfüllung staatlicher Aufgaben ‹erscheint› entweder als *zivilrechtlicher* oder als *verwaltungsrechtlicher* Vertrag[20]. Die Unterscheidung ist auf die «dualistische Konzeption» des Gemeinwesens[21] zugeschnitten: zugeschnitten auf seine Doppelrolle als Hoheitsträger hier, als ‹gewöhnlicher› Privater dort. Gerade das Gemeinwesen freilich hintertreibt diese Kongruenz: Längst schon setzt es den privatrechtlichen Vertrag auch zu hoheitlichen Zwecken ein. Noch zählt aber die Teilung in verwaltungsrechtlichen und zivilrechtlichen Vertrag zum festen Bestand der Lehre. So ist die Frage dann, wieweit verwaltungsrechtliche (Nr. 600), wieweit zivilrechtliche (Nr. 601) Vereinbarungen raumwirksamen Inhalts unter den Richtplan fallen.

600. Wenig Schwierigkeiten bereiten die *verwaltungsrechtlichen Verträge*, bekannt vor allem als Konzessionsvertrag[22], Enteignungsvertrag[23] und Subventionsvertrag[24]. Sie alle bleiben dem Gesetzmäßigkeitsprinzip verpflichtet, die vertraglichen Freiheiten des Staates von Anfang an auf jene ‹Räume› beschränkt, die das einschlägige Recht offen läßt[25]; will heißen: beschränkt auf das dem Staate zukommende *Ermessen*. Ermessen aber, man weiß es (Nr. 345), verpflichtet: Anders als private Willkür ist staatliche Vertragsautonomie gehalten, auf die Verfassungsinteressen zu hören (§ 7) und die erheblichen Belange ‹kunstgerecht› abzuwägen (§ 8). Betroffen ist der verwaltungsrechtliche Vertrag deshalb auch durch den Richtplan.

---

[20] Vgl. statt vieler MAX IMBODEN/RENÉ RHINOW, Verwaltungsrechtsprechung, Nrn. 46, 47.

[21] MAX IMBODEN/RENÉ RHINOW, Verwaltungsrechtsprechung, Nr. 47 B/1.

[22] Vgl. BGE 107 Ib 144 ff. E. 3, 4; 104 Ib 345 E. 4. ANDRÉ GRISEL, Droit administratif, 283 f.; MAX IMBODEN/RENÉ RHINOW, Verwaltungsrechtsprechung, Nr. 46 B/IV/a; BLAISE KNAPP, Grundlagen, Nrn. 666 f.

[23] Art. 54, 91 Abs. 2 EntG. BGE 108 Ib 375 E. 2; 102 Ia 559 ff. E. 4. ANDRÉ GRISEL, Droit administratif, 762 ff.

[24] BGE 101 Ib 80 ff. E. 3 a; 99 Ib 122 E. 4. RENÉ RHINOW, Wesen und Begriff der Subvention in der schweizerischen Rechtsordnung, Basel 1971, Nrn. 193 ff.

[25] ANDRÉ GRISEL, Droit administratif, 453 f.; MAX IMBODEN, Vertrag, ZSR 1958 II 69 a, 98 a; MAX IMBODEN/RENÉ RHINOW, Verwaltungsrechtsprechung, Nr. 46 B/II.

601. Zwiespältige Gefühle hinterläßt hingegen der *zivilrechtliche Vertrag*. Den «dualistischen» Staatsauftritten gemäß sind zwei Verwendungen zu unterscheiden.

a) Als *Mittel der Aufgabenwaltung* setzt die Praxis den zivilrechtlichen Vertrag vor allem in der Leistungsverwaltung (Benutzungs- und Darlehensverträge) und zur Sicherung verwaltungsrechtlicher Verhältnisse ein (Bürgschafts-, Hinterlegungs- und Dienstbarkeitsverträge)[26]. Freilich stößt die «Privatautonomie» des Staates rundum an besondere Grenzen: So richtet sich die zum Rechtsgeschäft zuständige Behörde nach öffentlichem Recht; zweitens darf der Vertrag nichts beschlagen, was verwaltungsrechtlich schon geordnet ist; und die dann noch verbleibende Freiheit soll in den Dienst des öffentlichen Interesses gestellt werden[27]. Auch die Grundrechte haben ihren Geltungsanspruch angemeldet – und was man ihnen an Einfluß (mit Recht!) zugesteht[28], wird den Zielbestimmungen der Verfassung, wird den Verfassungsinteressen schlechthin nicht abzuschlagen sein. Derweise belastet reicht die privatrechtliche Vertragsautonomie des Staates über die verwaltungsrechtliche kaum hinaus; und so wird auch mit dem Richtplan zu rechnen sein.

Unterschiede sind nicht auszumachen; mehr noch: daß der Staat sich dem Privatrecht überhaupt soll aufdrängen dürfen (und erst noch unter Berufung auf eine «Wahlfreiheit»[29]!), wendet sich zur Zumutung. Erstens würde wundernehmen, wo überhaupt Raum für privatautonomes Handeln des aufgabenwaltenden Staates verbleiben kann, nachdem das klassische Übungsfeld – die Leistungsverwaltung – grundsätzlich uneingeschränkt unter den Vorbehalt des Gesetzes geraten ist[30]. Zweitens will ob all dieser besonderen Autonomieschranken die überall unterstellte Zivil-

---

[26] Fritz Gygi, Verwaltungsrecht, 18 ff.; Max Imboden, Vertrag, ZSR 1958 II 57a; Max Imboden/René Rhinow, Verwaltungsrechtsprechung, Nrn. 48 B/III, V, VI; 139 B/I; Hans Julius Wolff/Otto Bachof, Verwaltungsrecht, § 23 I/a.

[27] Max Imboden, Vertrag, ZSR 1958 II 51 a f., 61 a f.; Max Imboden/René Rhinow, Verwaltungsrechtsprechung, Nrn. 2 B/II, 47 B/II; Herbert Krüger, Staatslehre, 327; Hans Julius Wolff/Otto Bachof, Verwaltungsrecht, § 23 II/b.

[28] Vgl. BGE 109 Ib 155 E. 4; André Grisel, Droit administratif, 117; Herbert Krüger, Staatslehre, 327; Paul Richard Müller, Gemeinwesen, 355; Peter Saladin, Grundrechtsprobleme, 72 ff.; Hans Julius Wolff/Otto Bachof, Verwaltungsrecht, § 23 II/b/1.

[29] Vgl. BGE 103 Ib 331 ff. E. 5 b, c; Ernst Forsthoff, Verwaltungsrecht, 410; Fritz Gygi, Verwaltungsrecht, 12; Erich Molitor, Privatrecht, 25 ff. Mit Recht kritisch zur «Wahlfreiheit» Blaise Knapp, Grundlagen, Nrn. 46, 48; Herbert Krüger, Staatslehre, 325 f., 328; Christian Pestalozza, Kollisionsrechtliche Aspekte, DöV 1974 188 und durchgehend; René Rhinow, Verfügung, 305 f., 320 f.

[30] BGE 103 Ia 380 ff. E. 5, 6. Vgl. schon Max Imboden, Vertrag, ZSR 1958 II 74a.

rechtsfähigkeit des Staates umso weniger einleuchten[31]; es handelte sich zumindest um eine Zivilrechtsfähigkeit von rechtlich anderer Qualität. Weshalb sonst redete die Lehre von *Verwaltungs*privatrecht[32]? Wenigstens müßte das Zivilrecht sein Einverständnis geben, ein innerlich derart unfreies, durch und durch nicht ‹privates› Subjekt wie den Staat aufzunehmen[33]. Drittens bleibt unerfindlich, weshalb das dogmatische Defizit des Verwaltungsrechts den Staat in den Zwang versetzen soll, seinen Willen ausgerechnet in privatrechtlichen Formen auszudrücken[34], deren Möglichkeiten dann doch nicht ausgeschöpft werden dürfen. Wo es wirklich übereinstimmender Willenserklärung von Staat *und* Bürger bedarf, um die Besorgung staatlicher Aufgaben in Gang zu bringen: reicht dort nicht die Figur des zustimmungsbedürftigen Verwaltungsaktes mit vorgängiger (auch formloser) Anhörung?

b) Das angestammte Einsatzgebiet des staatlich benutzten zivilrechtlichen Vertrages liegt allerdings nach wie vor außerhalb der ‹richtigen› Aufgabenwaltung: in der *«administrativen Hilfstätigkeit»,* der *Verwaltung des Finanzvermögens,* der *«fiskalischen Wettbewerbswirtschaft».* Aber auch hier gilt von der Autonomie des Staates: Sie ist Ermessen, mehr nicht; normativ so belastet wie zuvor beim verwaltungsrechtlichen Vertrag und beim hoheitlich eingesetzten zivilrechtlichen Vertrag, ‹belastet› insbesondere durch die «Fiskalgeltung» von Grundrechten[35] und verfassungsrechtlichen Zielsetzungen. Gewiß mag man streiten, ob wirklich (wie Art. 8 RPG verlangt) «Aufgaben» erfüllt werden – nicht zu bezweifeln aber ist, daß der Staat auch beim täglichen Kram Staat bleibt; Staat bleibt mit all seiner tatsächlich wirkenden Gewaltfülle[36]. Kein Ausflug ins Private kann deshalb frei und harmlos vonstatten gehen: immer wird der ‹privat› handelnde Staat von jenen Bindungen eingeholt werden, die für die unmittelbare Aufgabenwaltung gelten – mit Einschluß des Richtplans.

---

[31] Kritisch etwa HERBERT KRÜGER, Staatslehre, 325 f.; CHRISTIAN PESTALOZZA, Kollisionsrechtliche Aspekte, DöV 1974 189 Sp. 2, 191 Sp. 2, 193 Sp. 2. Befürwortend ausdrücklich FRITZ GYGI, Verwaltungsrecht, 26 f.; MAX IMBODEN/RENÉ RHINOW, Verwaltungsrechtsprechung, Nr. 47 B/I.
[32] Vgl. KURT EICHENBERGER, Verwaltungsprivatrecht, 79 ff.; ANDRÉ GRISEL, Droit administratif, 116 f.; HANS JULIUS WOLFF/OTTO BACHOF, Verwaltungsrecht, § 23 II/b; FRIEDRICH ZEZSCHWITZ, Rechtsstaatliche und prozessuale Probleme des Verwaltungsprivatrechts, NJW 1983 1873 ff.
[33] Vgl. CHRISTIAN PESTALOZZA, Kollisionsrechtliche Aspekte, DöV 1974 191 Sp. 1.
[34] So aber die Standardbegründung; vgl. (im übrigen kritisch) KURT EICHENBERGER, Verwaltungsprivatrecht, 84 f.; HERBERT KRÜGER, Staatslehre, 329; ferner HANS JULIUS WOLFF/OTTO BACHOF, Verwaltungsrecht, § 23 I/a.
[35] Das ist freilich bestritten. Für umfassende Grundrechtsgeltung im «Fiskalbereich» insbesondere ANDRÉ GRISEL, Droit administratif, 117; KONRAD HESSE, Grundzüge, NN. 347 f.; RENÉ RHINOW, Verfügung, 300, 320; PETER SALADIN, Grundrechtsprobleme, 72 ff. Vgl. auch KURT EICHENBERGER, Verwaltungsprivatrecht, 83 f.
[36] Vgl. PETER SALADIN, Grundrechtsprobleme, 75, 77.

C. Konzeptionen, Verwaltungsvorschriften

602. Die Genehmigung von Grundlagen und Konzepten – allgemeiner: Beschlüsse über Konzeptionen (§ 10/VI/B) – gelten ausdrücklich als raumwirksame Tätigkeit (Art. 1 Abs. 2 Bst. a RPV), mithin als richtplanerhebliche Handlungsform. Weil Konzeptionen stets in Verwaltungsvorschriften umgesetzt werden müssen, um die Behörden binden zu können (Nr. 552 a, c), läßt sich rückschließend verallgemeinern: Verwaltungsvorschriften überhaupt, sofern sie von raumwirksamen Fragen handeln, sind eine planerhebliche Handlungsform.

D. Formfreie, ‹schlichte› Verwaltung

603. Auch die ‹schlichte› Verwaltungsarbeit wird vom Richtplan erfaßt, soweit sie eine Vorstufe zur förmlichen (rechtsverbindlichen oder bloß nach ‹innen› wirkenden) Waltung raumwirksamer Aufgaben darstellt. Hierzu gehört die *Erarbeitung von raumwirksamen Planungen* (ausdrücklich genannt durch Art. 1 Abs. 2 Bst. a RPV), hierzu gehört auch die *Vernehmlassung zu raumwirksamen Vorhaben.*

E. Die Handlungsformen des Bundes im einzelnen (Hinweise)

604. Zum Schluß nurmehr beispielhafte Nachweise der verwendeten Handlungsformen; für eine einläßliche Aufzählung der raumwirksamen Bundesaufgaben sei wiederum auf I/C verwiesen. Richtplanerhebliche Handlungsformen des Bundes sind namentlich:

- das *Bundesgesetz* (Art. 5 GVG): vgl. das Bundesgesetz über den Schweizerischen Nationalpark (SR 454).
- der *allgemeinverbindliche Bundesbeschluß* (Art. 6 GVG): z. B. für den Bau neuer Bahnlinien durch den Bund (Art. 2 SBBG).
- die *Verordnung* (Art. 7 Abs. 4 VwOG): vgl. die Verordnung über die eidgenössischen Jagdbannbezirke (SR 922.31).
- der «*Plan*»: vgl. als Nutzungsplan die Festsetzung vorübergehender Nutzungszonen gemäß Art. 37 RPG, als Werkplan die Pläne über Bahnanlagen gemäß Art. 18 EBG.
- der *einfache Bundesbeschluß* (Art. 8 GVG): z. B. zur Genehmigung von Rahmenbewilligungen des Bundesrates für Atomanlagen (Art. 8 BBAtG).
- die *Verwaltungsverfügung* (Art. 5 VwVG) als ‹Normalform›.
- der *Vertrag:* vgl. als verwaltungsrechtlichen Vertrag die Vereinbarung zwischen SBB und Kanton Zürich über die Zusammenarbeit bei Bau und Be-

trieb der Zürcher S-Bahn (BBl 1982 II 96), als zivilrechtlichen Vertrag die Sicherung von Subventionsauflagen durch Dienstbarkeitsvertrag gemäß Art. 13 Abs. 2 NHG.
- die *Konzeption* und die *Verwaltungsvorschrift:* vgl. Nr. 523.
- die *Vernehmlassung:* vgl. die Vernehmlassungen des Bundesamtes für Raumplanung gemäß Art. 11 Abs. 1 RPV.
- die *Erarbeitung* von Plänen: vgl. die Bauplanung des Bundes durch Baufachorgane, Planungsgruppen und Projektkommissionen gemäß Art. 10 ff. BauV.

§ 12 Inhalt und Form

605. Der Richtplan ‹funktioniert› als Handlungsplan mit Blick auf erwünschte Zustände (§ 10/V/A), und er erscheint als Durchgangsplan vor dem Hintergrund eines stetig rollenden Prozesses (§ 10/V/B) – was sich daraus für *Inhalt* (I, Nrn. 606 ff.) und *Form* (II, III, Nrn. 613 ff., 621 ff.) ergibt, bleibt nachzutragen: davon das folgende.

I. Inhalt des Richtplans

606. Der Richtplan zeigt – Art. 3 RPV – «die im Hinblick auf die anzustrebende räumliche Entwicklung wesentlichen Ergebnisse der Planung und Koordination im Kanton und der Koordination mit Bund und Nachbarkantonen». Sogleich fallen drei Merkmale auf: *«Ergebnisse»* werden verlangt (A, Nr. 607), Ergebnisse *«räumlicher»* Art (B, Nrn. 608 ff.), und davon nur die *«wesentlichen»* (C, Nr. 611).

A. Planungs- und Koordinations«ergebnisse»

607. Die «Ergebnisse» der Planung und Koordination – kurz: die *Ergebnisse der Richtplanung* – gehören in den Richtplan, das, was sich, ausgehend von heute, mit Blick auf die anzustrebende räumliche Entwicklung an Änderungs- und Erhaltungsabsichten, kurz: an *Gestaltungsabsichten* ergibt [1] (§ 10/V/A). Nicht die endgültige raumwirksame Tat ist gemeint, auch nicht deren rechtliche Sicherung; «Ergebnis» spricht das Produkt der Richtplanung als einer Phase *in* der Aufgabenwaltung an: die argumentative Vorleistung der Raumplanung zuhanden der einzelnen Sachpolitiken. So ist der Richtplan Ort allein jener raumwirksamen Aufgaben, die sich ‹auf den Weg› gemacht und dadurch die Möglichkeit von Nutzungskonflikten heraufbeschworen haben.

Nicht in den Richtplan gehören:

a) schlichte *Änderungsmöglichkeiten,* Wünsche von Ressorts, Studien und Vorarbeiten: alles, was nicht wenigstens von einem verfestigten Willen des Gemeinwesens getragen ist; was – anders gesagt – nicht wenigstens eine «Vororientierung» lohnte (Art. 4 Abs. 2 Bst. b RPV; Nr. 634).

b) die *Grundzüge der anzustrebenden räumlichen Entwicklung* (Art. 6 Abs. 1 RPG), ebensowenig die *Sachgrundlagen* gemäß Art. 6 Abs. 2 und 3 RPG: Sie sind bloß Fundament des Richtplans.

---

[1] EJPD/DRP, Richtplan, 56.

c) *noch unausgeführte, aber schon rechtsverbindlich beschlossene (oder bewilligte) raumwirksame Vorhaben:* Sie fallen als erledigt aus dem Inhalt des Richtplans heraus, hinab in die «Ausgangslage» (Art. 4 Abs. 3 RPV; Nr. 620 a).

B. *«Räumliche» Ergebnisse*

608. Der Richtplan geht allein die Träger *raum*wirksamer Aufgaben an, die Finanzorgane nicht (§ 11/II/A): das *inhaltliche Schwergewicht* des Planes liegt auf Art. 8 *Bst. a* RPG.

609. Die *räumlichen* Ergebnisse – somit der konzeptionelle (sachliche) Teil des Plans (Art. 8 Bst. a RPG; III/C) – werden gebildet aus Angaben zu
- *Grundsatzfragen: ob* oder *ob nicht* ein Vorhaben an die Hand zu nehmen sei; sodann (und hauptsächlich) von Angaben zu
- *Standortfragen:* zum *«Wo»* eines Vorhabens, zum *«Wieviel»* und *«Wie groß»*, zum *«Wie»;* will heißen: zu Plazierung, Ausmaß und Erscheinungsweise.

In den programmatischen (organisatorischen) Teil des Plans (Art. 8 Bst. b RPG; III/C) gehören hingegen – soviel zur Vollständigkeit – Antworten auf
- *Realisierungsfragen:* auf Fragen nach dem *«Wann»* und dem *«Womit»* der Ausführung.

610. Das *Maß an räumlicher Präzision,* die Dichte und Bestimmtheit von Standortaussagen vor allem richtet sich nach dem Bedarf der Sache. Unentschlossenheit des Ausdrucks, Inhaltsleere und verschleiernde «Anordnungsspielräume» gehören nicht zur ‹Natur› des Richtplans. Zwar verlangt er Beschränkung auf das zu Gestaltende (A) und darunter auf das Wesentliche (C): hier, bei der Aufnahme seiner Inhalte, trifft der Richtplan die Auswahl. Was er aber einmal einläßt, das will in gehöriger Genauigkeit dargestellt sein: so genau wie erreichbar und sinnvoll – auch «parzellenscharf», wenn die Zwecke der Richtplanung es verlangen. Zu betonen ist: *wenn* sie es verlangen – denn derartige Planaussagen befördern in der Tat Mißverständnisse: lassen den Richtplan bindungsstärker erscheinen, als er es je sein kann (§ 13), tragen ihm Schwierigkeiten an der Rechtsschutzfront ein (§ 14). Deshalb sollte er Ausdrucksformen dieser Härte wo möglich meiden [2].

---

[2] MARTIN LENDI, Richtplanung, 103; *derselbe,* Grundfragen, SJZ 1980 59 Sp. 1; LEO SCHÜRMANN, Bau- und Planungsrecht, 127.

Parzellenschärfe ist beileibe nicht die einzige Form räumlicher Bestimmtheit. Eine beabsichtigte Rückzonung zum Beispiel kann man, wenn es denn sein muß, gewiß grundstückweise festsetzen. Der Richtplan kann aber auch: den Ortsbereich der Rückzonung (das «Wo») durch Signatur markieren, das «Wo» durch ein zu erreichendes Flächenmaß (das «Wieviel») oder durch die Art der Rückzonung (das «Wie») ergänzen, sich auf das «Wieviel» beschränken und die Wahl des «Wo» und des «Wie» dem Gemeinwesen überlassen; der Plan kann sich endlich auf den Grundsatz der Rückzonung überhaupt (auf das «Ob») zurückziehen und alles übrige offenlassen – immer vorausgesetzt, derartige Zurückhaltung diene nicht dazu, erkannten Nutzungskonflikten auszuweichen!

C. «Wesentliche» Ergebnisse

611. Der Richtplan zeigt das Bild der geplanten räumlichen Veränderungen mit ihren Zusammenhängen und Berührungspunkten. Solcher Zweck bedingt *einen einzigen Plan* (II/B). Damit wird eine *Auswahl* aus der Gesamtheit der gegebenen Nutzungskonflikte unausweichlich; deshalb das Verlangen nach *«wesentlichen»* Ergebnissen (Art. 3 RPV). Sinnvolles Kriterium bildet die *erhebliche räumliche Bedeutung*[3] von raumwirksamen Aufgaben; nur dann sind «wesentliche» Ergebnisse zu erwarten. Diese Schwelle überschreiten raumwirksame Aufgaben etwa, wenn sie:
– große Flächen beanspruchen; oder
– die Nutzung des Bodens, die Besiedlung des Landes oder die Umwelt nachhaltig verändern; oder
– umständliche Koordination nötig machen; oder
– politisch besonders umstritten sind.

Derartige Aufgaben gehören, was sich von selber versteht, *alle* in den Richtplan.

Von *erheblicher* räumlicher Bedeutung wären etwa: die Verkleinerung einer Bauzone, die Bezeichnung landwirtschaftlicher Vorranggebiete, überörtliche Straßen- und Bahnbauvorhaben, die Bewilligung von Kraftwerken in empfindlicher Umgebung, die Subventionierung von Wohnbauten in Abwanderungsgebieten. Grundsätzlich gilt, daß jede raumwirksame Aufgabe die Fähigkeit in sich trägt, den Grund «wesentlicher» Planungsergebnisse zu legen, also auch jede der raumwirksamen Aufgaben des Bundes (§ 11/I/C); erst im Einzelfall zeigt sich, ob man es mit einer Bagatelle zu tun hat. Ein vorgesehener Verwaltungsbau für das Eidgenössische Schnee- und Lawinenforschungsinstitut in Davos zum Beispiel ist als *unerheblich* aus dem Bündner Richtplan entfernt worden[4], und der Kanton Uri hat allen Denkmal-

---

[3] Vgl. HELLMUT RINGLI, Richtplanung, 5; EJPD/DRP, Richtplan, 56; EJPD/BRP, Erläuterungen RPG, Art. 8 N. 7.
[4] BRB GR, Ziff. 3.1.

schutzobjekten von nur kommunaler Bedeutung von vornherein die Aufnahme in den Richtplan versagt[5].

D. Ein «Mindestinhalt»?

612. Den Inhalt des Richtplanes, die wesentlichen Ergebnisse von Nutzungs- und Koordinationsrichtplanung in räumlicher Hinsicht: diesen Inhalt bezeichnet das Gesetz als *«Mindest»*inhalt, als handle es sich um einen Sockel, auf den die Kantone ‹Zusatzinhalte› ihrer Wünsche auftürmen könnten. Die Vorstellung ist falsch, die Rede vom «Mindest»inhalt mißverständlich – Art. 8 RPG darf füglich als *der* Inhalt angesprochen werden, so wie es auch die Verordnung tut (Art. 3 RPV).

a) Der Richtplan versteht sich, wie erwähnt, als Handlungsplan mit Blick auf erwünschte Zustände. Dieses *Plankonzept* ist *für die Kantone verbindlich,* ob Minimum oder nicht. Im Vergleich zu den zielbildhaften herkömmlichen Gesamtplänen will es weniger *und* mehr zugleich: weniger, weil es sich auf die Bewirtschaftung nur der Nutzungskonflikte beschränkt; mehr, weil es alles raumwirksame Staatshandeln miteinbezieht und Bescheid über die zu ergreifenden Maßnahmen verlangt – es will vor allem *anderes.*

Die Erfahrung zeigt, daß Gesamtpläne alter Schule trotz erdrückender Datenfülle die «Mindest»anforderungen des RPG gerade nicht erfüllen. Besten Anschauungsunterricht bietet der (vom Bundesrat en bloc genehmigte[6]) Zürcher Gesamtplan: Er entwirft, fixiert auf die Belange des Kantons, die Grundzüge von Nutzungsordnung und öffentlicher Bautätigkeit – und vernachlässigt die Abstimmung zu Bund und Nachbarkantonen (Art. 7 RPG), übergeht viele der ‹schwächer› raumwirksamen Staatsaufgaben (der raumwirksamen Bewilligungs- und Subventionsgeschäfte insbesondere, Art. 1 Abs. 2 Bst. c und d RPV), stellt das zu Verändernde nicht besonders heraus (Art. 8 Bst. a RPG), äußert sich nur summarisch zu Realisierungsfragen (Art. 8 Bst. b RPV), gibt endlich auf den unterschiedlichen Reifegrad der einzelnen Planinhalte keine Acht (Art. 4 Abs. 1 und 2 RPV).

b) Der «Mindest»inhalt ließe sich – zweite Möglichkeit – so verstehen, daß er die «wesentlichen» Ergebnisse umfaßte (Art. 3 RPV); alles ‹Unwesentliche› gälte dann als freiwilliger Zusatz? Auch damit ist es nichts. Im thematischen Bereich des Mindestinhalts erklärt zwingendes Bundesrecht, daß es andere als «wesentliche» Ergebnisse im Richtplan nicht haben will.

---

[5] Entwicklungskonzept/Richtplan des Kantons Uri, vom 28.1.1985, Bericht S. 43 ff., Ziff. 3.5.
[6] BBl 1985 I 1379. Zum Konzept des Zürcher Gesamtplanes zusammenfassend CAROLINE WALSER, Koordinierende Raumplanung, 105 ff.

II. Form des Richtplans

613. Formerfordernisse lassen sich für den Richtplan als solchen – siehe sogleich – und für jede seiner Einzelaussagen (III) beschreiben. Was den Plan als solchen angeht, so sind es zur Hauptsache vier: Von Bundesrechts wegen arbeitet er mit *Karte und Text* (A, Nrn. 614 f.), hält auf äußere *Geschlossenheit* (B, Nrn. 616 f.) und setzt sich als *ausschließlicher* Ort verbindlicher Aussagen (C, Nrn. 618 f.) vom *Planapparat* ab (D, Nr. 620).

A. Karte und Text

614. Der Richtplan *als Ganzes* umfaßt *zwingend Karte und Text* (Art. 3 RPV). Die Karte wird aufnehmen, was sich einfacher bildlich als sprachlich darstellen läßt, nämlich den Ort der Aussage; der Text, was an besonderen Verhaltensvorschriften anfällt[7].

a) Zu Recht wird bemerkt: Vom Mittel der Karte gehört zurückhaltend Gebrauch gemacht[8] – es verlockt zu prächtig ausholenden Planergemälden; Mißverständnisse um die Planverbindlichkeit folgen auf dem Fuß und sind kaum mehr auszuräumen. Trotzdem: Völlig entbehren läßt sich die Karte nicht; der reine Textplan führt ins Abseits. Denn wo die Aufgabe des Richtplans im einzelnen Fall nach Ortsangaben verlangt, würde Sprache bald hilflos, verlöre der Plan die Kraft unmittelbar einleuchtender Darstellung. Und räumliche Konzeptlosigkeit läßt sich mit Textplänen leicht überspielen; die Karte hingegen legt sie unbarmherzig bloß. Nebenbei: Die Karte bildet nicht *den* Richtplan, sondern nur einen *Teil* davon; richtigerweise ist sie als Richtplan«*karte*» zu bezeichnen (und nicht schlechthin als «Richtplan»!).

b) Der *Text* des Richtplans wird vielfach mit «Bericht» überschrieben – eine mißverständliche Wortwahl, denn der Textteil berichtet nicht, er ordnet (verbindlich!) an; «Ausgangslage» und «Erläuterungen» sind lediglich verständnisnotwendiges Beiwerk (Nrn. 620 a, b, 625 b). Der Planungspraxis geschähe kein Leid, wollte sie sich allmählich auf die Begriffswelt des Bundesrechts einstellen; und der normative Gehalt des Richtplans wäre einfacher zu erkennen (Nr. 625 b).

615. Das eine oder andere Ausdrucksmittel für die *einzelne* Planaussage einzusetzen steht grundsätzlich im Ermessen des Kantons. Die Regel sind freilich auch hier Karte *und* Text.

Kartenvermerk und zugehöriger Plantext müßten unbedingt als *untrennbare Teile ein und derselben Planaussage* kenntlich gemacht werden (Lesbarkeit!), zum

---

[7] HELLMUT RINGLI, Richtplanung, 25; EJPD/DRP, Richtplan, 58 f.
[8] MARTIN LENDI, Richtplanung, 103; *derselbe,* Grundfragen, SJZ 1980 59 Sp. 1.

Beispiel mithilfe gleichlaufender Ordnungsnummern: das geschieht heute durchaus nicht überall!

B. Geschlossenheit des Richtplans

616. Richtpläne herkömmlicher Art teilen sich in Teilpläne der Besiedlung und Landschaft, des Verkehrs, der Versorgung, der öffentlichen Bauten und Anlagen [9]. Der Richtplan des RPG duldet solche Splitterung nicht: Anders als mit einem *alle Sachbereiche beschlagenden, in sich geschlossenen Gesamtplan* kann er seine Aufgabe nicht erfüllen [10].

Der Grund ist oft genannt worden: Abstimmung raumwirksamer Aufgaben setzt voraus, die Nutzungskonflikte und ihre Lösungen sichtbar zu machen, welche Sachbereiche auch immer daran beteiligt seien. Das soll, handfest gesprochen, auf *einem* Stück Papier geschehen. Muß man erst vier Pläne übereinander halten, um Bestand und Behandlung eines Nutzungskonfliktes zu erkennen, dann ist schwer zu sehen, welchen Lenkungsnutzen ein derartiges Gebilde stiften kann. Der Richtplan ist ein Arbeitsmittel, keine Rätselkiste.

617. Gegen *regionale Teilpläne* ist nichts einzuwenden, wenn sie zu einem kantonsumgreifenden Ganzen gehören und miteinander zur Genehmigung eingereicht werden [11]. Ebenso zulässig wäre, mit einer *Übersichtskarte* zu arbeiten und die einzelnen Planaussagen auf *Koordinationsblättern* (mit Karten größeren Maßstabs) darzustellen [12].

C. Ausschließlichkeit des Richtplans

618. Nur was *Verbindlichkeit* beansprucht, zählt zum «Inhalt» des Richtplans. Der gesamte Rest, vorab die topografische Karte, ist verständnisnotwendiges Umfeld, ist «Ausgangslage» (Nr. 620a). Der verbindliche Inhalt muß als solcher *bezeichnet* sein: auf der Karte, indem er sich von der topografischen Ausgangslage deutlich abhebt; im Textblatt, indem er als herausgestellte Verhaltensvorschrift erscheint.

619. *Umgekehrt* gehören verbindliche Aussagen *nirgendwohin sonst* als in den (so überschriebenen) Richtplan. Man darf den gebundenen Be-

---

[9] Vgl. §§ 21ff. BauG ZH, §§ 58ff. BauG SO.
[10] HELLMUT RINGLI, Richtplanung, 26; LEO SCHÜRMANN, Bau- und Planungsrecht, 144; EJPD/BRP, Erläuterungen RPG, Art. 8 N. 19.
[11] EJPD/BRP, Erläuterungen RPG, Art. 8 N. 19.
[12] Vgl. HELLMUT RINGLI, Richtplanung, 25.

hörden schon aus rechtsstaatlichen Gründen nicht zumuten, den verpflichtenden Plangehalt aus einem ungefügen Papierhaufen zusammenzustückeln. Auch die Öffentlichkeit des Plans (Art. 4 Abs. 3 RPG) wäre so ohne Sinn.

D. Richtplanapparat: Ausgangslage, Erläuterungen, Grundlagen

620. Zum *Apparat des Richtplans* zählen die *Ausgangslage,* die *Erläuterungen* und die *Grundlagen.* Der Apparat enthält *keine nach Art. 9 RPG verbindlichen Aussagen.*

a) Die *Ausgangslage* gibt, soweit «zum Verständnis der festgesetzten und angestrebten Abstimmung erforderlich», Aufschluß über «räumliche und sachliche Zusammenhänge, insbesondere über bestehende Bauten und Anlagen und geltende Pläne und Vorschriften über die Nutzung des Bodens» (Art. 4 Abs. 3 RPV). Sie ist nicht Ausdruck der mit Art. 8 RPG aufgegebenen Abstimmung raumwirksamer Aufgaben; deshalb zählt sie (entgegen Art. 4 Abs. 3 RPV) nicht zum «Inhalt» des Richtplans, so wie er rechtlich definiert ist. Vielmehr tritt sie zu ihm hinzu: als darstellerisch notwendiges Gegenstück. In dieser wechselseitigen Beziehung von gegebenem Hintergrund und bestimmtenorts hervortretenden Festsetzungen, Zwischenergebnissen und Vororientierungen wird es sich kaum einrichten lassen, daß die Ausgangslage auch noch (wie die Verordnung verlangt) über «Ziele» unterrichtet. Derlei gehört in die Grundlagen, nicht auf den Plan.

b) Die *Erläuterungen* spielen die einfache Rolle einer ‹Botschaft› zum Richtplan. Sie liefern (en bloc oder auf die einzelnen Planaussagen verteilt) Geschichte und Begründung des Planinhalts und weisen nach, daß den verfahrensrechtlichen Vorschriften des Bundes (vorweg den Art. 4, 7 und 10 RPG) Rechnung getragen wurde.

c) Für die *Grundlagen* (Art. 6 RPG) sei auf § 10/II/A, B verwiesen.

III. Form der Einzelaussage

621. Der Sinn des Richtplans zwingt zur ‹Auflösung› des Planinhaltes in *Einzelaussagen* (A, Nrn. 622 f.). Auch sie unterliegen bestimmtem Formprofil: Es fordert ausdrückliche *Plannormen* (B, Nrn. 624 ff.) und deren Unterteilung in *Konzept und Programm* (C, Nr. 627). Überdies gehört jede Einzelaussage dem Planungsstand gemäß als *Festsetzung, Zwischenergebnis oder Vororientierung* eingestuft (D, Nrn. 628 ff.).

A. Zwang zur Einzelaussage

622. Der Richtplan des RPG beschränkt sich, oft gesagt, auf die beabsichtigten Änderungen an der gegebenen Raumordnung. Notgedrungen präsentiert er sich deshalb als *Sammlung von* (untereinander gewiß sinnhaft verbundenen) *Einzelaussagen*.

623. Die Einzelaussagen sind *zu lokalisieren* – mit Ausnahme freilich der gesamträumlich gültigen Vorgaben[13] (dazu gehörten etwa: Grundsätze für eine koordinierte Verkehrspolitik, oder Höchstflächen der Bauzonen in bestimmten Regionen usf.).

B. Plannormen

624. Verbindlichkeit heißt – ohne jeden Tiefgang – Geltungsanspruch, heißt Sein-Sollen; sie fordert Nachvollziehbarkeit und Überprüfbarkeit, fordert operable «Bestimmungssätze»[14]. Ein «verbindlicher» Richtplan muß deshalb (in seinem Text) *formulierte Normen zum Verhalten der Behörden* aufführen[15].

625. Der Satz ist in zweierlei Hinsicht zu verdeutlichen.

a) Die Regeln und Grundsätze des Richtplans sind *ausdrücklich zu umschreiben;* es reicht nicht, auf die Inhaltsklassen – auf Festsetzung, Zwischenergebnis und Vororientierung – zu setzen. Aus ihnen fließt nichts an Normen; sie sind Etikett, nicht Inhalt.

b) Die Regeln und Grundsätze des Richtplans sind *als (verbindlicher) «Text»* zu bezeichnen. Richtpläne werden – über die «Ausgangslage» hinaus (Nr. 620a) – nie ohne mancherlei ‹Verständnishilfen›, ohne «Bemerkungen», «Hinweise» und «Erläuterungen» (Nr. 620b) auskommen. Der normative Gehalt des Plans darf davon aber nicht überdeckt werden. Deshalb ist es ganz unerläßlich, seine verbindlichen Sätze (den «Text» eben, wie Art. 3 RPV ihn versteht) von aller Berichterstattung deutlich abzuheben – nicht zuletzt auch ein Gebot der Planöffentlichkeit (Art. 4 Abs. 3 RPG)!

626. Die Normen des Richtplans können als ‹befolgbares› Gebot (als *Konditional*programm), sie können aber auch als abwägungspflichtiger

---

[13] HELLMUT RINGLI, Richtplanung, 5f., 24. Der Kanton Bern zum Beispiel unterscheidet zwischen «A-Blättern» (über «gesamtkantonale Aufgaben») und «B-Blättern» (über abstimmungsbedürftige «Einzelvorhaben von Bund, Kanton und Regionen»).
[14] Vgl. KARL LARENZ, Methodenlehre, 133ff.
[15] Vgl. HELLMUT RINGLI, Richtplanung, 19.

Grundsatz (als *Final*programm) erscheinen; das ist eine Frage der Redaktion. Als Richtschnur mag gelten, die *Angaben zum Verfahren* – zum weiteren Vorgehen auf dem Wege zur Abstimmung, aber auch zu Realisierungsfragen – in ‹gewöhnliche› Verhaltensvorschriften zu kleiden, die *Angaben zur Sache* hingegen – zu Grundsatz- und zu Standortfragen – mit Rücksicht auf die beschränkte Thematik des Richtplans (§ 13/II) als Interessenbekundung auszudrücken. Wichtiger im übrigen ist eine disziplinierte Formulierung des erwarteten Verhaltens: Verbindlichkeit will *Rechtssprache*.

C. Konzeptteil, Programmteil

627. Jede Planeintragung enthält eine *doppelte Aussage*[16]: zunächst (und hauptsächlich) eine konzeptionelle Aussage über die beabsichtigte planerische Änderung an der bestehenden Raumordnung (Art. 8 Bst. a RPG: Grundsatzfrage und Standortfrage); sodann eine programmatische Aussage über deren zeitliche Einordnung und die benötigten Mittel (Art. 8 Bst. b RPG: Realisierungsfrage).

D. Festsetzung, Zwischenergebnis, Vororientierung

628. Art. 4 RPV teilt die Aussagen des Richtplans in drei Klassen: in Festsetzungen, Zwischenergebnisse und Vororientierungen. Die Teilung bezieht sich auf die konzeptionelle Schicht des Richtplans (Art. 8 *Bst. a* RPG), widerspiegelt seine Dynamik, das Prozeßhafte[17]. Als Denkhilfe läßt sich sagen: Mit Festsetzungen verbinden sich Sachaufträge (Nr. 630), mit Zwischenergebnissen Verfahrensaufträge (Nr. 633), mit Vororientierungen Informationsaufträge (Nr. 634)[18]. Prioritäten werden dadurch nicht gesetzt – sie gehören ausschließlich in den Programmteil (Art. 8 *Bst. b* RPG) –, und die rechtliche Bindungskraft der Planinhalte bleibt sich allemal gleich.

629. Die Inhaltsklassen sind als Stufenfolge zwingend, herrschend und abschließend.

---

[16] Leo Schürmann, Bau- und Planungsrecht, 144.
[17] Vgl. Pierre Moor, Plan directeur, 577 f.; Martin Lendi/Hans Elsasser, Raumplanung, 191.
[18] Vgl. Hellmut Ringli, Richtplanung, 23; EJPD/DRP, Richtplan, 57; EJPD/BRP, Erläuterungen RPG, Art. 8 NN. 11, 13, 15.

a) Sie sind *zwingend,* das heißt: näherer Ausführung im kantonalen Recht weder bedürftig noch fähig. Ein kantonaler Richtplan ist gehalten, mit den Abstufungen so zu arbeiten, wie Art. 4 Abs. 1 und 2 RPV sie vorstellt.

b) Sie sind *herrschend,* das heißt: alle Planinhalte besetzend. Ein kantonaler Richtplan muß jede seiner Eintragungen einer (und nur einer) Inhaltsklasse zuordnen.

c) Sie sind *abschließend,* das heißt: einer Ergänzung durch weitere Klassen nicht zugänglich. Kantonales Recht, das neue Stufen schafft, ist nichtig.

D.1 *Festsetzungen*

630. *Festsetzungen* zeigen, «wie raumwirksamen Tätigkeiten *aufeinander abgestimmt sind*» (Art. 4 Abs. 1 RPV): Sie bezeichnen das *Ende des Abstimmungsvorganges aus der Sicht der plankompetenten Behörde.*

631. Festsetzungen sind *raumordnungspolitische Interessenbekundungen* (§ 13/II); sie haben nicht die Wirkung eines präjudizierenden Entscheides über die Erfüllung der raumwirksamen Aufgabe. Wo dafür noch die Verfügung – Genehmigung, Bewilligung, Konzession, Beitragszusicherung – einer Behörde notwendig ist, brauchen die Verwaltungs- und Rechtsmittelverfahren der einschlägigen Sachgesetze deshalb nicht ausdrücklich vorbehalten zu werden. Und umgekehrt: Ist der Abstimmungsprozeß aus der Sicht des Gemeinwesens abgeschlossen, so ist auch angesichts gesetzlich vorgeschriebener weiterer Verfahren eine Festsetzung am Platz; ‹abschwächende› Ausflüchte in Zwischenergebnisse und Vororientierungen verraten Unverständnis.

D.2 *Zwischenergebnisse, Vororientierungen*

632. ‹Unvollendete› *Abstimmungsvorgänge* führen zu Zwischenergebnissen oder Vororientierungen. Eine scharfe Abgrenzung dieser Klassen ist nicht einfach, freilich auch unnötig.

633. *Zwischenergebnisse* handeln von raumwirksamen Tätigkeiten, die *«noch nicht aufeinander abgestimmt sind»;* sie zeigen, «was *vorzukehren* ist, um eine zeitgerechte *Abstimmung zu erreichen»* (Art. 4 Abs. 2 Bst. a RPV). Der Aussage muß ‹Unfertiges›, Konfliktträchtiges anhaften, sie wäre sonst Festsetzung. Mit Blick auf die Vororientierungen wird man (unbestimmt genug) sagen können, die Abstimmung raumwirksamer

Aufgaben müsse in der Sache begonnen haben: Art. 4 Abs. 2 Bst. a RPV fragt nach *konkreten* Vorkehren zu zeitgerechter Abstimmung; es soll in Grundzügen absehbar sein, welchen Weg die Entwicklung geht. Immerhin gebührt den Kantonen eine gewisse Freiheit der Zuordnung.

634. *Vororientierungen* zeigen, welche raumwirksamen Tätigkeiten «sich *noch nicht in dem für die Abstimmung erforderlichen Maß* umschreiben lassen, aber *erhebliche Auswirkungen* auf die Nutzung des Bodens haben können» (Art. 4 Abs. 2 Bst. b RPV). Sie heben bestimmte Vorhaben aus dem Nebel der Ressortabsichten heraus – nur dürfen so ausgezeichnete Absichten den Prozeß der Abstimmung noch nicht in Angriff genommen haben: dann nämlich müßte man sie als Zwischenergebnis ansehen. Gewiß scheint immerhin dies: das zuständige Gemeinwesen muß zum angezeigten Vorhaben stehen können, muß auf eine verfestigte, nach außen hin bekundete Absicht verweisen können (Übersicht! vgl. Art. 10 Abs. 2 RPV). Im übrigen spielt mehr noch als bei Zwischenergebnissen das Ermessen des Kantons: einerseits was die Grenzziehung zu den Zwischenergebnissen hin angeht, anderseits mit Bezug auf die Frage, welche raumwirksamen Vorhaben in den vororientierenden ‹Wartestand› hinaufbefördert, im Richtplan also überhaupt erscheinen sollen.

Nicht im Belieben des Kantons steht allerdings, mißliebigen Bundesvorhaben den Zutritt zum Richtplan zu versperren. Wenn etwas in den Plan gehört, dann zuallererst die prinzipiellen Uneinigkeiten zwischen Bund und Kanton. Gerade dafür ist die Vororientierung gedacht (allenfalls auch das Zwischenergebnis); der Kanton mag die Planaussage mit allen Reserven versehen, wenn es denn seiner Beruhigung dient.

§ 13 Bindungskraft

635. Die Bindungskraft des Richtplans ist von *rechtlich, sachlich und zeitlich beschränkter Tragweite*[1].

a) Die Verbindlichkeit des Richtplans entfaltet sich erstens *allein im Rahmen des Rechts,* das für die betreffende Aufgabe maßgeblich ist. Der Richtplan ändert allgemein verbindliches Recht nicht aus eigener Kraft ab, sondern zeigt an, in welcher Weise von ihm Gebrauch gemacht werden soll. Er wirkt im Bereich des gesetzlich verfaßten *Ermessens* (I, Nrn. 636 ff.).

b) Innerhalb dieses Rahmens äußert sich der Richtplan ferner nur über *räumliche Belange aus der Sicht des Gemeinwesens.* Die Ermessensspielräume des einschlägigen Rechts werden somit sachlich nicht umfassend ‹ausgefüllt›: Die im Einzelfall notwendige Abwägung dieser Belange mit entgegenstehenden privaten und nicht-räumlichen öffentlichen Interessen bleibt vorbehalten (II, Nrn. 642 ff.).

c) Die Inhalte des Richtplans sind endlich nur von *einstweiliger Beständigkeit,* weil der Richtplan überprüft werden muß, sobald sich die Verhältnisse ändern, sobald sich neue Aufgaben stellen oder sobald eine gesamthaft bessere Lösung möglich wird (III, Nrn. 648 f.).

I. Vorbehalt des «Rechts»

636. Der Richtplan bindet im Bereich des *Ermessens:* der durch Recht beschriebenen und durch Recht begrenzten ‹Leerstellen› einer Norm (A, Nrn. 637 f.). Bindungsfähiges, dem Richtplan zugeneigtes Ermessen ist – wenigstens als *Möglichkeit* für den Einzelfall – im Recht aller raumwirksamen Aufgaben angelegt (B, Nrn. 639 ff.).

---

[1] Dieser (hier geringfügig geänderte) Absatz wurde verfaßt für Leo Schürmann, Bau- und Planungsrecht, 146. Zur Verbindlichkeit des Richtplans vgl. Tobias Jaag, Anfechtbarkeit, SJZ 1982 263 ff.; Blaise Knapp, Grundlagen, Nr. 713; Martin Lendi, Richtplanung, 103 ff.; *derselbe,* Grundfragen, SJZ 1980 59; Pierre Moor, Plan directeur, 586 ff.; Erich Zimmerlin, Rechtsnatur, ZBl 1981 342 f.; EJPD/BRP, Erläuterungen RPG, Art. 9 NN. 2 ff.

A. Bindungsbereich: Das Ermessen

637. Die normativen Aussagen des Richtplans sind *Bausteine der Rechtsbildung*, Gesichtspunkte, die *«im Rahmen»* jenes *Ermessens* berücksichtigt gehören, das vom Recht der zu erfüllenden raumwirksamen Aufgabe eingeräumt wird[2]: Eine Normkonkurrenz zwischen Richtplan und Rechtssatz findet nicht statt[3].

Recht und Ermessen, man weiß es (Nr. 343), bilden *keine Gegensätze*. Wenn der Richtplan ‹nur› im Bereich des Ermessens wirkt, so ist nicht gemeint, er stehe außerhalb des Rechts, sondern: er sei auf jene Felder verwiesen, die das Recht der Letztentscheidungsbefugnis des Aufgabenträgers überläßt.

Konkurriert das Recht mehrerer raumwirksamer Aufgaben um Geltung (Koordinationsrichtplanung! vgl. Nr. 477b), so muß zuerst (und nach kollisionsrechtlichen Grundsätzen; vgl. §§ 3 und 4) die zuständige Norm ermittelt sein, bevor die Suche nach bindungsfähigem Ermessen aufgenommen wird.

638. Bloß das *raumwirksame* Ermessen steht dem Richtplan zur Verfügung; genauer: jenes Ermessen, das wegen seiner rechtlich bestimmten Widmung wenigstens *auch* mittels räumlicher Gesichtspunkte auszufüllen ist. Im übrigen spielt es keine Rolle, ob das raumwirksame Ermessen «Entschließungs-» oder «Auswahl»ermessen sei[4].

B. Das raumwirksame Ermessen im einzelnen (Hinweise)

639. Will der Richtplan raumwirksame Aufgaben aufeinander abstimmen und ist er dafür auf das Ermessen als Wirkungsfeld angewiesen, so rückt die Frage in den Vordergrund, ob raumwirksame Aufgaben stets hinreichend Ermessen miteinschließen – wenn nein, gerät die Mission des Richtplans in Nöte.

640. Jede raumwirksame Aufgabe beschlägt ‹begrifflich› Standortfragen; das Recht jeder raumwirksamen Aufgabe vermittelt insoweit auch

---

[2] MARTIN LENDI, Richtplanung, 104; *derselbe*, Grundfragen, SJZ 1980 59 Sp. 2; LEO SCHÜRMANN, Bau- und Planungsrecht, 146; ERICH ZIMMERLIN, Rechtsnatur, ZBl 1981 342 f.; *derselbe*, Instrumentarium, 578. Im Ergebnis nicht grundsätzlich anders PIERRE MOOR, Plan directeur, 587 (vgl. Nr. 647).

[3] MARTIN LENDI, Richtplanung, 104; vgl. auch PIERRE MOOR, Plan directeur, 588.

[4] Zum Begriff FRITZ GYGI, Bundesverwaltungsrechtspflege, 304.

Ermessen – Standortermessen (§ 6/III/B). Nicht immer freilich stehen Standortfragen im Mittelpunkt; bisweilen viel wichtiger ist das dem Richtplan ebenso verpflichtete «Ob» – ein kurzer Blick auf das Recht der raumwirksamen Aufgaben läßt sich deshalb nicht vermeiden. Das Fazit sei vorweggenommen: Keiner raumwirksamen Aufgabe gehen dem Richtplan zugeneigte, ‹bindungsfähige› Handlungsspielräume von Anfang an ab.

641. Wieweit das Ermessen wirklich trägt, läßt sich im voraus nicht absehen. Hier geht es allein um den *Nachweis des möglichen Ermessens je Aufgabentyp.*

a) *Raumpläne, Sachpläne, Konzepte, Grundlagen* (Art. 1 Abs. 2 Bst. a RPV). Aus dem Planungsgesetz lassen sich die grundlegenden Planungsentscheidungen – Lokalisierung und Dimensionierung von Zonen und Werken – nicht ‹erkennbar› ableiten, ebensowenig eine Antwort auf die Grundsatzfrage, ob an ein Lokalisieren und Dimensionieren überhaupt zu denken sei. Daran ändern die Planungsgrundsätze (Art. 3 RPG) wenig: Wohl verdichten sie das Planungsermessen[5] – Ermessen aber bleibt es allemal.

b) *Öffentliche Bauten und Anlagen* (Art. 1 Abs. 2 Bst. b RPV). Im Vergleich zu Bst. a mag der Handlungsspielraum hier geringer ausfallen, weil Bauten und Anlagen meist durch Nutzungs- oder Sachpläne weithin gebunden sind. Aber er nimmt sich immer noch beträchtlich aus: Die Gestaltung und häufig auch der (kleinräumige) Standort sind selten bis ins letzte vorgezeichnet; offen ist zumeist auch die Grundsatzfrage.

c) *Konzessionen und Bewilligungen für raumwirksame Vorhaben* (Art. 1 Abs. 2 Bst. c RPV). Richtplanzugängliches Ermessen findet sich zunächst dort, wo das einschlägige Recht auf Konzession oder Bewilligung *keinen Anspruch* einräumt[6]. Auf Widerstand stößt der Richtplan hingegen, sobald einem Gesuchsteller, der die gesetzlichen Bedingungen erfüllt, ein positiver Bescheid nicht verweigert werden darf – es sei denn, die einschlägige Bewilligungsgrundlage öffne sich durch Generalklauseln und unbestimmte Gesetzesbegriffe doch wieder dem Einfluß des Richtplans: wie etwa mit dem Verbot, «überwiegende öffentliche Interessen» zu verletzen. Entsprechendes gilt bei Bedingungen und Auflagen: Besteht Rechtsanspruch auf die Bewilligung (oder, seltener, auf die Konzession), darf dem Bürger über Nebenbestimmungen nichts zur Pflicht gemacht werden, was nicht schon rechtlich angelegt ist[7]; auch hier kann der Richtplan ohne gesetzliches Eingangstor nichts ausrichten.

---

[5]   HEINZ AEMISEGGER, Planungsgrundsätze, 84; LEO SCHÜRMANN, Bau- und Planungsrecht, 116 ff.; EJPD/BRP, Erläuterungen RPG, Art. 3 NN. 7, 16.
[6]   Vgl. ANDRÉ GRISEL, Droit administratif, 286 f., 413 f.; MAX IMBODEN/RENÉ RHINOW, Verwaltungsrechtsprechung, Nrn. 37 B/IV; BLAISE KNAPP, Grundlagen, Nrn. 650, 658, 669.
[7]   Vgl. ANDRÉ GRISEL, Droit administratif, 287 f., 414; MAX IMBODEN/RENÉ RHINOW, Verwaltungsrechtsprechung, Nrn. 37 B/V, 39 B/III; BLAISE KNAPP, Grundlagen, Nrn. 544, 662, 686.

d) *Beiträge zu raumwirksamen Vorhaben* (Art. 1 Abs. 2 Bst. d RPV). Dem Subventionswesen endlich wird eigens verordnet, auf den Richtplan zu hören: Gemäß Art. 30 RPG macht der Bund «die Leistung von Beiträgen an raumwirksame Maßnahmen nach anderen Bundesgesetzen davon abhängig, daß diese den genehmigten Richtplänen entsprechen»; die Vorschrift tritt als zusätzliche Beitragsvoraussetzung zu allen Beitragsgesetzen hinzu. Das versteht sich von selbst, solange der Bund nach der besonderen Rechtsgrundlage Beiträge ausrichten *kann,* nicht muß[8]. Aber Art. 30 RPG reicht weiter: Als neuere Norm stellt er auch jene Subventionen unter den Vorbehalt der Richtplanung, auf welche im übrigen ein Rechtsanspruch besteht[9].

II. Vorbehalt der Interessenabwägung

642. Der Richtplan ist *Interessenbekundung* (A, Nrn. 643 f.), sein Bindungsanspruch unter den Vorbehalt der *Interessenabwägung* gestellt (B, Nrn. 645 ff.).

A. *Interessenbekundung*

643. Wirkungsfeld des Richtplans bildet, wie eben erwähnt (I/A), das Ermessen; dieses aber ‹füllt› er nicht völlig ‹aus›, sondern wegen seiner beschränkten Thematik und seiner einseitigen Herkunft nur zum Teil; ein *Beitrag* nur zur Ermessenswaltung, ein *Interesse*[10] – eines neben anderen.

644. Thematik des Richtplans ist die ‹Staatsaufgabe im Raum›, seine Herkunft die Welt der Behörden: Der Plan äußert sich allein zu *räumlichen Belangen aus der Sicht des Gemeinwesens*[11]. *Nicht* handelt er von *privaten* Interessen, ebensowenig von *nicht-räumlichen öffentlichen* Interessen oder von räumlichen Auswirkungen der *«übrigen» Staatstätigkeit* (Art. 2 Abs. 2 RPG).

---

[8] Vgl. BGE 110 Ib 152 f. E. 1 b; 100 Ib 342 E. 1 b; VPB 1981 Nr. 84 E. II/1.
[9] Leo Schürmann, Bau- und Planungsrecht, 148. Ähnlich relativierend wirkt der Vorbehalt, Beiträge würden nur «im Rahmen der bewilligten Kredite» gewährt; vgl. BGE 110 Ib 157 E. 2 c sowie André Grisel, Droit administratif, 712 f. (zu Art. 28 RPG).
[10] Vgl. Erich Zimmerlin, Instrumentarium, 581.
[11] Martin Lendi, Richtplanung, 104; *derselbe,* Grundfragen, SJZ 1980 59 Sp. 2.

B. Interessenabwägung

645. Der Wille des Richtplans fließt späteren *Interessenabwägungen* zu; jenen Abwägungen, die im Laufe der weiteren Abstimmung oder – spricht der Plan in Festsetzungen – für den «rechtsverbindlichen» Entscheid über die raumwirksame Aufgabe zu veranstalten sind. (Zum Verfahren der Abwägung: § 8/II.)

Zu präzisieren ist immerhin eines: Der Abwägung unterliegen in erster Linie die Aussagen des Planes *zur Sache:* zu Grundsatz- und Standortfragen. Vorschriften *zum Verfahren* dagegen – zur weiteren Zusammenarbeit, zur Realisierungsfrage – sind dem Kraftfeld gegenläufiger Interessen viel weniger ausgesetzt.

646. Dieser Abwägung trägt der Richtplan seine Belange *«verbindlich»* an: Sie gehören *unverändert aus dem Richtplan übernommen und in die Abwägung eingestellt* (§ 8/II/A). Der abwägenden Behörde steht – Revisionsgründe vorbehalten (III) – nicht zu, die räumlichen Interessen des Gemeinwesens neu zu formulieren; sie darf (und muß!) sie aber *bewerten* (§ 8/II/B) und mit gegenläufigen Interessen *abwägen* (§ 8/II/C): denn auf diese beiden Schritte des Abwägungsvorganges erstreckt sich die Bindungskraft des Richtplans nicht[12].

Die Freiheit der Interessen*bewertung,* soviel ist einzuräumen, steht mitunter an kleinem Ort: Den Belangen des Richtplans eignet wegen ihrer Erzeugungsart von vornherein *besonderes Gewicht;* sie sind selber schon Ergebnis – Ergebnis eines Abwägungsprozesses unter Behörden –, sind selber bereits geläutert. Zumindest im Kreise der öffentlichen Interessen wird man sie deshalb nicht leichthin in die zweite Reihe stellen können. ‹Brechen› läßt sich der Richtplan dann nur noch mithilfe gegenläufiger privater Interessen oder unter Hinweis auf veränderte Umstände (III).

647. Als *Gesichtspunkt* der Rechtsbildung entfaltet der Richtplan *materielle Lenkungskraft.*

Demgegenüber billigt PIERRE MOOR dem Richtplan Bindungswirkung allein im Verfahren zu. «Ce qui est proprement impératif dans la planification directrice, c'est de ne rien entreprendre ni décider qui n'ait été mis à l'épreuve des exigences de l'aménagement du territoire ... Il ne peut en découler aucun effet obligatoire de nature matérielle.»[13]. Ich denke, damit wird der Richtplan zu sehr relativiert, und erst noch ohne Not. Denn soviel ist in der Tat richtig: «Ce qui est donc obligatoire, c'est

---

[12] Vgl. MARTIN LENDI, Richtplanung, 104; *derselbe,* Grundfragen, SJZ 1980 59 Sp. 2. Im Ergebnis vergleichbar PIERRE MOOR, Plan directeur, 587f. Für eine rigidere Planbindung wohl TOBIAS JAAG, Anfechtbarkeit, SJZ 1982 263 Sp. 2, und PETER MÜLLER, Aktuelle Fragen, ZBl 1983 200 – beide freilich mit Blick auf den Zürcher Gesamtplan.
[13] PIERRE MOOR, Plan directeur, 587.

l'examen des motifs répertoriés, que la procédure a pour fonction de mettre en évidence, et non pas d'imposer. Concevoir la chose autrement reviendrait à nier la liberté d'appréciation que les normes légales confèrent aux autorités administratives.»[14] Der Richtplan würde, kurz gesagt, präjudizieren. Aber diese Gefahr läßt sich schon dadurch bannen, daß der Richtplan auf die Rolle eines rechtsbildenden Gesichtspunktes zurückgestutzt und der Abwägung mit entgegenstehenden Belangen unterworfen wird; man braucht nicht gleich die materielle Bindungskraft als solche zu opfern. Und der Richtplan könnte sich solchen Verzicht zuallerletzt leisten: Verfahren allein stellt die raumwirksame Aufgabeneinheit nicht her, befriedigt auch nicht das Bedürfnis der Verwaltungspraxis nach einem wenigstens auf Zeit ‹feststehenden› Bezugsrahmen.

III. Vorbehalt veränderter Verhältnisse

648. Ändern sich die «Verhältnisse», stellen sich «neue Aufgaben» oder wird eine «gesamthaft bessere Lösung» möglich, gehört der Richtplan «überprüft und nötigenfalls angepaßt» (Art. 9 Abs. 2 RPG): seine Inhalte sind von *einstweiliger Beständigkeit,* sie stehen unter dem *Vorbehalt veränderter Verhältnisse*[15] – darin unter anderem zeigt sich das Prozeßhafte der Richtplanung.

649. Die angeführten Bedingungen, sollten sie eintreten, sind geeignet, förmliche Planänderungen auszulösen – davon später (§ 18/II). Was hier zählt, ist ihr *Einfluß auf die aktuelle Bindungskraft* des Plans.

a) Die Änderungsgründe des Gesetzes ziehen der Bindungsbefugnis des Richtplans *materiellrechtliche Schranken* (I): sein Beitrag zur Ermessenswaltung wird von Rechts wegen unbeachtlich. Gewiß: *Ob* dieses Ende im Einzelfall gekommen sei, ist nicht immer einfach auszumachen. Nur eben ist jeder raumwirksam tätigen Behörde aufgegeben, das vom Richtplan vorgetragene Interesse *vorfrageweise auf Rechtsfehler abzusuchen* (§ 14/III/C) – und Fehler dieser Art können sich (neben ursprünglicher Rechtswidrigkeit des Planbeschlusses; § 18/I/B) auch aus einer Mißachtung von Art. 9 Abs. 2 RPG ergeben.

b) Erweist sich der Plan wegen eingetretener Änderungsgründe als überholt, braucht der «rechtsverbindliche» Entscheid über die raumwirksame Aufgabe *nicht* bis zur förmlichen Planrevision *ausgesetzt* zu bleiben[16]: grundsätzlich entscheidet der Aufgabenträger ‹direkt› gestützt

---

[14] PIERRE MOOR, Plan directeur, 587f.
[15] Vgl. MARTIN LENDI, Richtplanung, 105.
[16] BGE 107 Ia 92 E. 3c; ZBl 1980 550 E. 5b. Vgl. ERICH ZIMMERLIN, Instrumentarium, 581.

auf das einschlägige Recht (vgl. § 14/I). Der Verfügung sind dann jene räumlichen Interessen zu unterlegen, die der Richtplan bei sachgerechter Anpassung hätte ausdrücken müssen[17], und die Plandurchbrechung ist im Zuge der Planbewirtschaftung (§ 18/I/A) nachzutragen (Nr. 777 a. E.). *Ausnahmen* hiervon gelten für Vorhaben, die sich verantwortlich in den Raum nur dadurch einfügen lassen, daß sie die Richtplanung wirklich durchlaufen. Das trifft auf Großvorhaben zu (wegen ihrer Auswirkungen auf Nutzungsordnung, Erschließung und Umwelt), aber auch auf politisch umstrittene Werke. Die Heranbildung des öffentlichen Interesses unter Beteiligung der interessierten Akteure – Hauptbestimmung des Richtplans – läßt sich in diesen Fällen nicht kurzerhand durch Sachentscheid oder Richterspruch ersetzen.

IV. Zum Geltungsgrund des Richtplans

650. Die Verbindlichkeit eines Staatsaktes gründet in nichts anderem als dem objektiven Recht. Das ist beim Richtplan nicht anders: Er bindet, weil und soweit er einer durch Raumplanungsrecht vermittelten und hinreichend bestimmten *Normsetzungsbefugnis* entspringt.

- *Zur Normsetzung befugt* sind für überkantonale Planaussagen (Nr. 717b) der Bundesrat (Art. 11 Abs. 2 RPG) und im übrigen die kantonale Plansetzungsbehörde (Art. 10 Abs. 1 RPG).
- Den *Sachbereich* der Normsetzungsbefugnis legt Art. 8 RPG mit dem «Mindestinhalt» des Richtplans fest (§ 12/I).
- Der Sachbereich bestimmt die *Normadressaten:* Angesprochen sind Behörden, welche raumwirksame Aufgaben erfüllen (Art. 1 RPG; Art. 1 RPV; § 11).
- Die *Wirkung* der zuständigenorts erzeugten Plannormen endlich beschreibt das RPG ausdrücklich: Sie gelten als «verbindlich» (Art. 9 Abs. 1 RPG; I–III).

A. Die Plansetzungsbefugnis des Bundesrates und die Planadressaten der Bundesebene

651. Die bindungsbegründende Norm – Art. 9 RPG und seine Zudiener – steht nicht für sich allein; vielmehr trifft sie auf ein gesetzes- und verfassungsrechtlich durchbildetes Gefüge von Behörden: mit feststehenden Rängen, Aufsichtsgewalten und Autonomiebereichen. Daß Art. 9 RPG dies alles mit einem Federstrich durcheinanderbringt, ist un-

---

[17] Vgl. für die entsprechende Frage in der Nutzungsplanung BGE 26. 10. 1983 *Walter,* 8 E. 3.

denkbar. Im Gegenteil: Die Bindungskraft des Richtplans unterliegt – über die allgemeinen Parameter hinaus (I–III) – *besonderen,* nur *gegenüber der konkret angesprochenen Behörde* gültigen Grenzen – *Grenzen organisationsrechtlicher Art.* Sie sollen für die durch den Bundesrat gebundenen Planadressaten (Art. 11 Abs. 2 RPG) im Überblick vermittelt werden (A.1–A.5).

A.1 Bundesversammlung

652. Kraft Art. 11 Abs. 2 RPG hat die Bundesversammlung den Bundesrat ermächtigt, die Konkretisierung des raumwirksamen Ermessens «verbindlich» zu lenken, soweit bundesstaatliche Abstimmung es erheischt. Damit hat sie – für diese Fälle – auch die Herrschaft über ihre eigenen raumwirksamen Handlungsspielräume bis zu einem bestimmten Punkt (Nr. 653) aus der Hand gegeben.

653. Die Bundesversammlung hat ihren Verzicht *durch Bundesgesetz* erklärt. So hängt die Macht des Planes entscheidend von der *Rechtsform* ab, derer sich die raumwirksam handelnde Bundesversammlung jeweilen bedient.

a) Wo immer das Parlament seine raumwirksamen Aufgaben durch *einfachen Bundesbeschluß* (Art. 8 GVG) wahrnimmt, reichen Art. 9 und 11 RPG als *bundesgesetzliche* Regeln ohne weiteres aus, es an den Richtplan zu binden: Soweit und solange die Plannorm gilt (I–III), gehört sie in die parlamentarische Willensbildung eingebracht.

b) Die Dinge liegen anders, sobald die Räte zu den Formen des *allgemeinverbindlichen Bundesbeschlusses* und des *Bundesgesetzes* greifen (Art. 5f. GVG). Dann bewegen sie sich im Vergleich zu Art. 9 RPG auf normhierarchisch gleicher Ebene; die Planbindung des Raumplanungsgesetzes läßt sich voraussetzungslos – durch neueres Recht – überspielen.

654. Nach Lage der Dinge verfügt die Bundesversammlung heute über *kein Mittel, den Richtplan zu ändern.* Von vornherein außer Betracht fällt die *parlamentarische Initiative* (Art. 21bis ff. GVG): Sie zielt nur auf Akte, die als Verfassungsartikel, Bundesgesetz oder Bundesbeschluß ergehen – die Plangenehmigung des Bundesrates ist nichts davon. Aber auch *Motionen* und *Postulate* taugen wenig: Zwar ließe sich die Änderung eines Richtplanes als motions- oder postulats‹fähige› «Maßnahme» einstufen (Art. 29 GRN; Art. 25 GRS). Nur würde der einzelne Vorstoß nichts daran ändern können, daß die föderative Abstimmung raumwirksamer Aufgaben *gesetzlich* Sache des Bundesrates ist – von der eben erwähnten Ausnahme abgesehen (Nr. 653 b). Motion und Postulat hätten bloß den Wert eines *mittelbar wirkenden Pla-*

nungsvorstoßes. Das Parlament müßte, um sich von der ‹Fessel› des Richtplanes zu befreien, schon Hand an das RPG selber legen: zum Beispiel durch Einführung einer *Planmotion* nach dem Muster von Art. 45ter Abs. 2 GVG [18] (Nr. 548a a. E.).

A.2 Bundesrat, Departemente, Ämter

655. Mit genehmigtem Richtplan bindet sich der Bundesrat für jene Inhalte, die ihn und seine Verwaltung angehen, selbst; solche *Selbstbindung* wirkt kraft *Dienstaufsicht* auf alle ihm unterstellten Verwaltungseinheiten.

Immerhin ist die Selbstbindung des Bundesrates nicht ohne Probleme. Der Bundesrat ist nicht ‹nur› Verwaltungsspitze; er ist vor allem Regierung: demokratisch gewählte, politische Behörde. Man könnte durchaus vertreten, ein neuer Bundesrat sei an das Wort des alten nicht gebunden. Solange freilich die «Zauberformel» gilt, bleibt die aufgeworfene Frage Theorie. Und überdies setzte sie im Grunde ein parlamentarisches Regierungssystem voraus, das heißt: daß die Regierung ausschließlich von der Parlamentsmehrheit getragen würde.

A.3 Autonome Verwaltungseinheiten

656. Die Handlungsfreiheiten der autonomen Verwaltungseinheiten werden durch Gesetz eingeräumt[19]; sie lassen sich durch Gesetz auch wieder einschränken. Nichts anderes tut für raumwirksame Fragen Art. 9 RPG.

A.4 Andere Aufgabenträger der Bundesebene

657. Gleich verhält es sich mit den *Auftragsverwaltern* und – sofern man sie als Aufgabenträger ansprechen kann (Nr. 590) – den *gemischtwirtschaftlichen Unternehmungen:* Auch hier hilft der Status ‹außerhalb› der Verwaltung wenig gegen den Richtplan. Seine Interessenbekundungen treten diesen Aufgabenträgern als öffentlichrechtliche Verdichtung ihres Ermessens entgegen: ihres Verfügungsermessens, wenn sie beliehen sind, und ihrer Privatautonomie, wenn sie zivilrechtlich handeln.

---

[18] Vgl. THOMAS COTTIER, Rechtsnatur, ZSR 1984 I 426f.
[19] Siehe für die SBB das BG über die Schweizerischen Bundesbahnen (SR 742.31), besonders Art. 1, 9ff., sowie Art. 4ff. der zugehörigen V (SR 742.311); für die PTT das PTT-Organisationsgesetz (SR 781.0), besonders Art. 1, 16f., sowie Art. 3ff. der zugehörigen V (SR 781.01).

A.5 Nachbarkantone, Kanton

658. Der Richtplan bindet die Kantone als bundesstaatliche Körperschaften, ohne daß auf die Bindungskraft einen Einfluß hätte, welche Behörde im ‹Innern› des Kantons die Aufgabe besorgt. Die Plannorm aufzunehmen und in die kantonal richtigen Bahnen zu lenken steht dem Bund nicht zu; und umgekehrt braucht sich seine Koordinationsmacht die Eigenheiten der kantonalen Behördenorganisation nicht entgegenhalten zu lassen.

B. Der Vertrauensgrundsatz als Rechtsgrund der Planbindung?

659. Neuerdings hat THOMAS COTTIER vorgeschlagen, Rechtswirkungen politischer Pläne aus dem Verfassungsgrundsatz des Vertrauensschutzes herzuleiten: jener Pläne, die «wie Regierungserklärungen ... ihre Wirkungen vor und außerhalb der Rechtsetzung und Rechtsanwendung und in der Form des Berichts entfalten»[20]. Nun ergeht der Richtplan nicht als Bericht – aber «vor und außerhalb» rechtsverbindlicher Staatsakte steht er freilich; an Berichten wird im Laufe der Richtplanung allerhand abgesondert; und wo die «Außenwirkung» von Richtplänen aufkommt (§ 14), ist der Vertrauensschutz schnell zugegen. So sind einige abgrenzende Worte am Platz: mit Blick auf die Planadressaten zunächst, aber auch im Verhältnis zum ‹außenstehenden› Bürger.

660. *Unter Behörden,* dies sei vorweggenommen, trägt der Griff zum Vertrauensschutz wenig ein. Einmal deshalb, weil Art. 9 RPG, recht ausgelegt, die Lenkungskraft des Richtplans hinreichend erklärt. Zweitens sollte nicht vergessen werden: Herkömmlich hat der Vertrauensschutz im öffentlichen Recht das Verhältnis zwischen Staat und Bürger im Auge – eine Beziehung geprägt von Distanz und Gefälle, die eben darum der Befriedung durch Vertrauen bedarf[21]. Davon zeugen die typischen Ausdrücke des Gebotes: Bindung an unrichtige Auskünfte von Behörden[22], an rechtsauslegende Erklärungen[23], an verfestigte rechtswidrige Praktiken[24], an den ‹gewöhnlichen› Geschäftsgang von Bewilligungssachen[25]. Gewiß ist nichts dagegen einzuwenden, den Verfassungsgrundsatz auf den Verkehr der Behörden zu übertragen[26]. Freilich wird er dort – unter Profis – immer anderes, immer erheblich ‹weniger› bedeuten als zum Bürger hin: der Dispositionsschutz vor allem, die Versicherung gegen behördlich angerichteten Vertrauensschaden, wirkte in solchem Kreise eher seltsam.

---

[20] THOMAS COTTIER, Rechtsnatur, ZSR 1984 I 403.
[21] Vgl. BEATRICE WEBER-DÜRLER, Vertrauensschutz, 23 ff.
[22] BGE 107 Ia 196 f. E. 3 d, II 250 E. 1; 105 Ib 159 E. 4 b.
[23] BGE 107 Ia 312 f. E. 5 b; 105 Ia 124 ff. E. 1 a, c, 2; 104 Ia 118 f. E. 4 c.
[24] «Gleichbehandlung im Unrecht»; BGE 108 Ia 213 f. E. 4 a; 104 Ib 372 f. E. 5; 103 Ia 244 f. E. 3 a.
[25] BGE 102 Ia 252 f. E. 7.
[26] Vgl. BEATRICE WEBER-DÜRLER, Vertrauensschutz, 10 f.; THOMAS COTTIER, Rechtsnatur, ZSR 1984 I 404.

661. Beträchtliche Wirkung würde der Grundsatz aber *im Verhältnis zum Bürger* entfalten – und keine erfreuliche, wie mir scheint.

a) Politische Planung – auch Richtplanung – ist *Prozeß.* Das wird überall anerkannt[27]. Prozeß und Bindung schließen einander nicht aus; bestes Beispiel gibt der Richtplan selbst. Dafür aber muß die Schwelle zur Planänderung niedrig bleiben: So verlangt Art. 9 Abs. 2 RPG bloß eine «Änderung» der Umstände (§ 18/II/A), und bei den Regierungsrichtlinien gibt sich Art. 45^{quinquies} GVG gar mit schlichter «Begründung» zufrieden (Nr. 548 a). Solche Beweglichkeit ist ganz unerläßlich: Politische Planung bleibt stets Versuch, muß stets mit Irrtum rechnen. Die Frage ist viel eher, wie es mit der Formulierung des Planes zu halten sei, damit derartige Rückzüge auch vor dem Recht – und gerade vor dem Vertrauensgebot – standzuhalten vermögen. Denn es kann nicht gut kommen, wenn dieser Verfassungssatz in den politischen Plan Einzug hält: Von Vertrauenserwartungen unter Druck gesetzt, würde er sich (zum Schaden der Sache!) zu früh verfestigen oder aber mit der Zeit in die Diskretion des Kabinetts zurückkehren.

b) Auch der Vertrauensschutz selbst kann kein Interesse haben, seine Wohltaten im Feld der politischen Planung allzu freigebig zu verteilen. Wer mit Blick auf den Richtplan Grundstücke erwirbt, wer ‹gestützt› auf Gesetzgebungsprogramme Investitionen tätigt[28], der pokert. Erlaubterweise zwar – aber kommt er dabei zu Bruch, so wird nicht der Staat geradestehen müssen. Die enteignungsrechtliche Praxis hat es seit je abgelehnt, pure Planungsabsichten zum Maßstab der Entschädigungspflicht zu erheben[29]; die Eigentumsgarantie «ne protège nullement la valeur spéculative d'un terrain»[30]. Davon sollte sich auch das Vertrauensgebot leiten lassen.

V. Ein Beispiel: Die Einflüsse des «verbindlichen» Richtplans auf die Nutzungsplanung

662. Nach der Analyse nun Anschauung: Die Bindungskraft des Richtplans ‹in Aktion› soll am Beispiel der *Nutzungsplanung,* dem Hauptwirkungsfeld des Richtplans, kurz vorgeführt werden.

a) *Grundsätzlich*[31] stehen Richtplan und Nutzungsplan selbständig nebeneinander. Gewiß ist die Nutzungsplanung inhaltlich auf den Richtplan verpflichtet – davon sogleich. Aber sie erscheint nicht als vollziehende ‹Ausfüllung› eines vorgegebenen Rahmens, ist nicht (wie noch im RPG 74) Maßnahme zur «Durchführung»[32] des Richtplans: Sie ist Lenkungsaufgabe eigenständiger Herkunft. Entsprechend nennt

---

[27] Vgl. statt vieler Pierre Moor, Plan directeur, 584 und durchgehend.
[28] Vgl. Thomas Cottier, Rechtsnatur, ZSR 1984 I 412 f.
[29] BGE 107 Ib 226 f. E. 3 d/aa; 106 Ia 190 E. 4 d.
[30] BGE 103 Ia 590 E. 2 b.
[31] Dieser (hier geringfügig geänderte) Absatz wurde verfaßt für Leo Schürmann, Bau- und Planungsrecht, 115 f.
[32] So die Überschrift zum 3. Titel des RPG 74, der – unter anderem – die Nutzungspläne abhandelt.

das RPG die materiellen Begriffsbestimmungen der einzelnen Zonentypen im Kapitel über die Nutzungspläne, nicht unter dem Richtplan; und folgerichtig anerkennt die Rechtsprechung nicht nur den bestimmenden Einfluß des Richtplans auf den Nutzungsplan, sondern läßt auch das Umgekehrte zu: daß die Teilrevision eines Nutzungsplanes wegen erheblich veränderter Umstände die Korrektur des Richtplanes nach sich zieht [33]. Richtplan wie Nutzungsplan gleichermaßen überdachendes Planungsrecht bilden nunmehr die Ziele und Grundsätze der Raumplanung (Art. 1 und 3 RPG).

b) *Durch den Richtplan gebunden* sind jene «Behörden», die an der Nutzungsplanung teilnehmen: die Planungsfachstelle der betreffenden Gemeinde (oder auch: die Planungskommission, der in gemeindlichem Auftrag arbeitende private Planer) für die Fertigung der Planentwürfe; der Gemeinderat, wenn er ‹seinen› Plan dem beschlußkompetenten Organ präsentierend weiterleitet; allenfalls ein festsetzendes Gemeindeparlament; und endlich die kantonale Genehmigungsbehörde. Der Stimmbürger bleibt frei.

c) Der *materielle Einfluß des Richtplans* auf das Gebaren der gebundenen Behörden läßt sich abstrakt nicht anders darstellen als bisher (vgl. I–IV). Gesetzt sei deshalb eine konkrete Plananordnung: die Anordnung, in einem bezeichneten Ortsteil die Bauzone um ein bestimmtes Flächenmaß zu verkleinern. Die Gemeinde wird zuerst prüfen, ob sich diese Forderung mit dem einschlägigen *Recht* vereinbaren läßt, hier also: ob der Richtplan nicht größere Opfer verlange als Art. 15 Bst. b RPG, oder ob er nicht offensichtlich gegen Ziele und Grundsätze der Raumplanung verstoße [34]. Zweitens gehört geklärt, ob mittlerweile *Änderungsgründe* eingetreten seien, welche die Aussage des Richtplans als überholt erscheinen lassen [35]: ein unerwartetes Wachstum in der Gemeinde zum Beispiel, angesichts dessen die Rückzonung nicht länger drängt, oder eine Verlagerung der Entwicklungsrichtung, deretwegen sich eine Zonenreduktion an anderer Stelle als «gesamthaft besser» erweist. Übersteht die Anordnung des Richtplans diese Proben, wird die Gemeinde endlich eine *Interessenabwägung* veranstalten: wird die Plannorm zum Beispiel den Grundrechtsinteressen Privater gegenüberstellen; allfälligen Vertrauensinteressen, wenn Zusagen über die Fortdauer der bisherigen Ordnung gegeben wurden; oder auch den eigenen finanziellen Interessen, wenn unerträgliche Entschädigungspflichten zu gewärtigen sind [36]. Das Abwägungsergebnis geht in den Nutzungsplan ein.

d) *Überwacht* wird die Umsetzung des Richtplans durch die kantonale Genehmigungsbehörde [37] (Art. 26 Abs. 1 und 2 RPG) sowie auf Beschwerde hin im Rechtsmittelverfahren [38] (Art. 33 Abs. 2, 3 Bst. b RPG; § 14/III/C): Insofern relativiert sich die Freiheit des Stimmbürgers vor dem Richtplan.

---

[33] ZBl 1980 550 E. 5b; vgl. auch BGE 107 Ia 92 E. 3c; 105 Ia 231 E. 2e.
[34] Vgl. BGE 105 Ia 229 E. 2d; 107 Ia 88 E. 3a/aa.
[35] Anm. 33.
[36] Höchst seltene Ausnahme! BGE 107 Ia 244f. E. 3c, 4; 110 Ia 55 E. 4d. Vgl. aber 111 Ia 20ff. E. 2 c, d.
[37] ZBl 1980 550 E. 5b. Mit Bezug auf die Einhaltung der vergleichbar verbindlichen Planungsgrundsätze: BGE 110 Ia 53 E. 3; ZBl 1983 317 E. 3c; 1982 354 E. 3c.
[38] BGE 107 Ia 88 E. 3a/aa, 91f. E. 3c; 105 Ia 229f. E. 2d, e.

§ 14 «Außenwirkung»?

663. Kein Zweifel: Der Richtplan, obwohl nur für Behörden gedacht, hat seine Wirkungen ‹nach außen›: beeinflußt den Wert berührter Grundstücke, wird Gesichtspunkt privater Planungen. Keine Frage auch, daß der Staat sich diese Weiterungen auf die eine oder andere Art muß anrechnen lassen – ob aber gleich der Rechtsschutzapparat zur Stelle sein muß, ist sehr wohl eine Frage. Sie soll in Schritten beantwortet werden: mit Blick auf die *«Rechtsnatur»* des Richtplans (I, Nrn. 664 ff.), auf die Anforderungen des *Prozeßrechts* (II, Nrn. 668 ff.) und endlich auf die Möglichkeiten anderweitiger *Kompensation* (III, Nrn. 678 ff.).

I. Die «Rechtsnatur» des Richtplans[1]

664. Die Diskussion um die «Natur» des Richtplans wird zumeist aus der Sicht seiner gerichtlichen Anfechtbarkeit geführt[2]; Kernfrage ist, ob der Richtplan einem «Hoheitsakt» im Sinne von Art. 84 OG gleichkomme (vgl. II/A). Diese Betrachtungsweise ist in doppelter Hinsicht zu eng: Einmal zwingt sie, weil das überkommene System des Rechtsschutzes nur mit Erlassen und Verfügungen rechnet, zur ‹Wahl› allein zwischen diesen zwei Kategorien von Rechtsakten; und zweitens vernachlässigt sie, daß sich die Interessen des einzelnen in der Plansetzung durch die Mitwirkungsrechte gemäß Art. 4 Abs. 2 RPG auf effektivere Art als über Planbeschwerden wahrnehmen lassen, die Einordnung des Richtplans somit gleich dem Ruf nach Rechtsschutz an Dringlichkeit verliert (vgl. III/A). Begreift man die rechtliche Erfassung des Richtplans nicht nur als Rechtsschutzfrage, so ergibt sich dreierlei:

665. So wie Verwaltungshandeln Rechtshandeln ist, so wird *auch der Richtplan rechtlich begründet, bestimmt und begrenzt,* ist auch er rechtlich beurteilbar, also *Rechtsakt.* Es lassen sich durch ihn keine rechtswidri-

---

[1] Dieser (hier geringfügig geänderte und gekürzte) Abschnitt wurde verfaßt für Leo Schürmann, Bau- und Planungsrecht, 125 ff.
[2] Vgl. insbesondere Tobias Jaag, Anfechtbarkeit, SJZ 1982 261 ff., zu BGE 107 Ia 77. Zu diesem Urteil auch Alfred Kölz, Die staatsrechtliche Rechtsprechung des Bundesgerichts im Jahre 1981, ZbJV 1983 529, 579 ff.; Alfred Kuttler, Fragen des Rechtsschutzes, ZBl 1982 342 ff.; Peter Müller, Aktuelle Fragen, ZBl 1983 195 f.; ferner Tobias Jaag, Rechtssatz und Einzelakt, 155, 210.

gen, im besonderen keine Planungs- und Verfassungsrecht verletzenden Nutzungspläne oder Baubescheide rechtfertigen[3].

666. Hingegen vermag die *Typologie der Rechtsakte* den Richtplan *weder als Rechtssatz noch als Verfügung* zu erfassen, auch nicht – wie etwa den Nutzungsplan – als ‹dazwischen› liegendes Gebilde.

a) Der Richtplan ist *nicht Rechtssatz,* weil er dessen typische Aufgabe – gesetzliche Grundlage eines Verwaltungsaktes zu sein – nicht wahrnehmen kann. Kein Nutzungsplan oder Sachplan, keine Konzession oder Bewilligung ergeht gestützt auf den Richtplan; deren Rechtsgrundlage bilden allein das auftragserteilende Planungsgesetz, der einschlägige Sacherlaß, der örtliche Nutzungsplan. Wirkung entfaltet der Richtplan nur *innerhalb* dieser aufgabenspezifischen gesetzlichen Grundlagen; er erlaubt nicht, Rechte einzuräumen oder Pflichten aufzuerlegen, die ihre Grundlage nicht schon in Vorschriften des Gesetzes- oder Verfassungsrechts fänden. Aus diesen Gründen kann er auch nicht einer «Verwaltungsverordnung mit Außenwirkung» gleichkommen[4].

b) Der Richtplan ist auch *keine Verfügung:* Er bezeichnet die Nutzungsmöglichkeiten der einzelnen Grundstücke nicht präzise (oder sollte es, um Mißverständnisse zu vermeiden, nicht tun[5]; vgl. Nr.610); schon deshalb kann er nicht in individuell-konkrete Teilordnungen aufgelöst werden. Und wagt sich der Richtplan dennoch zu «parzellenscharfen» Aussagen vor, so läßt er jedenfalls, was die Nutzung des berührten Grundstückes angeht, weder Rechte und Pflichten entstehen, noch stellt er auch nur die Rechtslage fest: Es fehlt ihm *«Rechtsverbindlichkeit»,* Wesensmerkmal des Verfügungsbegriffs[6]. Das zeigt sich namentlich daran, daß Nutzungspläne selbst im Bereich ‹genauer› Richtplanaussagen weder in der Form noch im Inhalt die Unselbständigkeit einer nur bestätigenden Vollstreckungsverfügung aufweisen[7].

667. Läßt sich der Richtplan weder als Rechtssatz noch als Verfügung verstehen – eben weil er keine Verwaltungsrechtsverhältnisse begründet –, so ist es auch nicht richtig, ihn ‹zwischen› Rechtssatz und Verfügung

---

[3] BGE 107 Ia 87ff. E.3; vgl. auch 105 Ia 229ff. E.2d, e.
[4] BGE 107 Ia 83f. E.2a; 105 Ia 353f. E.2a; 102 Ia 187f. E.2; 98 Ia 510f. E.1.
[5] In diesem Sinne MARTIN LENDI, Richtplanung, 103; *derselbe,* Grundfragen, SJZ 1980 59 Sp.1; EJPD/BRP, Erläuterungen RPG, Art.9 N.4.
[6] Vgl. BGE 105 Ib 139 E.1; 102 Ib 82f. E.1. PETER SALADIN, Verwaltungsverfahrensrecht, 64.
[7] Vgl. BGE 107 Ia 84 E.2b; 105 Ia 227 E.2c.

anzusiedeln. Diese Charakterisierung trifft, wenn überhaupt, nur auf Nutzungspläne zu: Deren ungewisse Klassierung hat nichts mit ihrer – stets gegebenen (Art. 21 Abs. 1 RPG!) – Rechtsverbindlichkeit zu schaffen, sondern rührt allein daher, daß sie weder nur Generell-Abstraktes noch nur Individuell-Konkretes anordnen. Schon eher läßt sich sagen, Richtpläne seien den raumwirksamen Rechtssätzen, Plänen und Verfügungen *vorgelagert:* als einstweilen festgehaltene «Etappe»[8] in der Konkretisierung raumwirksamer Aufgaben.

II. Anfechtbarkeit von Richtplänen?

668. Ob Richtpläne *innerkantonal* einem Rechtsmittel unterliegen, entscheidet sich nach kantonalem Recht (Art. 10 Abs. 1 RPG; vgl. § 15/III); das RPG verlangt keines[9] (Art. 33 Abs. 2 RPG). Auf *Bundes*ebene scheiden sowohl die Verwaltungsgerichtsbeschwerde an das Bundesgericht als auch die Verwaltungsbeschwerde an den Bundesrat aus (Art. 34 Abs. 1 und 3 RPG); übrig bleibt – allenfalls – die staatsrechtliche Beschwerde[10]. Dafür müßte der Richtplan allerdings als *Hoheitsakt* im Sinne von Art. 84 OG gelten können (A, Nrn. 669 ff.) und – gegebenenfalls – ein *Beschwerderecht* nachgewiesen sein (B, Nrn. 675 ff.).

A. «Hoheitsakt»?

669. Der Richtplan ist *Rechtsakt* (Nr. 665), und zwar einseitig gesetzter Rechtsakt des aufgabenbesorgenden Staates, will heißen: *Hoheitsakt*[11] – die Frage ist nur, ob auch Rechtsschutz auslösender Hoheitsakt.

670. Art. 84 OG läßt *als anfechtbar* nur solche Hoheitsakte – Erlasse oder Verfügungen der Kantone – gelten,

> «die in irgendeiner Weise die Rechtsstellung des einzelnen Bürgers berühren, indem sie ihn verbindlich und erzwingbar zu einem Tun, Unterlassen oder Dulden verpflichten oder sonstwie seine Rechtsbeziehung zum Staat autoritativ festlegen».[12]

---

[8] BLAISE KNAPP, Grundlagen, Nr. 713; vgl. auch ERICH ZIMMERLIN, Instrumentarium, 581: «Interessensäußerung».
[9] BGE 105 Ia 230 E. 2 e.
[10] Vgl. BGE 107 Ia 80 E. 1.
[11] Vgl. BGE 102 Ia 187 E. 2.
[12] BGE 107 Ia 80 E. 1; 104 Ia 150 E. 1; 102 Ia 187 E. 2, 536 E. 1. Einläßliche Diskussion bei WALTER KÄLIN, Staatsrechtliche Beschwerde, 131 ff., und HANS MARTI, Staatsrechtliche Beschwerde, Nrn. 134 ff.

Anfechtbarer Hoheitsakt kann – für Richtpläne als behördengewidmetes Recht höchst bedeutsam – *auch eine Verwaltungsverordnung* sein,

> «sofern die darin enthaltenen Regeln nicht nur aus internen Anweisungen an Beamte und Angestellte bestehen, sondern darüber hinaus die *Rechtsstellung des Privaten direkt oder indirekt näher umschreiben* und ihn auf diese Weise in seinen rechtlich geschützten Interessen berühren»[13] –

sofern sie mithin *«Außenwirkung»* entfalten.

Daß die Anfechtbarkeit darüber hinaus auch vom Nachweis abhängt, es würden gestützt auf die Verwaltungsverordnung «keine Verfügungen getroffen..., deren Anfechtung möglich ist und den Betroffenen zugemutet werden kann»[14], will nicht recht einleuchten: so schafft die Praxis zwei Sorten «Erlasse», zweierlei Verfahren der abstrakten Normenkontrolle – ohne Grund, wie zu Recht bemerkt wird[15].

671. Ob der Richtplan Hoheitsakt der geschilderten Art sei, blieb in den beiden Leitentscheiden zum Zürcher Gesamtplan[16] erklärtermaßen offen[17]; in der Sache aber ist die Antwort längst erteilt.

A.1 Kein anfechtbarer Hoheitsakt gegenüber Privaten

672. *Privaten gegenüber* wertet das Bundesgericht den Richtplan nicht als anfechtbaren Hoheitsakt – mit Recht; aber nicht alle angeführten Gründe überzeugen.

a) Entscheidend ist allein der Einwand, der Richtplan bestimme die von ihm beeinflußten Akte *«keineswegs abschließend»* – anders als außenwirkende Verwaltungsverordnungen, deren Folgen «ebenso eindeutig feststehen, wie dies für eine Rechtsverordnung zutrifft»[18]. Eben: Richtpläne sind Gesichtspunkte der Rechtsbildung, außer Konkurrenz zum «Recht» (§ 13/I), der Abwägung gegen andere Gesichtspunkte unterworfen (§ 13/II), abhängig von gleichbleibenden Verhältnissen (§ 13/III). So hätte die Anfechtung von Richtplänen «rein hypothetischen Charakter»[19], wäre so witzlos wie die Beschwerde gegen behördliche Vernehmlassungen im Zuge eines Verwaltungsverfahrens.

---

[13] BGE 98 Ia 511 E. 1.
[14] BGE 105 Ia 354 E. 2 a.
[15] TOBIAS JAAG, Anfechtbarkeit, SJZ 1982 263 Sp. 1; WALTER KÄLIN, Staatsrechtliche Beschwerde, 151.
[16] BGE 107 Ia 77, 93.
[17] So ausdrücklich BGE 107 Ia 81 E. 1 a. E.
[18] BGE 107 Ia 84 E. 2 b.
[19] BGE 107 Ia 84 E. 2 b. Vgl. auch ALFRED KUTTLER, Fragen des Rechtsschutzes, ZBl 1982 343; PIERRE MOOR, Plan directeur, 588 f. Dennoch einer Anfechtbarkeit das Wort redend TOBIAS JAAG, Rechtssatz und Einzelakt, 155, 210; *derselbe,* Anfechtbarkeit, SJZ 1982 263 ff.

b) Das Gericht hebt ferner auf den Umstand ab, daß Richtpläne sich nicht formlos vollziehen ließen, vielmehr der «Umsetzung» in rechtsverbindliche Nutzungspläne, Baubescheide, Plangenehmigungen usf. bedürften[20]. Hält man es für richtig, Rechtsschutz gegen außenwirkende Verwaltungsverordnungen von deren formloser Vollziehbarkeit abhängen zu lassen[21], dann ‹kann› der Richtplan in der Tat nicht Anfechtungsgegenstand sein. Allerdings dürfte es auf diese Äußerlichkeit beim Richtplan so wenig ankommen wie bei der Verwaltungsverordnung (Nr. 670 a. E.).

c) Behaupteten Vorwirkungen tritt das Gericht in den erwähnten Leitentscheiden mit dem Einwand entgegen, der Zürcher Gesamtplan entspreche, was seine Lenkungskraft angehe, einem Richtplan nach Bundesgesetz[22]. Diese Operation freilich ist über Zweifel nicht erhaben. Zürcher Plan und Bundesrichtplan arbeiten nach zu unterschiedlicher Konzeption (Nr. 612a), als daß die ‹nachgiebige› Verbindlichkeit des Art. 9 RPG auch dem Zürcher Plan gutgeschrieben werden könnte.

673. Der Befund des Gerichts würde allerdings ändern, wenn die späteren Anfechtungsmöglichkeiten dem Betroffenen keinen hinreichenden Schutz mehr zu gewähren vermöchten[23]. Diese Gegenprobe, Hilfsgesichtspunkt zur Einordnung «zweifelhafter» Hoheitsakte[24], verläuft positiv: Der Rechtsschutz gegen rechtsverbindliche Akte der Aufgabenwaltung bietet, wie sich zeigt (III/C), hinlänglich Handhabe auch gegen den Richtplan.

A.2 *Anfechtbarer Hoheitsakt gegenüber Gemeinden*

674. In die verfassungsmäßigen Rechte der Bürger griff der Richtplan nicht bestimmt genug ein, blieb deshalb unanfechtbar – die Autonomie der Gemeinde hingegen trifft er wohl, wird somit *hinsichtlich der Autonomiebeschwerde* zum *anfechtbaren Hoheitsakt*[25].

Zwar ist richtig, daß die Anfechtbarkeit eines Rechtsaktes – seine Qualität als «Hoheitsakt» – mit der Person des Beschwerdeführers und seiner Legitimation grundsätzlich nichts zu schaffen hat[26]. Nicht übersehen läßt sich freilich, daß die Begriffsbestimmung des Anfechtungsgegenstandes auf den Bürger als Beschwerdeführer und auf die ihm zustehenden Verfassungsrügen zugeschnitten ist: deshalb muß

---

[20] BGE 107 Ia 83f. E. 2a.
[21] BGE 105 Ia 354 E. 2a.
[22] BGE 107 Ia 85ff. E. 2c.
[23] BGE 107 Ia 84 E. 2a, 87ff. E. 3.
[24] WALTER KÄLIN, Staatsrechtliche Beschwerde, 138.
[25] Vgl. BGE 104 Ia 47 E. 2c; 102 Ia 172 E. 3b. ALFRED KUTTLER, Fragen des Rechtsschutzes, ZBl 1982 344; PETER MÜLLER, Aktuelle Fragen, ZBl 1983 196; LEO SCHÜRMANN, Bau- und Planungsrecht, 302.
[26] Vgl. WALTER KÄLIN, Staatsrechtliche Beschwerde, 139f.

der Akt hoheitlich ergehen, deshalb zu einem Tun, Unterlassen oder Dulden verpflichten (oder die «Rechtsstellung» des Adressaten sonstwie festlegen), deshalb verbindlich und erzwingbar sein. Sobald aber die Autonomiebeschwerde auftritt, ‹paßt› ein so verstandener Hoheitsakt nicht mehr. Denn als materiell geschütztes Rechtsgut gilt hier die «relativ erhebliche Entscheidungsfreiheit»[27] in Akten der gemeindlichen Aufgabenwaltung. Teil solcher Entscheidungsfreiheit ist weithin – je nach Überprüfungsbefugnis der übergeordneten kantonalen Stelle[28] – auch und gerade die Freiheit unbeeinträchtigter Ermessenswaltung[29]; in gewissem Sinne selbst dort, wo der Aufsichtsbehörde Zweckmäßigkeitskontrolle zusteht[30]. Dieses vor allem zählt hier: der Anspruch der Gemeinde auf ein freies, unverstelltes Abwägungsfeld. Solcher Anspruch kann eben schon durch kantonale Beiträge zur Ermessenswaltung verletzt werden, sofern sie bindend beanspruchen, in die kommunale Abwägung eingestellt zu werden. Derartige ‹Belastung› des gemeindlichen Ermessens wird dann anfechtbarer Hoheitsakt – deshalb auch, einleuchtend, der Richtplan.

B. Beschwerderecht?

675. Die Legitimation zur staatsrechtlichen Beschwerde (Art. 88 OG) folgt – je nach «Rechtsnatur» des angefochtenen Hoheitsaktes – getrennten Bahnen. Wer *Verfügungen* anficht, muß durch sie einen Nachteil erlitten haben, muß durch diesen Nachteil in rechtlich geschützten Interessen beeinträchtigt worden sein, muß endlich an der Beseitigung des Nachteils ein aktuelles und praktisches Interesse vorweisen[31] – bei Anfechtung von *Erlassen* hingegen genügt virtuelles Betroffensein: die «minimale Wahrscheinlichkeit, einmal betroffen werden zu können»[32].

676. Richtpläne sind, wie vermerkt (Nr. 666a), trotz ihrer Parallelen zur Verwaltungsverordnung *keine Erlasse,* wären es auch dann nicht, wenn sie «rechtsverbindliche» Festsetzungen treffen würden. Anleihen müßte man – wenn schon – bei den Nutzungsplänen einholen; dort aber wird zur Beschwerde nur zugelassen, wer die Legitimation zur Anfechtung von *Verfügungen* nachweist[33]; insofern ‹gilt› der Nutzungsplan nicht als Erlaß. Kurz: Werden Richtpläne angefochten, so ist stets ein *aktuelles und praktisches Rechtsschutzinteresse* darzutun – vorausgesetzt immer, der Richtplan sei tauglicher Anfechtungsgegenstand (vgl. A).

---

[27] BGE 108 Ib 238 E. 3a, Ia 86 E. 2; 104 Ia 44 f. E. 1; 103 Ia 479 E. 5.
[28] BGE 108 Ia 270 E. 8; 104 Ia 138 E. 3a; 102 Ia 170 E. 2d.
[29] Vgl. BGE 108 Ia 86 ff. E. 3, 270 E. 8; 104 Ia 126 ff. E. 2b; 100 Ia 290 E. 2.
[30] Vgl. BGE 110 Ia 52 f. E. 3; 106 Ia 71 f. E. 2a; ZBl 1983 317 f. E. 3c, 1982 352 f. E. 3b.
[31] BGE 108 Ia 25 E. 2, 42 E. 1, 283 E. 2a, 285, Ib 124 E. 1a. WALTER KÄLIN, Staatsrechtliche Beschwerde, 227 ff.; HANS MARTI, Staatsrechtliche Beschwerde, Nrn. 90 ff.
[32] BGE 106 Ia 398 E. 2; 104 Ia 307 E. 1a. WALTER KÄLIN, Staatsrechtliche Beschwerde, 247 f.; HANS MARTI, Staatsrechtliche Beschwerde, Nr. 99.
[33] BGE 107 Ia 335 f. E. 1d; 106 Ia 331 E. 2.

677. Über das *Beschwerderecht der Gemeinde* ist nach diesem Vorlauf rasch befunden: Beschwer und Betroffenheit in rechtlich geschützten Interessen sind keine Frage; auch an der Aktualität des Rechtsschutzinteresses wird man nicht zweifeln, denn der ‹hinderliche› Richtplan begleitet die gemeindliche Aufgabenwaltung von Anfang an, ab seiner Inkraftsetzung[34]. Ebenso klar – freilich mit umgekehrtem Vorzeichen – liegen die Dinge beim *Beschwerderecht des Privaten:* Mangels Anfechtungsgegenstandes (A.2) erhebt sich die Frage nicht.

III. Ausgleiche zur Außenwirkung

678. Wenn Richtpläne für Bürger unanfechtbar bleiben, so ist damit nur gesagt, die Rechtswirkungen reichten nicht hin, Rechtsschutz auszulösen, nicht aber, sie seien unter allen Titeln unbeachtlich: Die Lenkungskraft des Richtplans verpflichtet. Sie verpflichtet, den Bürger zur *Planerarbeitung* beizuziehen (A, Nr. 679), den *Planinhalt* bescheiden zu halten (B, Nrn. 680f.), und vor allem: gegen den Richtplan vorgebrachte *Rügen als Vorfrage* zuzulassen, wenn rechtsverbindliche Staatsakte angefochten werden (C, Nrn. 682ff.).

A. *Mitwirkung der Bevölkerung*

679. Die Kantone sorgen dafür, «dass die Bevölkerung bei Planungen in geeigneter Weise mitwirken kann» (Art. 4 Abs. 2 RPG). Die Vorschrift gilt weithin als Kind des demokratischen Prinzips: als Versuch, Planung öffentlichkeitstauglich zu machen und die Öffentlichkeit planungsfreundlich zu stimmen[35]. Solche Mission besorgt Art. 4 RPG gewiß – aber nicht nur. Entsinnt man sich der unanfechtbaren Planwirkungen, fällt sogleich neues Licht auf Art. 4 RPG: Mitwirkung erweist sich dann als Mittel, den ‹systembedingt› unbefriedigt bleibenden Rechtsschutzinteressen vorgeholten Ersatz zu beschaffen, einen *«präventiven Rechtsschutz»* gewissermaßen[36]. Insofern macht das Gemeinwesen, befolgt es Art. 4 RPG, keine Geschenke; es ist den Planbetroffenen die gebotene Mitwirkung vielmehr schuldig.

---

[34] BGE 102 Ia 172 E. 3 b.
[35] Vgl. statt vieler PIERRE MOOR, Participation, ZSR 1976 I 163, 173 f.
[36] Vgl. LEO SCHÜRMANN, Bau- und Planungsrecht, 279, 125 f.

B. Inhalt des Richtplans

680. Ob die Unangreiflichkeit von Richtplänen verstanden oder als Zumutung empfunden wird, hat der Plan zu guten Stücken selber in der Hand: Vieles kommt darauf an, daß er sich beweglich hält, ‹nachgiebig› gegenüber später Betroffenen. Nur unter dieser Bedingung wird der Rechtsschutz einstweilen Ruhe geben – und daran muß dem Richtplan in der Tat gelegen sein: Die Optimierung räumlicher Interessen ist ein zu vielschichtiges Geschäft, als daß sich alles auf einen Schlag erledigen ließe. Zu Recht bescheidet sich der Richtplan mit einem ersten Teil des Interessenausgleichs, mit der Heranbildung der «öffentlichen» Interessen am Raum (Nr. 644).

681. Solche Beweglichkeit, solche Nachgiebigkeit gehen vorab die *Planverbindlichkeit* an; hier hat Art. 9 RPG sein Mögliches gegeben (§ 13). Beweglichkeit und Nachgiebigkeit freilich wurzeln tiefer, haben ihre Voraussetzungen schon im *Planinhalt:* Dichte und Darstellung müssen, ein Gebot der Normredlichkeit, der verkündeten Bindungskraft entsprechen[37]. Für einen Plan, der die Aufgabenwaltung des Staates in den Raum hineinleiten will, ohne das Schicksal betroffener Grundstücke vorauszunehmen, heißt das vor allem: strikte sich auf das zu Gestaltende (zu Verändernde oder zu Erhaltende) zu beschränken (Nr. 607) und die räumliche Präzision seiner Aussagen nicht zuerst in kartenmäßiger und gar noch «parzellenscharfer» Darstellung zu suchen (Nr. 610).

C. Die Rechtmäßigkeit des Richtplans als Vorfrage

682. Letzte Quittungen für seine Außenwirkungen empfängt der Richtplan bei Genehmigung oder Anfechtung der von ihm beeinflußten «rechtsverbindlichen» Staatsakte, besonders bei Beschwerden gegen Nutzungspläne. Steht deren Rechtmäßigkeit zur Debatte, so muß – als Vorfrage – auch der Richtplan beschaut werden: nur so läßt sich die Rechtmäßigkeit der verfügten Eigentumsbeschränkung umfassend prüfen, wird der bundesrechtlich verheißene Rechtsschutz wirklich geleistet[38]. Zwei in der Sache verwandte Rügen anerkennt die Praxis bis heute:

---

[37] Vgl. Martin Lendi, Richtplanung, 103; *derselbe,* Grundfragen, SJZ 1980 58 Sp. 2; Erich Zimmerlin, Instrumentarium, 580.
[38] BGE 107 Ia 91 E. 3 c; 105 Ia 230 E. 2 e.

a) Werden mit Blick auf den Richtplan *Planungszonen* verfügt, dann läßt sich einwenden, schon der Richtplan widerspreche offensichtlich den Planungsgrundsätzen des RPG, stütze sich nicht auf ernsthafte sachliche Gründe und sei daher unhaltbar[39]. Denn träfe dieses zu: die Planungszone hätte keinen Grund mehr, einer Umsetzung des Richtplanes ihren Arm zu leihen.

b) Werden *Nutzungspläne* verfügt und übernehmen sie hierbei die Anliegen des Richtplans, so kann geltend gemacht werden, die Anordnungen des Richtplans «hätten gesetzes- oder verfassungswidrige Auswirkungen, so daß sich auch die entsprechenden Festsetzungen des Nutzungsplanes nicht halten ließen»[40].

Allemal muß der Beschwerdeführer dartun, inwiefern der richtplangemäße Nutzungsplan, die richtplangemäße Planungszone *im Bereich seines Grundstückes* rechtswidrig sein soll; Kritik nur am Richtplan ist nicht statthaft[41].

683. Die vorgebrachten Planrügen gehören stets mit ‹konzeptionellem› Blick geprüft, auch auf das Risiko hin, daß der Richtplan, würde den Einwänden stattgegeben, über einen größeren Ortsbereich hinweg ins Wanken geriete[42]. Vergleichbares gilt schon bei Beschwerden gegen Nutzungspläne[43] und gegen Ausführungsprojekte von Nationalstraßen[44].

684. Hat die Planbeschwerde Erfolg und wird eine rechtsverbindliche Vorkehr aufgehoben, so ist die Fehlleistung ohne Verzug zu korrigieren, was vor allen Dingen bedeutet: ohne daß die Verbesserung des Richtplanes abgewartet werden müßte[45].

---

[39] BGE 105 Ia 229 E.2d; 107 Ia 88 E.3a/aa.
[40] BGE 105 Ia 230 E.2e; 107 Ia 91f. E.3c.
[41] BGE 105 Ia 231 E.2e; vgl. auch 99 Ib 206ff. E.3; 97 I 578 E.1a.
[42] BGE 107 Ia 92 E.3c.
[43] BGE 104 Ia 184f. E.2c/bb.
[44] BGE 99 Ib 209 E.3; 97 I 578 E.1a.
[45] BGE 107 Ia 92 E.3c.

Dritter Abschnitt
Planfestsetzung

685. Je näher die Richtplanung auf den Richtplan hin zuläuft, desto stärker wird sie – mit Blick auf die herzustellende Verbindlichkeit des Plans – zur Förmlichkeit getrieben. Diesen letzten formstrengen Schritten – der *Planfestsetzung* – gehören die nächsten Paragrafen (§§ 15–18).

686. Der wirkliche Inhalt des Raumplanes ist zuallerletzt schlichte ‹Folge› des Planungsgesetzes: das ist vom Nutzungsplan bekannt (§ 6/III/C), und für den Richtplan verhält es sich nicht anders. Bekannt ist auch das Rezept, Richtigkeit «durch Verfahren» zu sichern. Die Planfestsetzung *ist* Verfahren, und ein besonders wichtiges dazu: Sie legitimiert die Planbindung nicht nur äußerlich, sondern – kraft inhaltsbedeutsamer Verfahrenskontrollen – auch in der Sache. Deswegen hängt die raumwirksame Aufgabeneinheit letztlich von einwandfreier Planfestsetzung ab.

687. Die förmliche Planfestsetzung hebt mit dem *kantonalen Planbeschluß* an (§ 15), durchläuft allenfalls ein *Bereinigungsverfahren* (§ 16), endet beim *genehmigenden Bundesrat* (§ 17) – und beginnt im Falle einer *Plananpassung* von vorn (§ 18).

§ 15 Kantonaler Planbeschluß

688. Die Förmlichkeiten des kantonalen Planbeschlusses sind durch kantonales Recht zu regeln (Art. 10 Abs. 1 RPG) – mit bunten Folgen: ein gemeineidgenössisches ‹Normalverfahren› läßt sich nicht ausmachen.

I. Zuständigkeit

689. Am uneinheitlichsten zeigt sich das kantonale Organisationsrecht in der Zuweisung des Planbeschlusses: teils ist die *Regierung* damit betraut, teils die *Regierung unter Beteiligung des Parlaments,* teils endlich das *Parlament allein.*

Nach dem Stand der kantonalen Gesetzgebung Mitte 1985[1] waren zum Erlaß des kantonalen Richtplanes zuständig:

a) die *Regierung* in den (9) Kantonen: Bern (Art. 104 Abs. 4 BauG BE), Uri (Art. 42 c Abs. 1 BauG UR), Schwyz (§ 1 Abs. 1 EVRPG SZ), Freiburg (Art. 22 Abs. 1 und 2 BauG FR; freilich wird der Große Rat zur Vernehmlassung eingeladen), Solothurn (§ 4 Abs. 2 RichtplanV SO), Basel-Stadt (§ 7 Abs. 2 EVRPG BS), Graubünden (Art. 5 Abs. 1 RichtplanV GR), Genf (Art. 11 Abs. 1 EVRPG GE), Jura (Art. 92 Abs. 1 BauG JU).

b) die *Regierung* (beschließend) *und* das *Parlament* («genehmigend») in den (6) Kantonen: Luzern (§ 11 Abs. 1 BauG LU, § 12 EVRPG LU), Schaffhausen (§§ 13 Abs. 2, 14 EVRPG SH), Appenzell Außerrhoden (Art. 9 Abs. 1 BauG AR), Appenzell Innerrhoden (Art. 9 Abs. 1 BauG AI), Aargau (§ 121 Abs. 1 BauG AG), Thurgau (§ 8 BauG TG).

c) das *Parlament* in den (5) Kantonen: Zürich (§ 29 BauG ZH), Nidwalden (§ 22 Abs. 1 EVRPG NW), St. Gallen (Art. 43 Abs. 1 BauG SG), Tessin (Art. 4 Bst. b PlanungsG TI), Waadt (Art. 6 Richtplandekret VD).

d) *Nicht ausdrücklich geregelt* war die Zuständigkeitsfrage in den (6) Kantonen: Obwalden, Glarus, Zug, Basel-Landschaft, Wallis, Neuenburg.

Beizufügen ist, daß die Variante b) (Regierung *und* Parlament) sich von der Variante c) (Parlament allein) nicht immer deutlich abhebt – deshalb nicht, weil die Befugnisse des «genehmigenden» Parlaments oftmals im Dunkel bleiben. Nur wenn sie sich auf ein Gutheißen oder Zurückweisen beschränken, kommt dem vorangehenden Regierungsbeschluß gewisse selbständige Bedeutung zu; wäre dem Parlament

---

[1] Die Regelungen der Kantone ZH, AG, TG, TI und JU beziehen sich auf Richtpläne nach *kantonalem* Recht; für Richtpläne des RPG wird man sie einstweilen analog heranziehen können.

aber erlaubt, mit eigenen Festsetzungen direkt in den Plan einzugreifen, so verkörperte der Regierungsbeschluß – wie bei der Variante c) – nicht mehr als einen Antrag an die Legislative.

690. Welches der drei Systeme man für das richtige hält, ist eine Frage des Staatsverständnisses; die Wahl soll nicht zur doktrinären Affäre hochgewirbelt werden. Ich denke, manches spricht für die *Beschlußzuständigkeit der Regierung*.

a) Für die Regierung spricht erstens die Rolle des Richtplans als *Handlungsplan* (§ 10/V/A). Bei allen Vorbehalten, die man vor ‹klarer› Aufteilung einer Tat in Zielvorgabe und Maßnahme, Normsetzung und Normvollzug anbringen muß: das RPG jedenfalls rückt den Richtplan näher zur Maßnahme hin, verlegt die Zielsuche auf die Grundlagen gemäß Art. 6 RPG. Mit Vorteil nimmt der kantonale Gesetzgeber diese Gewichtung zur Kenntnis, wenn er Zuständigkeiten zuweist: Zum Parlament als schwergewichtig regelnder Behörde paßt der Zielrahmen besser als der Richtplan, zur Regierung als schwergewichtig handelnder Behörde der Richtplan besser als der Zielrahmen. Die raumordnungspolitischen Weichen stellt der Zielrahmen, nicht der zu ihm hinblickende Richtplan; das parlamentsfähige, debattentaugliche Geschäft ist der Zielrahmen, nicht der technische, mit Karten und Ordern schwerbewaffnete Richtplan; ein zukunftweisender, zusammenhängender Wurf gelingt, wenn überhaupt, mit dem Zielrahmen, nicht mit dem für den Alltag ausgelegten Richtplan.

Klare Verhältnisse haben in diesem Punkte die Kantone Freiburg und Genf geschaffen. In *Freiburg* bringt der Staatsrat die «Planungsziele» der «allgemeinen Raumplanungspolitik» vor den Großen Rat, in *Genf* ist es entsprechend ein Raumplanungskonzept («conception de l'aménagement cantonal»); beidenorts werden diese Zielrahmen vom Parlament genehmigt, werden davon ausgehend die Richtpläne erarbeitet und von der Regierung festgesetzt (Art. 18–22 BauG FR; Art. 6–11 EVRPG GE). Auch der *Tessin* veranstaltet die Zieldebatte im Parlament; dem Großen Rat fällt allerdings noch die Festsetzung des Planes selbst zu (Art. 3 Bst. a, 4 Bst. a und b PlanungsG TI).

b) Für die Regierung spricht zweitens die Erscheinung des Richtplans als ‹*Durchgangsplan*› in einem stetig sich entwickelnden, stetige Bewirtschaftung erheischenden Planungsprozeß (§ 10/V/B). Denn mit seiner Rastlosigkeit wird er dem Parlament nur lästig fallen: dort ist man sich gewöhnt, auf längere Zeit zu entscheiden, hält man sich Kurzatmiges mit Grund vom Leibe. Wird der Richtplan dennoch in die Zuständigkeit des Parlaments gelegt, und bleibt er ohne hinreichende

Pflege, so lassen sich zwei Ausgänge voraussehen: Entweder wird der Richtplan – weil überholt – seine aufgabenleitende Kraft verlieren, oder – weil parlamentarischer Herkunft – überholte Planungen auch gegen Art. 9 Abs. 2 RPG zementieren.

c) Für die Regierung spricht drittens die *Vielschichtigkeit* des Koordinationsauftrages. Der Richtplan bewältigt – für einmal sei das Wort erlaubt – ein ‹komplexes Problem›: er sucht den günstigsten Weg durch ein Geflecht ineinander verhakter Handlungsstränge und wechselseitiger Abhängigkeiten. Solcher Komplexität muß auch das plansetzende Organ gewachsen sein, was in erster Linie heißt: nur notwendige Akteure umfassend, wenig geführt, zu direkter Diskussion fähig – ein Kollegium. Man kann schon seine Zweifel haben, ob eine Parlamentskommission diesen Anforderungen genügte: das zu Parlamentsbeschlüssen allein zuständige Plenum verfehlt sie bestimmt.

II. Rechtsform

691. Zur Rechtsform des Planbeschlusses schweigen sich die kantonalen Rechte durchwegs aus; man darf annehmen, er ergehe als *Regierungsratsbeschluß* oder, bei parlamentarischer Zuständigkeit, als nicht rechtsetzender *einfacher Parlamentsbeschluß*[2]. Der Beschluß ist *zu veröffentlichen* (Art. 4 Abs. 3 RPG).

692. Auf die Bindungskraft des Richtplans bleibt die Rechtsform des Planbeschlusses ohne Einfluß: Regel macht dafür allein Art. 9 RPG. Selbst wenn der Richtplan im Kleid des formellen Gesetzes aufträte, wäre er nicht in der Lage, zur Normkonkurrenz mit kantonalen und eidgenössischen Gesetzen anzutreten[3]; nach wie vor wirkte er unter Vorbehalt des «Rechts» (§ 13/I). Bedeutung hat die Wahl der Rechtsform nur für das Festsetzungsverfahren selbst.

---

[2] Vgl. aber PIERRE MOOR, Plan directeur, 585: «... si, comme on le propose ici, il s'agit bien d'une planification directrice, c'est-à-dire d'un processus évolutif, il n'y a pas à proprement parler d'acte à approuver. ... Il n'est pas possible d'approuver, à une date déterminée et avec un contenu déterminé, une activité dont le but est d'enregistrer les intentions, l'avancement des projets, leurs implications.» Zu dieser Sichtweise Nr. 647.

[3] Vgl. MARTIN LENDI, Richtplanung, 106.

III. Referendum? Rechtsschutz?

693. Gegen den kantonalen Richtplan kann das *Referendum* bis heute nirgends ergriffen werden[4].

Man kann nur davon *abraten,* den Richtplan einem Referendum zu unterstellen.

a) Kriterium jeder Volksabstimmung ist das *Merheitsprinzip,* und das Mehrheitsprinzip, auf zahlenmäßig nachweisbare Überlegenheiten angewiesen, läßt nur strenge *Alternativität der Abstimmungsfrage* zu: Annahme oder Verwerfung ein und nur einer Vorlage, bestenfalls erweitert um Gegenvorschläge oder vorgeschaltete Eventualabstimmungen. Diese ‹Auswahl› an Äußerungsmöglichkeiten macht vor der Vielschichtigkeit des Richtplanes hilflos[5]. Gewiß: Auch im Angesichte ‹gewöhnlicher› Gesetze mag die Freiheit zum Ja oder Nein allzu schlicht erscheinen. Was aber den Richtplan davon abhebt, ist sein Versuch, die Raumordnung des Kantons kraft einer Vielzahl vereinzelter, konkreter, örtlich differenzierter Maßnahmen weitblickend fortzuentwickeln; mit Maßnahmen, die erst im Verband vollen Sinn entfalten. Man kann sicher sein: Jeder Referendumskampf würde sich in wenige örtlich umstrittene Vorhaben verbeißen, und gegen die vereinigten Heiligen Floriane käme auch der ‹ausgewogenste› Plan nicht an.

b) Zweitens befördert jedes Richtplanreferendum *Formenmißbrauch.* Man halte sich erneut die Bestimmung des Richtplans vor Augen: Heranbildung räumlicher Interessen aus der Sicht des Gemeinwesens; und seine Bindungskraft: dem einschlägigen Recht unterworfen, zur Abwägung bestimmt, bedingt auf gleichbleibende Verhältnisse. Macht hiergegen ein Referendum Sinn, will man deswegen das Volk bemühen? Der vom Stimmbürger sanktionierte Richtplan braucht in einer konkreten Interessenabwägung nur einmal zu unterliegen: wie müßte sich die entscheidende Behörde undemokratisches Gebaren vorhalten lassen, und hätte doch nur getan, was Art. 9 RPG gebietet! So wird der Volksbeschluß, mehr noch als die Genehmigung durch das Parlament, den Richtplan in die Erstarrung treiben.

694. Innerkantonaler *Rechtsschutz* wird, soweit ich sehe, dem *Privatmann* durchwegs nicht gewährt, und selten nur den *Gemeinden*[6].

---

[4]   Der Entwurf (1982) für ein Tessiner Einführungsgesetz zum RPG sieht jetzt das fakultative Referendum gegen den Planbeschluß des Großen Rates vor (Art. 15 Abs. 5). Zudem ist es gelegentlich auf regionaler Stufe anzutreffen: so in den Kantonen Zürich (§ 14 Abs. 1 Bst. d BauG ZH) und Solothurn (nach den Statuten der regionalen Planungsverbände; siehe als Beispiel LEO SCHÜRMANN, Der Richtplan der Region Olten-Gösgen-Gäu, in: *Bau- und Landwirtschaftsdepartement des Kantons Solothurn* (Hg.), Festschrift für HANS ERZER, Solothurn 1983, 217, 225 Sp. 1).

[5]   PIERRE MOOR, Participation, ZSR 1976 I 160f.; *derselbe,* Plan directeur, 584.

[6]   Vgl. z. B. die Regelung im Kanton Solothurn: Dort unterliegen abweisende Beschlüsse des Departementes im Einwendungsverfahren der Beschwerde an den Regierungsrat (§ 64 Abs. 3 BauG SO), und Genehmigungsbeschlüsse der Regierung lassen sich an den Kantonsrat weiterziehen (§ 65 Abs. 2 BauG SO).

IV. Rechtswirkungen

695. Die Rechtswirkungen des Richtplans bestimmt für den «Mindestinhalt» (Art. 8 RPG) allein Bundesrecht; der kantonale Planbeschluß, soweit er sachlich reicht (Nr. 696), hat nur die Wirkung, Art. 9 RPG ‹in Betrieb› zu setzen. Davon abweichende (mildere oder strengere) Planverbindlichkeiten des kantonalen Rechts können sich nurmehr auf ‹weitere›, nicht unter Art. 8 RPG fallende Richtpläne oder Planinhalte beziehen (vgl. aber § 12/I/D).

St. Gallen unterscheidet kunstvoll zwischen «wegleitenden» und «verbindlichen» Teilen des Richtplans: wegleitend das vom kantonalen Recht Geforderte (Art. 44 Abs. 1, 42 Abs. 1 BauG SG), verbindlich die durch Bundesrecht neu vorgeschriebenen Inhalte (Art. 44 Abs. 2, 42 Abs. 2 BauG SG). Das kann nur gut kommen, wenn diese Teile zu eigenen Plänen verselbständigt werden: wenn der herkömmliche kantonale Gesamtplan (Art. 42 Abs. 1 BauG SG) zu den Grundlagen gemäß Art. 6 RPG gestellt wird und als Richtplan einzig zählt, was wegen Art. 8 RPG nachzuliefern ist (vgl. Nr. 481 a. E.).

696. Der kantonale Planbeschluß beschlägt immer den gesamten Richtplan. Bindungskraft gemäß Art. 9 RPG verleiht er freilich *nicht allen Planteilen zugleich*. Bestimmend ist die Tragweite der bundesrätlichen Genehmigungsbefugnis.

a) Soweit der Richtplan von *innerkantonalen Sachverhalten* handelt, so weit unterliegt er deklaratorischer Genehmigung durch den Bundesrat (Nr. 717 a), und so weit bewirkt Verbindlichkeit schon der kantonale Beschluß. Den Kantonen steht frei, ‹ihren› Teil unverzüglich in Kraft zu setzen oder – wohl weiser – bis zum bundesrätlichen Bescheid damit zuzuwarten[7].

Nur wenige Kantone regeln die Frage ausdrücklich. Von ihnen lassen den Richtplan, soweit möglich, *sofort* in Kraft treten: Bern (Art. 104 Abs. 4 BauG BE), Luzern (§ 12 EVRPG LU), Nidwalden (§ 22 Abs. 3 EVRPG NW), Freiburg (Art. 23 Abs. 1 BauG FR), Appenzell Innerrhoden (Art. 9 Abs. 1 BauG AI). Auf den Zeitpunkt des *Bundesratsbeschlusses* stellen ab: Uri (Art. 42 c Abs. 2 BauG UR), Solothurn (§ 5 RichtplanV SO), Schaffhausen (§ 15 EVRPG SH).

b) Soweit der Richtplan von *überkantonalen Sachverhalten* handelt, so weit unterliegt er konstitutiver Genehmigung durch den Bundesrat (Nr. 717 b), und so weit zählt der kantonale Planbeschluß lediglich als ‹Vorstufe›: im Verfahren eine Voraussetzung der bundesrätlichen Genehmigung, in der Sache ein Antrag an den Bundesrat.

---

[7] Martin Lendi, Richtplanung, 107; EJPD/BRP, Erläuterungen RPG, Art. 11 N. 25.

§ 16 Bereinigung

697. Die Genehmigung des kantonalen Richtplans durch den Bundesrat (§ 17) folgt einem nichtstreitigen Verfahren. Das ist solange sachgerecht, als der Bundesrat einen Akt ‹rein› kantonalen Ursprungs vor sich hat; als er einzig Bundesaufsicht walten läßt. Richtpläne reichen aber über den kantonalen Horizont hinaus: koordinieren kantonale Aufgaben auch mit Aufgaben der Nachbarkantone und des Bundes. Hier, im Bereich überkantonaler Planinhalte, handelt das Genehmigungsverfahren von bundesstaatlichen Fragen, nimmt der prüfende Bund eigene, ihm zugeschriebene Sachverantwortung wahr (Art. 22^{quater} Abs. 2 BV), wirkt der Genehmigungsbescheid des Bundesrates konstitutiv (Art. 11 Abs. 2 RPG) – und hier muß folglich auch ein streitschlichtendes Verfahren zur Verfügung stehen: die *«Bereinigung»*, umschließend eine «Einigungsverhandlung» und einen «Entscheid» des Bundesrates (Art. 12 RPG).

698. Zwei Wege führen zum Bereinigungsverfahren: entweder das *Gesuch* eines Aufgabenträgers während laufender Planung (I, Nrn. 699 ff.), oder der *Antrag* des instruierenden Departementes im Zuge der Plangenehmigung (II, Nr. 703). Im übrigen bleiben sich Bereinigungs*gegenstand* (III, Nrn. 704 ff.) und Bereinigungs*befugnis* (IV, Nr. 708) gleich. Der Bereinigungs*entscheid*, Erzeugnis eines ad hoc geordneten *Verfahrens* (V, Nrn. 709 f.), wird Teil des zu genehmigenden Richtplans (VI, Nrn. 711 f.).

I. Bereinigung auf Gesuch hin (Art. 7 Abs. 2 RPG)

699. Ein Bereinigungsverfahren wird erstens eingeleitet, wenn «Kantone untereinander oder mit dem Bund» sich nicht darüber einigen, «wie raumwirksame Tätigkeiten aufeinander abgestimmt werden»[1] (Art. 7 Abs. 2 RPG).

700. *Berechtigt*, die Einleitung eines Bereinigungsverfahrens zu «verlangen» (Art. 7 Abs. 2 RPG), ist bundesseits jede mit raumwirksamen Aufgaben betraute *«Bundesstelle»* (Art. 9 Abs. 1 RPV). Wer aus der

---

[1] Zu diesem Abschnitt FRITZ WEGELIN, Bereinigungsverfahren, 20.

Sphäre des Kantons den Antrag zu stellen hat, läßt Art. 9 RPV offen; die Rede ist einfachhin von «Kanton» und «Nachbarkanton». Weil aber das Bereinigungsverfahren zwischen bundesstaatlichen Körperschaften schlichten will und solche Schlichtung überdies dem Bundesrate zufällt, wäre es zumindest zweckmäßig, wenn die Anträge von der *Regierung* gestellt würden.

701. Zur *Form* des Gesuchs äußert sich das Gesetz nicht. Schriftlichkeit, Antrag und Begründung sind selbstverständlich.

702. Ein Gesuch um Bereinigung kann, verkündet Art. 9 Abs. 1 RPV, «jederzeit» eingegeben werden. Das muß beim Wort genommen werden: allein als Zusage, das Verfahren stehe *zu jeder Zeit offen,* über die gesamte Spanne der Zusammenarbeit hin. Nicht aber heißt der Satz, ein Bereinigungsverfahren lasse sich unter allen Umständen, «voraussetzungslos»[2], einleiten. Das Verfahren muß *subsidiäres Mittel* bleiben: muß Ausnahme sein, und die Zusammenarbeit Normalfall. Der Bundesrat soll erst bemüht werden, wenn gehörige Zusammenarbeit unter den Aufgabenträgern erwiesenermaßen versagt hat – eine Zusammenarbeit, in deren Verlauf ernsthaft über Lösungsmöglichkeiten und Alternativen verhandelt wurde.

II. Bereinigung von Amtes wegen (Art. 12 Abs. 1 RPG)

703. Ein Bereinigungsverfahren wird ferner eingeleitet, wenn der Bundesrat «Richtpläne oder Teile davon nicht genehmigen» kann[3] (Art. 12 Abs. 1 RPG; Art. 7 Abs. 1 RPV). Daran ist nur soviel richtig, daß das Bereinigungsverfahren im Zuge der Plangenehmigung *von Amtes wegen* eingeleitet werden kann, ohne Gesuch von Seiten betroffener Aufgabenträger. Im übrigen handelt auch das von Amtes wegen eingeleitete Bereinigungsverfahren allein von überkantonalen Plankonflikten (III), schlichtet es allein Fragen der Interessenabwägung (IV): nicht anders als die auf Gesuch hin anberaumte Bereinigung.

---

[2] So aber EJPD/BRP, Erläuterungen RPG, Art. 7 N. 7.
[3] Zu diesem Abschnitt EJPD/BRP, Erläuterungen RPG, Art. 12 N. 4.

III. Gegenstand

704. Gegenstand der Bereinigung[4] können nur *Nutzungskonflikte* sein, deren Bewältigung thematisch zum *Pflichtenheft des Richtplanes gehört.*

705. Unter allen zum Richtplan zugelassenen Nutzungskonflikten fallen als bereinigungsfähig allein die *überkantonalen* in Betracht, das heißt: Nutzungskonflikte zwischen Aufgabenträgern des Bundes und des Kantons oder zwischen Aufgabenträgern zweier Kantone.

706. Der überkantonale Nutzungskonflikt muß *von hängiger Richtplanung herrühren:* eine Forderung, die besonders für das ‹selbständige› Verfahren gemäß Art. 7 Abs. 2 RPG gilt und sich dort vor allem an den Kanton richtet. Mindestens muß der Planungsprozeß die Grundlagen (Art. 6 RPG) hervorgebracht haben. Denn ohne Kenntnis von den Grundzügen der anzustrebenden räumlichen Entwicklung lassen sich Konflikte weder beschreiben noch bereinigen.

707. Der überkantonale Nutzungskonflikt muß endlich *spruchreif* sein: bestimmt und aktuell, einer Festsetzung zugänglich (Art. 4 Abs. 1 RPV). Zwischenergebnisse und Vororientierungen lohnen den Aufwand der Bereinigung nicht.

IV. Bereinigungsbefugnis

708. Die Bereinigungsbefugnis des Bundesrates erstreckt sich einzig auf *Fragen der Interessenabwägung*[5]: Thema ist, ob Richtpläne oder Entwürfe dazu «die raumwirksamen Aufgaben des Bundes und der Nachbarkantone sachgerecht berücksichtigen» (Art. 11 Abs. 1 RPG). Denn Art. 7 Abs. 2 RPG, in der Sache für jedes Bereinigungsverfahren gültig, zielt auf Fragen der Aufgaben*«abstimmung»*, und die *«Einigungsverhandlung»*, fester Bestandteil des Verfahrens auch sie, setzt eben verhandelbare Dinge voraus – im Reiche der Rechtsfragen trifft das in beachtlichem Ausmaß nur auf die Interessenabwägung zu.

---

[4] Zu diesem Abschnitt FRITZ WEGELIN, Bereinigungsverfahren, 20; EJPD/BRP, Erläuterungen RPG, Art. 12 NN. 5–7.
[5] Zu diesem Abschnitt EJPD/BRP, Erläuterungen RPG, Art. 11 N. 20 b, Art. 12 N. 4.

Einmal mehr – und mit Blick auf die staatspolitische ‹Note› des Bereinigungsverfahrens besonders nachdrücklich – ist daran zu erinnern, daß Interessenabwägung *einsichtige Argumentation* verlangt (§ 8/II). Den Belangen des Bundes kommt *nicht* von vornherein höheres Gewicht zu (§ 3/V/B); sie haben sich *kraft Sache* zu rechtfertigen – übrigens auch die gegenläufigen Anliegen des Kantons: es wäre nicht weniger schief, wollte man ihren Interessen einen föderalistischen Bonus gutschreiben.

Alle anderen Fehler des Richtplans, Fehler des Verfahrens, Fehler der Form, Mißachtung ‹klaren›, nicht durch Abwägung zu bildenden Rechts: derartige Fehler stehen im Bereinigunsverfahren nicht zur Debatte. Der Bundesrat quittiert sie unmittelbar im Genehmigungsbescheid (Nr. 750).

V. Verfahren (Hinweise)

709. Gesetz und Verordnung geben dem Bereinigungsverfahren nur wenige obligate Elemente vor: Anhörung der Beteiligten, Einigungsverhandlung, vorsorgliche Maßnahmen, Entscheid des Bundesrates innert dreier Jahre, sofern sich die Parteien nicht einig werden[6] (Art. 12 RPG; Art. 9 RPV). Alles übrige ordnet der Bundesrat ad hoc, besonders die Förmlichkeiten der Einigungsverhandlung (Art. 9 Abs. 2 RPV). Mit Recht hat der Gesetzgeber diese Frage offengehalten: Der Wert des Bereinigungsverfahrens liegt vor allem im ‹Atmosphärischen›; es soll Fronten abbauen, soll in ‹Positionen› und ‹Standpunkte› verkrallte Aufgabenträger kraft Autorität des Bundesrates wieder an den Tisch, wieder zu Gespräch und gehörigem Umgang zwingen – begreiflich, daß auf die Empfindlichkeiten des Falles muß eingegangen werden können, wenn das einigende Werk gelingen will.

710. Bis Mitte 1985 ist ein einziges Bereinigungsverfahren eingeleitet (und einvernehmlich zu Ende gebracht) worden. Ausgelöst wurde es durch die Absicht des Bundes, zum Ausbau einer militärischen Anlage auf ein Gebiet zu greifen, das der Kanton als landwirtschaftliche Vorrangfläche bezeichnet hatte[7]. Der Bundesrat übertrug die Sache einer Kommission aus Vertretern des Kantons und des Eidgenössischen Militärdepartementes unter Leitung des Bundesamtes für Raumplanung und legte mit dem Einsetzungsbeschluß auch das Pflichtenheft fest. Dies vor allem hat sich als wichtig erwiesen und verdient für weitere ‹Übungen› festgehalten zu werden: daß der Bundesrat dem eingesetzten Organ *klare, einläßliche Aufträge* erteilt, mit Umschreibung des erwarteten Erfolges, der zu beachtenden Methode, der einzuhaltenden Termine[8].

---

[6]   Zu diesem Abschnitt FRITZ WEGELIN, Bereinigungsverfahren, 20 f.; EJPD/BRP, Erläuterungen RPG, Art. 12 NN. 10–12.
[7]   BRB vom 13.12.1982 i.S. Kanton Nidwalden, Pistenausbau Buochs; Antrag des EJPD vom 15.11.1982.
[8]   FRITZ WEGELIN, Bereinigungsverfahren, 21.

VI. Entscheid

711. Der Bundesrat bereinigt und entscheidet *als Bundesregierung,* weder als Verwaltungsspitze noch als Aufsichtsbehörde[9].

712. Der Bereinigungsentscheid (gegebenenfalls: das Ergebnis der erfolgreich abgeschlossenen Einigungsverhandlung) wird *Teil des Richtplans*[10], wenn die Bereinigung bei Gelegenheit des Genehmigungsverfahrens angeordnet wurde (Art. 12 Abs. 1 RPG); er gehört im späteren Richtplan *berücksichtigt,* wenn das Bereinigungsverfahren im Zuge der Zusammenarbeit angerufen wurde (Art. 7 Abs. 2 RPG). Weil so oder anders Zutat zum Richtplan, unterliegt der Bereinigungsentscheid in Inhalt und Form denselben Anforderungen wie der Richtplan selbst (§ 12), entfaltet er dieselbe Bindungskraft wie er (§ 13).

---

[9] EJPD/BRP, Erläuterungen RPG, Art. 12 N. 18.
[10] EJPD/BRP, Erläuterungen RPG, Art. 12 N. 8.

§ 17 Genehmigung

713. Art. 11 RPG zufolge *genehmigt* der Bundesrat den Richtplan: Zeichen teils von Bundesaufsicht, teils von Sachzuständigkeit (I, Nrn. 714 ff.). *Gegenstand* der Genehmigung ist allein der «Mindestinhalt» gemäß Art. 8 RPG (III, Nrn. 719 f.); er wird auf Bundesrechtmäßigkeit hin geprüft, wenn auch nicht durchwegs mit gleichbleibender *Kognition* (IV, V, Nrn. 721 ff., 727 ff.). Ergebnis des Prüfungs*verfahrens* (VI, Nrn. 744 ff.) ist ein ins einzelne gehender, den Richtplan vielfach ändernder und präzisierender *Entscheid* (VII, Nrn. 748 ff.).

I. «Natur» und Tragweite

714. Die Genehmigung kantonaler Akte durch den Bund ist verbreitetes Mittel der *Bundesaufsicht*[1]; ob «ordentliches» oder «außerordentliches» Mittel, mag dahinstehen[2]. Auch Art. 11 RPG steht in solchen Diensten[3], immerhin nicht ausschließlich (Nr. 717 b).

715. *Gegenstand* der Genehmigung bilden gewöhnlich kantonale Erlasse[4], seltener auch kantonale Verfügungen[5]. Der Richtplan, man weiß es (§ 14/I), ist weder das eine noch das andere, liegt auch nicht ‹zwischen› beiden: Art. 11 RPG gehört zu den seltenen Normen, die eine Bundesaufsicht über *nicht «rechtsverbindliche» Akte der Kantone* einrichten.

Immerhin steht das RPG nicht ganz allein da. So unterliegt der kantonale *Sanierungsplan* des Gewässerschutzrechts – er äußert sich zu «Art» und «zeitlicher Folge» der im Kanton zu treffenden Schutzvorkehren – der Genehmigung durch das Bundesamt für Umweltschutz (Art. 16 Abs. 2 GSchG; Art. 11, 14 AGSchV; Art. 22 Abs. 2 KlärschlammV, SR 814.225.23). Und gemäß Art. 26 Abs. 2 IHG «prüft» die

---

[1] JEAN-FRANÇOIS AUBERT, Traité, I Nr. 793; FRITZ FLEINER/ZACCARIA GIACOMETTI, Bundesstaatsrecht, 135 ff.; ULRICH HÄFELIN/WALTER HALLER, Bundesstaatsrecht, NN. 411 ff.; YVO HANGARTNER, Staatsrecht, I 88.
[2] Zu dieser Kontroverse JEAN-FRANÇOIS AUBERT, Traité, I Nrn. 790, 791, III 791; VPB 1977 Nr. 2.
[3] LEO SCHÜRMANN, Bau- und Planungsrecht, 151 f.; EJPD/DRP, Richtplan, 60 ff.; EJPD/BRP, Erläuterungen RPG, Art. 11.
[4] JEAN-FRANÇOIS AUBERT, Traité, I Nr. 793; ULRICH HÄFELIN/WALTER HALLER, Bundesstaatsrecht, NN. 411 f. Verzeichnis der Genehmigungsvorbehalte bei EJPD/BJ, Genehmigung kantonaler Erlasse durch Bundesbehörden, Bern 1985 (nicht veröffentlicht).
[5] JEAN-FRANÇOIS AUBERT, Traité, I Nr. 794.

Zentralstelle für regionale Wirtschaftsförderung die (kantonal zuvor genehmigten, Art. 24 Bst. b IHG) *regionalen Entwicklungskonzepte* – die Beurteilungsgrundlage späterer Beitragsgesuche (Art. 17 IHG) – und leitet sie dem Eidgenössischen Volkswirtschaftsdepartement «zum Entscheid» weiter.

716. Der Genehmigungsbeschluß erschöpft sich in *einstweiliger Bescheinigung der Bundesrechtmäßigkeit:* Er scheidet kantonale Akte aus, die sich auf erste Sicht als bundesrechtswidrig erweisen, nicht aber bewahrt er den genehmigten Akt vor späterer Anfechtung[6]. Das ist, soweit er vor Gericht gebracht werden kann (§ 14/II, III/C), für den Richtplan nicht anders.

717. Für gewöhnlich wirkt die Genehmigung deklaratorisch; konstitutiv nur kraft besonderer Anordnung des Bundesrechts[7]. In dieser Hinsicht zeigt sich der Richtplan gespalten[8].

a) Raumplanung – auch Richtplanung – ist «durch die Kantone zu schaffen» (Art. 22^{quater} Abs. 1 BV), ist nicht Bundesaufgabe[9]. Uneingeschränkt gilt der Satz freilich nur, solange weder substantiell raumwirksame Aufgaben (b) des Bundes noch solche der Nachbarkantone berührt werden: solange, anders gesagt, der Richtplan allein von den *«Ergebnissen der Planung und Koordination im Kanton»* (Art. 3 RPV) – das heißt: von *innerkantonalen* Fragen – handelt. Innerkantonale Planaussagen genehmigt der Bundesrat *deklaratorisch*.

b) Wo raumwirksame Aufgaben des Bundes oder der Nachbarkantone in den Richtplan eintreten, wo er von den *«Ergebnissen ... der Koordination mit Bund und Nachbarkantonen»* (Art. 3 RPV) – das heißt: von *überkantonalen* Fragen – handelt: dort nimmt der Richtplan bundesstaatliche Qualitäten an, schiebt sich eidgenössische Sachzuständigkeit (Art. 22^{quater} Abs. 2 BV) über die Bundesaufsicht. Überkantonale Planaussagen genehmigt der Bundesrat *konstitutiv;* zuvor erlangt er in diesen Teilen keine Rechtskraft (Art. 11 Abs. 2 RPG). An der Natur des Richtplanes als *kantonaler* Hoheitsakt ändert sich dadurch nichts.

Einschränkend wird man aber zugeben müssen, daß ‹echt› überkantonale Planaussagen – solche Aussagen, die räumliche Interessen von vergleichbarem Ge-

---

[6] BGE 104 Ia 484 E. 3 b; 103 Ia 133 E. 3 a. WALTER KÄLIN, Staatsrechtliche Beschwerde, 135 f.
[7] JEAN-FRANÇOIS AUBERT, Traité, I Nr. 797; ULRICH HÄFELIN/WALTER HALLER, Bundesstaatsrecht, N. 413.
[8] EJPD/BRP, Erläuterungen RPG, Art. 11 N. 26.
[9] BGE 107 Ib 114 E. 2 a.

wicht aufeinander treffen lassen – im Verhältnis zum Bund nur zu erwarten sind, wo eidgenössischerseits *Pläne, Bauten und Anlagen* oder wenigstens *Bewilligungen und Konzessionen* in Frage stehen (Art. 1 Abs. 2 Bst. a, b, c RPV). Die schlichte Subventionierung eines kantonalen Werkes hingegen wird als Begründer eines überkantonalen Planinhaltes kaum hinreichen, wird jenes Engagement kaum für sich in Anspruch nehmen dürfen, das sich mit derartigen Aussagen verbindet: das Bereinigungsverfahren (Art. 7 Abs. 2, 12 RPG) und die Prüfung des Planes auf «Sachgerechtheit» (Art. 11 Abs. 1 RPG).

II. Gesuch (Verweisung)

718. Der Bundesrat prüft und genehmigt den Richtplan nur auf kantonales *Gesuch* hin. Welchen Anforderungen im einzelnen es genügen muß, soll in anderem Zusammenhang erörtert werden (V/A).

III. Gegenstand

719. Nur der *Richtplan* unterliegt der Genehmigung[10]: so, wie Art. 8 RPG ihn begreift (§ 12) – Karte und Text, Konzept und Programm, Festsetzungen, Zwischenergebnisse und Vororientierungen.

720. *Nicht* Gegenstand des Genehmigungsbescheides bilden:

    a) die *Grundlagen* (Art. 6 RPG). Als Vorfrage prüfen muß sie der Bundesrat freilich: denn ob der Richtplan vollständig sei und ‹richtige› Festlegungen treffe, läßt sich immer nur mit Blick auf Art. 6 RPG, das sachliche Fundament des Planes, sagen.

    b) die *Erläuterungen* (Nr. 620 b). Sie werden nur als Verständnishilfe beigezogen.

    c) die *Ausgangslage* (Nr. 620 a). Daß Art. 4 Abs. 3 RPV sie zum «Inhalt» des Richtplans zählt, ist ein Versehen.

IV. Prüfungsbefugnis

721. Der Richtplan soll, wie Art. 11 Abs. 1 RPG sich ausdrückt, *«diesem Gesetz entsprechen»* (A, Nrn. 722 ff.) und namentlich die raumwirksamen Aufgaben des Bundes und der Nachbarkantone *«sachgerecht berücksichtigen»* (B, Nrn. 725 ff.).

---

[10] EJPD/BRP, Erläuterungen RPG, Art. 8 N. 2. Vgl. auch Prüfungsbericht GR, 51 f.

A. Durchgängig: Bundesrechtmäßigkeit

722. Der gesamte Richtplan muß Bundesrecht achten; dem Wortlaut des RPG zum Trotz faßt der Bundesrat dabei nicht nur «dieses» Gesetz ins Auge, sondern alles einschlägige Bundesrecht[11]. Der Richtplan darf weder auf unrichtig oder unvollständig festgestelltem Sachverhalt aufbauen noch Vorschriften des Bundesrechts «verletzen», auch nicht Ermessen «überschreiten» oder «mißbrauchen»[12] (vgl. Art. 49 VwVG). Dieser Satz ist zu verdeutlichen.

723. Recht einfach läßt sich die Rechtmäßigkeitsprobe am *Verfahren der Richtplanung* und an der *Form des Richtplans* durchführen. Hier zeigt der einfache Vergleich von Raumplanungsrecht und vorgelegtem Plan, ob der Kanton erfüllt hat oder nicht (vgl. V/B).

724. Schwierigkeiten verursacht hingegen die *Kontrolle des Planinhaltes*. Die einzelne Aussage bringt, wie erwähnt (§ 13/II), räumliche Interessen aus der Sicht des Gemeinwesens zum Ausdruck; die aber entspringen ihrerseits gewöhnlich einer Interessenabwägung. So wird dem prüfenden Bundesrat genügen müssen, daß mit Blick auf das einschlägige Recht keine Abwägungsfehler vorliegen (§ 8/III). Dabei gehört sich, soweit *örtliche Verhältnisse* zu beurteilen sind, *Zurückhaltung*[13] (Art. 2 Abs. 3 RPG!). Beanstandet werden Planaussagen erst, wenn sie «Ergebnis einer deutlich unsorgfältigen Feststellung und Abwägung der maßgeblichen Interessen» sind[14] (vgl. V/C.1, C.2).

B. Im Bereich überkantonaler Inhalte: «Sachgerechtheit»

725. Jenen Inhalten, die konstitutiver Genehmigung unterliegen, verordnet das Gesetz einen besonderen Prüfstein: Der kantonale Richtplan ist gehalten, die raumwirksamen Aufgaben des Bundes und der Nachbarkantone *«sachgerecht» zu berücksichtigen* (Art. 11 Abs. 1 RPG). Die Sprache des Gesetzes wirkt durchaus nebenhaft; sicher ist nur, was die Wendung nicht bedeutet.

a) Erstens dispensiert «Sachgerechtheit» nicht von der bundesverfassungsrechtlichen Aufgabenteilung. Art. 11 RPG hat nicht den

---

[11] FRITZ FLEINER/ZACCARIA GIACOMETTI, Bundesstaatsrecht, 136.
[12] Zu den Begriffen FRITZ GYGI, Bundesverwaltungsrechtspflege, §§ 30ff.
[13] Vgl. BGE 107 Ia 38 E. 3c, Ib 336 E. 2c; 104 Ia 126 E. 2a, Ib 225 E. 5a.
[14] Prüfungsbericht GR, 53.

Sinn, die Planungszuständigkeiten des Bundes (§ 3/III) auf Kosten der Kantone zu erweitern – genausowenig, wie Art. 22^{quater} Abs. 3 BV (die Pflicht des Bundes, auf die Erfordernisse der örtlichen Planung Rücksicht zu nehmen) die kantonalen Befugnisse einschränkt[15]. Freier handelt der Bundesrat nur, wenn allein raumwirksamen Aufgaben von Nachbarkantonen «sachgerechte» Berücksichtigung zu sichern ist und keine Sachaufgaben des Bundes beteiligt sind[16].

b) Zweitens ermächtigt «Sachgerechtheit» nicht zur Zweckmäßigkeitskontrolle; der Wortlaut des Gesetzes läßt in diesem Punkte keine Zweifel aufkommen[17].

726. Dennoch macht das Wort von der «sachgerechten» Berücksichtigung praktischen Sinn, schließt es ‹mehr› als die eben beschriebenen Möglichkeiten der Rechtmäßigkeitskontrolle ein (A): Es hält den Bundesrat an, jene Zurückhaltung abzulegen, die gegenüber innerkantonalen Planaussagen angesichts örtlicher Wertungen geboten ist. Den Anliegen bundesstaatlicher Aufgabenkoordination (Art. 22^{quater} Abs. 2 BV) gebührt in der Tat erhöhte Aufmerksamkeit; die räumliche Interessenabwägung insbesondere ist nicht nur methodisch zu überprüfen, sondern in der Sache selbst nachzuvollziehen – vor allem was Ermittlung und Bewertung der erheblichen Belange angeht (§ 8/II/A, B), und wenn nötig unter Beschaffung notwendiger Ortskenntnisse (vgl. V/C.3).

Wie im Bereinigungsverfahren (Nr. 708) gilt auch hier: *einsichtige* Interessenabwägung ist gefragt, nicht politisch verdrehte; den Belangen des Bundes gebührt kein ‹natürlicher› Vorrang, jenen des Kantons nicht Vorschußsympathie.

V. Die Planprüfung im einzelnen

727. Im Genehmigungsverfahren ist Frage, ob der vorgelegte Richtplan in *formeller* (B, Nrn. 730 ff.) und *materieller* (C, Nrn. 735 ff.) Hinsicht dem Bundesrat genüge[18]. Die Planprüfung im einzelnen besorgt für den Bundesrat das Bundesamt für Raumplanung (Art. 6 RPV).

---

[15] BGE 103 Ia 339 E. 4 b; BGE 4.7.1979 *Aero-Club* (Kestenholz), 13 E. 2 c.
[16] Vgl. LEO SCHÜRMANN, Bau- und Planungsrecht, 151.
[17] Mißverständlich insofern LEO SCHÜRMANN, Bau- und Planungsrecht, 151; Prüfungsbericht GR, 54.
[18] Zu dieser Gliederung – Eintreten, Formelles, Materielles – vgl. Prüfungsbericht GR, Ziff. 4–6. Der Prüfungsbericht ZH verwischt diese Teilung ohne ersichtlichen Grund.

A. Eintreten

728. Es versteht sich auch bei schweigsamen Gesetzen, daß ein Genehmigungsverfahren erst auf *gehörig ausgestatteten Antrag des Kantons* an die Hand genommen wird.

Im einzelnen müssen vorliegen[19]:
- ein schriftlicher *Genehmigungsantrag der kantonalen Regierung*.
- der *Planbeschluß* (§ 15) der nach kantonalem Recht zuständigen Behörde, in getreuem Protokollauszug. Der Bund hält für sein Prüfungsverfahren fest, worauf im einzelnen sich der kantonale Beschluß bezieht.
- in ausreichender Anzahl: jene Papiere, die der Kanton als *Richtplan*, als *Grundlage*, als *Erläuterungen* bezeichnet. Nach dem Stand der Dinge heute werden für ein zügiges Prüfungsverfahren benötigt: Richtplan und Erläuterungen in 35 Exemplaren, sowie die Grundlagen in einem Satz.

729. *Fehlt* es an einer dieser Voraussetzungen, tritt der Bund auf den Genehmigungsantrag nicht ein.

B. Formelles

730. In formeller Hinsicht prüft das Bundesamt, ob der Richtplan nach gehörigem Verfahren erarbeitet worden sei (B.1, Nrn. 731 f.) und ob er die verlangten Formen wahre (B.2, Nrn. 733 f.).

B.1 Verfahren

731. Die Prüfung beschränkt sich auf die *bundesrechtlichen Mindestanforderungen* an das kantonale Verfahren[20].

Diese Anforderungen betreffen:
- *Information und Mitwirkung der Bevölkerung* (Art. 4 Abs. 1, 2 RPG);
- *Mitwirkung der Gemeinden* (und anderer Träger raumwirksamer Aufgaben, Art. 10 Abs. 2 RPG);
- *Zusammenarbeit mit Behörden des Bundes und der Nachbarkantone* (und entsprechendes ‹Aufsuchen› des benachbarten Auslandes, Art. 7 Abs. 1, 3 RPG).

Der Kanton weist (in den Erläuterungen) nach, welche Schritte in jedem dieser drei Verfahrensbereiche unternommen wurden; zur Zusammenarbeit werden Nachbarkantone und Bundesstellen aus ihrer Sicht befragt.

---

[19] Vgl. Prüfungsbericht GR, 5 f.
[20] Vgl. EJPD/DRP, Richtplan, 61; EJPD/BRP, Erläuterungen RPG, Art. 11 N. 12; Prüfungsbericht GR, 52.

732. Hat der tatsächliche Lauf der Plansetzung Bundesrecht nicht geachtet, wird das Genehmigungsverfahren ausgesetzt, damit der Kanton das Erforderliche nachhole – es sei denn, die Mängel ließen sich durch das Genehmigungsverfahren selbst heilen[21]. Dafür kommen allerdings nur Versäumnisse in der Zusammenarbeit mit Bund und Nachbarkantonen in Betracht (nicht aber in der Beteiligung von Volk und Gemeinden); und höchstens solche untergeordneter Art: Das Genehmigungsverfahren ist nicht der Ort grundsätzlicher Diskussionen[22].

Die Praxis geht andere Wege. Der Kanton *Graubünden* hat es den Regionen überlassen, für geeignete Mitwirkung zu sorgen: mit buntem und insgesamt völlig unzureichendem Ausgang nicht zuletzt deshalb, weil die Regionen allein den sie betreffenden Planausschnitt übermittelt erhielten. Integral wurde der Entwurf nur gerade in Chur aufgelegt, und nicht für die Plebs: Bloß die «interessierten Organisationen innerhalb des Kantons» waren zu Einwendungen zugelassen[23]. Der Bundesrat hat alle Sünden mit großer Milde vergeben[24]. – Die *Zürcher* Regierung reichte den Gesamtplan – beschlossen 1978, geringfügig geändert 1982 – Mitte 1983 zur Genehmigung ein, ohne bis dahin Zeit und Kraft gefunden zu haben, die (immerhin seit 1980 geforderte) Zusammenarbeit mit Bund und Nachbarkantonen aufzunehmen. Mit «Aussprachen» und «Berichten» mußte die Zusammenarbeit als «Zwischenrunde» im Genehmigungsverfahren nachgeholt werden[25] – ohne rechten Erfolg, wie die kryptischen Andeutungen über «künftige Zusammenarbeit zur Schließung der noch vorhandenen Lücken» vermuten lassen[26].

B.2 Form

733. Die Form des Planwerks bestimmt sich weithin nach Bundesrecht (§ 12/II, III). Zu überprüfen sind sowohl die Form des Planes als solchen als auch die Form der Einzelaussage.

Die Formvorschriften sind gewahrt – zur Wiederholung nur Stichworte –,
a) wenn der *Richtplan als ganzes* (§ 12/II)
– aus Karte und Text besteht (Art. 3 RPV);
– die Splitterung in sachliche Teilrichtpläne und unabgestimmte regionale Pläne vermeidet, sowie
– sich sichtbar vom nicht verbindlichen Planapparat (Ausgangslage, Erläuterungen, Grundlagen) abhebt.
b) wenn jede *Planaussage für sich* (§ 12/III)
– als solche bezeichnet ist,

---

[21] EJPD/BRP, Erläuterungen RPG, Art. 11 N. 12.
[22] EJPD/BRP, Erläuterungen RPG, Art. 11 N. 16; Prüfungsbericht GR, 52.
[23] Vgl. Prüfungsbericht GR, 6 f.
[24] Prüfungsbericht GR, 9, 41.
[25] Prüfungsbericht ZH, 3.
[26] Prüfungsbericht ZH, 4.

- in ihrem Textteil mit ausformulierten (und als verbindlich bezeichneten) Plannormen arbeitet;
- sowohl einen (planerischen) Konzeptteil als auch einen (zeitlich-finanziellen) Programmteil enthält (Art. 8 Bst. a, b RPG); sowie
- als Festsetzung, Zwischenergebnis oder Vororientierung benannt wird (Art. 4 Abs. 1, 2 RPV).

734. Auch Formmängel sollten – wie schon Verfahrensfehler – die Planprüfung solange anhalten, als der bundesrechtliche Standard nicht vorgelegt wird.

Und auch hier scheint die Macht der Fakten unbesiegbar: So hat der Kanton *Zürich* seinen «Gesamtplan» als Paket vierer Teilrichtpläne eingereicht und sich die Mühe geschenkt, die Planinhalte als Festsetzung, Zwischenergebnis und Vororientierung zu bezeichnen – alles ohne Folge[27].

C. Materielles

735. Die materielle Prüfung – Kernstück, aber auch schwierigster Teil des Genehmigungsgeschäfts – wendet sich dem *Planinhalt* zu. Zu prüfen ist: ob die Planungs- und Abstimmungspflicht erfüllt wurde (C.1, Nrn. 737 f.); ob die innerkantonalen Planinhalte «richtig» (C.2, Nrn. 739 f.), die überkantonalen «sachgerecht» seien (C.3, Nrn. 741 f.); und schließlich: ob die Abstimmung zum benachbarten Ausland so weit als möglich gepflegt wurde (C.4, Nr. 743).

736. Eines ist vorweg zu präzisieren: Die Prüfungsmaßstäbe, wie sie besonders unter C.2 und C.3 entwickelt werden, gelten vorab für *Festsetzungen*. Bei Zwischenergebnissen gehört nur nachgeprüft, ob eine «richtige» (oder eben «sachgerechte») Lösung möglich bleibt und ob verfahrensmäßige Vorkehren – Angaben über das weitere Vorgehen, über Termine – eine «zeitgerechte Abstimmung» gewährleisten (Art. 4 Abs. 2 Bst. a RPV). Vororientierungen endlich nimmt der Bundesrat zur Kenntnis, prüft insofern ‹nichts› – immer vorausgesetzt, die Kategorie sei dem Stand der Dinge entsprechend richtig gewählt[28].

C.1 Erfüllung der Planungs- und Abstimmungspflicht

737. Den Beginn der materiellen Prüfung macht die Frage danach, ob die bundesrechtlichen *Planungs- und Abstimmungsaufträge* alle erledigt wurden[29]. Der ‹Präsenzkontrolle› kommt aus zweifachem Grunde hohe

[27] Vgl. Prüfungsbericht ZH, 5.
[28] EJPD/BRP, Erläuterungen RPG, Art. 11 N. 8.
[29] EJPD/DRP, Richtplan, 61; Prüfungsbericht GR, 10 ff., 53; Prüfungsbericht ZH, 6.

Bedeutung zu: einmal zeigt sich an ihr, ob der Kanton den ‹Systemgeist› der Richtplanung erfaßt hat; vor allem aber bietet dieser Prüfpunkt letzte Gelegenheit zu ‹klarer› Beurteilung des Richtplans – im Bereich der materiellen Prüfung gar die einzige! –, bevor mit «Richtigkeit» und «Sachgerechtheit» der vorgelegten räumlichen Lösungen allmählich unsicherer Boden betreten wird.

Das Bundesamt stellt vorweg fest, welche Papiere *bundesrechtlich* als Richtplan, welche als Grundlage gelten[30]. Sodann prüft es:

a) in Bezug auf *die Sachgrundlagen* gemäß Art. 6 Abs. 2 und 3 RPG (§ 10/II/A):
- ob sie zu jedem einzelnen der bundesrechtlich genannten Sachgebiete vorliegen;
- ob sie eidgenössische Konzepte und Sachpläne, Richtpläne von Nachbarkantonen sowie regionale Entwicklungskonzepte und Pläne «berücksichtigen» (Art. 6 Abs. 4 RPG); und
- ob sie kraft ihres Inhaltes und ihrer Form zur Erstellung eines bundesrechtsgemäßen Richtplanes taugen.

b) in Bezug auf die *Grundzüge der anzustrebenden räumlichen Entwicklung* gemäß Art. 6 Abs. 1 RPG (§ 10/II/B):
- ob sie vorliegen, und
- ob sie kraft ihres Inhaltes und ihrer Form als konzeptioneller Blickpunkt des Richtplans taugen (vgl. Art. 8 Bst. a RPG).

c) in Bezug auf den *Inhalt des Richtplans* (Art. 8 RPG; § 12/I):
- ob er Aussagen über alle raumwirksamen Tätigkeiten aufführe, welche (vor dem Hintergrund der Sachgrundlagen) der Abstimmung auf die anzustrebende räumliche Entwicklung oder auf andere raumwirksame Aufgaben bedürfen[31] – ob er, mit anderen Worten, den Ansprüchen sowohl der Nutzungsrichtplanung als auch der Koordinationsrichtplanung genüge (Art. 3 RPV).

738. *Lücken im Leistungsnachweis* haben Nacharbeit zur Folge (Nr. 752). Ob der lückenhafte Plan dennoch weiterbehandelt oder ob mit Prüfung und Genehmigung einstweilen zugewartet werden soll, hängt vom Gewicht der fehlenden Teile ab. Grundsätzlich gilt: Nur Lücken untergeordneter Art oder in leicht abtrennbaren, randständigen Sachbereichen erlauben, das Verfahren weiterzuführen (Nr. 753).

Kantonalen Versäumnissen wird noch zu großes Verständnis entgegengebracht. Der Kanton *Zürich* überläßt es dem Leser, die «Grundzüge» der anzustreben-

---

[30] Vgl. Prüfungsbericht GR, 10, 53; Prüfungsbericht ZH, 5.
[31] Prüfungsbericht GR, 53.

den räumlichen Entwicklung (Art. 6 Abs. 1 RPG) aus verschiedenen Grundlagenberichten ‹zusammenzulesen›[32]. Der *Bündner* Plan wurde zur Prüfung angenommen, obwohl Grundlagen in zentralen Bereichen – Landwirtschaft, Besiedlung, Verkehr und Versorgung – teils nicht, teils mangelhaft vorlagen; überdies vernachlässigte der Plan durchwegs die Anliegen der Nutzungsrichtplanung[33].

C.2 Innerkantonale Inhalte

739. Die (als vollständig anerkannten) Planinhalte werden in der Sache geprüft, und zwar – wegen unterschiedlicher Kognition (IV) – getrennt nach innerkantonalem und überkantonalem Bereich. Normativer Maßstab für das Innerkantonale ist (theoretisch) das gesamte Bundesrecht; tatsächlich stehen *Art. 1 und 3 RPG* im Vordergrund[34].

Am Ende bleibt wenig Faßliches übrig[35]. Der Bundesrat wird eine Planaussage beanstanden:
- wenn eine Abwägung überhaupt unterblieben ist, obwohl sie hätte stattfinden müssen (Abwägungsausfall; § 8/III/A);
- wenn nicht alle aus Art. 1 und 3 RPG erheblichen Belange in die Abwägung eingestellt oder im Gegenteil auch unerhebliche Planungsziele und -grundsätze herangezogen wurden (Ermittlungsdefizit, Ermittlungsüberschuß; § 8/III/B); oder
- wenn die Grundzüge der anzustrebenden räumlichen Entwicklung (Art. 6 Abs. 1 RPG) nicht als Maßstab zur Bewertung der berührten Belange herangezogen wurden und der Richtplan derweise keine ausreichende Verbindung mehr zum kantonalen Zielrahmen hält (Fehlbewertung; § 8/III/C).

740. *Mängel* behebt der Bundesrat nur, wenn es dazu keiner neuen Abwägung bedarf: wie beispielsweise Fehler in der Kategorienwahl (Art. 4 Abs. 1, 2 RPV) oder in der Einschätzung der plannotwendigen «Wesentlichkeit» eines Vorhabens (Art. 3 RPV; Nr. 750 b). Muß die Sache *räumlich* neu beurteilt werden, so nimmt er die betroffene Stelle von der Genehmigung aus (Nr. 751), es sei denn, der Fehler lasse sich klarerweise nur durch ersatzlose Streichung der Planaussage verbessern.

Zu den wenigen innerkantonalen Vorhaben, die der Bundesrat nicht genehmigt hat, gehört die Zürcher Oberlandautobahn. Die Vorlage wurde in diesem Punkte zur Neubeurteilung zurückgewiesen, weil der Kanton das zugrundeliegende

---

[32] Prüfungsbericht ZH, 7 ff.
[33] Prüfungsbericht GR, 17, 41.
[34] EJPD/DRP, Richtplan, 61; EJPD/BRP, Erläuterungen RPG, Art. 11 N. 17; Prüfungsbericht GR, 53.
[35] Allerdings doch mehr als die summarischen Zeilen des Bundesamtes! Vgl. Prüfungsbericht GR, 25; Prüfungsbericht ZH, 10.

Hochleistungsstraßenkonzept seit den sechziger Jahren stets mitgeschrieben, die Bedürfnisfrage aber nie mehr ernsthaft aus aktueller Sicht und in größerem Zusammenhang aufgerollt hatte. Vor allem ließ sich dem Plan nicht entnehmen, weshalb die Wünsche des Straßenverkehrs vor den Anliegen des Kulturland- und des Landschaftsschutzes (Art. 3 Abs. 2 Bst. a, b, d RPG) den Vorzug erhalten hatten. Diese Versäumnisse – ein lehrbuchhafter Abwägungsausfall (§ 8/III/A) – ließen die entsprechenden Planfestsetzungen ohne weiteres als ursprünglich fehlerhaft erscheinen[36].

C.3 Überkantonale Inhalte

741. Auch überkantonale Inhalte sind an *Zielen und Grundsätzen* der Raumplanung (Art. 1 und 3 RPG) zu messen – freilich unter dem Gesichtspunkt der «Sachgerechtheit», also *ohne Zurückhaltung im Örtlichen* (IV/B); darüber hinaus gehört auch das *übrige raumwirksame Bundesrecht* beigezogen, wo immer Bundesaufgaben ins Blickfeld treten[37].

    Das Bundesamt prüft,
- ob die Bundesaufgaben, soweit dem Kanton mittels Konzept, Sachplan oder Absichtserklärung bekanntgemacht (Art. 6 Abs. 4, 13 Abs. 2 RPG; Art. 10 Abs. 2 RPV), und ob die Aufgaben der Nachbarkantone, soweit dem Kanton im Laufe der Zusammenarbeit oder durch genehmigte Richtpläne übermittelt (Art. 7, 6 Abs. 4 RPG), im Richtplan überhaupt Niederschlag gefunden haben;
- ob die entsprechenden Festlegungen Ergebnis einer Interessenabwägung sind;
- ob dafür alle erheblichen Belange ermittelt wurden; insbesondere: ob auch jene ‹benachbarten› innerkantonalen Anliegen in die Abwägung eingestellt wurden, von denen nachteilige Auswirkungen auf Bund oder Nachbarkanton zu befürchten sind;
- ob diese Belange «sachgerecht» bewertet und gegeneinander abgewogen wurden; insbesondere: ob die kraft Zusammenarbeit getroffenen Vereinbarungen, die Ergebnisse allfälliger Bereinigungsverfahren und auch die genehmigten Richtpläne der Nachbarkantone beachtet wurden.

    Die notwendigen Beurteilungsgrundlagen beschafft sich der Bundesrat durch Schriftenwechsel.

742. Auch im überkantonalen Bereich korrigiert der Bundesrat ‹klare› Mängel, vorab im Äußerlichen, ohne weiteres selbst, materielle Mängel der Abwägung hingegen nur, wenn eine Einigungsverhandlung (Art. 12 RPG) zu keinem Ergebnis führt[38] (Nr. 750a).

---

[36]   Prüfungsbericht ZH, 12f.; BRB ZH, Ziff. 13.1.
[37]   EJPD/DRP, Richtplan, 61; EJPD/BRP, Erläuterungen RPG, Art. 11 N. 14f.; Prüfungsbericht GR, 25ff.; Prüfungsbericht ZH, 14ff.
[38]   EJPD/BRP, Erläuterungen RPG, Art. 11 N. 20.

Ein Bereinigungsverfahren von Amtes wegen wurde weder im Bündner noch im Zürcher Verfahren nötig. Dafür hat der Bundesrat überkantonale Planaussagen verschiedentlich umklassiert, präzisiert oder (teils wegen Gegenstandslosigkeit, teils wegen zu geringfügiger Bedeutung) gestrichen[39] sowie zahlreiche Neuaufnahmen angeordnet[40].

C.4 Benachbartes Ausland

743. Die Grenzkantone «suchen» die Zusammenarbeit mit den regionalen Behörden des benachbarten Auslandes, soweit sich ihre Maßnahmen über die Grenzen auswirken können (Art. 7 Abs. 3 RPG). Mehr ist nicht verlangt, vor allem kein materielles Ergebnis. *Wenn* aber eines vorliegt, wird sein inländischer Teil gleich einer innerkantonalen Aussage auf Bundesrechtmäßigkeit hin überprüft.

VI. Verfahren (Hinweise)

744. Über den Verlauf des Prüfungsverfahrens unterrichtet in knappen Worten der jeweilige Prüfungsbericht[41]. Hier folgen die Punkte eines ‹Normalverfahrens›.

745. Die Kantone reichen Gesuch und Richtplan bei der Schweizerischen Bundeskanzlei zuhanden des Bundesrates ein. Die Prüfung *läuft ab* wie folgt:
- Das Bundesamt für Raumplanung (Art. 6 Abs. 1 RPV) unterzieht den Plan – vorab was Eintreten und Formelles angeht – einer *summarischen Prüfung*. Zeigen sich keine schwerwiegenden Mängel, so überstellt es den Plan den Bundesbehörden und den Nachbarkantonen zur
- *Vernehmlassung*. Der Kanton erhält Gelegenheit, sein Planwerk zu erläutern (wird also, wie die Nachbarkantone, «angehört»; Art. 7 Abs. 1 RPV). Aufgrund der Vernehmlassungen (und gestützt auf die eigene Prüfung) verfaßt das Bundesamt einen *provisorischen Prüfungsbericht* (Art. 6 Abs. 2 RPV).
- Der provisorische Prüfungsbericht wird in der *Raumplanungskonferenz* (Nr. 519b) erörtert; bei Bedarf läßt sich der Zusammenarbeit unter Behörden ein letzter Schliff geben – für Großes und Grundsätzliches ist es jetzt freilich zu spät. Die Bundesstellen ergänzen, wenn sie wollen, ihre Vernehmlassungen; das Bundesamt *bereinigt* hierauf den Prüfungsbericht.
- Aufgrund des bereinigten Prüfungsberichtes formuliert das Eidgenössische Justiz- und Polizeidepartement den *Antrag an den Bundesrat* (Art. 7 Abs. 1 RPV, allerdings unter kräftiger Mithilfe des Bundesamtes). Der Antrag durchläuft wie jedes abstimmungsbedürftige Bundesratsgeschäft das Mitberichtsverfahren (Art. 54 VwOG).

---

[39] BRB GR, Ziff. 3.1–3.5; BRB ZH, Ziff. 13.2–13.5.
[40] BRB GR, Ziff. 4.1–4.3; BRB ZH, Ziff. 14.1, 14.2, 15.
[41] Vgl. Prüfungsbericht GR, 4; Prüfungsbericht ZH, 3f.

— Zum Schluß *entscheidet* der Bundesrat (Art. 11 Abs. 1 RPG; einläßlich dazu VII).

746. Art. 6 Abs. 3 RPG zufolge können Richtpläne zur *Vorprüfung* eingegeben werden. *Wann* solche Vorprüfung stattzufinden habe, bleibt offen; offen auch ihre *Intensität:* man kann sich ad hoc einrichten; die Grenze zur Zusammenarbeit gemäß Art. 7 Abs. 1 RPG ist fließend. Nicht zur Disposition steht aber das *Objekt* der Vorprüfung: es muß ein Richtplan vorliegen, wie Art. 8 RPG ihn versteht, das ganze Kantonsgebiet und alle in Art. 6 RPG genannten Sachbereiche umfassend. Regionale Pläne – selbst wenn der Kanton sie als Teil seines Richtplanes ansieht – werden zur Vorprüfung nicht angenommen, ebensowenig sachliche Teilrichtpläne.

747. Untersteht die Plangenehmigung dem *Verwaltungsverfahrensgesetz?* Wäre sie «durch Verfügung zu erledigen» (Art. 1 Abs. 1 i. V. mit Art. 5 VvWG), dann ja – aber dies trifft eben nicht zu. Gewiß gelten «Verfügungen über die Genehmigung von Erlassen» als Verfügungen im Sinne des VwVG, ebenso «Verfügungen über Pläne»[42] (Art. 99 Bst. a, c i. V. mit Art. 97 OG); vorausgesetzt ist aber immer ein «rechtsverbindliches» Genehmigungsobjekt: ein «rechtsverbindlicher» Erlaß, ein «rechtsverbindlicher» Plan[43]. Regelt das Genehmigungsobjekt keine Rechtsverhältnisse – der Richtplan tut das nicht (§ 14/I) –, fällt auch der Genehmigungsbescheid von vornherein nicht unter Art. 5 VwVG. Immerhin ist eines nicht zu verkennen: *Unter Behörden* schafft der Richtplan durchaus *Bindungen,* und zwar (wie die Verfügung) einseitig bewirkte, zweiseitig wirkende, nicht ohne weiteres abänderbare Bindungen in Einzelfällen. So besteht aller Grund, die Fairneßgebote des VwVG – besonders die Abschnitte über Akteneinsicht und rechtliches Gehör (Art. 26 ff., 78 Abs. 3 VwVG) – im Verfahren der Plangenehmigung doch wieder beizuziehen: nicht unmittelbar kraft Gesetzes zwar, dafür aber als Abdruck von *Verfassungs*recht, als Konkretisierung von Art. 4 BV[44].

VII. Entscheid

748. Der Genehmigungsbescheid hat zum Gegenstand nur den formellen Richtplan (III), das heißt besonders: einen Art. 3 RPV respektierenden Richtplan. Reicht die kantonale Vorlage darüber hinaus, ohne den bundesrechtlichen Inhalt sichtbar zu machen, und läßt der Bund diese Formsünde durchgehen, dann gehört der *Geltungsbereich der Genehmigung* wenigstens im Bundesratsbeschluß *positiv begrenzt.*

---

[42] OG und VwVG arbeiten mit identischem Verfügungsbegriff; vgl. BGE 109 Ib 255 E. 1 a; 108 Ib 420 E. 1. FRITZ GYGI, Bundesverwaltungsrechtspflege, 129 f.; PETER SALADIN, Verwaltungsverfahrensrecht, 61.
[43] Vgl. FRITZ GYGI, Bundesverwaltungsrechtspflege, 136; PETER SALADIN, Verwaltungsverfahrensrecht, 64 ff.
[44] Über diesen Umweg haben sich die erwähnten VwVG-Normen auch im *kantonalen* Verfahren ‹Geltung› verschafft: BGE 100 Ia 104 E. 5 d; 99 V 188.

‹Integral› genehmigt hat der Bundesrat den *Zürcher Gesamtplan,* von wenigen Änderungen abgesehen[45]. Man kann sich darüber nur wundern. Der Zürcher Plan, auch das Bundesamt weiß das[46], liegt zum Plankonzept des RPG quer, enthält (gemessen an Art. 8 RPG) teils zuviel, teils zuwenig (vgl. Nr. 612a). Hier interessiert das Zuviel: die zahllosen Festsetzungen von räumlich unwesentlicher Bedeutung (Art. 3 RPV). Ob der Bundesrat auch sie (und bindend für Bund und Nachbarkantone!) genehmigt hat? So sieht das Dispositiv aus – und gerade so darf es, *kann* es nicht gelesen werden: denn damit hätte der Bundesrat seine Genehmigungszuständigkeit meilenweit überschritten. Recht besehen gilt der Beschluß nur soweit, als der Gesamtplan «die im Hinblick auf die anzustrebende räumliche Entwicklung wesentlichen Ergebnisse der Planung und Koordination im Kanton und der Koordination mit Bund und Nachbarkantonen» (Art. 3 RPV) enthält; diese Inhalte hätten bezeichnet werden müssen. Nachdem weder Kanton noch Bund sich zu klarer Rede haben entschließen können, wird die Praxis im Einzelfall nach der rechtlichen Tragweite des Bundesratsbeschlusses rätseln dürfen.

Positiv zu umschreiben ist ferner die *Reichweite einer teilweisen Genehmigung* (Nr. 753).

A. Vollständige Genehmigung – unmittelbar wirksame Planänderungen

749. Der Richtplan ist als Gesamtwerk angelegt; als Gesamtwerk muß ihn deshalb auch der Genehmigungsbeschluß nehmen: *Regel* soll die *Genehmigung en bloc* sein, nötigenfalls versehen mit unmittelbar wirksamen Planänderungen (Nr. 750). Muß der Bundesrat Teile des Plans zur Überprüfung an den Kanton zurückweisen oder erteilt er Aufträge zur Ergänzung (B), so kann der ‹Rest› des Planes nur unter bestimmten Voraussetzungen vorweg genehmigt werden (Nr. 753).

750. Planinhalte *unmittelbar ändern* (das heißt: anpassen, streichen, aufnehmen) und so – mit Änderungen – in Kraft setzen darf der Bundesrat

– allgemein im *überkantonalen* Bereich (a),
– im *innerkantonalen* nur wegen *abwägungsunabhängiger* Mängel (b).

Die Behandlung im einzelnen richtet sich nach dem Fehlerbefund – hier der Versuch einer *Übersicht.*

a) *Überkantonale Planinhalte* werden unmittelbar
– *angepaßt:* (1) wenn sie raumwirksame Aufgaben des Bundes oder der Nachbarkantone nicht sachgerecht berücksichtigen und das Bereinigungsverfah-

---

[45] BRB ZH, Ziff. 11.
[46] Prüfungsbericht ZH, 22.

ren zu keiner Einigung geführt hat (Art. 12 Abs. 3 RPG); (2) wenn sie (ohne daß materielle Fragen der räumlichen Abstimmung im Spiele stehen) der Präzisierung bedürfen[47]; (3) wenn sie mit Rücksicht auf ihren (zutreffenden) Inhalt einer unpassenden Plankategorie (Art. 4 RPV) zugeordnet wurden[48].

- *gestrichen:* (1) wegen Gegenstandslosigkeit, wenn Bund oder Nachbarkantone ihr Vorhaben aufgegeben haben[49]; (2) mangels hinreichend erheblicher Bedeutung[50] (Art. 3 RPV).

- *aufgenommen* (oder ausdrücklich im Plan belassen): wenn der Kanton einen Nutzungskonflikt von erheblicher räumlicher Bedeutung durch Schweigen übergeht (oder ausdrücklich gestrichen haben will)[51]; als Festsetzung darf das betreffende Vorhaben freilich nur über das Bereinigungsverfahren (Art. 12 RPG) Eingang in den Plan finden, es sei denn, der Kanton stimme doch zu.

Allgemein gilt: Bundesrechtswidrigkeiten, deren Verbesserung keine neue Abwägung räumlicher Belange erfordert, behebt der Bundesrat ohne Bereinigungsverfahren. Aus Art. 12 Abs. 1 RPG folgt nicht das Gegenteil, denn das Bereinigungsverfahren steht von vornherein nur für Fragen der räumlichen Interessenabwägung offen (Nr. 708). Bundesrechtswidrige Abwägungsergebnisse hingegen gehören einem Bereinigungsverfahren überstellt.

b) *Innerkantonale Planinhalte* werden unmittelbar

- *angepaßt:* (1) wenn sie (ohne daß materielle Fragen der räumlichen Abstimmung im Spiele stehen) der Präzisierung bedürfen; (2) wenn sie mit Rücksicht auf ihren (zutreffenden) Inhalt einer unpassenden Plankategorie (Art. 4 RPV) zugeordnet wurden.

- *gestrichen:* (1) wegen Gegenstandslosigkeit, wenn der Kanton sein Vorhaben aufgegeben hat; (2) mangels hinreichend erheblicher Bedeutung (Art. 3 RPV).

Allgemein gilt: Bundesrechtswidrigkeiten, deren Verbesserung keine neue Abwägung räumlicher Belange erfordert, unterliegen dem unmittelbar korrigierenden Zugriff des Bundesrates auch in bloß innerkantonalen Angelegenheiten. Eine Rückweisung der fehlerhaften Teile macht keinen Sinn: Der Kanton hätte lediglich zu vollziehen, was bundesrechtlich vorgegeben ist; der Bund müßte ein zweites Genehmigungsverfahren in Gang setzen; und der Richtplan bliebe unnötig weit und unnötig lange in der Schwebe – alles vermeidbarer Leerlauf, selbst vor den Geboten der bundesstaatlichen Courtoisie nicht zu vertreten. Bundesrechtswidrige Abwägungsergebnisse hingegen nimmt der Bundesrat von der Genehmigung aus und gibt sie (mangels Bereinigungskompetenz in innerkantonalen Verhältnissen) zu räumlicher Neubeurteilung zurück; davon sogleich.

---

[47] So z.B. BRB GR, Ziff. 3.4c, d, 3.5; BRB ZH, Ziff. 13.4, 13.5.
[48] So z.B. BRB GR, Ziff. 3.3.
[49] BRB GR, Ziff. 3.4b; BRB ZH, Ziff. 13.2.
[50] BRB GR, Ziff. 3.1.
[51] BRB GR, Ziff. 3.2, 3.4a, ferner 4.1; BRB ZH, Ziff. 13.3, 14.1, 15.

B. Mittelbar wirksame Planänderungen – teilweise Genehmigung

751. Planinhalte *zur Neubeurteilung zurückweisen* (das heißt zugleich: von der Genehmigung vorerst ausnehmen) wird der Bundesrat überall dort, wo er den Fehler nicht selber beheben darf: das betrifft nurmehr
- *innerkantonale* Planinhalte, und auch davon nur
- die mit *Abwägungsfehlern* behafteten [52].

Der Bundesrat gibt die Gesichtspunkte der Neubeurteilung bekannt und setzt dem Kanton Frist.

Unter Abwägungsfehlern leidende *über*kantonale Inhalte werden im Zuge der Genehmigung – wie erwähnt – einem Bereinigungsverfahren zugeleitet. Dieses Bereinigungsverfahren wird man, sollte es längere Zeit in Anspruch zu nehmen drohen, aus dem Genehmigungsverfahren auskoppeln müssen; zu erwägen ist dann eine teilweise Genehmigung des Richtplans (Nr. 753).

752. *Aufträge zur Planergänzung* werden überall dort erteilt,
- wo der vorgelegte Plan, gemessen am erwarteten Inhalt (Art. 8 RPG), *Lücken* aufweist, und
- nur der *Kanton* sie schließen kann oder schließen darf [53].

Der Bundesrat verdeutlicht den Auftrag in der Sache und setzt dem Kanton Frist.

753. Werden Planinhalte zur Überprüfung zurückgewiesen oder erteilt der Bundesrat Aufträge zur Ergänzung, so bleibt das Genehmigungsgeschäft in jedem Falle hängig, ist der Richtplan nicht zu Ende gebracht. Mittlerweile kann der ‹Rest› durch *teilweise Genehmigung* aus dem Verfahren entlassen werden, freilich nur unter zweifacher Voraussetzung:

a) Der nachgewiesene Mangel darf *nicht ins Grundsätzliche* gehen und derweise überhaupt verunmöglichen, den Plan einer ernsthaften Prüfung zu unterziehen. Ein Mangel grundsätzlicher Art kann vorliegen, wenn der Richtplan ganze Gruppen von Nutzungskonflikten nicht aufnimmt oder die aufgenommenen Nutzungskonflikte unüberprüfbar bleiben, weil die Grundlagen nicht über alle Sachbereiche hin erstellt wurden.

---

[52] Vgl. BRB ZH, Ziff. 13.1, und Prüfungsbericht ZH, 12f. (Zürcher Oberlandautobahn).
[53] Vgl. BRB GR, Ziff. 4.2, 4.3 (für die Bereiche Landwirtschaft, Landschaft und Erholung, Besiedlung, touristische Einrichtungen, sowie für den Nachweis der Fruchtfolgeflächen); BRB ZH, Ziff. 14.2 (für den Nachweis der Fruchtfolgeflächen).

b) Der mangelhafte Teil des Richtplans muß überdies *örtlich und sachlich abtrennbar* sein. Er darf nicht andere Teile des Richtplans mit beeinträchtigen. Der Mangel soll ausgebessert werden können, ohne wesentliche Änderungen an sich fehlerfreier Planteile nach sich zu ziehen oder die Folgerichtigkeit des Plans als Ganzes zu schädigen.

Der *Bündner* Plan wurde genehmigt, «soweit er in Objektblättern den Stand der Abstimmung mit Bundesaufgaben festhält»[54]. Von vornherein hat der Bundesrat ausgeklammert: die Ergebnisse der innerkantonalen Planung, die Ergebnisse der innerkantonalen Koordination, die Ergebnisse der Koordination mit Nachbarkantonen – das alles lag nur in Bruchstücken vor oder war nicht hinreichend vorangetrieben[55]. Selbst im Bewußtsein, daß ungewohnte Arbeiten selten auf Anhieb gelingen: Die Vorlage war kraß unvollendet; der Bundesrat hätte sie niemals genehmigen dürfen. Der Beschluß liest sich denn auch wie ein Arbeitsprogramm für die weitere Planung[56] – kein Wunder, hat sich die Angelegenheit mittlerweile zum Dauergeschäft ausgewachsen[57].

C. Dispositiv

754. Der Genehmigungsbescheid des Bundesrates wird *Teil des Richtplans*. Aufbau und Sprache des Dispositivs müssen darauf Bedacht nehmen.

Bis heute geschieht das nicht durchwegs.

a) Als Selbstverständlichkeit dürfte man erwarten, daß der gemäß Art. 8 RPG genehmigte Inhalt ausdrücklich (zum Beispiel in einem Anhang) bezeichnet wird, wenn die kantonale Vorlage über den bundesrechtlichen «Mindestinhalt» hinausreicht[58] oder der Bundesrat den Plan nur in Teilen genehmigt.

b) Die Bundesratsbeschlüsse müßten deutlicher zwischen unmittelbar wirksamer Planänderung einerseits und den mittelbar auf den Plan durchschlagenden, an den Kanton gerichteten Aufträgen zur Neubeurteilung oder Ergänzung andererseits unterscheiden. Nur dieses Kriterium ist für den Planadressaten interessant, nicht die äußerliche Frage, ob am Papier, an den «Objektblättern» usf. «Änderungen» vorzunehmen oder «Ergänzungen» anzubringen seien[59].

---

[54] BRB GR, Ziff. 1.
[55] Prüfungsbericht GR, 17 ff., 39 ff.
[56] BRB GR, Ziff. 4.2, 4.3.
[57] Genehmigung: BRB 6.12.1982 (BBl 1983 II 1237). Erste Nachtragsgenehmigung: BRB 22.2.1984 (BBl 1984 II 494). Fristverlängerung: BRB 4.3.1985. Weitere Nachtragsgenehmigungen sind auf Sommer 1985 und Ende 1986 terminiert.
[58] Vgl. aber BRB ZH, Ziff. 11.
[59] Vgl. BRB GR, Ziff. 3, 4; BRB ZH, Ziff. 13, 14.

c) Die unmittelbar wirksamen Planänderungen im besonderen geben sich vielfach nicht zu erkennen. Da ist die Rede davon, Vorhaben seien «zu streichen», «aufzunehmen», «im Sinne der Ausführungen im Prüfungsbericht anzupassen»[60], statt daß gesagt würde, was Sache ist: die Aussage *sei* gestrichen, *werde* aufgenommen, *gelte* nurmehr so und nicht anders. Vollends abenteuerlich klingt die Einladung, dieses und jenes Vorhaben sei in den Plan aufzunehmen *oder* es sei ihm «auf andere Weise eine gleichwertige Behandlung zu sichern»[61]: damit gibt der Bundesrat die Geschlossenheit des Richtplans (§ 12/II/B) höchstselbst auf.

755. Richtpläne sind «öffentlich» (Art. 4 Abs. 3 RPG), deshalb auch Bundesratsbeschluß und Prüfungsbericht. Das Bundesblatt, anfangs zurückhaltend[62], *publiziert* den Genehmigungsbescheid heute in extenso[63] (der Prüfungsbericht freilich muß beim Bundesamt für Raumplanung bezogen werden). *Rechtswirkungen* löst die Publikation lediglich *unter Behörden* aus, gegenüber Privaten nicht: denn der Richtplan erzeugt, wie bemerkt (§ 14/II), keine rechtsschutzrelevanten «Außenwirkungen»; und was der Publikationsgegenstand nicht schafft, bringt die Publikation selbst auch nicht zuwege.

---

[60] Vgl. BRB GR, Ziff. 3.1, 3.4.
[61] BRB ZH, Ziff. 14.1.
[62] Vom Bündner Genehmigungsbeschluß (BRB 6.12.1982) wurden nur Datum und Bezugsquelle veröffentlicht (BBl 1983 II 1237).
[63] Vgl. BBl 1986 I 105 (UR), 1985 I 1379 (ZH).

§ 18 Anpassung

756. Die Bindungskraft des Richtplans findet, wie früher bemerkt (§ 13/I, II, III), eine dreifache Grenze: Sie wirkt allein im Rahmen des Rechts, nach bestandener Interessenabwägung und unter gleichbleibenden Verhältnissen. Von diesen drei Grenzen bedarf noch die letzte näherer Betrachtung: die *Voraussetzungen der Planrevision* (II, III, Nrn. 766 ff., 777 ff.).

757. Vorweg erhebt sich freilich eine ganz andere Frage: die Frage nach dem *sachlichen Geltungsbereich* von Art. 9 Abs. 2 RPG. Nach Antwort verlangt sie deshalb, weil Richtpläne stets ‹im Fluß› sind: weil ihre Aussagen nicht nur wegen förmlicher Revision, sondern noch aus ganz anderen Gründen ändern können (I, Nrn. 758 ff.).

I. Abgrenzungen

758. Die Planrevision ist die Kehrseite der Planverbindlichkeit: Sie bezieht sich von vornherein nur auf den Wirkungsbereich der mit Art. 9 Abs. 1 RPG hervorgerufenen Bindungskraft. *Keine Planrevision* sind deshalb die *Bewirtschaftung* des Richtplans (A, Nrn. 759 f.), die *Rücknahme* fehlerhafter Planaussagen (B, Nrn. 761 ff.), und auch nicht das *Unterliegen* von Planinhalten infolge Interessenabwägung (C, Nrn. 764 f.): alles ‹Änderungen›, die dem Plan selbst innewohnen.

A. Bewirtschaftung

759. Als *Bewirtschaftung* gilt die Gesamtheit aller den Richtplan à jour haltenden Maßnahmen, die *Nachführung* des Plans im Rahmen des von ihm Vorgezeichneten.

> Konkret sind vor allem *drei Fälle* auseinanderzuhalten:
> – der *Übertritt von der Festsetzung zur Ausgangslage*. Sobald festgesetzte Planvorhaben zuständigenorts «rechtsverbindlich» beschlossen sind, fällt die Festsetzung aus dem Planinhalt ‹oben hinaus›, tritt sie ins Reich des «Rechts» über und kehrt – «soweit zum Verständnis der ... Abstimmung erforderlich» (Art. 4 Abs. 3 RPV) – als Ausgangslage wieder.
> – der *Aufstieg von der Vororientierung über das Zwischenergebnis zur Festsetzung* – die ‹Normalkarriere› eines Vorhabens gewissermaßen.

– der *Austritt von Festsetzung, Zwischenergebnis oder Vororientierung aus dem Plan*, z. B. wegen Aufgabe einzelner Vorhaben, oder als Folge ‹verlorener› Volksabstimmungen über festgesetzte Vorhaben. Eintritte neuer Gegenstände dagegen – auch in der Form einer nur anzeigenden Vororientierung – machen eine förmliche Planrevision nötig.

760. Die Bewirtschaftung bedarf keiner Beschlüsse seitens des plankompetenten Organs; immerhin gehört sich wegen Art. 4 Abs. 3 RPG regelmäßige (z. B. jährliche) Bekanntmachung der Nachträge.

B. Rücknahme

761. Seine Interessen trägt der Richtplan im Rahmen des Rechts vor: verläßt er ihn, verliert er seine Grundlage, wird *fehlerhaft* – der betreffende Planinhalt gehört dann (insofern vergleichbar einer rechtswidrigen Verfügung) *widerrufen*. Tritt die Fehlerhaftigkeit wegen sich ändernder Verhältnisse nachträglich ein, ist der Richtplan *anzupassen:* von diesem Fall handelt Art. 9 Abs. 2 RPG (II, III). Ursprünglich, schon im Zeitpunkt des Planbeschlusses fehlerhafte Inhalte sind *zurückzunehmen:* diese Widerrufsvariante regelt das RPG nicht eigens.

762. Planinhalte sind *ursprünglich fehlerhaft,* wenn sie mit dem zur Zeit des Planbeschlusses geltenden Recht nicht übereinstimmen, also materiell nie ‹richtig› waren.

Bis heute bekanntestes Opfer ursprünglicher Fehlerhaftigkeit ist die Zürcher Oberlandautobahn (vgl. Nr. 740).

763. Ursprüngliche Planfehler werden durch den Bundesrat im Zuge der Genehmigung – soweit möglich (Nrn. 740, 742) – verbessert, oder durch das plankompetente Organ von Amtes wegen, sobald sie erkannt werden. Anders als bei Rücknahme «rechtsverbindlicher» Verwaltungsverfügungen[1] stellen sich solcher Verbesserung in der Regel keine änderungsfeindlichen Vertrauensinteressen entgegen: die Rücknahme fehlerhafter Richtplaninhalte ist allein an der Verhältnismäßigkeit zu messen (vgl. Nr. 776 a. E.). Eine Rücknahme äußert sich als Streichung, Änderung oder Umklassierung der fehlerhaften Planaussage; sie braucht – Plandurchbrechung vorbehalten (Nr. 777 a. E., § 13/III) – den förmlichen Beschluß des plankompetenten Organs (zum Verfahren: III).

---

[1] Vgl. BGE 108 Ib 384 E. 3a; 106 Ib 255f. E. 2b; 103 Ib 206f. E. 3.

C. Unterliegen

764. Die Inhalte des Richtplans sind der Abwägung durch die zum Sachentscheid zuständige Stelle anheimgegeben (§ 13/II), und ob sie dabei obsiegen, ist nicht ausgemacht. Ebenso läßt sich denken, daß gegenläufige (private oder öffentliche) Interessen im konkreten Fall überwiegen: Derartige ‹Niederlagen› liegen in der Natur des Richtplans.

765. Wo die Abwägung sich gegen den Richtplan wendet, wird der Planinhalt gegenstandslos; die Fachstelle für Raumplanung bereinigt die Sache im Zuge der Planbewirtschaftung (A), das heißt: durch einfache, formfreie Nachführung.

II. Anpassungserfordernisse

766. Art. 9 RPG unterscheidet zwei Fälle der Plananpassung: die *Einzelanpassung,* vorzunehmen unter bestimmten materiellen Voraussetzungen (Abs. 2); und die *Gesamtüberarbeitung* alle zehn Jahre (Abs. 3). Die Gesamtüberarbeitung soll nach längerer Zeit der Planbewirtschaftung und Plannachführung Klarheit und Ordnung schaffen[2] – *ändern* wird sie konkrete Planaussagen freilich nicht ohne Grund: nicht wenn Änderungsgründe, wie Abs. 2 sie nennt, weit und breit fehlen. Insofern legt sich Abs. 2 materiell auch über Abs. 3; im Blick bleiben für das folgende nurmehr die Erfordernisse der Einzelanpassung.

767. Einzelanpassungen hängen von zwei Voraussetzungen ab: Erstens müssen sich die «Verhältnisse» geändert haben (A, Nrn. 768 ff.), zweitens muß die Anpassung «nötig» sein (B, Nrn. 773 ff.).

A. Veränderte Verhältnisse

768. *Wenn* einer der gesetzlichen Änderungsgründe eintritt, werden Richtpläne überprüft und nötigenfalls angepaßt. Das heißt umgekehrt auch: *nur* dann.

769. An Änderungsgründen präsentiert Art. 9 Abs. 2 zur Auswahl: veränderte Verhältnisse, neue Aufgaben, gesamthaft bessere Lösung. So-

---

[2] EJPD/DRP, Richtplan, 65; EJPD/BRP, Erläuterungen RPG, Art. 9 N. 22.

gleich fällt auf, daß der zweite Änderungsgrund im ersten aufgeht: Tauchen neue Aufgaben auf, haben sich auch die Verhältnisse geändert; nicht jede Änderung der Verhältnisse aber rührt von neuen Aufgaben her.

770. *«Verhältnisse»* sind alle Umstände rechtlicher oder tatsächlicher Art, die zur Begründung einer Planvorlage beitragen[3].

a) *Nur objektive Umstände* fallen in Betracht. Das subjektive ‹Befinden› des plankompetenten Organs zählt als Revisionsgrund nicht; namentlich nicht ein Gesinnungswandel, es sei denn, er widerspiegle eine Veränderung objektiver Umstände: eine Veränderung des Rechts, eine Veränderung der Realien.

Anerkannt ist der Satz bei *Nutzungsplänen*[4]. Der Grund solcher Einschränkung liegt in den Wirkungsgesetzen des Nutzungsplans: Will er den Raum nach vorgestelltem Entwurfe positiv gestalten, dann muß er eine «gewisse Beständigkeit» aufweisen[5]; es braucht eben seine Zeit, bis die geübte Bodennutzung von der gewünschten abgelöst wird. Diese Einsicht gilt auch für den Richtplan.

b) Von den objektiven Umständen taugen *nur die bezogenen, spezifizierten,* um Änderungen zu begründen. Der Richtplan trifft immer konkrete Aussagen; konkret müssen deshalb auch die Revisionsgründe sein: für die zu ändernde Aussage von Belang, auf sie besonderen Bezug nehmend. Der schlichte Anruf allgemeinen Wertwandels ist viel zu diffus, als daß *einzelne* Vorhaben sich deswegen schon zum Rückzug müßten drängen lassen.

771. Die so beschriebenen Verhältnisse sollen sich *«geändert»* haben, will heißen: anders erscheinen, als zur Zeit des Planbeschlusses. Eine ‹einfache› Änderung genügt; sie muß – anders als bei Nutzungsplänen (Art. 21 Abs. 2 RPG) – nicht «erheblich» sein.

772. Nach alledem bleibt von der *«gesamthaft besseren Lösung»* als eigenständigem Revisionszutritt nicht allzuviel mehr übrig. Objektive, spezifizierte Umstände (Nr. 770) braucht zur Begründung auch sie; die Frage ist nur noch, ob sich selbst unter *un*veränderten Umständen eine «gesamthaft bessere Lösung» denken läßt. Man darf seine Zweifel haben. Entweder erweist sich die getroffene Lösung bei näherem Hinsehen als unverhältnismäßig; derlei *bessere Einsicht* läuft auf die Erkenntnis hin-

---

[3] EJPD/DRP, Richtplan, 64; EJPD/BRP, Erläuterungen RPG, Art. 9 N. 20a.
[4] Vgl. BGE 109 Ia 115 f. E. 3; ZBl 1978 358 E. 4g.
[5] BGE 102 Ia 333 E. 1; 90 I 333 E. 3 b.

aus, der Plan sei von allem Anfang an fehlerhaft gewesen, und als Folge davon gehört er in diesem Punkt zurückgenommen (Nrn. 762 f.). Oder ein ursprünglicher Fehler liegt nicht vor: Dann aber vermindert sich die gesamthaft «bessere» Lösung zur *gesamthaft «zweckmäßigeren» Lösung,* und man wird sich wirklich fragen müssen, ob die Aussicht auf einen eher geringen Sachgewinn Grund genug ist, den berührten Aufgabenträgern die Mühen einer förmlichen Planrevision zuzumuten.

B. Interessenabwägung

773. Haben sich die Verhältnisse geändert, werden Richtpläne zwar stets überprüft, aber *nur nötigenfalls* – nach Abwägung aller Interessen – angepaßt: Das Änderungsinteresse muß gegenläufige Geltungsinteressen überwiegen.

774. Leitpunkte einer solchen Abwägung stehen für Richtpläne aus. Wieweit «Geltungsvertrauen»[6] honoriert wird, ist bis heute allein für «rechtsverbindliche» Akte geklärt.

a) *Gesetzes*revisionen brauchen sich herrschender Lehre zufolge ein Vertrauen in den Bestand der überkommenen Rechtsordnung nicht entgegenhalten zu lassen, es beruhe denn auf «wohlerworbenen» Rechten[7] – das ist hier nur zu erwähnen.

b) *Verwaltungsakte,* die «dem öffentlichen Interesse oder dem geltenden Recht nicht oder nicht mehr entsprechen», können wohl, so das Bundesgericht, aufgehoben werden – aber nicht voraussetzungslos, sondern nur, wenn das Interesse an der richtigen Durchsetzung der Norm das «Interesse an der Rechtssicherheit» überwiegt. Und weiter:

> «Das Postulat der Rechtssicherheit geht im allgemeinen dann dem Interesse an der Durchsetzung des objektiven Rechtes vor, wenn durch die Verwaltungsverfügung ein subjektives Recht begründet worden ist, oder die Verfügung in einem Verfahren ergangen ist, in welchem die sich gegenüberstehenden Interessen allseitig zu prüfen und gegeneinander abzuwägen waren, oder wenn der Private von einer ihm durch die Verfügung eingeräumten Befugnis bereits Gebrauch gemacht hat.»[8]

Diese Grundregel gilt allerdings nicht absolut:

> «La révocation peut intervenir même dans une des trois hypothèses précitées lorsqu'elle est commandée par un intérêt public particulièrement important,

---

[6] ALFRED KÖLZ, Intertemporales Verwaltungsrecht, ZSR 1983 II 139.
[7] Vgl. BGE 107 Ia 194f. E. 3a, Ib 145 E. 3b; 106 Ia 166 E. 1a; 101 Ia 445ff. E. 2. Relativierend BEATRICE WEBER-DÜRLER, Vertrauensschutz, 280ff.
[8] BGE 106 Ib 256 E. 2b; ferner 109 Ib 252 E. 4b; 108 Ib 384 E. 3a; 103 Ib 244 E. 3b, 206f. E. 3.

ou encore en cas de survenance de faits nouveaux ou de nouvelles découvertes scientifiques, comme en cas de changement de législation, ou lorsque existe un motif de revision ... Au contraire, les exigences de la sécurité du droit peuvent être prioritaires même lorsque aucune de ces trois hypothèses n'est réalisée.»[9]

Und allgemein strengeren Maßstäben hat ein Widerruf zu genügen, wenn die Fehlerhaftigkeit der Verfügung ausschließlich von *nachträglich geänderter Rechtslage* herrührt: Dann ist

«... besonders sorgfältig zu prüfen, ob es den Widerruf wirklich erfordert, erst recht, wenn in bestehende Verhältnisse eingegriffen werden muß, die aufgrund der erteilten Bewilligung entstanden sind.»[10]

Der zulässige Widerruf gibt unter Umständen Anspruch auf Entschädigung[11].

c) Eigene Wege geht der *Nutzungsplan,* unverbesserliche ‹Zwischenform› auch hier. Zwar stehe die Eigentumsgarantie einer Änderung der Rechtslage nicht entgegen (keine «wohlerworbenen» Rechte durch Nutzungsplan![12]). Freilich:

«Der Plan dient nicht nur dazu, die bauliche Entwicklung eines Gebietes im öffentlichen Interesse in bestimmte Bahnen zu lenken; er soll zugleich auch den Grundeigentümern gestatten, ihr Land bestmöglich auszunützen. Beiden Aufgaben wird der Plan nur gerecht, wenn er eine gewisse Beständigkeit aufweist.»[13]

«Im Interesse der Rechtssicherheit» gehören Zonenpläne deshalb «nur beim Vorliegen gewichtiger Gründe abgeändert»[14]. Als Grundregel gilt:

«Je neuer ein Plan ist, umso mehr darf mit seiner Beständigkeit gerechnet werden, und je einschneidender sich die beabsichtigte Änderung auswirkt, umso gewichtiger müssen die Gründe sein, welche für die Planänderung sprechen.»[15]

---

[9] BGE 109 Ib 252f. E.2b; ferner 107 Ib 37 E.4a.
[10] BGE 103 Ib 207 E.3; 100 Ib 97 E.2.
[11] BGE 109 Ib 253 E.2b; 107 Ib 37 E.4a. Vgl. URS MÜLLER, Die Entschädigungspflicht beim Widerruf von Verfügungen, Bern/Frankfurt (M)/New York 1984, besonders 190ff.
[12] BGE 107 Ia 36 E.3a; 104 Ia 126 E.2a; 102 Ia 336 E.3c; BGE 17.10.1979 *Frutiger Söhne,* 6 E.4. Über die Rechtsprechung des Bundesgerichts KATHRIN KLETT, Verfassungsrechtlicher Schutz «wohlerworbener Rechte» bei Rechtsänderungen, Bern 1984.
[13] BGE 94 I 351 E.5; 90 I 333 E.3b.
[14] BGE 98 Ia 377 E.5; vgl. auch 102 Ia 333 E.1.
[15] BGE 102 Ia 338 E.3d; bestätigend 109 Ia 115 E.3.

Oder anders gewendet: Soll der Plan nach kurzer Zeit geändert werden, müssen «ganz besonders gewichtige Gründe gegeben sein»[16].

Diese Abwägungsformel tritt namentlich in zwei Fällen zurück: Sie gilt nicht, wenn dem betroffenen Eigentümer individuell-konkrete Zusagen über den Fortbestand der bisherigen Nutzungsordnung gegeben wurden[17]; und sie gilt ferner auch dort nicht, wo der Plan die zulässige Nutzung bis hin zu den architektonischen Details beschreibt und insofern eine Interessenlage schafft, «die mit derjenigen im Baubewilligungsverfahren verglichen werden kann»[18]. Die Planänderung beurteilt sich dann wie die Anpassung einer ‹gewöhnlichen› Verwaltungsverfügung.

775. Die Benennung der Geltungsinteressen scheint oft diffus; die Praxis schwankt zwischen «Rechtssicherheit» und «Vertrauensschutz». Freilich ist im Rechtsalltag damit auszukommen, und gewiß sind beide Grundsätze letztlich nur Abkömmlinge ein und derselben Grundfigur: beidemal steht die Verläßlichkeit des Rechts, steht *Geltungsvertrauen* im Spiel. Dennoch: Es diente klarem Sprachgebrauch, wenn bewußter auf den Grad an Individualität und Konkretheit des ‹Vertrauen› schaffenden Rechtsaktes abgehoben würde[19]: wenn von Rechtssicherheit nur in Ansehung eines (generell-abstrakten) Rechtssatzes, von Vertrauensschutz nur in Ansehung eines (individuell-konkreten) Verwaltungsaktes die Rede wäre.

776. Auch der Richtplan darf, wie erwähnt (Nr. 773), erst angepaßt werden, wenn die Änderungsinteressen überwiegen. Nach der Umschau unter sachverwandten Abwägungsformeln (Nr. 774) lassen sich dazu vergleichend zwei Dinge festhalten:

a) Erstens: Wenn sich der Anpassung von Verfügungen (und etwas ‹gedämpfter› auch von Nutzungsplänen) Interessen des *Vertrauensschutzes* mit Erfolg in den Weg stellen, so deshalb, weil allemal *Verwaltungsrechtsverhältnisse* beeinträchtigt werden. Gerade Rechtsverhältnisse aber begründet der Richtplan keine (§ 14/I); ‹Vertrauen› zu schaffen ist er deshalb von vornherein nicht in der Lage (vgl. § 13/IV/B).

b) Änderungsfeindliche Kräfte hat der Richtplan deshalb nur noch von seiten der *Rechtssicherheit* zu gewärtigen: ein allgemeines, ‹abstraktes› Vertrauen in die Beständigkeit der Rechtsordnung, das Vertrauen auf eine stetige, nicht sprunghafte Rechtsentwicklung. Solche Erwartungen hat Art. 9 Abs. 2 freilich schon bedacht: An den Richtplan darf, wie bekannt, nur gerührt werden, nachdem «veränderte Verhält-

---

[16] BGE 109 Ia 115 E. 3.
[17] BGE 98 Ia 377 E. 5.
[18] BGE 98 Ia 393 E. 2.
[19] Vgl. ALFRED KÖLZ, Intertemporales Verwaltungsrecht, ZSR 1983 II 126 ff.; BEATRICE WEBER-DÜRLER, Vertrauensschutz, 48 f.

nisse», «neue Aufgaben» oder «gesamthaft bessere Lösungen» erwiesen sind. Damit ist alles gesagt, was die Rechtssicherheit dem Richtplan gegenüber vorzutragen hat: Wer Art. 9 Abs. 2 RPG achtet, tut auch der Rechtssicherheit kein Leid.

Wenn das Gesetz davon spricht, Richtpläne dürften auch bei erstellten Änderungsgründen nur «nötigenfalls» geändert werden, verweist es, so ist zu schließen, einzig auf die *Verhältnismäßigkeit* der Planänderung: Die ‹an sich› zulässige Revision soll unterbleiben, wenn ihr sachlicher Nutzen den Verfahrensaufwand nicht lohnt.

III. Verfahren

777. Sowohl die Anpassung (II) als auch die Rücknahme (I/B) von Planaussagen durchlaufen ein *förmliches Verfahren,* und zwar grundsätzlich *dasselbe Verfahren wie der Erlaß des ‹kompletten› Plans.* Abstriche in Mitwirkung und Zusammenarbeit (Art. 4 Abs. 2, 7 Abs. 1, 10 Abs. 2 RPG) lassen sich immerhin bei geringfügigen Planänderungen denken [20].

> Richtpläne können freilich – dies zur Erinnerung (vgl. § 13/III) – *auch formlos angepaßt* (besser: *durchbrochen*) werden: nämlich kraft rechtsverbindlichen Entscheides über ein konkretes Vorhaben, wenn Behörde oder Gericht zum Ergebnis gelangen, die Planaussage sei wegen geänderter Verhältnisse oder wegen ursprünglicher Fehlerhaftigkeit unbeachtlich. Derartige Durchbrechungen sind im Plan nachzutragen (I/A).

778. *Ausgelöst* wird das Verfahren durch die kantonale Fachstelle, hinsichtlich überkantonaler Inhalte außerdem auch auf Antrag eines Nachbarkantons oder einer Bundesstelle (Art. 8 Abs. 1 RPV).

779. Auch Plananpassungen bedürfen *bundesrätlicher Genehmigung* (Art. 11 Abs. 1 RPG); *unbestrittene* – ob geringfügig oder nicht – segnet das Departement ab (Art. 7 Abs. 2 RPV).

780. Mit Gewinn faßt der Kanton die einzelnen Änderungen über einen bestimmten Zeitabschnitt – zum Beispiel ein Jahr – zusammen, schickt sie *als Paket* durch das Verfahren und *publiziert* sie – zusammen mit den Nachführungen aus der Bewirtschaftung des Plans (I/A, C) – gesamthaft, zum Beispiel in Jahresabständen.

---

[20] Vgl. Art. 11 Abs. 2 BauG AR.

Schluß

I. Bewährung?

Wo steht die Abstimmung raumwirksamer Aufgaben heute? Sie ist, kein Zweifel, in den wenigen Jahren der Richtplanung weiter vorangekommen als je zuvor; man braucht sich nicht anzustrengen, um diese Binsenwahrheit zu erkennen. Das Recht der Richtplanung hat Prozesse in Gang gebracht, die zumindest als rechtlich gebotene Prozesse neu sind. Neu ist zunächst die ausdrückliche *Pflicht zur Planung:* eine Pflicht, der sich die Träger raumwirksamer Aufgaben alle zu unterziehen haben – Bund, Kanton, Gemeinde; das Gemeinwesen als solches und seine einzelnen Ressorts. Neu ist zweitens die *Pflicht zur Zusammenarbeit:* der Ruf an die Aufgabenträger, Konflikte aus eigener Kraft zu lösen, aus eigener Kraft zu rundum annehmbaren Entwürfen zu gelangen. Neu ist drittens die *Pflicht zur Öffnung* des raumwirksamen Staatshandelns: neu, daß der Planungsträger sein Werk vor Publikum und Politik zu begründen und zu rechtfertigen, daß er die Bevölkerung zur Mitarbeit beizuziehen hat. Und neu ist endlich die *Pflicht zur politischen Führung* der Aufgabenwaltung: ein Auftrag an die staatsleitenden Organe, raumordnungspolitische Verantwortung zu übernehmen – der Kanton für die anzustrebende räumliche Entwicklung seines Gebiets, der Bund für deren bundesstaatliche Auswägung. Die Erfüllung dieser Pflichten zusammen führt zu «Abstimmung»: zur praktischen Verträglichkeit des raumwirksamen Staatshandelns in sich und mit den Forderungen der Natur an den Staat. Sie ist Erzeugnis weder einer Planung «von oben nach unten» noch einer Planung «von unten nach oben», sie ist Erzeugnis vielmehr eines ‹dialektischen Voranschreitens› von Gebietsplanung, Fachplanung und Leitlinie der Raumordnungspolitik.

Eines läßt sich freilich nicht wegreden: Beigelegt ist der Wettstreit um den Boden auch mit dem Richtplan nicht, höchstens etwas zivilisiert. Richtplanung ist schwieriger als gedacht, und sie kann – vielleicht – weniger als erwartet: Sie stößt an Grenzen. Es sind Grenzen sachlicher, rechtlicher und politischer Art.

Grenzen sachlicher Art liegen in der Richtplanung selbst beschlossen: Im Streit mit den Planungen der Fachbereiche kommt sie vielfach zu spät, kämpft sie meist aus schwächerer Position. Nie hat sie unmittelbar einsichtige, für sich selbst sprechende ‹Anliegen› zu verteidigen, nie ein dringendes ‹Sachbedürfnis› zu befriedigen. Sie weiß keine Lobby hinter sich, sie wirkt stets diffus und unentschlossen – Richtplanung und Richtplan verkaufen sich schlecht, Kurzfristiges und Handfestes setzt sich durch.

Grenzen rechtlicher Art erfährt die Richtplanung daher, daß das Raumplanungsgesetz sie allein mit Verfahrensrecht ausstattet. Wohl vermag sie dadurch – als ‹Planung der Planungen› – zu vermitteln und zu befrieden. Defizite des materiellen Rechts aber gleicht die Richtplanung nicht aus: solches zu erwarten wäre Illusion. Und ausgerechnet die ‹großen› Fragen der Raumplanung – Bodenverschleiß und Bodenschädigung, Zersiedelung und Verluste an regionaler Ausgewogenheit –, ausgerechnet diese Fragen *haben* – wenigstens auch – mangelhaftes Recht und mangelhaften Vollzug zur Ursache. Wie will ein koordinierendes Verfahren hiergegen Besserung erwirken? Richtplanung und Richtplan können nicht übersehen, was man ihnen an Fachplanungen zuführt; sie können nicht überzeugen, wer sich nicht will und auch nicht muß überzeugen lassen. Kraft kommt nicht allein durch Freude.

Grenzen politischer Art treten der Richtplanung spätestens dann entgegen, wenn sie das Feld der Öffentlichkeit, die Räume von Regierung und Parlament betritt; und das tut sie (zu Recht!) früh und ausgiebig. Sogleich stellen sich Enttäuschungen ein: Nicht wie erwartet nüchterne Interessenabwägungen werden veranstaltet, um räumliche Konflikte beizulegen, sondern Ränkespiele unter Aufgabenträgern, Kompromißverhandlungen und der Austausch politischer Pakete. Nicht ein stetiges, auf lange Sicht eingegangenes Engagement der politischen Führung trifft sie an, vielmehr flüchtiges, auf Popularität bedachtes und kaum über die Wahlperiode hinausweisendes Nützlichkeitsdenken. Nicht ein kräftiger Bund nimmt sie gegen die Nachlässigkeiten der Kantone in Schutz, im Gegenteil: die Eidgenossenschaft ist hinlänglich damit beschäftigt, ihren eigenen Raumbedarf zu decken; und im übrigen besinnt sie sich mit Fleiß des Spruchs, Raumplanung sei Sache der Kantone. Gewiß: Mit derlei abschleifenden Einflüssen hat es im Grundsatz seine Richtigkeit; ein Rückzug der Planung ins Kabinett wäre völlig verkehrt, wäre auch nicht mehr zu bewerkstelligen. Planung – Richtplanung zumal – darf nicht politikfremd sein. Nur fragt man sich zuweilen, wie planungsfremd die Politik sich geben darf?

Auch die erwähnten Schwächen ändern freilich nichts daran, daß Richtplanung und Richtplan *überzeugend ausgelegte Instrumente der Raumordnungspolitik* bleiben. Sie bieten Gelegenheit – die einzige unverzüglich wahrnehmbare Gelegenheit –, die Praxis der raumwirksamen

Aufgabenerlasse weitestmöglich aufeinander einzustellen, deren Spielräume zum besterzielbaren Nutzen des Bodens auszuschöpfen. Das ist als Möglichkeit nicht wenig. Und davon wäre erheblich mehr als heute Realität, würden die Ressorts die Verantwortung für die räumlichen Auswirkungen ihrer Tätigkeit als Teil *ihrer* Verantwortung begreifen, statt sie der Raumplanung zu überlassen; würde die Politik die Fähigkeit zu *aufrichtigem* Interesse um Zustand und Entwicklung des Raumes wiedererlangen, statt sich pragmatisch und prinzipienlos um die Gunst des Tages zu bemühen.

II. Ein Modell?

Im raumwirksamen Aufgabenbereich scheint sich der Richtplan als Führungsmittel bewähren zu können – so erhebt sich zwangsläufig die Frage, ob er sich als Modell zur Bewirtschaftung weiterer Sachbereiche verwenden lasse. Er läßt sich verwenden – allerdings nicht als Modell, sondern als Erfahrung.

Der Richtplan handelt von raumwirksamen Aufgaben. Hält man sich diesen Kreis vor Augen, fallen sogleich vier Eigenheiten auf. Erstens: Allen raumwirksamen Aufgaben ist gemeinsam, daß sie sich ein und dieselbe *Ressource* streitig machen: den Boden; eine Ressource obendrein, deren Menge nicht vermehrbar und deren Güte gefährdet ist, und die deshalb pfleglicher Behandlung bedarf. Zweitens: Das Recht der allermeisten raumwirksamen Aufgaben räumt den Aufgabenträgern *Ermessen* ein, und zwar gerade was Ausmaß und Intensität des Ressourcenverbrauchs angeht; Aufgabenträger ist weithin die ‹lenkbare› Verwaltung. Drittens: Die raumwirksamen Aufgaben sind ohne erkennbares Schwergewicht *auf Bund und Kantone verteilt*. Und viertens: Der Bund verfügt, um diese Aufgaben aufeinander abzustimmen, über die Befugnis zur *Grundsatzgesetzgebung*.

Diese Eigenheiten müßte ein Aufgabenbereich aufweisen, um den Richtplan der Raumplanung als komplettes Modell übernehmen zu können: heikle Ressourcen beanspruchend, reichlich Ermessen einräumend, auf Bund und Kantone verteilt und durch eine eidgenössische Grundsatzgesetzgebung unterfangen. Man braucht nach solcher Konstellation nicht lange zu suchen: Sie wiederholt sich *so* nicht, vor allem nicht in dieser *Breite*. Der Richtplan wird Unikum bleiben.

Kein Unikum aber ist die Erfahrung, die ‹hinter› dem Richtplan steht: daß die Koordination staatlicher Tätigkeit, daß besonders der «kooperative Föderalismus» der Stütze durch eigenes Organisations- und Verfahrensrecht bedarf. Eines Korsetts, welches keine Zweifel darüber offen läßt, *daß* Abstimmung und Zusammenarbeit verlangt sind, auch nicht nach welchem *Muster;* und welches dem *Bund* ein Mindestmaß an Druck erzeugender Führungs- und Sanktionsmacht zugesteht. Diese Einsicht dürften sich auch andere Politikbereiche entschiedener zu eigen machen als heute: zum Beispiel Bildungs- und Gesundheitspolitik. Die kläglichen ‹Ergebnisse› der schweizerischen Schulkoordination müßten selbst dem föderalistischen Zweifler gezeigt haben: Auf freiwillige Abstimmung ist kein Verlaß.

Sachregister

Die Zahlen verweisen auf die *Nummern* der Absätze. Ausführliche Erläuterungen sind *kursiv* gesetzt.

Abstimmung (s. auch Richtplanung) 27, 29, 38b, 104, 107b, *503f.*, 507c
– Abstimmungspflicht 152, *238*, 566, *737f.*
– durch Gremien *518f., 526–531*
– durch Inhalte *522–525*
– durch Verfahren *251–261, 520f., 532–535*
 – Interessenabwägung s. dort
– negative Koordination 29, 520
– positive Koordination 29, 522, 524
Abwägung s. Interessenabwägung
Abwägungsausfall 440, 739, 741
Abwägungsmißverhältnis *443f.*, 741
Anhörung s. Vernehmlassung
«Anordnungsspielraum» 610
Atomanlagen 99a, 172b, 175, 177b, 178b, 254, 414, 440b, 575, 577
Aufgabe, raumwirksame 13, 324, 326f., 477
– Begriff 564, *565–569*
– des Bundes *271, 570–579*
– Handlungsformen *594–604*
– «sachgerechte» Berücksichtigung *725f.*, 741, 750a
– Träger *580–593*
Aufgabe, übrige 13, 568
Aufgabeneinheit
– bundesstaatliche *185–192*
– raumwirksame *248–260*
Aufgabennorm s. Staatsaufgabe
Ausgangslage s. Richtplan, Form
Ausland, benachbartes 496, 505, 512, 731, 743

Ausländerkauf 83c
Ausnahmebewilligung s. Bewilligung

Bauten und Anlagen
– des Bundes *487–489*, 575
 – Bindung an kantonales Raumplanungsrecht? *94–102, 105–108, 160–180, 189f.*, 205a, 206a
– öffentliche 177, 327b, 574, 641b
– im Wald *200–206*, 259
– Zonenkonformität 190c, 196, 198, 258, 431a
Behördenverbindlichkeit s. Richtplan, Adressaten; –, «Außenwirkung»; –, Bindungskraft
Beitrag (Subvention)
– des Bundes 172b, *579*, 641d
– raumwirksamer 327c, 578, 641d
Bereinigungsverfahren s. Richtplan, Bereinigung
Bestimmtheitsgebot
– bei Grundrechtseingriffen 218, 320, 334f., 419
– bei Staatsaufgaben 276b, 282, 289b, 379a
Bewilligung (Konzession)
– Ausnahme 190c, 198, 422, 431a, 440, 462b
– der Kantone 206a, 413c, 462a
– des Bundes 171, *577*
– raumwirksame 327c, 576, 641c
– Rodung s. dort
Boden 9
– bodenerhaltende Nutzung *19*, 483, 567

Boden (Fortsetzung)
- bodenverändernde Nutzung *19*, 21 f., 483, 567
- haushälterische Nutzung 22, 477 b
- zweckmäßige Nutzung *15–17*, 20, 24, 66

Bodenrecht, bäuerliches 83 a

Bund/Kantone
- abschließendes Bundesrecht *124, 139–143, 168–171*
- Aufgabenteilung 103, 162, *186 f.*, 276 c, *285 f.*
  - in der Raumplanung *31–41*, 155 b, 162, *165–167*, 189 f., 717, 725 a
- Bindung des Bundes an kantonales Raumplanungsrecht? *94–102, 105–108, 160–180, 189 f.*, 205 a, 206 a
- «Bundestreue» 100, 108, *191 f.*
- derogatorische Kraft des Bundesrechts 103, *119–132*, 135, *137–147*, 150 b, *153–155*, 181, *188–190*
- Kompetenzkonflikt 108, 133, *153–159*
  - bundesrechtskonforme Auslegung *148–150*
  - staatsrechtliche Klage *134–136*
  - zwischen eidgenössischem und kantonalem öffentlichem Recht *137–147*
- «Kompetenzkumulation» 107 a
- Regelungskonflikt 108, *157–159*
  - zwischen Bundesstrafrecht und öffentlichem Recht der Kantone? 146
  - zwischen Bundeszivilrecht und öffentlichem Recht der Kantone? *119–132*
- Sinn und Geist des Bundesrechts *127–131, 144 f.*

Bundesamt für Raumplanung
- im Abstimmungsprozeß 254, 507 b, 512, *526–531*
- im Bereinigungsverfahren 710
- im Genehmigungsverfahren 727, 745–747
- in der Raumplanungskonferenz 519 b

«Bundesaufgabe» (s. auch Bundeszuständigkeit; Staatsaufgabe) 99 a, 190 a, 254, 576

- raumwirksame s. Aufgabe, raumwirksame

Bundesrat
- Adressat des Richtplans 585
  - wieweit gebunden? 655
- im Abstimmungsprozeß 519 a, 531
- im Bereinigungsverfahren 709, *711 f.*
- im Genehmigungsverfahren 718, 727, 745, 747, *748–755*
- Ausschuß für Raumordnung 519 a
- Raumplanungsminister *531*
- raumwirksame Aufgaben *573, 575, 577, 579*

Bundesrecht, abschließendes; –, derogatorische Kraft; –, Sinn und Geist: s. Bund/Kantone

«Bundestreue» s. Bund/Kantone

Bundesversammlung
- Adressat des Richtplans? *591 f.*
  - wieweit gebunden? *652–654*
- raumwirksame Aufgaben *573, 575, 577, 579*

Bundesverwaltung
- Adressat des Richtplans *585 f.*
  - wieweit gebunden? *655 f.*
- Raumplanungskonferenz 519 b, 745
- raumwirksame Aufgaben *573, 575, 577, 579*

Bundeszuständigkeit (s. auch Staatsaufgabe)
- «modale»? 108, *109–118*, 294
- nach «Querschnittproblemen»? *295*
- nach Sachgebieten *293*
- nach «Staatsprogrammen»? *296*
- raumwirksame 271, *570–579*
- Standortkompetenzen *160–180*, 201, 202 f., 204, 205 a, 206 b, 488 b

Busverkehr 577, 579

Delegation s. Gewaltenteilung

Eigentumsförderung 78, 83 b, 579
Eigentumsgarantie *55–59*, 77 a, 418
- Beschränkungen 59, *332–335*, 336
- Bestandesgarantie 57
- Institutsgarantie 58
- Personalität *82 f.*
- Raumordnungspflichtigkeit *80 f.*

Eigentumsverfassung der
  Eigentumspolitik *78–83*
Eisenbahn (s. auch SBB) 97, 164, 166 b,
  171, 172 b, 175, 177 b, 254, 577, 579
Elektrizitätsleitung 164, 172 b, 175, 177 b,
  254, 577
Enteignung 172 b, *177 f.,* 202
Entwicklung, anzustrebende räumliche
  s. Zielrahmen der Kantone
Entwicklungskonzept, regionales 87 b,
  481, 573, 579, 715, 737 a
Entwicklungsplanung 8
Ermessen
– Bindungsbereich des Richtplans
  637–641, 674
– Gesetzgebungsermessen *312–314*
– Planungsermessen (Standortermessen)
  182, 190 b, 247, *323–325, 334, 639–641*
– und Verfassung *342–344*
– und Vertragshandeln des Staates *600 f.*
– unzulässige Bindung 440 b
Ermittlungsdefizit *441,* 739, 741
Ermittlungsüberschuß *441,* 739

Fehlbewertung *442,* 739, 741
Fernmeldeleitung, s. PTT
Festsetzung s. Richtplan, Form
Fischerei 204, 579
Flugplatz 99 b, 166 a, 172 b, 175, 177 b,
  178 b, 254, 337 a, 523 b, 573, 577, 579
Flugsicherungsanlage 164, 177 b, 577
Folgendiskussion *430,* 433 b, 442 a
Forstpolizei 78, 81 a, 167 a, 172 b, 173 a,
  195 b, 254, 573, 579
– Nutzungsordnung *196–199,* 258
– Rodung s. dort
– und Nutzungsplan 237 a, 259
Fremdenverkehr 579

«Gesamtplan» 612 a
Gesetzesbegriff, unbestimmter 325
Gesetzeskonkurrenz s. Normkonkurrenz
Gesetzesvorbehalt *316–321,* 336
Gesetzgebungszuständigkeit s.
  Staatsaufgabe
Gesetzmäßigkeit 95, 107, 205 a, 206 a,
  437 a
Gewaltenteilung 319, *336 f.*

Gewässer 9
Gewässerschutz 9 b, 78, 81 b, 172 b, 177 b,
  254, 260, 573, 579, 715
Grundentscheidung,
  verfassungsgestaltende s.
  Verfassungsgrundsatz
Grundlage, gesetzliche 332, 336
– das Planungsgesetz? *333–335*
– formelle *316–321,* 336
– «klare» *335*
Grundlagen (Richtplanung) 475, 477 a,
  480–483, 493–497, 620 c, 641 a, 720 a,
  728, 733 a, 737 a
Grundrecht
– als Aufgabennorm? *305–310*
– anspruchsbegründende Schicht
  307–309, 351 a, 352
– Aufgabenpflichtigkeit *77*
– Beschränkung s. Grundlage,
  gesetzliche; Interesse, öffentliches;
  Verhältnismäßigkeit
– punktuelle Natur 48 b, 51, *399–402*
– programmatische Schicht 53, *310,*
  344 b, *351 b,* 352
– Schrankendivergenz 48 a
– und Vertragshandeln des Staates *600 f.*
– ungeschriebenes 361 a
Grundrecht/Staatsaufgabe 59, 458 f.
Grundrechtsinteresse *52 f.,* 66, 310, 354 a
Grundrechtskonkurrenz *46–53,* 263 a

Handels- und Gewerbefreiheit *60–69,*
  77 b
– Marktorientiertheit 88
– Sozialpflichtigkeit *86 f.*
Hauptstraße 164, 177 b, *202 f.,* 258, 573,
  575

Interesse 354, 449
– Abwägung im engeren Sinne *432–434*
– Bewertung *429–431*
– Ermittlung *425–428*
– von Verbänden? 452
Interesse, öffentliches 200, 332, 366, 434
– als Aufgabe *463–466*
– Begriff *447–453,* 464, 466
– Einheit? *456–459*
– «haltbares» *125 f.*

Sachregister

Interesse, öffentliches (Fortsetzung)
- und Aufgabennorm 457 b, 459 a
- und Verwaltungsrecht 460–462

Interessenabwägung 264, 354 c, 408, 468 b, 469
- bei Plananpassungen *773–776*
- bei Rodungen *199*
- eidgenössische gegen kantonale Interessen 95 c, 104, 107, *153–156, 170 f., 172–174, 183 f., 188–190,* 488 b
- Fehler *438–445,* 724, 726, 751
- Funktion *345–347, 415–421*
- Grundrecht gegen Staatsaufgabe 59, *67–69, 458 f.*
- Kognition 438, 724, 726, 741
- Methode *422–437*
- Raumplanung gegen Sachplanung 207, *245–247*
- und öffentliches Interesse *446–466*
- und Richtplan *642–647, 708,* 740, 750 f., *764 f.*

Investitionshilfe 87 b, 579

Jagdpolizei 573, 596

Kollisionsrecht s. Bund/Kantone; Grundrecht/Staatsaufgabe; Grundrechtskonkurrenz; Interessenabwägung; Lex specialis; Normkonkurrenz; Raumplanung/Sachplanung
Kompetenzkonflikt s. Bund/Kantone
Konzept s. Sachplan
Konzeption 523 b, *550–553,* 573, 602
Konzession s. Bewilligung
Koordination s. Abstimmung
Koordinationsrichtplanung s. Richtplanung
Kreisschreiben s. Verwaltungsvorschrift

Landesversorgung 87 c
Landwirtschaft 87 a, 573, 579
Lenkungsstaat 8, 321, 379 a, 436
«Leitbild» 485 b
Lex specialis (s. auch Normkonkurrenz) 207, *208–221,* 246
- und gemeines Recht 214 f., 221, *230–233, 240–244*
Luft 9

Luftseilbahn 164, 171, 172 b, 175, 523 b, 577

Militär 97, *170,* 177, *206,* 575
Mitbericht 521 b, 745
Mitwirkung s. Richtplanung

Nachbarkanton 490, 496, 505, 512, 658, 717 b, 731, 737 a, 741, 745, 750 a, 778
Nationalpark 167 c, 573, 579, 596
Nationalstraße 164, 166 b, 172 b, 175, 177 b, 203 a, 205 b, 414, 573, 575
Natur- und Heimatschutz 78, 81 c, 167 b, d, 172 b, 173, 337 a, 523 b, 573, 577, 579, 596
Niederlassungsfreiheit *70 f.*
Normkonkurrenz (s. auch Lex specialis) 208, *222–233*
- alternative *226*
- exklusive *228–233, 239–245*
- kumulative *227*
- im raumwirksamen Recht *234–246*
- im Strafrecht *216–218*
- im Verwaltungsrecht *219–221*
- im Zivilrecht *213–215*
- zwischen Bund und Kanton s. Bund/Kantone
- zwischen Richtplan und Rechtssatz? 637

Nutzungsplan 327 a, 413 b, 596 f., 641 a
- «Rechtsnatur» 331
- und Eigentumsgarantie *333–335*
- und Forstpolizei 237 a, 259
- und Gewaltenteilung *336 f.*
- und Rechtssicherheit 774 c
- und Richtplan *662,* 665, 682 b
- und Vertrauensschutz 774 c
Nutzungsplanung 26, 327 a, 413 b
- des Bundes *165–167,* 179, 196, 573
Nutzungsrichtplanung s. Richtplanung

Ordnungsstaat 8, 379 a

Parlament (s. auch Bundesversammlung)
- Adressat des Richtplans? *591 f.*
- und Richtplanung 486 c, 494 b, 689 c, 690
Persönliche Freiheit *72 f.*

Sachregister

Plan s. Nutzungsplan; Richtplan;
  Sachplan; Werkplan
Planbeständigkeit *773–776*
Plangesetz *596*
Planmotion 494b, 548a, 654
Planung 8, 326
Planungsermessen s. Ermessen
Planungsgesetz *333–335*
Planungsgrundsätze 173a, 344c, 363,
  377c, 418, 426a, 484, 525, 566, 739,
  741
Planungspflicht *326–328*, 566, *737f.*
Planungsziele 363, 525, 739, 741
Polizei 448, 457a, *461*
Privater
– Adressat des Richtplans? *587–590*
  – wieweit gebunden? *657*
– raumwirksame Aufgaben *573, 577, 579*
Programmsatz s. Zielnorm
PTT 573
– Bauten 96f., 164, 575
– Fernmeldeleitungen 97, 164, 177a,
  205, 577

Querschnittplanung 25, *27–30,* 242b,
  473, 566

Rahmenplanung des Bundes s.
  Zielrahmen des Bundes
Raum *9,* 324, 420
Raumordnung *11f.*
Raumordnungsbericht 523b, *524,* 525,
  551a
Raumordnungsklausel 36, 170f.,
  172–174
Raumordnungspolitik 13, 485, *525*
Raumordnungsverfahren 521c, *532–535*
Raumplanung (s. auch
  Nutzungsplanung, Richtplanung)
– als Fachbereich 24, 242a, *243–245,* 254
– Aufgabenteilung *31–41,* 155b, 162,
  165–167, 189f., 717, 725a
– Begriff *7–10*
– Bundesamt s. dort
– Gegenstand *9f.*
– Fachstelle der Kantone 494a, 506, 778
– Kollisionsrecht s. dort
– Mittel der Raumordnungspolitik 13

– Querschnittaufgabe (s. auch
  Richtplanung) 25, *27–30,* 242b, 473,
  566
– Stammaufgabe (s. auch
  Nutzungsplanung) *24–26,* 28, 242a
– und Eigentumsgarantie *55–59, 78–83*
– und Finanz-, Wirtschafts- und
  Gesellschaftspolitik 11, 568
– und Handels- und Gewerbefreiheit
  60–69, 84–88
– und Niederlassungsfreiheit *70f.*
– und persönliche Freiheit *72f.*
– und Rechtsgleichheit 75, *415–421*
– und Wohlfahrtsklausel *89–91*
– Verfassungsgrundlage *5–41,* 78
– Verfassungsinteresse *14–22,* 525
Raumplanung/Sachplanung
– als bundesstaatlicher (vertikaler)
  Konflikt *94–102, 160–192,* 263b
– als sachlicher (horizontaler) Konflikt
  173, *195–207, 234–261,* 263c
Raumplanungskonferenz 519b, 745
Raumwirksamkeit s. Aufgabe,
  raumwirksame
Rechtseinheit 95, 103, 106, 186, 248, 264,
  343
Rechtsgleichheit 74, 344a
– in der Planung 75, *415–421*
Rechtsgrundsatz s.
  Verfassungsgrundsatz
Rechtssicherheit 422, *773–776*
Rechtsstaat 288a, 379a, 431a
Regelungskonflikt s. Bund/Kantone;
  Normkonkurrenz
Ressortprinzip 249, *254f.*
Richtlinien
– der Raumordnungspolitik *525*
– der Regierungspolitik 523b, 525,
  546–549, 551a, 661a
– Verwaltungsvorschriften s. dort
Richtplan 327a, 413a, 579, 641a, 728
– als Interessenbekundung 540, 631,
  643f., 667
– Funktion 476b, *536–542*
– Gegenstand *562–579*
– «Rechtsnatur» *664–667,* 676
– und Konzeption 553
– und Nutzungsplan *662,* 665, 682b

425

Richtplan (Fortsetzung)
- und Rechtssicherheit 776 b
- und Regierungsrichtlinien 549
- und Vertrauensschutz *659–661*, 776 a
- und Verwaltungsvorschrift 557

Richtplan, Adressaten
- planbetroffene Handlungsformen *594–604*
- Träger raumwirksamer Aufgaben *580–593*

Richtplan, Anpassung 426 c, 573, 648 f., 684, 766
- Erfordernisse *766–776*
- und Durchbrechung des Richtplans *649 b*, 777
- und Interessenabwägung *764 f.*
- und Planbewirtschaftung *759 f.*
- und Rücknahme von Planinhalten *761–763*
- Verfahren *777–780*

Richtplan, «Außenwirkung»? 659
- Grundlage eines Verwaltungsrechtsverhältnisses? *665–667*, 747, 776 a
- Rechtsschutz? 649 a, 664, *668–677, 682–684*, 694
  - Gemeinden *674*, 677
  - Private *672 f.*, 677
- und Inhalt des Richtplans *680 f.*
- und Mitwirkung der Bevölkerung 679

Richtplan, Bereinigung 535 b, 573
- Einigungsverhandlung 708 f., 742, 750 a
- Entscheid *711 f.*
- Gegenstand *704–707*
- im Zuge der Zusammenarbeit 507 d, *699–702*
- im Zuge des Genehmigungsverfahrens *703*, 742, 750 a, 751
- Kognition *708*
- Verfahren *709 f.*

Richtplan, Bindungskraft 543 f., 631
- auf Bundesbehörden *651–657*
- Rechtsgrund *650*, *659–661*
- und Durchbrechung des Richtplans *649 b*, 777
- und Rechtsform des Planbeschlusses 692

- und Rücknahme von Planinhalten *761–763*
- Vorbehalt der Interessenabwägung *642–647, 764 f.*
- Vorbehalt des «Rechts» *636–641, 649 b, 761–763*
- Vorbehalt veränderter Verhältnisse *648 f., 766–776*

Richtplan, Festsetzungsbeschluß der Kantone 514 f., 728
- Rechtsform *691 f.*
- Rechtsschutz? *694*
- Rechtswirkung *695 f.*
- Referendum? *693*
- und bundesrätliche Genehmigung *696*, 717
- Veröffentlichung 691, 780
- Zuständigkeit *689 f.*

Richtplan, Form 542, 723, *733 f.*
- Ausgangslage 614 b, 618, *620 a*, 625 b, 720 c, 733 a, 759
- Einzelaussagen 615, *622 f.*
  - Abstufung *628–634,* 733 b, 736, 740, 750
  - Konzept- und Programmteil *627*, 733 b
  - Plannormen *624–626*, 733 b
- «Erläuterungen» 614 b, *620 b*, 625 b, 720 b, 728, 731, 733 a
- Festsetzung 625 a, *630 f.*, 733 b, 736, 759
- in sich geschlossen *616–619*, 733 a, 754 c
- Karte *614 f.*, 733 a
- Text *614 f.*, 625 b, 733 a
- Vororientierung 625 a, *632, 634,* 733 b, 736, 759
- Zwischenergebnis 625 a, *632 f.*, 733 b, 736, 759

Richtplan, Genehmigung des Bundesrates 573
- deklaratorische 696 a, *717 a*
- Entscheid 740, 742, *748–755*, 763
  - Geltungsbereich 748, 754 a
  - mit Änderungen *749 f.*, 754 b, c
  - mit Ergänzungen 749, *751–753*, 754 b
  - Verfügung gemäß Art. 5 VwVG? *747*

Richtplan, Genehmigung
(Fortsetzung)
- Veröffentlichung 755
- Gegenstand *719f.*, 748, 779
- Kognition *721–726*
  - Eintretensfrage *728f.*
  - formelle Fragen *730–734*
  - materielle Fragen *735–743*
  - «Sachgerechtheit» insbesondere *725f.*, 741, 750a
  - und Abstufung der Einzelaussagen *736*
- konstitutive 696b, 697, *717b*
- Prüfungsbericht 727, 745
- Rechtswirkung *716f.*, 755
- teilweise 738, 748f., 751, *753*
- und Bereinigungsverfahren *703*, 742, 750a, 751
- und kantonaler Planbeschluß *696*, *717*
- Verfahren *744–747*
- Vorprüfung 512, *746*

Richtplan, Inhalt 539, 618, 620a, 712, 724, *735–743*
- Konzeptgehalt 478, *609*, 628
- «Mindest»inhalt? *612*
- «parzellenscharfe» Aussagen? *610*, 666b, 681
- Planungsergebnisse *607–611*
  - räumliche 581, *608–610*, 644
  - «wesentliche» 504, *611*, 612b, 740, 750
- Programmgehalt 478, 581, *609*, 628
- und Rechtsschutz *680f.*

Richtplanung (s. auch Abstimmung) 30, 413a, 535a, 566
- als politische Planung 494b, 549, 661, 690a
- als Prozeß 476a, 535a, *540f.*, 628, 648, 661a, 690b
- Bereinigungsverfahren s. Richtplan, Bereinigung
- Elemente *479–490*
- Koordinationsrichtplanung 30, *477b*, 503, 737c
- Mitwirkung der Bevölkerung 497, 502, 508, *510–513*, 664, *679*, 731f., 777
- Mitwirkung der Gemeinden 497, 505, *510–513*, 731f., 777

- Nutzungsrichtplanung 30, *477a*, 503, 737c
- System *475–478*
- und Parlament 486c, 494b, 689c, 690
- Verfahren *491–515*, 723, *731f.*
- Zusammenarbeit 490, 496, 501, *503–509*, 512, 702, 731f., 777
- Zuständigkeiten 494, 499, 506, 689f.

Rodung 196, *197–199*, 258, 577
- für öffentliche Werke *200–206*, 258f.

Rohrleitung 164, 172b, 175, 177b, 254, 577

Sachplan (Konzept)
- der Kantone/Nachbarkantone 195a, 741, 750a
- des Bundes (s. auch Konzeption) 195b, 414, *487–489*, *498–502*, 550, *573*, 737a, 741, 750a
- raumwirksamer 572, 641a
- «Übersicht» 482, 499

SBB (s. auch Eisenbahn) 177a, 573, 575, 579

Schiffahrt 171, 172b, 175, 577, 579
Spezialstaat 379a, 431a
Sozialgesetz s. Lex specialis
Staatsaufgabe (s. auch Bundeszuständigkeit) 450b, 468c, 469, 563
- Aufgabennorm *280–283*
  - der Verfassung *284–314*
  - des Gesetzes? *315–340*
  - Konkretisierung 312–314, 340, *341–347*
  - und öffentliches Interesse 457b, 459a
  - ungeschriebene? 361b
- Begriff *272–279*
- Gesetzgebungszuständigkeiten insbesondere *290–311*
- öffentliche Widmung? *454–462*
- raumwirksame s. Aufgabe, raumwirksame

Standortermessen s. Ermessen
Standortgebundenheit 190c, 196, *198*, 203b, 204, 258f.
Standortinteresse 180b, *183*, 247, 257f., 488a

427

Standortkompetenzen des Bundes s. Bundeszuständigkeit
Strafrecht
- «modale» Bundeszuständigkeit? *117*
- Normkonkurrenzen *216–218*
- und öffentliches Recht der Kantone *146*
Subvention s. Beitrag

Talsperre 177 b, 577
«Teilrichtpläne» 481, 616, 733 a

Umweltschutz 9 b, 78, 81 d, 172 b, 177 b, 254, 431 a, 573, 579
Umweltverträglichkeitsprüfung *534, 535 c, 573*
Unternehmung, gemischtwirtschaftliche s. Privater

Verfassungseinheit 353, *405–409,* 469
Verfassungsfunktion *288f.,* 342–344, *379*
Verfassungsgrundsatz 344 a, 357
- als Aufgabennorm? *304*
- Begriff *368f.*
- und Rechtsgrundsatz *372f.*
- und verfassungsgestaltende Grundentscheidung *372f.*
- und Verfassungsprinzip 368
- und Verfassungssatz *370f., 374f.*
Verfassungsinteresse 66, 188, 288 c, 310, 426 a, 459 b, 468 a, 469
- Begriff *353f.*
- der Raumplanung *14–22,* 525
- Funktion *342–344,* 349
- Gleichrangigkeit *381–409,* 425
- Interessenabwägung s. dort
- Rechtsqualität *376–380*
- und formeller Verfassungssatz *357–366*
- und Verfassungseinheit *405–409*
- und Verfassungsgrundsatz *367–375*
Verfassungsprinzip s. Verfassungsgrundsatz
Verfassungsrevision, Schranken? *385–390,* 392, 395, *397f.*
Verfassungssatz
- Aufgabennorm s. Staatsaufgabe
- Autonomie *394–398*

- formeller *360f.,* 391, 392 a
- geschriebener *360,* 391
- Gleichrangigkeit 107 c, 188, *381–409*
- «materieller»? *391*
- «oberste»? *383f.,* 390
- programmatische Schicht s. Verfassungsinteresse
- punktuelle Natur *399–402*
- Unbedingtheit *403f.*
- und Verfassungseinheit *405–409*
- und Verfassungsgrundsatz *370f., 374f.*
- ungeschriebener *361,* 391, 392 a
Verfassungsvorbehalt *285–289*
Verhältnismäßigkeit 16 f., 52, 332, 344 a, 357, 422, 433, 443 f., 776
Vernehmlassung
- der Fachbereiche *253–259,* 260, 428, 521 a, 576, 603, 745
- der Kantone *175f.,* 745
Vertrag *598–601*
Vertragsfreiheit *62f.*
- des Staates? *600f.*
Vertrauensschutz 344 a, 775, 776 a
- Rechtsgrund der Richtplanbindung? *659–661*
Verwaltung
(s. auch Bundesverwaltung)
- Adressat des Richtplans *585f.*
Verwaltungsvorschrift 523 a, 552 c, *554–557,* 602
- «Außenwirkung»? 556 a, 670
- des Richtplans s. dort
- Querweisungsrecht *529f.*
Vororientierung s. Richtplan, Form
Vorprüfung s. Richtplan, Genehmigung des Bundesrates

Wald s. Forstpolizei
Wasserwerk 177 b, *204,* 577, 579
Weisung s. Verwaltungsvorschrift
Werkplan 178 a, 327 b, 574, 597
Werkprojekt 200
Wertungsgesichtspunkt *431,* 442 b
Willkürverbot 75, 334, 418
Wirtschaftsverfassung der Wirtschaftspolitik *84–88*
Wohlfahrtsklausel s. Zweckartikel
Wohnbauförderung 78, 83 b, 579

Zielnorm 357, *362f.*, 426 a
- als Aufgabennorm? *296, 302f.*
- Rechtsqualität *377–379*
Zielrahmen
- der Kantone 25, 29 f., 475, 477 a, 480, *484–486*, 494 b, 504, 690 a, 737 b, 739
- des Bundes 36, 39, 173 a, 525
Zivilrecht
- «modale» Bundeszuständigkeit? *114–116*
- Normkonkurrenzen *213–215*
- und öffentliches Recht der Kantone *119–132*
Zivilschutz 170, 177 b, 579
Zweckartikel (Art. 2 BV) *89–91*, 302, 357, 377 a, 451 b
Zwischenergebnis s. Richtplan, Form

Abhandlungen zum schweizerischen Recht

Herausgegeben von Prof. Dr. Heinz Hausheer

Die zuletzt erschienenen Hefte:

Heft 439	JAKOB GROB: Die familienrechtlichen Unterhalts- und Unterstützungsansprüche des Studenten. Fr. 36.–.
Heft 440	LIONEL FREI: Der Entlastungsbeweis bei übler Nachrede und Beschimpfung und sein Verhältnis zu den Rechtfertigungsgründen. Fr. 36.–.
Heft 441	Christoph Leuenberger: Die unverzichtbaren und unverjährbaren Grundrechte in der Rechtsprechung des schweizerischen Bundesgerichts. Fr. 39.–.
Heft 442	ALEXANDER WEBER: Die interkantonale Vereinbarung, eine Alternative zur Bundesgesetzgebung? Fr. 32.–.
Heft 443	HANS LAURI: Kausalzusammenhang und Adäquanz im schweizerischen Haftpflicht- und Versicherungsrecht. Fr. 36.–.
Heft 444	MAX BRUNNER: Streifzug durch die Statuten schweizerischer Publikums-Aktiengesellschaften. Fr. 43.–.
Heft 445	PETER LOCHER: Das Objekt der bernischen Grundstückgewinnsteuer. Fr. 52.–.
Heft 446	JOST GROSS: Die Persönliche Freiheit des Patienten. Fr. 46.–.
Heft 447	CHRISTOPH STALDER: «Preferred Freedoms» – Das Verhältnis der Meinungsäusserungsfreiheit zu den anderen Grundrechten. Fr. 45.–.
Heft 448	HANS-JAKOB STUDER: Die Auslösungssumme im schweizerischen Genossenschaftsrecht. Fr. 39.–.
Heft 449	NIKLAUS WITSCHI: Die Übernahme der Strafverfolgung nach künftigem schweizerischem Recht. Fr. 42.–.
Heft 450	HANS GIGER: Der Leasingvertrag. Fr. 43.–.
Heft 451	VIKTOR BAUMELER: Die Beteiligung am Vorschlag. Fr. 22.–.
Heft 452	BERNHARD VISCHER: Das autorisierte Kapital im amerikanischen und schweizerischen Aktienrecht. Fr. 57.–.
Heft 453	MARKUS D. NIEDERHAUSER: Missbrauch der Marktmacht und Rechtsmissbrauch. Fr. 34.–.
Heft 454	UTE RÜEDE-BUGNION: Fiduziarische Rechtsgeschäfte, die ein Markenrecht zum Gegenstand haben, nach schweizerischem Recht. Fr. 67.–.
Heft 455	PETER HAEFLIGER: Die Durchführung der Generalversammlung bei der Aktiengesellschaft. Fr. 38.–.
Heft 456	ALOIS G. SCHULER: Über Grund und Grenzen der Geltung von Allgemeinen Geschäftsbedingungen. Fr. 49.–.
Heft 457	WILLI ZIMMERMANN: Rechtsprobleme der Energieverknappung. Fr. 52.–.
Heft 458	PIERMARCO ZEN-RUFFINEN: La perte de soutien. Fr. 45.–.
Heft 459	BEAT SCHMID: Die Unabhängigkeit der Schweizerischen Nationalbank und ihre rechtliche Sicherung. Fr. 39.–.
Heft 460	PHILIPPE AMSLER: Donation à cause de mort et désignation du bénéficiaire d'une assurance de personnes. Fr. 27.–.
Heft 461	KURT HAURI: Der Dienstpflichtbetrug. Kommentar zu Art. 96 MStrG. Fr. 26.–.
Heft 462	NIKLAUS MÜLLER: Die Rechtsprechung des Bundesgerichts zum Grundsatz der verfassungskonformen Auslegung. Fr. 39.–.
Heft 463	ENRICO RIVA: Die Beschwerdebefugnis der Natur- und Heimatschutzvereinigungen im schweizerischen Recht. Fr. 38.–.
Heft 464	HEINER SCHÄRRER: Die Rechtsstellung des Begünstigten im Dokumenten-Akkreditiv. Fr. 43.–.
Heft 465	IGNAZ JERMANN: Die Unterhaltsansprüche des geschiedenen Ehegatten nach Art. 151 Abs. 1 und Art. 152 ZGB. Fr. 46.–.
Heft 466	PETER KAENEL: Die kriminalpolitische Konzeption von Carl Stooss im Rahmen der geschichtlichen Entwicklung von Kriminalpolitik und Straftheorien. Fr. 49.–.
Heft 467	ROBERT SIMMEN: Die Einrede des nicht erfüllten Vertrags (OR 82). Fr. 29.–.
Heft 468	GEORGES BINDSCHEDLER: Der strafrechtliche Schutz wirtschaftlicher Geheimnisse. Fr. 24.–.

Heft 469	DIETER VON GRAFFENRIED: Übertragbarkeit und Handelbarkeit von Gesellschaftsanteilen, insbesondere von Aktien. Fr. 27.–.
Heft 470	KLAUS BIEDERMANN: Die Treuhänderschaft des liechtensteinischen Rechts, dargestellt an ihrem Vorbild, dem Trust des Common Law. Fr. 98.–.
Heft 471	HERMANN GEISSBÜHLER: Raumplanungsrecht, Eigentumsordnung und Verfassungsrevision. Fr. 48.–.
Heft 472	HORST ALBERT KAUFMANN: Die Vorschlagszuweisung an den überlebenden Ehegatten und die pflichtteilsrechtliche Herabsetzung. Fr. 48.–.
Heft 473	GEROLD STEINMANN: Unbestimmtheit verwaltungsrechtlicher Normen aus der Sicht von Vollzug und Rechtssetzung. Fr. 58.–.
Heft 474	CHRISTOPH ROHNER: Über die Kognition des Bundesgerichtes bei der staatsrechtlichen Beschwerde wegen Verletzung verfassungsmässiger Rechte. Fr. 52.–.
Heft 475	MARCEL MANGISCH: Die Gastwirtschaftsgesetzgebung der Kantone im Verhältnis zur Handels- und Gewerbefreiheit. Fr. 52.–.
Heft 476	DIETER FÜLLEMANN: Verschulden und Zerrütung in rechtsvergleichender Sicht. Fr. 52.–.
Heft 477	BEATRICE UFFER-TOBLER: Die erbrechtliche Auflage. Fr. 48.–.
Heft 478	MARTIN GOSSWEILER: Die Verfügung im schweizerischen Sozialversicherungsrecht. Fr. 52.–.
Heft 479	ROLF PORTMANN: Wege zur Perpetuierung der Aktiengesellschaft. Fr. 29.–.
Heft 480	PETER MESSERLI: Die Vollstreckung des Urteils auf Abgabe einer Willenserklärung nach Art. 407/408 der Bernischen Zivilprozessordnung. Fr. 53.–.
Heft 481	THOMAS GEISER: Die Treuepflicht des Arbeitnehmers und ihre Schranken. Fr. 52.–.
Heft 482	PAUL RICHLI: Zur Leitung der Wirtschaftspolitik durch Verfassungsgrundsätze. Fr. 57.–.
Heft 483	JÜRGEN LAUER: Vorvertragliche Informationspflichten (insbesondere gegenüber Verbrauchern) nach schweizerischem, deutschem und französischem Recht. Fr. 85.–.
Heft 484	PETER LOCHER: Grenzen der Rechtsfindung im Steuerrecht. Fr. 64.–.
Heft 485	LEA R. KAUFMANN-BÜTSCHLI: Grundlagenstudien zur ungerechtfertigten Bereicherung in ihrer Ausgestaltung durch das schweizerische Recht. Fr. 62.–.
Heft 486	ROLAND HALLER: Handels- und Gewerbefreiheit – Gesetzgebungskompetenzen des Bundes. Fr. 64.–.
Heft 487	EUGEN MARBACH: Die eintragungsfähige Marke. Fr. 36.–.
Heft 488	LUKAS S. BRÜHWILER-FRÉSEY: Verfügung, Vertrag, Realakt und andere verwaltungsrechtliche Handlungssysteme. Fr. 58.–.
Heft 489	FRANCESCO BERTOSSA: Der Beurteilungsspielraum. Fr. 29.–.
Heft 490	CLAIRE HUGUENIN: Nichtigkeit und Unverbindlichkeit als Folgen anfänglicher Vertragsmängel. Fr. 28.–.
Heft 491	KATHRIN KLETT: Verfassungsrechtlicher Schutz wohlerworbener Rechte bei Rechtsänderungen. Fr. 46.–.
Heft 492	PETER BELLWALD: Die disziplinarische Verantwortlichkeit der Beamten. Fr. 46.–.
Heft 493	MARTIN P. HEDINGER: System des Besitzrechtes. Fr. 32.–.
Heft 494	ULRICH MEYER-BLASER: Zum Verhältnismässigkeitsgrundsatz im staatlichen Leistungsrecht. Fr. 48.–.
Heft 495	KARL L. FAHRLÄNDER: Zur Abgeltung von Immissionen aus dem Betrieb öffentlicher Werke, unter Berücksichtigung des Bundesgesetzes über den Umweltschutz. Fr. 26.–.
Heft 496	THOMAS BÜHLMANN: Die rechtliche Stellung der Medizinalpersonen im Bundesgesetz über die Unfallversicherung vom 20. März 1981. Fr. 54.–.
Heft 497	HANS MUNZ: Zwischenbetriebliche Zusammenarbeit aus der Sicht des schweizerischen Kartellprivatrechts. Fr. 48.–.
Heft 498	PHILIPPE SCHWEIZER: Le recours en revision. Fr. 69.–.
Heft 499	CHRISTOPH A. ZENGER: Die Bedeutung der Freiheit wirtschaftlicher Entfaltung für eine freie Berufswahl. Fr. 98.–.

Verzeichnisse der früheren Hefte stellt der Verlag gerne zur Verfügung

Verlag Stämpfli & Cie AG, Postfach 2728, 3001 Bern